Ethnographie im Praxissemester

Manuel Freis

Ethnographie im Praxissemester

Soziale Arbeit am Lernort ‚Praxis' studieren

Waxmann 2021
Münster · New York

Bibliografische Information der Deutschen Nationalbibliothek
Die Deutsche Nationalbibliothek verzeichnet diese Publikation
in der Deutschen Nationalbibliografie; detaillierte bibliografische
Daten sind im Internet über http://dnb.dnb.de abrufbar.

Print-ISBN 978-3-8309-3938-2
E-Book-ISBN 978-3-8309-8938-7

© Waxmann Verlag GmbH, 2021
Steinfurter Straße 555, 48159 Münster

www.waxmann.com
info@waxmann.com

Umschlaggestaltung: Anne Breitenbach, Münster
Umschlagabbildung: © Mike Rouault, Paris
Satz: satz&sonders GmbH, Dülmen

Gedruckt auf alterungsbeständigem Papier gemäß ISO 9706

Printed in Germany

Alle Rechte vorbehalten. Nachdruck, auch auszugsweise, verboten.
Kein Teil dieses Werkes darf ohne schriftliche Genehmigung des Verlages
in irgendeiner Form reproduziert oder unter Verwendung elektronischer
Systeme verarbeitet, vervielfältigt oder verbreitet werden.

Inhalt

Einleitung 7

1. Ethnographie und Soziale Arbeit – Bewusstseinsbildung in studienintegrierten Praxisphasen 13
   1.1 Ethnographische Erziehungswissenschaft 19
   1.2 Praxeologische Empirie – Praxistheoretische Fundierung Sozialer Arbeit 31
   1.3 Professionstheoretische Grundlagen eines (ethnographischen) Zugangs zur Praxis der Sozialen Arbeit 51

2. Ethnographische Organisationsforschung und das Praxissemester der Sozialen Arbeit 92
   2.1 Methodologische Grundlagen des Studierens am Lernort ‚Praxis' ... 100
   2.2 Methoden(pluralität) in der Ethnographie und die Komplexität professioneller Wirklichkeiten 109
   2.3 Erfahrung – Wahrnehmung – Wissen: Dimensionen des Beobachtbaren 118
   2.4 Methodische Probleme des ethnographischen Zugangs zu sozialen Organisationen 137

3. Reflexionsarchitektur – methodische Verzahnung zwischen architektonischen Gerüsten und geführten Expeditionen 145
   3.1 Expeditionen in die professionelle Praxis der Sozialen Arbeit ... 146
      3.1.1 ‚Hineingeworfen-Sein in die Praxis' und ‚Hineingeworfen-Sein in die Beobachtung' 172
      3.1.2 Eine Landkarte mit weißen Flecken 174
      3.1.3 Das Basislager der Expedition – Akademische Praxisanleiter*innen, Supervisor*innen und Theorie-Praxis-Dozierende 177
   3.2 Organisierte Wahrnehmungsverschiebung 181
      3.2.1 Praxisreflexion mit akademischen Praxisanleiter*innen ... 186
      3.2.2 Supervision 192
      3.2.3 Theorie-Praxis-Seminare 199
      3.2.4 Schlussfolgerungen und der Modus des Wiederkehrens 211
   3.3 Potenziale der Ethnographie im Praxissemester für das pädagogische Verstehen 213
      3.3.1 Handlungsfeld-, Arbeitsfeld- und Organisationsanalyse ... 213
      3.3.2 Ethnographische Collage eines Phänomens im Praxissemester 219
      3.3.3 Praxissemesterbericht 227
      3.3.4 Lernportfolio 228

3.4 Produktive Ver(un)sicherungen – konkrete Beispiele 230
    3.4.1 Wahrnehmung eigener blinder Flecke –
          Unterscheidungs- und Bezeichnungspraxen 231
    3.4.2 Professionalität und Selbstthematisierung –
          Subjektivierung und die eigene Identität als
          professionelle*r Sozialarbeiter*in 238
    3.4.3 Komplexitätssteigerung und die
          Wahrnehmungsgewohnheiten der professionellen Praxis 245
3.5 Zusammenfassung 255

4. Professionalisierung der Praktiken des Beobachtens als
lernortübergreifendes Potenzial 257
    4.1 Vorbemerkungen 257
    4.2 Für Studierende … oder die Gefahr frühzeitiger Vereinnahmung . . . 263
    4.3 Für die Praxis der Sozialen Arbeit … oder eine responsive
        Evaluationsstrategie 268
    4.4 Studieren am Lernort Praxis als Kooperationsinstrument für die
        Vernetzung von Hochschulen und Praxiseinrichtungen … oder
        eine lernortübergreifende Hochschuldidaktik 272

5. Fazit und Ausblick 288

6. Ein ethisches Nachwort zur Frage der ‚Ver(un)sicherung' 291

   Literatur 293

Einleitung

Der vorliegende Band *Ethnographie im Praxissemester – Soziale Arbeit am Lernort ‚Praxis' studieren* versteht sich als ein Beitrag zur Ausgestaltung des praktischen Studiensemesters bzw. praktischer Studienanteile im Studium der Sozialen Arbeit. Sie ist ein (Zwischen-)Ergebnis meiner Tätigkeit als Praxisreferent im Studiengang *Soziale Arbeit und Pädagogik der Kindheit* an der *htw saar*, eine Vorarbeit zu meiner Dissertation und gleichzeitig der Versuch einer (Neu-)Bestimmung der Frage, welche Funktionen ein Praxisreferat nach der Bologna-Reform erfüllen könnte. Meine manchmal möglicherweise spielerisch erscheinende Umgangsweise mit dem Theorie-Praxis- bzw. dem Wissenschaftspraxis- und Berufspraxis-Verhältnis speist sich aus einem regen Interesse für beide Wissensformen und -bereiche sowie meiner universitären Sozialisation bei Birgit Althans, Dirk Rustemeyer, Johanna Mierendorff und Dieter Filsinger, die das äußerst produktive Interdependenzgeflecht von Theorie und Empirie, Wissenschaft und beruflicher Praxis in unterschiedlichsten Nuancierungen zu diskutieren vermögen. Ob es mir gelungen ist, die Komplexität dieses Verhältnisses schreibend so einzufangen, dass die zugrunde liegende Paradoxie nicht aufgelöst erscheint und sich das damit einhergehende (produktive) Spannungsverhältnis weiterhin abzeichnet, muss nun von Ihnen als Leser*in selbst entschieden werden.

Betrachtet man die aktuellen professionspolitischen Debatten um die hochschulische Ausbildung von Sozialarbeitern und Sozialarbeiterinnen dann fällt auf, dass eine explizite Anleihe im professionstheoretischen Wissen häufig ohne konkrete Ausformulierung auf der hochschuldidaktischen Ebene der Seminarorganisation bzw. studiengangsinternen Ausgestaltung bleibt. Auch die zunehmende Kompetenzorientierung in Studiengängen nach Bologna hat hieran wenig verändert.[1] Jedoch ist eine deutliche Zunahme an disziplinärem und professionsbezogenem Interesse an der Frage praktischer Studienanteile im Zuge der Bologna-Reform entstanden. Von der Hochschulrektorenkonferenz über die AGJ (Arbeitsgemeinschaft für Kinder- und Jugendhilfe), den DBSH (Deutscher Berufsverband für Soziale Arbeit e.V.) und die BAG-prax (Bundesarbeitsgemeinschaft der Praxisämter/-referate an Hochschulen für Soziale Arbeit) beschäftigen sich zahlreiche berufspolitische Akteure mit den Formen des Praxislernens im Studium der Sozialen Arbeit. In diesem Band wird diese Diskussionslinie aufgegriffen und anhand eines, aus konstruktivistisch-systemischer Perspektive hervorgebrachten, Konzeptes als aktive Tätigkeit des *Studierens am Lernort ‚Praxis'* ausformuliert. Damit reagiert diese Konzeption auf eine Entwicklung, die erst im Zuge der Bologna-Reform zu verzeichnen ist, auf die aber bislang keineswegs in ausreichendem Maße reagiert wurde: die Tatsache, dass es sich beim studienintegrierten Praxissemester keineswegs um ein *Praktikum im herkömmlichen Sinne* und auch nicht um ein *Anerkennungsjahr* handelt und jede Ausgestaltung dieser Studienphase, die diesen Umstand nicht systematisch in Rechnung stellt und dabei auch

---

[1] Vielleicht sogar noch dazu beigetragen, die inhaltliche Ausgestaltung stärker in den Hintergrund treten zu lassen (vgl. Kühl 2012; Baecker et al. 2010).

den Berufspraktikern die Differenz zu den herkömmlichen Modellen der Praxisausbildung aufzuzeigen weiß, die Möglichkeiten verschenkt, die mit dieser studienintegrierten Praxisphase einhergehen. Es handelt sich um ein *Studieren in der Praxis*, das einer anderen Form der Begleitung bedarf als ein herkömmliches Praktikum und zugleich auch als ein nach Abschluss des Studiums erbrachtes Anerkennungsjahr. Gleichzeitig bedarf das Studieren in der Praxis eines inhaltlichen und didaktischen Fundamentes, das in der Lage ist, die Erfahrungen der Studierenden, die diese in der Praxis der Sozialen Arbeit machen, einerseits hochschuldidaktisch zu rahmen und andererseits die Brücke zwischen den Lernorten Hochschule und Praxis zu gestalten. Dabei sind mindestens zwei differierende Erfahrungsmodi miteinander in Einklang zu bringen und als wechselseitig relevant herauszustellen: einerseits die konkrete Erfahrung der Studierenden in der Rolle der Sozialarbeiterin und des Sozialarbeiters und die damit verbundene Erfahrung von Entscheidungsdruck und fehlender Handlungsentlastung; andererseits die Nutzung der Möglichkeiten eines forschenden Zugangs zur Praxis, um methodisch geleitete Erkenntnisse in der Beobachtung der (eigenen) professionellen Handlungspraxis zu generieren. Der Erfolg der Verschränkung dieser beiden Erfahrungsmodi könnte die Möglichkeiten der Selbstreflexion im Tun bzw. der Reflexion der eigenen Praxis befördern und die reflexiven Möglichkeitsräume einer wissenschaftlichen Ausbildung für die praktische Arbeit der Sozialarbeiterin/des Sozialarbeiters – im Sinne einer Relationierung von wissenschaftlichem und handlungspraktischem Wissen – deutlich steigern. An dieser Stelle wird bewusst darauf verzichtet, das häufig als gegensätzlich verwendete Begriffspaar Theorie und Praxis zu nutzen, da diese regelmäßig beschworene Gegensätzlichkeit im Hinblick auf eine *saubere Begriffsverwendung* nicht tragfähig ist, wie bspw. Niklas Luhmann in der Soziologischen Aufklärung anhand des Begriffes „Praxis der Theorie" aufgezeigt hat:

> „Mit dem Begriff der ‚Praxis' soll vielmehr angezeigt sein, daß die Arbeit an Theorien ein Handeln ist wie jedes andere Handeln auch – ein Handeln, das in Situationen stattfindet, Gegebenheiten übernehmen und Überraschungen erleben muß; ein Handeln, das, wenn es von momentan empfundenen Bedürfnissen unabhängig und damit Arbeit werden soll, von sehr komplizierten Voraussetzungen abhängt, die das Sozialsystem der Wissenschaft garantieren muß." (Luhmann 1974: 253)

Das Hervorholen dieses vermeintlichen Gegensatzes trägt nicht dazu bei, die unterschiedlichen Perspektiven der Praxis der Sozialen Arbeit und der Praxis der Wissenschaft produktiv aufeinander zu beziehen. Am ehesten wäre aus einer Forschungsperspektive das Begriffspaar Theorie und Empirie als tragfähige Unterscheidung anzusehen. *Kurzum*: Da die vorliegende Konzeption den Versuch unternimmt, wissenschaftliches und handlungspraktisches Wissen in ein produktives Aushandlungsverhältnis zu bringen, wird auf eine dichotome und damit unzulässig vereinfachende Darstellung des Gegensatzes von Theorie und Praxis verzichtet. Wo trotzdem mit diesen Begrifflichkeiten gearbeitet wird, erschien dies aus unterschiedlichen Gründen als geeignet, um eine Differenz deutlich zu machen.

Der hier vorliegenden Konzeption geht es also zentral darum, die Differenz zu älteren Konzeptionen des Praktikums darzustellen und dabei zugleich die Möglichkeiten der neuen Praxisphase im Bachelor aufzuzeigen. Diese werden an einer hochschuldidaktischen Ausgestaltung, wie sie in groben Zügen seit 2013 an der htw saar praktiziert wird, veranschaulicht.

Die vorliegende Konzipierung der Lernphase *Praxissemester* nutzt die Möglichkeiten des forschenden Zugangs zu sozialen Praxisfeldern unter Bezugnahme auf ethnographische und praxistheoretische Forschungsstrategien. Dabei werden die Erkenntnispotenziale ethnographischen Forschens sowie die dem ethnographischen Forschungszugang inhärenten Begrenzungen im Sinne eines Studierens am Lernort Praxis in unterschiedlichen Dimensionen aufgezeigt, um praxistheoretische Perspektiven ergänzt sowie in den Kontext der professionstheoretischen Debatte um Praktika im Studium der Sozialen Arbeit gestellt:

Im ersten Kapitel wird das Verhältnis von Ethnographie und Sozialer Arbeit thematisiert und einige Analogien zwischen Sozialer Arbeit und der ethnographischen Erkenntnisgewinnung mit Bezug auf erziehungswissenschaftliche Ideen expliziert. Dabei wird sowohl an aktuelle praxeologische Ansätze angeschlossen, die die Bedeutung der *Praxistheorie* für die Soziale Arbeit herausstellen, als auch professionstheoretisch argumentiert und die Nähe ethnographischer Erkundungsstrategien von sozialer Wirklichkeit zur Praxis der Sozialen Arbeit in differierenden Handlungsfeldern deutlich gemacht.

Ausgehend von dieser grundlegenden Verhältnisbestimmung werden im zweiten Kapitel die methodologischen Grundlagen eines *Studierens am Lernort Praxis* über die exemplarische Auslotung der Möglichkeiten und Begrenzungen einer ethnographischen Organisationsforschung im Kontext des Praxissemesters der Sozialen Arbeit dargestellt. Dabei wird die Frage der methodischen Erfahrbarkeit und Analyse professioneller Praxis über die Relationierung von Erfahrung, Wahrnehmung und Wissen thematisiert sowie die dem ethnographischen Zugang inhärenten, methodischen Probleme diskutiert.

Die methodische Verzahnung von Hochschulen und Praxiseinrichtungen über das Praxissemester der Sozialen Arbeit wird im dritten Kapitel zum Thema gemacht. Der Prozess des Erlebens im Praxissemester wird dabei metaphorisch mit einer *Expedition in die Praxis* verglichen. Methodologische Annahmen leiten hierbei die Strukturierung der institutionalisierten Reflexionsräume von Selbst- und Fremdreflexion an. Die Beobachtung der professionellen Handlungspraxis als Grundlage der Reflexionsprozesse wird auf mehreren Ebenen in der vorhandenen Reflexionsarchitektur unterstützt. Die dabei von akademischen Praxisanleiter*innen, Dozierenden und Supervisor*innen offerierten Möglichkeiten zur Reflexion werden im vorgestellten Design als *organisierte Aufmerksamkeitsverschiebung* verstanden, deren Wirkung auf unterschiedlichen Ebenen als (im besten Falle) *produktive Ver(un)sicherung* beispielhaft vorgeführt wird.

Die Potenziale einer derartigen Reflexionsarchitektur werden im vierten Kapitel als Professionalisierungsstrategie sowohl für Studierende als auch für die Praxis der Sozialen Arbeit verdeutlicht und einige Schlussfolgerungen für die Konzipierung von Lernprozessen im Studium der Sozialen Arbeit gezogen sowie die Möglichkeiten der Bearbeitung des Theorie-Praxis-Verhältnisses über die Strategie einer lernortübergreifenden Hochschuldidaktik diskutiert.

Zusammenfassend begreift sich die vorliegende Konzeption als *eine* Möglichkeit *unter vielen*, die zentrale Brücke zwischen wissenschaftlichem Wissen und praktischem

Handlungswissen fruchtbar zu machen und die Chancen des Bologna-Prozesses auf der Ebene von reflexiv angelegten Lernprozessen auszugestalten. Neu hieran ist nicht die Nutzung qualitativer Forschungszugänge zur Analyse praktischen Handlungswissens, sondern die konsequente Ausbuchstabierung der methodischen und methodologischen Potenziale *einer* qualitativen Forschungsstrategie und die damit möglich werdende Verbindung von Hochschulen und Praxiseinrichtungen der Sozialen Arbeit. Dem ethnographischen Zugang zur professionellen Handlungspraxis scheinen in diesem Rahmen besonders viele Möglichkeiten der wechselseitigen Bezugnahme der Praxis der Wissenschaft und der professionellen Handlungspraxis der Sozialen Arbeit inne zu wohnen. Zur Weiterentwicklung der Praxis der Sozialen Arbeit und der Wissenschaft der Sozialen Arbeit gilt es, diese Bezüge sichtbar zu machen und zu stärken.

Zur Verwendung der vorliegenden Publikation sollen nun ein paar kurze Lesehinweise gegeben sowie die gewöhnlich am Beginn einer jeden Publikation zu findenden Klärungen bezogen auf Begriffe und genderspezifische Formulierungsformen gegeben werden.

– Wenn in der Arbeit die Begriffe *Soziale Arbeit, Sozialarbeit,* eher selten *Sozialpädagogik* und im Anschluss hieran die *Erziehungswissenschaft* verwendet werden, so entspringt die jeweilige Begriffsverwendung dem Kontext, aus dem die im jeweiligen Kapitel dargestellten und erörterten Aspekte entspringen. In der fachlichen Debatte im Kontext der Identitäts- und Synonymtheorie, der Differenztheorie und der Konvergenztheorie diskutiert, wird hier zwar ein deutlicher Unterschied in den historischen Wurzeln der Sozialarbeit und Sozialpädagogik gesehen (vgl. Kruse 2003), jedoch die Gemeinsamkeiten in den Inhalten, den Methoden und Konzepten beider Referenzrahmen weitgehend unter dem Oberbegriff „*Soziale Arbeit*" zusammengefasst (vgl. May 2010: 24; Füssenhäuser 2005). Der Begriff Soziale Arbeit als Oberbegriff für die zum Teil differierenden Theorietraditionen findet im vorliegenden Buch Anwendung, was sich auch im Untertitel des Buches zentral widerspiegelt.
– In der Veröffentlichung wurden, soweit es möglich war, geschlechtsneutrale Begriffe verwendet. Ansonsten wurden alle geschlechtsspezifischen Begriffe, die der Lesbarkeit wegen nicht geschlechtsneutral geschrieben werden konnten, mit dem Gendersternchen versehen. Im Buch sind durchweg alle Geschlechter und Geschlechtsidentifikationen gemeint.
– Die wahrscheinlichsten Zielgruppen dieser Publikation stellen a.) Studierende (der Sozialen Arbeit), b.) Dozierende und Supervisor*innen in praktischen Studienphasen sowie hochschuldidaktisch verantwortliche Praxisreferent*innen und c.) (akademische) Praxisanleiter*innen dar. Um nun den jeweiligen Gruppen[2] einen knappen Überblick über die Relevanz einzelner Kapitel für die eigene *Praxis* zu verschaffen, wird in der nachfolgenden Tabelle versucht einige Anmerkungen zum Lesen zu geben:

---

2 Völlig klar ist hier, dass die Zielgruppen deutlich ausdifferenzierter dargestellt werden könnten und auch vom Autor differenzierter wahrgenommen werden, eine knappe Aufschlüsselung von Lesehinweisen allerdings notwendigerweise die Komplexität reduzieren muss. Wer also das Buch zur Hand nimmt und sich nicht in eine der drei von mir unterschiedenen Gruppen einzuordnen vermag, sei bei der Lektüre trotzdem herzlich willkommen!

a.) **Studierende** (*der Sozialen Arbeit*)	b.) **Dozierende, Supervisor*innen und Praxisreferent*innen**	c.) **(akademische) Praxisanleiter*innen**
Kap. 1		
– Verständnishintergrund der ethnographischen und praxistheoretischen Hochschuldidaktik im Praxissemester – methodologische Orientierungen zur Begründung des ethnographischen und praxistheoretischen Zugangs zur Praxis der Sozialen Arbeit – Überblick über den professionstheoretischen/-politischen Diskurs zur Praxisausbildung in der Sozialen Arbeit – eigene Haltung zum Verhältnis von Profession und Disziplin	– Verständnishintergrund der ethnographischen und praxistheoretischen Hochschuldidaktik im Praxissemester – Begründungsstrategien eines erfahrungsorientierten, forschungsmethodisch geleiteten Zugangs zur Praxis der Sozialen Arbeit – eigene Haltung in der Lehre im Hinblick auf die Unterstützung eines praktikenorientierten Lernprozesses – Verhältnis der Lernorte	– Verständnishintergrund der ethnographischen und praxistheoretischen Hochschuldidaktik im Praxissemester – Bedeutung des Lernortes Praxis für die Studierenden – Rolle und Bedeutung des Lernortes Praxis in der Hochschule – Verhältnis Profession und Disziplin
Kap. 2		
– methodischer Zugang zu den Organisationen der beruflichen Praxis – analytische Sensibilisierung für einen ethnographischen Zugang zu Organisationen – Gliederung des methodischen Vorgehens und Sensibilisierung für verschiedene Aufmerksamkeitsfokussierungen – bildungstheoretische Begründung der Offenheit des forschenden Zugangs zur Praxis – Klärung der Bedeutung der Subjektivität im Schreibprozess – Sensibilisierung für die Methoden und Probleme eines ethnographischen Zugangs zur organisationalen Praxis der Sozialen Arbeit	– organisationssoziologische Grundlagen eines ethnographischen Zugangs – ethnographische Methodologie im Zugang zur Praxis – Offenheit, Flexibilität und Zirkularität als Evokatoren subjektiver Beschreibungen und Selektionen – Sensibilisierung für die Ressource der Subjektivität im der Ethnographie und im Zugang zur Praxis der Sozialen Arbeit – Auslotung der Schwierigkeiten im Forschungsprozess und Erörterung der Notwendigkeit einer reflexiven Begleitung	– Überblick über die methodologische Begründung eines ethnographischen Zugangs im Praxissemester – Sensibilisierung für die methodischen Möglichkeiten ethnographischen Forschens – Bedeutung der Praxisanleiter*innenbeziehung für den Einstieg in die Praxis der Sozialen Arbeit – Transparenz über die forschungsmethodischen Schwierigkeiten eines teilnehmend beobachtenden Zugangs zu Organisationen

	Kap. 3	
– metaphorische Rahmung des konkreten hochschuldidaktischen Arrangements im Praxissemester – Begründung und Darstellung der Möglichkeiten der Reflexion über die metaphorische Rahmung – Überblick über die Struktur der Begleitung im Praxissemester – Darstellung der unterschiedlichen Reflexionsformate im Praxissemester sowie deren Funktion – Darstellung der Methoden der Praxisreflexion in den unterschiedlichen Reflexionsformaten (anhand konkreter Beispiele) – Überblick über Leistungsnachweise	– Darstellung der Begleitung der Studierenden in den Reflexionsformaten – beispielhafter hochschuldidaktischer Aufbau von Begleitseminaren – Einblick in die lernortübergreifende, hochschuldidaktische Qualifizierung akademischer Praxisanleiter*innen – Überblick über methodisches Vorgehen in Begleitseminaren, Aufbau von Leistungsnachweisen, metaphorische Reflexionsmöglichkeiten (u. a. anhand von Illustrationen) – Reflexionsmodell im Überblick – Relationierung der verschiedenen Reflexionsmodi	– Einblick in die hochschuldidaktische Gestaltung des praktischen Studiensemesters – Darstellung der Möglichkeiten der Reflexion des praktischen Lernprozesses mittels Metaphern und Illustrationen – Aufbau der Qualifizierung akademischer Praxisanleiter*innen – Bedeutung der Praxisreflexion mit Praxisanleiter*innen für den Reflexionsprozess im Praxissemester – Darstellung exemplarischer Situationen aus der Praxis und deren praxistheoretische Auswertung
	Kap. 4	
– Überblick über den Nutzen eines ethnographischen Zugangs zur Praxis für Studierende – Darstellung der Möglichkeiten der Kooperation zwischen den Lernorten Hochschule und Praxis – Bedeutung des studentischen Engagements für die Vernetzung von Profession und Disziplin	– Möglichkeiten und Notwendigkeiten lernortübergreifender Hochschuldidaktik – Potenziale der Vernetzung der Lernorte – Vorteile eines ethnographischen Zugangs zur Praxis für die Begleitung von Studierenden – Ausblick auf strategische Entwicklungspotenziale von Studiengängen, Fakultäten und Hochschulen	– Nutzen des Konzeptes für die Praxis der Sozialen Arbeit – Potenziale für die Weiterentwicklung und konkrete Personalisierung von Ausbildungsfunktionen der akademischen Praxisanleiter*innen in der Sozialen Arbeit – Möglichkeiten der Kooperation zwischen Hochschulen und den Einrichtungen der beruflichen Praxis der Sozialen Arbeit

Kap. 5

– kurzes Fazit und Ausblick zur Debatte um Professionalisierung und Ausbildung in der Sozialen Arbeit

Kap. 6

– ethische Rechtfertigung des hochschuldidaktischen Arrangements
– Ver(un)sicherungen und deren Funktion in der Sozialen Arbeit

Nun wünsche ich viel Freude und hoffentlich ein paar anregende Ideen bei der Lektüre.

Manuel Freis

1. Ethnographie und Soziale Arbeit – Bewusstseinsbildung in studienintegrierten Praxisphasen

Die im September 2015 herausgegebene Stellungnahme der Arbeitsgemeinschaft für Kinder- und Jugendhilfe (AGJ) mit dem Titel „Die Kooperation der Lernorte stärken! Auf gemeinsame Mindeststandards verständigen! – Der Praxisbezug und dessen Bedeutung für die staatliche Anerkennung in den Studiengängen der Sozialen Arbeit." hat deutlich auf die immer noch schwierige und keinesfalls abgeschlossene Aufgabe der stärkeren Vernetzung von Hochschulen und Praxiseinrichtungen der Sozialen Arbeit vor allem im Kontext der studienintegrierten Praxisphasen aufmerksam gemacht. Dazu heißt es im Papier:

> „Aufgrund der auch schon vor der Hochschul- und Studienreform von der ‚Abnehmerseite' beklagten Schwierigkeit des Transfers von theoretisch vermittelten Wissensbeständen in konkrete Handlungskompetenz – unabhängig von dem Umfang praktischer Anteile im Studium – kommt es nach Ansicht der Arbeitsgemeinschaft für Kinder- und Jugendhilfe – AGJ insbesondere auf die Stärkung des ‚Lernortes Praxis' sowie die Intensivierung des Zusammenspiels mit dem ‚Lernort (Fach-)Hochschule' an, denn beide Lernorte sind gemeinsam für die Förderung des qualifizierten Nachwuchses der Profession verantwortlich" (AGJ 2015: 3).

Während nach der Bologna-Reform eine stärkere Praxisorientierung der Studiengänge im Hinblick auf die Frage der späteren Beschäftigungsfähigkeit bzw. employability in den Fokus der Aufmerksamkeit – zumindest in der deutschsprachigen Diskussion (Schubarth et al. 2012a) – gerückt wurde, stellt sich nach wie vor die Frage, wie Kooperationen der Lernorte „Hochschule" und „Praxis" ausgestaltet werden können. Darüber hinaus bleibt offen inwiefern die grundsätzlich eher kontrastierende Verwendung des postulierten Gegensatzes von Theorie und Praxis im Hinblick auf eine produktive Verschränkung des hochschulischen Bereiches mit dem Bereich der Praxiseinrichtungen eine sinnvolle Ausgangsbasis darstellt, oder ob dieser hervorgehobene Kontrast eher Abwehrreaktionen der jeweiligen Bereiche verstärkt und eine Kooperation erschwert.

Die vorliegende Konzeption zum Praxissemester in Studiengängen der Sozialen Arbeit und Pädagogik der Kindheit stellt die Frage nach der Verknüpfung der Lernorte ‚Praxis' und ‚Hochschule' vorerst auf einer hochschuldidaktischen Ebene. Methodische Potenziale ethnographischen Forschens im studienintegrierten Praxissemester werden dabei in Form eines hochschuldidaktischen Arrangements konzipiert, um eine Verschiebung weg von der Fokussierung auf die Differenz von Theorie und Praxis, hin zu einer Form der Relationierung von wissenschaftlichem und handlungspraktischem Wissen über das ethnographische Vorgehen im Praxissemester zu eröffnen. Im Zuge der Ausführung dieses Arrangements, das mit seinen wesentlichen Zügen seit 2013 an der htw saar durchgeführt wird, zeigt sich, dass Möglichkeiten auf der Ebene der Lernprozesse der Studierenden, sowie auf der Ebene der Vernetzung der beteiligten Organisationen bzw. Lernorte geschaffen werden können (vgl. Freis 2016, 2019). Das

Zusammenspiel von Ethnographie und Sozialer Arbeit ist dabei als Bildungsprozess im Sinne einer *produktiven Ver(un)sicherung* angelegt, was im Folgenden anhand der Konfrontation mit Fremdheit in der Sozialen Arbeit skizziert wird (Näheres hierzu in Kap. 3.4). Die Ethnographie wird im hochschuldidaktischen Arrangement der praktischen Studienphase an der htw saar, auf das in den weiteren Ausführungen immer wieder Bezug genommen wird, aufgrund ihrer methodologischen und methodischen Eigenheiten als Möglichkeit aufgefasst den gerade skizzierten Transfer zwischen Hochschulen und Praxiseinrichtungen zu befördern. Dazu ist es notwendig zuerst einmal aufzuzeigen, welche Verbindungslinien von der Ethnographie zur Sozialen Arbeit existieren.

Soziale Arbeit ist von ihren originären Wurzeln auf den Umgang mit der Fremdheit ihres Klientels – d.h. deren Lebenswelten, Lebensstilen und Deutungsmustern – verwiesen und muss im Zuge der Konfrontation mit dieser Fremdheit eigene, „scheinbare" Gewissheiten in Frage stellen um über eine kognitive Neujustierung und Verhältnisbestimmung ein *pädagogisches Verstehen* zu ermöglichen. Für Barbara Friebertshäuser stellt Fremdheit daher eine Grunderfahrung des Kontextes der Sozialen Arbeit dar (vgl. Friebertshäuser 2008) und dient als Kristallisationspunkt professioneller Reflexion. Fremdheit stellt sich dementsprechend als professionelle Herausforderung für Pädagog*innen und Sozialarbeiter*innen dar, die es zu bearbeiten gilt, um nicht einfach in Ablehnung, Vorurteil oder Abwehrreaktionen seitens der professionell Tätigen zu verbleiben oder die unreflektierte Entstehung von Ablehnungen etc. zu ignorieren. Sie dient als Reflexionsanlass, welcher einen Möglichkeitsraum eröffnet, eigene Vorstellungen, Einstellungen und Urteile in ihrer scheinbaren Gewissheit in Frage zu stellen. Dabei ist die Pädagogik bzw. Soziale Arbeit im Augenblick des Kontaktes mit der Fremdheit des Klientels um *interkulturelles Verstehen* bemüht und versucht ihre Klienten im Kontext ihrer Lebenswelt und Biographie nachzuvollziehen.[1] Die Kontaktzone (vgl. Ferrin/Blaschke 2010) zwischen professionellen Sozialarbeiter*innen und Klient*innen wird dabei durch den organisationalen Rahmen abgesteckt. Ein Verstehen der Fremdheit von Klient*innen ist dann darauf angewiesen ein interkulturelles Verstehen herzustellen, das allerdings im Kontext des organisierten Hilfesystems auch organisationalen und professionellen Wahrnehmungsschemata und

---

1 Ethnographische Studien zum professionellen Handeln und den im pädagogischen Handeln genutzten professionellen Strategien (z.B. König 2014 für den Bereich eines Projektes im Kontext der Familienhilfe, Cloos 2008 für den Bereich der Kinder- und Jugendhilfe; Breidenstein 2006 für den Bereichd er Schule) finden sich mittlerweile zahlreich im Kontext der Pädagogik der Kindheit und der Sozialen Arbeit. Die Rahmung des pädagogischen Handelns als „interkulturelle Begegnung" zwischen Sozialarbeiter*innen und Klient*innen wurde und wird im Kontext der Ethnosoziologie interkultureller Studien ausführlich behandelt. Stellvertretend dazu lassen sich die durch das DFJW/OFAJ geförderten Studien und Publikation der Europäischen Bibliothek interkultureller Studien anführen, die das Potenzial der Fremdheit in der interkulturellen Bildung verdeutlicht haben (vgl. Nicklas/Müller/Kordes 2006; Diebie/Wulf 1999 etc.). Auch die momentan im Rahmen der 100jährigen Erinnerung an den ersten Weltkrieg durchgeführte Projektreihe des DFJW/OFAJ „100 Projekt für den Frieden" und deren Evaluation führt diese Tradition des Verstehens in der Einheit der Differenz von Fremdheit/Vertrautheit fort (vgl. https://www.dfjw.org/forschung-und-evaluierung/100-jahre-erster-weltkrieg-100-projekte-fur-den-frieden-in-europa.html [abgerufen am 31.12.2016: 08:12).

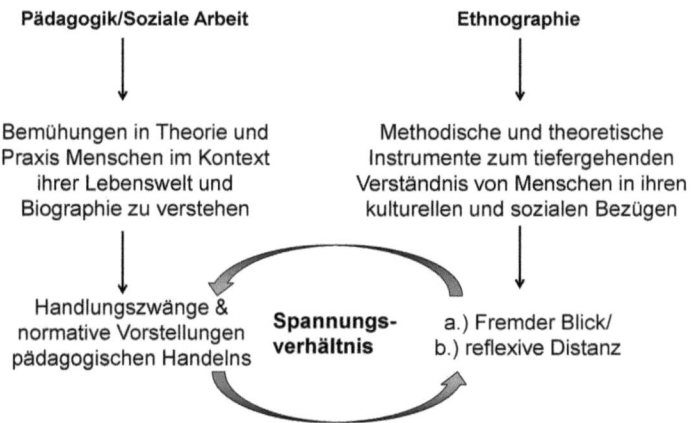

Abb. 1 – Pädagogik/Soziale Arbeit und Ethnographie (eigene Darstellung in Anlehnung an Friebertshäuser 2008)

Handlungszwängen unterliegt (vgl. Mecheril/Melter 2010), sowie normative Vorstellungen pädagogischen Handelns als gesellschaftliche Richtschnur ansehen muss. Ein Verständnis für die Lebensweisen der Klienten und deren Deutungsmuster im Kontext ihrer biographischen Erfahrungen setzt *kein Einverständnis* mit diesen Vorstellungen und den damit verbundenen Kommunikations- und Interaktionsmustern voraus. Damit ist die Aufgabe der Sozialen Arbeit als paradoxe Bewusstseinsleistung markiert, die einerseits qua Sensibilität Fremdheit verstehend nachvollzieht, andererseits ethische und organisationale Rahmenbedingungen in Form von Handlungszwängen und normativen Vorstellungen pädagogischen Handelns dem Verständnis der Fremdheit entgegensetzen muss.

Die Ethnographie als Zugangsstrategie zur professionellen Praxis der Sozialen Arbeit und Pädagogik der Kindheit kann den Verstehensbemühungen der Sozialen Arbeit ein methodisches und theoretisches Instrument zum Verständnis von Menschen in ihren kulturellen und sozialen Bezügen zur Verfügung stellen (vgl. Friebertshäuser 2008).

Die Methodologie des ethnographischen Forschens bietet dabei den methodisch abgesicherten Rahmen der Gewinnung von Informationen zum Klientel der Sozialen Arbeit. Fremdheit/Unbekanntheit des Klientels als Ausgangspunkt der ethnographischen Erkundung erscheint dabei als Grundlage einer reflexiven Distanz, die zu deren Verständnis beitragen kann. Gleichzeitig wird der fremde Blick der Ethnographie als bewusste Befremdungsstrategie zur dauerhaften Versicherung, normativen Vorstellungen pädagogischen Handelns nicht zu schnell aufzusitzen und auch in der von Handlungszwängen gekennzeichneten professionellen Praxis die *Einheit der Differenz von Fremdheit und Vertrautheit*[2] im Sinne eines Spannungsverhältnisses als kontinuierliche

---

2 Hierbei wird angeschlossen an die Terminologie Niklas Luhmanns, der im Zuge differenztheoretischer Annahmen die Wahrnehmung einer Differenz als beobachterabhängige Wahrnehmungsleistung konzipiert (vgl. Luhmann 1984), die zwar meist nur eine Seite einer Unterscheidung bezeichnet, die andere Seite der Unterscheidung aber immer mit sich führt. Für die Differenz von Fremdheit und

Reflexionsaufgabe professioneller Handlungszwänge und normativer Vorstellungen pädagogischen Handelns zu begreifen.

Daraus ergeben sich, aus einer erziehungswissenschaftlichen Perspektive, Schlussfolgerungen für eine methodisch abgesicherte Bewusstseinsbildung in der Relationierung von Sozialer Arbeit und Ethnographie.

Aus der Argumentation Barbara Friebertshäusers (vgl. ebd.: 50ff.) lassen sich folgende Erkenntnismöglichkeiten der Sozialen Arbeit beschreiben, die aus einem ethnographischen Vorgehen erwachsen:

(1.) ein Verständnis des Anderen bzw. des Fremden basierend auf einem methodisch abgesicherten Zugang.
(2.) ein Verständnis der eigenen Kultur, basierend auf einer Befremdung des Selbstverständlichen der eigenen Kultur.
(3.) einen Zugang zur „kulturellen Freisetzung" des Einzelnen aus dessen ehemals eingrenzenden symbolischen und faktischen Bindungen an gesellschaftliche Ordnungen. Ethnographie beschreibt jene Prozesse der Subjektivierung als Praxen individueller Stilisierung und Ästhetisierung, die ethnographisch in den Blick geraten.
(4.) einen Zugang zu den ‚Kulturen der Pädagogik', die Barbara Friebertshäuser hier als die Reflexion des Verhältnisses der Pädagogik zu sich selbst begreift. Eine Notwendigkeit für die Pädagogik sich dieser Kulturen bewusst zu sein, macht sie daran fest, dass Pädagogen auch als Vermittler kulturell geprägter Werthaltungen und Orientierungen anzusehen seien, wenn diese es mit Angehörigen unterschiedlicher Kulturen zu tun bekämen – was für sie praktisch als Regelfall pädagogischen Handelns anzusehen wäre. Dazu Friebertshäuser in Anlehnung an Marotzki:

„Wichtig ist dabei zu beachten, dass auch das pädagogische Handeln eine kulturelle Ausprägung besitzt, die es mit zu analysieren gilt, um Kulturkontakte und Kulturkonflikte verstehen zu können. […] Erziehungsziele sind in hohem Maße kulturvariant. Sie gelten auch selten für einen ganzen Kulturkreis, sondern gliedern sich noch mal nach Schichten, Milieus und sozialen Bezugsgruppen aus. Beispielsweise galten in der Geschichte der Arbeiterbewegung in den typischen Arbeitermilieus andere Erziehungsziele, als in den so genannten bürgerlichen Schichten (Marotzki 1996, S. 25). Für die Erziehungswissenschaft ist es wichtig, sich diese kulturellen Aspekte klar zu machen, um über das von ihr selbst geschaffene Feld kultureller Ansprüche und Haltungen aufgeklärt zu sein und Konflikte erklären zu können. […] Die Tatsache, dass diejenigen, für deren Erziehung wir zuständig sind, oftmals aus anderen kulturellen Kontexten kommen, oder andere Orientierungen und Lebensstile verfolgen, wird noch immer viel zu wenig reflektiert." (Friebertshäsuer 2008: 51 f.)

Vertrautheit bedeutet dies, dass Fremdheit ohne Vertrautheit nicht bestimmt werden kann, da sich erst durch die Wahrnehmung der Differenz von Fremdem und Vertrautem ein Bewusstsein für die Einheit dieser Differenz – ihre zwei-Seiten-Form – herstellt (vgl. Hünersdorf 2012; Freis 2016; Alkemeyer/ Buschmann 2016). Am deutlichsten arbeitet Luhmann dies für die Differenz von System und Umwelt heraus. Ein System kann erst als System bezeichnet werden, wenn ein Beobachter das System von der Umwelt unterscheidet und die Unterscheidung danach wieder in sich selbst eintritt.

Die Verzahnung von Sozialer Arbeit und Ethnographie ist dabei einerseits durch Potenziale gekennzeichnet, die aus den ihnen inhärenten Analogien erwachsen. Die Bemühungen der Erziehungswissenschaft, Menschen in ihrem jeweiligen sozialen, historischen und lebensweltlichen Kontext sowie in ihrer biographischen Entwicklung in theoretischen und praktischen Bezügen zu verstehen, wird durch die methodischen und theoretisch-methodologischen Instrumente der Ethnographie beantwortet, die ein tiefergehendes Interesse am Verständnis von Menschen, sozialen Organisationen und gesellschaftlichen Phänomenen in ihrem jeweiligen sozialen und kulturellen Kontext haben (vgl. ebd.: 49). Andererseits ergeben sich genau an dieser Schnittstelle auch die Probleme des wechselseitigen Bezuges. Ethnographie kultiviert einen „fremden Blick" und eine „reflexive Distanz" zu ihren Forschungsgegenständen, um sich aus dieser Perspektive Zugang zu den jeweiligen Phänomenen schaffen zu können. Eine derartige Distanz und Fremdheit dem Forschungsphänomen gegenüber, kann die Soziale Arbeit nur bis zu einem bestimmten Punkt aufbringen, nämlich bis zu jenen notwendigerweise normativen Vorstellungen pädagogischen Handelns und den Handlungszwängen der professionellen Praxis. Begreift man die Normativität der pädagogischen Praxis als deren blinden Fleck, ermöglicht die ethnographische Forschungsstrategie einen Zugang zur Kontingenz dieser normativen Unterscheidungen. Damit scheint die Gegensätzlichkeit ethnographischen Erkennens (Erkennen in reflexiver Distanz) und der Epistemologie professionellen Handelns im Hinblick auf die Selbsterkenntnis der Sozialen Arbeit/Erziehungswissenschaft gleichzeitig ihre größte Stärke zu sein.

Die sich hieran anknüpfende Aufforderung wird in der vorliegenden Konzeption der Ausgestaltung einer praktischen Studienphase an der htw saar verstanden als Entwicklung einer Differenzsensibilität durch Konfrontation mit dem Fremden unter der Bedingung einer bewussten Aufmerksamkeit. Ethnographie und Kulturanalyse dienen dabei als methodische Instrumente der Reflexion und Sichtbarmachung des Selbstverständlichen bzw. der pädagogischen Kultur des Alltagshandelns. Eine derartige Strategie kann auch als Antwort auf eine Zunahme von Unsicherheit in der Gesellschaft gesehen werden, wie sich aktuell an vielfältigen Beschreibungsformen von Gesellschaft aufzeigen lässt.[3] Kontingenz in der Gegenwartsgesellschaft (Holzinger 2007) erhält dabei eine immer prominentere Stellung als Begriff der Sozialtheorie und verweist auf zahlreiche Schwierigkeiten, die für Menschen in der bewussten Konfrontation mit Kontingenz entstehen. Es treten Strategien subjektiver Absicherung in den Blick, wie sie von Maria Wolf, Bernhard Rathmayr und Helga Peskoller in der Konzeption der Konglomerationen beschrieben werden (vgl. Wolf/Rathmayr/Peskoller 2009)[4].

---

3   Hier sei erinnert an Beschreibungen von Gesellschaft als Bindestrich- bzw. Adjektivgesellschaften z. B. Risikogesellschaft (Beck 1986); Erlebnisgesellschaft (Schulze 1992); Multioptionsgesellschaft (Gross 1994); Giddens Postulat einer entfesselten Welt (Giddens 2001); die Tyrannei der Intimität (Sennett 2004); das erschöpfte Selbst (Ehrenberg 2004).

4   Weitere aktuelle Diagnosen ließen sich hier problemlos anführen. Beispielsweise verdeutlicht Michael Winkler im Kontext der Debatte um Freiheit und Zwang, wie die Pädagogik gelernt habe sich von Zwang als negativem Referenzpunkt der Freiheit zu distanzieren, dabei aber übersehen habe, dass Freiheit ohne äußeren Zwang und Einschränkung jegliche Bedeutung verliere (vgl. Winkler 2012: 143 ff.). Ralf Konersmann fragt sich, wann wir gelernt haben Unruhe als Kultur derart zu schätzen, dass heute

Der Zugang zu den professionellen Umgangsweisen mit den Herausforderungen von Fremdheit und Kontingenz stellt sich für angehende Sozialarbeiter*innen bzw. Studierende in der praktischen Studienphase dann auf zwei Ebenen:

(1) Durch Beobachtung der Vorgehensweisen von Sozialarbeiter*innen in Form eines analytischen Durchdringens der Berufspraxis.
(2) Durch eigene Erfahrung in situ als Möglichkeit eines praktischen Erlebens der Tätigkeit von Sozialarbeiter*innen.

Das Ins-Verhältnis-Setzen dieser beiden Ebenen würde sich dann als hochschuldidaktische Aufgabe ergeben, die Wissenschaft und pädagogische Handlungspraxis aufeinander bezieht. Ob wissenschaftliches Wissen von Studierenden als praxisfern, wie dies in zahlreichen Studien im Kontext des klassischen Praktikums nachgewiesen wurde (vgl. Mair 2001; Rothschuh 2001: 162 ff.; Schubarth et al. 2012b: 72 ff.), oder als notwendige Ergänzung zum handlungspraktischen Wissen angesehen wird, entscheidet sich maßgeblich im Rahmen der Ausgestaltung dieser Relationierung von Wissen auf hochschuldidaktischer Ebene. Eben dies wird im Zuge der Umgestaltung der Studiengänge durch die Bachelorreform noch viel zu wenig beachtet, da sich bislang noch recht hartnäckig eine Strategie zu halten scheint, die die Verantwortung für die praktische Ausbildung an die Praxiseinrichtungen der Hochschulpraktikant*innen abzugeben scheint und dabei nicht erkennt, dass es sich spätestens nach der Umstellung der Studiengänge um eine „delegierte Verantwortung"[5] (vgl. Merten 2014a) handelt und Hochschulen trotz der Delegation eines Ausbildungsauftrages die Verantwortung für das Lernen in der Praxis übernehmen müssen. Für die hier vorliegende Konzeption würde dies bedeuten, dass die Ethnographie als Zugangsstrategie zur Praxis der Sozialen Arbeit und Pädagogik der Kindheit Möglichkeiten vorhalten müsste, die ebendiese Relationierung und hochschuldidaktische Steuerung eines Lernprozesses in der Praxis wahrscheinlicher machen (siehe Kap. 1.1 und Kap. 2.1). Das studienintegrierte Praxissemester könnte dann als Verbindungsglied zwischen fachwissenschaftlichen Inhalten des Studiums und den professionellen Anforderungen der Berufspraxis fungieren – und dies nicht nur durch dessen Stellung in der Mitte des Studiums[6], sondern durch

---

in vielen menschlichen Lebenskontexten Stabilität eher eine geringe oder zweifelhafte Wertschätzung genieße (vgl. Konersmann 2015) und Marianne Gronemeyer verdeutlicht die Konsequenzen einer Freisetzung des Subjekts und dessen Gegenbewegung zur Absicherung subjektiver Alltagssicherheiten (vgl. Gronemeyer 2012: 83 ff.).

5 In Ansätzen wurde dies bereits von Uwe Sielert und Elke Mahnke gesehen, wenn sie forderten, dass die Lehre im Kontext des Praktikums in den Verantwortungsbereich aller Hochschullehrenden fallen müsse (vgl. Sielert/Mahnke 2001: 45 f.) Problematisiert wurde dies auch von Walter Schoger (vgl. Schoger 2001: 77 f.), sowie in der aktuellen Stellungnahme der AGJ (AGJ 2015).

6 An der htw saar ist das Praxissemester für das 5. Studiensemester eingeplant und liegt damit hinter einer viersemestrigen Phase des Grundstudiums und vor einer in der Regel zweisemestrigen Abschlussphase. Ähnliche Stellungen der studienintegrierten Praxisphasen lassen sich an zahlreichen Hochschulen, Universitäten feststellen (vgl. bspw. Hochschule Ludwigshafen http://www.hs-lu.de/fachbereiche/fachbereich-sozial-und-gesundheitswesen/praxisreferat/soziale-arbeit.html [abgerufen am 31.12.2016: 9:45]; Hochschule für angewandte Wissenschaften München http://www.sw.hm.edu/studienangebot/bachelor/soziale_arbeit/aufbau_des_studiums.de.html [abgeru-

institutionalisierte Reflexionsräume, in denen konkrete Relationierungspraxen aufgezeigt, eingeübt und reflektiert werden. Ein so verstandenes praktisches Studiensemester eröffnet einen Raum, um die Bedingungen, Möglichkeiten und Grenzen der Berufs- und Wissenschaftspraxis zu erfahren. Damit werden Handlungsprobleme und Selbstverständlichkeiten in der Praxis zu Kulminationspunkten für Theoriereflexion und theoretische Leerstellen und Inkohärenzen zu Anlässen praktischer Exploration (siehe Kap. 1.2). Auf professionstheoretischen Grundlagen aufbauend, wird darüber hinaus die Idee einer ethnographischen Erziehungswissenschaft aufgezeigt, wie sie für ein Konzept der Professionalisierung von Studierenden im Rahmen der Ausbildung einer praktischen Vernunft (vgl. Bourdieu 1998, vgl. Schmidt 2009: 193 ff.) notwendig erscheint. Dabei wird konkret auf unterschiedliche Modi der Integration und Interdependenz von wissenschaftlichem und handlungspraktischem Wissen eingegangen. Bernd Dewe hat hierfür den Ausdruck des „professionellen Wissens" (vgl. Dewe 2012) geprägt, das aus der Integrationsleistung der anderen beiden Wissensformen hervorgeht (siehe Kap. 1.3).

Im Folgenden werden nun im Anschluss an die erziehungswissenschaftliche Ethnographiedebatte die Grundlagen und Erkenntnismöglichkeiten einer ethnographisch ausgerichteten Erziehungswissenschaft beschrieben, deren Nutzung dann im Bezug auf die praktischen Studienanteile in Sozialer Arbeit und Erziehungswissenschaft in Kap. 2 und 3 vorgeführt werden.

1.1 Ethnographische Erziehungswissenschaft

Ethnographie als Methode der Ethnologie und (Kultur-)Anthropologie ist als Kompositum zusammengesetzt aus dem griechischen Begriff *ethnos*, der für Volk steht und dem Verb *graphein*, das als schreiben oder beschreiben übersetzt werden kann (vgl. Gemoll 2006). Damit bezeichnet der Begriff der Ethnographie im Anschluss an die ethnologische und (kultur-)anthropologische Tradition eine Methode zur Beschreibung von Völkern und Kulturen, die als fremde Lebenswelten in ihrer Komplexität erforscht und beschrieben werden sollen. Hillmann verdeutlicht im Wörterbuch der Soziologie, dass „die Entwicklung der Ethnographie […] eng verbunden [sei] mit der Horizonterweiterung europäischer Sozialwissenschaften infolge immer neuer, geographischer Entdeckungen und Erkundungen durch kapitalistisch-koloniale Expansion und christliche Missionierung" (Hillmann 1994: 199 f.). Ethnologische Forschung wurde zu Beginn des 19. Jahrhunderts noch als „Lehnstuhl-Ethnologie" (vgl. Berg/Fuchs 1993: 25) betrieben, die aus dem professoralen Lehnstuhl im Büro mithilfe von Berichten und Dokumenten, die von Reisenden mitgebracht worden waren, betrieben wurde. Ethnologische Forschung war somit auf Zeugnisse Dritter angewiesen, die

---

fen am 31.12.2016: 10:02]; ASH Berlin https://www.ash-berlin.eu/fileadmin/user_upload/pdfs/Organisation/ Akad._Selbstverw/Kommissionen/LBK/Wem_gehört_die_Stadt.pdf [abgerufen am 31.12.2016: 10:04]; Uni Tübingen http://www.erziehungswissenschaft.uni-tuebingen.de/studium/praktikumsbuero.html [abgerufen am 31.12.2016: 10:08]).

weder methodisch ausgebildet noch zur Datensammlung instruiert waren, sondern nebenbei Erfahrungen aufgezeichnet oder mitgebracht haben, die dann von Ethnologen als ‚Daten' angesehen und ausgewertet wurden. Spätestens mit Bronislaw Malinowski hielt die Gestalt des ethnologischen Forschers, der sich seine ‚Daten' selbst an jenen Orten der Welt besorgt, die er zu erforschen gedenkt, Einzug in die Wissenschaft. Malinowskis Studien bei den Kula in Neuguinea, der er den denkwürdigen Titel „Argonauten des westlichen Pazifik" (1984) gab, machte die Möglichkeiten einer wissenschaftlichen Erforschung des Fremden in der Fremde deutlich. Malinowskis Vorgehensweise war durch die Fremdheitserfahrung geprägt, die er in seiner Forschungszeit bei den Kula erlebte. Ein Zeugnis von dem Aufeinandertreffen zweier Kulturen vermittelt dabei beispielsweise ein Foto seines Feldaufenthaltes, in welchem sein stark europäisch aussehendes Zelt neben den Behausungen der Eingeborenen zu sehen ist (vgl. Malinowski 1984: 39).

Bezeichnend für das Vorgehen und die Ergebnisse Malinowskis in dieser frühen ethnologischen Studie war der starke Eurozentrismus, der sich bereits in der Wahl des Titels seines Werkes, ‚Argonauten des westlichen Pazifik' in Anlehnung an die griechisch-europäische Sage um Jason und die Argonauten des Goldenen Flieses, ausdrückt. Malinowskis Forschung zeichnet sich dadurch aus, dass sie Unbekanntheit bzw. Fremdheit als Erkenntnisheuristik verwendet, dies allerdings unter Verwendung einer eurozentristischen Betrachtungsweise. Selbstbeschreibungen Malinowskis – z.B. „Einwanderer einer höheren Rasse" (ebd.: 51) –, Beschreibungen von kulturellen Positionen, die Malinowski in einer Gesellschaft erwarten würde, da sie im eigenen kulturellen Hintergrund Malinowskis eine Bedeutung haben, dies aber nicht in gleicher Weise in der Logik der fremden Kultur haben müssen – „Das Amt des Häuptlings kennen sie nicht [...]" (ebd.: 55) – sowie die Art und Weise der Fremdbeschreibung kultureller Eigenheiten – wie bspw. die Beschreibung von Nacktheit und Scham auf der Basis der europäischen Sexualmoral – geraten in den Blick. Ein eurozentristischer Bewertungsmaßstab wird demnach an die fremde Kultur angelegt, um diese aus der Binnenperspektive erforschen und verstehen zu können.[7] Hierzu zeichnet sich ethnologische Forschung durch einen ausgedehnten Forschungsaufenthalt aus, der versucht die fremde Kultur in ihrer Fremdheit zu verstehen.

Mit der Idee der *dichten Beschreibung* von Clifford Geertz (1987) entwickelte sich eine ethnographische Tradition, die auf den Erfahrungen und Ideen Malinowskis aufbaut, aber bewusst den Maßstab zum Verständnis der Innenperspektive einer fremden Kultur aus deren eigenen Ideen und Vorstellungen zu entwickeln versucht. Geertz stellte mit seinen Forschungen in Bali und der Methode der dichten Beschreibung die ethnologische bzw. ethnographische Erkundung fremder Kulturen auf eine neue Basis. Ihm ging es darum Phänomene in den „selbstgesponnenen Bedeutungsgeweben"

---

[7] Für eine Zusammenfassung kritische Würdigung des Werks von Bronislaw Malinowski in der Ethnologie sei an dieser Stelle verwiesen auf James Frazer, der die Vorrede zum Werk „Argonauten des westlichen Pazifik" schrieb und betonte, welche Bedeutung die, aus seiner Sicht unglaublich detaillierte, Beschreibung des fremden Volkes der Trobriander für die Wissenschaft haben würde (vgl. Malinowski 1984: 7 ff.), sowie aus der heutigen Sicht auf Michael Young (1979; 2004).

(vgl. Geertz 1983: 9) der fremden Kultur zu erfassen und sie mit deren Begriffen und Bewertungsmaßstäben möglichst *dicht* zu beschreiben. Als knappes Beispiel kann hierfür seine dichte Beschreibung des „Zwinkerns" im Vergleich zu einer eher dünnen Beschreibung angeführt werden.

Das Zwinkern als Phänomen kann vordergründig beschrieben werden als „blitzschnelles Bewegen der Augenlider" (Kelle 2013: 108), wobei in dieser Beschreibung kein Hinweis auf die spezifische kulturelle Bedeutung des hier nur als motorische Abfolge beschriebenen Phänomens zu erkennen ist. Geertz bezieht sich mit seiner dichten Beschreibung des Zwinkerns auf Gilbert Ryle, der das Zwinkern als Phänomen auf zwei Arten differenziert: Einerseits als ungewolltes Zucken und andererseits als Transport der kulturellen Bedeutung des Zwinkerns als heimliches Zeichen an Jemanden (vgl. Geertz 1987: 10f.) In der von Clifford Geertz zitierten Beschreibung des Zwinkerns im Anschluss an Ryle, zeigt sich nun die kulturelle Dimension des Zwinkerns als heimliches Zeichen. Geertz differenziert dies weiter und kommt abschließend zu folgender Beschreibung:

> „Der Zwinkerer teilt etwas mit, und zwar auf ganz präzise und besondere Weise: (1) er richtet sich absichtlich (2) an jemand Bestimmten, (3) um eine bestimmte Nachricht zu übermittelt, (4) und zwar nach einem gesellschaftlich festgelegten Code und (5) ohne dass die übrigen Anwesenden eingeweiht sind." (ebd.: 10f.)

Eine dichte Beschreibung versucht also, wie hier in Anlehnung an Geertz Beschreibung des Zwinkerns aufgezeigt wurde, die selbstgesponnenen Bedeutungsgewebe als Basis des sozialen Sinns von Handlungen in einer spezifischen Kultur zu analysieren und deren unterschiedliche Dimensionen im Bewertungsmaßstab der jeweiligen Kultur in einer Beschreibung des Phänomens zu bündeln.[8] Die Orientierung am kulturell Fremden gilt dieser Perspektive noch immer als zentrale Erkenntnisheuristik.

Spätestens mit Amann/Hirschauers Band „Die Befremdung der eigenen Kultur" (1997) wurde der ethnographischen Forschung eine alternative Sichtweise auf das scheinbar Vertraute der eigenen Kultur angeboten. Im „Programm zur Befremdung der eigenen Kultur" verdeutlichen Klaus Amann und Stefan Hirschauer eine Möglichkeit ethnographischen Forschens, die ein Erschließen der eigenen Kultur einer ethnographischen Erkundung durch methodisch-systematische Befremdung ermöglicht (*indigene Ethnographie*). Hier ist nicht mehr nur das Fremde erkenntnistheoretisch leitend, sondern eine methodische Befremdung des Vertrauten erschließt der ethnographischen Forschung neue Forschungsfelder in der eigenen Kultur. Theoretisch geht es dabei um die Erforschung der Hervorbringung eines Phänomenbereichs gelebter und praktizierter Sozialität und dessen Individuen (vgl. ebd.: 11f.). Stellvertretend lässt sich hier eine knappe Studie Stefan Hirschauers zur Fahrt in einem Aufzug aufführen, die in der eigenen Kultur durchgeführt, die Interaktionspraktiken im Aufzug

---

8 Als weitere Zugangsmöglichkeit zur Methode der dichten Beschreibung sei auf den Aufsatz „Deepplay: Bemerkungen zu balinesischen Hahnenkampf" ebenfalls von Clifford Geertz verwiesen, in welchem er die kulturelle Bedeutung des Hahns und der Hahnenkämpfe in Bali aufzeigt (vgl. Geertz 1987).

in den Mittelpunkt der Analyse rückt (vgl. Hirschauer 1999). Methodisch adaptiert eine derartige Forschungsperspektive die ethnologische Leitdifferenz von Fremdheit und Vertrautheit – die Heuristik des Unbekannten –, ergänzt diese jedoch um ein beobachtendes Verhältnis zur eigenen Kultur (*Othering*[9]) und die damit einhergehende Möglichkeit der Befremdung des Vertrauten als Erkenntnisheuristik.

> „Das weitgehend Vertraute wird dann betrachtet als sei es fremd, es wird nicht nachvollziehend verstanden, sondern methodisch befremdet: es wird auf Distanz zum Beobachter gebracht. Jede Alltagssoziologie […] kann sich so das allzu Vertraute, nämlich selbstverständlich Hingenommene einer Kultur zu ihrem fragwürdigen Gegenstand machen." (Amann/Hirschauer 1997: 12)

Kennzeichnend für eine derartige Ethnographie ist also, dass sie eine Erforschung fremder Kulturen oder der eigenen Kultur aus der jeweiligen Binnenperspektive darstellt. Sie nutzt die ethnologische Leitdifferenz von Fremdheit und Vertrautheit und die bewusste Aufmerksamkeitsverlagerung auf die *Befremdung* als Erkenntnisheuristik[10], um eine dichte Beschreibung mittels der Kategorien und Begriffe zu generieren, die im Feld von den Beforschten als deren Alltagskultur Verwendung finden. Dabei haben sich im Unterschied zu den langen Aufenthaltszeiten ethnologischer Forschung, in der ethnographischen Forschung unterschiedliche methodologisch Ansätze mit z. T. sehr kurzen Aufenthaltszeiten entwickelt.[11]

Gerade in der Erziehungswissenschaft setzte sich ausgehend von praxistheoretischen Ansätzen (vgl. Reckwitz 2003) immer deutlicher die Erkenntnis durch, dass ‚das Soziale' weder problemlos verstehbar noch steuerbar ist. Auch Globalisierungs- und Internationalisierungsprozesse machen auf kulturelle Kontingenzen aufmerksam, wodurch es insgesamt gesellschaftlich immer bedeutsamer erscheint, von sich unterscheidenden Sinnsystemen – und im Kontext der funktional differenzierten Gesellschaft von polykontexturalen Verhältnissen (vgl. Jansen/Vogd 2013) – auszugehen. Eine kommunikative Aushandlung bzw. Sensibilität für Differenzen (Diversity) erlangt

---

9 Eine systematische Aufarbeitung zum Othering und der Möglichkeit von Bildung durch/in Fremdheitserfahrungen findet sich u.a. bei Christine Riegel (vgl. Riegel 2016).

10 Hier sei verwiesen auf andere Möglichkeiten der Befremdung, die eng mit dieser Perspektive zusammenhängen. So verwendet Ronald Hitzler in einem frühen Aufsatz bspw. den Begriff der „Dummheit als Methode" (Hitzler 1991) zur Beschreibung einer Haltung, die versucht die Erforschten als Experten ihrer Lebenswirklichkeit zur Sprache zu bringen. Ebenfalls verdeutlicht Ralf Bohnsack in seiner „Rekonstruktiven Sozialforschung" (Bohnsack 2008) am Beispiel von narrativen Interviews die Bedeutung der Zurückhaltung in der rekonstruktiven Erforschung der Erfahrungsräume von Interviewpartnern (vgl. ebd.: 92ff.). Weitere Beispiele ließen sich hier noch ergänzen.

11 Hier sei nur auf die „fokussierte Ethnographie" Hubert Knoblauchs (Knoblauch 2001) hingewiesen, die als eher kurze Phase der Erkundung mit klarer Fragestellung und festem Forschungsfokus angelegt ist. Darüber hinaus entwickeln sich auch Ansätze, die eher das eigene Erleben und Fühlen in der Erfahrung von Situationen und Praktiken in den Vordergrund stellen. Diese Verfahren haben sich deutlich ausdifferenziert und rangieren in ihrer extremsten Variante unter der Bezeichnung der Autoethnographie (vgl. Geimer 2011), wobei Tendenzen festzustellen sind, dass autoethnographische Ideen und introspektive Verfahren auch in anderen ethnographischen Traditionen an Boden gewinnen, wie z. B. die letzten der Fuldaer Feldarbeitstage und die daran anschließende Publikation „Old school – new school? – Zur Frage der Optimierung ethnographischer Datengenerierung" (Hitzler et al. 2016).

lebenspraktisch einen größeren Stellenwert weshalb Friebertshäuser (2008: 50) mit Bezug auf die Arbeitsfelder der Pädagogik davon spricht, dass die Kernaufgabe der Pädagogik der Umgang mit fremden Kulturen sei und Pädagogen wie keine andere Profession gewohnt seien die „selbstgesponnenen Bedeutungsgewebe" (Geertz 1983: 9) ihrer Klienten zu erkunden, um deren Wirklichkeitskonstruktionen verstehen, nachzuvollziehen und kritisch reflektieren zu können. Ausgehend von diesen Erkenntnissen erscheint für Barbara Friebertshäuser die „interkulturelle Kompetenz" als Schlüsselkompetenz der Pädagogik (Friebertshäuser 2008: 51).

Die Frage, ob sich die Erziehungswissenschaft im deutschsprachigen Raum hin zu einer „ethnographischen Erziehungswissenschaft" entwickele, wurde von Oliver Schnoor (2010) auf der Grundlage der alle zwei Jahre stattfindenden Ethnographietagungen der deutschen Erziehungswissenschaft aufgeworfen. Die Publikationen und Forschungen der vergangenen Jahrzehnte lassen eine deutliche Zunahme ethnographischer Forschungsprojekte in der Pädagogik und der Sozialen Arbeit seit den 90er Jahren (vgl. Hünersdorf/Müller/Maeder 2008: 11; Hünersdorf 2012) erkennen. Als Gründe für diese Zunahme werden erstens Aspekte der Globalisierung und der damit einhergehenden Bedeutungszunahme einer Kulturalisierung als Betonung des Besonderen angeführt. Zweitens erlange eine veränderte Forscherhaltung eine größere Bedeutung, die der Perspektive der Erforschten eine symmetrische Sprecherposition einräumt und drittens eigne sich der ethnographische Ansatz als praxistheoretischer Zugang zum inkorporierten Wissen der Akteure und könne somit auf die Entwicklungen des cultural-turns der Sozialwissenschaften reagieren, der auf die Bedeutung der tacit knowledge bzw. des impliziten Wissens in der Alltagspraxis hinweist. Seit dieser Sammlung von Gründen für eine Bedeutungszunahme der Ethnographie durch Bettina Hünersdorf, Burkhard Müller und Christoph Maeder haben sich weitere „turns" angeschlossen, die in ihrer Gesamtheit eine Fokusverlagerung der gesamten sozialwissenschaftlichen Erkenntnisprozesse erkennen lassen (vgl. Alkemeyer/Buschmann 2016: 115f.) (hierzu mehr in Kap. 1.2).

Resümiert man diese konstatierten Wandlungsprozesse, wird für die Erziehungswissenschaft deutlich, dass eine „ethnographische Feldforschung das methodische Instrumentarium zur Verfügung [stellt], um kulturelle Phänomene angemessen zu erfassen, zu beschreiben und einer Analyse zugänglich zu machen" (Friebertshäuser 2008: 53). Eine Nutzung des ethnographischen Feldforschungszugangs in der Erziehungswissenschaft erschließt dieser ein methodisch abgesichertes Instrumentarium als Zugangsmöglichkeit zu *fremden Kulturen*, deren Lebenswelten und Lebensstilen. Darüber hinaus erscheint es möglich die Alltagskultur analytisch zugänglich zu machen (vgl. ebd.: 53). Dies ist gerade mittels anderer methodischer Zugänge nur in begrenztem Umfang möglich. Quantitative Zugänge und Zugänge, die rein auf Befragung basierten, resümiert Friebertshäuser, gerieten an ihre Grenzen im verstehenden Nachvollzug und der Rekonstruktion des Selbstverständlichen und Alltäglichen, sozialer Interaktions- und Umgangsformen (vgl. ebd.: 53). Um dies zu verdeutlichen greift sie auf die Differenz einer (1.) vergegenständlichten Welt als objektiv erfassbarer und einer (2.) subjektiven Welt im Sinne Husserls, als individuelle Erlebens- und Erfahrungswelt zurück. Diese subjektive Welt beinhalte aber für die Soziale Arbeit jene relevanten

Wissensbestände der Adressaten Sozialer Arbeit, die über biographische Orientierungen, Haltungen und Einstellungen sich als individuelle Bewältigungstechniken verfestigten. Grundsätzlich handle es sich bei der subjektiven Welt um unhinterfragte Selbstverständlichkeiten der Bewohner dieser Lebenswelt, weshalb diese einer Erzählung „nicht würdig erachtet und dadurch ausgeklammert" (ebd.: 53) würden. Greift man, wie Barbara Friebertshäuser dies tut, auf den Bourdieuschen Habitusbegriff zurück, wird das Spezifikum ethnographischer Forschung und der damit verbundenen (Kultur-)Analysen deutlich. Die Struktur-Habitus-Praxis-These verdeutlicht dabei den Zusammenhang von Sozialer Lage und Lebensstil und den aus dem Präfigurations-, Konfigurations- und Reproduktionszusammenhang resultierenden Habitus. Dabei wird deutlich, dass strukturierende Strukturen und strukturierte Strukturen in einem Interdependenzverhältnis stehen, wobei der Habitus als Zwischenglied die Verbindung zwischen (1.) vergegenständlichter Welt und (2.) subjektiver Welt bildet. Als „spezifisches Denk-, Wahrnehmungs-, Bewertungs- und Handlungsmuster – ist [der Habitus] Produkt spezifischer Bedingungen, gewonnener Erfahrung, Produkt der Geschichte eines Individuums und fungiert zugleich als Erzeugungsprinzip für die daraus resultierenden soziokulturellen Praxen, Haltungen und Einstellungen." (Bourdieu 1983 zit. n. Friebertshäuser 2008: 55) Ethnographische Feldforschung ist in der Lage über ihre existenzielle Eingebundenheit in die vergegenständlichte Lebenswelt einerseits die soziale Lage der Adressaten Sozialer Arbeit zu erfassen, andererseits über die Möglichkeiten der Kommunikation mit dem Feld die subjektive Lebenswirklichkeit zu erkunden. Dies stellt als Zugangsmöglichkeit die Bedingung dafür dar, das Interdependenzverhältnis von strukturierenden und strukturierten Strukturen in den Blick zu nehmen und somit den Habitusbegriff als Zugangsmöglichkeit zum Erkennen der eigenen Seins- und Standortgebundenheit des Denkens und Wahrnehmens im Vergleich zu derjenigen der Adressaten Sozialer Arbeit im Rahmen eines praktischen Studiensemesters zu nutzen.

Versteht man den Beitrag einer ethnographischen Erziehungswissenschaft zur Sozialen Arbeit auf diese Weise, wird deutlich, dass ethnographische Feldforschung als Zugangsstrategie zur sozialen Wirklichkeit der Adressaten Sozialer Arbeit geeignet ist. Darüber hinaus zeigt sich, dass die Ethnographie zur Selbstvergewisserung der Prämissen und normativen Vorstellungen der Sozialen Arbeit einen Beitrag leisten kann, in dem sie, als ‚pädagogische Ethnographieforschung' verstanden, „Weltsichten und geglaubte Selbstverständlichkeiten methodisch und auf Zeit in Klammern [setzt]" (Hünersdorf/Müller/Maeder 2008: 13). Mit Bezug auf Jürgen Zinneckers „Pädagogische Ethnographie" (vgl. Zinnecker 1995; 2000; 2001) sprechen Hünersdorf/Müller/Maeder (2008) hier von der Dezentrierung des pädagogischen Blicks. Michael-Sebastian Honig schlussfolgert hieraus, dass eine ethnographische Erkenntnisstrategie pädagogische Felder und deren Praktiken über einen nicht-normativen Begriff der Pädagogik aufschließen könne (vgl. Honig 2004: 27), was der notwendigen Normativität pädagogischer Praxis eine nicht-normative Perspektive zur Seite stellen könnte, die in einen Klärungs- und Selbstvergewisserungsprozess einmünden könne.

Gerhard Rieman hat dies für die Soziale Arbeit als „sozialwissenschaftliche Fundierung und Selbstkritik der Sozialen Arbeit" (Riemann 2009) über die Nutzung unterschiedlicher Ansätze der interpretativen Sozialforschung beschrieben. Er verweist dabei bspw. auf Klaus Kraimer, der im Kontext von Forschungswerkstätten einen forschenden Zugang zu Fallstrukturen eröffnet (vgl. Kraimer 1998), sowie auf Bettina Völter, die das Potenzial der Nutzung qualitativer Methoden für die Reflexion der professionellen Praxis, die Selbstreflexion sowie die Forschung zur sozialarbeiterischen Praxis aufzeigt (vgl. Völter 2008) und vor allem ethnographische Praxisprotokolle als Verbindungsstelle zwischen Studium und professioneller Praxis (Völter 2013) hervorhebt. Gemeinsam mit Marion Küster hat sie eine Methode des Rollenspiels entwickelt, die die Erlebnisse, die in den ethnographischen Praxisprotokollen beschrieben werden, im Rollenspiel aufgreift und so körperlich spürbar macht (vgl. Völter/Küster 2010). Hier könnte zusätzlich auf die Nutzung der grounded theory Ethnographie aufmerksam gemacht werden, wie sie von Ursula Unterkofler (2012), bzw. Kathrin Aghamiri, Anja Reinecke-Terner, Rebekka Streck, Ursula Unterkofler in ihrem Band „Doing Social Work" (2017) sowie Kathy Charmaz und Richard Mitchell (2001) in die wissenschaftliche Diskussion eingeführt wurden. Gerhard Riemann selbst kontextualisiert sein Vorhaben einerseits im Rahmen der Thematisierung von „mistakes at work" in der Tradition der Arbeits- und Professionsstudien, sowie andererseits im Kontext der Einbindung professioneller Berufspraktiker*innen in die Forschung (vgl. Riemann 2009: 288 ff.). Dabei charakterisiert er sein Vorgehen als „Befremdung der eigenen Praxis" (ebd.: 295) über ethnographische Feldprotokolle und hebt hervor, dass Studierende im Jahrespraktikum oder den studienintegrierten Praxisphasen zu Studien- und Fallanalysen angeregt werden sollten, mit denen auf mindestens drei Ebenen didaktische Ziele verbunden sind: 1. eine „Fundierung der eigenen Professionalität durch die Aneignung interpretativer Forschungskompetenzen, einer ethnographischen (sequenzierenden und perspektivendifferenzierenden) Schriftlichkeit und einer narrativen Haltung gegenüber der eigenen Praxis [...]" (ebd.: 300 f.). 2. Eine Einübung in einen selbstkritischen Fehlerdiskurs, den Riemann in der Sozialen Arbeit als unterentwickelt kategorisiert, sowie 3. Eine empirisch fundierte Theoriebildung in der Sozialen Arbeit (vgl. ebd.: 301). Der Blick wird dabei auch auf die Angemessenheit und Funktion von Praxistheorien professioneller Sozialarbeiter*innen gelenkt. Welche Potenziale eine derartige Herangehensweise für Sozialarbeiter*innen aufweisen kann, führt Riemann exemplarisch an professionellen Fallbesprechungen (vgl. Riemann 2003) und den Ressourcen ethnographischer Vorgehensweisen für eine selbstkritische und selbstreflexive Soziale Arbeit vor (vgl. Riemann 2005).

Was lässt sich hieraus nun für eine Konzipierung praktischer Studienanteile in erziehungswissenschaftlichen Studiengängen bzw. Studiengängen der Sozialen Arbeit ableiten? Eine derartige Befremdung der eigenen Praxis bzw. Dezentrierung des pädagogischen Blicks kann didaktisch als bewusste Aufmerksamkeitsfokussierung gelesen werden, die in der Praxis der Sozialen Arbeit zu Prozessen der Selbstvergewisserung und Reflexion führen kann. Eine bewusste Fokussierung der Aufmerksamkeit auf jene Bereiche des pädagogischen Wissens, die von den Akteuren der Pädagogik als selbstverständlich und nicht der Rede wert angesehen werden – deren implizites Wissen – scheint gerade für angehende Sozialarbeiter*innen relevantes Wissen zu sein. Einerseits, da es sich um Wissen handelt, das zwar in konkreten Praktiken (Kommunikations- und Interaktionsmustern) als relevante Beurteilungs- und Entscheidungskriterien mitgeführt wird, allerdings nicht während der jeweiligen Praktiken expliziert bzw. thematisiert wird. Studierende im Praxissemester, die in diese Praktiken Einblick erhalten, sind darauf verwiesen sich dieses implizite Wissen anzueignen, obwohl hier kein expliziter Transfer stattfinden kann. Implizites Wissen soll quasi auf ‚natürlichem Wege' als Grundprämissen pädagogischen Handelns übernommen werden. Daraus erwächst die paradoxe Situation, dass etwas, was scheinbar als Grundprämisse anzusehen ist – eben weil es nicht thematisiert wird – doch schon aus sich selbst heraus klar sein muss. Sitzt man dieser Annahme auf, bedeutet dies didaktisch, dass nie gewusst werden kann, was von den impliziten Annahmen, praktischen Orientierungen und gefühlsmäßigen Eindrücken tatsächlich bei Studierenden in der Konfrontation mit der pädagogischen Praxis ankommt. Daher wird hier für eine konsequente Thematisierung des impliziten Wissens der pädagogischen Akteure geworben, die eben nicht in eine unhinterfragte und unhinterfragbare Praxis mündet, sondern Aufmerksamkeit auf jene Prämissen pädagogischen Handelns lenkt, die zumindest im Ausbildungsprozess ins Bewusstsein gebracht und problematisiert werden müssen.[12] Andererseits macht auch erst diese bewusste Thematisierung des impliziten Wissens der professionellen Akteure der pädagogischen Praxis deutlich, welche impliziten Annahmen Studierende selbst mit in die Praxis bringen. Um nicht eigene Vor-Urteile, Annahmen über Adressaten, pädagogische Ziele oder eigene Motive zur unreflektierten Grundprämisse eigenen Handelns werden zu lassen, könnte die Dezentrierung des pädagogischen Blicks im Kontext des Studiums am Lernort Praxis einen bedeutenden Beitrag leisten. Eine pädagogische bzw. erziehungswissenschaftliche Ethnographie könnte also gerade in dem Moment der Ausbildung künftig professioneller Sozialarbeiter*innen von enormer Bedeutung sein, in dem sie zum ersten Mal *praktisch* mit den Zielen der Sozialen Arbeit konfrontiert werden. Die Aufmerksamkeit von Studierenden in der Phase der Konfrontation mit diesen Zielen bewusst auf Distanz zu bringen, wäre ein Schritt hin zu einer Praxis, die sich über die eigenen impliziten Prämissen sozialarbeiterischen Handelns aufklärt.[13]

---

12 Hieraus ergibt sich auch bereits die besondere Aufgabe, die Praxisbegleiter*innen in der praktischen Studienphase in den Feldern der Sozialen Arbeit und Pädagogik der Kindheit einnehmen müssen. Wenn Hochschulen didaktische Verantwortung für die Ausbildungsphase in der Praxis übernehmen und nicht nur so tun, als ob das praktische Wissen schon irgendwie nebenbei gelernt werde, bedarf es einer konsequenten Weiterbildung der Praxisbegleiter*innen und vor allem einer Bereitschaft sich selbst und die eigene Arbeit gemeinsam mit lernenden Studierenden in Frage zu stellen. Positive Effekte, die das auch für die professionelle Handlungspraxis mit sich bringen kann, werden später noch in Kap. 4.2 und 4.3 erläutert. Zentral ist, dass eben nicht alle praktisch tätigen Sozialarbeiter*innen auch geeignet sind diesen Lernprozess anzuleiten. Kritisch anzumerken ist hierbei allerdings auch, dass diese Problematisierung pädagogischer Grundprämissen nicht zwangsläufig in eine reflektierte Praxis mündet. Folgt man jedoch der hier dargestellten Argumentation, könnte man sagen, dass praktisches Handeln nach der Aufklärung über dessen Grundprämissen mittels eines größeren Problembewusstseins erfolgen kann.
13 Dabei ist die Bedeutung der Subjektivität im Forschungsprozess der Ethnographie besonders interessant, da erst über das Hereinholen der Subjektivität in ethnographischen Feldforschungszugängen die Krise der Repräsentation didaktisch genutzt werden kann, um sich im Schreiben mit sich selbst vertraut zu machen (siehe Kap. 2.3)

Dies wird auch deutlich, wenn man sich das Aufeinandertreffen von Sozialarbeiter*innen und deren Adressat*innen als gekreuztes Kontinuum bewusst macht, das einerseits die habituelle Nähe/Distanz von Sozialarbeiter*innen und Adressat*innen aufzeigt – also deren eigene Denk-, Wahrnehmungs-, Bewertung- und Handlungsweisen basierend auf dem spezifischen Präfigurations-, Konfigurations- und Reproduktionszusammenhang habitueller Dispositionen. Andererseits werden die aktuelle Lebenswirklichkeit von Adressat*innen mit ihren krisenhaften Verläufen im Lebenslauf und den daraus resultierenden Veränderungen in der Nähe und Distanz in den Blick genommen.[14]

Sind aktuelle Lebenswirklichkeit und/oder die habituelle Ausprägung von Denk-, Wahrnehmungs-, Bewertungs- und Handlungsweisen von Sozialarbeiter*innen und Adressat*innen sehr nah beieinander, so herrscht eine große Vertrautheit mit der Lebenssituation bzw. den Vorstellungen, Einstellungen und Haltungen des jeweils anderen vor. Dies wird in Abbildung 2 in Form des grau hinterlegten Bereichs schematisch als Vertrautheit markiert. Wenn Lebenswirklichkeit und/oder Vorstellungen, Einstellungen und Haltungen stark voneinander abweichen – und dies ist in zwei Richtungen denkbar (sowohl Sozialarbeiter*innen können aus einem gesellschaftlich hohen Milieu stammen und mit Klient*innen aus einem niedrigeren Milieu arbeiten, als auch Klient*innen aus einem gesellschaftlich hohen Milieu bekommen es mit Sozialarbeiter*innen gesellschaftlich niedrigerer Milieus zu tun) – ist eine Fremdheit zwischen Professionellen und Adressaten vorherrschend (vgl. großer weißer Bereich in Abb. 2). Starke Vertrautheit und starke Fremdheit können allerdings dazu führen, dass die

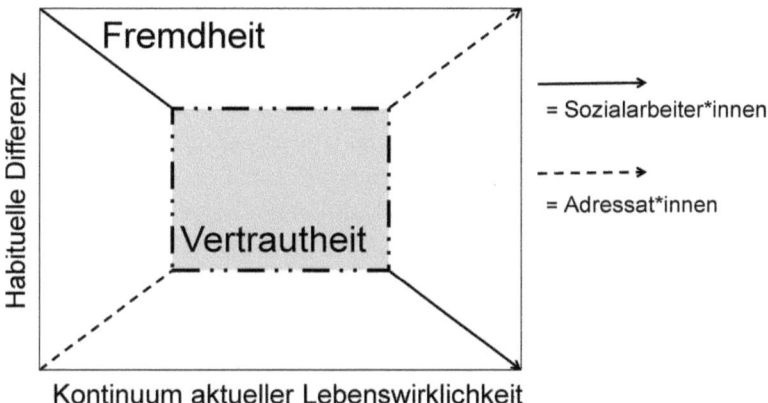

Abb. 2 – Gekreuztes Kontinuum von Fremdheit/Vertrautheit (eigene Darstellung)

---

14 Im Hinblick auf die FremdheitsPotenziale moderner Gesellschaften beschreibt Bettina Hünersdorf im Anschluss an Ulrich Becks Vorstellung einer pluralisierten Gesellschaft, wie die Ausdifferenzierung von Lebenswelten zugenommen hat, so dass die Kenntnis dieser unterschiedlichen Welten sukzessive immer weniger selbstverständlich wird, selbst bei Lebenswelten, die uns räumlich noch sehr nahe sind (vgl. Hünersdorf 2013: 21).

professionellen Strategien versagen, entweder aufgrund einer zu großen Abweichung oder, da es sich nicht um „Unterschiede handelt, die Unterschiede machen" (Bateson 1987: 113) und die vorgeschlagenen oder praktizierten Strategien keine Abweichung von den eigenen darstellen.

Bezieht man dies in die Überlegungen zum Studium am Lernort Praxis mit ein, erscheint eine ethnographische Erziehungswissenschaft erkenntnistheoretisch förderlich für die Entwicklung einer professionellen Identität und Selbsteinschätzung, da sie zwei Zugangsstrategien bereithält, die immer wieder eine reflexive Selbst- und Fremdpositionierung notwendig machen. Beide Strategien des ethnographischen Zugangs können in gewissem Umfang relevant gemacht werden für den Einstieg in die pädagogische Handlungspraxis:

(1.) eine Erkenntnisheuristik, die sich orientiert an Fremdem, nicht-Bekanntem (klassische ethnologische Forschung) und

(2.) eine Erkenntnisheuristik, die bewusst Bekanntes befremdet (Ethnographieforschung nach Amann/Hirschauer).

Der Einstieg in die professionelle Berufspraxis der Pädagogik bzw. Sozialen Arbeit konfrontiert angehende Sozialarbeiter*innen mit dem Fremden und Unbekannten. Gleichzeitig macht der Einstieg in die professionelle Berufspraxis eine Orientierung an (scheinbar) Vertrautem notwendig. Eine *bewusste Befremdung* der eigenen kulturellen Vorstellungen, bietet dabei die Möglichkeit a.) sich im Sinne einer Erweiterung des eigenen Wahrnehmungshorizontes alternativer Denk-, Wahrnehmungs-, Bewertungs- und Handlungsweisen in der scheinbaren Gemeinsamkeit bewusst zu werden b.) sich in der Vertrautheit handlungsfähig zu halten, indem Unterschiede wahrgenommen werden können, die auch für die Adressat*innen eine Differenz zu bisherigen Wahrnehmungsmöglichkeiten ausmachen. Auf der anderen Seite suggeriert eine große Distanz zwischen Sozialarbeiter*in und Adressat*in, dass die Wahrnehmung der Fremdheit der Adressat*innen *klarer, eindeutiger* zu sein scheint. Hier ist ein Kontinuum, das von dem Extrem des völligen Unverständnisses bis zu dem der klaren Stereotypisierung reicht, denkbar. Bei vorherrschender Fremdheit erscheint es daher notwendig, sich empathisch in die Denk-, Wahrnehmungs-, Beurteilungs- und Handlungsweisen der Adressat*innen einzufinden, um diese in ihrer Eigenlogik nachvollziehen zu können. Damit kann a.) ein Verständnis für Adressat*innen entwickelt werden und b.) einem Aufsitzen auf Stereotypisierungen als Verkennen der Eigenlogik des Falles oder völligem Unverständnis und daraus folgender professioneller Hilflosigkeit vorgebeugt werden. Sowohl Vertrautheit als auch Fremdheit als Wahrnehmungsmerkmale zeigen die Notwendigkeit der Reflexion ihrer inhärenten Vergleichsmaßstäbe auf. Die ethnographischen Erkenntnisheuristiken können als Strategien der Reflexion dieses Wechselverhältnisses, Wirkungen auf zwei Ebenen hervorbringen: professionelle Handlungsfähigkeit erhalten oder hervorbringen (Wahrnehmungsfähigkeit erweitern) sowie eigene Vorstellungen und Einstellungen reflektieren (hierbei handelt es sich nicht nur um individuelle Vorstellungen und Einstellungen, die durch Erziehungs- und Sozialisationsprozesse im eigenen Elternhaus, der peer-group oder schulischen Kontexte hervorgebracht wurden, sondern auch um professionsgestützte Wahrnehmungs- und Deutungsmuster, die im Laufe des Studiums erlernt wurden und möglicherweise den Blick in bestimmten Situationen verstellen).[15]

Eine ethnographische Erziehungswissenschaft schärft somit den Blick für praktizierte Formen der Kontingenzeinschränkung und verdeutlicht, in welcher Weise bestehende Möglichkeitsräume erzeugt werden. Gleichzeitig kann sie somit auf offene Möglichkeitsräume hinweisen, die der Sozialen Arbeit eigene Gestaltungsalternativen aufzeigen und die Handlungsmöglichkeiten der Sozialen Arbeit erweitern helfen.

Dem ethnographischen Denken ist diese Form der Kontingenzeinschränkung unter dem Begriff der Kultur geläufig. Dirk Baecker beschreibt dies in Anlehnung an Gregory Batesons „Schismogenese" (vgl. Baecker 2003: 16) als Entstehung einer Trennung auf zwei Ebenen: Einerseits generiere ein Kulturkontakt die gesellschaftliche Einheit der Kultur und andererseits entstehe Kultur erst in der Erfahrung eines Kulturkontaktes.

> „Erstens wird durch den Kulturkontakt eine gesellschaftliche Einheit generiert, die die beiden ‚Kulturen' umfaßt [sic], die miteinander Kontakt haben. Diese Einheit ist in Wahrheit eine Zweiheit, denn vom ersten Moment an, in dem sie entsteht, ist sie durch die Unterschiedlichkeit der ‚Kulturen' definiert, die miteinander in Berührung kommen. Völlig offen ist, ob die beiden ‚Kulturen' anschließend miteinander ‚verschmelzen' oder vielmehr ihre Unterschiedlichkeit pflegen, vielleicht sogar verstärken. [...] Zweitens jedoch, und deswegen setzten wir das Wort ‚Kultur' in Anführungsstriche, entsteht eine Kultur überhaupt erst aus einem Kulturkontakt. Vor dem Kontakt weiß sie nicht, daß [sic] sie eine Kultur ist. Erst der Kontakt zwingt sie, aus der Erfahrung des Fremden

---

15 Dass die ethnographische Strategie allerdings auch Fallstricke mit sich bringt bei der Deskription fremder Lebenswelten aus der Binnen- und Außenperspektive, darauf macht Micha Brumlik aufmerksam, mit seinem 1984 erschienen Aufsatz: „Verstehen oder Kolonialisieren" (Brumlik 1984), sowie ebenfalls Dirk Baecker mit Bezug auf Jacques Derrida beschreibt, dass mit den eingeführten Unterschieden, die durch den Kulturbegriff möglich wurden, Gewaltinfizierte Begriffe unsere Wahrnehmung bestimmten. Mit der Entdeckung der Welt und der Beschreibung anderer Lebensformen, ging eine Kolonialisierung einher. „Die Kultur der Entdeckten war von Anfang an eine kolonialisierte Kultur, die Kultur der Entdecker eine kolonialisierende Kultur (– dies wird bspw. deutlich an dem starken Eurozentrismus malinowskischer Forschung in den ‚Argonauten des westlichen Pazifik' (1984) *Einfügung M.F.*). [...] Seither sind alle Begriffe, die wir verwenden, um eine Kultur, eine fremde Kultur oder unsere eigene Kultur, zu beschreiben, von der Gewalt infizierte Begriffe: Sie behaupten Unterschiede, zivilisiert versus unzivilisiert, schwarz versus weiß, friedlich versus kriegerisch, gläubig versus ungläubig, die fast immer gewalttätig instituiert wurden und mit der Bereitschaft zur Gewalt aufrechterhalten werden. Diese Unterschiede waren und sind Asymmetrien, die einen dominanten und einen inferioren Wert voneinander trennen und dies durchaus nicht nur in kategorialer, sondern in performativer Absicht: Die Unterschiede beschreiben nicht nur, sie richten die Welt entsprechend ein und sie signalisieren eine Bereitschaft, diese Einteilung wie subtil oder augenfällig auch immer durchzuhalten" (Baecker 2003: 28). Diese Beschreibung verdeutlicht den wirklichkeitserzeugenden Charakter von Unterscheidungen und Begriffen, dessen Reflexion in der Sozialen Arbeit eine Notwendigkeit darstellen muss. Am Augenfälligsten werden die Relevanz und Auswirkungen dieser Differenzsetzungen an der Frage der Beschreibung von Adressat*innen der Sozialen Arbeit. Je Situation, Kontext und konkreter Kultur wird nämlich von ‚Klienten', ‚Patienten', ‚Probanden', ‚Kunden', ‚Nutzern' oder ‚Hilfesuchenden' gesprochen, und dies mit den entsprechenden wirklichkeitsstiftenden Implikationen der jeweiligen Begriffe. Eine ähnliche Figur verwendet auch Terry Eagleton, wenn er verdeutlich, dass Kultur der Vielfalt die Einheit entreiße (vgl. Eagleton 2001: 15 ff.).

(wenn es nicht mehr einfach als ‚barbarisch' abqualifiziert werden darf) auf ein Eigenes zu schließen" (Baecker 2003: 16).

Um Eigenes wahrnehmen zu können, bedarf es unterscheidungstheoretisch bereits eines Fremden, das den Kontrast zum Eigenen überhaupt erst aufzuzeigen vermag. Damit ist erkenntnistheoretisch bereits bestimmt, dass erst über die Wahrnehmung einer Differenz Eigenes ins Bewusstsein gerückt werden kann. „Nichts [definiere] das Eigene verläßlicher [sic] als das Fremde, von dem es sich [abgrenze]", so Dirk Baecker (ebd.: 17).

Die hierfür notwendige Beschreibung von Kultur wird in der Ethnographie mit Bezug auf Clifford Geertz geleistet, der methodisch die „dichte Beschreibung" als Möglichkeit etablierte, kulturelle Systeme zu beschreiben. Nach Geertz liefert eine derartige Beschreibung allerdings immer nur „Deutungen über Deutungen" und muss damit ihren Wahrheitsanspruch aufgeben. An dieser Stelle wird bereits ansatzweise deutlich, welche Bedeutung die Subjektivität im Forschungsprozess in der Ethnographie hat. Gerade diese hohe Relevanz wird im Kapitel 2.3 als Möglichkeit aufgefasst, die ethnographische Forschungsstrategie als Zugangsmöglichkeit mit besonderen Erkenntnispotenzialen zu beschreiben. Mit Geertz stellt also die ethnographische „dichte Beschreibung" der Selbstbeschreibung der Akteure eine zweite Deutung zur Seite – es handelt sich in diesem Sinne um eine Verdopplung der Beobachtung, wie bereits kulturtheoretisch mit Dirk Baeckers Ausführungen aufgezeigt wurde. Sowohl die Referenz auf das Selbst, das die Beobachtung anstellt als auch die Referenz auf das Fremde, von dem die Beobachtung abgegrenzt werden soll, verdeutlichen, dass es sich um Operationen eines Beobachters handelt. Eine derartige dreifache Referenz, wie sie von Dirk Baecker vorgeschlagen wird, macht die Prämissen der inhärenten Wahrnehmungslogik deutlich. Über die Reflexion dieser Referenzebenen wird die Kontingenz der Wahrnehmung deutlich, was den individuellen Beobachter auf andersartige Beobachtungsmöglichkeiten verweist. Hierin dokumentieren sich die Potenziale einer ethnographischen Erziehungswissenschaft. Dabei kommt dem Vergleich als methodischem Prinzip eine bedeutende Rolle zu.

Gleichzeitig verweist der Vergleich an dieser Stelle auf die Differenz von Selbstbeschreibung der Akteure und der Beschreibung der Lebenswelt aus analytischer Perspektive. Eine *analytische Objektivität*, sofern sich dieser überhaupt angenähert werden kann, ist in diesem Rahmen nur über die Reflexion der eigenen Involviertheit in die Erkenntnisgewinnung, sowie das Ausloten der eigenen Möglichkeiten der sinnlichen Datengenerierung möglich (vgl. Hünersdorf/Müller/Maeder 2008: 16). Helga Kelle spricht davon, dass die Forscher*innen in der Ethnographie als „Prozessoren der Forschung" (vgl. Kelle 2001: 205) zu bezeichnen seien und die Subjektivität der Forschenden in ethnographischen Zugängen eben nicht als Mangel zu interpretieren sei. Eine erziehungswissenschaftliche Ethnographie, in Anlehnung an Honig (2004) und die Überlegungen zur Beobachtbarkeit des Pädagogischen von Sascha Neumann (2010), könnte an dieser Stelle zu neuen Beschreibungsmöglichkeiten pädagogischer Erziehungswirklichkeiten gelangen und somit die normative Festschreibung von pädagogischen Rollenmustern und Interaktionsordnungen aufbrechen helfen. Ein nichtnormativer Begriff des Pädagogischen wird jedoch erst im Kontext der praxistheoretischen Wende möglich, da hier eine Fokusverschiebung von den Akteuren hin zu den Praktiken der Akteure stattgefunden hat und somit die Pädagogische Ordnung, in Anlehnung an Michael-Sebastian Honig und Sascha Neumann, nicht als vorgängiges Beobachtungsschema dem Ethnographen zugerechnet werden muss, sondern eine konkrete Rekonstruktion der Interaktionspraktiken einschließt, die erst in ihrem jeweiligen Zusammenspiel zu einer *pädagogischen Ordnung* werden, was im Kap. 1.2 ausgeführt wird.

Die Potenziale einer ethnographischen Erziehungswissenschaft lassen sich also auf folgenden Ebenen ausmachen:

(1) Verständnis fremder Kulturen bzw. befremdeter eigener Kultur (*Wirklichkeitskonstruktionen*)
(2) Einblick in das Interdependenzverhältnis von gesellschaftlichen Strukturen, habituellen Dispositionen und gelebter Praxen (*Zugang zur Interdependenz der Seins- und Standortgebundenheit des Denkens, Wahrnehmens, Bewertens und Handelns im Kontext der professionellen Praxis*)
(3) Klärung und Selbstvergewisserung der Pädagogik über ihre normativen Prämissen (*Selbstaufklärung als Kontrastierung der Normativität der Pädagogik mit einem nicht-normativen Begriff der Pädagogik*)
(4) Zugang zum inkorporierten Wissen pädagogischer Praktiken im Vollzug (*Entwicklung eines "sense pratique"*)
(5) Dezentrierung des pädagogischen Blicks als Aufklärungsmöglichkeit über eigene implizite Vorstellungen (*Aufklärung über implizite Annahmen*)
(6) Erkennen der Beobachterabhängigkeit jeder Wahrnehmung (*Eigenes in der Abgrenzung zum Fremden – Othering*)

1.2 Praxeologische Empirie – Praxistheoretische Fundierung Sozialer Arbeit

Im Zuge des sogenannten practice-turns der Sozialwissenschaften (vgl. Schatzki/ Knorr-Cetina/Savigny 2001; Reckwitz 2000; Latour 2005) hält eine praxeologische Empirie Einzug, die ihre Forschungsgegenstände und das Verhältnis von Forschenden und zu Erforschendem neu bestimmt. Während Andreas Reckwitz in seinem Aufsatz zu den „Grundelementen einer Theorie sozialer Praktiken" vor der Unterschätzung des Innovationswertes der Praxistheorien warnt (vgl. Reckwitz 2003: 282), formulieren Thomas Alkemeyer und Nikolaus Buschmann mit Bezug auf Doris Bachmann-Medicks Zusammenstellung der unterschiedlichen Cultural Turns in den Kulturwissenschaften (Bachmann-Medick 2006) etwas vorsichtiger.

> „Der practice turn gehört zu einer ganzen Serie solcher kulturwissenschaftlicher Blickwinkelverschiebungen, die neben der Sprache (linguistic turn) unter anderem auch Bilder (iconic turn), Materialitäten (material turn), Räume (spatial turn) oder Körper (body turn) als Ko-Akteure des Sozialen haben (neu) entdecken lassen" (Alkemeyer/Buschmann 2016: 115).

Kennzeichen des practice turn und damit dessen zentrales Anliegen, so Andreas Reckwitz sei „ein modifiziertes Verständnis dessen, was ‚Handeln' – und damit auch, was der ‚Akteur' oder das ‚Subjekt' – ist; gleichzeitig und vor allem aber geht es ihnen [den Theorien sozialer Praktiken] um ein modifiziertes Verständnis des ‚Sozialen'" (Reckwitz 2003: 282).

Welche Bedeutung kommt der praxistheoretischen Wende und dem damit hervorgerufenen modifizierten Verständnis des Sozialen für die Soziale Arbeit zu? Welche Merkmale praxistheoretischen Forschens bzw. einer praxeologischen Empirie eignen sich methodologisch für den Zugang zur sozialen Praxis professioneller Sozialer Arbeit im Kontext der praktischen Studienphase? Und welche Potenziale ergeben sich aus der skizzierten bescheidenen Veränderung der Blickrichtung durch die Praxistheorie? Diese Fragen sollen nun beleuchtet werden und eine Verbindung zwischen ethnographischer Erziehungswissenschaft und einer praxeologischen Empirie im Kontext des Studierens am Lernort Praxis aufgezeigt werden, die für die Strukturierung eines Studiums am Lernort Praxis als besonders produktiv aufgefasst wird.

Mit einer Soziologie der Praxis, die sich im Anschluss an die praxistheoretische Wende entwickelt, geht eine neue Haltung gegenüber der soziologischen Theoriebildung einher. Als zentrale Leitidee praxistheoretischer Ansätze wird die „Unterscheidung von Theorie und Praxis zum zentralen Angelpunkt praxissoziologischer Forschung", so Frank Hillebrandt (2014: 8).

> „Die Reflexion des prinzipiell nicht auflösbaren Spannungsverhältnisses zwischen Theorie und Praxis wird in den unterschiedlichen Ansätzen der soziologischen Praxistheorien in das Zentrum der soziologischen Erforschung von Praktiken und Praxisformen gestellt" (ebd.: 8).

Mit dieser Perspektivierung geht eine Heterogenität der Praxistheorien einher, die von Hillebrandt als Skepsis an systematisierender Theoriebildung gedeutet wird, die sich zwangsläufig in einem Ansatz entwickele, der die Reflexion des Spannungsverhältnisses von Theorie und Praxis immer wieder auf das, was in der Praxis geschieht bezieht und der Systematisierung theoretischer Grundannahmen keinen Primat einräume (vgl. ebd.). Die sich aus den unterschiedlichen Praxistheorien entwickelnde theoretische Vielfalt wird mit Andreas Reckwitz eher im Sinnes eines „Ideenpols" (vgl. Reckwitz 2003: 289) gedeutet, der unterschiedliche Anschlussmöglichkeiten bietet und die Passung der Verbindung von Theorie und Praxis zum zentralen Gütekriterium erhebt. Wird das Anliegen praxistheoretischer Zugänge so gefasst, wird deutlich, warum derartige Zugänge im Kontext der studienintegrierten Praxisausbildung eine Möglichkeit darstellen, das Theorie-Praxis-Verhältnis neuartig zu bearbeiten. Wird die Erkenntnis von Praxis als neue Form von Theorie konzipiert, die keine systematisierende Theoriebildung anstrebt und damit den Fokus auf Praxis verlöre, sondern radikal situativ Theoriebildung betreibt und dabei in Kauf nimmt, dass die gewonnenen Erkenntnisse *nur eine Reflexion des Theorie-Praxis-Verhältnisses* darstellen, so kann in der studienintegrierten Praxisausbildung das soziologische Erkenntnisinteresse radikal auf Praktiken, Praxisformen und Praxisformationen im Sinne eines praktischen Lernens und der Entwicklung eines „praktischen Sinns" (vgl.

Bourdieu 2009) gelegt werden.[16] In welcher Weise dies methodologisch begründet wird, soll nun dargestellt werden. Gleichzeitig wird aufgezeigt, weshalb ein derartiges Vorgehen sich im praktischen Lernen der Studierenden im Praxissemester anbietet.

Der wissenschaftliche Diskurs zu Praxistheorien ist sich darin einig, dass sich praxistheoretische Zugänge dem Beobachter als äußerst heterogen präsentieren und zwischen ihnen nur eine Art „Familienähnlichkeit" (vgl. Reckwitz 2003: 283; Hillebrandt 2014: 9) bestehe. Allerdings können im Sinne der Familienähnlichkeit einige verbindende Merkmale soziologischer Praxistheorien ausgemacht werden, die im Folgenden kurz dargestellt werden:

(1) Der Ort des Sozialen

Als Ort des Sozialen bestimmen die Praxistheorien im Wesentlichen die „Kollektivität sinnhafter Ordnungen und ihrer symbolischen Organisation der Wirklichkeit" (Reckwitz 2003: 288). Reckwitz macht deutlich, dass Praxistheorien sich in der Bestimmung ihres Gegenstandes kulturtheoretischer Ideen bedienen, allerdings Kultur in Form eines *Mentalismus* verkürzen und dabei kulturelle Symbolsysteme als rein mentale Strukturen im Inneren des Menschen verstehen. Gleichzeitig grenzen sich Praxistheorien deutlich von *textualistischen* Ansätzen der Beschreibung und Analyse von Kulturen ab, da diese das Soziale ausschließlich als „Wissensordnungen der Kultur auf der Ebene von Texten, von Diskursen, von ‚öffentlichen Symbolen' und schließlich von ‚Kommunikation' [...] verortet [hätten]" (ebd.: 288). Beiden Vorstellungen fehle der Bezug zu den sozialen Praktiken, die in praxistheoretischer Perspektive eben jenen Bezugspunkt des Sozialen darstellen, an dem mentale Strukturen und textuelle Artikulationen praktisch und situativ aufeinander bezogen werden und sich als körpergebundene Praktiken in der Assoziation mit den Materialitäten der Praxis Ausdruck verleihen.

> „Der ‚Ort' des Sozialen ist damit nicht mehr der (kollektive) ‚Geist' und auch nicht ein Konglomerat von Texten und Symbolen (erst recht nicht ein Konsens von Normen), sondern es sind die ‚sozialen Praktiken', verstanden als know-how abhängige und von einem

---

16 Auch aus der ethnographischen Organisationsforschung gibt es für die hier in Anlehnung an praxistheoretische Ideen vorgeschlagene Beschleunigung der Methode und das damit einhergehende Einbüßen generalisierbarer Ergebnisse gute Gründe, wie Götz Bachmann deutlich macht: „Fast immer sind es Ausschnitte von Einzelfällen, die in den Blick [teilnehmender Beobachtungen] geraten. Generalisierungen auf der Basis von teilnehmender Beobachtung sind immer äußerst angreifbar. Dazu kommt, dass die teilnehmende Beobachtung eine ziemlich aufwendige Methode darstellt. In einer Zeit, in der einiges dafürspricht, dass die Halbwertszeit von Wissen in der Organisationsforschung verfällt, ist eine lange Anwesenheit im Feld sehr unpraktisch. Im Rahmen der verschiedenen Formen von Methodenmischungen, die sich in der Organisationsforschung eingebürgert haben, gilt es daher auch darüber nachzudenken, wie eine Beschleunigung der Methode zu erreichen ist, ohne dass allzu viel von dem, was sie zu leisten vermag, verloren geht" (Bachmann 2009: 267). Die Ideen der Praxistheorie tragen. deutlich dazu bei, diese ‚Beschleunigung' nicht nur als Verlust zu werten, sondern darin eine neue Form des Umgangs mit dem Theorie-Praxis-Verhältnis zu sehen, die produktive Ideen liefern kann.

praktischen ‚Verstehen' zusammengehaltene Verhaltensroutinen, deren Wissen einerseits in den Körpern der handelnden Subjekte ‚inkorporiert' ist, die andererseits regelmäßig die Form von routinisierten Beziehungen zwischen Subjekten und von ihnen ‚verwendeten' materialen Artefakten annehmen" (ebd.: 289).

In der von Andreas Reckwitz geleisteten Beschreibung wird der ereignishafte Charakter des Sozialen deutlich, welcher in Form einer situativen Aufeinanderbezogenheit von Subjekten und Materialitäten als miteinander verflochtene Praktiken besteht. Der Ort des Sozialen wird somit radikal an den Kontext und die Zeit der situativ sich ereignenden Praktiken gebunden. Die Ordnung und Stabilität des Sozialen erscheinen dann ganz im Sinne der Ethnomethodologie Harold Garfinkels (1984) und Erving Goffmans mikrosoziologischen Analysen (vgl. Goffman 1994; 2009) als äußerst prekär[17]. Wenn Praktiken als Ort des Sozialen bestimmt werden und diese an situative Bedingungen und zeitliche Perspektiven gebunden sind, stellt sich die Frage, wie es über die Situation und die historisch-zeitliche Bedingung hinaus zu *stabilen, sich reproduzierenden* bzw. *repetitiven* Praktiken kommen kann. Diese Blickrichtung eröffnet eine Analysemöglichkeit, die das situative Zusammenwirken und die Bedingungen sozialer Interaktionspraxis in den Blick nimmt und dabei die kleinen Veränderungen sozialer Praktiken im Prozess der „Verkettung von Ähnlichkeiten" (vgl. Rustemeyer 2006: 252) bemerkt, worauf noch eingegangen wird. Kontextualität und Relationalität werden damit zu zentralen Charakteristika praxistheoretischen Denkens.

(2) Materialität der Praktiken

Ein zentrales Kennzeichen praxistheoretischer Zugänge ist die Orientierung der Praxistheorie an der Materialität von Praktiken. Menschliche Körper und Artefakte gehen in Praktiken eine Verbindung miteinander ein, die auf zwei materielle Dimensionen hinweist: *(1) Die Körperlichkeit von Praktiken* verdeutlicht, dass ein trainierter, kompetenter Körper die Voraussetzung für eine Tätigkeit ist (vgl. Reckwitz 2003: 290). Auch wenn wir z. B. die Bewegungsabläufe des Schuhebindens kognitiv verstehen, eine Idee davon haben, wie man einen Faden beim Stricken führen müsste, führt dieses Wissen nicht zu einer erfolgreichen Praxis. Trainierte Hände und Arme können das Stricken und Schuhebinden ausführen, ohne einer fokussierten Aufmerksamkeit zu bedürfen – eben weil ein kompetenter Körper Teil der Praktik ist. Andreas Reckwitz verdeutlich, dass diese Körperlichkeit des Handelns und einer Praktik sowohl „die Inkorporiertheit von Wissen" als auch die „Performativität des Handelns" (vgl. ebd.: 290) beinhalte. Neben der Materialität der Körper sei als zweite Dimension *(2) die Materialität der Dinge* bedeutsam. Praxistheoretische Zugänge in der Nachfolge von Andreas Reckwitz richten sich damit gegen eine „Entmaterialisierung des Sozialen" (vgl. ebd.: 291) und

---

17 Hilmar Schäfer greift diese Frage ebenfalls in seiner Studie „Die Instabilität der Praxis: Reproduktion und Transformation des Sozialen in der Praxistheorie" (2013) auf und verdeutlicht die Konsequenzen einer praxistheoretischen Wende in der Bestimmung des Sozialen.

machen auf die Bedeutung von Artefakten als Teil einer Praktik aufmerksam[18]. Erst in der „Versammlung des Sozialen" (vgl. Latour 2005; 2007), also der Überwindung der klassischen Trennung von Subjekten, die etwas tun und Objekten, denen etwas angetan wird, zeichnet sich die neue Perspektive der symmetrischen Stellung der Aktanten ab. Hillbrandt beschreibt dies mit Bezug auf Bruno Latour folgendermaßen:

> „‚Objekte und Subjekte können sich nie assoziieren, Menschen und nicht-menschliche Wesen dagegen wohl' (Latour 2001: 109). Denn während der Begriff des Subjekts immer zugleich impliziert, dass ein Objekt beherrscht wird, können sich ‚Menschen und nicht-menschliche Wesen [...] summieren, ohne dass ihr Gegenüber verschwinden müsste' (ebd.). Genau deshalb ist es wichtig die Dichotomie zwischen Subjekt und Objekt zu überwinden, also vollständig hinter sich zu lassen. Erst dann kann die Versammlung und Assoziation unterschiedlicher Entitäten der Sozialität überhaupt gedacht werden. ‚Nicht-menschliche Aktanten' sind folglich nach Latour ‚weder Objekte, die von einem Subjekt erkannt werden, noch sind sie Objekte, die von einem Herrn und Meister manipuliert werden' (Latour 2000: 226). Sie werden als Teil eines Kollektivs, also einer Versammlung von Aktanten gefasst, das durch seine Assoziation Praktiken und Praxisformen entstehen lässt, die ohne dieses Zusammenwirken nicht möglich wären. In der Konsequenz heißt dies: ‚Handeln ist nicht das Vermögen von Menschen, sondern das Vermögen einer Verbindung von Aktanten' (ebd.: 221)" (Hillebrandt 2014: 81).

Im Kontext professioneller Tätigkeiten wurde dies von Marc Berg für die medizinische Arbeit am Beispiel der Praktiken des Lesens und Schreibens von Patientenakten deutlich gemacht. Marc Berg verdeutlich einerseits die aktive und konstitutive Rolle der Patientenakte für die medizinische Praxis. Andererseits kann er deren Verwicklung in die Transformation sozialer Interaktionspraktiken aufzeigen, die die Patientenakte über die Praktiken des Lesens und Schreibens erlangt. Er arbeitet heraus, dass die Praktiken des Lesens und Schreibens selbst die Bedingung der Möglichkeit des Arzt-Seins darstellen (Berg 2008: 67) und sich die medizinische Tätigkeit somit als „Denken in Aktion" präsentiert. Dies setzt er in Kontrast zu der gängigen Vorstellung vom Ärzteberuf, die er im Anschluss an Atkinson wie folgt resümiert:

> „In der Tat wird das medizinische Entscheidung-Treffen gemeinhin wahrgenommen als wäre es ein mentaler Prozess, der in dem Gehirn des individuellen Arztes lokalisiert ist – und ein guter Arzt ist jemand, der (unter anderen Dingen) genug kognitive Kräfte hat, um all die Information, die ihn kontinuierlich überflutet, rational zu durchdringen. (Atkinson 1995; Berg 1995)" (Berg 2008: 67).

---

18 Die Bedeutung von Artefakten als *nicht-menschliche Aktanten* bzw. *nicht-menschliche Interaktionspartner* wird vor allem von den Vertretern der Akteur-Netzwerk-Perspektive gesehen. Die Analysen John Johnsons (1996) zu Türschließern, Bruno Latours zu (Hotel)Schlüsselanhängern (1991) und Michael Callons (1986) der Muschelpopulation in der Bucht von St. Brieuc, Karin Knorr-Cetinas sowie Bruno Latours und Steve Woolgars wissenschafts- und techniksoziologische Studien zur Herstellung von Erkenntnissen in naturwissenschaftlichen Laboratorien (Latour/Woolgar 1979; Knorr-Cetina 1984; 2002), sowie z. B. neuere Forschungen von Jörg Strübing zur Bedeutung von Self-Tracking als moderner Optimierungsmethode (Duttweiler/Gugutzer/Passoth/Strübing 2016) versuchen dabei immer wieder die Verflochtenheit menschlicher und nicht-menschlicher Akteure in den Praktiken des Sozialen aufzuzeigen.

In seiner Studie präpariert er die Bedeutung der Patientenakte für die medizinische Praxis auf den Ebenen der (1) Herstellung einer Arzt-Patient-Interaktion als Transformation von Patient*innen zu einem handhabbaren Problem (ebd.: 70 f.), der (2) Organisation der Klinik im Sinne einer Koordination von Praktiken menschlicher und nicht-menschlicher Aktanten, der (3) Akte als Transparent-Machen des Patient*innenkörpers zur situativen Interpretation und der Ermöglichung angemessenen Handelns, sowie einer (4) Reifizierung der Verlaufsgeschichte, die einen Fall zu einer „lückenlos rationalen Geschichte" (vgl. ebd.: 82) mache, heraus. Folgt man dieser Analyse wird deutlich, in welchem Umfang das medizinische Handeln der Ärzte mit den situativ kompetenten Praktiken des Lesens und Schreibens einer Patientenakte assoziiert ist. Ein Verständnis für die Praxis medizinischen Entscheidens kann, wie dieses Beispiel zeigen soll, somit nur in der Versammlung der relevanten Aktanten (menschliche und nicht-menschliche) erfolgen. In Analogie hierzu ließen sich aus praxistheoretischer Perspektive für die Soziale Arbeit beispielhaft Fragen zur Bedeutung der Praktiken des Lesens und Schreibens von Klientenakten in der Sozialen Arbeit, zu Praktiken der Repräsentation von Falldarstellungen in Hilfeplänen, Praktiken der Führung von Auftragsklärungsgesprächen im Hinblick auf methodische und materielle Bedingungen, sowie den Praktiken des Kontakthaltens zwischen Sozialarbeiter*innen und Klient*innen vor allem mit Bezug auf neue Medien (Facebook, WhatsApp) stellen.

Für die praktische Ausbildung von Sozialarbeiterinnen und Sozialarbeitern bedeutet eine derartige Verortung des Sozialen, dass weder ein rein mentaler Lernprozess (wo auch immer es dieses geben sollte) außerhalb der professionellen Praxis, noch ein ausschließliches Modelllernen im Sinne eines Beobachtens professionell tätiger Sozialarbeiter*innen als Erschließung des für die Praktik notwendigen Wissens ausreicht, sondern eine körperliche Involviertheit in die Praktik selbst die beiden anderen Wissenszugänge ergänzen muss, damit ein kompetenter Körper geschaffen werden kann. Die implizite Logik der Praxis muss sich also in den Körper der zukünftigen Sozialarbeiter*innen einschreiben.

(3) Vollzugswirklichkeit – Implizite Logik der Praxis

Als drittes Merkmal soziologischer Praxistheorien formuliert Andreas Reckwitz die allen Praxistheorien inhärente Annahme einer *impliziten Logik der Praxis*. Dabei wird von der materialen Verankerung des Sozialen, wie im vorhergehenden Merkmal aufgezeigt wurde, ausgegangen und die Differenz zwischen Subjekten und Objekten in Form der materialisierten Praktiken aufgelöst. Um die Überwindung dieses Gegensatzes leisten zu können, verweist Andreas Reckwitz darauf, dass es notwendig sei „die Materialisierung der Kultur, die die Praxistheorie [betreibe], mit der Grundannahme einer ‚informellen', einer ‚impliziten' Logik des Sozialen und des Handelns aufs Engste [zu verknüpfen]" (Reckwitz 2003: 291). Ein praxeologischer Blick auf die Praxis der Sozialen Arbeit würde in diesem Verständnis bedeuten, dass die explizierbaren Regeln und Kriterien eines Handlungsfeldes nicht das implizite (Kriterien)Wissen der Sozialarbeiter im Vollzug der Praktiken darstellen. Erst im Vollzug einer Praktik kommen diejenigen Kriterien zur Geltung, die eine entsprechend sinnhafte Wirklichkeitsordnung herstellen, diese Ordnungen in Bewegung halten und konstant modifizieren, sowie routiniert angemessen reproduzieren. Für denjenigen, der sich kompetent an dieser Vollzugswirklichkeit beteiligen soll, kann es dementsprechend kein „praxisenthobenes Wissen" (vgl. ebd.: 292) oder rein in den Eigenschaften von Personen verankertes Wissen geben (vgl. ebd.).

> „Die Praxistheorie betont die Implizitheit dieses Wissens, das kein explizierbares Aussagewissen (knowing that) von Überzeugungen darstellt, sondern einem ‚praktischen Sinn' ähnelt; sie hebt hervor, dass die ‚expliziten Regeln', die in einem Handlungsfeld als relevant angegeben werden, diesen impliziten Kriterien in keiner Weise entsprechen müssen; sie betont schließlich auch, dass das Wissen nicht als ein ‚theoretisches Denken' der Praxis zeitlich vorausgeht, sondern als Bestandteil der Praktik zu begreifen ist" (ebd.: 292).

Praktisches Wissen müsse vielmehr im Zusammenspiel der unterschiedlichen Dimensionen des Sozialen auf drei Ebenen bestimmt werden (vgl. ebd.: 292f.). (1.) *Wissen als interpretatives Verstehen* – Sozialarbeiter*innen sind sich der eigenen Rolle im Hilfeprozess bewusst, nehmen Klient*innen im komplexen Zusammenspiel von Ressourcen und Defiziten wahr, erkennen das Besondere im Allgemeinen krisenhafter Lebensverläufe etc. (2.) *Methodisches Wissen* – Rezeptwissen im Sinne Peter Bergers und Thomas Luckmanns (vgl. Berger/Luckmann 2007: 44ff.) oder script-förmiger Prozeduren, die sich in der Sozialen Arbeit z.B. im Kontext einer routinierten Gesprächsführung, Beratungstätigkeiten, therapeutischen Arbeitstechniken aber auch im Sinne des Lesens und Schreibens von Aktenvermerken etc. zeigen. (3.) *Motivational-emotionales Wissen* – also historisch-spezifisches, aber kontingentes Wissen über die Möglichkeiten und Grenzen eigenen Handelns. Hierin zeigen sich das Selbstverständnis der Sozialarbeiter*innen, sowie die ethischen Grenzen professionalisierter Hilfe(beziehungen). Exemplarisch kann es sich hier um die Beantwortung folgender Fragen handeln: Gebe ich als Sozialarbeiter*in meine private Telefonnummer an Klient*innen? Bin ich bereit einer privaten Einladung zum Geburtstag eines Kindes einer Klientenfamilie zu folgen? Sehe ich meine Rolle eher in einer Begleitung und Unterstützung, einer Stärkung der Klient*innen, einer Vermittlung von Angeboten, einer Wohlfahrtsstaatlichen Dienstleistung oder als diagnostischer Auftrag? Je nachdem, wie ich meine eigene Rolle als Sozialarbeiter*in verstehe, wie ich meine Klient*innen wahrnehme usw. wird die Arbeitsbeziehung in der Sozialen Arbeit gestaltet sein, wie Marianne Meinhold aufzeigt (Meinhold 2010: 509f.).

Ein praxeologischer Blick auf das professionelle Verhalten in der Praxis benötigt demnach eine Strategie, die nicht nur explizierbares Aussagewissen – als knowing that – in den Blick nimmt, sondern vor allem die Dimension des impliziten Wissens der Praktiken – knowing how – fokussiert. Das praktische Wissen herauszuarbeiten würde in diesem Sinne bedeuten, sowohl über eine Beobachtung des professionellen Handelns (Beobachtung 2. Ordnung) einen Einblick in die Vollzugswirklichkeit professioneller Praktiken zu erlangen, als auch eine lebensweltliche Perspektive des Selbst-Handelnden (Beobachtung 1. Ordnung) einzunehmen und dabei zu beobachten, was die Situation (Kontext) und die Materialität professionalisierter Handlungspraxis (Relationalität – Körper und Artefakte) mit mir als Teil der Vollzugswirklichkeit machen.

(4) Logik der Praxis – Ereignishaftigkeit und die Verkettung von Ähnlichkeiten

Die Logik der Praxis zeichnet sich in der Rahmung von Andreas Reckwitz durch eine Zweiseiten-Form aus, die einerseits Praxis in ihrer *Routinisiertheit* beschreibt, andererseits die Unberechenbarkeit interpretativer *Unbestimmtheiten* hervorhebt (vgl. Reckwitz 2003: 294). Die implizite Logik der Praxis sorgt für die Möglichkeit einer routinisierten Reproduktion von Praktiken – und damit für geordnet erscheinende Verhältnisse in der Sozialwelt. Das einmal inkorporierte knowing how Wissen der Praktiken stellt die Ausgangsgrundlage einer repetitiven Hervorbringung von Praxis dar. Durch neue Kontexte und (veränderte) Materialitäten, sowie sich wandelnde Zeitlichkeit und Selbstverständnisse menschlicher Partizipanden des Tuns, wird die Vollzugswirklichkeit nicht als Kopie oder reine Reproduktion vorhergehender Wirklichkeiten und Praktiken hervorgebracht, sondern ist einem konstanten Prozess der Modifikation und Variation ausgesetzt[19]. Dies erlaubt auch kleinere Veränderungen in den Praktiken zu erkennen, die sich im historischen Verlauf als Abspaltungen, Varianten und Gegensätze herausbilden. Die Innovativität und Subversion praktizierter Sozialität gerät somit in den Blick und öffnet durch den Vergleich der Differenz von Besonderem und Allgemeinem in den Praktiken den Blick für kleinste kontextspezifische Veränderungen. Umdeutungen von Praktiken greifen dabei die allgemeinen Grundzüge einer Praktik auf, stellen sich jedoch in den Situationen der (Re-)Artikulation der Praktik auf den jeweiligen Kontext, dessen veränderte Zeitlichkeit, den Grad der Institutionalisierung der Praktiken, sowie die im Subjekt sich vollziehende Wissensordnung ein. Aus diesem Grund kann im Anschluss an Dirk Rustemeyers semiotische Vorstellung der Oszillationen von einer „Verkettung von Ähnlichkeiten" (vgl. Rustemeyer 2006: 252) gesprochen werden, die den Fokus nicht mehr auf eine quasi identitäre Reproduktion von Praktiken – im Sinne eines *So und nicht anders* oder *Nicht so – Anders* – richtet, sondern sich von ereignishaften Ähnlichkeiten leiten lässt, die konstant eine kontingente Sichtweise einführen, dabei allerdings das verbindende Gemeinsame im ereignishaften Charakter von Praktiken hervorheben. Hierzu kann mit Dirk Rustemeyer und unter Bezugnahme auf semiotische Theorieformen von einer Oszillationsbewegung ausgegangen werden. Dabei nimmt Dirk Rustemeyer die Form des Ereignisses als Bezugspunkt der Oszillationen, die „Unterschiede in Wahrnehmungen und in Kommunikationen [prozessieren], indem sie als Unterschiede Differenzen stimulieren" (ebd.: 252). Dabei werde durch den spezifischen Charakter des Ereignisses „die Figur einer Transportation oder Transformation von Identischem [...] durch die Figur einer *Verkettung von Ähnlichem* ersetzt" (ebd.: 252. Hervorhebung M.F.).

Zieht man hieraus die Konsequenz für praktische Lernprozesse wird deutlich, dass eine Subjektwerdung – also die Herstellung eines körperlich-kompetenten mensch-

---

[19] In einer luhmannschen Prägung wäre hier die Rede von „Evolution" (vgl. Luhmann 1997a: 413 ff.). Für Luhmann stellt die allgemeine Evolutionstheorie Darwins in seiner systemtheoretischen Reformulierung eine „Geschichtstheorie [dar], die in Kombination mit Kommunikationstheorie auch eine angemessene Theorie gesellschaftlichen Wandels – der Evolution von Kommunikationssystemen – bereithält" (Mellmann 2012: 81). Er nutzt dafür die Begrifflichkeiten der Variation, Selektion und Restabilisierung (vgl. Luhmann 1997a: 485 ff.).

lichen Interaktionsteilnehmers – sich im situativen Umgang mit dem „anarchischen Element der Praxis" (Reckwitz 2003: 297) vollzieht – aber eben nur in konkreten Situationen in der Praxis. Dieses anarchische Element besteht dann im kontextspezifischen, historisch sensibilisierten Umgang mit den Kontingenzen des Bezugs auf Wissen und den inhärenten Möglichkeiten einer Variation von Praktiken. Veränderungen des Kontextes, der Zeit, des Bezugs zum Wissen und der Kopplung von Praktiken an andere Praktiken, die zu einer Variation von Praktiken führen, würden dann nicht als unzulässige, die alten Praktiken überfordernde Neufassungen gesehen werden, sondern wären als ähnliche Praktiken weiterhin bearbeitbar. Dabei ist jedoch bedeutsam, welche Ausprägung und welche Komplexität Praktiken angenommen haben.

(5) Praktiken, Praxisformen und Praxisformationen

Frank Hillebrandt führt in seiner Einführung in die soziologischen Praxistheorien die Differenzierung zwischen Praktiken, Praxisformen und Praxisformationen ein. Er greift dabei sowohl auf Schatzkis Begriff der Praktiken zurück, als auch auf den Begriff der Akteur-Netzwerke, den Bruno Latour eingeführt hat. Frank Hillebrandt geht davon aus, dass eine derartige Differenzierung notwendig wird, wenn die „eigene Qualität des Vollzugs der Praxis in den Mittelunkt der Soziologie gestellt" wird (Hillebrandt 2014: 58) und zeigt auf, dass die Unterscheidung die Vollzugswirklichkeit von Praxis auf unterschiedlichen Ebenen reflektiert:

> „Die besondere Eigenschaft des Vollzugs der Praxis lässt sich dabei nur verdeutlichen, wenn die Letztelemente der Praxis als materielle Ereignisse bestimmt werden, die durch ihre Verkettung die besondere Qualität der Praxis als Vollzugswirklichkeit ausmachen. Um dies zu sehen, bedarf es der Differenzierung des Praxisbegriffs in Praktiken und Praxisformen bzw – formationen. Praktiken sind als Phänomene ‚doings and sayings' (Schatzki 1996: 89; 2002: 70 ff.). Sie sind also die materiellen Ereignisse, die als Attraktoren und gleichzeitig als Effekte der Praxis gefasst werden. Das heißt: Praktiken sind nur als Folgepraktiken vorstellbar. Sie können nicht voraussetzungslos, also quasi aus dem Nichts entstehen. Sie ereignen sich als neue Ereignisse im Anschluss an bereits geschehene Praktiken und sind dadurch gegenwärtige Effekte bereits vergangener Praktiken. Zugleich sind sie Attraktoren zukünftiger Praktiken. Diese Logik der Verkettung von materiellen Praktiken erzeugt den Vollzug der Praxis als eigene Wirklichkeit" (ebd.: 58).

Die Differenz im Prozess der Verkettung von Praktiken bestimmt demnach ihren wirklichkeitskonstituierenden Charakter. *Praktiken* fasst Frank Hillebrandt als Einzelereignisse auf, von denen sich *Praxisformen* dadurch unterscheiden, dass diese als eine Verkettung derartiger Einzelereignisse anzusehen sind (vgl. ebd.: 59). *Praxisformationen* schließlich gelten ihm als „Versammlung von unterschiedlichen diskursiven und materialen Elementen" (ebd.), die übersituative Wirkung entfalten. In dieser Fassung des Institutionalisierungsgrades der Verkettung von Praktiken wird deutlich, dass der zentrale Unterschied zwischen den verschiedenen Begriffen (Praktiken, Praxisformen und Praxisformationen) in ihrer über das situative Einzelereignis hinausweisenden Wirkung liegt. Praxisformationen müssen sich ständig ereignen um wirksam zu bleiben und setzen sich aus Einzelpraktiken, der Verkettung von Praktiken zu Praxisformen und einer komplexen Vernetzung von menschlichen und nicht-menschlichen Interaktionsteilnehmern zusammen. Praxisformationen in diesem Sinne wären beispielsweise Operationen im Krankenhaus, die sich einerseits aus dem materialen Setting (Geräten, Dingen), trainierten und kompetenten Körpern (OP-Personal), sowie einem komplexen Wechselspiel impliziten Wissens ergeben, die zu einer erfolgreichen *Aufführung* der Vollzugswirklichkeit beitragen[20]. Mit dieser Differenzierung wird deutlich, dass ein praktischer Lernprozess in einer Form von Subjektwerdung geschehen muss, der daraus besteht sich in den Strom der ereignishaften Verkettung von Praktiken einzuklinken und dabei Fähigkeiten auszubilden (kompetent trainierte Körper, kompetente Wechselwirkung mit den materialen Interaktionsteilnehmern einer Praktik, Entwicklung eines praktischen Wissens – also eines Gespürs für die implizite Logik der Praxis –, sowie ein Bewusstsein für das anarchische Element der Praxis), die es dem Subjekt ermöglichen in der Praxisform- bzw. formation mitzuspielen. Die Konzipierung des Subjekts in der Praxistheorie lässt sich im Anschluss an diese Merkmale mit Bezug zu Andreas Reckwitz folgendermaßen beschreiben:

> „Für die Praxistheorie sind die Subjekte in allen ihren Merkmalen Produkte historisch- und kulturell spezifischer Praktiken, und die existieren nur innerhalb des Vollzugs sozialer Praktiken: ein einzelnes Subjekt ,ist' (im Wesentlichen) – auch in seinen ,inneren' Vorgängen des Reflektierens, des Empfindens, Erinnerns, Planens etc. – die Sequenz von Akten, in denen es in seiner Alltags- und Lebenszeit an sozialen Praktiken partizipiert" (Reckwitz 2003: 296).

Mit dieser Beschreibung des Subjektes als in Praktiken, Praxisformen und Praxisformationen situierten und in ihnen aufgehende Figur, wird die Fokusverschiebung praxistheoretischer Zugänge deutlich. Nicht mehr Akteure werden zentral in den Fokus des Erkenntnisinteresses gestellt (mit der von praxistheoretischer Seite kritisierten Vorstellung handlungstheoretischer Ansätze, Akteure würden nach bestimmbaren Intentionen handeln), sondern die Praktiken der Akteure gelten als derjenige Ort des Sozialen, innerhalb dessen Subjekte entstehen, deren Wissen produziert, reproduziert und aufeinander bezogen wird, sowie sich mit den umgebenden Materialitäten assoziiert. Georg Breidenstein resümiert dies in seiner Studie zum „Schülerjob" folgendermaßen: „Es gehe nicht um die hinter den Praktiken stehenden Interessen, sondern um das in den Praktiken implizierte Durchführungswissen" (Breidenstein 2006: 17). Die in soziologischen Praxistheorien implizite Verschiebung von intentionalistischen Erkenntnisinteressen zu den impliziten Wissensbeständen, die im Vollzug von Praktiken prozessiert werden, eröffnet der Beschreibung von Praxis neue Möglichkeiten. Das kindliche Spiel erscheint auf einmal als „work of the children" (vgl. Denzin 1973: 122 ff.; Corsaro 1990: 11 ff.), das nicht als rein sinn- und zweckloses Unterfangen

---

[20] Eine eindrucksvolle Beschreibung dieser Aufführungspraxis und der damit verbundenen Verhaltensweisen findet sich bspw. in einem Aufsatz zur Praxis des Operierens in der Chirurgie (vgl. Kieu/Stroud/Huang/Smith/Spychal/Hunter-Smith *et al.* (2015) sowie bei Stefan Hirschauers Analyse des Fahrstuhlfahrens (vgl. Hirschauer 2004: 78 ff.).

beschrieben wird, sondern dessen Bedeutsamkeit für die Ausbildung kohärenter Vorstellungen von Gesellschaft, Moralität und Rollenübernahme als Arbeit an sich selbst in den Blick treten. Schüler werden nicht mehr eindimensional im Sinne der „Realabstraktion Schüler", wie Werner Helsper dies in Anlehnung an Lenhardt bezeichnet hat (vgl. Helsper 1993), als abstrakte Kategorie in Absehung jeglicher jugendkultureller Differenzierung und Relevanzen beschrieben (vgl. Breidenstein 2006: 13), sondern deren Beteiligung am Unterricht gerät aus der Perspektive der Theorie sozialer Praktiken in den Blick und wird im Sinne eines Jobs – des Schülerjobs (vgl. Breidenstein 2006: 87 ff.) – sichtbar. Langeweile von Schüler*innen gerät dann in den Blick und die Formen und Strategien der Schüler*innen mit der Langeweile umzugehen zeigen sich als a priori jeglichen Unterrichts, da sie diesen *ermöglichen* (vgl. ebd.: 85 f.). Die Sozialstruktur des Unterrichts wird von Georg Breidenstein differenziert je nach den Sozialformen, in denen Lehrer und Schüler im Unterricht aufeinander bezogen sind (z.B. Frontalunterricht, Partnerarbeit, Gruppenarbeit etc.). So zeigen sich in differenzierter Form die unterschiedlichen Erwartungen an Schülerhandeln je nach unterschiedlichen Sozialformen, sowie die Möglichkeiten von Schüler*innen sich innerhalb dieser Sozialformen zu bewegen. Bina Elisabeth Mohn und Klaus Amann bringen Unterricht in ihrer Studie „Lernkörper – kamera-ethnographische Studien zum Schülerjob" (vgl. Mohn/Amann 2006) in ähnlicher Weise nicht als rein intentionales Geschehen, in welchem Aufmerksamkeit auf Lehrer*innen und den Unterrichtsstoff gerichtet werden soll, in den Blick, sondern verdeutlichen die Formen des „Standby-Modus" der Schüler*innen, die als konstitutive Elemente im Prozess der Aufrechterhaltung von Aufmerksamkeit in den Blick geraten. Das BMX-Fahren wird von einer Freizeitaktivität, welche rein dem Spaß und der Muße zugerechnet wird, zur materiell und performativ schöpferischen Praxis der Aneignung von Raum (Althans/Lamprecht 2012; Althans/Engel 2016). Die therapeutische Arbeit mit Patienten in der psychiatrischen Praxis erscheint als komplexer Prozess des Organisierens, der im Sinne einer Choreografie des Sozialen beschrieben wird (vgl. Klausner 2015: 121 ff.).

Eine derartige Blickverschiebung in praxistheoretischen Zugängen zeigt die Innovationspotenziale soziologischer Praxistheorien. Akteure stellen im Sinne Stefan Hirschauers hier nur „materielle Partizipanden des Tuns" (vgl. Hirschauer 2004) dar, deren Mitspielfähigkeit an der Vollzugswirklichkeit aufscheint. Hirschauer macht zu Recht darauf aufmerksam, dass die Fokussierung der europäischen Handlungstheorie auf die Handlung als kleinste soziale Einheit sich nebenbei den Bezug zu Intentionen einhandelt, die mit der jeweiligen Handlung verknüpft ist. Im Kontext der *doing culture*-Debatte macht er gegenüber der Handlung das Präfix des *doing* stark, das in der Fassung von Harold Garfinkel und Harvey Sacks als Heuristik diene „mit der sich kompakte soziale Tatsachen temporalisieren und als praktische Vollzugswirklichkeiten dekomponieren [ließen]" (Hirschauer 2004: 73). Darüber hinaus könne über die doing-Perspektive das Akteurskonzept zugunsten einer Beschreibung von Partizipanten sozialer Prozesse (vgl. ebd.: 74 ff.) abgelöst werden. Dies ist aus der Sicht Stefan Hirschauers unter anderem deshalb sinnvoll, da so die Vollzugswirklichkeit in ihrer Prozesshaftigkeit stärker in den Blick gerate und eine Ausblendung der körperlichen

Dimension des doing nicht erfolge.[21] Wenn er daher die Blickrichtung verändert und nach den „Praktiken und ihren Körpern" (ebd.) fragt, greift er eine Idee Erving Goffmans auf, der diese Dezentrierung als „Situationen und ihre Menschen" (Goffman 1971: 9) beschrieben hat. Darüber hinaus öffnet Stefan Hirschauer mit dieser Zuordnungsrichtung von Körpern zu Praktiken den Blick für die Phänomene der sozialen Konstruktion von Körpern. Körper, Artefakte und Personen als Partizipanden sozialer Prozesse zu beschreiben böte „neue Beschreibungsmöglichkeiten für soziale Phänomene, deren Entfaltung auch ein eigenes TheoriePotenzial" (Hirschauer 2004: 88) beinhalte. Folgt man dieser Sichtweise, ergeben sich daraus Beschreibungsmöglichkeiten für praktische Lernprozesse, die in klassischen handlungszentrierten Ansätzen nicht möglich sind:

a. Ersetzung der Intersubjektivität des Handels durch die Repetetivität von Praktiken

Für Stefan Hirschauer ist ein zentrales Differenzkriterium in praxistheoretischen Ansätzen die Unterscheidung von Verhalten und Handeln. Über eine soziologische Verhaltenswissenschaft eröffnet er in Anlehnung an Bruno Latour, Erving Goffman und Harold Garfinkel den Blick für ein Kontinuum an Möglichkeiten des Sich-Verhaltens, das als Handeln nur jenes akzeptiert, das über einen damit verbundenen „subjektiv gemeinten Sinn" (Weber 1951: 36f.) vollzogen wird und somit Handeln nicht nur als etwas rein aktives markiert, sondern auch ein Passiv-Bleiben in sozialen Interaktionen als Aktivität wahrnehmen kann. Damit wird die dualistische Strukturierung aktiv/passiv zu einer Achse eines „Kontinuums von Aktivitätenniveaus" (Hirschauer 2016: 49.). Auch ein *geschehen lassen, sich unterlaufen lassen, sich überlassen* oder *liegen lassen* stellt eine Form der Aktivität dar, die nicht vordergründig durch einen subjektiv gemeinten Sinn erschlossen, aber über ein kulturelles Verhaltensprogramm und dessen Wiederholung als durchaus wirksame Beteiligung am Interaktionsprozess gedeutet werden kann. Damit reduziert sich auch die Bedeutung eines vorgängigen Handlungsentwurfs, der einen subjektiv gemeinten Sinn des Handelns nur umsetze. Bedeutsam wird vielmehr eine „wachsende Selbststeuerung, mit der sich Handelnde hervorbringen" (ebd.: 48). Eine derartige Umstellung von einer am subjektiv gemeinten Sinn orientierten Intersubjektivität auf eine soziologische Verhaltenswissenschaft, die aktives und passives Verhalten nur als zwei Pole eines Kontinuums von Verhaltensweisen beschreibt und dabei der aktiven Seite keine größere Bedeutung einräumt, leistet eine Perspektivveränderung, die Verhalten und dessen Bedeutung für den Interaktionsprozess an dessen kulturelle Repetitivität rückkoppelt. Lernprozesse würden dann als kontextspezifische Selbststeuerung in den Blick geraten, welche sich über Selbstbeobachtungen in der Repetivität des Verhaltens in Interaktionsprozessen steigert und durch die Prozesse des *sich Wahrnehmens* und *Wahrgenommen Werdens* konstituiert.

---

21 Stefan Hirschauer macht dies am Beispiel der Akteur-Netzwerk-Theorie deutlich, die für ihn durch die immanente Leitunterscheidung von humans und non-humans (in der deutschen Übersetzung menschlichen Akteuren und nicht-menschlichen Aktanten) den Blick auf die körperlichen Aspekte verlöre (vgl. ebd.: 74).

> „Die von Cooley und Mead betonte Spiegelung in den Augen des Anderen ist eine Verlängerung des Autofeedbacks. Wer etwas tut, treibt also nicht einfach nur ein Geschehen voran, er wird vielmehr auch von ihm ergriffen und erlebt sich in ihm auf eine bestimmte Weise. Er wird zum Zeugen des eigenen Tuns und kann außerdem die Wahrnehmung seiner selbst auch noch auf andere verteilen" (ebd.: 49).

Praktiken des sich Verhaltens (aktiv und passiv, sowie proaktiv und inhibitiv) würden damit über Feedback-Schleifen qualifiziert und an Gelingenskriterien gemessen werden können (vgl. ebd.). Für das Lernen im praktischen Studiensemester kann dies keine völlige Abwendung vom subjektiv gemeinten Sinn und der Handlungsplanung bedeuten, da es sich hierbei um ein Einüben von im Professionsdiskurs akzeptierten Positionierungen handelt. Allerdings bedeutet es eine stärkere Sensibilität für die passiven Verhaltensweisen professioneller Handlungspraxis und die damit notwendige Hinwendung zur Repetivität von Interaktionspraktiken, die nur durch eine Reflexionsarchitektur geleistet werden kann, die Feedback-Schleifen der Selbst- und Fremdbeobachtung in den Prozess des Erlernens professioneller Handlungspraktiken implementiert.[22]

b. Situationen fordern zum Handeln auf – Gebrauchsanweisungen und Gebrauchssuggestionen

Gehandelt werden kann nicht einfach aus dem Nichts heraus. Handeln oder sich im Interaktionsprozess Verhalten, schaltet sich in einen bereits bestehenden Interaktionsprozess ein und nimmt somit die Eigendynamik des Prozesses in die eigene Aktivität mit auf. Die situativen Bedingungen bieten somit sowohl Rezepte für Handeln und Verhalten (Gebrauchsanweisungen von Situationen, Artefakten und Menschen) als auch Gebrauchssuggestionen. Erkenntnisse zum Aufforderungscharakter von Situationen wurden im Kontext von ritualtheoretischer Forschungen gemacht, wie sie z. B. von der Gruppe der Berliner Ritualstudie um Christoph Wulf (Wulf/Zirfas 2004; Wulf et al. 2007; Wulf et al. 2011; Althans 2000; Audehm 2007), sowie historischen Ritualforschern (Althoff 2003; 2004) verdeutlicht wurden. Den Aufforderungscharakter von Artefakten und die damit einhergehende „Inskription" (vgl. Johnsson 2006: 251f.) eines suggerierten Verhaltensprogramms haben die Akteur-Netzwerk-Theorien an vielen Beispielen erforscht.[23] Die Differenz von Handeln und Verhalten verschiebt sich damit zu einer graduellen Frage „der jeweiligen Bewusstseinsbeteiligung, Selbststeuerung, Initiative, Impulsivität und affektiven Engagiertheit" (Hirschauer 2016: 50). Für Lernprozesse bedeutet dies, dass es um Situationen und deren Bedeutung für die Koaktivität der Partizipanden des Tuns geht.

> „Wenn menschliche Handelnde viele Dinge nur anstoßen oder geschehen lassen, so kann man ontologisch entspannter danach fragen, wie vorstrukturierte situative Gele-

---

22 Hierzu in Kap. 3 mehr.
23 Hier sei bspw. an die Analyse automatischer Türschließer erinnert, die Jim Johnsson vorgelegt hat (vgl. Johnsson 2006), oder die Domestikation von Kammmuscheln in der St. Brieuc Bucht von Michel Callon (vgl. Callon 2006).

genheiten (inklusive ihrer materiellen Settings) umgekehrt Menschen handeln lassen. Die Aufmerksamkeit verschiebt sich von den ‚inneren Aufforderungen' (den Motiven) oder den verbalen Aufforderungen generalisierter Anderer (den Normen) zu den situativen Umständen, die uns Handlungen nahelegen, und zwar sowohl ihre Erwartbarkeit (als auch von Teilnehmern kognitiv gerahmte Anlässe) als auch ihre Machbarkeit – als mit Dingen, Menschen und Zeichen angefüllte Gelegenheiten, die uns etwas tun machen oder lassen" (ebd.: 50f.).

Das Erlernen von Interaktionspraktiken (Handeln als auch Verhalten) wird somit radikal an die kontextuelle Situativität gekoppelt und als Erleben seiner Selbst in der sozialen und materiellen Gelegenheitsstruktur einer Situation an die eigenen Möglichkeiten der Selbststeuerung in der Selbstbeobachtung zurückgebunden. In diesem Kontext wird auch deutlich, weshalb ein praktisches Studiensemester, in welchem sich Studierende selbst Situationen der professionellen Handlungspraxis aussetzen und dabei sowohl ihr professionsspezifisches Fachwissen (Begründungs-, Erklärungs- und Wahrnehmungszusammenhänge) im Hinblick auf eine praktische Adäquanz testen, als auch das Kontinuum der eigenen Aktivitätenniveaus im Blick halten und sich aufmerksam dafür machen, wie situative Bedingungen und Dynamiken auf die eigene Person einwirken.

c. Darstellende Teilnehmerschaft – implizit eingekörpertes Wissen und performed knowledge

Um nicht Sozialität historisch vorauszusetzen und den Dualismus von Tun und Sagen zu überbrücken, schlägt Stefan Hirschauer vor, anstatt vom *handelnden Akteur* vom *darstellenden Teilnehmer* zu sprechen (vgl. ebd.: 56). Mit der praxistheoretischen Figur des darstellenden Teilnehmers macht er darauf aufmerksam, dass „sinnhafte soziale Phänomene (z.B. soziale Beziehungen) […]erst in Interaktionen [entstehen]" (ebd.: 54) und dass Verhalten in Anwesenheit Anderer sofort an Sinn gebunden wird, da die Zuschreibung der Anderen darüber entscheidet, ob Verhalten als Kommunikation gedeutet werde. Dies lässt sich sowohl auf Paul Watzlawicks, Janet Beavins und Don Jacksons 1. Axiom der Kommunikation „Die Unmöglichkeit nicht zu kommunizieren", oder die geläufigere Beschreibung *Man kann nicht nicht kommunizieren,* beziehen (vgl. Watzlawick/Beavin/Jackson 2000: 52.), als auch mit Niklas Luhmanns Sinnbegriff beschreiben, der *Sinn* an die wechselseitige Zuschreibung bindet und in seinem Werk „Soziale Systeme" (1987: 92ff.) im Kap. 2 ausführt, sowie seine Bedeutung als „Universalmedium" (Luhmann 1997a: 51) hervorhebt, da jegliche Kommunikation im Medium des Sinns prozessiert wird und selbst die Negation von Sinn nur im sinnhaft prozessierenden System möglich sei.[24] Dadurch wird deutlich, dass der Handelnde keine volle Kontrolle über die von ihm expressiv verwendeten Zeichen hat. Handeln erhält damit in Stefan Hirschauers Zuschnitt einerseits eine

---

24 Die Probleme des Sinnbegriffs in Luhmanns Systemtheorie werden von Christian Kirchmeier passend zusammengefasst (vgl. Kirchmeier 2012: 117ff.).

selbstbildende Seite, die auf die selbst- und körperbildende Dimension des Handelns aufmerksam macht:

> „Man denke nur an das in Bewegung Setzen des eigenen Körpers, in dem sich bei häufiger Wiederholung Gewohnheiten ablagern, die den Gang ‚in Gang halten' können. Umgekehrt, von den Praktiken aus betrachtet, verlangen diese von den Handelnden das Einnehmen bestimmter Haltungen des Körpers, des Denkens, der Gefühle – sie bieten ‚Subjektformen' (Reckwitz 2010: 192) und ‚teleoaffektive Strukturen' (Schatzki 2002: 80 ff.), von denen die Handelnden einen Großteil ihrer intentionalen Gerichtetheit beziehen. Mit unserem Handeln vollziehen wir also nicht nur soziale Tatsachen […], wir bilden zugleich ein je spezifisches Selbst aus" (Hirschauer 2016: 56).

Das implizit eingekörperte Wissen der Teilnehmenden (Können) sozialer Interaktionsprozesse wird andererseits ergänzt um die performative Dimension des Wissens kompetent Handelnder – performed knowledge (vgl. ebd.: 57). Diese *performed knowledge* bildet für ihn in Anlehnung an Gilbert Ryle die Brücke vom Verstehen zum Handeln und damit den Ausgangspunkt der Ins-Verhältnis-Setzung von Diskursen und Praktiken.[25]

> „Gilbert Ryle rekurrierte für den Zusammenhang des Vormachens und Nachmachens (also des Weitermachens) neben dem Sprechen auf den Fall des kompetenten Gehens und verknüpfte dabei das Thema der Selbststeuerung des Handelns zwanglos mit dem der Rezeptionssteuerung Anderer. Ein Bergsteiger, so Ryle, achtet beim Gehen auf das, was er tut, er ist auf Unfälle vorbereitet, spart seine Kräfte, er prüft und versucht, er geht mit Verstand. ‚Er ist gleichzeitig damit beschäftigt zu gehen und sich das Gehen unter Bedingungen dieser Art beizubringen' (1969: 50). Diese Selbstbefähigung macht aber beim handelnden nicht halt. Auch der Betrachter lernt im Verlauf seiner Tätigkeit. ‚Handeln und Verstehen sind grob gesagt bloß verschiedene Ausübungen desselben Handwerks … Der Urheber führt an, der Zuschauer folgt, aber ihr Weg ist der gleiche.' (ebd.: 68). Man braucht dafür, so Ryle, keine geheimnisvolle (‚intersubjektive') Sympathie zwischen Seelen. Er legt nahe, das Handeln als ein interaktives Anführen und Folgen in einer geteilten Praxis zu begreifen" (Hirschauer 2016: 57).

Lernprozesse würden also eine Beteiligung an der Praxis voraussetzen, die im obigen Beispiel als Lernen des Gehens unter den besonderen Bedingungen des Bergsteigens zu begreifen wären. Erste Schritte auf dem Weg zum kompetent Handelnden wären dann zu gehen, dabei immer wieder die selbstbildenden und performativ gezeigten Aspekte des Wissens zu beobachten, um einen praktischen Sinn dafür zu bekommen,

---

25 Stefan Hirschauer spitzt ausgehend von dieser präsentativen Seite das Verhältnis von Diskursen und Praktiken auf vier Vorschläge zu. (1) Der materielle Träger der Kommunikation stehe im Vordergrund. Aus der Diskursperspektive wären Praktiken nur das „Gebrabbel der Körper", was Stefan Hirschauer damit kontert, dass menschliches Verhalten als kulturelle Form der Selbstpräsentation sich im Medium des Körpers artikuliere und nicht in Form von Texten oder Bildern. (2) Diskurse seien die „semantische Infrastruktur" von Praktiken und „limitierten das Sagbare und Denkbare" (ebd.: 58). (3) Diskurse seien Sinnquellen, blieben aber von Praktiken abhängig, in dem sie selbst in einer Klasse von Praktiken entstünden und innerhalb dieses Nexus zirkulierten. (4) Sein letztes Argument stellt einen Analogieschluss zwischen der handlungstheoretischen Überschätzung des Autors und der „diskurstheoretischen Überschätzung der Wirksamkeit von Diskursen" als scholastisches Metier dar (vgl. ebd.).

welche körperformenden Dispositionen für kompetentes Handeln notwendig sind, sowie welcher Grad des Explizitätsniveaus notwendig ist, damit Interaktionspartner die Zeichen der performed knowledge im Sinne einer Anschlussfähigkeit in sozialen Interaktionen lesen können.

d. Repräsentationsformen menschlichen Verhaltens – Zoomen als Veränderung der Perspektive

Stefan Hirschauer schafft es aus praxistheoretischer Perspektive den Bogen zu spannen über methodologisch unterscheidbare, sinnhafte Einheiten menschlichen Verhaltens. Dabei differenziert er *Tätigkeiten, Handlungen und Praktiken* als drei Repräsentationsformen menschlichen Verhaltens (vgl. ebd.: 59). Ein derartiges Sensorium kann dazu beitragen in unterschiedlichen Situationen über die Veränderung der Perspektive – Hirschauer nennt dies ‚zoomen' (ebd.) – unterschiedliche Ebenen des Sozialen zu entdecken. Unterschiedliche Perspektivierungen im Sinne des Zoomens ermöglichen ein differentes Verstehen im Prozess der praktischen Aneignung von Fähigkeiten zur kompetenten Teilnahme an der Interaktion. Praxis denkt er dabei als Verhaltensstrom, der zu bestimmten Anlässen unterscheidbare Entitäten als „Individuen der Praxis" (ebd.) herstellt. Zentral an dieser Idee erscheint mir die darin begründete Möglichkeit, in der Beobachtung sozialer Phänomene zwischen diesen Ebenen zu wechseln und einmal eine Tätigkeit (schreiben, niederschreiben, notieren) in eine differenzierte Typik zu bringen, eine Handlung und deren Bedeutung für die beteiligten Akteure, sowie eine Praktik als Beobachtungsschema von Verhaltensnuancen, von körperlich vermittelten Interaktionen der Partizipanden des Tuns oder ganzer Praktikenkomplexe in den Blick zu nehmen (vgl. ebd.: 60f.).

Versucht man nun die Konsequenzen der hier dargestellten Perspektiven auf das Soziale zu resümieren, wird deutlich, dass die praxistheoretische Fokusverschiebung *vom Akteur* zu den *Teilnehmern an Praktiken* und *Subjekten von Praktiken* zu neuen Erkenntnis- und Beschreibungsmöglichkeiten sozialer Wirklichkeit führt. Darüber hinaus impliziert eine Verortung des Sozialen in den Praktiken und eine damit einhergehende Formung der Subjekte durch die Teilhabe an Praktiken eine neu zu denkende praktische Studienphase. Das *Studieren* am Lernort Praxis – im Sinne eines *doings* – ist dann der Ort, an dem sich die Subjekte in den Praktiken ausformen. Die Teilnehmer an Praktiken wären *erstens* explizit zu unterstützen in den Möglichkeiten des „Zoomens" professioneller Tätigkeiten, Handlungen und Praktiken. *Zweitens* müssten spezifische Reflexionsräume institutionalisiert werden, die z. B. das Erlernen einer Praktik des Beratens unter den Bedingungen professioneller Beratungsmöglichkeiten und -begrenzungen unterstützt und dabei das Erleben der Studierenden, deren darstellende Teilnehmerschaft, sowie die Gebrauchs- und Verhaltenssuggestionen von Situationen (mit-)reflektieren. Die Verschiebung von der Intersubjektivität zur Repetitivität sozialer Praktiken wäre dann in einem *dritten* Schritt im Hinblick auf dessen Institutionalisierungsgrad – die Verkettung von Ähnlichkeiten – in den Blick zu nehmen und gemeinsam mit den Studierenden zu prüfen, inwiefern sie sich bereits eine *kompetente Mitspielfähigkeit in den Praktiken, Praxisformen und Praxisformationen* aufgebaut haben und somit eine Befähigung an den professionellen Praktiken in der Sozialen Arbeit zu partizipieren, erworben haben.

Die dabei schwierige Koordination von Aktivitäten kann in praxistheoretischen Ansätzen, die sich an einer Perspektive der Practice-as-entity orientieren, im Anschluss an Thomas Alkemeyer und Nikolaus Buschmann folgendermaßen verstanden werden:

> „Das sich auch in handlungstheoretischen Ansätzen stellende Problem der Koordination einzelner Aktivitäten wird in diesen praxistheoretischen Zugängen also nicht über individuell zurechenbare Bewusstseinsleistungen, sondern mit dem Verweis auf ein kollektiv geteiltes, in den beteiligten Artefakten objektiviertes und den Teilnehmer-Körpern inkorporiertes (Regel-)Wissen erklärt, das es erlaubt, eigene Aktivitäten wie schlafwandlerisch an den Aktivitäten anderer Partizipanden zu orientieren." (Alkemeyer/Buschmann 2016: 122).

Choreographien des Sozialen (vgl. Alkemeyer/Brümmer/Kodalle/Pille 2009) liefen allerdings Gefahr in eine statische Perspektive zu münden, die die Möglichkeit nicht mehr einschlösse, „aktiv und auf eigene Initiative hin etwas Neues anzufangen, dessen Ausgang ungewiss [sei]" (Alkemeyer/Buschmann 2016: 123). Als Alternative hierzu stellen Thomas Alkemeyer und Nikolaus Buschmann dieser Perspektive die Practice-as-performance Ansätze entgegen. Diese versuchen nicht Typisierungen, Muster und Routinen herauszuarbeiten, sondern beschäftigen sich zentral mit dem „Wie der prozessualen Herstellung sozialer Ordnung in interaktiven Vollzügen" (ebd.). Damit kann Praxis von innen heraus rekonstruiert werden und die Ordnung der Vollzugswirklichkeit erscheint in all ihrer Ungewissheit und der kreativen Adaptierungen der Teilnehmer.

> „Im Kontrast zum Verständnis von Praktik als kontinuierlicher Praxisform, die von ihren Teilnehmern eine Einpassung verlangt, kommt diesen im Rahmen der Auffassung von Praxis als interaktivem Vollzugsgeschehen eine deutlich höhere Bedeutung zu: Die Aufmerksamkeit richtet sich auf ihre Bewältigungsanstrengungen, ihre Koordinations- und Abstimmungsleistungen, ihre Entscheidungen und kreativen Akte; dem Fließen der Praxis entspricht die gestaltende Improvisation ihrer Teilnehmer. Am Wiederholen einer Bewegung, einer Geste oder eines Spielzugs interessiert nicht so sehr das automatisierte Noch-Einmal-Machen, das die Kontinuität der Form gewährleistet, sondern die flexible Adaption an fortlaufend sich verändernde Situationen sowie ein Neu-Machen, das Formveränderungen nach sich ziehen kann (Joas 1996)" (ebd.: 124).

Beide Perspektivierungen des Sozialen, die Thomas Alkeymeyer und Nikolaus Buschmann kontrastieren, erlauben eine jeweils spezifische Analyseoptik. Die Perspektive der Practice-as-entity lässt Praktiken aus einer Draufsicht von oben – *einer Theaterperspektive* – erscheinen und rückt den Fokus auf die *Multipositionalität des Spiels* und die inhärenten *Choreographien*. Die Perspektive der Practice-as-performance sei hingegen eher ein „Über-die-Schulter-des-Teilnehmers-Schauen" (vgl. ebd.: 125) und verdeutlicht die *Multiperspektivität des Geschehens* aus den jeweiligen *Teilnehmerperspektiven*, sowie die Potenziale der Situationen für flexible Anpassung und Adaption.

Die in diesem Kapitel, unter Bezug auf unterschiedliche Autoren, präsentierten Analyseoptiken des Sozialen sollen verdeutlichen, welches Potenzial praxistheoretische

Ansätze für die Bewusstwerdung des Sozialen in studienintegrierten Praxisphasen aufweisen. Dabei leistet Stefan Hirschauers Trennung der Repräsentationsformen menschlichen Verhaltens in Tätigkeit, Handlung und Praktik einen Beitrag zur spezifischen Analyse des Handelns und Interagierens professioneller Sozialer Arbeit. Die Differenzierung Frank Hillebrandts nach Praktiken, Praxisformen und Praxisformationen lässt erahnen, welche Bedeutung Institutionalisierungsprozessen im praktischen Handeln zukommt. Die zuletzt dargestellte Perspektivierung macht deutlich, dass die Analyseoptiken nicht nur in zeitlicher Perspektive, sowie einer alternativen Bestimmung der Individuen der Praxis variiert werden können, sondern wie bei Thomas Alkemeyer und Nikolaus Buschmann zusätzlich in der Dimension der Distanz zu den Praktiken. Beide Autoren resümieren hierzu:

> „Überzeugende Versuche einer Integration beider Perspektiven gibt es bislang nicht. Wird die eine Seite scharf gestellt, dann wird die andere notwendig undeutlich. Wenn Praktiken indes weder als selbstläufige Einheiten konzeptualisiert werden, die ihre Teilnehmer umstandslos ‚rekrutieren', noch diese Teilnehmer als präpraktische Subjekte vorausgesetzt werden, sondern die Herausbildung sozialer Ordnungen und ihrer Subjekte als ein ko-konstitutives und ko-extensives Geschehen begriffen wird, sollten beide Perspektivierungen nicht gegeneinander ausgespielt werden. Wir schlagen vielmehr vor, sie so aufeinander zu beziehen, dass sie sich nicht nur komplementieren, indem sie jeweils unterschiedliche Aspekte sozialer Vorgänge scharf stellen, sondern auch gegenseitig relativieren, irritieren und stimulieren. Für jede der beiden Perspektiven bildet dann die jeweils andere einen Referenzrahmen der Beobachtung. [Dies kann m. E. für die hier aufgezeigten unterschiedlichen Perspektivierungen in Anschlag gebracht werden. *Einfügung M.F.*] Auf diese Weise wird zum einen der Konstruktcharakter jeder Beobachtung ausgewiesen: Ein soziales Geschehen liegt nicht einfach offen zu Tage, sondern muss durch die Einrichtung einer Analyse-Optik methodisch beobachtbar gemacht werden. Und zum anderen kann dann jede Beobachtung reflexiv auf die je andere Perspektive bezogen werden" (ebd.: 127).

Die Teilnahme an Praktiken im praktischen Studiensemester und die damit einhergehende Möglichkeit diese Praktiken aus unterschiedlichen Perspektiven zu studieren, ermöglichen dabei aus dem Handeln und dem Verstehen dieser Praktiken verändert herauszukommen. Eine praktische Befähigung zu erwerben – ein kompetenter Mitspieler zu werden – setzt einerseits die Teilnahme an den Praktiken voraus, andererseits die beiden Pole der Selbstbildung in Praktiken – die durch die Einrichtung von Reflexionsmöglichkeiten bzw. Analyse-Optiken unterstützt, sowie die Prozesse der Subjektivierung durch Situationen und Praktiken, die bewusst in die Aufmerksamkeit gerückt werden kann. Damit sollen die Überlegungen zur Praxeologisierung der studienintegrierten Praxisphase im Anschluss an Thomas Alkemeyer und Nikolaus Buschmanns Überlegungen zur „Befähigung als Subjektivierung und Selbst-Bildung" (ebd.: 129) abgeschlossen werden. Während Stefan Hirschauer auf die Veränderungen der Formen des Selbst durch die Formen des Handelns verweist[26] und dabei den

---

26 Hirschauer beschreibt, wie der Akteur durch den Teilnehmer und das Subjekt abgelöst wird und dabei trotz allem das Subjekt noch strukturalistischen Konzepten verhaftet bleibt: „Teilnehmer und Subjekte sind zwei recht verschiedene Nachfolger des Akteurs: Der Teilnehmer von Interaktionen ist

Begriff der Selbstbildung stark macht, bleibt Subjektivierung im Anschluss an den alten Subjektbegriff jedoch der Entgegensetzung von Subjekt und Objekt verhaftet. Thomas Alkemeyer und Nikolaus Buschmann versuchen jedoch zu zeigen, wie sich Subjektivierung und Selbst-Bildung als miteinander verflochtene Beschreibungsformen für praktische Lernprozesse im Etikett der ‚Befähigung' miteinander verbinden lassen. Die dazu notwendige Praxeologisierung beschreiben sie folgendermaßen:

> „Praxeologisierung in diesem Sinne würde bedeuten, über die systematisch-methodische Verschränkung von Theater- und Teilnehmerperspektiven empirisch sichtbar zu machen, wie soziale Ordnungen von ihren Teilnehmern fortlaufend erzeugt und aufrechterhalten werden und wie die Teilnehmer im selben Prozess Befähigungen des (praktischen) Erkennens, Deutens und Beurteilens sowie eine Bedeutung oder Identität erlangen, die ihnen verschiedene Formen und Modi der (engagierten) Teilnahme ermöglichen […]" (ebd.: 129).

Die Beobachtbarkeit der Gleichzeitigkeit dieser Prozesse (Herstellung, Aufrechterhaltung, Reproduktion sozialer Ordnung, sowie Befähigung zur Teilnahme und Veränderungen der Identität) könne, so Thomas Alkemeyer und Nikolaus Buschmann, mit dem Begriff der Subjektivierung in ihrer Ambivalenz beobachtbar gemacht werden. Folgt man ihrer Argumentation wird das Ineinandergreifen von Subjekten und Praktiken deutlich. Lernprozesse könnten dann als performativer Vollzugscharakter am Subjekt nachverfolgt, über Prozesse der Selbst-Bildung fortgeführt, in eine praktische Befähigung münden, die eine sinnvolle Alternative zum Kompetenzbegriff darstellen könnte. Dies nicht zuletzt, da sich Befähigungen, die bei Teilnehmern ausgebildet werden müssen, immer auf das Wechselspiel aus Formen der Praxis und Formen des Selbst beziehen, die nur in deren konkretem Zusammenspiel als praktisch folgenreich anzusehen wären (und dies, so machen Alkemeyer/Buschmann deutlich auch noch sozial legitimiert durch diejenigen Mitspieler, die im Feld Macht besitzen, Kritik üben dürfen und Anerkennung verleihen vgl. ebd.: 130).

> „Ein solcher Zugang, der die Herausbildung von Subjekten und Praktiken als zirkulär miteinander verquicktes Geschehen denkt, würde den performativen Vollzugscharakter der Subjektbildung anerkennen, sich jedoch nicht pauschal gegen die Rolle von Subjekten überhaupt wenden, sondern deren Um- und Neubildung zu einem zu untersuchenden Problem machen. Damit richtet sich das Forschungsinteresse auf die Befähigungen, die bei Teilnehmern ausgebildet werden müssen, um dieses Geschehen in Ganz zu bringen, „am Laufen" zu halten oder verändernd in seinen Lauf einzugreifen" (ebd.).

---

der konsequent in Beziehungen gedachte Akteur. Er ist Element einer Sprecher-Hörer- oder Darsteller-Zuschauer-Relation. Er hat immer schon diese Koakteure. Das Subjekt ist eine vergleichsweise solipsistische Entität, die auf der einen Seite immer noch primär in einem exklusiven Selbstbezug gedacht, auf der anderen Seite als Objekt anonymer gesellschaftlicher Kräfte vorgestellt wird. Die Subjektivierung begegnet dem allzu starken Akteur in der Logik der alten Entgegensetzung von Individuum und Gesellschaft. Mit Selbstbildung kann man dagegen (wie oben gesagt) bezeichnen, dass jedes Handeln auch den Handelnden formt (so wie es ihn und sich kontinuierlich Anderen darstellt). Wenn Praktiken Formen des Handelns sind, entsprechen ihnen Formen des Selbst. Man schlüpft in sie hinein und kommt – mehr noch als beim Einnehmen von Rollen – verändert aus ihnen heraus" (Hirschauer 2016: 62f.).

Eine derartige Veränderung des Selbst – entweder in Form der Subjektivierung sowie der Selbst-Bildung – durch die zunehmend kompetente Teilnehmerschaft an Praktiken, den Lernprozess der Studierenden im praktischen Studiensemester als Befähigung zum Mitspielen in der Choreographie des Sozialen zu lesen, dabei gleichzeitig die kreativen und anomischen Momente der Novizenrolle im Prozess wechselseitiger Anerkennung zu beschreiben, eröffnet neue Perspektiven für das Studieren am Lernort Praxis. Die Teilnahme an den Praktiken des Feldes führt in dieser Perspektive zur Veränderung des Selbst – und zwar einerseits zur performativ kompetenten Mitspielerschaft, andererseits zur kommunikativ zugeschriebenen Befähigung seitens der übrigen Teilnehmer. Damit überwindet die Praxistheorie den Intentionalismus des Akteurs-Konzepts, weil sie die „Intentionen […] [als] durch die Praxis erzeugte Dispositionen [begreift], die sich in den Körper eingeschrieben haben und die auf diese Weise sozialisierten Körper zur Teilnahme an Praxis befähigen" (Hillebrandt 2014: 70)[27]. Zugleich kann mit „dem Konzept der Befähigung als Subjektivierung und lernender Selbst-Bildung […] Subjektwerdung in ihrer Gleichzeitigkeit von Heteronomie und Autonomie, Abhängigkeit und Selbstständigkeit, Anpassung und „Gegenverhalten" in den Blick gebracht werden" (Alkemeyer/Buschmann 2016: 132).

Eine praxistheoretische Fundierung Sozialer Arbeit könnte also dazu beitragen, die praktische Studienphase zu qualifizieren, in dem sie den Ort des Sozialen und die Befähigung zum Mitspielen in den Mittelpunkt rückt. Lernprozesse der Studierenden müssten damit deutlich stärker an Praktiken des Sozialen ausgerichtet werden. Das methodische Instrumentarium der ethnographischen Erziehungswissenschaft stellt hier den Bezugspunkt der Beobachtung von Praktiken unter der Leitperspektive von Fremdheit und Vertrautheit dar und lässt sowohl die Teilnehmerperspektive als auch die Theaterperspektive auf das Soziale zu. Eine Abkehr vom Akteur und dessen individuellen und situationsunspezifischen Kompetenzen zugunsten der hier vorgeschlagenen Befähigung und Mitspielfähigkeit bietet darüber hinaus einen neuen Bewertungsmaßstab professionstheoretischer Überlegungen. Professionalisierung würde dann als komplexes Zusammenspiel von Praktiken und Subjekten gelesen werden können, das auf methodologisch-spezifische Weise Aspekte des Sozialen und des Selbst in die Aufmerksamkeit der Studierenden rückt. Die Folgen, die sich hieraus ergeben, sollen im nächsten Kapitel als professionstheoretische Überlegungen mit der ethnographischen Erziehungswissenschaft in Verbindung gebracht werden. Als zentrale Schlussfolgerungen für die Praxisausbildung ergeben sich folgende Punkte aus praxistheoretischer Perspektive:

(1) Praxeologische Empirie und deren Neubestimmung des Ortes des Sozialen ermöglicht es die Ausrichtung der Lernprozesse im Praxissemester zentraler an die Praktiken professioneller Sozialarbeit zu koppeln.

---

27 Dies lässt sich mit Bezug zu Bettina Hünersdorf auch für die ethnographische Erziehungswissenschaft konstatieren: Resümiert man die oben skizzierten Versuche der Dezentrierung des pädagogischen Blicks so wird deutlich, dass eine so verstandene und praktizierte erziehungswissenschaftliche Ethnographie „die verengte, verkürzte Sicht eines Verständnisses von Pädagogik, in dem Intention und Wirkung in einen unmittelbaren Zusammenhang stehe, überschreitet" (Hünersdorf 2008: 39).

(2) Das Aufmerksam-machen praxistheoretischer Ansätze auf die Materialität von Praktiken bringt die Verbindung von Artefakten und Teilnehmern professioneller Sozialarbeit in Erinnerung. Somit wird deutlich, in welcher Weise Sozialarbeit von den materiellen, räumlichen und situativen Bedingungen abhängig ist und welche Begrenzungen und Möglichkeiten ihr dadurch auferlegt sind. Gleichzeitig kann hieran der Aufforderungscharakter von Situation, Artefakten und Praktiken erkannt werden.

(3) Praktisches Wissen (knowing how) wird im Vergleich zum konkret explizierbaren Wissen deutlich in seiner Bedeutung gehoben. Die Praxis der Sozialen Arbeit als Vollzugswirklichkeit zu begreifen, ermöglicht dabei zugleich die Erkenntnis, dass Studierende in der Konfrontation mit der Praxis sich einen Zugang zu den impliziten Regeln der Handlungspraxis verschaffen müssen. Dabei kann auch der innovative bzw. subversive Charakter der Logik der Praxis in den Blick geraten.

(4) Die Institutionalisierung von Wissen in komplexer werdenden Praxisformen und Praxisformationen stellt eine Beschreibungs- und Analysemöglichkeit für jene Prozesse dar, die sich Studierenden als besonders sperrig und schwer zugänglich darstellen. Eine zunehmende Mitspielfähigkeit auch in diesen interaktiven Settings verweist auf eine erfolgreiche Subjektivierung und/oder Selbst-Bildung im Prozess des praktischen Lernens.

(5) Die Beobachtbarkeit des Sozialen aus der Theater- und der Teilnehmerperspektive, sowie deren wechselseitige Nutzung als Referenzrahmen zur Korrektur, Irritation und Ideenpool, ermöglichen es die Methodologie der ethnographischen Erziehungswissenschaft als Ausgangspunkt praxistheoretischer Erkundungen zu nehmen. Multiperspektivität und Multipositionalität können damit in der Alltagspraxis sichtbar gemacht werden.

(6) Feedback-Schleifen der Selbst- und Fremdbeobachtung in den Prozess des Erlernens professioneller Handlungspraktiken zu implementieren richtet den Blick stärker auf die Verkettung von Ähnlichkeiten und schafft Möglichkeitsräume der Selbsterkenntnis.

1.3 Professionstheoretische Grundlagen eines (ethnographischen) Zugangs zur Praxis der Sozialen Arbeit

Neben den bislang dargestellten Zugängen zur Praxis der Sozialen Arbeit, soll nun eine dritte erkenntnistheoretische Rahmung eingeführt werden, welche aus professionstheoretischer Sicht die Grundlagen eines Studierens am Lernort Praxis aufzeigt. Dabei wird angeschlossen an die unterschiedlichen Thematisierungen von Praktika und Praxissemestern in der Sozialen Arbeit, deren Diskussion in aktuellen fachpolitischen Diskursen und Stellungnahmen, zentrale Projekte und Forschungsbefunde zur Bedeutung von Praktika im Rahmen der Bologna-Reformen sowie kasuistische und forschende Zugänge zur Professionalisierung von Studierenden im Kontext der hochschulischen Bildung.

Praktika und Praxissemester in der Sozialen Arbeit

Blickt man zurück in die Auseinandersetzungen um die Bedeutung von Praktika in der Sozialen Arbeit gerät das Theorie-Praxis-Verhältnis in den Blick. Wenige Gegenstandsbereiche lassen sich innerhalb der Disziplin sowie der Profession finden, die kontroverser diskutiert worden sind und dies noch immer werden. Niklas Luhmann und Karl Eberhard Schorr postulierten mit ihrer These vom „Technologiedefizit der Erziehung und [der] Pädagogik" (Luhmann/Schorr 1987), dass jeglicher Erziehungspraxis eine Erwartbarkeit von Wirkungen abzusprechen sei und dementsprechend Professionen Wege und Möglichkeiten finden müssten mit dieser Nicht-Erwartbarkeit der Wirkungen ihrer eigenen Interventionen umzugehen. Mit Bezug auf Organisationen übertrugen Sie die Frage der Technologie in der Erziehung auf die Frage, „wie [sich] Organisationen, die mit dem Auftrag der Personenveränderung doch auch Verantwortung für richtiges, erfolgsorientiertes Verhalten übernehmen, [...] auf das Technologiedefizit einstellen, sozusagen mit ihm leben können. Und weiter: wie Professionen, für die ein solches Technologiedefizit typisch ist, diesen Mangel kompensieren, überdecken, durch Idealisierungen oder Moralisieren oder Mißerfolgszurechnungen ausgleichen." (ebd.: 15) Das von Luhmann und Schorr beschriebene Problem, für das eine jede Profession ihre jeweilig funktionalen Anpassungsformen findet, entzündete sich am Verhältnis von Kausalität, Rationalität und Sozialität. Inwiefern sich Verhaltensveränderungen zeitlinear und gesetzmäßig herbeiführen ließen, dabei die rationalen Kriterien von Zweck-Mittel-Schemata als realisierbare Verhältnisbestimmungen anzusehen seien und sich professionelle Interventionen quasi 1:1 in die Selbstreferenz der Adressaten der Sozialen Arbeit einschreiben ließen, erschien höchst zweifelhaft (vgl. ebd.: 16 ff.). Aus dieser Perspektive ist die Suche nach objektiven Kausalgesetzen in zwischenmenschlichen Beziehungen als „Komplexitätsreduktion" anzusehen (vgl. ebd.: 18 f.), die einerseits notwendigerweise erfolgen, andererseits in vielen Fällen zu stark vereinfachen. In Niklas Luhmanns Systemtheorie stellt die Reduktion und Steigerung von Komplexität im Kontext von Kontingenzen eine notwendige und bedeutungsvolle Perspektive dar. Die Notwendigkeit auf derartige Verkürzungen zurückzugreifen, um überhaupt handlungsfähig zu werden oder zu bleiben, wird von Luhmann und Schorr gesehen, gleichzeitig jedoch die Funktion derartiger Verkürzungen reflektiert:

> „Da es keine für soziale Systeme ausreichende Kausalgesetzlichkeit, da es mit anderen Worten keine Kausalpläne der Natur gibt, gibt es auch keine objektiv richtige Technologie, die man nur erkennen und dann anwenden müßte. Es gibt lediglich operativ eingesetzte Komplexitätsreduktionen, verkürzte, eigentlich ‚falsche' Kausalpläne, an denen die Beteiligten sich selbst in bezug auf sich selbst und in bezug auf andere Beteiligte orientieren." (ebd.: 19)

Gehen Sozialarbeiterinnen davon aus, dass die unterstellen Kausalgesetzlichkeiten und Zurechnungen wahrscheinlich nicht der Eigenlogik des individuellen Falles entsprechen, kann die Rationalität des eigenen Handelns als vorläufig und anpassungsfähig angesehen werden und muss einer permanenten Reflexion unterzogen werden. Die Reflexion der eigenen Handlungspraxis schließt daher für Luhmann und Schorr auch die Reflexion der eigenen Beobachtungspraxis mit ein (vgl. ebd.: 25) und wird von ihnen am Beispiel der Unterrichtspraxis ausgeführt.

Dietrich Benner hat die Frage des Theorie-Praxis-Problems für die Erziehungswissenschaft in seiner Allgemeinen Pädagogik (Benner 2015) bearbeitet und in der Zeitschrift für Pädagogik auf folgende Zuspitzung gebracht: „Die „moderne" Erziehungswissenschaft bedarf dringend einer gemeinsamen Sprache, welche die wissenschaftstheoretische Diskussion an die wissenschaftliche Theoriebildung zurückbindet, die Ausdifferenzierung der Erziehungswissenschaft in Teildisziplinen mit den diesen gemeinsamen, aber in sie nicht aufteilbaren Problemen pädagogischen Denkens und Handelns konfrontiert und Wissenschaft und Praxis in eine Beziehung setzt, welche Sorge dafür trägt, daß die Praxis aus der Wissenschaft Aufklärung, Orientierung und Kritik und die Wissenschaft aus der Praxis Erfahrung, Anregung und Korrektur ihrer Theoriebildung gewinnen kann." (Benner 1980: 485) Die sich in dieser Problematisierung abzeichnende Interdependenz von Wissenschaft und Praxis stellt auch heute noch ein permanent zu bearbeitendes Verhältnis dar, welches keineswegs im Laufe der vergangenen fast vierzig Jahre seit Erscheinen der benner'schen Begriffs- und Verhältnisklärung an Spannung verloren hat. Eine Wurzel des Theorie-Praxis-Problems kann in der notwendigen Unterscheidung zwischen „Erziehung als Praxis" und „Erziehung als Berufstätigkeit" ausgemacht werden (vgl. ebd.: 487), welche Benner mit seinen vier Grundprinzipien pädagogischen Denkens und Handelns konfrontiert um „die Verkürzung der pädagogischen Praxis zur Berufstätigkeit nicht [zu] legitimieren, sondern die verschiedenen Formen pädagogischer Berufstätigkeit mit dem Anspruch pädagogischer Praxis [zu] konfrontieren." (ebd.: 488). Hans Thiersch hat die fehlende begriffliche Schärfe in der Diskussion um den Nutzen von Theorie für die Praxis und das Studierverhalten von Studierenden der Sozialen Arbeit auf den Aspekt der Differenzierung der Wissensformen gebracht und „Theorie als Reflexionstheorie, Theorie als distanzierte, analysierende Betrachtung von Handeln, Theorie als Professionstheorie und Praxis als situationsbezogenes Handeln" (Thiersch 2000: 322) begrifflich voneinander unterschieden. Die bei Thiersch verdeutlichte Kontextualisierung der Sozialen Arbeit in der Wissensgesellschaft, zeigte die Bedeutung von verschiedenen Wissensformen in der Sozialen Arbeit und stärkte die disziplinäre Diskussion um die Frage des Nicht-Wissens als Reflexionswert der Unterscheidung von Wissen und Nicht-Wissen. Welche Bedeutung dem Wissen für die Theorie der Professionellen bzw. eine Theorie der Praxis zukommen kann, verdeutlicht Michael May in seiner Zusammenführung unterschiedlicher Theoriediskurse in der Sozialen Arbeit folgendermaßen:

> „Wie im Prolog [einer fiktiven Situation zwischen Student und Professor *Ergänzung M.F.*] schon angedeutet, kommt es in dieser Hinsicht jedoch auch in der Praxis Sozialer Arbeit ständig zu einer ‚Theorieproduktion'. Theorie meint in diesem Zusammenhang, dass Praktiker mit Annahmen operieren, die einen zugleich hypothetischen wie analytischen, mitunter auch einen prognostischen Charakter haben, z.B. wenn sie Aussagen machen über Probleme oder Motive ihrer Zielgruppen, über deren Ursachen, über bestimmte Regelmäßigkeiten in der Praxis oder aber die Wirksamkeit bestimmter pädagogischer Handlungsweisen und Methoden." (May 2010: 22)

Solche *Theorien der Praxis* entfalten praktische Wirksamkeit, wie Michael May aufzeigt und erhalten den *Professionellen der Praxis* ihre Handlungsfähigkeit. Inwiefern die Verwendung von Theorien dann praktisch reflektiert wird, bzw. ob diese nicht einfach mit einem „dogmatischen Charakter" (Winkler 2005: 17) wirkten und Handlungsempfehlungen über ein vermeintlich praktisches Regelwissen bereitstellen, diskutiert Michael May und stellt diese Vorgehensweise in den Kontext eines aktiven Umgangs mit theoretischen Referenzsystemen (vgl. May 2010: 23f.). Die Frage der Bedeutung von Theorie für das professionelle Handeln bzw. der Praxis für die wissenschaftliche Theorieproduktion bleibt nach wie vor virulent. Ester Almstadt und Jochen Kotthaus haben im sozialmagazin ihre Position zur Bedeutung von Theorien in der Sozialen Arbeit formuliert und eindeutig Stellung bezogen auf der Seite derjenigen, die sozialwissenschaftliche Theorie als alleinige Grundlage Sozialer Arbeit ansehen. (vgl. Almstadt/ Kotthaus 2018: 20). Sie betonen dabei die Funktion von Theorien, „ein geeignetes Mittel [zu sein], die ungeregelten, ungefilterten und unsystematischen Wahrnehmungen des eigenen Alltags zu befremden" (ebd.) und dabei „Eindrücke in systematische Zusammenhänge" (ebd.) einordnen und deuten zu können und resümieren hierzu: „Der theoretische, d.h. der distanzierte Blick schützt Forscher_innen ebenso wie Praktiker_innen davor, im Detailreichtum des Wahrgenommenen unterzugehen oder nur das Wahrzunehmen, was ohnehin schon im eigenen Horizont aufscheint" (ebd.). Es geht also um die Frage der eigenen Haltung zu sozialwissenschaftlicher Theorie bzw. zur eigenen Praxis. Wenn Johannes Herwig-Lempp in derselben Auseinandersetzung im sozialmagazin verdeutlicht, dass Lehrende an Hochschulen die Aufgabe haben eine Haltung vorzuleben und damit möglicherweise bei ihren Studierenden zu befördern, die einen aktiven Umgang mit dem Verhältnis sozialwissenschaftlicher Theorien und der Praxis der Sozialen Arbeit anregt, verlagert sich die Verantwortlichkeit hinein in die Hochschuldidaktik und die eigene Haltung im Umgang mit Studierenden der Sozialen Arbeit (vgl. Herwig-Lempp 2018: 21).

Eine Form der Bearbeitung des Theorie-Praxis-Verhältnisses in der Sozialen Arbeit stellen Praktika bzw. praktische Studienphasen dar. Über einen gewissen Zeitraum die Praxis der Sozialen Arbeit aus der Perspektive professioneller Sozialarbeiter*innen zu erleben, soll dazu beitragen in die Rolle der Sozialen Arbeit hineinzuwachsen, professionelles Begründungswissen für handlungspraktische Probleme am konkreten Fall einzuüben und vor dem Hintergrund des eigenen Wissens/Nicht-Wissens zu reflektieren sowie die Verbindung zwischen den Sphären der Wissenschaft und der konkreten Handlungspraxis der Sozialen Arbeit herzustellen. Neben dieser Relationierungsfunktion von Praktika, stehen im Kontext der studienintegrierten Praxisphasen im Bachelorstudiengang die Berufsorientierung der Studierenden, der systematische Einblick in die professionelle sozialarbeiterische Praxis eines Arbeitsfeldes, das Erleben berufstypischer Erfahrungen im Kontext der Dilemmata der Sozialen Arbeit sowie der Strukturmerkmale sozialarbeiterischen Handels, die Prüfung eigener Fähigkeiten und Unfähigkeiten, die Selbsterkenntnis der Studierenden im Hinblick auf eigene Fähigkeiten und Abneigungen, sowie der Rücktransport der Erkenntnisse und Fragen in den Kontext des weiteren Studiums und der eigenen politischen Haltung im Fokus.

Damit ist die Bandbreite der Erwartungen an praktische Studienphasen noch nicht erschöpft aber zumindest umrissen[28].

Die Notwendigkeit sich mit den Fragen der Praxisorientierung im Studium sowie der Qualität von Praktika zu befassen, scheint im Zuge der Bologna-Reformen bedeutsamer geworden zu sein, wie das Fachgutachten nexus verdeutlicht (Schubarth et al. 2016: 3). Trotz allem resümieren die Autor*innen des Fachgutachtens, dass die Qualität von Praktika ein „bisher eher vernachlässigter Bestandteil des Studiums [sei]" (ebd.). Je nach Fachkultur seien konkrete Berufsfeldbezüge entweder eindeutig vorgegeben (professionsorientierte Studiengänge), zumindest möglich (Studiengänge, die für unterschiedliche, jedoch klar beschreibbare Berufe qualifizieren) oder schwierig bis kaum einzufordern (wissenschaftlich ausgerichtete Studiengänge ohne konkretes Berufsfeld als Grundlage) (vgl. ebd.: 15). Große Differenzen in der Umsetzung von Berufsfeldbezügen im Studium seien daher auch den jeweiligen Fachkulturen geschuldet. Im Zuge der Bolognareform und dem damit einhergehenden Paradigmenwechsel bei der Gestaltung und Akkreditierung von Studiengängen mehr auf Fachlichkeit und Beruflichkeit Wert zu legen (vgl. ebd.: 4), erhielten Praktika bzw. Praxis an der Hochschule eine größere Bedeutung. „Für den für die Akkreditierung verpflichtenden Nachweis der Berufsbefähigung von Studierenden stellen Praktika ein wichtiges Kriterium dar. Berufsbefähigung sei ohne Praktikumsphase kaum nachzuweisen (vgl. Akkreditierungsrat 2015/1999; HRK 2008)." (zit. n. Schubarth et al. 2016: 4). Neben einem Überblick über die aktuell vorhandenen Formen von Praxisbezügen im Studium (vgl. ebd.: 6 ff.), thematisiert das Fachgutachten die Frage, wie Praktika als Lehr-Lern-Arrangements im Studium Qualität am Lernort Praxis und am Lernort Hochschule gewährleisten können. Dabei solle die Art der Praktika (Kurz-, Block-, Tagespraktika bis zum Praxissemester), sowie die zeitliche Einbindung und Platzierung im Studiengang hochschuldidaktisch begründet erfolgen und zur Erreichung der Ziele des Studiengangs beitragen (vgl. ebd.: 8 ff.). Eine Steigerung der Wirksamkeit von Praktika könne dabei nur verzeichnet werden, wenn die „didaktisch-curriculare Konzeptualisierung" (ebd.: 9) von Hochschulseite erfolge und Praktika entsprechend begleitet und vor- sowie nachbereitet würden. Insgesamt konstatiert das Fachgutachten allerdings das fehlende Wissen über Lernprozesse in der Praxis und begründet dies auf drei Ebenen:

„1. Die Wissenschaft fühlte sich lange für diesen Bereich nicht zuständig, da das Lernen und die Verantwortung – wie in den Curricula festgeschrieben – im Bereich [...] des Betriebes liegt. [...] 2. Erste Untersuchungen des Lernens im Praktikum deckten als weiteres Problem große Diskrepanzen zwischen Theorie und Praxis in Bezug auf Wirksamkeitseinschätzungen von Praktika auf. Während die Praxis fast uneingeschränkt und weitgehend unabhängig davon, wie, wo und von wem die Praktika durchgeführt wurden, vom hohen LernPotenzial überzeugt war und auch heute z. T. noch ist, äußerte sich die Wissenschaft kritischer gegenüber Praktika und ihrem Nutzen. Insofern könne nach wie vor von einem ‚Mythos Praxis' gesprochen werden. 3. Auch die Komplexität von Praktika

---

28 Einen Überblick über mögliche Funktionen von Praktika in noch größerer Bandbreite bieten Scherpner/Richter-Markert/Sitzenstuhl (1992: 36 ff.) sowie die Bundesarbeitsgemeinschaft der Praxisreferate an (Fach-)Hochschulen für Soziale Arbeit in der Bundesrepublik Deutschland (BAG) (2013: 23 ff.).

als Lernsetting trägt dazu bei, dass bislang wenig über das Lernen im Praktikum bekannt ist. Viele verschiedene Akteure haben Einfluss auf das Lernen im Praktikum" (ebd.: 10).

In der Zusammenfassung der Ergebnisse des Fachgutachtens wird daher von den Autor*innen betont, dass eine kontinuierliche Verzahnung von Praxisanteilen mit dem Studium als sinnvoll anzusehen sei: „Wir gehen davon aus, dass nur in der Summe und in der Verzahnung verschiedener Maßnahmen in unterschiedlichen Phasen im *Student Life Cycle* die Beschäftigungsbefähigung gezielt gefördert werden kann. Nur punktuelle, unverbundene Maßnahmen sind dagegen weniger zielführend" (ebd.: 63). Damit wird auch die Funktion von Praxisreferaten an Hochschulen für Soziale Arbeit berührt. Diese müssten demnach ihre Aufgaben deutlich ausweiten und kontinuierlich (vgl. ebd.: 64, Abbildung 2) von der Information von Schüler*innen vor dem Studium, über die didaktisch-curriculare Planung und Strukturierung von Praxisanteilen über den gesamten Verlauf des Studiums bis zum Übergang in den Arbeitsmarkt – auch inhaltlich – viel stärker aktiv sein. Praktika können dann, so dass Fachgutachten – als „studienbiographischer Prozess" (ebd.: 65) verstanden werden, dessen Güte von spezifischen Qualitätsstandards abhängig ist (vgl. ebd.: 69f.). Die Befunde des nexus-Fachgutachtens sollen in ihrer Bedeutung für die aktuelle Situation von Praktika in der Hochschule kurz zusammengefasst werden:

(1.) Der Fokus des Bologna-Prozesses auf Beruflichkeit sollte zur Folge haben, dass den praktischen Studienanteilen und der Art und Weise, wie Studiengänge versuchen Beschäftigungsbefähigung herzustellen, in der Gestaltung und Akkreditierung von Studiengängen eine größere Bedeutung zugemessen werde (vgl. ebd.: 65).

(2.) Durch die curriculare Einbettung von Praktika in die Studiengänge und die Vergabe von ECTS-Punkten für praktische Studienanteile, erfuhr das Praktikum im Bologna-Prozess eine deutlich Aufwertung und muss als implizites Thema des gesamten Studiums mit dem Ziel einer Beschäftigungsbefähigung angesehen werden (vgl. ebd.: 65f.).

(3.) Praktika stellen in diesem Kontext eine Brücke zwischen Hochschule und späterem Berufsfeld dar, die eine besondere Form der Theorie-Praxis-Relationierung im Studium ermöglichen (vgl. ebd.).

(4.) Die Begriffe Praxis und Praktika scheinen insgesamt klärungsbedürftig und in unterschiedlichen Fachkulturen divers gebraucht. Vor allem das Verhältnis von Theorie und Praxis zueinander erscheint aus Sicht des Fachgutachtens für Studierende nicht in ausreichendem Maße geklärt und von Hochschulen unzureichend kommuniziert (vgl. ebd.).

(5.) Das heterogene Verständnis des Theorie-Praxis-Verhältnisses zieht verschiedenste Formen von Praktika nach sich, deren Hauptziel „wissenschaftliches Arbeiten an Lernorten außerhalb der Hochschule einzuüben und anschlussfähig zu machen" (ebd.), die einigende Komponente des Lehr-Lern-Arrangements darstellen könne. Dabei sei überhaupt erst von einem derartigen Lehr-Lern-Arrangement zu sprechen, wenn das Praktikum unter Anleitung erfolge und reflexiv ausgerichtet sei (vgl. ebd.).

(6.) Der *shift from teaching to learning* müsse auch in der didaktisch-curricularen Konzeptualisierung von Praktika angegangen werden und im Kontext der Modulbeschreibungen zu konkreten Ausformulierungen von Kompetenzzielen und -niveaus in Praktika führen (vgl. ebd.).

(7.) Praktika leisten auf vielen Ebenen einen Beitrag zum Studienerfolg und zur erfolgreichen Berufseinmündung. Sie tragen zum Erwerb fachlicher und überfachlicher Kompetenzen bei, ermöglichen eine persönliche Weiterentwicklung und die konkrete Erfahrung von Normen und Werten des beruflichen Alltags sowie den Aufbau von Netzwerken und beruflichen Kontakten (vgl. ebd.).

(8.) Die Erwartungen der unterschiedlichen Gruppen (Studierende, Lehrende und Arbeitgeber) an Praktika sind hoch. Das Fachgutachten verdeutlicht hier, dass weitgehender Konsens über viele formale Aspekte von Praktika bestehe, die Debatte um die inhaltliche Qualitätssicherung und damit einhergehende Qualitätsstandards allerdings erst am Anfang sei (vgl. ebd.: 67).

(9.) Fehlende Kenntnisse über die Wirkung von Praktika müssen aufgearbeitet werden, da ansonsten eine quantitative Steigerung von Praktika auch an der Zielerreichung vorbeigehen könnte (vgl. ebd.).

(10.) Je nach Hochschultyp (Universität, Fachhochschule, Duale Hochschulen) unterscheiden sich praxisorientierte Studienangebote sowie verpflichtende Praktika deutlich voneinander (vgl. ebd.).

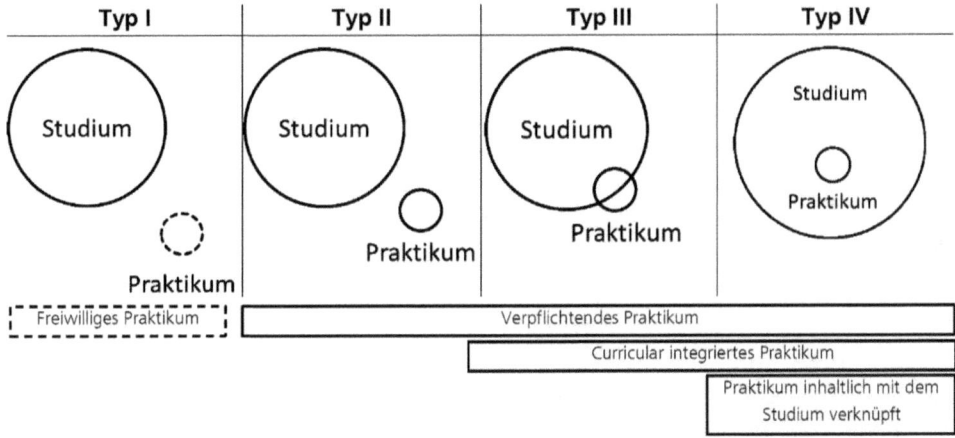

Abb. 3: Modelle zum Verhältnis von Studium und Praktikum. Entnommen aus: Schubarth et al. (2016: 68)

(11.) Je nach Fachkultur und konkretem oder diffusem Berufsfeldbezug unterscheiden sich die Spezifik von Praktika deutlich. Von Praktika, die die klare Herausbildung einer beruflichen Identität zum Ziel haben bis hin zu Praktika, die als reine berufliche Orientierung oder kurzer Einblick in die Berufswelt angelegt sind, finden sich zahlreiche Ausgestaltungen. Dabei unterscheidet das Fachgutachten vier Modelle des Verhältnisses von Studium und Praktika, die in folgender Abbildung dargestellt sind und aus dem Fachgutachten übernommen wurden (vgl. ebd.: 67 f.).

(12.) Die Effekte von qualitativ hochwertigen Praktika werden vom Fachgutachten als win-win-Situation für Studierende, Arbeitgeber und Hochschulen gesehen. Allerdings wird angemerkt, dass „die Rahmenbedingungen zur Durchführung qualitativ hochwertiger Praktika [..] immer noch nicht gegeben [seien]" (ebd.: 68).

(13.) Vor allem die Betreuung vor, während und nach den Praktika sowohl am Lernort Hochschule als auch am Lernort Praxis sei „häufig nicht vorhanden oder unzureichend" (ebd.), „häufig [fehle] es an personalen Ressourcen an den Hochschulen sowie in den Praktikumseinrichtungen, an einer fehlenden Anerkennung und Akzeptanz innerhalb der Hochschule, an Regeln für die Anerkennung von Praktikumseinrichtungen sowie an Maßnahmen zur Qualifizierung der Mentoren in den Praktikumseinrichtungen etc" (ebd.) (siehe hierzu Kap. 3 und 4).

(14.) Die Kooperation zwischen den Akteuren aus Hochschule und beruflicher Praxis sei wünschenswert aber meist nur unzureichend ausgebildet (vgl. ebd.).

(15.) Aus Sicht der Autor*innen des Gutachtens sind daher zentrale Weichen in der Gestaltung von Studiengängen und der – auch inhaltlichen – Einbettung von Praktika in ein „Theorie-Praxis-Konzept im Studiengang" (ebd.: 69) zu leisten.[29]

Die vorliegende Konzeption zum Praxissemester an der htw saar versteht sich ganz in diesem Sinne als ein Ansatzpunkt der inhaltlichen Ausgestaltung eines Theorie-Praxis-Konzeptes auf dem Weg vom Typ III zum Typ IV des Modells des Verhältnisses zwischen Studium und Praktika (vgl. Punkt 11).

Das Thema der Praxisorientierung, der staatlichen Anerkennung und der Bedeutung des Berufspraktikums im BA-Studiengang bearbeitet Christof Schmitt (Schmitt 2007) anhand der Frage, inwiefern es sich hier um Auslaufmodelle handele oder vor allem die staatliche Anerkennung und das Berufspraktikum im einphasigen wie zweiphasigen Studiengangsmodell nach wie vor ein Element der Qualitätssicherung darstellen könne. Dabei zeichnet er den Weg der Ausbildungsentwicklung von der Entstehung erster Qualifizierungskurse für Sozialarbeiter*innen im Rahmen des Eberfelder Systems Mitte des 19. Jahrhunderts bis hin zur Neuordnung der Ausbildung im Zuge der Bologna-Reform nach und verdeutlicht die Verbindungslinien zur bürgerlichen Frauenbewegung (vgl. ebd.: 12f.). Er diskutiert die Vorteile und Nachteile einphasiger und zweiphasiger Studiengangsmodelle (vgl. ebd.: 76ff.) ausgehend von den früheren Diplomstudiengängen (FH) und beschreibt die aktuellen Veränderungen an Fachhochschulen im Zuge des Bologna-Prozesses als ambivalent für die Sicherung der Professionalität in der Sozialen Arbeit:

> „Die Fachhochschulen nehmen eine Gelegenheit war, im neuen konsekutiven System akademisch anschlussfähig zu werden. Um dies zu erreichen, betont man im neuen Modulsystem die theoretischen Grundlagen und den Forschungsbezug. Während damit eine Annäherung an Universitäten erfolgt, fordert der Bologna-Prozess dagegen im Rahmen der Employability insbesondere für den Bachelor eine Veränderung der universitären Studiengänge in Richtung des berufsbefähigenden Profils der Fachhochschulen" (ebd.: 103)

---

29 Dies verdeutlichen Kopp et al. auch bereits in ihren Empfehlungen zur Professionalisierung von Praxisphasen unter dem Stichwort „Praxisbezüge stärken!" im Anschluss an die Ergebnisse des ProPrax-Projekts (Kopp et al. 2012: 299–314).

Die im nexus-Fachgutachten verdeutlichte stärkere Praxisorientierung in den neuen Bachelor-Studiengängen ist also für den Bereich der Sozialen Arbeit, folgt man Schmitt in seiner Argumentation, nur bedingt gegeben. Damit geht einher, dass die Staatliche Anerkennung in der Sozialen Arbeit als Gütesiegel der Ausbildung an (überwiegend) Fachhochschulen in Frage gestellt wird (vgl. ebd.), worauf noch eingegangen wird.

Um die unterschiedlichen Funktionen, die mit dem Lernsetting Praxissemester erreicht werden sollen, gewährleisten zu können, gibt es zahlreiche Strukturierungsversuche der praktischen Studienphase. Hier soll nun auf drei Strukturierungen kurz eingegangen und im Anschluss daran zentrale Erkenntnisse zum Praktikum bzw. Praxissemester in der Sozialen Arbeit erörtert werden.

Martin Scherpner, Waltraud Richter-Markert und Ingrid Sitzensstuhl präsentierten mit ihrem Buch „Anleiten, Beraten und Lehren: Prinzipien sozialarbeiterischen Handelns. Anregungen für die Praxisanleitung und Beratung von Mitarbeiterinnen" (1992) eine Sammlung an Ideen zur Gestaltung von Praktika im Studium der Sozialen Arbeit, die auf die Entwicklung einer beruflichen Identität ausgerichtet sind und als Kernaufgabe der Sozialen Arbeit eine gute Praxisanleitung identifizieren, „die sich durch eine prozeßorientierte und ganzheitliche Gestaltung der notwendigen Lehr- und Lernprozesse im Praktikum auszeichnet" (Scherpner/Richter-Markert/Sitzenstuhl 1992: 1). Neben dem Aufzeigen von Zielen für das Praktikum in der Sozialen Arbeit, werden auch die Schwierigkeiten des Anleitungsprozesses, sowie eine Gliederung der Praxisanleitung über den gesamten Verlauf des Praktikums vorgeschlagen. Die Autor*innen unterscheiden hier die (1) Einführungs- und Orientierungsphase, die (2) Erprobungsphase und die (3) Konsolidierungs- und Verselbständigungsphase.

(1) Die *Einführungs- und Orientierungsphase* beinhaltet nach Scherpner/Richter-Markert/Sitzenstuhl eine Einstimmung der Praktikant*innen auf ihre jeweiligen Anleiter*innen, indem Praxisanleiter*innen Zeit einräumen um eine emotionale Basis der Anleiter*innenbeziehung und eine erste Einführung in das Arbeitsfeld, die Organisation, den Stadtteil und die Methoden der Sozialen Arbeit mit dem jeweiligen Klientel zu schaffen. Die Rolle der Praktikant*in ist in dieser Phase auf die Beobachtung der Berufsvollzüge der Praxisanleiter*in ausgerichtet. Anleitungsgespräche dienen hier der gemeinsamen Reflexion des beobachteten beruflichen Handelns und orientieren sich an den gemeinsamen Aktivitäten und entstandenen Fragen. Am Ende dieser Phase steht dann eine erste Zwischenauswertung und Reflexion der Zusammenarbeit zwischen Praxisanleiter*in und Studierenden. Im Ausbildungsplan sollen nun die konkreten Lernziele festgehalten werden (vgl. ebd.: 51 ff.).

(2) In der *Erprobungsphase* sollen die Praktikant*innen „spezielle, zunächst begrenzte Aufgaben, deren Umfang bei wachsender fachlicher und persönlicher Kompetenz der Praktikantin sich schrittweise vergrößert" (ebd.: 65), übertragen bekommen, damit die Praktikant*innen sich in wachsenden Übungsfeldern ausprobieren können. Zu dieser Phase gehört für die Autor*innen die gemeinsame Vorbereitung zwischen Praxisanleiter*innen und Praktikant*innen, die selbständige Durchführung der Aufgaben ggf. im Kontext einer Live-Beratung sowie die gemeinsame

Auswertung und Reflexion. Dabei verschiebt sich der Fokus von der Reflexion des Verhaltens der Praktikant*innen im Verlauf der Erprobungsphase immer deutlicher auf die reflexive Auseinandersetzung mit den eigenen Einstellungen, Haltungen, Werten und Standpunkten sowie das eigene Selbstverständnis. Diese Phase endet mit einer zweiten Zwischenauswertung, in der die Lernfortschritte überprüft, die weitere Gestaltung des Praktikums geklärt, sowie die Rolle der Praktikant*in neu definiert wird.

(3) In der abschließenden *Konsolidierungs- und Verselbständigungsphase* arbeitet die Praktikant*in überwiegend selbständig und „sollte von der Anleiterin nun als (fast) vollwertige Kollegin definiert werden und sich auch gegenüber der Anleiterin so definieren" (ebd.: 75). Die methodische Anleitung der Praktikant*in findet in dieser Phase immer mehr in Form einer kollegialen Beratung statt und sollte ihre thematischen Schwerpunkte, so Scherpner/Richter-Markert/Sitzenstuhl, in Richtung der Auseinandersetzung mit den Fragen der beruflichen Identität, authentischer Standpunkte, dem Umgang mit Grenzsituationen, berufsethischen und psychohygienischen Fragen sowie der Thematisierung der Lebensperspektive und der Bedeutung des Praktikums für das eigene Privatleben sowie das weitere Studium in den Blick rücken. Eine Endauswertung des Praktikums, das Schreiben eines Berichtes für die Hochschule durch die Studierenden sowie die Beurteilung durch die Praxisanleiter*in schließen diese Phase ab (vgl. ebd.: 75 ff.).

Für die Ausgestaltung dieser Phasen geben die Autor*innen zahlreiche methodische Anregungen, in welcher Form Praxisreflexion und Selbstreflexion im Praktikum stattfinden können (vgl. ebd.: 81 ff.). Um die Phaseneinteilung im skizzierten Modell entsprechend einschätzen zu können, muss an dieser Stelle der Hinweis gemacht werden, dass Scherpner/Richter-Markert/Sitzenstuhl hier eine Praktikumsphase von einem Jahr vor Augen haben und für die Phase 1 der Einführung und Orientierung einen Zeitraum von 2–4 Monaten vorsehen und ihre zeitliche Perspektive folgendermaßen beschreiben: „Wir sind der Meinung, daß sich kurzzeitige Praktika auf die Phase der Einführung und Orientierung beschränken sollten" (ebd.: Fußnote 34). Legt man diese Ansicht für die praktische Studienphase im Bachelor zugrunde, müssten die meisten praktischen Studienphasen sich in der Phase 1 erschöpfen. Dieser Einschätzung wird hier mit Bezug auf ethnographische und praxistheoretische Ideen (vgl. Kap. 1.1 und Kap. 1.2) nur bedingt gefolgt. Ob es im praktischen Studiensemester zu einer Verselbständigung kommen kann oder doch viel eher bei einer Konsolidierung von Lernerfolgen in einzelnen Bereichen bleibt, hängt von zahlreichen Faktoren ab und kann m.E. nicht endgültig entschieden werden. Worauf das Anleitungskonzept von Scherpner/Richter-Markert/Sitzenstuhl allerdings hinweist, nämlich die Bedeutung von Praxisanleitung und einer guten Vorbereitung und Orientierung durch die Praxisanleiter*innen, die bewusste Veränderung der Rollen von Praxisanleiter*innen und Praktikant*innen in der Erprobungsphase, sowie die Veränderung der methodischen Anleitung und Reflexion von Themen des praktischen Verhaltens über die Reflexion der eigenen Einstellungen und Werte bis hin zu Fragen der beruflichen Identität, erscheint mir für die Gestaltung praktischer Studienphasen zentral.

Ein zweites Modell der Strukturierung von Praktika im Kontext der Sozialen Arbeit legte Eleonore von Rotenhan in ihrem Band „Das Praktikum. Ein Wegweiser für Praktikanten, Praxisanleiter, Institutionen und Ausbildungsstätten" (1982) vor. Sie unterscheidet darin insgesamt fünf Phasen des „Lernens in Stufen" (ebd.: 41):

(1) Die Phase der *Eingewöhnung* dient dem Kennenlernen der Kolleg*innen der Einrichtung, der Übung des Einholens wichtiger Informationen sowie dem Verständnis über den Aufbau der Organisation. In dieser Phase schauen sich Praktikant*innen die Praxiseinrichtung an, stellen sich den Mitarbeiter*innen vor Ort vor und werden durch ihre jeweiligen Anleiter*innen dort eingeführt. Praktikant*innen sammeln dabei selbständig Informationen über die Praxiseinrichtung und werden dabei durch Informationsmaterial unterstützt (vgl. ebd.: 42).

(2) In der Phase der *teilnehmenden Beobachtung* integrieren Praxisanleiter*innen die Praktikant*innen in ihre alltäglichen Abläufe, damit diese alle relevanten Arbeitsbereiche der Praxisanleiter*innen kennenlernen. Praktikant*innen sollen in dieser Phase Beratungsgespräche, Team- oder Dienstbesprechungen etc. beobachten und ihre Eindrücke niederschreiben. Von Rotenhan beschreibt dies als zentrale Phase, in der die Beobachtung der Praktikant*innen geschult werden soll um anschließend eine Reflexion über die eigenen Beobachtungen anzustreben. Die methodische Anleitung in dieser Phase richtet sich damit Schwerpunktmäßig auf die Herstellung eines Bewusstseins für die Realität des Arbeitsalltags, das Einüben der Einnahme einer distanzierten Beobachtungsposition, sowie die Schulung der professionellen Wahrnehmungsfähigkeit (vgl. ebd.: 42).

(3) Auf der dritten Stufe des Lernens siedelt von Rotenhan die Phase *Teilaufgaben übernehmen* an. In dieser Phase erfolgt eine Einschätzung der Fähigkeiten der Praktikant*innen im Sinne einer Ressourcenanalyse. Ausgehend von dieser Einschätzung werden den Praktikant*innen Aufgaben übertragen, deren Erledigung gemeinsam reflektiert wird. Der Schwerpunkt der methodischen Anleitung in dieser Phase liegt dementsprechend auf der Einschätzung der Ressourcen von Praktikant*innen, der Unterstützung und Förderung bei der Aufgabenerledigung und der zunehmenden Verselbständigung. Sind diese ersten drei Phasen positiv bewältigt, können Praktikant*innen stärker eigenständige Aufgaben übernehmen.

(4) Die vierte Phase bezieht sich nicht nur auf Teilaufgaben sondern auf die konkrete Übertragung einer festumrissenen Aufgabe an Praktikant*innen und wird deshalb als *Aufgabe bewältigen* überschrieben. Dabei gerät zentral in den Blick, dass Aufgaben, die an Praktikant*innen übertragen werden sollen, real erfüllbar sein sollten. Die Bearbeitung und ggf. Lösung der Aufgaben sollte also in den Möglichkeiten des Praktikanten liegen. Dabei erscheinen Aufgaben als besonders geeignet, die im Arbeitsbereich der Praxisanleiter*innen liegen und von diesen beobachtend und beratend begleitet werden können (Monitoring).

(5) In der Phase der *Wiederholung* können Praktikant*innen ihre erworbenen Fähigkeiten bei ähnlichen Problemen und Aufgaben erneut einsetzen. Neue Aufgabenstellungen mit komplexer werdenden Anforderungen und neuen Komponenten

werden übertragen und die eigenständige Erfüllung dieser Aufgaben steht im Fokus (vgl. ebd.).

Worauf das Lernen in Stufen hier hinweist und damit das erste skizierte Modell von Scherpner/Richter-Markert/Sitzenstuhl (1992) ergänzt, scheint mir für die praktische Anleitung von Studierenden im Praxissemester von zentraler Bedeutung. Das beobachtende Hineinfinden in die Arbeitsvollzüge professioneller Sozialarbeit, die konkrete Reflexion über sinnvolle Lernaufgaben und – arrangements, die Übertragung von Arbeitsaufgaben an Praktikant*innne sowie ein wiederholendes Einüben und Reflektieren ermöglichen Studierenden ein allmähliches Einfinden in die berufliche Praxis. Neben diesen Aspekten legt von Rotenhan zahlreiche Fragen und Reflexionsanleitungen für Praxisanleiter*innen, Praktikant*innen und Verantwortliche an Hochschulen vor, die gute Prozesse praktischer Anleitung befördern und zur Selbstverortung beitragen können (von Rotenhan 1982).

Die Bundesarbeitsgemeinschaft der Praxisreferate an (Fach-)Hochschulen für Soziale Arbeit in der Bundesrepublik Deutschland (BAG) legte mit ihrem Band „Qualifizierung in Studium und Praxis. Empfehlungen zur Praxisanleitung in der Sozialen Arbeit" (2013) eine Empfehlung für die Begleitung berufspraktischer Lernelemente im Kontext der Bologna-Reformen vor. Die BAG geht dabei davon aus, dass der Qualifizierungsprozess zukünftiger Sozialarbeiter*innen nur in Form einer gemeinsamen Verantwortungsübernahme der beiden Lernorte Hochschule und Berufspraxis erfolgen könne, und die beiden Lernorte „systematisch und strukturell verankert miteinander verknüpft" (BAG 2013: 5) werden müssten. Praktische Studienphasen, wie diese im Zuge der Bologna-Reform zu integrierten curricularen Bestandteilen des modularisierten Studiums geworden sind, müssten durch entsprechend geschulte Fachkräfte begleitet werden:

„Für die zukünftigen Fachkräfte der Sozialen Arbeit sind Praxisphasen im Kontext einer praxisnahen Qualifikation auf wissenschaftlicher Grundlage sehr wichtig, denn in diesen erproben sie exemplarisch in ausgewählten Arbeitsfeldern eigene professionelle Handlungskompetenzen und entwickeln Ansätze einer eigenen beruflichen Identität als Sozialarbeiter/in bzw. Sozialpädagoge/in. Hierbei kommt den Kollegen/innen in der Praktikumseinrichtung, welche Studierenden/Berufsanerkennungspraktikanten/innen während der Praxisphase anleiten, eine maßgebliche Funktion zu, denn sie organisieren die Rahmenbedingungen, strukturieren und begleiten die Ausbildungsplanung/Lernzielvereinbarung unter Berücksichtigung individueller Lernziele und – bedarfe und verkörpern zugleich ein Rollenmodell für berufliches Handeln. Praxisanleitung [...] stellt unserer Auffassung zufolge eine berufliche Qualifikation dar, welche von der anleitenden Fachkraft der Sozialen Arbeit Motivation, Erfahrung sowie pädagogisches Geschick erfordert. Praxisanleitung erfordert darüber hinaus eine gute Kommunikation zwischen den verantwortlichen Kollegen/innen der beiden Lernorte (Fach-)Hochschule und Praxis [...]." (ebd.: 6)

Die Bedeutung von Ressourcen für Praxisanleiter*innen in der beruflichen Praxis wird dabei ebenso gesehen (vgl. ebd.: 14), wie auch die Sinnhaftigkeit einer Weiterbildung und Qualifizierung für Praxisanleiter*innen (vgl. ebd.: 31; vgl. Flock 2002; 2009). Mit Blick auf das Ergebnis des praktischen Lernprozesses geht die BAG davon aus, dass den Bachelorstudiengängen Soziale Arbeit gemeinsam ist, einerseits für eine hinreichende wissenschaftliche Befähigung zur sorgen und andererseits eine Berufsbefähigung herzustellen (vgl. ebd.: 9). Dabei orientiert die BAG sich an der Kompetenzorientierung als „rotem Faden" (ebd.: 10) der Ziele eines Studiengangs. Dabei erfüllen Praxisanleiter*innen Aufgaben auf drei unterschiedlichen Funktionsebenen (vgl. BAG 2013: 37): (1) Sie haben eine lehrende Funktion und vermitteln dabei Informationen und Fachwissen und ordnen berufliches Handeln in die entsprechenden organisationalen, rechtlichen und ethischen Rahmenbedingungen ein. (2) Sie erfüllen eine beratende Aufgabe indem sie einerseits bei konkreten praktischen Problemen die Bewältigung unterstützen und andererseits zur systematischen Reflexion praktischer Lernerfahrungen zur Verfügung stehen. (3) Praxisanleiter*innen beurteilen den Lernprozess der Studierenden und bewerten praktische Lernprozesse im Hinblick auf die vorhergehende Zieldefinition. Bereits 2003 entwickelte die BAG unter dem Titel „Fortbildung von Anleitern und Anleiterinnen in Arbeitsfeldern der Sozialen Arbeit" (BAG 2003) ein Curriculum zur Qualifizierung von Anleiter*innen und unterschied zu diesem Zeitpunkt noch vier Phasen der Praxisanleitung, die es gezielt zu reflektieren gelte:

(1) In der *Anfangs- Einstiegsphase* steht die Beziehungsgestaltung zwischen Praxisanleiter*innen und Studierenden im Fokus. Als Grundlage eines gelingenden Lernprozesses im Praxissemester wird hier der Aufbau eines guten Kontaktes zur Praxisanleitung gesehen. Zusätzlich dazu steht in dieser ersten Phase das Info-Management (vgl. BAG 2003: 4f.) im Vordergrund. Studierende sollten also über die notwendigen Informationen zur praktischen Arbeit verfügen bzw. Bescheid wissen (Rahmenbedingungen der Praxiseinrichtung in unterschiedlichen Kontexten, Arbeitsweisen und Maßnahmen, Aufbau- und Ablauforganisation, Adressat*innen etc. siehe Kap. 3.3.1). Dabei bildet die Einbindung der Studierenden in die Organisation eine Möglichkeit der Förderung eines beginnenden Identifikationsprozesses, indem Praxisanleiter*innen als Türöffner fungieren. Der Schwerpunkt der methodischen Anleitung liegt in dieser Phase auf den Ebenen der Beziehungsgestaltung, des Info-Managements und der Einbindung in die Praxisorganisation.

(2) In der *Erprobungsphase* sollen nun das fachliche Handeln, das soziale Verhalten und die Selbstreflexion der Studierenden in verschiedenen Lernbereichen gezielt gefördert werden. Hierzu sollten Praxisanleiter*innen die Ressourcen der Studierenden analysieren und abschätzen, was Praktikant*innen zugemutet werden kann und wo die Grenzen des Verantwortbaren liegen. Darüber hinaus gelte es eine Atmosphäre zu schaffen, in welcher Irrtümer und Fehler als Chancen für neue Lernprozesse aufgefasst würden (vgl. ebd.: 5) und Konflikte konstruktiv genutzt werden. Ein Denken in Netzwerkkategorien solle gefördert werden. Der methodische Schwerpunkt in dieser Phase liegt also auf der Förderung der Eigenständigkeit der Praktikant*innen unter ständigen Einbezug und dem Kennenlernen ihrer Fähigkeiten.

(3) In der *Konsolidierungsphase* findet eine bewusste Neubestimmung der Rollen von Praxisanleiter*innen und Studierenden statt. Ihre Arbeitsbeziehung verändert sich sowohl in Form veränderter Anleitungsmethoden als auch in Form des Wandels der Anleiter*innenbeziehung. Neue Themen werden in den Fokus der Reflexion

mit den Praxisanleiter*innen gerückt, wie z. B. die Themen Autonomie, Macht und Gewalt (vgl. ebd.: 6). Studierende sollen dann dabei unterstützt werden eine eigene Berufsrolle zu finden, sich in den Strukturmerkmalen Sozialer Arbeit zurechtzufinden, die Standards professionellen Handelns zu eruieren, berufsethischen Fragen nachzugehen, individuelle Stile im Handeln in ihren Möglichkeiten und Begrenzungen zu diskutieren. Spätestens hier sind dann auch Arbeitsaufträge für Studierende sinnvoll, die sehr individuelle Zuschnitte ermöglichen. Der Schwerpunkt der methodischen Anleitung liegt in dieser Phase auf der Verselbständigung, der Reflexion der eigenen Praxis und der Sensibilisierung für problematische Aspekte Sozialer Arbeit.

(4) In der abschließenden *Beendigungsphase* wird der Beziehungsorientierung im Anleitungsprozess durch die rechtzeitige Vorbereitung auf die im Praxissemester erfolgende Ablösung Rechnung getragen. Wie professionelle Beziehungen gestaltet und konstruktiv beendet werden können, stellt hier ein zentrales Kriterium dar. Zugleich werden auch die Auswirkungen des Praktikums auf die eigenen beruflichen Vorstellungen, das Privatleben und das weitergehende Studium in den Blick gerückt. Diese Reflexion zielt darauf ab, dass die Lernerfahrungen im Praktikum nachhaltig erfolgen und ein explizites Hinsehen auch bspw. im abschließenden Feedbackgespräch erfolgt. Neben der schriftlichen Beurteilung der Studierenden steht in dieser Phase die Reflexion der Auswirkungen der Lernerfahrungen für die Person des Studierenden im Fokus der methodischen Anleitung.

Anhand dieser Phasen von Praktika bzw. Praxissemestern wird deutlich, dass der Beziehung zwischen Anleiter*innen und Studierenden eine zentrale Bedeutung zukommt. Sowohl am Beginn des Praxissemesters und der Anleitungsbeziehung als auch an deren Ende können bedeutsame Lernerfahrungen durch die Praxisanleiter*innen eröffnet werden. Sie sorgen in diesem Modell für eine bewusste Veränderung der Rollen von Anleiter*in und Praktikant*in und erhalten so die Möglichkeit sukzessive die Themen der Reflexion zu verändern (von Informationen über Strukturen und Abläufe zur Reflexion der Strukturmerkmale professionellen Handelns bis hin zu den Auswirkungen der Lernerfahrungen auf das eigene Privatleben, die Vorstellungen zum Beruf und das weitere Studium). Dies ist eine Qualität des Modells der BAG (2003), die in den Empfehlungen zur Praxisanleitung in der Sozialen Arbeit von 2013 nur noch bedingt vorhanden ist. Gerade die Reflexion der Lernerfahrungen in studienintegrierten Praxisphasen können enorm zur Relationierung von wissenschaftlichem und handlungspraktischem Wissen beitragen, wenn diese die Frage ‚Welche Bedeutung kommt dem Lernen im Praxissemester für mein weiteres Studium zu?' wiederholt und bewusst einplanen, um die wechselseitige Relevanz der Erfahrungen und Wissensbestände hervorzuheben. In ihrer Broschüre „Qualifizierung in Studium und Praxis" (2013) verwendet die BAG das didaktische Modell der Praxisanleitung, wie dies in Anlehnung an Scherpner/Richter-Markert/Sitzenstuhl (1992) aufgezeigt wurde.

Die drei dargestellten Phasenmodelle richten ihren Fokus jeweils auf unterschiedliche Aspekte des praktischen Lernprozesses. Neben einer Vorstellung, in welchen Phasen ein Praktikum sinnvoll zu organisieren ist, liefern sie konkrete Reflexionsmöglichkeiten der Einarbeitung von Studierenden im Praxissemester, der Aufgabenübertragung und zunehmenden Verselbständigung, der Reflexion von berufsrelevanten Themen und Fragen, der Beendigung des Praxissemesters und jeweils auch Ansätze zur Kooperation der Lernorte (Fach-)Hochschule und Berufspraxis.

Neben dieses Modellen finden sich im Kontext der Beschäftigung mit Praktika und Praxissemestern in der Sozialen Arbeit zahlreiche weitere Arbeiten, über die kurz ein Überblick gegeben werden soll. Gunnar Bernler und Lisbeth Johnsson haben in der deutschen Übersetzung ihres Bandes „Das Praktikum in sozialen Berufen. Ein systematische Modell zur Anleitung" (1995) die Fragen der Praxisanleitung in studienbegleitenden Praktika ins Zentrum ihrer Beschäftigung gerückt. Ihr Modell von Praxisanleitung stellt systematisch den Praxisanleiter als denjenigen in den Fokus, der seinen Praktikant*innen Lernarrangements eröffnet und ihre Erfahrungen in der Beziehung zwischen Anleiter*in und Praktikant*in der Reflexion zugänglich macht. So eröffnen Bernler/Johnsson den Blick auf unterschiedliche Arten des Lernens (vgl. Bernler/Johnsson 1995: 40ff.), die die Möglichkeiten des Anleiters als Vorbild, als Kontrollinstanz, als direkter Anleiter bis hin zum Arbeitspartner auf die metaphorische Rahmung „Seiltanz – mit und ohne Netz" bringt (vgl. ebd.: 42ff.). Gerade der Fokus auf die Beziehung zwischen Anleiter*in und Praktikant*in ermöglicht für die Selbstreflexion zahlreiche Anregungen. Die Problematisierung des „Valorisationsprozesses" (ebd.: 56) zwischen Praxisanleiter*in und Praktikant*in – also eines permanenten Vergleiches – wird von ihnen in Analogie zum Elefant (Anleiter mit Erfahrung, Macht und Kompetenzen) und der Ameise (Praktikant ohne Erfahrungen, ohne Einfluss und mit unzureichenden Kompetenzen) in den Blick genommen. Dabei werden vor allem die allgemeinen Mythen über den Beruf, das Praktikum und den Praktikumsanleiter (vgl. ebd.: 57f.), die Bedeutung der unvollständigen Kenntnis der Anleiter*in (vgl. ebd.: 60f.), das persönliche Gepäck der Praktikant*innen (vgl. ebd.: 61ff.) sowie die sachlichen Unterschiede zwischen Praktikant*in und Anleiter*in (vgl. ebd.: 63f.) reflektiert. Macht und Abhängigkeiten in der Anleiter*innenbeziehung zu Praktikant*innen und mögliche Hintergründe für Widerstände gegen die Anleitung werden thematisiert. Nicht zuletzt legen die Autor*innen unterschiedliche Methoden der Praxisanleitung vor.

In ihrem Sammelband „Praktikum – eine Brücke schlagen zwischen Wissenschaft und Beruf" (2001) versammeln Hans Günther Homfeldt und Jörgen Schulze-Krüdener zahlreiche Beiträge, die sich mit der Problematik der Verbindung von Wissenschaft und beruflicher Praxis im ehemaligen Diplomstudiengang Erziehungswissenschaft beschäftigen. Dabei betonen Homfeldt/Schulze-Krüdener, dass „trotz der Bedeutsamkeit der Praktika sowohl für die Studierenden als auch für das Anliegen des erziehungswissenschaftlichen Diplomstudienganges [...] bis dato keine Selbstverständnisklärung über Funktion, ausbildungstheoretische Einbettung und Ziel von Praktika in dem Diplomstudiengang Erziehungswissenschaft [vorliege]; ein Desiderat, das zu beheben ein Ziel des Sammelbandes [sei]" (Homfeldt/Schulze-Krüdener 2001a: X). Helmut Mair entwickelt in diesem Kontext die Vorstellung von der „produktiven Unruhe" bzw. der Impulse, die die Praktikant*innen in die Praxiseinrichtungen hineintrügen, wenn diese in der Lage wären die Spannung zwischen theoretischen Sichtweisen, dem eigenen Engagement in der beruflichen Praxis und der Klärung und Prüfung subjektiver Standpunkte und Perspektiven auszuhalten (vgl. Mair 2001: 34). Auch für die Steuerung von Praktikumsverhältnissen bzw. die Passung von Studierenden zu Praxiseinrichtungen entwickelt Mair eine Art Assessment, das die Vorstellungen und Sichtweisen der Studierenden überprüft, geeignete Praktikumsstellen akquiriert und im Hinblick auf das Lehrangebot die Erfahrungen der Studierenden aus der Praxis einbringt (vgl. ebd.: 30f.). Walter Schoger zeigt die Auswirkungen einer Verbesserung der Praxisorientierung im Rahmen des Hochschulstudiums und verdeutlicht die strukturellen Voraussetzungen an Hochschulen, die gewährleistet sein müssen, damit ein Studiengang praxisorientierte Lehre und Praktika leisten kann und welche Bedeutung hierbei dem vorhandenen Hochschulpersonal zukommt (vgl. Schoger 2001: 81ff.). Für das Jahr 2001 resümiert er:

> „In der hochschul- und bildungspolitischen Diskussion müsste geklärt werden, welchen Stellenwert Praktika und praxisorientierte Studiengänge tatsächlich haben. […] Die Häufigkeit und der Nachdruck von Beschwörungsformeln oder Forderungen zum Praktikum wie zum praxisorientierten Studium hat keine nennenswerten Auswirkungen. Das hat die Erfahrung der letzten 20 Jahre deutlich gezeigt" (ebd.: 88).

Kritisch ergänzt Eberhard Bolay, dass „eine Hochschulausbildung, die […] beides zugleich leisten will, nämlich, eingebettet in die disziplinäre Entwicklung, wissenschaftlich zu qualifizieren und zugleich professionsspezifische Entwicklungen nicht außer Acht zu lassen, nicht dadurch qualitativ besser [werde], daß sie dem unkritisch-populären Ruf nach „mehr Praxis" oder „größerer Praxisnähe" [folge]" (Bolay 2001: 118). Aus seiner Perspektive gehe es eher darum „die in dieser Praxis enthaltenen Möglichkeiten der Persönlichkeitsbildung, des beruflichen Orientierungsgewinns und des Aufbaus praktischer Handlungsroutinen, kurz: den Zuwachs an habitualisierter Sicherheit mittels produktiver Irritationen wert zu schätzen" (ebd.: 119) und dabei die pädagogische Urteilskraft durch den Prozess des praktischen Übens im Praktikums zu verbessern (ebd.: 119). Eine Hochschulausbildung, die praxisnah erfolge, hätte immer diesen beiden Funktionen zu genügen und solle sich nicht darin erschöpfen eine reine Sammlung beruflicher Routinen zu vermitteln (vgl. ebd.).

Auf eine Möglichkeit innerhalb von Praktika unterschiedliche Praxisfelder der Sozialen Arbeit kennenzulernen, ihre verschiedenen Dimensionen (Institution, Klientel, Professionsverständnis der Mitarbeiter*innen), sowie sich selbst in den eigenen Fähigkeiten auszuprobieren und kennenzulernen, weist Michael Rothschuh am Beispiel der ehemaligen Katholischen Fachhochschule für Soziale Arbeit in Saarbrücken hin, die qualitative wie quantitative Explorationen von Stadtteilen, Zielgruppen, Interventionsformen und Organisationsformen vorsah (vgl. Rothschuh 2001: 156f.). Als Vorteil derartiger „kurzer Praxisphasen" (ebd.) im Studium sieht Rothschuh die eindeutigere Funktionsbestimmung an, die mit der klaren Fragestellung (Exploration einer Zielgruppe, Interventionsform etc.) einhergehe – nämlich die „Verknüpfung des Aufenthalts in der Berufspraxis mit wissenschaftlicher Arbeit" (ebd.: 157)[30] – für

---

30 Hierzu findet sich auch der instruktive Aufsatz von Barbara Friebertshäuser im Sammelband von Schulze-Krüdener/Homfeldt (2001c), der bereits in Kap. 1.1 die qualitative Zugangsweise ethnographischen Forschens im Praktikum darstellt (vgl. Frieberthäuser 2001).

die Verbindung der Lernorte zu nutzen. Gerade die „Verschränkung von Perspektiven" (ebd.: 162) in Praktika wird von Michael Rothschuh als besondere Leistung von Praktika gesehen, die sich allerdings im Spannungsfeld unterschiedlichster Erwartungen der Studierenden, einer unterschiedlichen Wertigkeit im Kollegium der Hochschulen sowie einer Störung der Routinen in der Berufspraxis der Sozialen Arbeit über die Anwesenheit von Studierenden und die fehlenden zeitlichen Freiräume für Praxisanleitung bewegen muss (vgl. ebd.: 162ff.). Wichtig sei, so Rothschuh, dass Hochschule und berufliche Praxis sich in ihrer Dignität als Orte unterschiedlicher, sich allerdings wechselseitig ergänzender Praxis anerkennen und Studierenden ermöglichen sich innerhalb dieser Widersprüchlichkeiten zu bewegen: „In der Praxisphase können die Studierenden gerade dann, wenn sie ihre widersprüchliche Identität wahrnehmen, den Bewegungsprozess kennen lernen zwischen Handeln in Ungewissheiten und dem distanzierten Reflektieren, sie können lernen, ihre Arbeit gut zu machen und zugleich nicht in ihrer Arbeit aufzugehen" (ebd.: 165).

Hans Günther Homfeldt und Jörgen Schulze-Krüdener fassen die existierenden Konzeptionen von Praktika im Studium in vier Praktikumsmodellen zusammen und stellen Praktika als Orte reflexiver Lernprozesse dar. Die Autoren unterscheiden dabei

(1) Praktika als eigenständige Erfahrungsräume, die strikt vom Studium getrennt sind (selbstreflexiver Wissenschaftsbezug),
(2) Praktika als Möglichkeit berufliches Handeln kennenzulernen und dabei Erkenntnisse der Wissenschaft in die berufliche Praxis einzuspeisen (didaktisch-vermittelnder Berufsfeldbezug)
(3) Praktika als konkret handlungsbefähigend für die berufliche Praxis im Sinne eines handwerklich-praktizistischen Lernens von Kompetenzen, die für die Praxis notwenig sind (handlungskompetenter Berufsfeldbezug)
(4) Praktika als Möglichkeit der Erforschung des Berufsfeldes durch Wissenschaft (forschungstheoretischer Berufsfeldbezug) (vgl. Schulze-Krüdener/Homfeldt 2001b: 208f.)

Diese Typologie zeigt die Bandbreite an Verständnissen unterschiedlicher Theorie-Praxis-Bezüge in Form von Praktika auf. Als gemeinsame Richtschnur, an der sich die berufsorientierte Ausbildung in Praktika orientieren sollte, beschreiben die Autoren die Herstellung einer pädagogischen Urteilskraft (erziehungswissenschaftliche Urteilsbildung und Urteilsfähigkeit).

> „Im Praktikum geht es nicht vorrangig um Mitwirkung bei einer in der Regel außerhochschulischen Praxisgestaltung und um das Einbringen in die Eigenlogik dieser Praxis, sondern darum, eine Passung zwischen Wissenschaft und Praxisinteresse zu schaffen. Studierende gestalten dabei ihr Praktikum nicht um der pädagogischen Praxis bzw. des Einübens in pädagogisches Alltagswissen, sondern um der Entwicklung pädagogisch-professionellen Wissens in wissenschaftlichen Begründungskontext willen mit dem Ziel der Entwicklung einer eigenen Pädagogik sowie um das Handeln als Standpunkt kennenzulernen […]" (ebd.: 210).

Um diese entwickeln zu können bedarf es dann des konkreten Perspektivenwechsels in die Rolle der Sozialarbeiter*innen und dem Erleben von Handlungs- und Entscheidungsdruck aus der Innenperspektive. Die Aneignung von Wissen im Praktikum als

Bildungsprozess anzusehen, in welchem ganz individuelle Zusammenhänge hergestellt werden sollen (zwischen pädagogischer Urteilsfähigkeit und praktischem Handlungswissen), eröffnet eine Perspektive auf das hochschulische Lehr-Lerngeschehen, die das Praktikum in den Kontext von Ungewissheit stellt. Studierende müssen, so Schulze-Krüdener/Homfeldt, im Praktikum lernen mit „Ungewißheit als Kern pädagogischen Handelns und Professionalität" (ebd.: 212) umzugehen und eigenes Nicht-Wissen als strukturelles apriori pädagogisches Handelns erkennen, gleichzeitig dieses Nicht-Wissen als Generator eigener Reflexivität nutzen (vgl. ebd.: 212f.).

Matthias Moch hat in diesem Kontext versucht das subjektive Erleben Studierender in der Praxis zu nutzen, um „lehrreiche Situationen" (Moch o.J.: 4)[31] in ihrem Charakter zu identifizieren. Dabei zeigt er anhand von Situationsschilderungen von Studierenden aus deren Praxis einerseits Situationen auf, denen ein spezifischer „Aufforderungscharakter" (ebd.: 6) innewohnt und die ein unmittelbares Handeln der Studierenden erforderlich machten oder „ihr Handlungsfluss durch widersprüchliche Anforderungen unterbrochen wurde" (ebd.), sowie andererseits Situationen, die sich durch eine spezifische „Involviertheit" (ebd.) der Studierenden auszeichneten und diese aktiv am Geschehen beteiligt bzw. in konflikthafte Interaktionen einbinden. Für Moch wird vor allem aus den Erfahrungen des Situationstypus „Involviertheit" deutlich, dass es Studierenden „vor dem Hintergrund ihrer Reflexionserfahrungen in Praxisanleitung und Theoriestudium [...] offenbar leicht [falle], konkrete Interaktionserfahrungen mit ihren Vorstellungen von und ihrem Wissen über kompetentes Handeln zu verbinden" (ebd.). Vorhandenes Wissen diene als Orientierung und reine Beobachtungssituationen würden von Studierenden weniger häufig als Auslöser für Praxis-Lernen benannt (vgl. ebd.). Als Inhalte, die Studierende zur Veränderung oder zum Infragestellen subjektiver Theorien (vgl. ebd.: 5) veranlassten, zeigt er insgesamt vier Bereiche auf: (1) Studierende erlebten Situationen als lehrreich, in denen sie ausgehend von ihren Erfahrungen allgemeine Handlungsregeln nach den Situationen aufstellen konnten, die auf andere Situationen übertragbar erschienen (vgl. ebd.: 7). (2) Sie erlebten Situationen, in denen sie eine Einsicht in das eigene Verhalten erhielten als Möglichkeit der Selbstkritik und der Reflexion eigener Fertigkeiten. (3) Insgesamt seltener, so Moch, bezogen sich Studierende auf Situationen, in denen sie explizite Einsichten auf spezifische Personen und Situationen gehabt hätten und (4) noch seltener auf Erfahrungen, die ihnen theoretische Hintergründe in Situationen bewusst werden ließen (vgl. ebd.). Damit Lernen insgesamt stattfinden könne, „[bedürfe] es informatorischer und reflexiver Mittel [...]: kollegiale(s) Metakommunikation und Feedback, zusätzliches (theoretisches oder Erfahrungs-)Wissen sowie Handlungsplanung. Die Intuition [nähme] [...] insofern eine Mittelstellung ein als sie lernendes Handeln sowohl auslösen als auch begleiten [könne] [...]. Lehrende Praxis [könne] [...] also verstanden werden als gezielte Nutzung situationsbezogener Handlungsentwürfe im Rahmen wissenschaftlich angeleiteter Reflexion" (ebd.: 9) Matthias Moch fasst seine Erkenntnisse in einem heuristischen Modell zusammen, dass in der folgenden Abbildung 4 zu sehen ist:

---

31 http://wwwlehre.dhbw-stuttgart.de/~moch/qep/Lernen%20durch%20Handeln01.pdf

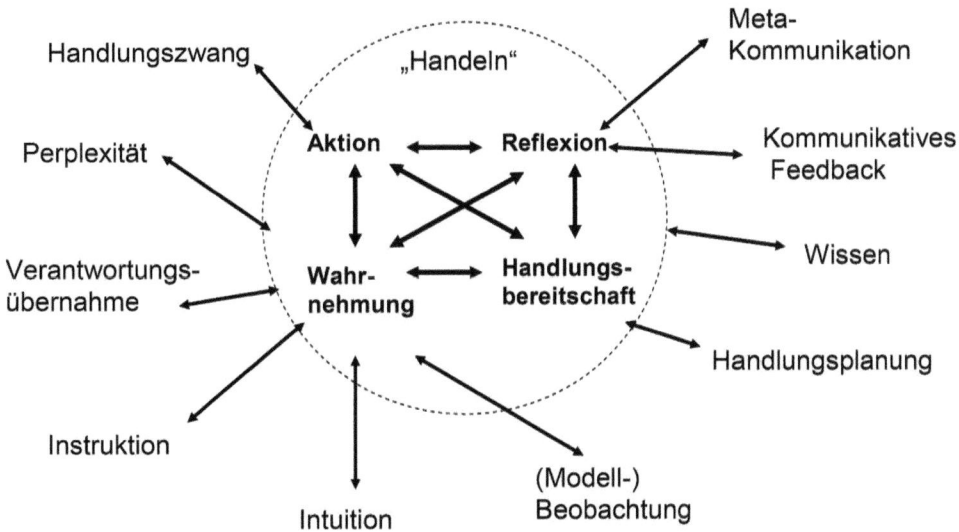

Abb. 4: Handlungskonstituierende Merkmale in „lehrreichen" Praxissituationen – Ein heuristisches Modell (Abbildung entnommen aus Moch o. J.: 13)

Einen wesentlichen Aspekt des Praxislernens im Studium der Sozialen Arbeit macht Matthias Moch an der reflexiven Praxisanleitung fest. Ausgehend von der Problematik des impliziten Wissens verdeutlicht Moch, dass die Tätigkeit professioneller Sozialarbeiter*innen in verschiedenen Rahmungen abläuft, die als implizite Struktur gegenüber z. B. Studierenden nicht ohne weiteres transparent gemacht werden kann:

> „In der Sozialen Arbeit sind – wie in anderen professionellen Feldern – Handlungsmöglichkeiten bereits in ihrer Auswahlbreite insofern eingeschränkt, als professionelles Handeln institutionell wenn nicht unbedingt festgeschrieben, so doch wesentlich vorgeprägt ist. Das bedeutet, dass professionelles Handeln zunächst als institutionalisierte Praxis erscheint [...]. Entscheidend dabei ist jedoch, dass auch diese strukturellen Vorgaben und Regeln sein individuelles Handeln nicht in vollem Umfang bestimmen (können). Er selbst strukturiert seine Handlungen selbstreflexiv vor dem Hintergrund eigener Erfahrungen und Zuordnungen wie auch spontanen Einfällen, die als ‚praktisches Bewusstsein' (im Sinne von ‚tacit knowledge' Schön, 1987: 22) letztlich handlungsleitend sind" (Moch 2006: 537)

Die Aufgabe von Praxisanleitung im Studium identifiziert Moch daher auch darin bei der Aneignung professioneller Handlungsformen eigene Erfahrungen der Reflexion zugänglich zu machen und das Erlernen professioneller Handlungskompetenzen nicht „gleichzusetzen mit Einüben oder dem Entwickeln von Handlungsroutinen" (ebd.: 539), sondern „vielmehr ständig erarbeitet [werde] in der reflektierenden Auseinandersetzung mit den *eigenen impliziten Regeln* und den Folgen, die sich im Handeln daraus ergeben" (ebd. *Hervorhebung im Original*). Moch konzipiert sein Theorie-Praxis-Verständnis in Anlehnung an Michael Polanyi (Polanyi 1985) und dessen Beschreibung von Wissen als Aneignungsprozess. Der Erkenntnisprozess setze somit immer schon ein vorhandenes Hintergrundwissen voraus, durch das das erkennende Subjekt auf seinen Erkenntnisgegenstand blickt (vgl. Moch 2012: 559). Um die sich

„wechselseitig bedingende dynamische Beziehung zwischen Theorie und Praxis" (ebd.) im Sinne einer *impliziten Integration* zu erläutern, nutzt Moch den Vergleich Polanyi's zwischen Wissen und einem Werkzeug:

> „Einen Hammer kann man nur beschreiben und definieren, die Bedeutung eines Hammers kann jedoch nur derjenige erfassen, der ihn gebraucht. Im kunstfertigen (‚kompetenten') Gebrauch des Hammers erfasst der Nutzer seinen Sinn (Wert, Bedeutung) dessen, was den Hammer als solchen ausmacht. Indem er den Hammer gebraucht, verändert er das Wissen seines Nutzers" (ebd.)

Die sich im Gebrauch des Hammers verändernde Struktur des Wissens wird also implizit erworben im alltäglichen Handeln und in lebensweltlichen Situationen (vgl. ebd.: 560). Explizites Wissen der professionellen Sozialarbeiter*innen stellt in diesem Kontext dann nur eine Dimension des Wissens in der Praxis der Sozialen Arbeit dar und muss um die zweite Ebene der impliziten Integration – als nichtsprachlicher Lücke im Theorie-Praxis-Verhältnis – ergänzt werden. Ein aktives Verstehen, wie Moch dies nennt, „ist somit nichts anderes als implizite Theoriebildung" (ebd.: 562) und muss Erfahrungen in der Praxis als Ausgangspunkte für Reflexion nehmen, sowie Gedanken und Wissensbestände, die im Handeln inhärent sind, ins Bewusstsein bringen (vgl. ebd.). Wie dies konkret aussehen kann, darauf wird in Kap. 2. 2 näher eingegangen. Die Möglichkeit für derartige Reflexionen sieht Moch nur dort gegeben, wo „im Handlungsfluss immer wieder Brüche entstehen" (ebd.). Dass diese Brüche einerseits über ein hochschuldidaktisches Arrangement im Kontext von Begleitveranstaltungen hergestellt werden können, wird noch gezeigt. Für Matthias Moch schließen sich hier die Funktionen einer reflexiven Praxisanleitung im Sinne von Voraussetzungen sowie Art und Bedingungen der Reflexion von Praxis an, die zumindest kurz skizziert werden sollen:

(1) Praxisanleiter*innen sollten bereit sein eigene Handlungsreflexionen zu explizieren, damit einerseits die Ziele und Regeln des praktischen Handelns in der Diskussion erörtert und andererseits die Deutung dieser Ziele und Regeln im Sinne eines impliziten Wissens ausgelotet werden können (vgl. Moch 2006: 540).

(2) Praxisanleiter*innen müssten Situationen, in denen unerwartete Handlungsfolgen entstehen nutzen, um die Prozesse der Reflexion im Handeln (reflection-in-action) und die nachträgliche Aufarbeitung von Handlungsabläufen (reflection on reflection-in-action) ins Bewusstsein der Studierenden zu bringen und somit einer „Routinisierung von Handlungsabläufen" (ebd.) entgegenzuwirken.

(3) Praxisanleiter*innen müssten die Situationen nutzen, in denen Studierende an der Richtigkeit eigenen Handelns zweifeln, um die impliziten Vorannahmen der Studierenden gemeinsam zu erörtern. Der Studierende hätte „dann die Möglichkeit, in der Konfrontation mit den Deutungen der anderen die Stimmigkeit seiner Vorannahmen zu prüfen und Hinweise auf Sichtweisen entgegenzunehmen, die ihm bisher nicht zugänglich waren. Ohne dieses „Öffentlichmachen" seiner impliziten Leitgedanken bleibt er notwendigerweise nicht nur innerhalb des Rahmens seiner Vorannahmen, er kann auch keine Ideen davon entwickeln, in welche Richtung er seine eingeschränkte Sichtweise erweitern könnte" (ebd.: 541). Moch schlussfolgert hierzu: „Handlungskompetenz entsteht also, indem man die eigenen

implizen Regeln im Diskurs öffentlich macht, zur Diskussion stellt, von anderen hinterfragen lässt" (ebd.).

(4) Die Praxisanleitung in der Sozialen Arbeit findet, so Moch, unter den Bedingungen einer Lernkaskade statt, in der ein Lernender dabei gefördert bzw. angeleitet werden soll, Lernprozesse bei Adressat*innen zu fördern. Um nicht lernhemmende Muster zu reproduzieren, muss also hier ein bestimmter Umgang mit Kritik und dem Aufzeigen von Alternativen kultiviert werden, die es notwendig machen, dass auch Praxisanleiter*innen sich der Eingeschränktheit ihrer eigenen Handlungs- und Problemlösemuster bewusst sind und gemeinsam mit den Studierenden in der Interaktion auf Alternativen reflektieren können (vgl. ebd.).

Für Moch ermöglicht die reflexive Praxisanleitung von Studierenden in der Sozialen Arbeit somit die Fokussierung der impliziten Integration und der impliziten Theorien von Studierenden im Kontext der alltäglichen und als bewusste Lernsituationen verstandenen gemeinsamen Praxis von Studierenden und Praxisanleiter*innen. Die Folgen eines derartigen Verständnisses des Theorie-Praxis-Verhältnisses für z. B. die notwendige Schulung von akademischen Praxisanleiter*innen, sowie die Konzipierung von Begleitseminaren und institutionalisierten Reflexionsräumen werden in Kap. 2 und 3 erneut aufgegriffen.

Zwei ausdifferenzierte Modelle, die explizit eine enge Zusammenarbeit zwischen Hochschulen und Praxisanleiter*innen vorsehen, sollen nun zum Abschluss des Überblicks über die Rahmenbedingungen von Praktika und Praxissemester am Beispiel der Fachkonferenz Soziale Arbeit der Fachhochschulen in der Schweiz (SASSA) dargestellt werden. Die SASSA als Zusammenschluss der Schweizer Studiengänge im Bereich der Sozialen Arbeit bieten seit ihrer Gründung in den 1990er Jahren Bachelor- und Masterstudiengänge in unterschiedlichen Fachrichtungen an und eröffnen ihren Absolvent*innen und den im Feld der Sozialen Arbeit beschäftigen Sozialarbeiter*innen Aus- und Fortbildungen. Über die Bereiche der angewandten Forschung und Entwicklung sowie das Angebot von Dienstleistungen seitens der Hochschulen an die Praxis, existiert eine enge Verbindung von beruflicher Praxis zu den Fachhochschulen im Bereich der Sozialen Arbeit. „Die Verknüpfung von Forschung und Dienstleistung mit den Aus- und Weiterbildungen sichert sowohl den Wissenschafts- als auch den Praxisbezug der Lehre" (SASSA 2017: 4). Die Praxisausbildung in Studiengängen der Sozialen Arbeit beträgt daher auch ca. ein drittel der Studienzeit (vgl. ebd.: 9) und wird in „anerkannten Organisationen der Sozialen Arbeit unter Anleitung von qualifizierten Fachpersonen aus Praxis und Hochschule" (ebd.) geleistet.

Im interact-Verlag der Hochschule Luzern ist bereits 2005 und in Neuauflage 2014 der Sammelband „Lernen in der Praxis. Die Praxisausbildung im Studium der Sozialen Arbeit" von Esther Abplanalp (Abplanalp 2014a) erschienen. Dieser Band beinhaltet Artikel von zahlreichen Autor*innen, die in der ein oder anderen Weise an der Praxisausbildung der Hochschule beteiligt sind. Dabei handelt es sich um Lehrende bzw. Studienbegleitende/Praxisbegleitende an Hochschulen sowie Praxisausbildende in den Institutionen der beruflichen Praxis. Bereits die Zusammenstellung der Beiträge zeigt, dass

„der Praxisausbildung [...] hier ein weitaus wichtiger Stellenwert zugesprochen als das z. Zt. in vielen BA-Studienordnungen in Deutschland der Fall zu sein scheint. Schon die Nutzung neuer Begriffe macht hier einen neuen Weg deutlich. So wird nicht mehr von Praktikum, sondern von Praxisausbildung (davon ist das Praktikum ein Teil), gesprochen, die Praxisanleiter haben eine erweiterte Funktion und werden als Praxisausbildende bezeichnet. Dies ist die Konsequenz einer Delegation des Ausbildungsauftrages an die Praxisinstitution. Sollen dabei Qualitätsgesichtspunkte berücksichtigt werden müssen konkrete Forderungen an die Praxisinstitutionen gestellt und sie müssen kontinuierlich überprüft werden" (Westerkamp 2006)

Die Frage, wie Qualität in der Praxisausbildung zu sichern sei, beschäftigt Günter Ackermann, der aufzeigt, dass die Praxisorientierung zwar häufig als Qualitätsmerkmal angeführt werde, sie sich als „personenbezogene Dienstleistung" (Ackermann 2014: 13) aber keinesfalls standardisieren lasse und sich Qualität als relatives Konstrukt vor dem Hintergrund divergierender und z. T. widersprüchlicher Erwartungen nur als Prozess in den Blick nehmen lasse, der kontinuierlich in den Dimensionen Struktur, Prozess und Ergebnis überprüft werden müsse (vgl. ebd.: 14f.). Die Qualität in Praxisausbildungen, so Ackermann, sei nur im Kontext einer systematischen Erarbeitung möglich: „Systematisches Qualitätsmanagement umfasst die Dienstleistung in ihrer Gesamtheit – also die Planung, die Realisierung, die Auswertung und die Verbesserung der Dienstleistung – bzw. die erneute Planung unter Berücksichtigung der Erkenntnisse der Auswertung" (ebd.: 19). Einen Vergleich der Fachhochschulen der Deutschschweiz wurde in einer Befragung von Pascal Engler im Januar 2013 durchgeführt, in der er herausfand, dass sich die Anzahl, Dauer und Form der Praxismodule über die Hochschulen hinweg im wesentlichen einheitlich an den Vorgaben der Arbeitsgruppe SASSA orientieren und alle Fachhochschulen mindestens zwei Praxismodule mit insgesamt ca. 1500 Stunden vorsahen (vgl. Engler 2014: 36). In den ECTS-Punkten und der Bewertung unterschieden sich die Fachhochschulen deutlich. Interessant hieran für die deutsche Diskussion könnte die Art der Bewertung sein, da diese teilweise vom Praxisausbildenden der Praxiseinrichtung, einem Dreiergespräch mit den Studien-/Praxisbegleitenden der Hochschule, mit den Supervisor*innen oder rein über die Bewertung des Berichtes durch die Hochschule erfolgt. Die sich hier abzeichnende Bandbreite an Möglichkeiten könnte für die deutsche Hochschullandschaft ein spannendes AnregungsPotenzial bieten. Die Begleitung durch die Hochschule unterscheidet sich einerseits hinsichtlich des Status und der Funktion der Begleitpersonen der Hochschule. „Allen Begleitungen [ist] gemeinsam [...], dass Vertreter der Fachhochschule die Studierenden während des Praktikums mindestens einmal besuchen" (ebd.: 37). Sie können dabei die Rolle eines Mentors einnehmen oder überprüfen die Qualität des Praktikums und legen gemeinsam mit den Praxisausbildenden und Studierenden die Lernziele für das Praktikum fest (vgl. ebd.). Ebenfalls als eine Errungenschaft in der SASSA sind die gemeinsamen Anforderungen an Praxisorganisationen und Praxisausbildenden zu werten, da im „Anerkennungsverfahren für die Prüfung von Organisationen" (ebd.) allen Fachhochschulen gemeinsame Kriterien angelegt werden und eine Prüfung über die verschiedenen Mitglieder der SASSA nur einmal erfolgen muss. Esther Abplanalp legt zur Planung und Steuerung der Ausbildungspraktika ihren Aufsatz vor und stellt den hochschuldidaktischen Anspruch der Begleitung von Ausbildungspraktika durch Seminare zum Theorie-Praxis-Transfer, die begleitende Ausbildungssupervision sowie die Funktionen und Aufgaben von Praxisausbildenden dar (vgl. Abplanalp 2014b: 76 ff.) Darüber hinaus formuliert sie konkrete Leitlinien für die praktische Gestaltung und Planung des Ausbildungsprozesses über die konkrete Einführung der Studierenden in die Praxiseinrichtungen, Ausbildungsgespräche, Ausbildungspläne sowie die Strukturierung der gesamten Praktikumsphase (vgl. ebd.: 90 ff.). Andreas Schauder stellt den Lernprozess im Praktikum in den Kontext des „selbstgesteuerten Lernens" (Schauder 2014: 97) und verdeutlicht Möglichkeiten der Umsetzung einer Kompetenzorientierung in der Praxisausbildung (vgl. ebd.: 110 ff.). Neben den formalen Rahmenbedingungen für Praktika und deren Begleitung werden auch Möglichkeiten der Reflexion z. B. des Verhältnisses von Praxisausbildenden und Studierenden aufgezeigt (vgl. Knecht 2014) und Potenziale der Reflexion von Wissen im Kontext der Praxisausbildung benannt (vgl. ebd.: 61 f.). Gerade hier schließt sich auch die Thematisierung der Beurteilung von Studierenden in der Praxisausbildung von Güntert Satino an, der neben der Ausbildungsfunktion auch die Vorgesetzten-Funktion von Praxisausbildenden unterscheidet und dabei die Leistungsbeurteilung als heikles Thema in der Praxisausbildung von Studierenden identifiziert (vgl. Güntert 2014: 124). Neben praktischen Empfehlungen für Praxisausbildende, knüpft er an drei Arten von Beurteilungen an, die Geri Thomann (2003) vorgelegt hat: (1) die formative Beurteilung des Lernprozesses der Studierenden, (2) die summative Beurteilung des am Ende des Praktikums erreichten Leistungsstandes und dessen Abgleich mit der Zielsetzung, sowie (3) die prognostische Beurteilung als Aussagen über Zukunftsperspektiven und Entwicklungsmöglichkeiten (vgl. ebd.: 130 ff.).

Als eine Besonderheit des Lernens in der Praxis stellen sich die Praxisprojekte an den Fachhochschulen für Soziale Arbeit in der Schweiz dar. Kern dieses Lernsettings ist eine konkrete Projektumsetzung von der Vorprojektphase der Planung bis zur Abschlussphase des Projektes mit konkreter Schlussevaluation (vgl. El-Maawi 2014: 66 f.). Die Bandbreite möglicher Projekte reicht dabei von Interventionsprojekten, über Bedarfsklärungen, (Neu-)Konzeptionen und Evaluationsprojekte. Dabei sind zwei Varianten möglich: (1) das Praktikum wird zeitlich mit dem Projekt verschränkt (vgl. ebd.: 71) oder (2) das Praktikum findet unverschränkt mit dem Projekt statt und die Studierenden führen ihr Projekt in einer zweiten Einrichtung durch (ebd.: 72).

Claudia Roth und Ueli Merten haben in ihrem Sammelband „Praxisausbildung konkret" (Roth/Merten 2014) die Komponenten der Praxisausbildung an der Fachhochschule Nordwestschweiz (FHNW) dargelegt. Der Band zeichnet sich dabei ebenso durch die duale Perspektive aus Hochschule und beruflicher Praxis aus. Ueli Merten verdeutlicht in diesem Band die Verantwortungsverhältnisse in der Praxisausbildung. Dabei weist er darauf hin, dass es sich bei der Praxisausbildung von Studierenden in Praktika bzw. dem Praxissemester in der Sozialen Arbeit immer um eine Form der „delegierten Verantwortung" (Merten 2014a: 32 f.) handelt, in welcher Praxisausbildende stellvertretend für die Hochschule einen Teil der Ausbildung(sverantwortung) im Studium übernehmen. Merten verdeutlich, dass ein Bewusstsein über diese besonderen Voraussetzungen der Praxisausbildung einerseits für die Praxis bedeutsam sei, da die Rahmenbedingungen und Ziele der Praxisausbildung im Kontext der hochschuldidaktischen Studiengangsgestaltung Einfluss auf die konkrete Ausgestaltung der Beziehung zwischen Studierenden und Praxisausbildenden hat. Andererseits bedeutet dieser Kontext auch, dass Hochschulen sich in der schwierigen Situation befinden, Verantwortung für ein Ausbildungssegment des Studiums zu tragen, in das sie nicht vollumfänglich Einblick haben und das von ihnen nur bedingt gesteuert werden kann (vgl. ebd. 34 ff.). Damit dieser Prozess trotzdem gelingen kann, arbeitet Merten Leitlinien für die Kooperation der Lernorte Hochschule und berufliche Praxis heraus, die Struktur-, Prozess- und Ergebnisqualität der Praxisausbildung sichern können. Dabei wird deutlich, dass die Praxisausbildung nur in Form „kooperativer Ausbildungspartnerschaften" (ebd.: 35) gelingen kann und Hochschulen die Brücke in die berufliche Praxis im Kontext der Praxisausbildung bewusst gestalten müssen. Die Rolle von Praxisausbildenden gerät damit in den Blick. Merten unterscheidet vier Aufgabenbereiche von Praxisausbildenden:

> „Der Erwerb des berufsfeldspezifischen Wissens mit den entsprechenden methodisch-instrumentellen Handlungsfähigkeiten hat zusammen mit der beruflichen Persönlichkeits- und Identitätsentwicklung (Habitusbildung) den Spannungsbogen von der Heranführung an die ‚institutionelle Grammatik' (Perspektive Regelanwendungskompetenz) über das Aufzeigen der Relation von Theorie und Praxis (Perspektive Transferkompetenz) und die praktische Umsetzung von wissenschaftlichen Erkenntnissen (Perspektive Transformationskompetenz) hin zur Entwicklung einer professionellen Identität (Perspektive Professionskompetenz) in einem gewählten Tätigkeitsfeld der Sozialen Arbeit zu überwinden" (ebd.: 41).

Um dies gewährleisten zu können, müsse also einerseits ein klares Kompetenzprofil von Praxisausbildenden eingehalten werden (vgl. ebd.: 39 f.). Andererseits sei eine bewusste Gestaltung der Kooperation zwischen den Lernorten unabdingbar, damit die Ziele der Praxisausbildung erreicht werden könnten (vgl. ebd.: 36 f.). Um ein derartiges Lernarrangement für die Studierenden zu schaffen, arbeitet die FHNW mit einem Modell der Kompetenzorientierung in der Praxisausbildung, welches Claudia Roth und Elisabeth Müller Fritschi verdeutlichen (Roth/Müller Fritschi 2014). Dabei nutzen die Autorinnen ein Kompetenzmodell, das sich in insgesamt zehn Dimensionen des Fachwissens und acht Fähigkeitsbereiche aufteilt (vgl. ebd.: 65). Die übergreifende Professionskompetenz teilt sich dabei in die vier Kompetenzbereiche der (1) Fach- und Methodenkompetenz, (2) Sozialkompetenz, (3) Selbstkompetenz und (4) Fachkompetenz. Zentral hieran ist die konkrete Kompetenzerwerbsplanung, die mit den Studierenden erfolgt:

> „Beide Lernorte – und damit Theoriemodule genau so wie Praxismodule – verpflichten sich auf die curricular festgelegten Kompetenzen, die sowohl *Wissens-* als auch *Fähigkeits*bereiche umfassen und die für die Entwicklung von Professionalität in der Sozialen Arbeit unabdingbar sind" (ebd.: 61; *Hervorhebung im Original*)

Die situative Führung von Studierenden in der Praxisausbildung, so verdeutlicht Ueli Merten, ermöglicht dabei diese wechselseitige Verpflichtung im Kontext des Lernprozesses der Studierenden umzusetzen (vgl. Merten 2014b: 103 ff.). Ähnliches gilt für das von Regula Kunz dargestellte Vorgehen beim Entwerfen einer Lernsequenz für Studierende (vgl. Kunz 2014: 132 ff.). Die Schwierigkeiten der Bewertung studentischer Leistungen im Praxissemester werden von Elisabeth Müller Fritschi und Claudia Roth (Müller Fritschi/Roth 2014) ebenfalls gesehen. In der Hochschule stehe eher das Wissen der Studierenden auf dem Prüfstand, in der Praxis eher das Können (vgl. ebd.: 81 f.). Damit eine entsprechend abgesicherte Bewertung stattfinden kann, entfalten Müller Frischi/Roth die unterschiedlichen Bewertungsdimensionen (formativ, summativ, prognostisch) und fügen diesen jeweils Reflexionsfragen für Praxisausbildende hinzu, die an den jeweiligen Bezugsnormen der Beurteilung orientiert sind. Dabei unterscheiden Sie (1) die individuelle Bezugsnorm (Leistung als persönlicher Lernfortschritt), (2) die soziale Bezugsnorm (Leistung im Vergleich mit anderen Studierenden) und (3) die ideale Bezugsnorm (Leistung im Vergleich zum gesetzten Kompetenzniveau) voneinander (vgl. ebd.: 86 ff.). Die Thematisierung derartiger Bewertungsmaßstäbe bei der Beurteilung studentischer Leistungen, sowie die Absicherung der eigenen Bewertung durch genutzte Strategien im Prozess der Beurteilung (vgl. ebd.: 89 ff.), ermöglichen es Praxisausbildenden ein differenziertes Bild der Leistung von Studierenden zu zeichnen. Das Aufrufen der Selbsteinschätzung der Studierenden und ein konstantes Feedback werden dabei ebenso bedacht (vgl. ebd.: 94 f.). Elisabeth Müller Fritschi verdeutlich darüber hinaus die Möglichkeiten der Selbstreflexion mittels Portfolios (vgl. Müller Fritschi 2014). Eine metatheoretische Klammer erhält der Sammelband „Praxisausbildung konkret" durch die Thematisierung der Habitusbildung im Studium der Sozialen Arbeit (vgl. Becker-Lenz/Müller-Hermann 2014), die Einordnung kasuistischer Vorgehensweisen (vgl. Fäh 2014) sowie die Rahmung mittels verschiedener Theorie-Praxis-Figuren, wie sie Stefan Kösel vornimmt (Kösel 2014). Auf Stefan Kösels Erörterung der „Theorie-Praxis-Figuren" als spezifischer Relationierungsformen in der Praxisausbildung (ebd.: 249) sei kurz eingegangen:

> „Der gewählte Begriff der ‚Theorie-Praxis-Figuren' (Neuweg 2004) bringt zum Ausdruck, dass bei einer solchen Verhältnisbestimmung jeweils bestimmte Aspekte der beiden Lernorte und ihrer organisationalen Eigenlogik in den Vordergrund, andere in den Hintergrund gesetzt werden. Im Sinn einer Fokussierung müssen Entscheidungen getroffen werden, ob jeweils Theorie oder Praxis bedeutsamer sein soll bzw. wie das eine vom anderen abhängt" (Kösel 2014: 247 f.).

Die Bedeutung dieser verschiedenen Theorie-Praxis-Figuren – von Stefan Kösel werden insgesamt zwölf Figuren unterschieden – sieht er darin, dass je nachdem welcher Vorstellung des Theorie-Praxis-Verhältnisses Praxisausbildende anhängen, diese Auswirkungen darauf haben, welche Situationen Praxisausbildende als gute Lernsituationen ansehen und arrangieren (vgl. ebd.: 249 f.). Des Weiteren betont er, dass auch die Passung der Theorie-Praxis-Figuren, die am Lernort Hochschule vorliegen zu den vorhandenen Figuren am Lernort Praxis eine Rolle spiele. Diese könnten entweder mehr oder weniger kompatibel sein (ebd.: 250). Um dies kurz zu verdeutlichen, soll die Technologiefigur im Kontrast zur Induktionsfigur kurz dargestellt werden. Unter der Technologiefigur versteht Stefan Kösel die Vorstellung, dass „Können richtiges, formales Anwenden von Wissen und von daraus abgeleiteten Regeln [sei]" (ebd.: 252). Diese Theorie-Praxis-Figur verknüpft Wissen und Können über die formale Regelanwendung in der Handlung und geht damit davon aus, dass Wissen das eigene Handeln bestimmen könne. Im Kontrast hierzu steht bspw. die Induktionsfigur, die davon ausgeht, dass sich Können erst durch erfahrungsbasierte Wissensgenerierung ausbilde (vgl. ebd.: 254). Damit dreht diese Figur das Verhältnis von Wissen und Können, wie dies in der Technologiefigur beschrieben wurde, um. Handeln, welches mit Theorie konfrontiert werde, könne bedeutsam zu einer Festigung des Könnens beitragen, bedürfe aber der Theorie nicht zwangsläufig (vgl. ebd.). Je nachdem mit welchem Verständnis operiert wird, unterscheidet sich der Lernprozess signifikant.

Ein in diesem Rahmen gesondert zu betrachtendes hochschuldidaktisches Modell der Praxisausbildung stellt die Reflexion von *Schlüsselsituationen der Sozialen Arbeit* an der Fachhochschule Nordwestschweiz (FHNW) dar (vgl. Tov/Kunz/Stämpfli 2013). Dieses Modell arbeitet mit dem Begriff der Schlüsselsituationen, die als wiederkehrende Situationen zum Aufbau einer professionellen Identität beschrieben werden und Theorie und Praxis miteinander relationieren sollen.

> „Schlüsselsituationen der Sozialen Arbeit sind jene Situationen des professionellen Handelns, die durch Fachkräfte der Sozialen Arbeit als typisch und im professionellen Geschehen wiederkehrend beschrieben werden. Schlüsselsituationen zeichnen sich einerseits durch generalisierbare und verallgemeinerbare Merkmale aus, die für eine gelingende Professionalität als bedeutsam erachtet werden, andererseits werden die erlebten Situationen in ihrer spezifischen Ausprägung beschrieben. Die Anzahl solcher Situationen wie die Situationen selbst passen sich im Laufe der Zeit den sich verändernden gesellschaftlichen Bedingungen an. Situationen werden aus der Perspektive der Fachkraft als zeitlich nicht unterbrochener Handlungsfluss erlebt und als symbolisch strukturierter Sinnzusammenhang erfahren" (ebd.: 38).

Dabei greift das Modell auf die Idee der communities of practice zurück und nutzt die von ihnen als Schlüsselsituationen identifizierten Praxisbeschreibungen, die in einem Austausch zwischen professional und scientific community resultieren. Das Reflexionsmodell arbeitet auf zwei Ebenen an der Relationierung von Theorie und Praxis: Einerseits sollen über Reflexion „professionelle Situationen hinsichtlich ihrer spezifischen Eigenschaften dekonstruiert, rekonstruiert, analysiert und mit verschiedenen Wissensbeständen in Verbindung gebracht [werden]" (ebd.: 105). Andererseits sehen die Autor*innen den „Diskurs" (ebd.: 59f.) in der community of practice über die erfahrenen Situationen als zentral für die Relationierung von Theorie und Praxis an. Eine konkrete Vorstellung von Lernprozessen und eine differenzierte hochschulische Didaktik werden von den Autoren als Grundlage des Schlüsselsituationsmodells expliziert (vgl. ebd.: 63 ff.). Dabei verdeutlichen sie für den Lernprozess im Ausbildungskontext, dass es „eben nicht nur um den Erwerb von Wissen und spezifischen Methoden und Techniken [gehe], sondern es [müssten][...] Kompetenzen entwickelt werden, die das Handeln in krisenhaften Situationen mit unbekanntem Ausgang ermöglichen" (ebd.: 65). Lernen wird dabei in Anlehnung an Illeris (2010) als Entwicklung von Kompetenzen aufgefasst, welche verschiedene Dimensionen beinhaltet (Inhalt, Antrieb und Interaktion) und somit immer situativ, sozial eingebettet und verortet werden müsse (vgl. ebd. 67f.). Die Aufschlüsselung von Wissensarten im Sinne des integrierenden Modells des Lernens (vgl. ebd.: 68ff.) verdeutlicht diesen Umstand ebenso und ermöglicht die Identifizierung von Wegen des Lernens und Einübens, die Wissen auf unterschiedlichen Ebenen entstehen, sowie die Differenzen im Entwicklungsstand innerhalb der community of practice nachvollziehbar werden lassen (vgl. ebd. 80f.). Die im Schlüsselsituationenmodell dargestellte Multiperspektivität auf den Lernprozess in der Ausbildung zeigt die Möglichkeiten einer didaktischen Gestaltung von Lernprozessen auf. Dabei greift das Modell auf die Dreiecksbeziehung von Praxis-Wissen-professioneller Identität zurück und verdeutlicht, wie eine professionelle Identität in der Aushandlung von Wissen prozessual hergestellt werden kann (vgl. ebd.: 104ff.). Die wiederholte Reflexion und Diskussion von Schlüsselsituationen auf den beiden Ebenen *reflection-in-action* und *reflection on reflection-in-action* ermögliche Studierenden und Praktikern neue Wahrnehmungen und eine veränderte bewusstseinsmäßige Klarheit und Verfügbarkeit über die Situationen (vgl. ebd. 120). Viele der für den Lernprozess mit dem Schlüsselsituationsmodell genutzten Ansätze und Perspektiven lassen sich in ähnlicher Weise im ethnographischen Zugang, wie dieser in diesem Buch dargestellt wird, finden. Dennoch verbleibt das Schlüsselsituationsmodell in weiten Teilen der Reflexion innerhalb des Reflexionsmodus 1 und 2 und 4 wie er in dieser Konzeption im Kap. 3 dargestellt wird. Als besonders interessante Möglichkeit die Erkenntnisse der Reflexion von Studierenden zur lernortübergreifenden Vernetzung zu Nutzen sei zumindest kurz auf die Plattform „Schlüsselsituationen" (www.schluesselsituationen.ch) hingewiesen. Hierzu mehr in Kap. 4.2.

Die Autorinnen und Autoren des Schlüsselsituationenmodells verdeutlichen, trotz positiver Evaluationsergebnisse und einer „signifikanten Verbesserung der Wissensintegration" (ebd.: 155) aber auch die Begrenzungen der eigenen Ergebnisse. Inwiefern die „doppelte Diskrepanz" von Wahrnehmung und Bearbeitung im Sinne Mochs (Moch 2006: 533), nämlich die Tatsache, dass Wissen noch kein Verstehen bedeute (Deutungsproblem), sowie Verstehen noch nicht kompetentes Handeln (Kompetenzproblem) impliziere, bearbeitet oder gelöst werden kann, wird von den Autor*innen ebenfalls problematisiert. Ob sich also aus dem Reflexionsmodell der Schlüsselsituationen konkrete Veränderungen in praktischen Handlungsabläufen bzw. neue Handlungsalternativen ergeben, können die Autoren nicht klären (vgl. ebd.: 157).

Was Matthias Moch 2006 in der neuen Praxis konstatierte, nämlich, dass die Problematik des Theorie-Praxis- Bezuges im Studium zwar ein „Dauerbrenner der fachspezifischen, aber auch der curricularen Diskussion [sei], [...] die Voraussetzungen für fachlich anspruchsvolle Umsetzungen dieses Vorhabens bisher jedoch kaum gegeben [seien]", (Moch 2006, S. 532) wird in verschiedenen Ausprägungen mit den hier dargestellten Modellen und Anregungen bearbeitet. Die zugrundeliegende fachpolitische Diskussion, die mit dem Thema der studienintegrierten Praxisausbildung in der Sozialen Arbeit verbunden ist, soll nun kurz dargestellt werden.

Praktika und Praxissemester in der fachpolitischen Diskussion

Die Frage welche Bedeutung Praktika bzw. dem Praxissemester in der Ausbildung zukünftiger Sozialarbeiter*innen zukommt, wird aktuell in der fachpolitischen Diskussion erörtert. Neben dem Diskussionspapier der Arbeitsgemeinschaft für Kinder- und Jugendhilfe (AGJ), das unter dem Titel „Die Kooperation der Lernorte stärken! – Der Praxisbezug und dessen Bedeutung für die staatliche Anerkennung in den Studiengängen der Sozialen Arbeit" (AGJ 2015) den Blick gezielt auf die Frage der Praxisbezüge im neuen gestuften Studiensystem des Bologna-Prozesses richtete, lassen sich weitere Positionen im Diskurs finden, die zumindest kurz skizziert werden sollen.

Die AGJ machte mit ihrem Positionspapier deutlich, dass die Verkürzung der Regelstudienzeiten über die Einführung des Bachelor vor allem in Fachhochschulen zu einer Reduzierung der Praxisanteile geführt habe, weshalb „diese Veränderungen [..] letztlich auch zu einer Überprüfung des Instruments der staatlichen Anerkennung für die Reglementierung des Berufszugangs […] [geführt hätten]" (ebd.: 1). Um trotzdem die Qualität von Absolvent*innen der Studiengänge der Sozialen Arbeit zu sichern, müssten Standards geschaffen werden, die einerseits am Qualifikationsrahmen Soziale Arbeit des Fachbereichstags Soziale Arbeit (FBTS) orientiert seien und sowohl relevante Kenntnisse des deutschen Rechts als auch den Erwerb administrativer Fähigkeiten einschlössen, andererseits eine angeleitete Tätigkeit in einer von den Hochschulen anerkannten Praxiseinrichtung im Umfang von mindestens 30 ECTS (100 Tagen) beinhalteten (vgl. ebd.: 2). Dies wird von der AGJ als Aufgabe für die Studiengänge der Sozialen Arbeit formuliert und gleichzeitig eine „Intensivierung des Zusammenspiel[s]" (ebd.: 3) der Lernorte gefordert. Dies solle durch fünf Schritte erreicht werden. (1) Der Fachbereichstag Soziale Arbeit und die Bundesarbeitsgemeinschaft der Praxisämter/-referate (BAG) sollten mit der „Abnehmerseite" (ebd.: 4) der Absolvent*innen der Studiengänge der Sozialen Arbeit gemeinsame Mindeststandards festlegen. (2) Diese Mindeststandards sollten Eingang nehmen in die Ländergesetze und ihre berufsrechtlichen Vorschriften, sodass Studiengänge klar identifiziert werden können, die berufszulassungsrechtlich geeignet sind, sowie (3) die Abnehmerseite solle personelle, zeitliche und finanzielle Ressourcen zur Verfügung stellen, damit die Praxisanleitung von Studierenden entsprechend gewährleistet werden könne (vgl. ebd.). (4) Fachhochschulabsolvent*innen und Absolvent*innen universitärer Studiengänge der Erziehungswissenschaft sollen die staatliche Anerkennung erhalten. (5) Die Abnehmerseite müsse ebenfalls in der Übergangsphase von der Hochschule in den Beruf (Berufseinmündungsphase) personelle, zeitliche und finanzielle Ressourcen zur Verfügung stellen, um eine Einarbeitung unter qualifizierter Anleitung anbieten zu können (vgl. ebd.: 6). Zentraler Kernpunkt des Papiers ist allerdings ein Plädoyer für die Potenziale der Verknüpfung der Lernorte (Fach-)Hochschule und berufliche Praxis. Kritisiert wird an der bisherigen Bezugnahme vor allem die konzeptionelle Verkürzung einer „noch überwiegend vorherrschende[n] Zuordnung des Theorieerwerbs zum „Lernort (Fach-)Hochschule" und des Erwerbs praktischer Handlungskompetenz zum „Lernort Praxis"" (ebd.: 6). Theoretische und praktische Perspektiven seien an beiden Lernorten miteinander zu verschränken, so die AGJ (ebd.). Neben einer Bestimmung der

Aufgabenbereiche der beiden Lernorte, die zwar die Komplementarität der Lernorte in den Fokus nimmt, dabei trotzdem eine Binarität von Theorie und Praxis reproduziert, verdeutlicht die AGJ über verschiedene gesellschaftliche Entwicklungen (gestiegene fachliche Anforderungen, die Anforderungen des deutschen Qualifikationsrahmens (DQR), sowie die Notwendigkeit einer Verbesserung der Beschäftigungsfähigkeit) die Relevanz des Verhältnisses der Lernorte zueinander. Die Rahmenbedingungen, wie Hochschulen und die berufliche Praxis dies umsetzen können, beschreibt die AGJ in den „Rahmenbedingungen und Anforderungen an die Lernorte und ihres Zusammenspiels" (ebd.: 9). Als Schlussfolgerung hieraus hält sie fest:

> „Die Qualifizierung der Studierenden über das Zusammenspiel der Lernorte (Fach-) Hochschule und Praxis kann nur als eine Leistung aller beteiligten Akteure erfolgreich durchgeführt werden. Die dafür notwendigen Voraussetzungen müssen anerkannt, in entsprechenden Leistungsvereinbarungen zwischen den Verantwortlichen aufgenommen und im Rahmen professionellen Handelns der Lernorte (Fach-)Hochschule und Praxis befördert werden" (ebd.: 17).

Als Reaktionen auf dieses Diskussionspapier erfolgten Stellungnahmen des Fachbereichstages und der BAG, wobei die Bundesarbeitsgemeinschaft der Praxisämter/-referate an Hochschulen für Soziale Arbeit auf den Unterschied zwischen grundständigen, generalistischen Studiengängen und den fachschulischen Ausbildungen hinweist, die ihres Erachtens von der AGJ implizit thematisiert worden seien (vgl. BAG 2016: 1). Die BAG weist daher auch darauf hin, dass „eine deutliche Distanzierung zu einem „fachschulisch geprägten Verständnis" von Lernortkooperation aus Sicht der BAG notwendig [sei]" (ebd.). Insgesamt hält die BAG allerdings fest, dass auf drei Ebenen (1. Hochschulstandorte und Region, 2. Landesarbeitsgemeinschaften der Praxisreferate (LAG), 3. Bundesarbeitsgemeinschaft der Praxisreferate) gemeinsame Ziele verortet werden könnten, die als Parallelen zwischen dem Arbeitsauftrag der BAG und den Forderungen der AGJ anzusehen seien (vgl. ebd. 2ff.). Mit Bezug auf die Forderung der AGJ die staatliche Anerkennung im Sinne der Kompetenzorientierung der Studiengänge auch für Universitäten zu öffnen, tritt die BAG entschieden entgegen (vgl. ebd.: 4) und verweist auf das Positionspapier der BAG zur staatlichen Anerkennung für Absolvent*innen von Studiengängen bezugswissenschaftlicher Disziplinen (BAG 2015), in dem die BAG festhält, dass

> „das in diesen [erziehungswissenschaftlichen *Einfügung M.F.*] Studiengängen erworbene Kompetenzprofil [...] nicht vergleichbar [sei] mit der Breite und Tiefe der in den grundständigen, generalistisch angelegten Studiengängen der Sozialen Arbeit erworbenen Kompetenzen und [...] der staatlichen Anerkennung als anwendungsbezogenem Gütesiegel Sozialer Arbeit in keiner Weise gerecht [werde]" (ebd.: 1)

Eher sei es möglich, dass universitäre Studiengänge, die das Gütesiegel der staatlichen Anerkennung vergeben wollten, entsprechende Studiengänge der Sozialen Arbeit entwickeln können, die sich am Qualifikationsrahmen Soziale Arbeit (FBTS) orientieren (vgl. ebd.: 4). In der Stellungnahme des Fachbereichstages Soziale Arbeit (FBTS) wird betont, dass die Forderungen der AGJ „in großen Teilen das Selbstverständnis der Hochschulen für Angewandte Wissenschaften wider[spiegeln] und […] sowohl den Vorstellungen der Hochschulen über die im Diskussionspapier zugrundeliegende Auffassung einer Theorie-Praxis-Wechselbeziehung als auch der überwiegenden gängigen Praxis der Hochschulen für Angewandte Wissenschaften [entspreche]" (FBTS 2016: 1). Als bedeutsam wird hervorgehoben, dass „eine zielgerechte Weiterentwicklung der Praxis als akademisch reflektierter Lernort […] wünschenswert und anzustreben [sei]" (ebd.). Der FBTS schließt sich der Kritik der BAG zur Analogiebildung von Hochschulstudium und Fachschulausbildung seitens der AGJ an und betont, dass die Formalisierung des Lernortes Praxis nicht erstrebenswert sei, da die Praxisphase im Studium Soziale Arbeit der hochschulischen Verantwortung unterliege (vgl. ebd. 1 f.). Die Einigung auf Mindeststandards der Praxisausbildung wird befürwortet, gleichzeitig die „Verknüpfung der Diskussion um Mindeststandards für die Kooperation mit den Lernorten mit dem verschiedentlich geäußerten Wunsch nach Vergabe der staatlichen Anerkennung für andere Disziplinen […] als nicht zielführend [abgelehnt]" (ebd.: 2). Die Positionen der BAG, des FBTS und des Deutschen Berufsverbands für Soziale Arbeit e.V. (DBSH) sind sich in diesem Punkt einig (vgl. DBSH 2014). Das Selbstverständnis der BAG setzt explizit auf den Punkt der Praxisorientierung im Studium der Sozialen Arbeit (vgl. BAG – Selbstverständnis Internetseite) und verdeutlicht dabei die besondere Rolle der Praxisanleiter*innen in der beruflichen Praxis sowie die Bedeutung der Praxisreferate als Schnittstellen zwischen den Lernorten (vgl. BAG/DBSH/FBTS 2003; Roth/Gabler 2012). Die Modularisierung der Studieninhalte im Curriculum und das explizite Ausweisen von ECTS-Punkten mache es auch für praktische Studienphasen notwendig Lerninhalte, Lernziele und Kompetenzen zu beschreiben, die im Rahmen der berufspraktischen Studienphasen erworben werden sollen (vgl. Roth/Gabler 2012: 3). Roth und Gabler machen deutlich, dass die Lernziele, Lerninhalte und zu erwerbenden Kompetenzen von der Berufspraxis (mit)verantwortet werden (vgl. ebd.) und sich nicht auf die Begleitung in praktischen Studienphasen beschränke, sondern Berufspraktiker*innen auch am Lernort (Fach-)Hochschule die Praxisorientierung von Studiengängen durch „Vorstellung von Arbeitsfeldern und Einrichtungen der Sozialen Arbeit […], Exkursion und Projektstudien, forschendes Lernen mit praxisrelevanten Fragestellungen sowie Fallbearbeitungen in Seminaren" (ebd.) mitgestalten sollen. Gleichzeitig verweisen die Autor*innen auf das Ziel von grundständigen Studiengängen der Sozialen Arbeit, welches sie in einer generalistischen Berufsbefähigung verorten und damit einem Studium als *training on the job* eine Absage erteilen:

> „Mit einer generalistischen Berufsbefähigung sind keine auf spezifische Arbeitsfelder oder Träger spezialisierten Studiengänge gemeint. Den umstrittenen Begriff Employability verwenden wir daher ausschließlich im Kontext einer generalistischen Berufsbefähigung. Für Praxisbezüge und Praxisphasen im Studium bedeutet dies daher immer exemplarisches Lernen in exemplarischen Lernbezügen bzw. an exemplarischen Lernorten. Nur generalistische Lernstrategien ermöglichen es den vielfältigen Anforderungen, Aufgabenstellungen, Herausforderungen und Wandlungsprozessen in der Sozialen Arbeit professionell gerecht zu werden." (ebd: 4)

Die Zielperspektive einer generalistischen Berufsbefähigung wird einerseits über den Deutschen Qualifikationsrahmen (DQR) sowie die internationale Einordnung von Kompetenzniveaus in den europäischen Qualifikationsrahmen (EQR) geleistet, andererseits von der Deutschen Gesellschaft für Soziale Arbeit (DGSA) in ihrem „Kerncurriculum Soziale Arbeit" (DGSA 2016), dem DBSH in seiner Ausdifferenzierung von „Schlüsselkompetenzen der Sozialen Arbeit" (Maus/Nodes/Röh 2013), sowie insbesondere dem vom FBTS beschlossenen „Qualifikationsrahmen Soziale Arbeit" (QRSozArb) in der Version 6.0 (FBTS 2016) im Hinblick auf die Soziale Arbeit präzisiert. Neben den vorhandenen Unterschieden und individuellen Schwerpunktsetzungen in diesen Qualifikationsprofilen, tritt als zentrales Charakteristikum hervor, dass es allen Qualifikationsprofilen darum geht die im Zuge der Bologna-Reform entstandene Diversifizierung von Studiengängen auf gemeinsame Lehrinhalte (DGSA), im Kontext von Studienniveaus (FBTS) oder konkreten Schlüsselkompetenzen (DBSH) zu verpflichten. Die Frage, wie dabei die Kompetenzen im Kontext des Studiums von Studierenden erlangt werden bzw. der hochschuldidaktische Rahmen für deren Erreichung hergestellt werden kann, beschäftigt die Akteure von Wissenschaft und beruflicher Praxis gleichermaßen. In der Präambel zum QRSoArb wird daher auch darauf verwiesen, dass es „zur Eigenart von Kompetenzen in der Sozialen Arbeit [gehöre] Handlungssinn, Urteilsvermögen und selbstkritische Reflexion aus dem produktiven Umgang mit der Differenzerfahrung zwischen theoretischem Wissen und dessen Anwendung zu gewinnen" (FBTS 2016: 7). Neben dem Deutschen Verein für öffentliche und private Fürsorge, der mit regelmäßigen Tagungen die konkrete Umsetzung von Praxisorientierung im Kontext des Studiums thematisiert (z. B. Praxisbedarf – Praxisanteile – Praxisbezug im Studium der Sozialen Arbeit vom 23.–24.09.2014), dem DBSH, der regelmäßig die Frage von Theorie und Praxis im Studium der Sozialen Arbeit erörtert (Beides oder Nichts!? Theorie und Praxis zusammenführen vom 8.–10.09.2016, sowie Engagement aus Erkenntnis vom 18.–20.10.2018), engagieren sich auch die Akteur*innen der Hochschulen für die konkrete Ausgestaltung von Wissenstransfer und Kooperation der Lernorte (Fach-)Hochschule und berufliche Praxis (HRK-Tagungen – Praxisbezüge und Praktika im Studium vom 28.11.2017 sowie Qualitätsgesicherte Praktika im Studium. Chancen für Kompetenzerwerb und „Employability" am 12.10.2018; BFH-Tagung – Förderung der Persönlichkeitsentwicklung in Hochschulausbildungen vom 12.–13.10.2018 u. v. m.). Mit dem nexus-Fachguachten (HRK 2016a), sowie den nexus Impulsen für die Praxis zum Thema „Praktika im Studium – Praxis integrieren und Qualität von Praktika erhöhen" (HRK 2016b) legt die Hochschulrektorenkonferenz zentrale Erkenntnisse und Kriterien für eine Qualitätssicherung in studienintegrierten Praxisphasen vor. Konkrete Umsetzungen und Versuche verbindliche Leitfäden für die praktische Begleitung von Studierenden zu erarbeiten, können in Zusammenarbeit von Hochschulen und beruflicher Praxis entwickelt werden und die Kompetenzorientierung im Praktikum sichern, wie der „Leitfaden für die Anleitung von Studierenden der Sozialen Arbeit im praktischen Studiensemester, Praxisort: Berliner Jugendämter" (Danner/Klag-Pirzer 2012) verdeutlicht. Dabei gerät neben der Mitverantwortung, die die berufliche Praxis an der Ausbildung von Studierenden trägt auch der Nutzen, den Praxiseinrichtungen der

Sozialen Arbeit durch Praktikant*innen haben können, in den Blick (vgl. Bundesministerium für Arbeit und Soziales et al. 2011).

Die Potenziale einer wechselseitigen Bezugnahme der Lernorte (Fach-)Hochschule und berufliche Praxis aufeinander, werden für die Soziale Arbeit im gerade erschienen Artikel „Lernort Praxis in den Fokus nehmen" von Michael Leinenbach (vgl. Leinenbach 2018) diskutiert. Zentrale Ideen dieses Beitrags sollen zum Abschluss kurz dargestellt werden. Für Michael Leinenbach ist klar, dass über die Kompetenzorientierung im Kontext des DQR[32] und dem QRSozArb Instrumente geschaffen wurden, die eine Zielperspektive der Vermittlung und Aneignung von Kompetenzen im Studium anzugeben vermögen. Mit Bezug auf die zu erwerbenden Kompetenzen am Lernort Praxis resümiert er: „Offen ist in weiten Teilen noch die Grundlage der Vermittlung der Kompetenzen am Lernort Praxis" (ebd.: 39). Der Lernort Praxis erhalte eine besondere Bedeutung durch die im DQR beschlossene Fokussierung auf Lernergebnisse unabhängig vom konkreten Ort, an dem sie konkret erworben wurden, so Leinenbach und müsse zur Qualitätssicherung der Ausbildung am Lernort Praxis konkreten Forderungen entsprechen, die auf verschiedenen Ebenen anzusiedeln seien: (1) Es müssten strukturelle Forderungen an die Tarifparteien gestellt werden, die sowohl finanzielle als auch zeitliche Budgets für die Verantwortlichen Koordinator*innen zur Verfügung stellen, für eine angemessene Praktikumsvergütung sorgen, Fort-und Weiterbildungen in die Tarifverträge aufnehmen, spezielle Eingruppierungen für die jeweiligen Koordinator*innen vornehmen sowie eine entsprechende Personalisierung der Praxis sicherstellen müssten, damit Praktikant*innen nicht als „Quasi-Fachkräfte" eingesetzt würden (vgl. ebd.: 43 f.) Dies steht in enger Verbindung zu den (2) strukturellen Forderungen an die Kostenträger, in denen Michael Leinenbach eine angemessene und am Leittarif des TVöD/SuE orientierte Bezahlung, zeitliche und finanzielle Ressourcen für die Koordination von Nachwuchskräften, die auch finanziell abgesicherte kontinuierliche Weiterentwicklung pädagogischer Konzepte, finanzielle Mittel zur Fortbildung für Koordinator*innenaufgaben am Lernort Praxis, ausreichend finanzielle Mittel für einen entsprechenden Personalschlüssel zur Verfügung stellen, damit keine prekären Arbeitsverhältnisse geschaffen werden, fordert (vgl. ebd.: 44). Zentral erscheinen mir die (3) Forderungen an die Träger der Sozialen Arbeit, (4) die Forderungen an die Hochschulen, sowie (5) die Forderungen an die Professionsangehörigen, da hier die konkrete Ausgestaltung der praktischen Begleitung in Form von aufeinander bezogenen Konzepten ermöglicht oder verunmöglicht wird. Auf der Ebene der Träger solle, so Leinenbach, sichergestellt sein, dass „entsprechende pädagogische Konzepte sowie Handlungsleitfäden für den jeweiligen Lernort Praxis" (ebd.) definiert seien, Mentoren-Programme für die Umsetzung des praktischen Lernens bereitzustellen, die Ausbildung von Nachwuchs als Personalentwicklung angesehen werde, die Rolle von Praktikant*innen als Lernende definiert sei, den Praxisanleiter*innen zeitliche

---

32 Für eine kritische Auseinandersetzung mit den Fragen des lebensbegleitenden Lernens und der Auswirkungen des Deutschen Qualifikationsrahmens (DQR) inklusive der damit zusammenhängenden Kompetenzorientierung auf die institutionellen Ausbildungsgänge von Sozialarbeiter*innen, siehe den Beitrag von Annett Herrmann (Hermann 2016: 25–37).

Freiräume ermöglicht würden, sowie verpflichtende Zeiten für Supervision und Reflexion und die Zusammenarbeit mit dem Lernort (Fach-)Hochschule einzuräumen (vgl. ebd.). Am Lernort (Fach-)Hochschule wiederum müsse eine stärkere Öffnung gegenüber dem Lernort Praxis, die Beteiligung von Praxisvertreter*innen an Curriculumsentwicklung und Akkreditierung, ein gemeinsam erstellter Ausbildungsplan, die Beurteilung der Berufsbefähigung durch die Praxis sowie eine Beteiligung von Praxisvertreter*innen an Prüfungen erfolgen (vgl. ebd.: 45). Darüber hinaus müsse eine stärkere Einbindung von Praktiker*innen als Lehrende oder Lehrbeauftragte am Lernort (Fach-)Hochschule stattfinden, gemeinsame Gremien zur Qualitätssicherung zwischen den Lernorten etabliert werden, regelmäßige Absprachen über Leistungsstände von Studierenden erfolgen, sowie Lehrkräfte der Hochschulen stärker in die Praxis involviert z.B. in Form von beratender Mitarbeit (vgl. ebd.). Insgesamt zeigt der Beitrag von Michael Leinenbach die Notwendigkeit der Auseinandersetzung mit lernortübergreifenden Fragen der Hochschuldidaktik und Curriculumsentwicklung. Er verdeutlicht, dass sich in der Kooperation der Lernorte und durch die strukturelle Scharnierfunktion von Praxisreferaten ein *dritter Raum* etablieren müsse, der die Schnittstelle zwischen Disziplin und Profession gestalte. Dabei bezieht er sich auf die Idee Hilde von Ballusecks zum „dritten Raums", welcher die „Kluft zwischen (Hoch-)Schule/Universität und dem Lernort Praxis zu überwinden [...] [ermöglicht]" (Balluseck 2015). Der Beitrag von Michael Leinenbach zeigt einerseits Möglichkeiten der weiteren Ausgestaltung der Kooperation der Lernorte, andererseits verdeutlicht er die strukturellen Rahmenbedingungen, die gewährleistet sein müssen, damit ein lernortübergreifendes Lehr-/Lernarrangement überhaupt ausgestaltet werden kann.

Zusätzlich zur fachpolitischen Auseinandersetzung um Praktika und Praxissemester, sollen nun einige zentrale Projekte und Forschungsbefunde zu Praktika im Rahmen der Hochschulausbildung diskutiert werden.

Projekte und Forschungsbefunde zu Praktika nach der Bologna-Reform

Neben den fachpolitischen Diskussionen und Forderungen soll nun ein knapper Überblick über die vorhandenen Forschungsbefunde zum Praktikum bzw. dem Praxissemester nach der Bologna-Reform gewagt werden. Vereinzelt werden dazu auch Befunde älterer Studien zu Rate gezogen, da insgesamt zwar konstatiert werden kann, dass die Forschung zum Praktikum in der Sozialen Arbeit in den vergangenen Jahren zugenommen hat, trotzdem die Forschungserkenntnisse bislang spärlich vorhanden sind.[33]

Eine der bedeutsamsten Publikationen zur Frage der Praxisbezüge nach Bologna haben Wilfried Schubarth et al. (2012) mit ihrem Sammelband „Studium nach Bologna: Praxisbezüge stärken?!" vorgelegt, den sie im Rahmen des BMBF-Projektes „Evidenzba-

---

33 Einen Überblick hierzu geben Philipp Pohlenz und Charlotte-Bettina Boettcher und verdeutlichen, dass ihr Vorschlag einer „hochschuldidaktischen Selbsterforschung" (Pohlenz/Boettcher 2012: 129) eine Möglichkeit bieten könne, Wissenslücken zu schließen und Anregungen für die curriculare Weiterentwicklung von Studiengängen abgeleitet werden könnten.

sierte Professionalisierung der Praxisphasen in außeruniversitären Lernorten" (ProPrax) generierten. Neben empirischen Analysen zu Praxisphasen im Studium, wurden die Perspektiven unterschiedlicher Akteure auf Praxisphasen (vgl. Bastian et al. 2012; Seling 2012) sowie mögliche Entwicklungsperspektiven für Hochschulen in den Blick genommen (vgl. Schubarth/Speck/Seidel 2012: 10ff.; Wildt 2012). Die bei der Umsetzung der Bologna-Reform entstehenden Orientierungen von Studiengängen an (1) Praxisorientierung, (2) employability und (3) Berufsorientierung führten zu unterschiedlichen Schwerpunktsetzungen in der inhaltlichen Ausrichtung von Studiengängen (vgl. Wolter/Banscherus 2012: 24f.) und einer Kritik an der „schrittweisen Engführung des Arbeitsmarktbezuges auf „employability", also auf die „reine" Beschäftigungsfähigkeit der Absolventinnen und Absolventen" (ebd.: 27) im deutschen Hochschulraum, der sich in den Dokumenten des Bologna-Prozesses nicht wiederfinden lässt. Wolter/Banscherus konstatieren mit Bezug auf die Absolvent*innenstudien des Internationalen Zentrums für Hochschulforschung an der Universität Kassel (INCHER) sowie das HIS-Institut für Hochschulforschung (HIS), dass

> „im Unterschied zur ‚employability', die im Wesentlichen auf die kurzfristigen Anforderungen des Arbeitsmarktes abzielt, [...] die Praxisorientierung den Weg zu einer ‚wissenschaftskonformen' Interpretation der Ausbildungsfunktion der Hochschulen aufzeigen [...] [könne]. Auch die Praxisorientierung würde aber weitergehende Reformen voraussetzen, welche die Konzeption der Studiengänge und das Curriculum genauso betreffen müsste wie die Studien- und Prüfungsorganisation und die didaktische Durchführung der Lehrveranstaltungen. Auf diese Weise könnten aber vermutlich gleichzeitig eine schleichende ‚Entfachlichung' des Hochschulstudiums infolge einer zu großen Relevanz der ‚employability' vermieden und die Chancen der Absolventinnen und Absolventen auf eine adäquate berufliche Position verbessert werden" (ebd.: 34).

Die Bedeutung von Praxisbezügen im Studium wird sehr unterschiedlich bewertet. Neben eindeutigen Differenzen in der Dauer von Praktika und der Bewertung praktischer Studienphasen für den späteren Berufseinstieg im Vergleich von Universität und Fachhochschule (vgl. Multrus 2012: 44f.; Bargel 2012: 38ff.), zeigen sich deutliche Unterschiede in der Frage, inwiefern Forschungserfahrungen und forschendes Lernen als bedeutsamer Praxisbezug konzeptioneller Teil von Praktika sein kann (vgl. Bargel 2012: 42f.). Vor allem die hochschuldidaktische Entwicklung einer neuen Lernkultur im Gegensatz zur traditionellen Lehr-Lernkultur soll zu einer Steigerung von Qualität im Studiengang beitragen. Dies schließt jegliche Form von Praxisbezügen im Studium ein (vgl. Schubarth/Speck/Seidel/Gottmann/Kamm/Krohn 2012: 52).

> „Eine vorrangig angebotsorientierte und auf reine Wissensvermittlung setzende Lehre soll durch eine studienzentrierte, kompetenzorientierte moderne Lehr-Lernkultur abgelöst werden" (ebd.: 50)

Das hiermit verbundene Problem der geringen Reputation von Lehre im Vergleich zur Forschung, wird von Schubarth et al. ebenfalls gesehen und vorgeschlagen „gezielte Anreiz- und Steuerungssysteme" (Schubarth et al. 2012: 51) zu schaffen, die diesen Bedingungen entgegenwirken. Praktika stellen im Kontext des Studiums nur eine Form von Praxisbezügen dar, „wenngleich eine *besonders intensive Form* [...]"

(ebd.: 52). Dabei machen die Autor*innen im Anschluss an Ruf (2006) deutlich, dass eine didaktisch-curriculare Konzeptualisierung von Praktika als Qualitätskriterium zu gelten habe und einer qualitativ hochwertigen Betreuung durch eine Fachperson die Funktion einer Transferpatin zukomme sowie eine systematische Verzahnung von Praxisphasen und Studienphasen erfolgen müsse (vgl. ebd.: 53). In ihren qualitativen Dokumentenanalysen zum Praktikum kommen Schubarth et al. zu dem Ergebnis, dass

> „Praxisphasen bei der Umstellung auf Bachelor- und Masterstudiengänge im Rahmen der Bologna-Reform kaum substanzielle Veränderungen hinsichtlich der curricularen Verankerung erfahren haben. Durch das modularisierte Studiensystem lässt sich zwar von einer *formalen Curricularisierung* der Praxisphasen an *Universitäten* sprechen. Eine Zunahme inhaltlicher wie organisatorischer Vorhaben (z. B. durch Praktikumsordnungen) ist jedoch nicht erkennbar" (ebd.: 84)

Selbst in Fachhochschulen sei die Gesamtdauer von Praktika nach der Bologna-Reform kürzer geworden, wobei deutlich geworden ist, dass im Kontext von fachspezifisch unterschiedlichem Berufsfeldbezug ein anderes Verständnis von Praxis durch die praktischen Studienanteile generiert würde. „Studienkonzepte mit klarem Professionsverständnis (Lehramt und z. T. Soziale Arbeit) zielen vorwiegend auf die Entwicklung einer beruflichen Identität im Rahmen professioneller Handlungskompetenz" (ebd.: 85). Im Gegensatz hierzu zielten Studienrichtungen mit breitem Berufsfeldbezug (explizit erwähnt wird die Erziehungswissenschaft vgl. ebd.) Praxisphasen vor allem im Sinne einer beruflichen Orientierung bzw. eines Einblicks in die Berufswelt ab. Im Kontext ihrer Fragebogenerhebung wurde für Schubarth et al. deutlich, dass der Nutzen von Praktika in Abhängigkeit von ihrem Zeitpunkt im Studium differiert. Frühe Praktika im Studium dienten häufig eher der beruflichen Orientierung, spätere Praktika der konkreten Kompetenzentwicklung und Knüpfung von Kontakten in die Praxis (vgl. ebd.: 86). Interessant erschienen aber auch die Erkenntnisse zur Frage, ‚wovon die berufsorientierende bzw. – befähigende Wirkung von Praxisphasen beeinflusst werde', da die Autor*innen hier besonders die Bedeutung der Betreuung in Praktikumseinrichtungen, sowie an der Hochschule durch feste Ansprechpartner*innen hervorheben (vgl. ebd.: 87 f.).

Die Frage, wie Praxisbezüge im Kontext der curricularen Einbindung in das Studium, gestaltet werden können und welche Dimensionen dabei bedacht werden müssten, wird aus dem Kontext der Hochschuldidaktik diskutiert. Johannes Wildt hat dazu an die Idee Ludwig Hubers zur „Hochschuldidaktik als Theorie der Bildung und Ausbildung" (Huber 1983) angeschlossen und die Eckpunkte eines tripolaren hochschuldidaktischen Feldes markiert, indem das Lernen innerhalb der dreipoligen Rahmung des forschenden Lernens (Wissenschaft), praktischen Lernens (Praxis) und reflexiven Lernens (Person) anzusiedeln sei (vgl. Wildt 2012: 268 f.). Für Wildt ist klar, dass es sich hierbei um einen *doppelten Praxisbezug* handelt: Einerseits in die Praxis der Wissenschaft, die darauf Auswirkungen hat, wie Studierende sich andererseits die Praxis des beruflichen Handelns im Praktikum erschließen (vgl. ebd.: 271). Eine Hochschuldidaktische Gestaltung von Praxisbezügen im Studium kann daher auf ganz unterschiedlichen Ebenen und mit differierenden Schwerpunktsetzungen erfolgen. Das forschende Lernen wird von Wildt in ein Stufenkonzept einer Didaktik des Praxisbezugs als anspruchsvollste Umsetzung von Praxisbezügen im Studium angesehen, da „erst auf dieser Stufe [...] ein Praxisbezug erreicht [werde], der eine organische Verbindung zwischen wissenschaftlichem und praktischem Lernen ermöglich[e]. Für die Hochschuldidaktik stellt das forschende Lernen in Praxisbezügen die größte Herausforderung dar, die aber gleichzeitig als hochschulgemäße Gestaltung von Praxisbezügen angesehen werden [könne]" (ebd.: 276). Karsten Speck et al. verdeutlichen, dass dem forschenden Lernen Lernpotenziale inhärent sind, die einen konkreten Praxisbezug im hochschuldidaktisch eröffneten Rahmen ermöglichen, in dem

> „a) die aktive Beteiligung, selbständige Tätigkeit und Verantwortungsübernahme der Studierenden, b) die interessens- und erkenntnisleitende Auswahl von Themen bzw. zumindest Fragestellungen, c) die Problemorientiertheit im Forschungsprozess, d) das Erleben eines möglichst ‚ganzen' Forschungsprozesses, e) das Erleben von Wissenschaft als Prozess und Gemeinschaft (Arbeitsgruppen, Forschungsteam), f) die Aneignung von Forschungs-, Fach- und fachübergreifenden Schlüsselkompetenzen sowie g) die Sensibilisierung der Studierenden für den gesellschaftlichen Kontext und die Verantwortung der Wissenschaft" (Speck et al. 2012: 288 f.).

Teile des forschenden Lernens darstellen und der Praxisbezug über die adressaten-, feld-, lernziel- und theoriebezogenen Besonderheiten des hochschuldidaktischen settings hergestellt werden können (vgl. ebd.: 289). Über das forschende Lernen kann somit sowohl das Theorie-Praxis-Verhältnis im Praktikum dezidiert in den Blick gerückt und am Beispiel der konkreten Ausgestaltung der beruflichen Praxis unter Berücksichtigung der eigenen Interessensschwerpunkte exploriert als auch die eigene Subjektivität im Forschungsprozess reflektiert werden. Dabei kommt letzterem im Kontext der Sozialen Arbeit eine besondere Bedeutung zu, die über die Betreuung in Praktikumseinrichtungen und an der Hochschule reflexiv bearbeitbar gemacht werden soll. Ansätze dies innerhalb der dreipoligen Rahmung von Wissenschaft, Praxis und Person (siehe oben) zu tun, können innerhalb der Kasuistik sowie der Beschäftigung mit dem reflexiven Schreiben in der Schreibforschung ausgemacht werden:

a.) *Kasuistik*: Das Fallverstehen bzw. die Kasuistik verdeutlichen, dass die Herauslösung eines Falles aus dem Kontext alltäglicher Routinen in der Sozialen Arbeit reflexiv zum Thema gemacht werden kann und sich je nach Bearbeitungskontext eines Falles unterschiedliche Modelle unterscheiden lassen. Reinhard Hörster unterscheidet dabei vier Modelle, die sich nach der Verbindung von Allgemeinem zum Besonderen in 1.) ein Hypothesengenerierungsmodell, 2.) ein Sozialreportage-Modell, 3. Ein Subsumtions-Modell und 4.) ein Fallrekonstruktions-Modell einteilen lassen (vgl. Hörster 2005: 917). Eine sozialpädagogische Kasuistik kann dabei im Sinne eines *Lernens am Fall* einerseits berufsvorbereitende Funktionen übernehmen, andererseits konkrete Bildungsprozesse ermöglichen, indem Fallverstehen empirisch zum Thema gemacht wird und methodisch kontrolliert erfolgt (vgl. ebd.: 918 f.). Hörster verdeutlicht, dass es dabei nicht nur um die Thematisierung des Falles im Sinne des praktischen Alltagshandelns geht, sondern um eine Verschiebung der Perspektive zum „Fall im Fall" (ebd.):

„Die kasuistische Tätigkeit betrachtet also nicht einfach den Fall erster Ordnung, mit dem wir im beruflichen Alltagshandeln konfrontiert sind, sondern versucht ihrerseits, das Verständnis dieses Falles zu beobachten. D.h., sie versucht weitergehend zu analysieren, wie in diesem Verständnis Gegenstände miteinander verbunden werden und sich daraus Sachverhalte ergeben" (ebd.).

Die hierin enthaltene Verschiebungsleistung ermöglicht durch einen explizit gemachten Selbstbezug die Rekonstruktionen bzw. Konstruktionen des Professionellen auf der Ebene 1. Ordnung und 2. Ordnung in Frage zu stellen und den eigenen Verstehensprozess zu befremden (vgl. Hörster 2012: 680). Dabei gerät die „Organisiertheit der Wissenskonstitution im Fallverstehen" (ebd.: 682) in den Blick, was Jörg Bergmann für den „Fall als Fokus professionellen Handelns" (Bergmann 2014a) verdeutlicht, indem er die professionellen Praktiken der Fallkonstruktion analytisch unterscheidet und die Herstellung eines professionellen Problemnarrativs über die Materialisierung des Falles, seine mediale Form und die anschließende Transformation bis hin zur Identifikation einer Fallgestalt beschreibt (vgl. ebd.: 23ff.). Die Bedeutung der Erzählung – d.h. die individuell sinnhaft verknüpfende Erzählform eines Falles – zeigen auch Burkhard Müller in seinem Lehrbuch zur multiperspektivischen Fallarbeit (vgl. Müller 2012: 23ff.) sowie Thomas Klatetzki, wenn er die Fallgeschichte als Grenzobjekt beschreibt, die in der Sozialen Arbeit eine besondere Form annehme, da „Fallgeschichten als Grenzobjekten der Sozialen Arbeit [...] eigen [sei], dass die Akteure, die den narrativen Sinn durch ihre Erzählungen stiften und fortschreiben, selbst Charaktere in den Narrationen [seien]" (Klatetzki 2013: 119). Die Art und Weise, wie Fälle als Grenzobjekte verstanden werden ist demnach an ihre kontextübergreifende Interpretierbarkeit gebunden und in der narrativen Konstruktion des Falles als sinnstiftender, kommunikativer Absicherung an die Subjektivität der Konstrukteure gekoppelt (vgl. ebd.: 118). Die Prozessierung des Falles erfolgt demnach als eine „Übersetzung" der Fallgeschichte als Grenzobjekte in jeweils andere Kontexte und kommt um die narrative Sinnstiftung auf (inter)subjektiver Ebene nicht herum (vgl. ebd. 127f.). Roswitha Staege zeigt am Beispiel der „Fallforschung als Praxisreflexion" die Potenziale einer Kasuistik auf, die sich im Verhältnis zwischen disziplinärem und professionellem Wissen bewegt und sich einerseits als „eine auf Selbstaufklärung zielende empirisch fundierte Selbstthematisierung" (Staege 2014: 218) zeigt, der es andererseits um eine Alternativenschau geht, die implizite Vergleichshorizonte explizit macht (ebd.: 219). Dies fasst sie folgendermaßen zusammen:

„Fallrekonstruktiv gewonnenes Wissen erfüllt in besonderer Weise, was als Anforderung an ‚die Pädagogik als wissenschaftliche Theorie' formuliert werden kann, nämlich ‚dem Erzieher die Wirklichkeit der Praxis [zu erschließen]'. Die professionstheoretische Pointe liegt dabei darin, dass die Erschließung von Wirklichkeit der Praxis für den Pädagogen die Erschließung seiner Handlungsmöglichkeiten beinhaltet" (ebd.: 220)

Der von Staege in seiner Indexikalität ausgedeutete epistemische Praxisbezug (ebd.: 226), ist gekoppelt an die inhärente subjektive Positionalität und die sprachliche Darstellung der indizierenden Akte des Fallverstehens selbst (vgl. ebd.: 224f.). Im Praxissemester könnte dieser epistemische Praxisbezug das Fallverstehen auf der Ebene des Falles 2. Ordnung bzw. des Falles als Grenzobjekt im Sinne eines reflexiven Einholens des subjektiven Erlebens ausgedeutet werden, welches durch die mündliche Thematisierung aus dem reinen Erleben eine reflektierte Erfahrung werden lässt.[34] Auf welchen Ebenen eine derartige Reflexion des Falles als „epistemisches Objekt" (Bergmann 2014b) ansetzen kann, zeigt Jörg Bergmann auf. Gleichzeitig kann die Bedeutung von Intuition als Kompetenz in der Fallbearbeitung in den Blick genommen werden, worauf Stefan Kösel hinweist, wenn er Intuition in der Sozialen Arbeit unter anderem als (unbewusste) Entscheidungskompetenz in der Sozialen Arbeit bezeichnet, die den Umgang mit Nicht-Wissen strukturieren kann und Intuition in ihren weiteren Funktionen in unterschiedlichen Kontexten aufschlüsselt (vgl. Kösel 2017). Allen diesen Perspektivierungen gemeinsam ist der Fokus auf die Bedeutung der Subjektivität von Studierenden bzw. Sozialarbeiter*innen, die mit der Konstruktion des Falles zu tun haben. Eine andere Möglichkeit dies ebenfalls in den Blick zu rücken, stellt die Schreibforschung dar, auf die nun eingegangen werden soll.

b.) *Schreibforschung*: Die Schreibforschung sowie die Nutzung des Schreibens in der Ausbildung von Sozialarbeiter*innen beginnen sich allmählich in der deutschsprachigen Diskussion zu formieren. So weist Kirstin Bromberg in ihrem Beitrag „Becoming a Professional. Improving Social Action through Letter Writing in Social Work Education" (Bromberg 2014) auf die Potenziale der Selbstreflexion im Briefe schreiben als Dialog mit sich selbst hin. Dabei bezieht sie sich explizit auf die Anfänge der Sozialen Arbeit bei Mary Richmond und zeigt auf, wie die akkuraten Notizen der „friendly visitors" (ebd.: 20) einerseits das Denken über relevante Sachverhalte voranbringt, sowie andererseits die Produktion von Wissen vorantreibe. Die Bedeutung des Schreibens für das Verstehen wird von ihr in Anlehnung an Emerson/Frentz/Shaw (2010) für das extensive Schreiben in der Ethnographie diskutiert und als Möglichkeit gesehen, im Prozess des Schreibens selbstreflexiv die eigene Praxis zu verändern oder zu verbessern(vgl. Bromberg 2014: 20). Die von ihr entwickelte Methode des *letter writing im Rahmen der doc.post-Methode* (hierzu näheres in Kap. 3.2.3) in der Ausbildung von Sozialarbeiter*innen nutzt die dialogische Qualität von Briefen um Einsichten in das eigene Denken sowie neue Ideen zu generieren. Die Erfahrung des Schreibens kann dabei als Möglichkeit aufgefasst werden, die eigene Subjektivität in den Blick zu rücken und hochschuldidaktisch bearbeitbar zu machen (vgl. Freis 2018). An anderer Stelle hat Bromberg frühe Schriften Johann Hinrich Wicherns in Form einer Dokumentenanalyse unter die Lupe genommen und seine Beobachtungen

---

34 Die Bedeutung der Transformation vom Erlebnis zur Erfahrung wird im Kontext der historischen Forschung mit Fallgeschichten deutlich, worauf Ulrike Jureit hinweist (vgl. Jureit 2014).

in die Nähe zu ethnographischen Beobachtungen gesetzt, gleichzeitig festgehalten, dass es sich nicht um „einzigartige Ethnographie" handele (Bromberg 2012: 49). Der Bezug zum ethnographischen Schreiben scheint allerdings nicht von ungefähr zu kommen. So verdeutlichen Gabi Reinmann und Tobias Schmohl für die hochschuldidaktische Forschung die Möglichkeiten autoethnographischen Schreibens für die Lehre mit Studierenden. Sie gehen davon aus, dass Autoethnographie eine Ebene über der Ethnographie ansetze und der Fokus auf das Selbst noch klarer ausgeprägt sei:

> „Während also im Zuge ethnografischer Forschung eine soziale Interaktion im Fokus steht, setzt autoethnografische Forschung eine Ebene drüber an: ‚Autoethnography requires that we observe ourselves observing, that we interrogate what we think and believe, and that we challenge our own assumptions' (Ellis 2013: 10). Mit anderen Worten: Ethnografen interagieren als teilnehmende Beobachter im Feld und halten dabei ihre Erfahrungen fest. Autoethnografen konzentrieren sich primär auf die eigenen Erfahrungsprozesse auf einer meta-Ebene: Sie beobachten, analysieren und dokumentieren folglich auch das eigene Forschen." (Reinmann/Schmohl 2016: 2)

Autoethnographische Forschung schließt mithin nicht die Subjektivität der Forschenden aus dem Forschungsprozess aus, sondern bezieht subjektive Eindrücke als Gegenstand von Forschung mit ein (vgl. Geimer 2011; Tillmann-Healy 1996; Rambo Ronai 1996). Wird das autoethnographische Schreiben für die Ausbildung von Studierenden genutzt, kann ein anderer Zugang zur eigenen Subjektivität gefunden werden, welche aus Prozessen des forschenden Lernens bzw. aus Forschung nicht methodisch ausgeschlossen werden muss, sondern als bewusst gewählter Zugang Erfahrungsmöglichkeiten eröffnet gelebte Praxis und eigene Vorstellungen und Wissensbestände miteinander zu verbinden (vgl. Freis 2018: 210f.). Eine „Funktionalisierung der Krise der Repräsentation" (ebd.: 210) in der Ethnographie kann hier auf Möglichkeiten des Umgangs mit subjektiven Anteilen bzw. der „Subjekthaftigkeit der sozial-/wissenschaftlichen Erkenntnisfähigkeit und ihrer Reflexion" (Breuer 2003) hinweisen. Franz Breuer hat hier das Gegenbild der „leibhaftig-personal-sozialen Forscherperson-in-Interaktion" (ebd.: 22) dargestellt und diese als Ausgangspunkt einer veränderten Selbstreflexion der Forschenden genommen.

Die Forschung zum Schreiben in der Ausbildung von Sozialarbeiter*innen ist in der englischsprachigen Diskussion bereits deutlich fortgeschritten, wie beispielsweise die Anleitung für „Effective Writing Skills for Social Work Students" von Phil Musson (2011), der „Columbia Guide to Social Work Writing" (Green/Simon 2012), sowie Rai/Lillis (2013), die den Wert des akademischen Schreibens für die professionelle Praxis der Sozialen Arbeit herausstellen und die Verbindungslinien und Überschneidungen im Kontext der Ausbildung von Studierenden aufzeigen, verdeutlichen.

Deutlich geworden sein sollte hier die Bedeutung des Einbezugs der Subjektivität der Studierenden in den Prozess der Relationierung wissenschaftlichen und handlungspraktischen Wissens im Praxissemester. Im Kontext eines forschenden Zugangs zum

Lernen im Praxissemester über ein kasuistisches Format oder ein Lernen in Form selbstreflexiven Schreibens kann ein Zugang zu subjektiven Anteilen geschaffen werden, die im Rahmen des Praxissemesters sowohl aus praxistheoretischer Perspektive als Lernen in der Praxis der Sozialen Arbeit, als auch aus ethnographischer Sicht im Sinne einer Konfrontation mit dem Fremden und der Erkenntnis des Eigenen den Prozess der Relationierung von Wissen und somit die Ausbildung eines professionellen Habitus befördern können. Schaut man sich die über die Hochschulausbildung intendierte Professionalisierung der zukünftigen Sozialarbeiter*innen und Pädagog*innen an, wird anhand der Differenzierung von Roland Becker-Lenz, Stefan Busse, Gudrun Ehlert und Silke Müller-Hermann auf den Ebenen Wissen, Kompetenz, Habitus und Identität (2012) deutlich, welche unterschiedlichen Dimensionen des Professionalisierungsbegriffs und des Professionalisierungsdiskurses sowie dessen unterschiedlichen Vertreter*innen[35] adressiert werden. Die vorgeführten Überlegungen zu Praktika und

---

35 (1) Neben wissensbezogenen Fragenstellungen, die sich vor allem mit dem Professionswissen beschäftigen (Homfeldt/Schulze-Krüdener 2000, Pfaffenberger 2001; Dewe 2012a), versuchen die Becker-Lenz/Busse/Ehlert/Müller-Hermann (2012) den (2) Begriff der „Handlungskompetenz" in den Kontext des Qualifikationsrahmens für Soziale Arbeit (Bartosch et al.. 2008) zu setzen und Reflexivität als Bezugspunkt der Handlungskompetenz zu explizieren. Im Anschluss an Heiner (2010) wird hier gerne zwischen der Sachkompetenz, der Sozialkompetenz, der Selbstkompetenz und der Methodenkompetenz unterschieden. Knauf/Schulze-Krüdener (2014) greifen diese Unterscheidung auf und zeichnen die Kompetenzorientierung in Hochschulstudiengängen nach der Bologna-Reform im Kontext der Trierer Kompetenzstudie nach. Sie kommen darin zum Fazit, dass das Hochschulstudium Soziale Arbeit „keine Praxisausbildung, sondern eine für die Praxis qualifizierende" (ebd., S. 147) sei, wobei es zu bedenken gelte, dass eine fundierte wissenschaftliche Ausbildung die sicherste Gewähr für eine reflexive Haltung gegenüber der Handlungspraxis darstelle und die situative Überführung des Allgemeinen in das Spezifische sich immer erst situativ aufzeigen lasse (vgl. ebd., S. 149). Ein Plädoyer für die Schlüsselstellung der Reflexivität professioneller Sozialarbeiter sehen auch Bernd Dollinger mit seinem Entwurf einer „reflexiven Sozialpädagogik" (2008), Bernd Dewe mit seiner Idee einer „reflexiven Professionalität" (2012b; Dewe/Ferchhoff/Scherr/Stüwe 2011) sowie der Diskurs um eine „reflexive Erziehungswissenschaft", der von Barbara Friebertshäuser, Markus Rieger-Ladisch und Lothar Wigger (2009) geführt wurde. (3) Der Anschluss der Debatte um Professionalisierung an die Herausbildung eines sozialarbeitsspezifischen Habitus, wird im Kontext des Bourdieuschen Habitusbegriffes (vgl. Bourdieu 1983; 1987) von Ulrich Oevermanns strukturtheoretischem Professionsansatz aufgegriffen und im Rahmen der professionellen Spannungsverhältnisse und Paradoxien der Sozialen Arbeit entfaltet (Oevermann 1996; 2009). Neben Oevermann beschäftigen sich Arbeiten von Roland Becker-Lenz und Silke Müller (2009) sowie Peter Schallberger (2012) mit dem professionellen Habitus der Sozialen Arbeit, sowie der Notwendigkeit einer engagierten Rollendistanz in der praktischen Arbeit (Nagel 1997). (4) Die Frage der Herausbildung einer beruflichen Identität, welche die Anforderungen der Verbindung von wissenschaftlichem Wissen mit praktischem Können in die Person des professionellen Sozialarbeiters hineinverlegt, stellt die vierte Dimension der Professionalität dar (Becker-Lenz/Busse/Ehlert/Müller-Hermann 2012, S. 19; Becker-Lenz; Müller-Hermann 2012). Sowohl die Identitätsentwicklung von Studierenden der Sozialen Arbeit/Pädagogik als auch von professionellen Praktikern spannen hier das Kontinuum relevanter Identitätsdiskurse auf. Die Frage der Identität der Profession wird dabei seit Beginn der Professionsbildung Sozialer Arbeit thematisiert (Jakob/Wensierski 1997; Wöhrle 1998; Apel/Horn/Lundgreen/Sandfuchs 1999; Schulze-Krüdener/Homfeldt/ Merton 2002; Amthor 2003; Schweppe/Thole 2005; May 2010; Braches-Chryrek 2013; Harmsen 2004; 2009; 2014). Hieran schließen sich auch Ideen der Etablierung einer Sozialarbeitswissenschaft an (Heiner 1988; Birgmeier/Mührel 2009), die als forschende Disziplin für die Professionalisierung der Praxis sorge (Miethe 2013). Über Studien zur berufsbiographischen Identitätsentwicklung

Praxissemestern in der Sozialen Arbeit knüpfen dabei jeweils an diesen vier Dimensionen des Professionalitätsdiskurses an und bilden den Ausgangspunkt der hochschuldidaktischen Gestaltung der praktischen Studienphase, wie sie in den folgenden Kapiteln aufgezeigt wird.

Als zentrale Schlussfolgerungen für die Ausgestaltung der praktischen Studienphase ergeben sich hieraus folgende Aspekte:

(1) Praktika und Praxissemester müssen eine Idee der Theorie-Praxis-Verhältnisse in der Sozialen Arbeit erzeugen, die sowohl Studierenden, Praxisanleiter*innen, Dozierenden als auch Supervisor*innen als gemeinsamer Rahmen eine Leitlinie zur Verfügung stellt (*Klärung von Theorie-Praxis-Verhältnissen*).

(2) Dabei sollte eine Gleichwertigkeit der Theorien der Praxis und der Praxis der Wissenschaft angestrebt werden, deren Interdependenz sich in der Person der Studierenden und deren impliziter Integrationsleistung widerspiegelt und reflektiert wird (*Theorien der Praxis und Praxis der Wissenschaft*).

(3) Einer Forderung nach Praxisorientierung im Studium sollte immer gleichzeitig die Forderung nach Theorieorientierung in der Praxis zur Seite gestellt werden. Ein Theorie-Praxis-Konzept im Studium muss sich dabei auf den Lernort ‚Hochschule' und den Lernort ‚Praxis' erstrecken um „lehrreiche Situationen" wahrscheinlicher zu machen (*lernortübergreifende Hochschuldidaktik*).

(4) Eine Reflexion der Lernprozesse im Praxissemester sollte differierende Erfahrungsebenen ansprechen und dabei die Auswirkungen des Lernprozesses auf persönlicher Ebene sowie für das weitere Studium beziehungsorientiert in den Blick nehmen. Ein kasuistisches Vorgehen bzw. das reflexive Schreiben können hier wichtige Bezugspunkte einer hochschuldidaktischen Umsetzung sein (*Einbezug der Subjektivität*).

(5) Die Praxisausbildung der Studierenden sollte Ver(un)sicherungen in den Blick nehmen und diese unter Begleitung durch explizit ausgewiesene akademische Praxisanleiter*innen, Dozierende und Supervisor*innen bearbeiten (*Irritationen als Kristallisationspunkte für Reflexion*)

(6) Maßnahmen der Qualitätssicherung im Praxissemester liegen in der Verantwortung der Hochschule und sind lernortübergreifend im Rahmen von Kooperationsbeziehungen- und vereinbarungen abzusprechen (*Qualitätssicherung*).

Wie die im Kapitel 1 diskutierten unterschiedlichen methodologischen und professionstheoretischen Zugänge zum Praxissemester in den Kontext eines Praktikums in Organisationen der Sozialen Arbeit gesetzt werden, soll nun dargestellt werden.

(Schweppe 2004) wird die Ebene der Entwicklung einer individuellen Sozialarbeiteridentität erforscht. Das Kontinuum erstreckt sich bis hin zum Postulat einer eigenschaftsfreien „postmodernen Sozialarbeit" (Kleve 1999; 2000), die als ambivalenzreflexive Positionsbestimmung versucht Soziale Arbeit über den Umgang mit der Differenz von Wissen und Nicht-Wissen zu bestimmen (Kleve 2007).

2. Ethnographische Organisationsforschung und das Praxissemester der Sozialen Arbeit

Der ethnographische Zugang zur Berufspraxis der Sozialen Arbeit findet im praktischen Studiensemester in den von der Hochschule anerkannten Praxiseinrichtungen unter professioneller Anleitung[1] statt. Dabei ist es wichtig zu sehen, dass sich die Ethnographie damit innerhalb organisationaler Strukturen vollzieht, in die Studierende im Studium am Lernort ‚Praxis' involviert sind. Um in methodologischer Hinsicht eine Ahnung davon zu haben, was sich innerhalb dieser organisationalen Strukturen zeigen könnte, ist es sinnvoll, sich organisationssoziologischer Ideen zu bedienen, die den Blick der Studierenden neben der Beobachtung des individuellen Geschehens auch auf die Rahmenbedingungen und organisationalen Strukturen professionellen Handelns lenken. Der ethnographische Zugang im Praxissemester könnte somit als ethnographische Organisationsforschung betrieben werden, die den Beobachtungsfokus nicht nur auf das Handeln selbst, sondern auch auf dessen Bedingungen richtet und damit einen differenzierten Zugang zur Berufspraxis darstellt. Im Folgenden wird kurz dargestellt, welche Ebenen ein Studium am Lernort Praxis, verstanden als ethnographische Organisationsforschung, in den Blick nimmt, um ausgehend davon die Differenz von klassischem Praktikum und Studieren am Lernort ‚Praxis' aufzuzeigen. In Kap. 2.1 werden die methodologischen Grundlagen des Studierens am Lernort ‚Praxis' aus ethnographischer Perspektive geklärt und hochschuldidaktisch als *organisierte Aufmerksamkeitsverschiebung* konzipiert. Ausgehend davon wird in Kap. 2.2 auf die Methoden der ethnographischen Erforschung des organisationalen Alltags eingegangen und vor allem die methodische Vielfalt des ethnographischen Zugangs als Möglichkeit der Erfassung der Komplexität sozialer Wirklichkeit herausgearbeitet. In Kap. 2.3 wird dann der Zusammenhang von Erfahrung und Wissen reflektiert und dabei die ethnographische Zugangsweise mit bildungstheoretischen Ideen als *produktive Ver(un)sicherung* beschrieben. Den Abschluss des zweiten Kapitels bildet eine Reflexion der Schwierigkeiten des ethnographischen Zugangs zur Praxis im praktischen Studiensemester. Bis zu diesem Punkt werden die methodologischen und methodischen Möglichkeiten des ethnographischen Zugangs vorgeführt. Die möglichen Probleme, die sich über den ethnographischen Zugang ergeben können, z. B. im Anleitungsprozess oder der Einbindung in die Organisation, sollen in Kap. 2.4 näher beschrieben und erörtert werden. An dieser Stelle wird auch erörtert, inwiefern dies didaktisch in Kauf genommen werden sollte und welche Lernmöglichkeiten sich hieraus ergeben können. Zuerst wird nun die Mehrdimensionalität des organisationalen Rahmens thematisiert, in welchem das Praxissemester der Studierenden stattfindet.

---

1 Hier wird in Kapitel 3.2.1 noch differenziert auf die Anleitung bzw. die hochschulische Praxisanleitung eingegangen, um zu klären, was die Voraussetzungen für eine derartige Tätigkeit in delegierter Verantwortung der Hochschulen sein muss und wieso später von „akademischer Praxisanleitung" gesprochen wird.

Organisationen als soziale Gebilde verfolgen nach Alfred Kieser und Peter Walgenbach dauerhaft ein Ziel und weisen dabei eine formale Struktur auf, mit deren Hilfe die Aktivitäten der Organisationsmitglieder auf das verfolgte Ziel ausgerichtet werden können (vgl. Kieser/Walgenbach 2010: 6). Dabei ist in der soziologischen Organisationsforschung ziemlich deutlich geworden, dass die Festlegung und Ausgestaltung organisationaler Strukturen kontingent ist (vgl. Luhmann 2006b: 39ff.; Martens/Ortmann 2006: 427ff.). Wichtig ist dabei Kontingenz – also etwas ist *so aber auch anders möglich* (vgl. Luhmann 2006b: 302; ebenso Ortmann 2012: 26) – nicht mit Beliebigkeit zu verwechseln. Organisationale Strukturen, egal wie sie eingerichtet sind, sind nicht beliebig, sondern verdeutlichen *eine* Möglichkeit das Problem, mit dem sich die Organisation befasst, zu lösen. Organisationen sind dabei im Kontext der Theorie funktionaler Differenzierung jene „Treffräume von Funktionssystemen" (Vogd 2009: 115), die sich bilden, wenn ein gesellschaftliches Problem einer organisierten Bearbeitung bedarf. Dies lässt sich für das beginnende Schulwesen (vgl. Humboldt 1982: 210ff.) genauso wie für die Einrichtung von Kindertagesstätten (vgl. Tenorth 2008: 136f.) bis hin zur Institutionalisierung einer organisierten Krankenbehandlung (vgl. Vogd 2011) zeigen. Niklas Luhmann nutzte drei Merkmale um die Besonderheit moderner Organisationen zu beschreiben. Er machte deutlich, dass Organisationen sich (1.) durch eine *Mitgliedschaft* auszeichnen, die an bestimmte Bedingungen gebunden ist (Arbeitsverträge) und von beiden Seiten (Bewerber für eine Mitgliedschaft und Führungskräfte) bewusst entschieden wird (vgl. Luhmann 1975: 99). (2.) Um die Mitglieder einem Ziel zu verpflichten und ggf. ein commitment für die Zielerreichung zu schaffen, setzen sich Organisationen selbst *Zwecke*. Zu enge oder zu weite Zwecke wecken bei Mitgliedern sowie der Umwelt der Organisation Skepsis. Das Propagieren von Zwecken erfüllt für die Organisation die Funktion nach *Innen* (Mitglieder) wie nach *Außen* (gegenüber der Umwelt) angeben zu können, was die Aufgabe der Organisation darstellt und auf welche Weise diese Aufgabe erfüllt werden soll (vgl. Kühl 2011: 18f.). Stefan Kühl macht in diesem Zusammenhang in Anlehnung an Luhmann darauf aufmerksam, dass „Organisationen, die völlig auf die Formulierung von Zwecken verzichten, [...] bei den eigenen Mitgliedern als auch bei der externen Umwelt ein Höchstmaß an Irritation hervorrufen (vgl. Luhmann 1973a: 87ff.) [würden]" (Kühl 2011: 19). Das dritte Merkmal von Organisationen (3.) stellt die *Hierarchie* innerhalb der organisationalen Strukturen dar. Hierarchien regeln die Kommunikations- und Entscheidungswege innerhalb von Organisationen. Dabei existieren je nach Organisation völlig unterschiedliche Möglichkeiten der hierarchischen Strukturierung – von flachen Hierarchien bis zu steilen Hierarchien (vgl. Kühl 2002: 151ff.), von lean management bis zu lateralem Führen (vgl. Kühl 2016), von rational-legaler über die traditionale bis hin zur charismatischen Herrschaft (vgl. Weber 2006; Neuberger 2002: 146ff.). Diese drei zentralen Merkmale sind von Niklas Luhmann und einigen Schülern Luhmanns als 3-K-Konzept zusammengefasst worden. 3-K steht dabei für Köpfe (Mitglieder), Kriterien (Zwecke) und Kanäle (Hierarchien) (vgl. Luhmann 2006b: 225ff.; Martens/Ortmann 2006: 442). Von zentraler Bedeutung ist hierbei, dass Organisationen in Bezug auf diese drei Merkmale entscheidungsautonom sind. Wie der Zweck der Organisation bestimmt wird, wer als Mitglied in einer Organisation aufgenommen wird und welche hierarchische Struktur in Organisationen eingerichtet wird, entscheidet die Organisation selbst. Die kontingente Einrichtung dieser Merkmale wird dabei im alltäglichen Prozess des Organisierens (vgl. Weick 1995) weitgehend unsichtbar. Dies zeigt sich auch daran, dass langjährige Mitarbeiter sich irgendwann alternative Lösungsmöglichkeiten für bestehende Probleme fasst nicht mehr vorstellen können, da sie routiniert Probleme auf *eine bestimmte Art* lösen. Dies gilt auch für Studierende im praktischen Studiensemester, die sich häufig sehr schnell die spezifische Einrichtung dieser Strukturen zu eigen machen und sich, sofern man sie lässt, auch wenig andere Möglichkeiten vorstellen können. Das Praxissemester bietet nun allerdings die Möglichkeit, aus der Perspektive der ethnographischen Organisationsforschung (vgl. Kelle 2011) eben diese Kontingenz der Strukturierung sichtbar zu machen, in dem der Zugang zur Organisation konsequent unter die Frage „Was zur Hölle ist hier eigentlich los?" gestellt wird und die Thematisierung organisationaler Strukturen im hochschulischen Seminarkontext dazu beiträgt, eben jene Kontingenz im Vergleich mit anderen Einrichtungen wieder sichtbar werden zu lassen (hierzu mehr in Kap. 3.2; 3.3). Exemplarisch stehen Studierende dann vor der Frage, wie aus einer Gruppe von nicht miteinander in Beziehung stehenden Menschen und einer gegebenen Struktur (Boot) auf einmal eine mit einer bestimmten Richtung (Zweck/Ziel) versehene Gruppe (Mitglieder) wird, die sich intern nach Funktionen und Aufgaben aufteilen und dies koordinieren (Hierarchien). Dies zeigt sich auch in folgender Illustration[2], in der drei Personen dargestellt sind und ein leeres Boot und sich erst über die Koordination von Interaktion und Kommunikation eine funktionierende Struktur etablieren kann, die das Boot gemeinsam vorwärts bewegt.

Abb. 1: Organisationale Strukturierung (Illustration Mike Rouault 2018)

---

2 Die Form der Darstellung greift hier schon auf die gewählte Illustrationsform aus Kap. 3.1. vor und nutzt die Figuren der Expediteur*innen, um das Problem des Organisierens zu verdeutlichen.

Im Vergleich der unterschiedlichen Organisationen wird dann die Kontingenz dieser Strukturen deutlich, wie folgende Abbildung zeigt.

Abb. 2: Entscheidungsautonomie der Organisation (am Beispiel von Hierarchien) (Illustration Mike Rouault 2018)

Organisationen entscheiden selbst darüber, ob sie eher klar hierarchisch strukturierte Ablauforganisationen einrichten oder Hierarchien weitgehend vermeiden und eher z. B. Teamstrukturen nutzen, die sich durch ähnliche oder gleiche Entscheidungsmöglichkeiten auszeichnen. In Abb. 2 wird dies am Beispiel der Entscheidungsautonomie von Organisationen an einer Gruppe von Personen illustriert, die als Mitglieder der Organisation sowohl in hierarchische Strukturen als auch in Form gleichberechtigter Teamstrukturen angeordnet werden können. In jedem Fall macht die Diskussion über organisationale Strukturen am Beispiel der jeweiligen Praxiseinrichtungen die Spezifizität der jeweiligen Organisation und deren Nutzung von Entscheidungsautonomie deutlich.

Stefan Kühl nutzt in seiner kleinen Einführung in organisationssoziologische Ideen die Differenzierung zwischen (1) formaler Organisation, (2) informaler Organisation und (3) ihrer Schauseite (vgl. Kühl 2011: 89 ff.). Die formale Organisation besteht aus eben jenen Merkmalen, die gerade in Anlehnung an Niklas Luhmann ausgeführt wurden. Die Schauseite der Organisation bezeichnet nach Stefan Kühl die „Scheinheiligkeit der Organisation" (ebd.: 136). Damit knüpft er an eine Idee von Nils Brunsson an, der irrationale Phänomene in Organisationen sowie deren „Heuchelei" bzw. Scheinheiligkeit untersucht hat (vgl. Brunsson 1985). Für den außenstehenden Beobachter von Organisationen bietet sich oftmals ein äußerst konsistentes Bild der beobachteten Organisation, die sich auf der Höhe der Zeit bewegt, ökologische Werte vertritt, nachhaltig produziert, dabei aber gleichzeitig eine außerordentlich hohe Effizienz und Wirtschaftlichkeit für sich reklamiert[3]. Dem Beobachter erscheint dies fast

---

[3] Dies lässt sich besonders gut an der Werbung verdeutlichen. Wenn ein Energiekonzern wie RWE mit einem grünen Riesen wirbt, der Windräder in die Erde steckt und diese selbstvergessen im Gestos

wie die Quadratur des Kreises und macht ihn oftmals skeptisch. Die Schauseite der Organisation mit ihren Werbekampagnen, Internetseiten, Hochglanzdarstellungen, Konzeptionen, Logos, Flyern etc. wird als „zweite Realität" (Kühl 2011: 137) bezeichnet, die die Funktion erfüllt, das Vertrauen von Nicht-Mitgliedern aus der Umwelt herzustellen oder zu erhalten, die Ziele der Organisation zu plausibilisieren, die Mittel zur Zielerreichung als legitime Mittel darzustellen und somit die internen Prozesse vor dem Blick der Umwelt zu schützen.

> „Als ‚Aufhübschen' kann man den Prozess beschreiben, in dem Organisationen durch gefilterte Reportings, verschachtelte Organigramme, übersichtlich dargestellte Prozessabläufe oder geglättete Aussagen ein schlüssiges und überzeugendes Bild ihrer selbst zu zeichnen suchen. Im trügerischen Windschatten ausgeblendeter Komplexität und ungelöster Konflikte wird dadurch eine für die Außenwelt geeignete ‚zweite Realität' geschaffen, die mit den Abläufen in der Organisation nur sehr begrenzt etwas zu tun hat. Dem Betrachter wird ein ‚stimmiges und harmonisches Gesamtkunstwerk' präsentiert, während im Inneren der Organisation improvisiert, gestritten und nicht selten auch gepfuscht wird (vgl. Neuberger 1994a)" (ebd.: 137).

Der Aufbau von derartigen Fassaden wird in der Organisationsforschung in Anlehnung an Erving Goffmans Theatermetaphorik als „impression management" (Goffman 1959) bezeichnet. Durch diese Ausschmückungs- oder Darstellungsfunktion (vgl. Kühl 2011: 138f.) bringen Organisationen zum Ausdruck, wie sie gerne von Beobachtern gesehen werden möchten. Dies ist bedeutsam für die Analyse dieser Dimension der Organisation, da die Konsistenz dieses Bildes immer eine *dargestellte Konsistenz* ist und somit eine Analyse eine Distanzierung von den Selbstbeschreibungen der Organisation beinhalten muss. Wichtig ist dabei zu sehen, dass dies nicht einfach eine *schamlose Betrügerei* und ein *Irreführen* der Beobachter ist, sondern das Management von Organisationen damit problematische, interne Prozesse verdeckt und somit das Vertrauen der Kunden in die Dienstleistung/Produktion erhält. Wer würde schon zum Zahnarzt gehen, wenn er wüsste, dass der Zahnarzt regelmäßig während der Arbeit trinkt, die Zahnarzthelferin sich gestern von ihrem Freund getrennt hat und deshalb etwas ungenau bei der Reinigung der Instrumente ist und die Software zum Eintragen der Termine nicht richtig funktioniert oder nicht bedient werden kann, weshalb bei jedem Patienten erneut improvisiert werden muss. Hieran wird deutlich, dass der Schutz des Inneren durch die Ausschmückungsfunktion der Schauseite das Vertrauen

---

einer Marylin Monroe liegend anpustet, Wasserkraft nutzt, um Felder zu bewässern und Strom zu produzieren, vermittelt der Konzern das Bild eines um die Umwelt besorgten Unternehmens, das in romantischer Mystifizierung zu verdecken vermag, dass immer noch weite Teile der produzierten Energie zum Zeitpunkt der Werbung aus Atomarer oder Steinkohle- Produktion stammen und nicht aus erneuerbaren Energien (vgl. https://youtu.be/VBHIpxVFi50 [abgerufen am 05.07.2017: 20:20]). Wenn ein Discounter wie Lidl in seiner Werbung Bäcker beim Teig anfertigen und walgen sowie kleine Brotbacköfen darstellt und mit traditionsreichen Vorstellungen vom Bäckerhandwerk wirbt, dabei aber gleichzeitig Backmischungen aus dem Brotbackautomaten vertreibt, dann gelingt die Außendarstellungen offenbar sehr gut – gleichzeitig entstehen Zweifel, die medial geteilt werden (vgl. Deutsche Handwerkszeitung 26.05.2015 http://www.deutsche-handwerks-zeitung.de/lidl-werbekampagne-ein-baecker-wehrt-sich/150/3094/288366 [abgerufen am 05.07.2017: 20:29]).

erhält und den Beobachter nicht mit der Komplexität organisationaler Wirklichkeiten konfrontiert. Dies hilft den Mitgliedern der Organisation gleichzeitig, sich auf ihre Arbeit zu konzentrieren und dabei nicht ständig einem Rechtfertigungsdruck gegenüber außenstehenden Beobachtern ausgeliefert zu sein. Dann wird auch der Tag der offenen Tür in einer Organisation nur zur Veranstaltung, die versucht, das Vertrauen der Umwelt zu gewinnen, indem vermeintlich ein Blick auf die „Hinterbühne" (vgl. Goffman 1959: 23 ff.) gegeben wird.

Gemeinsam ist diesen ersten beiden Bereichen der Organisation (der formalen Organisation und der Schauseite), dass es sich dabei um entscheidbare Prämissen handelt[4]. Dies meint, dass das Management der Organisation sowohl über die Ziele und Zwecke, deren Hierarchien, die Mitglieder als auch die Außendarstellung entscheiden kann. Im Unterschied hierzu verdeutlicht die soziologische Organisationsforschung, dass über den Bereich der informalen Organisation nicht bewusst entschieden werden kann[5]. Diese Dimension beinhaltet jene Erwartungen an Organisationsmitglieder, die formal nicht festgelegt werden können (z. B. eine Kaffeekasse, das nachträgliche Unterzeichnen einer Fixierungsanordnung in psychiatrischen Kliniken oder der Verstoß gegen das Bankgeheimnis bei der Weitergabe von Informationen zu Steuersündern an den Staat). In unterschiedlichen Abstufungen handelt es sich bei diesen informalen Erwartungen um mit den formalen Strukturen vereinbare Informalität, brauchbare Informalität oder gegen Gesetze verstoßende Informalität (vgl. Kühl 2011: 120 ff.). Klatsch und Tratsch in Organisationen (vgl. Althans 2000), Mobbing oder Bullying (vgl. Neuberger 1994; Ståle/Hoel/Cooper 2003) sowie Mikropolitik (vgl. Küpper/Ortmann 1988; Neuberger 2006) können dabei ebenso als spezifische Organisationskultur angesehen werden – oder wie Goffman dies beschrieb „als Unterleben der Organisation" (Goffman 1973: 199).

Diese Mehrdimensionalität des Alltags in Organisationen kann nun von Studierenden im praktischen Studiensemester exemplarisch in einer sozialen Einrichtung in seinem komplexen Interdependenzverhältnis erkundet werden. Abbildung 3 stellt noch einmal diese drei Dimensionen in Anlehnung an Stefan Kühl (2011) grafisch dar.

Die unterschiedlichen Dimensionen (formale und informale Organisation sowie Schauseite) stellen dabei für die praktische Tätigkeit in der Sozialen Arbeit den organisationalen Rahmen dar. Studierende im praktischen Studiensemester können sich die

---

4 Niklas Luhmann nutzt hier den Begriff der „entscheidbaren Entscheidungsprämissen" (vgl. Luhmann 2006b: 238 ff.). Da hier der Fokus nicht auf Entscheidungen gelegt wird, da es sich bei der ethnographischen Organisationsforschung im Praxissemester nicht primär um eine Ethnographie organisationalen Entscheidens handeln muss, wird in der weiteren Darstellung der Fokus auf die prinzipielle Entscheidbarkeit dieser Dimensionen gelegt.

5 Bei Niklas Luhmann findet sich daher die Beschreibung der informalen Organisation als „unentscheidbare Entscheidungsprämisse" (Luhmann 2006b: 240 f.) Hierzu zählt Luhmann sowohl die kognitiven Routinen von Organisationsmitgliedern als auch die Organisationskultur, die, wie Stefan Kühl verdeutlicht, unterschiedliche Formen der Informalität mit einschließt (von mit Formalität kompatibler Informalität über regelverletzende Informalität bis hin zur gegen Gesetze verstoßenden Informalität) (vgl. Kühl 2011: 120 ff.).

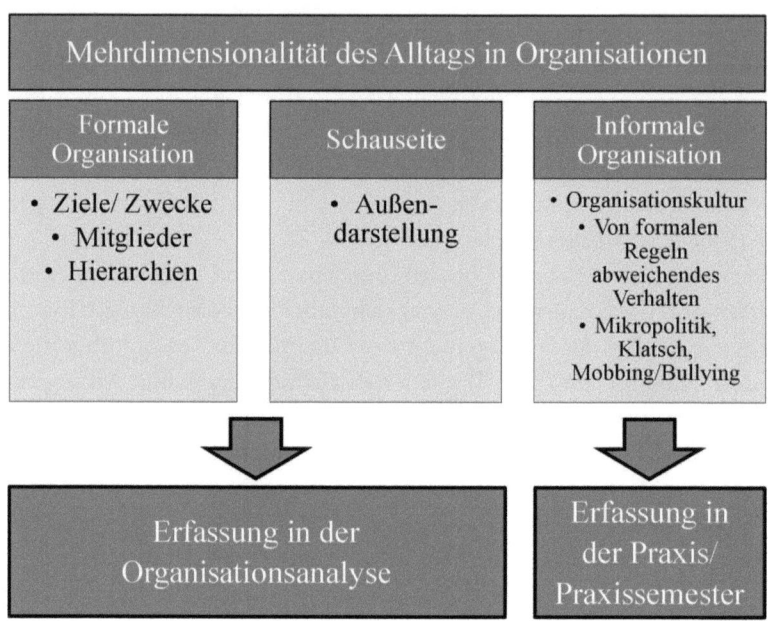

Abb. 3: Mehrdimensionalität des Alltags in Organisationen – Organisationale Ebenen (eigene Darstellung)

Ebene der formalen Organisation und die Schauseite der Praxiseinrichtung im Rahmen einer Organisationsanalyse über die internen Dokumente und Flyer, Broschüren, Berichte und Internetseiten für die Umwelt der Organisation erschließen und somit die Rahmenbedingungen des organisationalen Alltags als Ausgangsbasis der Erkundung der professionellen Praktiken nutzen (siehe hierzu Kap. 3.3.1). Die Ebene der informalen Organisation lernen sie dann im Praxissemester in der teilnehmenden Beobachtung, den Gesprächen mit den Mitgliedern der Organisation oder deren Klienten kennen und können, einem Begriff Stefan Hirschauers folgend, im Zuge der Auswertung ihrer Erkenntnisse der „Schweigsamkeit des Sozialen" (vgl. Hirschauer 2001) in der Praxis eine Stimme verleihen. Eine ethnographische Organisationsforschung im Praxissemester ist somit in der Lage, alle drei dargestellten Dimensionen der Organisation in den Blick zu nehmen und somit in ihrer praktischen Interdependenz zu analysieren. Gerade im Hinblick auf die Grenzen und Möglichkeiten professionellen Handelns erscheint dies für den Einstieg in die professionelle Berufspraxis als umfassende und der Komplexität professioneller Sozialer Arbeit angemessene Zugangsweise.

Die Organisation selbst wird von einem übergeordneten Arbeits- und Handlungsfeldkontext gerahmt, welcher Auswirkungen auf die spezifische Gestaltung des organisationalen Alltags hat, wie dies u. a. Dieter Filsinger in der folgenden, von mir modifizierten Darstellung verdeutlicht (vgl. Filsinger 2012):

Dies äußert sich in der konkreten Gestaltung organisationaler Praktiken und der daraus entstehenden Differenz der Arbeits- und Handlungsfelder in der Sozialen Arbeit. Was in der offenen Jugendarbeit als strukturloses Arbeiten erscheint, hat bspw. konkrete Gründe in der rechtlichen, personellen und beziehungsorientierten Anlage

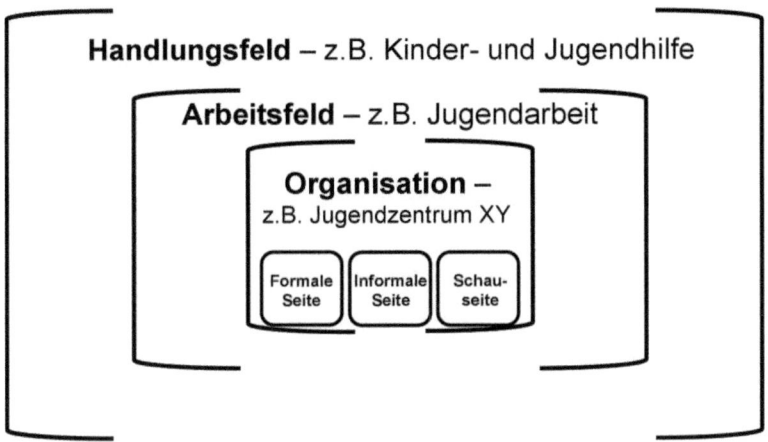

Abb. 4: Mehrdimensionalität von Organisationen und deren Verhältnis zu Handlungs- und Arbeitsfeldern der Sozialen Arbeit (in Anlehnung an Filsinger 2012)

des Arbeitsfeldes. Die minutiöse Dokumentationspraxis in bestimmten Arbeitsfeldern hängt zusammen mit der in diesen Arbeitsbereichen konstant präsenten Gefahr der „therapeutischen Verletzung" von Klienten (vgl. Müller 2016) und dem damit einhergehenden Anspruch auf durchgängige Begründbarkeit professioneller Interventionen.[6] Um somit die Praktiken des organisationalen Alltags in ihrer Komplexität verstehen zu können, bietet es sich an, die Bedingungen des jeweiligen Handlungs- und Arbeitsfeldes im Rahmen einer literaturbasierten Analyse zu erschließen und damit Interdependenzen von Organisationen, Arbeitsfeld und Handlungsfeld zu klären.

Dies ist natürlich nur möglich, wenn das studienintegrierte Praxissemester kein Praktikum im klassischen Sinne ist, sondern tatsächlich die Freiräume eines Studierens am Lernort Praxis eingeräumt werden[7]. Im Gegensatz zum klassischen Praktikum, das jederzeit möglich ist, und dem Anerkennungsjahr, das nach Abschluss der wissenschaftlichen Qualifikation durchgeführt wird, hat das Praxissemester im hier vorliegenden Konzept nicht „Fachkräfte ready to use" (vgl. Bartosch 2014) vor Augen, um einer kritischen Kommentierung Ulrich Bartoschs zu folgen, sondern Studierende, die eine grundlegende wissenschaftliche Qualifizierung – im Sinne eines Grundstudiums – durchlaufen haben und deren wissenschaftliche Perspektive nun in der Konfrontation mit der Handlungspraxis geschärft werden soll. Dabei dient das Praxissemester der Ver(un)sicherung der wissenschaftlichen Perspektive, um ausgehend von dieser Verunsicherung, den Prozess der impliziten Integration von wissen-

---

6 Dies wird in Kap. 3 3.1 noch weiter ausgeführt, wenn in die Organisationsanalyse anhand konkreter Dimensionen eingeführt wird. Der hier dargestellte Rahmen der Organisation und dessen Einbettung in Arbeits- und Handlungsfelder der Sozialen Arbeit bietet den Ausgangspunkt der späteren Ausführungen.
7 Welchen Voraussetzungen dabei sowohl Hochschulen, Dozierende, Supervisor*innen als auch Praxiseinrichtungen und Praxisanleiter*innen zustimmen müssen, wird in Kap. 3 geklärt werden.

schaftlichem Wissen in handlungspraktisches Wissen zu reflektieren. Ziel ist es, aus dem Praxissemester herauszugehen und sich die Idee eines souveränen Habitus eine*r Sozialarbeiter*in (vgl. Thole 2011) erarbeitet zu haben. Die zeitliche Stellung des praktischen Studiensemesters ist somit entscheidend. Weder komplette Einsteiger noch vollständig ausgebildete Studierende sind hier die Zielgruppe, sondern Studierende im Prozess ihrer wissenschaftlichen Qualifikation stehen im Fokus dieses Studiums am außerhochschulischen Lernort. Damit geht einher, dass es nicht um ausschließliche Mitarbeit gehen kann, sondern dass es Freiräume geben muss, die eine Kombination unterschiedlicher Erfahrungsmodi erlauben. Einerseits ist, wie dies in Kap. 1.1 und 1.2 aufgezeigt wurde, das eigene Erleben der Tätigkeit als Sozialarbeiter*in und die damit verbundenen Gefühle und das Erleben von Handlungs- und Entscheidungsdruck zentral zum Verständnis sozialarbeiterischen Handelns. Andererseits bedarf es auch der distanzierten Erkundung professioneller Perspektiven über Nachfragen, sowie teilnehmende Beobachtung professionellen Handelns als andere Seite der Medaille[8]. Um die Interdependenzen situativer Praktiken zu erschließen, muss darüber hinaus Zeit dafür bereitgestellt werden, dass Studierende sich intensiv mit den Ebenen des Handlungs- und Arbeitsfeldes, sowie der Organisation auseinandersetzen. Somit kann als Ziel des Praxissemesters nicht allein die praktische Orientierung bestimmt werden, sondern es handelt sich dabei gleichzeitig um eine Selbstreflexion im Rahmen der Identitätsfindung als Sozialarbeiter*in sowie um die Erarbeitung einer analytischen Perspektive auf berufspraktisches Handeln im Sinne einer Relationierung von wissenschaftlichem und handlungspraktischem Wissen und nicht zuletzt um eine Anregung für das weitere Studium[9].

Wie ein derartiges Studieren am Lernort Praxis methodologisch über den ethnographischen Zugang gerahmt werden kann, um die Aufmerksamkeit der Studierenden im praktischen Studiensemester auf die unterschiedlichen Ebenen der professionellen Praxis zu fokussieren, wird im folgenden Kapitel dargestellt.

2.1 Methodologische Grundlagen des Studierens am Lernort ‚Praxis'

Im ersten Schritt wird die Idee der *organisierten Aufmerksamkeitsverschiebung* auf der Ebene der Studierenden dargestellt. Von Aufmerksamkeitsfokussierung wird hier vor allem mit Bezug auf die erkenntnistheoretischen Fundamente des ethnographischen Forschens gesprochen, die im praktischen Studiensemester genutzt werden. Der Einstieg der Studierenden in die Praxis der Sozialen Arbeit wird dabei unter die übergreifende Frage von Clifford Geertz „What the hell is going on here?" (Geertz 1987a) gestellt und nutzt so die Idee des forschenden Lernens als interessierte, neugierige Haltung gegenüber dem Alltag in den Einrichtungen.

---

8 Eine begrifflich noch präzisere Beschreibung dieses Sachverhaltes wird im Kap. 2.1 und 2.3 eingeführt.
9 Welche Potenziale mit diesem Effekt der praktischen Studienphase für Studierende, Hochschulen und Praxiseinrichtungen einhergehen, wird in Kap. 4.3 erörtert.

Ethnographie und die Fokussierung auf Praktiken im Sinne des practice-turns können dabei als mögliches Bindeglied verstanden werden, das in der Lage ist, das Verhältnis von Theorie und Praxis zu verändern. Unverkennbar bietet ein ethnographischer Feldzugang mittels des Programms der „Befremdung der eigenen Kultur" (Amann/Hirschauer 1997) die Möglichkeit des forschenden Zugangs zur Komplexität der sozialen Wirklichkeit in Praxiseinrichtungen der Sozialen Arbeit. Die Bedeutung einer kulturvergleichenden und kultursensiblen Perspektive, die auch die Innenperspektive einer Klientenfamilie, jugendlichen Peer-Group oder ethnischen Gruppierung erkundet und sich dabei notwendigerweise von den eigenen Werturteilen und Stereotypisierungen distanzieren muss, wird gerade in Organisationen der Sozialen Arbeit die polykontexturale Kontaktzonen[10] zwischen Klienten und professionellen Sozialarbeiter*innen darstellen, im Zuge der momentanen Flüchtlingssituation deutlich. Das massive Ankommen von nicht-deutschsprachigen, kulturell different sozialisierten Menschen in Einrichtungen der Sozialen Arbeit erfordert jene interessierte Haltung an den Denk-, Handlungs- und Wahrnehmungsschemata des Gegenübers, die über einen ethnographischen, lebensweltlichen und niedrigschwelligen Zugang zu subjektiven Selbstauffassungen im Kontext der lebensweltlichen Eingebundenheit der Ethnographie zu eigen ist. Was sind nun die Eigengesetzlichkeiten des ethnographischen Forschens, die Erkenntnismöglichkeiten für Studierende in der studienintegrierten Praxisphase eröffnen? Und wie kann dies als organisierter Prozess für eine ganze Kohorte von Studierenden umgesetzt werden?

Wenn man Praktika als „Orte reflexiven Lernens" begreift, wie dies Jörgen Schulze-Krüdener und Hans-Günther Homfeldt (2001b: 209) formuliert haben, stellt sich die Frage, welche Rahmenbedingungen Hochschulen einrichten müssen, um überhaupt die Aufmerksamkeit von Studierenden im Praktikum auf jene Denk-, Wahrnehmungs- und Handlungsschemata zu richten, die im Sinne einer professionellen Haltung reflexionsbedürftig sein könnten. Als solche bietet „das Ausbildungssegment Praktikum eine Grundvoraussetzung für die spätere Bereitschaft, Lernprozessen offen gegenüberzustehen, diese zu reflektieren und auf wissenschaftliches Wissen zu beziehen" (Schulze-Krüdener/Homfeldt 2001b: 209). Die Ethnographie als Praxis der Feldforschung bietet hier auf fünf unterschiedlichen Ebenen die Möglichkeit zur Aufmerksamkeitsfokussierung im Praxissemester, die geeignet erscheinen Reflexions-

---

10 Hier wird angeknüpft an systemtheoretische Ideen von Werner Vogd zur Polykontexturalität von Organisationen und den dabei vorliegenden komplexen Wirklichkeitsverhältnissen, auf welche die Theorie funktionaler Differenzierung im Anschluss an Niklas Luhmann hinweist (vgl. Vogd 2007: 15; 2009: 29ff.). Dabei gelten Organisationen in der Theorie funktionaler Differenzierung als „Treffräume der Funktionssysteme" (vgl. Luhmann 2000: 398), was die Aushandlung des Primats eines Funktionssystems in der Entscheidungsfindung in Organisationen zu einem interessanten Prozess der alltagspraktischen Organisation des Sozialen macht. Ebenso beziehe ich mich bei der Begriffskombination auf die Idee der „Kontaktzone" als Ort der kulturellen Begegnung, wie sie bei Christoph Wulf (2010) und im Hinblick auf die Irritation und Paradoxien kultureller Begegnung bei Nino Ferrin und Gerald Blaschke am Beispiel eines Projektes in der Schule (Ferrin/Blaschke 2010: 179ff.) ausformuliert wurde.

prozesse eines „reflection-in-action" und eines „reflection on reflection-in-action" im Sinne Donald Schöns (Schön 1984; 1990) zu initiieren.

Methodologische Bausteine des erkenntnistheoretischen Fundamentes einer Ethnographie der Praxis – organisierte Aufmerksamkeitsfokussierungen

(1) Ethnographischer Zugang

Ein ethnographischer Zugang zu den Feldern der Sozialen Arbeit fokussiert die Aufmerksamkeit der Studierenden zuerst einmal auf paradoxe Weise, nämlich indem er sie defokussiert. Methodologisch wird mit dem *Prinzip der Offenheit* eine „Anarchie des Methodenzwangs" (vgl. Breidenstein et al 2013: 37) beschworen, die die/ den Forscher*in bzw. Praxissemesterstudierende*n im ersten Moment völlig freisetzt. Was vor dem Feldzutritt als angenehme thematische Freiheit interpretiert werden kann – es bieten sich den Studierenden alle Möglichkeiten der Erforschung und Thematisierung der beruflichen Praxis – erscheint im Moment der Konfrontation mit der Praxis als ungeheure Zumutung. Die zugrundeliegende *Erkenntnisheuristik* (vgl. ebd.: 119 ff.) ethnographischen Forschens bietet dabei eine zumindest graduelle Fokussierung, da sie stark an den alltagspraktischen Konstitutionsbedingungen von Wirklichkeit orientiert ist und somit nicht zentral objektiv vorhandene Realitäten, sondern subjektiv hergestellte und prozesshafte Wirklichkeiten in den Blick nimmt.[11]
Über die Erkenntnisheuristik des ethnographischen Zugangs rücken zeitgleich unterschiedliche Dimensionen der Konstitution sozialer Wirklichkeit in den Blick, wie bspw. Materialitäten und objektive Herstellungsbedingungen sozialer Wirklichkeit, Praktiken des organisationalen Handelns, organisationale Strukturen und Abläufe, organisationskulturelle Phänomene, räumliche Strukturen und Inszenierungspraxen ebenso wie organisationale Lernprozesse (vgl. Hünersdorf 2012; Rethkowski/Schäuble/Thole. 2012; Althans/Lamprecht 2012; Cloos 2014; Göhlich 2014;). Mit Blick auf die Konstitutionsbedingungen sozialer Wirklichkeit verdeutlicht sich bereits die methodologische Unzulänglichkeit einer vorab entschiedenen methodischen Einengung. Studierende im Praktikum bemerken die Vielschichtigkeit sozialer Wirklichkeit und bekommen einen Eindruck dafür, dass *Methodenpluralität* im forschenden Zugang zur Praxis in vielen Fällen ein gegenstandsangemessenes Vorgehen ist. Die Paradoxie, mit der Studierende im Praktikum über einen ethnographischen Zugang konfrontiert werden, ist angenehme Offenheit des Verfahrens einerseits bei gleichzeitig zunehmender Unsicherheit, wie mit dieser Freiheit im konkreten Einzelfall umzugehen ist, andererseits.[12]

---

11 Hier kann es jedoch sogar um Materialitäten und Räume etc. gehen, indem die Herstellung von Räumen durch Soziale Arbeit in den Blick genommen wird (vgl. Dirks/Kessl/Lippelt/Wienand 2016).
12 Vorteilhaft für viele Studiengänge erscheint hier die Methodenpluralität des ethnographischen Zugangs, da hier die in den Studiengängen gelehrten forschungsmethodischen Erhebungsverfahren produktiv eingebracht werden können. Man fühlt sich hier erinnert an Kants Frage „Wie kultiviere ich die Freiheit bei dem Zwange" (vgl. Treml 2005: 288).

(2) Feldaufenthalt

Der Feldaufenthalt im Praktikum beinhaltet ganz eigene Aufmerksamkeitsfokussierungen, die einerseits mit dem besonderen Status der Studierenden im Praxissemester als *Neuling im Feld* (vgl. Vogd 2009: 42) sowie andererseits der *Alltagsnähe, Flexibilität* und *ganzheitlichen Erfassung* (vgl. Thole/Cloos/Köngeter/Müller 2011: 117) des berufspraktischen Handelns einhergehen. Die besondere Position im Feld, die ein*e Studierende*r in der Rolle eines lernenden Neulings einnimmt, bietet eine Rechtfertigung für ihre/seine *Ko-Präsenz* in der Praxiseinrichtung – es gibt also bereits zu Beginn des Praxissemesters eine der/dem Studierenden zugewiesene Rolle im Feld. Dass dies nicht immer unproblematisch sein muss, wird noch zu zeigen sein, allerdings ist die Existenz einer zumindest in den organisationalen Prozessen verankerten Mitgliedschaftsrolle eine komfortable Ausgangslage für eine ethnographische Erforschung des organisationalen Alltags, die in vielen anderen ethnographischen Forschungsprojekten zuerst gefunden werden muss. Man denke dabei etwa an Ethnographien, die eine deutlich stärkere Involvierung der/des Forscherin/Forschers in das erforschte Geschehen erfordern, da keine öffentlichen Settings erforscht werden, sondern Settings, in denen alle Anwesenden im Raum tragende Rollen ausüben (vgl. Breidenstein et al. 2013: 61; Eisewicht/Emling/Grenz 2015: 231 ff.). Die Alltagsnähe, der sich Studierende im praktischen Studiensemester aussetzen, bietet dabei die Möglichkeit die analytische Perspektive des Blickes vom Krähennest zu verlassen und sich im Getümmel des Alltags sprichwörtlich die Hände schmutzig zu machen (vgl. Bulmer 1984). Die Nähe zur Handlungspraxis richtet den Blick auf die Selbstverständlichkeiten und Routinen – also die vor-sprachlichen Ebenen des alltäglichen Handelns. Durch den *Neulingsstatus* der Studierenden sind sie anfänglich noch leicht zu verunsichern und irritiert über Routinen des Praxisfeldes, deren Sinn sie zuallererst aufschließen müssen. Durch die existenzielle Eingebundenheit ins Feld sind sie häufig aufgefordert, mit zu agieren, oftmals ohne ausreichende Kenntnisse über Situationen, Fälle und Interaktionsformen zu haben. Im Rahmen der *Einsozialisation* in das jeweilige Praxisfeld bieten sich zahlreiche Möglichkeiten des forschenden Erkundens professioneller Wahrnehmungs-, Deutungs-, Bewertungs- und Handlungsschemata, die einen Zugang zur *Vor-Sprachlichkeit und Vor-Reflexivität* alltäglicher Handlungspraktiken eröffnen (vgl. Thole/Cloos/Köngeter/Müller 2011: 117). Dies ist allerdings vor dem Hintergrund einer *Passung von Praktikant*innen zu Feldern der Sozialen Arbeit* auch als kritisch zu betrachten, da nicht alle Studierenden im Praxissemester Arbeits- und Handlungsfelder der Sozialen Arbeit auswählen, die ihren individuellen Fähigkeiten und Persönlichkeiten entsprechen. Gerade hier kann es je nach Persönlichkeit der Studierenden auch zu Abwehrmechanismen des Feldes kommen, die eine Reflexion des Feldzuganges notwendig machen – damit allerdings auch einiges an Potenzial zur Selbst- und Fremderkenntnis beinhalten (vgl. Breidenstein et al. 2013: 63).

Was den Feldaufenthalt angeht, hat es ein*e Studierende*r im Praxissemester also einerseits mit der angenehmen Situation zu tun, dass das Feld (meist) eine Mitgliedschaftsrolle in der Organisation für sie/ihn bereithält und es somit nicht nur potenzielle sondern reale Bedingungen der Einsozialisation für sie/ihn gibt, zugleich jedoch sieht sich ein*e Studierende*r analog zur Situation der/des Feldforscherin/ Feldforschers damit konfrontiert, eine Rolle ausfüllen zu müssen, die so viel Solidarität gegenüber den Selbstverständlichkeiten des organisationalen Alltags aufzeigt, dass sie/ er vom Feld für vertrauenswürdig gehalten wird. Dabei bietet die Konstitution des Feldes als Reaktion auf den Feldzugang durch die/den Praktikantin/Praktikanten eine „reichhaltige Erkenntnisquelle über das Feld" (vgl. ebd.: 59). Wie Georg Breidenstein et al. konstatieren, konstituiert sich ein Feld erstens in Form einer Selbstkonstitution, indem es selbstorganisiert eine Grenze zwischen sich und seiner Umwelt zieht. Zweitens konstituiert sich das Feld über die analytischen Entscheidungen der/des Feldforscherin/Feldforschers – d. h. über ihre/seine Interessen und Schwerpunktsetzungen und drittens über den Prozess des Zugangs selbst, in welchem das Feld sich „durch Reaktionsbildung auf den Neuling und seine Forschungsaktivität" (ebd.: 60) für einen Beobachter sichtbar oder unsichtbar macht. Eisewicht/Emling/Grenz bezeichnen diese Dimensionen, sofern sie sich als Hürden darstellen, als „externe Barrieren" (2015: 232).

(3) Einschreiben ins Feld

Im Hinblick auf die Prozesse des Beobachtens eines Feldes kann von einem ‚Einschreiben' einer/eines Feldforscherin/Feldforschers ins Feld gesprochen werden.[13] Indem die/der Praktikant*in sich beobachtend und schreibend dem Feld nähert, schreibt sich das Feld mit jeder Beobachtung und schriftlichen Verarbeitung des Beobachteten immer deutlicher in die Wahrnehmungs- und Deutungsschemata der/ des Praktikantin/Praktikanten ein. Gleichzeitig schreibt sich die/der Praktikant*in je nach Art der Teilnahme am Beobachteten – am deutlichsten wird der Unterschied am Begriffspaar der *teilnehmenden Beobachtung* im Vergleich zu der *beobachtenden Teilnahme* (vgl. Hitzler/Gothe 2015:11) – immer deutlicher in die Alltagssituationen und Handlungspraxen des Feldes ein. Ihre/Seine Teilnahme wird je nach Grad der *existenziellen Eingebundenheit* (Eisewicht/Emling/Grenz 2015: 236*)* immer natürlicher. Dabei eröffnen die unterschiedlichen Grade der Involviertheit als Studierende*r im Praxissemester auch unterschiedliche Zugangsmöglichkeiten zum Einfühlen in Situationen (hier sei nur verwiesen auf den Unterschied, Professionelle im komplexen Alltag zu beobachten oder selbst unter Handlungsdruck zu stehen im Wissen um das eigene Nichtwissen). Die unterschiedlichen Grade zwischen teilnehmender Beobachtung und beobachtender Teilnahme stellen hier einen reichhaltigen Fundus erkenntnisbezogener Zugangsmöglichkeiten dar, da sie die verschiedenen Temperamente und Interessen der Studierenden bei der Teilnahme an der professionellen Praxis mit einschließen

---

13 An dieser Stelle ist nicht die Differenzierung nach Clifford 1990 (zit. n. Hirschauer 2001: 431) gemeint, die er im Blick hat, wenn er den Prozess des Aufschreibens von Beobachtungssituationen in den Situationen selbst (inscription), das Abschreiben und Festhalten des Wortlautes von Informantengesprächen (transcription) oder das Schreiben kohärenter und dichter Repräsentationen am Schreibtisch des Forschers (description) unterteilt. Angeschlossen wird hier an die Ideen von Breidenstein et al. (2013: 110).

(vgl. Mair 2001; Schüssler/Keuffer 2012: 192f.; Rothschuh 2001: 162f.). Der Blick der/des Studierenden auf den beruflichen Alltag in der Organisation wird anfänglich von der Unkenntnis professioneller Situationsdefinitionen bestimmt. Sie haben also zumindest am Beginn des Praktikums eine Positionierung zum Feld, die als *fremder Blick* der Ethnographie gedeutet werden kann. Je größer der Grad der Teilnahme am Feld im Laufe des Praktikums wird, desto näher lernen die Studierenden die Innerperspektive professionellen Handelns kennen und desto schwerer wird ihnen eine *Distanzierung* von den Wahrnehmungs-, Deutungs-, Bewertungs- und Handlungsschemata der professionellen Sozialarbeiter fallen (vgl. Breidenstein et al 2013: 66f.). Eine Tendenz der Moderne scheint zu sein, dass die Nebenwirkungen von Globalisierung und Diversifikation sowie Transformation kultureller Praxisformen den Blick für die Kontingenz der Problemlösungen öffnen. Bettina Hünersdorf beschreibt dies in Bezug auf Reckwitz mit den Worten: „Ein verbreitetes Bewusstsein kultureller Kontingenzen wie auch der lebenspraktischen Notwendigkeit der Rekonstitution von Sinnsystemen trage dazu bei, dass die Analyse der Verschiedenartigkeit ‚kollektiver Sinnwelten, die Untersuchung der kulturellen Konstitution verschiedenster sozialer [...] Phänomene fruchtbar und notwendig erscheinen (Reckwitz 2000: 649)' [lasse]" (Hünersdorf 2008: 34). Die methodische Befremdung der eigenen Kultur bietet den Studierenden auf diesem Weg die Möglichkeit zur Reflexion auf Alternativen, die jeder ethnographischen Sichtweise, so Dirk Baecker (2003: 46ff.; 67ff.), bereits im Verständnis von Kultur als einem nur über den Vergleich zu bestimmenden Begriff inhärent ist. Eine *komparative* und *multiperspektivische Sicht* auf die jeweiligen alltagsweltlichen Handlungspraxen (vgl. Friebertshäuser 2008: 56) kann darüber hinaus im Rahmen von hochschulischen Veranstaltungen verstärkt werden, die verschiedene Studierende aus ihren Praxisfeldern noch während des praktischen Studiensemesters zusammenbringen und den Austausch und die Reflexion erlebter Situationen aus der Praxis anregen. Hierauf gehe ich am Beispiel des Lernarrangements an der htw saar in Kap. 3 weiter ein.

Ein letzter Aspekt zur Einschreibung ins Feld ist die soziale Beziehung der Praxissemesterstudierenden zum Feld. Breidenstein et al. schreiben, dass „die primären Datenträger des Ethnografen [...] nicht seine Aufzeichnungsmedien (so wichtig diese [...] auch seien), [sind, sondern] seine sozialen Beziehungen" (2013: 85). Dadurch wird deutlich, dass die Gestaltung der Beziehung der Studierenden zum Feld eine bedeutsame Ebene im Rahmen des Erlernens einer professionellen Sichtweise ist. Mit der sozialen Beziehung zum Feld geht die grundlegende Prämisse des dialogischen Prinzips, wie Barbara Friebertshäuser dies in Anlehnung an den Philosophen Martin Buber formuliert, einher. Dabei handelt es sich um eine Haltung, die zum Verstehen des Anderen ein wechselseitiges Zuhören und den Austausch untereinander zur Voraussetzung macht (vgl. Friebertshäuser 2008: 56). Die/der Forschende wird hier in eine gemeinsame Realität mit den Beforschten hineingezogen und muss zwangsläufig über ihre/seine sozialen Beziehungen zum Feld Rechenschaft ablegen. Daran erkennt sie/er einerseits die Passung ihrer/seiner selbst zu den Erwartungen des Feldes, andererseits kann sie/er an den Erwartungen des Feldes bereits Rückschlüsse auf die Eigenlogik der Beforschten ziehen, deren Werte, Normierungen und Normalitätsvorstellungen erkennen. Die soziale Beziehung zum Feld ist vor allem in der Beziehung der/des Praxisanleiters/Praxisanleiterin einer/eines Studierenden im Praxissemester präsent. Die Beziehung zwischen Studierender/Studierendem und Praxisanleiter*in bietet in vielen Fällen repräsentativ für das Feld eine Möglichkeit der Einschätzung über die Passung zum Feld. Die Art und Weise, wie Praktikant*innen ins Feld bzw. die sozialarbeiterische Praxis einsozialisiert werden, gibt einen Anhaltspunkt für das feldspezifische Verständnis davon, wie ein Ankommen im Feld abzulaufen hat. D.h. fungiert die/der Anleiter*in als Vorbild und zeigt, wie es geht oder entlässt sie/er die/den Praktikant*in ins Arbeiten ohne diese*n eingewiesen zu haben? Nimmt sich die/der Anleiter*in Zeit, um die wesentlichen Regeln des Feldes zu erläutern oder lässt sie/er die/den Studierende*n ausprobieren nach dem Motto ‚Wer einmal ins offene Messer gelaufen ist, wird dies kein zweites Mal tun'? Werden die Vorstellungen der/des Studierenden zur Arbeit mit Klienten kontrolliert und überprüft oder ist vollkommen egal, welche Vorstellungen jemand mitbringt, Hauptsache es macht jemand was mit der Klientin, Gruppe, Familie etc.? Versteht sich die/der Anleiter*in als Arbeitspartner*in der/des Studierenden und verspricht sich von ihr/ihm neue Anregungen oder Ideen oder steht sie/er auf dem Standpunkt ‚der Studierende hat sowieso nur unnützes theoretisches Wissen, jetzt zeige ich ihm mal die Praxis'? Die Anleitungsbeziehung zwischen Studierender/Studierendem und Praxisanleiter*in verdeutlicht sehr eindrücklich die Bedeutung von Beziehungen zum Feld, um Datenmaterial über die Eigenlogik des Feldes zu sammeln. Gerade was sozialwissenschaftliche Praktika angeht, muss davon ausgegangen werden, dass sich die in dieser Beziehung gemachten Erfahrungen in die Wahrnehmungs-, Deutungs- und Bewertungsschemata der Studierenden einschreiben. Neben Mythologisierungen, unvollständiger Kenntnis des/der Begleiter*in, persönlichem Gepäck der/des Studierenden, einer Asymmetrie der Anleitungsbeziehung im Hinblick auf die vorhandene Machtverteilung und Abhängigkeit lassen sich auch Widerstände von Studierenden gegen eine Anleitung finden, die sowohl Informationen über die Vorstellungen der Studierenden offenbaren als auch Ideen zum Verständnis des Feldes liefern können (vgl. Bernler/Johnsson 1995: 56ff.).

(4) Ausschreiben aus dem Feld/Beobachterpositionierung im Forschungsprozess

Die *Ausschreibung aus dem Feld* stellt den vierten Aspekt des ethnographischen Zugangs dar, der die erkenntnistheoretischen Möglichkeiten ethnographischen Forschens für eine praktische Studienphase rahmt. Die gemeinsame Teilnahme der Forschenden an der Alltagswelt im ethnographischen Forschungsvorgehen macht eine Oszillationsbewegung zwischen existenzieller Nähe und analytischer Distanz notwendig, um die wahrgenommenen Eindrücke analytisch verarbeiten zu können. Das permanente Changieren zwischen diesen Perspektiven macht die Notwendigkeit einer Multiperspektivität für die Erschließung der alltäglichen Handlungslogiken deutlich, die ohne diese methodische Befremdung als unhinterfragte Selbstverständlichkeiten in den eigenen Wahrnehmungs- und Deutungsvorrat übergingen (vgl. Friebertshäuser 2008: 52f.). Die Annäherung und Distanzierung ist daher methodisch kontrolliert in den ethnographischen Forschungsprozess integriert und kann im Falle der Studierenden im Praxissemester über regelmäßige Treffen an der Hochschule institutionalisiert werden. Die Beobachtung im Feld macht die Ko-Präsenz von Ethnograph*innen im Alltag notwendig. Die Gefahr dieser Ko-Präsenz liegt im „going-native"[14] – einer unreflektierten Übernahme der Haltung des Feldes, was Amann/Hirschauer durch die Strategie des „coming-home" (vgl. Amann/Hirschauer 1997: 28) zu unterbinden suchen. Neben einer anderswo geleisteten Sozialisation, so Amann und Hirschauer, stelle die wiederholte und regelmäßig methodisch geplante Befremdung des Erlebten und Wahrgenommenen durch z.B. den Rückgang an die Hochschule eine „Technik zur Unterbindung der Verselbstverständlichung" (ebd.: 29) dar.

Eine zweite, nicht minder bedeutsame, Ebene des Ausschreibens aus dem Feld stellt die Verschriftlichungspraxis selbst dar. Ähnlich wie Erzählungen sind ethnographische Protokolle an bestimmte Schreibzwänge gebunden, die analog zu den Zugzwängen des Erzählens postuliert werden können (Breidenstein et al. 2013: 97). Bereits bei der Protokollierung des Wahrgenommen werden erste Interpretationsleistungen der Forschenden eingebracht. Thole/Cloos/Köngeter und Müller haben in ihrem Aufsatz zur „Ethnographie der Performativität pädagogischen Handelns" (2011: 121) auf die „Doppelbödigkeit der Protokolle" hingewiesen. Sie machen dabei deutlich, dass jedes Protokoll unterschieden werden kann nach der Konstruktionsleistung der Ethnograph*innen einerseits und dem Konstruierten andererseits – nach dem Zeichen sowie dem Bezeichneten (vgl. ebd.). Dabei kann die Doppelbödigkeit der Protokolle als Problem einer validen Datengrundlage im ethnographischen Forschungsprozess betrachtet werden. Im Zuge von sozialwissenschaftlichen Praktika, die zwar auch auf die Erkenntnis der Eigenlogik des besuchten Feldes bezogen sind, kann die Doppelbödigkeit von Protokollen allerdings noch auf andere Weise genutzt werden – nämlich als Möglichkeit zur Rekonstruktion von Bedeutungszuschreibungen durch die Studierenden und damit als Selbstvergewisserung und selbstreflexive Standortbestimmung des eigenen Denkens. Die Bedeutung dieser Protokollebene wird noch deutlicher, wenn man die Thematisierung eigener Unterscheidungs- und Bezeichnungspraxen (vgl. Luhmann 1987) in den organisationalen Rahmen institutioneller Selbstthematisierungsmöglichkeiten setzt. Alois Hahn hat für die Herausbildung der Identität rekonstruiert, welche Bedeutung institutionellen Formen der Selbstthematisierung, z.B. die Beichte, für die Herstellung einer biographischen Identität zukommt. Er spricht in diesem Zusammenhang von Biographiegeneratoren (vgl. Hahn 1987: 9ff.; 2000: 108ff.). Protokolle und die in ihnen dokumentierten Unterscheidungs- und Bezeichnungspraxen könnten somit den Ausgangspunkt institutioneller Selbstthematisierung darstellen und einen bedeutenden Einfluss auf die Herausbildung der professionellen Identität von Sozialarbeiter*innen nehmen (siehe hierzu Kap. 3).

---

14 Mittlerweile etablieren sich in der Ethnographie Facettierungen ethnographischen Forschens, die weniger stark einem „going-native" als zu vermeidendem Pol entgegenstehen und gerade das Potenzial einer Position betonen, die sich in die Beforschtenperspektive hineinziehen lässt (vgl. Eisewicht 2016). Innerhalb bestimmter Grenzen gilt dies natürlich auch für autoethnographische Vorgehensweisen im Praxissemester.

(5) Zirkularität und Interdependenzen des Forschungsprozesses

Ein letzter Punkt bildet die *Zirkularität* und *interdependente Anlage* der ethnographischen Forschung. Der Detaillierungsgrad und die Güte ethnographischen Forschens ist maßgeblich an die zyklische Fokussierung des ethnographischen Forschungsprozesses geknüpft, wie sie Breidenstein et al. (2013: 46) im Hinblick auf die Herstellung des Feldes aufzeigen. Dabei ist wesentlich, dass die ethnographische Forschungslogik eine *rekursive Logik* ist und nicht linear abläuft, sondern ständig an die neuen Erkenntnisse und Geschehnisse des Feldes *kontext- und prozesssensitiv* angepasst und modifiziert wird. Die Rekursivität des Designs macht es der Ethnographie damit auch möglich, ein hohes Maß an Komplexität im Forschungsprozess aufzubauen – gerade weil diese am Beginn der Forschung reduziert wird auf Alltagssituationen und Selbstverständlichkeiten (vgl. Luhmann 1987). Der Prozesshaftigkeit sozialer Wirklichkeit kann über eine derartige Annäherung entsprochen werden. Dies stellt allerdings maximale Anforderungen an die Reflexivität der Forschenden, da lineare Kausalvorstellungen abgelegt werden müssen und die Selbstpositionierung im Feld ständig Rückschlüsse auf die Reaktivität des Feldes einerseits und die Zirkularität des erhobenen Materials andererseits eine massive Widerständigkeit des Zugangs zur Praxis bedeutet. Für Studierende im Praxissemester, die einen derartigen Zugang zur Praxis wählen, muss der ethnographische Zugang als Bildungs-Widerstand gesehen werden, der Möglichkeiten zur „Selbstbildung" beinhaltet (vgl. Alkemeyer 2013).

Alle fünf Bausteine des erkenntnistheoretischen Fundamentes bilden den Rahmen der Möglichkeiten einer *organisierten Aufmerksamkeitsverschiebung*. Die in der ethnographischen Forschung inhärenten Potenziale der Aufmerksamkeitsfokussierung können systematisch genutzt werden, um als organisierter Prozess eine Konfrontation von Studierenden mit der Handlungspraxis aus einer empirisch-analytischen Perspektive zu initiieren. Wie Barbara Friebertshäuser bereits deutlich gemacht hat, existiert jedoch „zwischen dem fremden Blick und der reflexiven Distanz eines solchen empirisch-analytischen Zugangs einerseits und Handlungszwängen und normativen Vorstellungen pädagogischen Handelns andererseits [...] notwendig ein Spannungsverhältnis" (Friebertshäuser 2008: 49). Die Offenheit des Designs und die damit verbundenen Entscheidungsfreiräume machen die Auseinandersetzung mit sich selbst und eine intensive Beschäftigung mit dem Forschungs-/Praxisfeld notwendig. Die eigene Reflexivität wird zum Analyseinstrument der Praktikant*innen (vgl. ebd.: 57). Das forschungsmethodische Vorgehen der Ethnographie bietet über die unterschiedlichen Aufmerksamkeitsfokussierungen schließlich den Hintergrund der Irritation kategorialer Sehgewohnheiten der Studierenden.

Wie dies als organisierter Prozess gestaltet werden kann, wird beispielhaft an der hochschuldidaktischen Umsetzung an der htw saar in Kapitel 3 dargestellt.

Ausgehend von den methodologischen Grundlagen eines Studierens am Lernort Praxis wird im folgenden Kapitel auf die methodischen Ansätze eingegangen. Ethnographie wird dabei als Strategie verstanden, die es ermöglicht, eine Bandbreite an forschungsmethodischen Zugängen zum organisationalen Alltag zu nutzen und somit der Komplexität sozialer Wirklichkeit mit einem komplexen Instrumentarium der Datenerhebung zu begegnen.

2.2 Methoden(pluralität) in der Ethnographie und die Komplexität professioneller Wirklichkeiten

Begreift man die praktische Studienphase als Möglichkeit der ethnographischen Feldforschung, die unterschiedliche Zugangs- und Erfahrungsmöglichkeiten der professionellen Praxis zulässt, wird deutlich, dass Studierende hier über einen recht großen Zeitraum hinweg die Möglichkeit haben, sich aus einer nicht voll verantwortlichen Position heraus einen analytischen und einen praktischen Zugang zur professionellen Handlungspraxis zu verschaffen. Die ausgedehnte Praxisphase ermöglicht dabei sozialisationstypische Erfahrungen, die in regelmäßigen Abständen durch Reflexionen innerhalb und außerhalb des Praxisfeldes unterbrochen werden. Derartige „Interdependenzunterbrechungen" (vgl. Luhmann 1990: 202ff.) eignen sich dazu, die eingenommenen Perspektiven zu variieren und dabei den Prozess der Einschränkung von Kontingenz, d.h. die notwendige Komplexitätsreduktion innerhalb jeder Wahrnehmung in den Blick zu nehmen. Damit wird deutlich, welche Selektionsvorgänge die professionellen Akteure in der Sozialen Arbeit vornehmen. Gleichzeitig kann die Kontingenz dieser Selektionsvorgänge in der Perspektivenvariation temporär rückgängig gemacht und in den Blick genommen werden. Studierende können also aus ihrer Novizenposition heraus die blinden Flecke ihrer eigenen Wahrnehmung und derjenigen der professionellen Akteure im Feld erschließen.

Versucht man die soziale Wirklichkeit im Sinne Berger/Luckmanns (2007) methodisch zu erfassen, stellen sich die mit der Komplexität und Rekursivität der Produktion sozialer Wirklichkeit verbundenen Schwierigkeiten ein. Begreift man die soziale Wirklichkeit als Herstellungsleistung, deren Faktizität den Produzierenden als unhinterfragbar – quasi objektiv – erscheint, wird deutlich, dass es zur Analyse dieser Wirklichkeitskonstruktionen auch eines Vorgehens bedarf, das methodisch in der Lage ist, die Komplexität dieses Konstruktionsprozesses zu erfassen.

Im Anschluss an Uwe Flick et al (1991) lassen sich daher einige Anhaltspunkte identifizieren, die versuchen, forschungsmethodisch zu einer differenzierten Darstellung sozialer Wirklichkeit zu gelangen:

i. durch komplexe Methoden
ii. durch Triangulation von Methoden
iii. durch die Nähe zum Forschungsobjekt
iv. durch ein sich-Einlassen auf Fälle und Felder
v. durch eine ‚hohe Auflösung' bzw. eine ‚dichte Beschreibung' (vgl. Flick et al. 1991)

Damit ist ein Grundproblem qualitativer Forschung beschrieben, wie es von Helga Kelle im Anschluss an den Luhmannschen Komplexitätsbegriff ausformuliert wurde (vgl. Kelle 2013). Empirischen Verfahren gehe es, so Helga Kelle, nicht darum, abstrakt Komplexität zu konstatieren, sondern die Komplexität sozialer Wirklichkeit methodisch konkret zu veranschaulichen (vgl. Kelle 1997: 193). Dabei greift sie zur Beschreibung der Aufgabe sozialwissenschaftlicher Forschung sowohl auf die Ideen des sozialen Konstruktivismus nach Berger/Luckmann (2007) zurück als auch auf die

Ideen des radikalen Konstruktivismus im Anschluss an Ernst von Glasersfeld (1997). Sie bezieht sich auf die Frage, wie soziale Phänomene vereinfacht und „angemessen" – d. h. „originalgetreu" – in Forschung übersetzt werden können. Unter Bezugnahme auf den radikalen Konstruktivismus verdeutlicht sie dessen Prämisse, dass es keine Vorgängigkeit von Phänomenen vor deren Erforschung durch Sozialwissenschaftler gebe (vgl. Kelle 1997: 195) und resümiert mit Bezug auf Karin Knorr-Cetina:

> „Mit dem Konstruktivismus verlagert sich auch die Frage der angemessenen wissenschaftlichen Komplexitätsreduktion. Wenn die ‚Welt' oder die ‚soziale Wirklichkeit' nicht immer schon da sind, sondern fortlaufend kognitiv oder interaktiv in kulturellen Praktiken hergestellt und verändert werden, dann kann sich auch Angemessenheit nicht auf etwas immer schon Bestehendes, sondern muß sich auf etwas je Erzeugtes oder Auszuhandelndes beziehen. Der Konstruktivismus erhebt mithin nicht die angemessene Abbildung bzw. Wahrheit zum Gültigkeitskriterium des Wissens, sondern die Eröffnung von Handlungs- und Denkmöglichkeiten, die ‚Erweiterung von Welt' (Knorr-Cetina 1989). Das impliziert: Wir müssen unsere sozialwissenschaftlichen Konstruktionen von sozialen Phänomenen dem wissenschaftlichen Diskurs aussetzen, sie plausibel machen, ohne daß wir uns auf ‚sicheres', selbstgewisses wissenschaftliches Terrain zurückziehen könnten. Wissenschaft gleicht einem fortlaufenden Kommunikationsprozeß, der über wechselseitige Reflexivität und Selbstreflexivität der Beteiligten kontrolliert wird. ‚Erweiterung von Welt' bedeutet auch: Komplexitätsproduktion statt -reduktion" (Kelle 1997: 195 f.).

Helga Kelle verbindet den empirischen Konstruktivismus Karin Knorr-Cetinas (1989: 93; 2008) und dessen Symmetriepostulat mit der Grounded Theory Barney Glasers und Anselm Strauss' (1967; 1998) und deren Orientierung an empirisch gesättigten Analysen. Dies geschieht, um „weg von einer Erklärungslogik zu kommen und hin zu der genauen Beschreibung sozialer Ordnungen" (Kelle 1997: 199). Damit einher geht der von Luhmann beschriebene Wechsel von den ontologischen Fragen („Was" und „Warum") zu den prozessualen Fragen des Herstellens („Wie") (vgl. Luhmann 1987). Die so gewonnene Möglichkeit der normativen Enthaltsamkeit wurde im Kap. 1.1 bereits an den von Michael-Sebastian Honig und Sascha Neumann diskutierten Möglichkeiten der Beschreibung pädagogischer Felder mit einem nicht-normativen Begriff der Pädagogik verdeutlicht. Analog hierzu ließe sich in der Organisationsforschung die Verschiebung der Aufmerksamkeit von den Fragen „was eine Organisation ist" zu den Herstellungsprozessen konstatieren, wie sie bspw. zentral bei Karl Weick in seinem Band zum „Prozess des Organisierens" (Weick 1995a) vollzogen wird.

Nun könnte man davon ausgehen, dass die Methodentriangulation von quantitativen und qualitativen Verfahren Datenmaterial produziert, das in einer aufeinander bezogenen Analyse ein ausreichend hohes Komplexitätsniveau erreiche. Helga Kelle wendet gegen diese Idee kritisch ein, dass eine additive Strategie nicht zum gewünschten Ergebnis kommen könne, da der „Zuschnitt" und die „Konstruktion sozialer Wirklichkeit" über qualitative und quantitative Zugänge grundsätzlich verschieden seien (vgl. Kelle 1997: 201 ff.)[15]. Die methodische Erfassbarkeit sozialer Wirklichkeit

---

15 Helga Kelle verdeutlicht dies sowohl für die unterschiedlichen Zugänge qualitativer und quantitativer Verfahren einzeln als auch für deren Triangulation: „Trotz der Tatsache, daß heute immer mehr

sollte über analytische Entscheidungen reflexiv aufgefasst werden und einen Forschungsprozess initiieren, der sukzessive analytische Komplexität erzeugt und situative Komplexität reduziere, so Helga Kelle (vgl. ebd.: 206).

Die Qualität ethnographischer Forschung wird hingegen nach Atkinson (2005) daran festgemacht, dass das ethnographische Vorgehen *erstens* einer gegenstandsverankerten Theoriebildung bedürfe, die *zweitens* für die vielschichtigen Phänomene und deren Darstellungen, Kodierungen und Verkörperungen einer methodentriangulierten Erhebung und Erfassung bedürfe und die *drittens* dichte Beschreibungen im Sinne Clifford Geertz überhaupt erst auf dem Weg der multiperspektivischen Wahrnehmung des untersuchten Phänomens möglich mache. Bettina Hünersdorf zeigt im Anschluss an Atkinson auf, welche methodischen Formen ethnographischen Forschens sich in der deutschsprachigen Ethnographieforschung sowie in der angloamerikanischen Forschung aus dieser Ausgangslage entwickelt haben. Dabei unterscheidet sie a) narrative Interviews, b) Gesprächsanalysen sowie c) Analysen der materiellen und visuellen Kultur und verdeutlicht gleichzeitig, dass die deutsche Ethnographie sich in ihren Forschungsgegenständen bislang sehr auf den Bereich der kulturellen Praxen und Adressat*innen sowie den Bereich des Lernens und der pädagogischen Kommunikation beschränke. Wenig Forschungsaktivität verzeichnet sie noch im Jahr 2008 auf den Gebieten des sozialen Ausschlusses, der Professionsforschung und der organisationsbezogenen Fragen (vgl. Hünersdorf 2008: 33f.). Gerade an die professionsbezogene Forschung sowie an die das professionelle Handeln rahmenden, organisationsbezogenen Fragen wird im Kontext der Erforschung professioneller Wirklichkeiten in der vorliegenden Praxissemesterkonzeption angeschlossen. Ein besonders interessanter und aktuell diskutierter Stimulus für die Diskussion von Gütekrien in der qualitativen Sozialforschung haben Stürbing/Hirschauer/Ayaß/Krähnke/Scheffer (2018) vorgelegt. Vor allem die im vorliegenden Konzept genutzte Ethnographische Collage (vgl. Kap. 3.4) erscheint als besonders geeignet um die Ausbalancierung von Daten und Ergebnissen im Kontext der Gegenstandsangemessenheit (vgl. ebd.: 86f.) sowie die Theoretische Durchdringung (vgl. ebd. 90) in den Blick rücken zu können. Gleichzeitig können sowohl textuelle Performanz (ebd.: 93) als auch die Frage der Bedeutung der Subjektivität im Forschen im Hinblick auf die empirische Sättigung (ebd.: 89) durch eine ethnographische Forschungsstrategie im vorliegenden Konzept in der Diskussion der Protokolle aufgegriffen werden (vgl. Kap. 3.2). Die Bedeutung der Originalität der Forschungsergebnisse kommt nicht zuletzt in Kap. 4.2 zu tragen, wenn Fragen der lernortübergreifenden Hochschuldidaktik sowie der Kooperation der Lernorte Hochschule und Praxis aufgegriffen werden.

Forschungsprojekte quantitative und qualitative Verfahren im Sinne einer Methodenkomplexität verbinden, ist darauf hinzuweisen, daß die angesprochenen, prinzipiell unterschiedlichen ‚Zuschnitte' von Phänomenen in den verschiedenen Verfahren damit nicht aufgelöst oder integriert werden. Es soll hier nicht die Sinnhaftigkeit solcher Kombinationen diskutiert oder das wechselseitige Anregungspotenzial bezweifelt werden. Ich möchte nur den Punkt festhalten, daß qualitative Methoden phänomenologisch etwas anderes als quantitative untersuchen und darstellen. Das Bild von Wirklichkeit, das als untersuchungsrelevant unterstellt und im Ergebnis angestrebt wird, ist bei beiden grundsätzlich verschieden." (Kelle 1997: 202)

Welche Bedeutung der teilnehmenden Beobachtung bzw. anderen methodischen Zugängen in diesem Rahmen zukommt, soll nun geklärt werden.

Teilnehmende Beobachtung als Methode ethnographischer Forschungszugänge

Eine methodische Abgrenzbarkeit ethnographischer Forschung ist nicht gegeben, so Hammersley/Atkinson (2007). Sowohl Methoden der biographischen Forschung, der Ethnomethodologie, der Diskursanalyse als auch quantitative Forschungsstrategien können in der ethnographischen Forschung von Bedeutung sein (vgl. ebd.). Roland Girtler grenzt die ersten methodischen Zugänge in der ethnographischen Forschung auf die Beobachtung und das Gespräch ein, wobei er sich auf die Methode der teilnehmenden Beobachtung bezieht sowie auf die von ihm geprägte Methode des eroepischen Gesprächs (vgl. Girtler 2010: 290 ff.; 2009). Georg Breidenstein et al. (2013) machen im Unterschied zu Girtler deutlich, dass die Ethnographie zwar eine multimethodische Forschungsstrategie sei und damit „in deren langandauernden Feldkontakten variantenreiches und umfassendes Datenmaterial" (ebd.: 71) generiere, das, was die ganze Forschung zur Ethnographie mache, sei hingegen „ihre Einbettung in den Kontext einer andauernden teilnehmenden Beobachtung" (ebd.). Die teilnehmende Beobachtung weist dabei nicht die Logik eines *reinen Dabeiseins und Zuschauens*[16] auf, sondern beinhaltet die Interaktion mit dem Feld und dem zu beobachtenden Phänomen. Götz Bachmann verdeutlicht für den Kontext der teilnehmenden Beobachtung in Organisationen, dass es hier unter anderem um die Positionierung der Forschenden zum Feld gehe. Neben der detaillierten Sammlung der Eindrücke aus der Anfangsphase der teilnehmenden Beobachtung dienen informelle Situationen, Situationen der Nicht-Arbeit, Formen der Vergemeinschaftung in offiziellen und nicht-offiziellen Pausen dazu, eine Vorstellung von der Organisation zu bekommen (vgl. Bachmann 2009: 256 f.). Der Alltag der Organisation erschließt sich dann je nach Art der Teilnahme auf unterschiedliche Weise: Entweder durch (1) Dabeisein und Zuschauen; (2) die Übernahme verschiedener Hilfsarbeiten; (3) neugieriges Nachfragen; (4) die Konzentration auf Meetings formaler Gremien und informaler Gruppen; (5) die Beobachtung der Initiation neuer Organisationsmitglieder oder (6) die Verschmelzung mit dem zu beobachtenden Beruf (vgl. ebd.: 257). Für den Kontext des studienintegrierten Praxissemesters bieten sich alle diese Positionierungen zum Feld an und werden wahrscheinlich auch nahezu alle durchlaufen, da Studierende mit zunehmender Dauer des Feldforschungsaufenthaltes auch immer mehr in die praktischen Abläufe integriert werden (siehe hierzu Kap. 1.1 und 1.2). Die Möglichkeit der Studierenden,

---

16 Götz Bachmann hat für die ethnographische Organisationsforschung im Anschluss an Richard Rottenburg von „dabeistehender Beobachtung" (Bachmann 2009: 257) gesprochen. Dies muss für Organisationsforschung, in der Forscher*innen z.B. den Bau von Triebwerken oder Automobilen erforschen, wahrscheinlich als *Normalmodus teilnehmender Beobachtung* angenommen werden, da die Forscher das praktische Können zum Zusammenbau in der Beobachtung nicht erwerben. Und dies rechtlich auch noch nicht einmal dürfen, selbst wenn sie über die Fähigkeiten verfügten. Dies ist jedoch im vorliegenden Studieren am Lernort Praxis anders, da es darum geht zentral den Erfahrungsmodus des distanzierten Beobachters und des in die praktische Tätigkeit involvierten Berufsanfängers miteinander zu verbinden (vgl. Kap. 1.1; 1.2; 2.3).

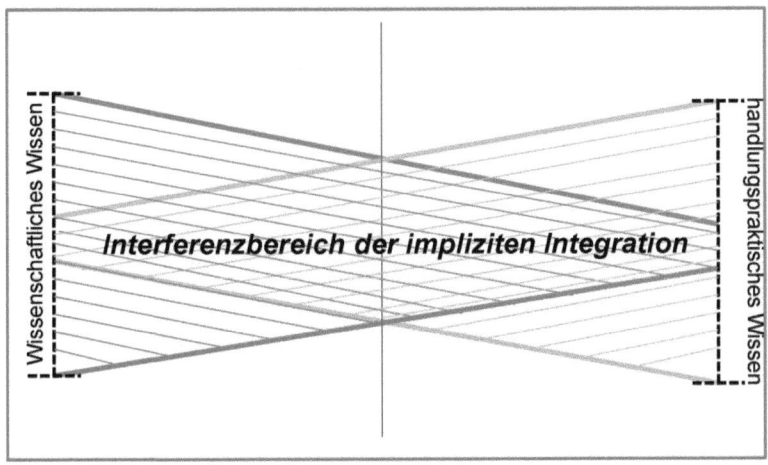

Abb. 5: Prozess der impliziten Integration von wissenschaftlichem und handlungspraktischem Wissen (eigene Darstellung)

diese unterschiedlichen Positionierungen einzunehmen und im Laufe ihres praktischen Studiensemesters zu variieren, scheint hier zentral. Gleichzeitig kann die Unterschiedlichkeit der Erfahrungen (zum Beginn des Praxissemesters und deren kontinuierliche Perspektivveränderung bis zum Ende) als Prozess der impliziten Integration (vgl. Moch 2012) reflexiv in den Blick genommen werden. In Abb. 5 wird dann deutlich, wie die anfänglich breite Basis wissenschaftlichen Wissens mit dem hinzukommenden handlungspraktischen Wissen interferiert – bzw. sich wechselseitig überlagert – und damit eine neue Struktur bildet. Um hier allerdings eine Relationierung von beiden Wissensformen zu erreichen, unterstützt die Reflexion im Verlauf des Prozesses des Praxissemesters die Bildung dieser neuen Wissensstruktur.

In Abb. 6 wird dann deutlich, dass der Interferenzbereich der impliziten Integration (wie auch immer dieser im konkreten Fall aussieht) auch als derjenige Bereich anzusehen ist, dessen kontinuierliche Reflexion im Verlaufe des Praxissemesters (gesteuert über die unterschiedlichen Positionierungen der Studierenden zum Feld und die unterschiedlichen Reflexionsräume im Praxissemester) überhaupt erst zur Herstellung und kontinuierlichen Aufrechterhaltung der sich überlagernden Strukturen beiträgt. Bettina Hünersdorf verdeutlicht im Kontext der teilnehmenden Beobachtung, dass auch dabei die Reflexion des Verhältnisses von Eigenem und Fremden notwendig sei, da: „Wer glaubt, als teilnehmende BeobachterIn nur zu beobachten, hat sich getäuscht, da er/sie auch von den Feldmitgliedern beobachtet wird und darauf reagiert" (Hünersdorf 2013: 21). Teilnehmende Beobachtung im Feld eröffnet dann die Möglichkeit, auf unterschiedlichste Erhebungsverfahren zuzugreifen und zur Erlangung eines vertieften Verständnisses Gespräche mit Personen des untersuchten Feldes ebenso zu nutzen, wie Artefakte und Dokumente des Feldes, Diskurse, die im Feld von Bedeutung sind, wie auch andere Sinneseindrücke[17] wie bspw. Riechen, Schmecken, Tasten etc. Bettina

---

17 Vgl. zu der starken Zentrierung ethnographischer Forschung auf Gesehenes und die Überbetonung einer einzigen Sinnesmodalität (vgl. Schulz 2015).

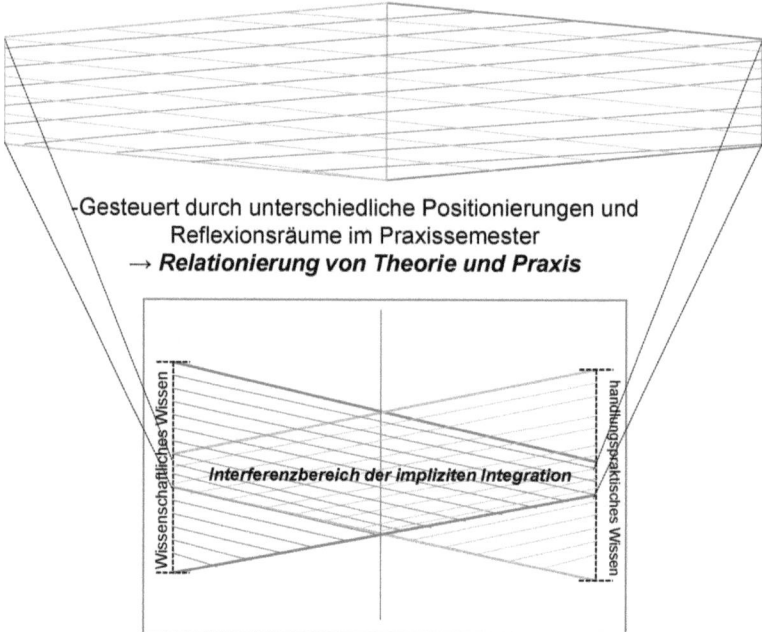

Abb. 6: Reflexionsbereich der impliziten Integration (eigene Darstellung)

Hünersdorf fragt deshalb, welche eigenständige Logik ethnographischer Forschung zu Grunde liege. Dabei arbeitet sie heraus, dass die teilnehmende Beobachtung in der Literatur als charakteristisches Merkmal der Ethnographie angesehen wird und sich die Logik des ethnographischen Forschens daher einerseits aus der Differenz von alltagsweltlicher Teilnahme und dem damit einhergehenden Fremdverstehen innerhalb alltagsweltlicher Zusammenhänge und andererseits der ethnographischen Forschung im Sinne einer außeralltäglichen Form der Teilnahme mit künstlicher Sachstruktur konstituiere (vgl. Hünersdorf 2008: 30). Damit lenkt sie den Blick auf die Konstitutionsbedingungen ethnographischen Beobachtens und verdeutlicht die existenzielle Eingebundenheit ethnographisch Forschender in das Beobachtete (vgl. Kalthoff 2003: 76).

Fasst man die teilnehmende Beobachtung auf diese Weise, wird an einem Begriff der Beobachtung angeknüpft, wie er im Anschluss an Georg Breidenstein et al. folgendermaßen beschrieben werden könnte: „Beobachtung umfasst zunächst alle Formen der Wahrnehmung unter Bedingungen der Ko-Präsenz: also alle Sinneswahrnehmungen, die sich per Teilnahme erschließen. Beobachten ist also die Nutzung der kompletten Körpersensorik des Forschenden: das Riechen, Sehen, Hören und Ertasten sozialer Praxis. Aber auch der soziale Sinn der Forscherin, ihre Fähigkeit zu verstehen, zu fokussieren, sich vertraut zu machen, fällt in ihre Aufnahmekapazität. Und schließlich gehört zu einer ethnografischen Beobachtungshaltung auch eine Distanzierung vom sinnlich Erfahrenen, die nach fortlaufender Explikation und Reflexion verlangt" (vgl. Breidenstein et al. 2013: 71). Wichtig ist es, hier zu sehen, dass die von den Studierenden beobachteten Praxisfelder der Sozialen Arbeit immer nur Ausschnitte bzw. partielle Lebenswelten darstellen (kein/e Sozialarbeiter*in oder Klient*in geht in der Regel voll in der Lebenswelt der pädagogischen Organisationen auf, es sei denn es handelt sich um totale Organisationen), da die privaten Beziehungen und familiären Lebenswelten in die Organisationen nur bedingt Einzug halten (vgl. Bachmann 2009: 250f.). Dies ist im Gegensatz zur klassischen ethnologischen Forschung wichtig, da diese den Fokus darauf richten, die gesamte Lebenswelt derjenigen zu erfahren, die von ihnen beforscht werden, was eine Differenz zur hier vorgeschlagenen teilnehmenden Beobachtung in Organisationen der Sozialen Arbeit darstellt.

Teilnehmende Beobachtung erscheint damit insgesamt als methodenplurale, kontextbezogene Strategie[18] wie Christian Lüders dies formulierte (Lüders 2000: 394f.), da die Bestimmung des methodischen Zugangs zu Informationen nicht im Vorfeld bereits determiniert wird, sondern sich im Kontext der teilnehmenden Beobachtung Möglichkeiten eröffnen, die dann methodisch präzisiert werden müssen. Der Methodenzwang geht letztlich vom Feld aus (vgl. ebd.). Somit wird in der teilnehmenden Beobachtung versucht, der Komplexität und Unterschiedlichkeit relevanter Informationen so zu begegnen, dass situativ entschieden wird, welche methodischen Erhebungsverfahren geeignet erscheinen.

Unabhängig davon, wie methodisch an die Erhebung herangegangen wird, muss auch die teilnehmende Beobachtung eine Komplexitätsreduktion vornehmen, indem sie den Fokus auf die alltagskulturelle Vollzugswirklichkeit (Kelle 2013: 203) setzt. Dies bedeutet eine Eingrenzung der Aufmerksamkeitsrichtung der teilnehmend Beobachtenden, damit überhaupt etwas gesehen werden kann. Helga Kelle erörtert die Bedeutung dieser Aufmerksamkeitseinschränkung durch die Methode im Hinblick auf die Ethnographie folgendermaßen:

„Wird über diese Selektionen die Komplexität des Beobachtbaren reduziert, ist das Feld wieder offen für Komplexitätsproduktionen in Bezug auf die selektiven Interessen. Die Schwierigkeit liegt allerdings darin, dass solche Selektionskriterien eine Orientierung, aber keine formalisierbare Systematik bieten können, denn bei ethnographischer Forschung ist nicht vorab entscheidbar, was im Feld wichtig ist und wie Situationen beschaffen sind, die die spezifischen Interaktionen enthalten. Auch kann nicht vorab gewußt werden, ob und in welcher Gestalt solche Interaktionen auftreten. So unterliegen die Selektionskriterien als abstrakte Konzeptualisierungen der ForscherInnen der Rekursivität des Forschungsprozesses: sie werden im Prozeß durch das und am Feld entwickelt, mit dem Feld konfrontiert und modifiziert, vor allem aber spezifiziert" (ebd.: 204).[19]

---

18 Eine ähnliche Beschreibung nimmt auch Fritz Schütze vor, wenn er mögliche Auswertungsverfahren in Ethnologie und Soziologie mit der phänomenalen Ebene empirischer Erhebungen sowie der dabei entstehenden Materialsorten unterscheidet. Er resümiert im Anschluss daran, dass es sich beim ethnographischen Forschungsvorgehen in der Regel um eine Daten- und Methodentriangulation handele, die sich aus der ganzheitlichen Erfassung der zu untersuchenden Phänomene ergebe (vgl. Schütze 1993: 233). Georg Breidenstein et al. (2013: 71ff.) beschreiben die Möglichkeiten des methodischen Zugangs mit noch größerer Bandbreite und aktuellem Bezug auf unterschiedliche forschungsmethodische Erhebungstraditionen (z.B. Leitfaden- und Experteninterviews, narrative und ethnosemantische Interviews, biografische Interviews, Video-, Audiomitschnitte etc.).
19 Eine weitere Komplexitätsreduktion, die ebenfalls von Helga Kelle angesprochen wird (vgl. Kelle 2013: 204f.), stellt die konkrete Verschriftlichung des Beobachteten dar. Dies soll hier nicht ausgeblendet

Interviews zur Erfassung der Konzepte der Teilnehmer*innen über ihre Kultur stellen dementsprechend auch eine Komplexitätsreduktion dar – allerdings anderer Art als diejenige, die über teilnehmende Beobachtung vorgenommen wird.

Welche Möglichkeiten eröffnet diese Methodenpluralität des ethnographischen Zugangs nun für das Studium am Lernort Praxis?[20] Der Zugang zum professionellen Alltag erfolgt mittels teilnehmender Beobachtung. Im Kontext des Feldaufenthaltes kann allerdings auf diejenigen Methoden zurückgegriffen werden, die einen Erkenntnisgewinn versprechen. Studierende müssen sich dabei darüber bewusst sein, dass jeder methodische Zugang zur sozialen Wirklichkeit Komplexität auf eine spezifische Art und Weise reduziert und dass der Vorteil, den eine methodenplurale, kontextbezogene Strategie, wie die Ethnographie ihn bietet, nur zum Tragen kommt, wenn die Studierenden dieses Potenzial im Hinblick auf die „methodische Organisation des Verstehens" (Friebertshäuser 2008: 58) (selbst-)reflexiv nutzen.

Stellt man sich den Herausforderungen an die eigene Reflexivität, die mit einer Feldforschung und der ethnographisch ausgedehnten Erhebungsphase einhergehen, wird deutlich, dass das Erfahren des organisationalen Alltags professioneller Sozialarbeit einen Zugang zur Komplexität der sozialen Wirklichkeit von Sozialarbeiter*innen und deren Adressat*innen bieten kann und dabei die Prozesshaftigkeit der Herstellung von z. B. Professionellen-Klienten-Verhältnissen – also den Prozess der Konstruktion professioneller Wirklichkeiten – in den Blick zu nehmen vermag. Dabei bietet der über zwanzig Wochen angelegte und nach bestimmten Phasen gegliederte Zugang zur Praxis den Studierenden die Möglichkeit, in den Dialog mit den *Bewohnern* der professionellen Alltagswirklichkeit zu treten und deren Perspektive kennen zu lernen. Die Herausforderung, die sich Studierenden dabei stellt, scheint dann darin zu liegen, „schweigsames Soziales" (vgl. Hirschauer 2001) zum Sprechen zu bringen und exemplarische Phänomene des professionellen Alltags detailliert zu beschreiben und analytisch zu durchdringen, um so ein systematisches Verständnis zu entwickeln, das in wissenschaftliche Begriffe übersetzt werden kann. Damit wäre gleichzeitig *eine Form*

---

werden, daher der Verweis auf das folgende Kap. 2.3, in welchem es zentral um die Verbalisierungswiderstände und die Verschriftlichungspraxis gehen wird.

20 Diese Frage möchte ich nur kurz auch für die Organisation der praktischen Studienphase an Hochschulen stellen, die m. E. ebenfalls von der ethnographischen Methodenpluralität profitieren kann. Dabei muss bedacht werden, dass für ein Studieren am Lernort Praxis, wie es hier vorgeschlagen wird, ethnographisch ausgebildete Dozierende für die Begleitung der Studierenden benötigt werden (also z. B. forschungspraktisch im Hinblick auf die ethischen, methodischen, methodologischen Grenzen und Möglichkeiten ethnographischen Forschens), die Methodenpluralität des Ansatzes allerdings auch Dozierenden allgemein erlaubt, bestimmte inhaltliche Fragen in der Umsetzung im Feld methodisch anders zu beantworten, als dies vielleicht ein *reiner Ethnograph* (wo auch immer es diesen geben sollte) tun würde. Konkret könnte dies bedeuten, dass es ethnographisch geschulter Dozierenden bedarf, deren methodische Schwerpunkte allerdings durchaus auch in anderen Methoden liegen könnten. Dies soll nicht als Empfehlung verstanden werden – oder im Sinne einer best-practice – aber es spricht auch nichts dagegen, rein ethnographisch orientierte Lehrenden zu haben, um die Idee des hier vorgeschlagenen Konzepts anzugehen. Da sich Hochschulen momentan verstärkt auf die Diversität der Studierenden einstellen, könnte über diesen Weg zudem die Diversität der Lehrenden eine Passung zum vorliegenden Konzept finden.

der Theorie-Praxis-Relationierung beschrieben, wie sie mit dem vorliegenden Konzept angestoßen werden soll.[21]

Ein derartiges Verständnis professioneller Lebenswelten kann dann davor bewahren, eigene Erfahrungen und Deutungen vorschnell auf den Kontakt mit Adressaten der Sozialen Arbeit zu projizieren:

> „Die in der ethnographischen Feldforschung entwickelten heuristischen Prinzipien, dialogische Verfahren der Einbeziehung des Gegenübers in den Horizont wechselseitiger Verstehensprozesse und eine reflexive Analysehaltung eröffnen die Möglichkeit fremde Lebenswelten verstehen zu lernen, ohne vorschnell eigene Bilder, Erfahrungen und Deutungen auf den anderen zu übertragen, da auch in scheinbar Vertrautem Differentes liegen kann" (Friebertshäuser 2008: 56).

Ethnographische Feldforschung bietet somit die Möglichkeit, das Verstehen methodisch zu organisieren und dabei sowohl zu einem Verständnis fremder Lebenswelten und Lebenswirklichkeiten zu gelangen als auch eigene Wahrnehmungsschemata und deren blinde Flecke kritisch zu reflektieren (vgl. ebd.: 58f.). Götz Bachmann geht ebenfalls auf diesen Punkt ein, wenn er im Kontext der Interpretation des Datenmaterials teilnehmender Beobachtung darauf verweist, dass „man [...] den Verlauf der Feldforschung auch zum Anlass nehmen [kann], einen analytischen Blick auf die eigenen Vorlieben und Erwartungen zu richten, die man von vornherein in die Feldforschung mitgebracht hat. Der Blick auf die eigenen Gefühllagen, theoretischen Höhenflüge, Fokussierungen und blinden Flecken kann Informationen für die Analyse des eigenen Denkschemas liefern, das wiederum eng mit dem fachspezifischen Denkstil und der Struktur des wissenschaftlichen Feldes verbunden ist (Bourdieu 1993)" (Bachmann 2009: 260).

Was bislang deutlich geworden sein sollte, ist, dass die teilnehmende Beobachtung im ethnographisch ausgerichteten Studieren am Lernort Praxis den Zugang zu Erfahrungen des Prozesses der impliziten Integration von wissenschaftlichem und handlungspraktischem Wissen sichert, indem sie als methodenplurale Strategie situativ ermöglicht, relevantes Wissen über einen Methodenmix zu sammeln und die wechselseitigen Effekte der Interaktion der Forschenden mit dem Feld über die differierenden Positionierungen im Verlaufe des Praxissemesters in den Blick zu nehmen und zu reflektieren.[22]

---

21 Dies kann auch in Anlehnung an die Beschreibung der „Umsetzung von Reflexivität als Analysehaltung" von Barbara Friebertshäuser (2008: 58f.) verstanden werden, da hier ebenfalls unterschiedliche Reflexionsebenen eingezogen werden.

22 Die Bedeutung der Reflexion der Interaktion mit dem Feld wird von Götz Bachmann für die teilnehmende Beobachtung mit Bezug auf Rolf Lindner folgendermaßen beschrieben: „Weitestgehend durchgesetzt hat sich dabei die Auffassung, dass erstens jede Anwesenheit eines Wissenschaftlers im Feld zu einem gewissen Grad teilnehmend ist, dass zweitens jede Teilnahme wechselseitige Effekte hat – die Anwesenheit des Wissenschaftlers hat nicht nur Auswirkungen auf das untersuchte Feld [...], sondern das Feld bestimmt auch die Forschungspraxis des Wissenschaftlers – und dass drittens solche wechselseitigen Effekte nicht einfach nur Störfaktoren, sondern ein zentrales Mittel der Erkenntnis sind (vgl. Lindner 1981)." (Bachmann 2009: 266)

Als verbindendes Element stellt sich für Studierende die Frage, wie sie ein Wissen über die Komplexität sozialer Wirklichkeit ausgehend von ihren Erfahrungen erlangen können. Dieses Kapitel sollte hier den methodischen Zuschnitt verdeutlichen, der Erfahrungsmöglichkeiten methodisch eröffnet. Wie die Brücke von der Erfahrung zum Wissen dies bildungstheoretisch weiter präzisieren kann, wird im nächsten Kapitel herausgearbeitet.

2.3 Erfahrung – Wahrnehmung – Wissen: Dimensionen des Beobachtbaren

Die hochschuldidaktischen Überlegungen und Strukturierungen in der praktischen Studienphase versuchen stellvertretend die Auseinandersetzung der Studierenden, mit der sie umgebenden Welt zu systematisieren und ihre Aufmerksamkeit bewusst auf bestimmte Aspekte des Selbst, der Welt und der eigenen Selbstreferenzialität zu lenken. Will man nicht bei der Feststellung stehenbleiben, dass es sich dabei um eine Didaktisierung des Nicht-Didaktisierbaren handelt, bedarf es einerseits einer genauen Kenntnis der Grenzen eigener hochschuldidaktischer Strukturierungen (z. B. delegierte Verantwortung im Praxissemester), andererseits geschärfter Begriffe, die zeigen können, wann die Auseinandersetzung mit sich selbst am wahrscheinlichsten wird. Dies zeige ich nun knapp an dem Verhältnis von Erfahrung und Unsicherheit.

Geht man vom Begriff der Erfahrung aus, wird bereits etymologisch deutlich, dass der Begriff abgeleitet vom mittelhochdeutschen *ervarn* bzw. dem althochdeutschen *irfaran* eine Bedeutung hatte, die an die praktische Tätigkeit des „durchreisens"; „ein Land kennenlernen" bis hin zum allgemeinen Gebrauch „kennenlernen" anschließt (vgl. Kluge 2002: 253). Seit dem 15. Jh. bedeutet *erfahren* dann im Partizip „bewandert sein bzw. klug". Der Bezug zum Begriff des Wissens (lat. Video; gr. Eidon) von der Wortbedeutung des Sehens, der Wissende als derjenige, der etwas gesehen und etwas erkannt hat, wird dabei direkt deutlich (vgl. ebd.: 994). Wissen kann nur, wer etwas erfahren und diese Erfahrung als Erkenntnis ins Bewusstsein gerückt hat. Der Brockhaus definiert mithin den Begriff der Erfahrung als „Erlebnis in einem geordneten Zusammenhang" (vgl. Brockhaus 1988: 514), wobei hier unterschieden wird zwischen sinnlicher Erfahrung, experimenteller Erfahrung und Lebenserfahrung. Gleichzeitig wird bereits ein Wahrnehmungsmodus beschrieben, der sich für die Autoren vor allem am naturwissenschaftlichen Modell der Erkenntnis zu zeigen scheint. Dazu heißt es: „Auf die Gegenstände der sinnlich wahrnehmbaren Welt (Empirie) gründet v.a. die Naturwissenschaft ihre Erkenntnis. Erfahrung setzt einerseits Beobachtung und andererseits Begriffe und Kategorien der Einordnung voraus" (vgl. ebd.). Damit wird das Verhältnis von Subjekten zu ihrer Wahrnehmung beschrieben, welche von Wahrnehmungsschemata geleitet werden.

Geht man hier auf einen der Klassiker der Pädagogik zurück, Jean-Jacques Rousseau, der in seinem Erziehungsroman ‚Emil' einen fiktiven Zögling beschreibt, der in „wohlgeordneter Freiheit" Erfahrungsmöglichkeiten eingeräumt bekommt, die seiner Entwicklung und seinen Fähigkeiten, die Vernunft zu gebrauchen, entsprechen (vgl.

Rousseau 1998: 68ff.), wird deutlich, dass Rousseau bereits ein Modell entwirft, das Erkenntnisprozesse didaktisch strukturiert, indem der Erzieher nur diejenigen Einflüsse und Gegenstände zur Verfügung stellt, auf die die Aufmerksamkeit des Zöglings bewusst gelenkt werden soll. Lernen durch Erfahrung wird dann von ihm am Beispiel des Begriffes Eigentum und dem Anbau von Bohnen im fremden Garten exemplarisch vorgeführt. So vielfältig die Einwände gegen Rousseaus negative Erziehung (Werkkritik) und die Authentizität seiner Person (Personenkritik) auch sind (vgl. Blankertz 1992: 69ff.), so hat er doch verdeutlichen können, dass vor allem die Erfahrung neuer, ungewohnter oder irritierender Situationen, die Bildung von Erkenntnissen beim selbsttätig handelnden Kind hervorbringt. Gleichzeitig hat er darauf aufmerksam gemacht, dass die Einführung von Differenzen (z.B. Versprechen und Lügen; Moral und Laster) nur als Zwei-Seiten-Form in die Wahrnehmung zu bekommen ist (vgl. Rousseau 2008: 187ff.; 257ff.). Über die Moral lerne ich das Laster kennen, über die Abnahme eines Versprechens oder Eides die Lüge bzw. den Meineid.

Kant geht in seinem Aufsatz in den Berliner Monatsschriften (1784) zur Frage „Was ist Aufklärung?" von einem anderen Standpunkt aus. Während Rousseau Gesellschaft als Entartung des Menschen von seiner Natur ansieht, sieht Immanuel Kant Gesellschaft als sittlich-moralisches Bindeglied zwischen Individuen, die den Rahmen für den Gebrauch der eigenen Vernunft stellt, indem sie Mittel der Erziehung zur Freiheit entweder vorhält oder Freiheit stark reglementiert (vgl. Kant 1784: Xff.). Der Prozess der Selbstbefreiung wird befördert durch den Dissens in der Gesellschaft und mündet in die Figur der Aufklärung als einer *Selbstbefreiung durch autonome Zwangssetzung*. Dabei spielt die Differenz von Sicherheit und Unsicherheit eine bedeutende Rolle, da Kant Unmündigkeit als „zur Natur gewordene Konvention" ansieht und Aufklärung nur dort geschehe, wo sich der Einzelne aus dieser vermeintlichen Zone der Sicherheit (z.B. Vor-Urteile) herausbegibt und „unsichere Erfahrungen" macht. In seinem Aufsatz „Was heißt: sich im Denken orientieren?" macht Kant dann auch deutlich, wie die Prüfung eines Urteils an der Vernunft in unterschiedliche Grade der Erkenntnis mündet – von einer Vernunfteinsicht über eine Vernunfteingebung bis zum Vernunftglauben. Selbstdenken als Aufklärung stellt für ihn die zentrale Aufgabe dar, derer sich die Menschen annehmen sollen, wobei er gleich auf die Unsicherheit dieses Unterfangens hinweist und resümiert, dass dieses Selbstdenken immer ein Denken in der Freiheit einer sich selbst Grenzen setzenden Vernunft sein müsse (vgl. Kant 1784/1999: 60f.).

Auf Wilhelm von Humboldts Theorie der Bildung des Menschen wurde bereits Bezug genommen. Für ihn war der Mensch durch den Trieb gekennzeichnet, sich mit den äußeren Dingen auseinandersetzen zu wollen und sich dabei in der Konfrontation mit der Welt von sich selbst zu entfremden. Diese gedankliche Bewegung der Selbstentfremdung setzt nach Humboldt eine Inkorporationsbewegung in Gang, durch die die Welt in das sie erfahrende Subjekt „zurückstrahle" (vgl. Humboldt 1993: 235f.). Die gedankliche Strukturierung des Ich findet also in der Auseinandersetzung mit der Welt statt. Er muss sich selbsttätig einem Erkenntnisgegenstand oder -objekt zuwenden und seine „Empfänglichkeit", wie es bei Humboldt heißt, an einem Erkenntnisobjekt zur Wechselwirkung bringen. Bildung wird dann zur Selbstbeobachtung, die eine Spiegelung des Verhältnisses zur Welt im Einzelnen darstellt. Die Bedeutung von Unsicherheit und neuen Erfahrungen wird bei Humboldt zentral am Beispiel seines Planes einer vergleichenden Anthropologie (vgl. Humboldt 1999) deutlich. Der Vergleich und die Auseinandersetzung mit fremden Völkern eröffnen für ihn eine Möglichkeit für einen Bildungsprozess in der Konfrontation. Dabei verweist Humboldt explizit auf die wirklichkeitserzeugende Funktion von Begriffen und den Zusammenhang von Praktiken und Theorien. Dazu Humboldt:

> „Man kann nichts durch den Verstand begreifen, was nicht auf irgend eine Weise in dem Gebiet der Sinne und der Empfindung angespielt ist; aber man kann auch nichts in sein Wesen aufnehmen, was nicht durch Begriffe einigermaßen vorbereitet ist. Man kann nicht einsehen, wofür man keinen Sinn hat, wozu der Stoff mangelt: aber man kann auch nichts seyn, wovon man gar keinen Begriff hat, wozu die Form fehlt" (ebd.: 162).

Die Paradoxie dieser Beschreibung des Erkenntnisprozesses verdeutlicht die Situation, in der sich Studierende im Praxissemester befinden. Einerseits Dinge, Strukturen, Kommunikationsmuster erkennen zu können, die bereits bekannt sind, andererseits ebenjene zu übersehen, die nicht in den Rahmen der eigenen Wahrnehmungsmuster passen. Eine Erkenntnis scheint dann möglich, wenn die Abweichung in der Erfahrung so wenig oder so sehr kontrastreich ist, dass eine Differenz zu den eigenen Wahrnehmungsschemata wahrgenommen werden kann.

Dies schließt an die Überlegungen John Deweys an, der mit seinem Erfahrungskonzept eine Trennung von Subjekt und Objekt als sekundär ansieht. Das Subjekt der Erkenntnis tritt aus dem Fluss des unmittelbaren Lebens und Handelns heraus, wenn es durch eine Unterbrechung oder Störung dieses Erlebensflusses in eine Krise gerät. Dewey verdeutlicht, dass derartige Krisen zu einer „vorübergehenden Entfremdung" zwischen Subjekt und Objekt führen, die vom Subjekt dazu genutzt werden, die Beziehung zum Objekt zu explorieren und wieder *geordnete Verhältnisse* herzustellen (vgl. Bohnsack 2005: 24f.). Lernen und Erziehung nehmen bei ihm dann auch die Form eines Prozesses an, der einerseits für Erfahrbarkeit sensibilisiert (Krisen in der Wahrnehmung wahrscheinlicher macht), andererseits den Modus bestimmt, über den die Krisen wieder in die eigenen Welt- und Selbstverhältnisse integriert werden. Das Erfahrungskonzept Deweys bestimmt damit einerseits seinen sehr umfassenden Begriff der Demokratie, andererseits auch seine Auffassung von Schule und curricularem Unterricht. Als Vertreter einer Philosophie des Pragmatismus bindet Dewey Lernprozesse zurück an die ständige Neubestimmung des Verhältnisses von Lernenden und Lerngegenstand durch die konkrete Erfahrung. Unsicherheiten bzw. Störungen werden damit zum Generator für Lernprozesse in der praktischen Auseinandersetzung der Lernenden mit ihrer Welt. Eine reflektierte Erfahrung – also das Wahrnehmen einer Unsicherheit und die Neuordnung dieser Erfahrung – bringt einen Lernenden nach Dewey immer an einen anderen Punkt als den, an dem er sich vor dieser Erfahrung befunden hat. Dieses „konkrete Denken", wie Dewey es bezeichnet, muss sich auf konkrete Handlungen des Subjekts beziehen und findet am wahrscheinlichsten dann statt, wenn es sich nicht um mechanische und routinemäßige Tätigkeiten handelt, sondern um problematische und unsichere Situationen. Damit ist Lernen immer ein Lernen in der *Unmittelbarkeit und Relationalität von Erfahrungen* (vgl. Klausner 2015: 54).

Ausgehend von Dewey werde ich jetzt einen weiten Bogen zu modernen praxistheoretischen Ansätzen schlagen, wie sie bspw. Thomas Alkemeyer und Nikolaus Buschmann für die Praxistheorie über den Begriff der Subjektivierung argumentativ dargelegt haben. Der practice-turn umfasst eine Reihe von „Blickwinkelverschiebungen" in den Sozialwissenschaften, die zum Ziel haben die *Praxeologisierung des Sozialen*, so Robert Schmidt (2012), empirisch sichtbar zu machen. Dabei geht es darum, zu schauen, „wie soziale Ordnungen im praktischen Zusammenspiel von Körpern, Dingen und Artefakten erzeugt, aufrechterhalten und verändert werden" (Alkemeyer/ Buschmann 2016: 116). Diese Blickrichtung zeigt ein verändertes Verhältnis von Wissen und Sozialität. Wissen zeigt sich dann an „skilled bodies" (ebd.: 120), die z. B. in der Lage sind, in einem Beratungsgespräch zum passenden Zeitpunkt eine Frage anzubringen, oder in der praktischen Anleitung von Müttern beim Wickeln und Füttern selbst zu zeigen, wie dies geschehen kann. „Aus Sicht der Praxistheorie und im Gegensatz zum Mentalismus seien Wissen und seine Formen nicht praxisenthoben als Bestandteil von Eigenschaften von Personen, sondern immer nur in Zuordnung zu einer Praktik zu verstehen und zu rekonstruieren", so Andreas Reckwitz (2003: 292) in seinem Aufsatz zu den Grundelementen einer Theorie sozialer Praktiken. Praxis gerät damit als prozessuale Herstellungsleistung von innen heraus in den Blick. Alkemeyer und Buschmann plädieren daher für eine (1.) Multiperspektivität, die Soziales aus der konkreten Teilnehmerperspektive heraus (wobei hier Teilnehmer nicht im Sinne Stefan Hirschauers als ‚Partizipanden des Tuns' verstanden werden müssen) erkundet und gleichzeitig den Wahrnehmungsfokus immer wieder hin zur (2.) Multipositionalität des Sozialen aus einer „Theaterperspektive" in den Blick nimmt. Die wechselseitige Bezugnahme beider Perspektiven aufeinander ermöglicht dann eine reflexive Beobachtung, die durch einen gewissen epistemologischen Bruch gekennzeichnet sei. Die Kontingenz sozialer Praktiken wird in diesem Wechselspiel immer wieder deutlich und verdeutlicht die Produktivität dieser differierenden Wahrnehmungsfoki:

> „Wird Praxis als ein im Voraus strukturiertes Geschehen begriffen, dann haben ihre Handlungsträger den Status bloß abhängiger, dieses Geschehen routiniert am Laufen haltender Größen. Wird sie hingegen als ein von Unsicherheit, Unvorhersehbarkeit und widersprüchlichen Bedingungen gekennzeichnetes, gegenseitiges Vollzugsgeschehen aufgefasst, dann treten die ‚lokalen Bewältigungsanstrengungen' (Brümmer 2015: 69) der Teilnehmer in den Vordergrund: das in ihren Tätigkeiten sich zeigende Wissen und die Kreativität, die erforderlich sind, um mit der Kontingenz der Praxis klar zu kommen, die durch ihre Positioniertheit bedingte Heterogenität ihrer Perspektiven auf das Gesamtgeschehen sowie die Tatsache, dass die Folgen jeder ihrer Aktivitäten ungewiss sind" (Alkemeyer/Buschmann 2016: 124 f.).

Resümiert man diese differierenden Ansätze, wird deutlich, dass eine Sichtweise auf Bildungs- bzw. Lernprozesse präsentiert wurde, die einerseits an den eigenen Erfahrungen Lernender anknüpft, ihre Teilnehmendenperspektive in den Blick nimmt und Unsicherheiten zum Ausgangspunkt reflexiver Veränderungen des eigenen Selbst- und Weltverhältnisses macht. Andererseits wird mit der veränderten Relation von

Praktiken und Theorie in praxistheoretischen Ansätzen deutlich, dass Wissen nie praxisenthoben ist und sich eine Veränderung von Wissen im Kontext von Praktiken zeigt und erworben wird. In allen Ansätzen sind Krise und Unsicherheit der Ausgangspunkt *von* und *für* Reflexion.

Im praktischen Studiensemester werden Studierende nun mit der Praxis in konkreten Organisationen der Sozialen Arbeit über einen Zeitraum von zwanzig Wochen konfrontiert. Ein ethnographischer Zugang zur Praxis ermöglicht dabei die im Zuge der Einsozialisation als *Novize der Sozialen Arbeit* gemachten Erfahrungen sowohl aus der Teilnehmerperspektive in den Blick zu nehmen (das Selbst zu fokussieren) als auch aus der Theaterperspektive die Choreographien des Sozialen (z. B. professionelles Handeln etc.) zu erkunden. Organisationen als gesellschaftliche Strukturen der Bearbeitung und Absorption von Unsicherheit (Schule als Herstellung einer gemeinsamen Wissensbasis und Ausgangspunkt gesellschaftlich tradierter Werte und Einstellungen etc.) stellen dabei ein Betätigungsfeld für Studierende im Praxissemester dar, in dem sie exemplarisch mit Unsicherheit konfrontiert werden. Folgt man an dieser Stelle der organisationssoziologischen Forschung im Anschluss an Niklas Luhmann, wird deutlich, dass Organisationen als zentrale Funktion die Unsicherheiten absorbieren sollen, indem sie Informationen im System erzeugen, welche die Autopoiesis der Organisation am Laufen halten. Für Luhmann ist dies an die Form der Kommunikation in Organisationen – die Kommunikation von Entscheidungen – gekoppelt: „Die Autopoiesis von Organisationssystemen läuft also über Unsicherheitsabsorption. Unsicherheitsabsorption ist demnach nur ein anderer Begriff für die systeminterne Erzeugung von Information, und zwar, […], Information nicht über die Umwelt (nicht als systeminternes Kopieren von Umweltzuständen), sondern über die Unwahrscheinlichkeit systemeigener Einschränkungen des Spielraums anderer Möglichkeiten" (Luhmann 2006b: 185). Dabei zeigt sich im Prozess des professionellen Handelns immer wieder, dass Unsicherheit nicht vollkommen bewältigt werden kann, sondern im Falle von professionellen Interventionen auch nach der Intervention Unsicherheit darüber herrscht, ob das entsprechende beabsichtigte Ziel erreicht werden kann. Für Luhmann war deshalb auch klar, dass Vereinfachungen und Weglassungen in Entscheidungsprozessen die Funktion haben, den „echten Schein von Eindeutigkeit" (ebd.: 191) herzustellen. Unsicherheit wird weiter mitgeführt. Diese Erfahrungen im Praxissemester – einerseits ausgehend von der professionellen Tätigkeit der Sozialarbeiter*innen, andererseits ausgehend von der spezifischen Funktionsweise von Organisationen (nicht nur der Sozialen Arbeit) – können über die Hereinnahme der Subjektivität der Studierenden in den Prozess des forschenden Zugangs zur Praxis reflektiert werden, was im Folgenden aufgezeigt wird.

Subjektivität im forschenden Zugang zur Praxis – konstruktivistische Prämissen

An der Schnittstelle der Verbindung von wissenschaftlichem Wissen mit handlungspraktischem Wissen, so könnte jetzt ausgehend von der bisherigen Thematisierung argumentiert werden, geht es also darum, sich selbst und die eigenen Wahrnehmungsmöglichkeiten im Prozess der praktischen Herstellung von Wirklichkeit zu erproben, das eigene Selbst- und Weltverhältnis in den Blick zu nehmen, Krisen und Unsicherheiten als Lernanlässe zu sehen und im Zuge einer praktischen Einsozialisation den Zugewinn von Befähigung in Praktiken zu beobachten. Erfahrung in ihrer Unmittelbarkeit und Relationalität gerät dann in der jeweiligen Subjektivität perspektivisch gebrochen in den Blick.

Subjektivität wird gemeinhin eher aus der wissenschaftlichen Beschäftigung ausgeblendet. Die Offenlegung von subjektiven Anteilen wird zwar forschungsmethodologisch gefordert (Behse-Bartels/Brand 2009: 14), forschungspraktisch allerdings als Objektivitätsillusion eher kultiviert. Katja Mruck und Franz Breuer haben in ihrer Einleitung in einer Schwerpunktausgabe der FQS zum Thema „Subjektivität und Selbstreflexivität im qualitativen Forschungsprozess" (2003) ebenjene Frage gestellt: „Warum ist es so schwer, möglichst präzise und für andere nachvollziehbar ‚von uns selbst' – von unseren Vorannahmen und Wahlen, von unserem Erleben und Handeln im Forschungsprozess – zu sprechen?" (ebd.). Die Autoren resümieren hierzu, dass es so schwer sei, „weil die Forderung nach dem Ausschluss der Subjektivität der Forschenden einer der zentralen Imperative der wissenschaftlichen Neuzeit [...] [sei], der sich durch Wissenschaftstheorien [von Francis Bacon über Kant, Reichenbach und Popper] in die methodische Praxis der Einzeldisziplinen, in wissenschaftspolitische Steuerungs- und Sanktionsprozeduren und schließlich auch in unsere Köpfe, Herzen und Körper durchzusetzen vermocht [habe]" (ebd.). Als beinahe idealtypischstes Beispiel einer vom Forschungssubjekt nicht befleckten Wissenschaft wird immer wieder auf die quantitative empirische Forschung verwiesen, die sich durch ihre *Orientierung am* bzw. *Nähe zum* naturwissenschaftlichen Modell von Forschung in die Zone objektiver Erkenntnis erheben könne. Moderne wissenschaftstheoretische und vor allem konstruktivistische Abhandlungen konfrontieren diese Vorstellung als kultivierte Illusion, so Hans-Jörg Rheinberger in seiner „Epistemologie des Konkreten" (vgl. Rheinberger 2006), für die Wissenschaftsgeschichte und – ethnographie Karin Knorr-Cetina in „Die Fabrikation von Erkenntnis" (Knorr-Cetina 1984), Bruno Latour mit seiner Ausformulierung der Akteur-Netzwerk-Theorie (Latour 2005; 2007 Bellinger/Krieger 2006) sowie Wolfgang Bonß mit seinem Band zur „Einübung des Tatsachenblicks" (Bonß 1982). Darüber hinaus lassen sich die klassischen Vertreter der konstruktivistischen Theorie hier anführen, wie z.B. Humberto Maturana und Franzisco Varela (Maturana/Varela 2015), Ernst von Glasersfeld mit seinem Radikalen Konstruktivismus (vgl. Glasersfeld 1997) sowie die Vertreter der Wissenssoziologie von Karl Mannheim (vgl. Mannheim 1980) bis Peter Berger und Thomas Luckmann (vgl. Berger/Luckmann 2007). Allen diesen Ansätzen ist gemein, dass sie die Idee des Forschungsprozesses und der Erkenntnisgenerierung ohne *subjektive Verunreinigung* als illusionär ablehnen. Vielmehr müsse gelten, was Brigitte Rauschenbach (1996) in Abgrenzung zur Popperschen Idee formulierte: „von uns selbst aber sprechen wir", nämlich die Wiedereinführung des Erkenntnissubjekts in die Wissenschaft (zit. n. Mruck/Breuer 2003: Kap. 2).

Die bislang im Kontext von Erfahrung und Unsicherheit formulierten Ideen zeigen. deutlich, dass die Subjektivität der Forschenden – und im Zuge des praktischen Studiensemesters die Subjektivität der/des Studierenden im Prozess des forschenden

Zugangs zur Praxis der Sozialen Arbeit – bewusst in den Fokus der Aufmerksamkeit gerückt werden muss, da es sich bei der Konfrontation mit dieser Praxis im Praxissemester gleich um mehrere perspektivische Brüche handelt, deren Reflexion nur ausgehend von der subjektiven Erfahrung erfolgen kann. Die ersten drei Brüche beziehen sich auf die Subjektivität der Forschenden während der vierte Bruch auf die Subjektivität der Informanten der Ethnographie abzielt:

(1) *Vorurteile erster Ordnung*: Brechung anhand der eigenen biographischen Erfahrungen, Hintergründe, Vorstellungen, Einstellungen etc.
(2) *Vorurteile zweiter Ordnung*: Brechung wissenschaftlich idealtypischer Vorstellungen
(3) *Praktiken und Befähigung*: Brechung in der Relationierung von wissenschaftlichem Wissen und handlungspraktischem Wissen
(4) *Informanten*: Brechung anhand der Subjektivität der Bewohner*innen, Klient*innen, Patient*innen, Professionelle

Um Subjektivität derart in den Blick rücken zu können, bedarf es dann eines Vorgehens, das es ermöglicht, über diese Erfahrungen in einem methodisch und hochschuldidaktisch strukturierten Rahmen zu sprechen – es uns quasi vereinfacht, über uns selbst zu sprechen. Diesen Rahmen bieten ein forschender Zugang im Sinne einer konstruktivistisch inspirierten Hochschuldidaktik sowie die ethnographische Forschung im Besondern mit ihren methodologischen Annahmen und Reflexionen im Zuge der „Krise der Repräsentation" (vgl. Berg/Fuchs 1993). Den Nutzen des Einbezugs von Subjektivität in z. B. ethnographische Forschungen kann man bereits sehr deutlich in den Anfängen der „Explorativen Sozialforschung" (vgl. Gerdes 1979) erkennen. Eliot Liebow berichtet von seiner Studie im Washington D.C. der 60er Jahre, in der er als Sohn eines Kolonialwarenhändlers gewohnt war, die in Amerika zur Zeit seiner Forschung vorherrschende Rassenfrage nicht zum alles bestimmenden Umstand werden zu lassen, sondern täglich von neuem Kontakte und Freundschaften mit „schwarzen Männern, Frauen und Kindern" (Liebow 1979: 17) pflegte. In seiner Forschung beschreibt er dann, wie er eine Beziehung zu den Bewohnern des von ihm besuchten Stadtviertels aufbaute, sich dabei als Person immer wieder exponierte und seine biographischen Erfahrungen im Umgang mit andersfarbigen Menschen ihm den Zugang in diesem Viertel nicht versperrten, sondern eröffneten.

Auch in der Sozialen Arbeit wird die Ethnographie als Zugangsmethode zu z. B. Normalitätsvorstellungen und sozialer Differenzierung anhand der eigenen subjektiven Erfahrungen der im Feld verstrickten Forschenden thematisiert, wie dies Chantal Munsch aufgezeigt hat (Munsch 2015). Das Praxissemester und die Einbindung der Studierenden in die Abläufe in der Praxis machen die Auseinandersetzung mit sich selbst notwendig. Kim-Patrick Sabla hat dies in seiner Einführung zum „Forschenden Lernen in der Praxis der Sozialen Arbeit" (Sabla 2017) anhand einer exemplarischen Situation einer Studentin im Praktikum wie folgt beschrieben:

„In einer Tagesgruppe möchte eine Studentin im Rahmen ihres Praktikums und mithilfe der Teilnehmenden Beobachtung die Essenssituation für die Jungen und Mädchen, die zu der Gruppe gehören, beforschen. Die Forscherin taucht in die Situation ein, indem sie sich mit den Besucherinnen der Tagesgruppe in die Gruppentische setzt und die Mahlzeit gemeinsam mit ihnen einnimmt. Alle gewonnenen Eindrücke, sowohl durch Gespräche, Gerüche, Gefühle als auch den Geschmack des Essens, werden dokumentiert und zur späteren Beschreibung und Analyse herangezogen. Dazu mag dann auch die Notiz im Forschungstagebuch der Studentin gehören, dass das Essen kaum genießbar war [...]" (ebd.: 41 f.).

Die gemachte Erfahrung kann dann zur Ausgangsbasis einer Reflexion genommen werden, die in einer Oszillationsbewegung immer wieder zwischen den Polen Nähe und Distanz pendelt und dabei sowohl die eigenen Vorurteile 1. Ordnung, wissenschaftliche Vorurteile 2. Ordnung als auch professionelle Praktiken und die eigene Befähigung kritisch prüft. Die eigene Rolle im Feld als Studierende im Praxissemester – weder voll handlungsfähig noch total handlungsunfähig, weder komplett verantwortlich noch vollkommen unverantwortlich – verdeutlicht darüber hinaus die unsichere Position, in der sich Studierende im Zugang zur Praxis der Sozialen Arbeit befinden (vgl. Bachmann 2009), die aber noch ergänzt wird um die Unsicherheiten, mit denen professionelle Sozialarbeiter*innen im Kontext ihrer Tätigkeit in den Organisationen der Sozialen Arbeit konfrontiert sind (eigenes biographisches Involviert-Sein und Orientierung für Klienten geben zu sollen, die die Orientierung verloren haben (vgl. Brand 2009: 56 f.).

Gerade an der Komplexität professioneller Arbeitsfelder und Handlungspraxen zeigt sich, wie sehr die Aufmerksamkeit der Studierenden am Beginn des Praxissemesters und des Einstiegs in die professionelle Praxis eingegrenzt werden muss. Dies hängt sehr stark mit jenem epistemologischen Ausgangspunkt zusammen, den Franz Breuer Konstruktionismus genannt hat und den er für die Sozialforschung als unhintergehbar ansieht (vgl. Breuer 2003: Kap. 1):

(1) Standpunktgebundenheit der Erkenntnis – räumlich sowie metaphorisch. Wahrnehmung erfolgt immer aus einer bestimmten Position heraus, die das epistemologische Subjekt innehat bzw. einnimmt, so Breuer (ebd.).
(2) Kabinenhaftigkeit der Erkenntnis bzw. Wahrnehmung – Wahrnehmung erfolgt aus einem sich in sich selbst bewegenden System (Autopoiesis), was für das wahrnehmende System nicht wahrnehmbar ist (blinder Fleck)
(3) Sinnesgebundenheit; Konzept-/Schema-/Sprachgebundenheit; Instrumentengebundenheit der Erkenntnis – konstruktivistisch können die Sinne nur jene Eindrücke verarbeiten, die in ihren Bereich fallen. Damit geht einher, dass es für die jeweiligen Sinne Wahrnehmungsschemata gibt, in denen wir wahrzunehmen gewohnt sind und Sinneseindrücke, die entweder zu diesen Schemata passen oder nicht.
(4) Interaktivität zwischen Erkenntnis-Subjekt und -Objekt bzw. die Interventionshaftigkeit des epistemologischen Subjekt-Objekt-Kontakts – jede Beobachtung in jedem sozialen Kontext verändert den Gegenstand der Beobachtung (ebd.).

Aus diesen Grundprämissen ist ersichtlich, dass Studierende beim Einstieg in die Praxis die beobachtete Situation sehr stark in ihrer Komplexität reduzieren müssen, um diese überhaupt bewältigen und verarbeiten zu können. Diese Aufmerksamkeitsfokussierung zeigt einerseits die Konstruiertheit und Limitiertheit jeder Erfahrung – vor allem aber der anfänglichen Erfahrung. Andererseits gibt diese Komplexitätsreduktion einen Einblick in die Struktur und den Aufbau bisheriger Wahrnehmungsschemata. Die spezifische Art und Weise, wie Studierende am Beginn ihres Praxissemesters Situationen wahrnehmen, beschreiben und beurteilen, verweist als Selektion in der Kommunikation auf die hinter der Selektion liegende Redundanz – also die Ordnungsstrukturen ihrer Wahrnehmungsschemata –, wie dies Dirk Baecker (vgl. Baecker 2007: 21 f.) kommunikationstheoretisch formulierte. Wird diese Wahrnehmung kommuniziert, können Dritte einen Einblick in die eigenen Wahrnehmungsmöglichkeiten erhalten. In der ethnographischen Methodologie kann hier an eine lange Theoriediskussion angeschlossen werden, die rund um die Frage der ethnographischen Autorität kreiste und sich in der „Krise der Repräsentation" (Berg/Fuchs 1993) Ausdruck verlieh. Hierzu schreibt Franz Breuer: „Selbst wissenschaftliche Disziplinen und Traditionen, die sich (Selbst-)Reflexivität als Erkenntnismaxime programmatisch auf die Fahnen geschrieben haben, zeigen in ihrer Geschichte oftmals, dass ihre Vertreter und Vertreterinnen nur die Erkenntnis, die Weltsichtweisen der anderen für ‚relativ', ‚kulturgeprägt' etc. halten. Nie oder selten bzw. historisch erst spät ist ihnen die Relativität der eigenen Erkenntnis und Weltsichtweise aufgefallen" (Breuer 2003). Ähnliches konstatiert Barbara Friebertshäuser, wenn Sie für die Pädagogik deutlich macht, dass die „Kultur der Pädagogik" (Friebertshäuser 2008: 58 f.) – also jene Vorstellungen von Pädagog*innen und Sozialarbeiter*innen über z.B. die Rolle einer guten Mutter, den Ablauf und die Gespräche eines Familienessens, Interaktions- und Kommunikationsformen im familiären Konflikt – kulturell, historisch und zeitlich bedingt normativ aufgeladen ist. Dies, so Friebertshäuser, sei in der Forschung und Praxis der Sozialen Arbeit viel zu wenig reflektiert, zumal hierüber Kriterien generiert werden, die über Lebenswege entscheiden.

Diese und ähnliche Fragen hat die Debatte um die Krise der Repräsentation aufgegriffen und maßgeblich dazu beigetragen, dass die ethnographisch Forschenden sich mit der unbequemen Frage auseinandersetzen mussten, was sie (selbst nach einem Feldaufenthalt) dazu berechtigt, *für* die Bewohner, der von Ihnen besuchten Welten, zu sprechen. Authentizität wurde gemeinhin vor der Krise der Repräsentation unterstellt, da man (als Forscher*in) eine ausreichend lange Zeit im Untersuchungsfeld selbst anwesend war. Die Zitation von eigenen Beobachtungen in Form von schriftlich fixierten Protokollen bzw. Mitschriften von Gesprächen galten als *quasi objektiv gültiges Datenmaterial.* In diesem Kontext formierte sich die sogenannte. writing-culture Debatte (vgl. Emerson/Fretz/Shaw 1995), die vor allem das Schreiben des Ethnographen im Feld sowie nach dem Feldaufenthalt in den Blick nahm. Neben der writing-culture-Debatte soll hier vor allem auf Kathy Charmaz und Richard Mitchell aufmerksam gemacht werden. Charmaz/Mitchell (1996) sprachen vom Mythos schweigsamer Autorenschaft und argumentierten, dass die Skepsis gegenüber geäußerten Meinungen der Autor*innen so groß sei, dass diese in ihren Texten lieber so täten, als würde es sie gar nicht geben. Die Sichtbarkeit des Autors werde in der Regel als ein Hinweis für eine nicht so große Bedeutsamkeit des Textes gewertet (ebd.: 286). An einigen Beispielen machen sie dann deutlich, wie wichtig Sinneseindrücke und Gefühle in einer erlebten

Situation sein können, um die Beschreibungen der Situation ex post nachvollziehen zu können. Sie resümieren am Ende ihres Aufsatzes, dass die Tilgung von Autor*innen aus dem Text uns auch keine klareren und wahreren Geschichten erbrächte.

Für Helga Kelle stellen daher Beobachtungen und Protokolle der eigenen Beobachtungen „Subjektive Verdichtungen des Beobachteten" (Kelle 2001: 196) dar. Ihre Subjektivität haftet an ihnen. Ob man dies allerdings als Problem ansehen mag oder als Chance begreift, wie dies z. B. modernere Ansätze der Ethnographie tun – hier sei verwiesen auf ethnographische Formen wie die Autoethnographie (vgl. Hitzler et al. 2016) –, muss nach dem jeweiligen Kontext und den Möglichkeiten, überhaupt Erkenntnisse generieren zu können, entschieden werden. Für den Bereich des Praxissemesters in der Sozialen Arbeit ist die subjektive Färbung der eigenen Beobachtung und Beschreibung ein Glücksfall, der es ermöglicht, ebenjene subjektiven Wahrnehmungsschemata und -begriffe in den Blick zu nehmen, die die Kultur der Pädagogik begründen (vgl. Freis 2018). Damit kann an die didaktische Schreibforschung angeschlossen werden, die mittlerweile auch in der deutschen wissenschaftlichen community die Potenziale autoethnographischen Schreibens für die Selbstreflexion im Rahmen der Hochschuldidaktik aufgegriffen hat. Gabi Reinmann und Tobias Schmohl haben dies in einem Aufsatz aufgearbeitet und verdeutlichen, dass die Autoethnographie den Fokus der Reflexion auf einer anderen Ebene setze als die klassische Ethnographie:

> „Während also im Zuge ethnografischer Forschung eine soziale Interaktion im Fokus steht, setzt autoethnografische Forschung eine Ebene drüber an: ‚Autoethnography requires that we observe ourselves observing, that we interrogate what we think and believe, and that we challenge our own assumptions' (Ellis, 2013, S. 10). Mit anderen Worten: Ethnografen interagieren als teilnehmende Beobachter im Feld und halten dabei ihre Erfahrungen fest. Autoethnografen konzentrieren sich primär auf die eigenen Erfahrungsprozesse auf einer Meta-Ebene: Sie beobachten, analysieren und dokumentieren folglich auch das eigene Forschen" (Reinmann/Schmohl 2016: 2).

Die „autoethnografische Selbstreflexion" (ebd.) könne im hochschuldidaktischen Prozess zu persönlichen Einstellungsänderungen und zur Erweiterung kultureller und sozialer Verständnisse der betrachteten Gegenstände führen, so Reinmann und Schmohl (vgl. ebd.) Dies eröffne eine neue Stufe der Reflexivität, da die eigenen Erfahrungen im Hinblick auf ihren Konstruktionscharakter in den Blick geraten und somit in einen anderen Sinnzusammenhang gesetzt und erneut (re-)konstruiert würden (vgl. ebd.: 3). An diese Idee der hochschuldidaktischen Nutzung wird in diesem Konzept angeschlossen und dies über die fünf Modi der Reflexion in Kap. 3 aufgezeigt.

Um nun zu schauen, welche Schwierigkeiten sich beim ethnographischen und autoethnographischen Schreiben ergeben, soll anhand der Verbalisierungswiderstände im Kontext der Thematisierung der Subjektivität von Schreibenden erörtert, werden, welche methodologischen Rahmungen hochschuldidaktisch in den Blick geraten.

Verbalisierungswiderstände in der eigenen Person

In der Ethnographie wird die Person als primäres Instrument der Datengewinnung (vgl. Breidenstein et al. 2013: 90) betrachtet. Um die damit in den Forschungsprozess hineingeholte Subjektivität sinnvoll und methodisch angemessen zu nutzen, plädiert Wolff für eine „disziplinierte Subjektivität" (Wolff 1999 zit. n. Hirschauer 2001: 439). Hierbei kann nicht darauf abgezielt werden, die einmal in den Forschungsprozess hineingeholte Subjektivität wieder auszugrenzen, sondern vielmehr einen reflektierten Umgang mit den subjektiven Komponenten der *Person als Forschungsinstrument* zu kultivieren. Auf sich selbst verwiesene ethnographische Beobachter*innen sind im Forschungsprozess methodisch darauf angewiesen, sich selbst zu beobachten und die eigenen Wahrnehmungsgewohnheiten, blinden Flecke, Unterscheidungs- und Bezeichnungsweisen zu reflektieren. Erst im Zuge dieses Prozesses der bewusstseinsmäßigen Differenzierung der eigenen Wahrnehmungsleistung ist es ethnographischen Beobachter*innen überhaupt möglich, Eigenes von Fremdem zu unterscheiden und dabei die eigenen, kulturell eingeschränkten Wahrnehmungsmöglichkeiten zu erweitern.

Dieser Erkenntnisfortschritt und die zunehmende Ausdifferenzierung der eigenen Fähigkeiten, das Geschehen im Feld einerseits zu beschreiben und andererseits zu analysieren, wird deutlich an dem von Hirschauer beschriebenen Phänomen der ‚Sprachlosigkeit' von Ethnograph*innen. Hirschauer nutzt hierzu das psychoanalytische Vorgehen in der Therapie, eigene Widerstände, Projektionen und Übertragungsphänome über eine genaue Selbstbeobachtung erkennbar zu machen und darüber Schlüsse über das Gegenüber zu ziehen (vgl. ebd.: 439). Beobachtung ist hier durch den unhintergehbaren Umstand des re-entry gekennzeichnet, den Luhmann für soziale und psychische Systeme postulierte (vgl. Luhmann 2006a: 80 ff.; 1990: 83 ff.). Fremdbeobachtung ist nur möglich, wenn gleichzeitig Fremdes und Eigenes voneinander unterschieden wird und die Beobachter*innen in die Unterscheidung eintreten, die sie selbst getroffen haben. Indem (teilnehmende) Beobachter*innen ins Feld eintreten, werden sie Teil des von ihnen Beobachteten und müssen als Beobachter 1. Ordnung (vgl. Förster 1993; 2006: 85 f.; Foerster/Pörksen 2011: 118 ff.) eine eigene Sprache entwickeln, um die Phänomene des Feldes beschreiben zu können. Eine derartige Verbalisierung – das zur Sprache bringen des Sozialen – erfordert Begriffe, die im Laufe des Feldaufenthaltes und der wiederholten Beobachtung geschärft werden. Der Prozess der Generierung von Wissen beginnt dabei bei jeder einzelnen Erfahrung, die über die Wahrnehmungsmöglichkeiten der ethnographisch Forschenden begrenzt wird. Eine methodische Distanzierung erscheint dabei sinnvoll, um die eigenen Erfahrungen der Reflexion zugänglich zu machen. Vollzieht man hier den Schritt von der Beobachtung 1. Ordnung zur Beobachtung 2. Ordnung, wird der Fokus der Beobachtung noch stärker auf die Selbstbeobachtung und das ‚Wie' der eigenen Wahrnehmung gelenkt. Eine derartige *organisierte Wahrnehmungsverschiebung* vom ‚was' der Beobachtung zum ‚wie' der Beobachtung ermöglicht die eigene Sprache und Beschreibung im Hinblick auf deren Angemessenheit zu prüfen und dabei sowohl das eigene beschreibende als auch das analysierende Begriffsinstrumentarium auszubauen (vgl. Hirschauer 2001: 440). Um die Möglichkeiten einer derartigen Reflexion aufzuzeigen, soll nun auf beiden Ebenen – also Beobachtung 1. Ordnung und 2. Ordnung – expliziert werden, welche Möglichkeiten für die Entwicklung der eigenen beschreibenden und analysierenden Beobachtungsgabe in ethnographischen Forschungszugängen bereitstehen. Die methodologische Verwiesenheit von Ethnograph*innen auf sich selbst wird in der Ethnographie nicht totgeschwiegen – als Makel ethnographischen Forschens –, sondern hat zu einer enormen Beschäftigung mit Fragen der Verbalisierung, Verschriftlichung und Auswertung geführt. Im Folgenden werden die Distanzierungen des Schreibens aufgezeigt und deren Institutionalisierung im Prozess der hochschuldidaktischen Ausgestaltung des Studiums am Lernort Praxis dargestellt:

(1) *Rückzug ins Schreiben im Feld* – Mit dem Rückzug zum Schreiben während des Feldaufenthaltes wird bereits ein erster Schritt der Distanzierung vom wahrgenommenen Geschehen getan. Der Rückzug zum Schreiben beinhaltet einerseits die Notwendigkeit, sich dem Strom der Ereignisse temporär zu entziehen, um andererseits einen Ausschnitt dieses Stroms – ein konkretes Ereignis – selektiv in den Blick zu nehmen und die eigene Aufmerksamkeit darauf zu verwenden, erste fieldnotes dieses konkreten Ereignisses zu erstellen.[23]

(2) *Rückzug in die Klausur der Schreibkammer* – Ein weiterer Schritt der Distanzierung und gleichzeitig notwendiger Schritt, um die eigenen Wahrnehmungen einer Analyse zugänglich zu machen, ist die Erstellung von Postscripts. Diese werden anhand der eigenen fieldnotes zu einer zusammenhängenden Darstellung des Wahrgenommenen gebündelt und können im komparativen Vergleich in eine dichte Beschreibung münden. Während die fieldnotes als Notizen der eigenen Situationswahrnehmung anzusehen sind, ist der Schritt ihrer Überführung in eine zusammenhängende Narration in Form des postscripts eine Übersetzung bzw. Transkription im Sinne Clifford Geertz und keine einfache Niederschrift (vgl. Hirschauer 2001: 432).[24] Diese Übersetzungsleistung in Form einer Darstellung als Protokoll ist nicht direkt in der Feldforschung zu leisten, sondern muss im Rückzug zum Schreiben anderswo geschehen. Ausgehend von der Hybridisierung der Darstellung in den fieldnotes ist es wahrscheinlich, dass auch die Darstellung im postscript „Spuren des Beobachters" (vgl. ebd.: 433) beinhaltet.[25]

(3) *Coming-home oder die Öffentlichkeit des Kollegenkreises und Schärfung der eigenen Sprache* – Die Ko-Präsenz ethnographischer Feldforscher*innen wird in regelmäßigen Abständen methodisch und systematisch unterbrochen, damit sie ihre Erfahrungen aus dem Feldaufenthalt, erste postscripts und analytical notes im Kollegenkreis

---

23 Damit verbunden ist gleichzeitig die konzeptionelle Idee, Studierende im praktischen Studiensemester nicht vollends als aktiv Handelnde in den Strom der Ereignisse einbinden zu lassen, damit die Relationierung von Theorie und Praxis in der temporären Distanzierung möglich bleibt. Eine derartige Relationierung bedarf eines Raumes der handlungsentlasteten Reflexion, der mit handlungspraktischen Erfahrungen gesättigt ist. Dies erscheint. weder rein in der Praxis noch rein in der Wissenschaft möglich, sondern bedarf beider Wissensformen und Erfahrungsmodi, die zueinander ins Verhältnis gesetzt werden müssen.

24 Im Anschluss an Stefan Hirschauer wird hier auch deutlich, dass z. B. technische Aufzeichnungen in Form von Transkripten oder Videomaterial zwar eine „Konservierung der ‚primären Sinnstruktur' eines Geschehens" (2001: 433) leisten, welche allerdings auch nicht ohne anschließende Übersetzungsleistungen auskommen, wie sie ähnlich auch in der Beschreibung teilnehmend Beobachtender im Feld vorkommt.

25 Dabei können sowohl Interpretationen der Beobachter als auch Auslassungen, Hinzufügungen, Akzentuierungen und Wendungen gemeint sein, die insgesamt auf den Wahrnehmungsprozess des Beobachters und dessen Konstruktion einer Darstellung verweisen (vgl. Hirschauer 2001: 433).

vorstellen und diskutieren können. Dabei können potenzielle Interpretationen und Vorwissen der Forschenden in den Protokollen wahrgenommen und thematisiert, eigene Eingebundenheiten und Positionierungen im Feld sowie die verwendeten Unterscheidungs- und Bezeichnungspraxen reflektiert werden. Ziel dieses wiederholten, methodisch institutionalisierten Schrittes ist es, die eigene Wortwahl und Sprache im Prozess der Repräsentation des Beobachteten zu schärfen.

Die hier aufgezeigten Strategien und methodischen Rahmungen einer choreographierten Erfahrung im Sinne der organisierten Aufmerksamkeitsverschiebung werden unterstützt durch den Prozess der Verschriftlichung. Eigene Erfahrungen müssen aufgrund der Komplexität des Beobachteten und der fehlenden Selektivität des Beobachtungsinstrumentes ‚Forschende' bzw. ‚Studierende' seitens der Forschenden fokussiert werden (vgl. ebd.: 441). Ohne diese notwendige Fokussierung bzw. Eingrenzung der Beobachtungserfahrung auf bestimmte Kanäle (Sehen, Riechen, Schmecken, Hören, Tasten) stellt sich die Bandbreite der jeweiligen Sinneseindrücke als zu komplex heraus, um mit der gemachten Erfahrung umgehen zu können.

Dabei sind Studierende mit den klassischen Problemen des ethnographischen Schreibens konfrontiert, wie sie Stefan Hirschauer in seinem Aufsatz „Ethnografisches Schreiben und die Schweigsamkeit des Sozialen" (2001) zusammenfasst und vorführt. Dabei macht er deutlich, dass gerade das ethnographische Schreiben für die Schweigsamkeit des Sozialen – und in unserem Kontext könnte man noch hinzufügen, die Verbalisierung der existenziellen Eingebundenheit der Studierenden in den Prozess der Identitätsfindung als zukünftige Sozialarbeiter*in – als Bezugsproblem der Ethnographie eine Lösung darstelle (vgl. ebd.: 430). Schreiben bringe zur Sprache, was vorher nicht Sprache gewesen sei. Folgt man dieser Argumentation, wird im Anschluss an Stefan Hirschauer deutlich, dass Beschreiben als komplexe soziologische Kulturtechnik verstanden werden muss, die eines verbalisierenden Artikulierens bedarf (vgl. ebd.: 430). Schreiben ist dann mehr als nur die Verhinderung, das Erfahrene zu vergessen und mehr als nur die Herstellung einer legitimen Sprecherposition. Im Zuge dieser Fokusverschiebung wird ethnographisches Schreiben zu einer notwendigen Konstruktionsleistung formulierender Ethnograph*innen. Sie stellen der Beschreibung des Feldes und ihrer Erfahrungen ihre eigenen sprachlichen Kategorien zur Verfügung, um den Eindrücken des Feldes zum Ausdruck zu verhelfen (vgl. Hünersdorf 2012: 47f.). Die emergierende Ordnung des Erfahrenen nutzt den „Code des Wirtssystems" (vgl. ebd.), um über dessen Unterscheidungen und Operationen eine Struktur aufzubauen, die auch von anderen nachvollzogen werden kann. Die Unterscheidungen und Operationen, von denen Bettina Hünersdorf hier im Anschluss an systemtheoretische Ideen spricht, sind demnach noch immer den produzierenden Ethnograph*innen und deren prinzipiell unhintergehbarer Standortgebundenheit des Denkens verhaftet. Dies stellt die Grundlage für den Prozess der professionellen Identitätsbildung dar, da die eigenen Eindrücke über die Verbalisierung relevanten Dritten zur Verfügung gestellt werden können und Studierende sich selbst und sich wechselseitig in ihren Unterscheidungs- und Bezeichnungspraxen in den Fokus rücken können. Auf welche Weise dies in der vorliegenden Konzeption umgesetzt wird, dazu mehr in Kapitel 3.1; 3.2.

Darüber hinaus ist jede Beobachtung des Sozialen auf dessen Ereignishaftigkeit und Temporalität verwiesen, die in Form von Tonbändern, Transkripten, Protokollen und Felddokumenten eingefangen werden kann. Hirschauer verweist hierbei auf zwei Effekte des Schreibens: Erstens die Fixierung – einem Anhalten der Zeit, die eine wiederholte Betrachtung ‚desselben' (das die Fixierung konstituiert) erlaubt. Zweitens eine Dehnung der Zeit, die durch die schriftliche Entfaltung der eigenen Erfahrung möglich wird (ebd.: 441). Im Prozess der Verschriftlichung der eigenen Erfahrung ist dabei die Aufmerksamkeit der Schreibenden auf die selektiv wahrgenommenen Eindrücke aus der Beobachtungssituation fokussiert und die eigenen Wahrnehmungskanäle müssen priorisiert werden (wobei häufig zu beobachten ist, dass gerade jene am wenigsten sprachlich präfigurierten Kanäle am ehesten aus der eigenen Beschreibung herausgelassen werden[26]). Die Fokussierung auf die eigenen Erfahrungen leitet in die Verarbeitung der Erfahrung und die differenzierte Verbalisierung der eigenen Wahrnehmungserfahrung ein. Hirschauer nutzt die Begrifflichkeit des „Ruminierens" – des Wiederkäuens –, um zu verdeutlichen, dass die Ethnographie das Schreiben als Funktion der Aufmerksamkeitsfokussierung nutzt und über die Verschriftlichungspraxis in das analytische Verstehen der eigenen Wahrnehmungserfahrung einsteigt. Hierzu schreibt Hirschauer:

„Das Schreiben fixiert die Aufmerksamkeit erneut auf ein Ereignis und intensiviert die Erinnerung: Das schreibende Memorieren ist ein ‚Ruminieren' (Wiederkäuen)" (ebd.: 441).

Die in diesem Prozess sich formierende Materialisierung der eigenen Erfahrung in Form eines schriftlichen Protokolls erlaubt es Ethnograph*innen, den eigenen Wahrnehmungseindruck und die darin sich dokumentierenden Unterscheidungs- und Bezeichnungspraxen in den Blick zu nehmen und somit den eigenen blinden Fleck der Beobachtung zu fokussieren. Darüber hinaus gibt die Materialisierung als Protokoll aber auch noch die Möglichkeit, die Spezifität der eigenen Erfahrung mit anderen zu teilen und somit die Perspektiven und Beobachter der eigenen Beobachtung zu vervielfachen. Nicht zuletzt sei auch darauf verwiesen, dass über die Verschriftlichung der eigenen Beobachtungen ein Materialkorpus anwächst, welcher die Möglichkeit des komparativen Vergleichs eröffnet und somit situations- und erfahrungsgesättigt eine Ausdifferenzierung der eigenen Beobachtungs- und Verbalisierungsmöglichkeiten erlaubt.

Der *Erfahrung des Schreibens* scheint im Zuge der Ausdifferenzierung der eigenen Wahrnehmungs- und Verbalisierungsmöglichkeiten eine große Bedeutung zuzukommen. Eine Professionalisierung im Studium der Sozialen Arbeit kann die mit dem Prozess des Schreibens verbundenen Notwendigkeiten des (1) Sich-selbst-Fokussierens, (2) des zeitlichen Reorganisierens der eigenen Wahrnehmungserfahrung sowie (3) der Verarbeitung der Erinnerung aufgreifen und methodisch einsetzen.

---

26 Dies zeigt sich vor allem, wenn olfaktorische (Geruch und Geschmack) und den Tastsinn betreffende Eindrücke nicht verbalisiert werden, da das entsprechende Begriffsinstrumentarium nicht differenziert genug ausgeprägt ist.

Bettina Völter (2013) macht ethnographische Praxisprotokolle und Erzählungen in Anlehnung an Gerhard Riemann (2005; 2011) als Möglichkeit stark, professionelles Handeln wahrnehmen und reflektieren zu können. Dabei macht sie ebenfalls auf den Umstand aufmerksam, dass Erzählungen und Situationen aus der Berufspraxis als Möglichkeit für Hochschulen angesehen werden können, einen Einblick in die Berufspraxis zu erlangen und diesen Einblick für eine Reflexion und Analyse des professionellen Handelns zu nutzen (vgl. Völter 2013: 23). Sie resümiert: „Insofern sind Nacherzählungen von professioneller Praxis eine hervorragend praxisnahe Quelle im Studium der Sozialen Arbeit" (ebd.). Bettina Völter deutet die Möglichkeit des schriftlichen Niederschreibens von Erfahrungen einerseits als sensibilisierend, in dem Sinne, dass eine Verschriftlichung ein „erinnerndes Revuepassierenlassen", Präzision und eine dichte Darstellung (ebd.) notwendig mache. Gleichzeitig deutet sie das Niederschreiben der situativen Erfahrung als entlastend. Je nach erlebter Situation könne das in oder nach der Situation empfundene Gefühl in einer gewissen Distanz einer Analyse zugänglich gemacht werden. Damit greift sie eine Funktion des ethnographischen Schreibens auf, die als *Distanzierung durch Verschriftlichung* gefasst wird (vgl. Amann/Hirschauer 1997: 29ff.; Breidenstein et al. 2013: 94ff.).

Mit Bezug auf professionalisierungstheoretische Ideen lassen sich dabei unterschiedliche Ebenen voneinander unterscheiden, die anhand ethnographischer Praxisprotokolle in den Blick geraten können. Bettina Völter zeigt hier fünf Bereiche auf, die durch ethnographische Protokolle sichtbar gemacht werden können:

(1) Sichtbarmachen des „verborgenen Sinns eines auffälligen Handelns, eines empfundenen Misserfolgs, eines Unbehagens etc." (Völter 2013: 24). Ausgehend von beschriebenen *Einzelsituationen* können somit in der erlebten Situation nicht transparente (Handlungs-)Logiken erkannt sowie die erlebten Gefühle thematisiert werden.

(2) *Aufeinander aufbauende Protokolle* (im Sinne einer verbalisierten Erlebnisaufschichtung) können Einblicke in einen Fallverlauf oder einen pädagogischen Prozess bieten. Hierbei ist es möglich, die Eigenlogik des Falles in seiner Historizität zu beschreiben und zu analysieren, indem mehrere Situationen aus der Praxis, die sich auf ein verbindendes Gemeinsames beziehen, zueinander in Relation gesetzt werden. Im Sinne der in Kap. 1 dargestellten Praktikenorientierung könnte dies auch die wiederholte Beobachtung und Verschriftlichung einer einzelnen Praktik sein (z. B. eines Beratungsgesprächs; einer Anfertigung einer Aktennotiz; einer Auftragsklärung etc.).

(3) *Die Vielfalt der Akteursperspektiven sowie deren Deutungen und Wirklichkeitskonstruktionen* können in ethnographischen Protokollen sichtbar gemacht werden (vgl. ebd.). Eine derartige Sensibilisierung kann einerseits dadurch erreicht werden, dass mehrere Beobachter*innen dieselbe Situation beschreiben und ihre Praxisprotokolle vergleichen. Andererseits ist es auch möglich, die an der jeweiligen Situation beteiligten Akteure in ero-epische Gespräche (vgl. Girtler 2001: 147ff.) zu verwickeln und deren Informantenstatus in der Situation zu nutzen, um sich einen Einblick in deren Situationsdefinition und -deutung zu verschaffen.

(4) *Hinweise auf „unbewusste Arbeitsbögen eines professionellen Handelns"* (ebd.), womit Bettina Völter „Organisationsarbeit" bezeichnet, die von den professionellen Sozialarbeiter*innen im Verlauf eines Falles geleistet werde. Hiermit könnten sowohl kognitive Routinen (vgl. Luhmann 2006b: 251 f.) als auch materielle Praktiken des Organisierens gemeint sein. Erweitert man dies ein wenig, wäre man z.B. bei den routiniert angewendeten Praktiken des Lesens und Schreibens von Patientenakten, wie diese in Kap. 1.2 dargestellt wurden.

(5) *Verweise auf den Zusammenhang zwischen individuellem professionellem Handeln und der institutionellen Rahmung* (ebd.). Hier können sowohl die Grenzen als auch die Möglichkeiten professionellen Handelns innerhalb gegebener organisationaler Strukturen in den Blick genommen werden.

Bis auf die Thematisierung der eigenen Gefühle ausgehend von der Einzelsituation in Punkt 1, beziehen sich die von Bettina Völter vorgeschlagenen Zeigequalitäten ethnographischer Praxisprotokolle in weiten Teilen auf die Erkundung der Zusammenhänge der Handlungspraxis. Dies hat in jedem Fall seine Berechtigung im Hinblick auf eine Nutzung zur Erkundung der Logik der Handlungspraxis. Das Potenzial einer Zeigequalität, die zentral für die Einsozialisation in die Praxis sowie für eine aufgeklärte Selbsterkenntnis ist, wird hier nicht als Erfahrungsschatz gehoben nämlich die Selbsterkenntnis durch die Analyse der eigenen Beobachtungs- und Beschreibungssprache im Protokoll. Der Aspekt der Selbsterfahrung im Prozess des Verschriftlichens kann hochschuldidaktisch deutlich stärker in den Vordergrund gerückt werden. Darüber hinaus könnte die Nutzung der gesamten Bandbreite der qualitativen und quantitativen Forschungsmethoden im Rahmen des ethnographischen Zugangs zur professionellen Praxis das Spektrum an Zeigequalitäten deutlich erweitern.

Was hier deutlich geworden sein sollte, ist, dass eine Funktionalisierung der Krise der Repräsentation in der hochschuldidaktischen Lehre und im ethnographisch forschenden Zugang zur Praxis der Sozialen Arbeit Möglichkeiten der Reflexion für Studierende eröffnet, die andere Formen der Lehre nicht bieten. Die Debatte um die ethnographische Autorität und das ethnographische Schreiben bietet eine große Fundgrube für die Reflexion eigener Beobachtungsprotokolle und die Organisation der eigenen Erfahrungen. Somit können sie als Reflexionsschablonen genutzt werden, die ganz im Sinne des von Franz Breuer entworfenen Gegenbildes vom leibhaftig-personal-sozialen Forscherperson-in-Interaktion ausgehen kann (vgl. Breuer 2003: Kap. 3) und dies nicht als Nachteil auffasst, sondern als Möglichkeit der gezielten Reflexion der eigenen Wahrnehmung und Wirklichkeitsauffassung.[27]

Ein Beispiel einer derartigen Reflexion bietet u.a. Grit Behse-Bartels (2009: 237). Sie beschreibt ein Zusammentreffen mit einem Vater in einem Brennpunktviertel, in welchem sie Vaterschaft untersuchte:

---

[27] Exemplarisch hierzu kann die Beziehungsgestaltung zwischen Studierenden und Anleiter*innen in der Praxis herangezogen werden, um die Prozesse der Einbindung in die Organisationen der Sozialen Arbeit zu reflektieren (vgl. Bernler/Johnsson 1995; Scherpner et al. 1992). Ähnliches macht Kirstin Bromberg mit ihrem Ansatz des „letter writing" (2014).

> „Ich sah einen komplett schwarz gekleideten, finster dreinblickenden Mann, inklusive schwarzem Barett, mit einem kleinen Jungen im Kinderwagen auf mich zukommen, mein erste Gedanke war: ‚Puuh, dem möchtste nicht über den Weg laufen'. […] In Herr Zerhofs Auftritt verkörperte sich für mich ‚geballte Männlichkeit' in einem Ausmaß, dass mich erstmal zurückschrecken ließ. Löste er solche Distanz und Ablehnung auch bei anderen Frauen aus oder war das mein subjektives Befinden? Was erreichte er damit bei Frauen (z. B. Pädagoginnen) und Männern? Warum bin ich als Väterforscherin erst auf Abstand gegangen? Habe ich eine feste Vorstellung, wie Väter aussehen müssen? Oder feste Vorstellungen von ‚guten Vätern'?" (ebd.: 237).

Der vorgeschlagene Zugang zur Erfahrung über die Methodologie der Ethnographie kann als Bildungsprozess verstanden werden, der über eine Thematisierung der eigenen Wahrnehmung am Beispiel konkreter Erfahrungen aus der professionellen Praxis zu einer produktiven Ver(un)sicherung führt. Die Widerständigkeit des Sozialen – in Form seiner Schweigsamkeit – erscheint dann als Generator von Beschreibungen, die den Studierenden im Prozess der Identitätsbildung als zukünftige Sozialarbeiter*innen zur Verfügung stehen, um die eigene Wahrnehmung zu prüfen, sowie bewusster und sicherer mit den eigenen Unterscheidungs- und Bezeichnungspraxen umzugehen. Verbalisierungswiderstände scheinen also notwendig, damit sich an ihnen die eigene Wahrnehmung entzünden und schärfen kann. Dies kann im Sinne Bernd Dewes als Überführung der Erfahrung in die Form eines professionellen, reflexiven Wissens gelesen werden (vgl. Dewe 2012a).

Peer Pasternack (2017) macht im Kontext der Hochschulforschung zum forschenden Lernen deutlich, dass Hochschulen seit jeher von inneren Spannungen (zwischen Theorie und Praxis, Subjektivität und Objektivität, Naturwissenschaften und Geisteswissenschaften, Bildung und Ausbildung, Tradition und Innovation) leben. Dabei sieht er die Stärke von Hochschulen darin begründet, die Spannungsverhältnisse nicht zugunsten einer Seite aufzulösen, sondern:

> „Die Stärke von Hochschule besteht nicht darin, solche Paradoxien zu vermeiden, sondern sie bewusst zu entfalten, um ihre Studierenden angemessen auf die Bewältigung von Normenkonflikten vorzubereiten, auf die sie nach ihrem Studium unablässig treffen" (ebd.: 42 f.).

Hinzuzufügen wäre, dass es nicht nur um Normenkonflikte geht, sondern, dass diese Spannungen und Paradoxien mit Unsicherheiten konfrontieren, die zu Lernanlässen gestaltet werden können. Forschendes Lernen leistet genau dies. Einerseits bietet es den Rahmen, in einem offenen, sich seiner Perspektivität bewussten Prozess diese Spannungsverhältnisse zu erkunden. Andererseits lässt es die Möglichkeit, die eigene Aufmerksamkeit genau auf jene erlebten Unsicherheiten zu verschieben, die durch eine Reflexion die eigenen Wahrnehmungsmöglichkeiten vergrößern und ergänzen. Damit ist forschenden Lernen im Praxissemester keine „Beschleunigung des Lernwegs", wie Karin Reiber (2017: 63) deutlich macht, sondern eigentlich sogar eine Entschleunigung, die den Ausgangspunkt subjektiv bedeutsamen Lernens darstellt (vgl. ebd.).

Die für Hochschulen beschriebenen Spannungen leistet im Fall des Subjektes bzw. der Studierenden die Figur der Ver(un)sicherung. Im systemtheoretischen Sinne kann diese Figur als re-entry der Unterscheidung in das durch sie Unterschiedene bezeichnet werden. Selbst wenn ich mir in manchen Situationen recht sicher bin, dass ich etwas so wahrgenommen habe, wie es vermeintlich gemeint war und ich meine subjektive Sicherheit als Ausgangspunkt für meine weitere Kommunikation nehme, kann ich doch nie gänzlich sicher sein, dass ich das Gesagte so verstanden habe, wie es gemeint war. Unsicherheit wird weiter mitgeführt in der Kommunikation. Eine reflexive Praxis im Anschluss an die praxistheoretischen und ethnographischen Ideen Stefan Hirschauers (2016: 45 ff.) könnte sich dadurch erkennen lassen, dass Studierende im Laufe ihres Praxissemesters eine „Mitspielfähigkeit" in der Choreographie professioneller Sozialarbeit erworben haben, die sich dadurch auszeichnet, dass die mitspielende Person mitspielt im Wissen um die Kontingenz eigener Vorstellungen, Praktiken und Spielregeln des Feldes.

Die Relationierung von Erfahrung und Unsicherheit, deren methodologische Reflexion und praxistheoretische Fassung eignen sich dazu, die Komplexität der eigenen Wahrnehmung zu steigern, indem blinde Flecke reflektiert werden, eine forschende Lernhaltung eingenommen wird, Praktiken als Erfahrungsquelle systematisch in den Blick von Bildungsprozessen geraten sowie das existenzielle Eingebundensein im Prozess des forschenden Lernens als Erkenntnisquelle genutzt wird.

Neben den *Verbalisierungswiderständen in der eigenen Person* lassen sich weitere Ausformungen von Widerständen beschreiben. Davon soll hier nur der *Verbalisierungswiderstand des Feldes* aufgegriffen werden, da er je nach Phase der ethnographischen Feldforschung im Praxissemester deutlich sichtbar wird.

Verbalisierungswiderstände des Feldes

Deutlich wird die Bedeutung der Subjektivität im Erkenntnisvorgang auch an der von Stefan Hirschauer verwendeten Beschreibung von Ethnograph*innen als ‚Übersetzer*innen' einer noch unverständlichen Sprache/Situation, die sich für ihre Übersetzung der Interpretation bedienen müssen (vgl. Hirschauer 2001, 437 f.). Unverständlichkeit der Phänomene kann nur durch eine ‚kompetente' Person qua Übersetzungsleistung aufgelöst werden. Die dabei verwendeten Schemata der Interpretation verweisen auf den spezifischen Charakter der Ethnographie, die „anstelle eines Bruches mit dem Teilnehmerwissen nach laufenden Rückkopplungen verlang(t): jener Verschmelzung von Teilnehmer- und Beobachterrelevanzen, die interpretativen Beschreibungen ihren unvermeidlichen ‚Hybridcharakter' gibt" (ebd.: 438).

Darüber hinaus verweist Hirschauer auf die Möglichkeit des Ethnographen, ein ‚Voicing' zu betreiben, das die stimmlosen und unhörbaren Sprechenden des Feldes zur Sprache bringen kann (ebd.: 438). Hirschauer bezieht sich hierbei auf Ethnien oder Gruppen einer Ethnie, die in den Hierarchien, Sprachen und Diskursen des Feldes qua herrschaftsbedingter und machtstrukturierter Sprecherposition nicht oder nur sehr leise in das Konzert der Stimmen des Feldes einstimmen können oder dürfen. Die „kompensatorische Sprecherposition des Ethnographen" (ebd.), die gespeist wird von der Dauer des Aufenthaltes und dem Aufbau einer Beziehung zwischen Ethnograph*innen und Feld, verweist auf Möglichkeiten der ethnographischen Erkundung in Feldern der Sozialen Arbeit. Machtasymmetrien und Sprecher*innenpositionen können auch hier durch Ethnographinnen und Ethnographen erkannt werden und den sprachlosen Gruppierungen im Feld über die Verbalisierung des ethnographisch Forschenden eine Stimme verliehen werden. Wendet man Hirschauers methodologisches Explizieren des Verbalisierungswiderstandes derart, wird deutlich, dass ethnographisch forschende Studierende dem Feld und den dort tätigen Sozialarbeiter*innen die Konstruktion von Sprecher*innenpositionen im Feld transparent machen können und den stimmlosen und unhörbaren Anliegen und Gruppierungen eine Stimme verleihen können. Auf diesem Weg kann das forschende Erkunden des Handlungsfeldes dazu beitragen, routinierte Vorgehensweisen zu hinterfragen und Anliegen und Personen zu Wort kommen zu lassen, die normalerweise im Hintergrundrauschen der Stimmen des Feldes nicht zu hören wären. Ähnliches gilt für das Ansprechen *offener Geheimnisse* des Feldes (vgl. ebd.), die zwar vor jedermanns Augen liegen, aber durch kulturelle Konventionen zum Verstummen gebracht werden. Das Erkennen der kulturellen Normen des Verstummens macht den ethnographisch forschenden Studierenden die diskursive Logik des Feldes deutlich. Dabei ist zu beachten, dass Studierende aufgrund ihres *Novizenstatus* und der damit verbundenen (Un-)Kenntnis der Regeln des Feldes auch quasi zufällig und ohne es selbst zu bemerken auf offene Geheimnisse stoßen können. Die Entstehung des Bewusstseins, dass es sich um ‚offene Geheimnisse' handelt, kann dabei ein notwendiger Bestandteil zum Verständnis der Vorgehensweisen und Logik eines Arbeitsfeldes sein (z. B. finanzielle Notwendigkeiten gekoppelt mit pädagogischen Fallempfehlungen), gleichzeitig ergibt sich nebenbei ein Übungsfeld, in dem ein offenes Ansprechen des verstummten Inhaltes nur möglich wird, wenn Beobachtende dabei moralisch enthaltsam bleibt.

Sofern die Praxis pädagogischen Handelns in Organisationen der Sozialen Arbeit als Kontaktzonen zwischen Sozialarbeiter*innen und deren Adressat*innen und somit als konstante Konfrontation mit dem Fremden (vgl. Kap. 1.1) verstanden werden kann, wird das von Barbara Friebertshäuser ausgegebene Ziel, eine ethnographische Haltung bereits während des Studiums zu erzeugen, um so „Deskription und Analyse zu einem bedeutsamen Element pädagogischen Handelns weiterzuentwickeln und zu qualifizieren" (Friebertshäuser 2008: 60), nachvollziehbar. Eine ethnographische Haltung würde somit den Prozess der Wissensgenerierung und des ständigen Aufmerksamhaltens für die eigenen Konstruktionsleistungen in der Wahrnehmung bewusst halten. Wissenschaftliche und handlungspraktische Theorien könnten somit voneinander profitieren und im Sinne eines professionellen Habitus aufeinander bezogen werden. Praxis erscheint dann als aufgeklärte Form pädagogischen Handelns (vgl. ebd.: 61). Dazu Barbara Friebertshäuser:

> „Zu einer ethnographischen Haltung gehört die Fähigkeit, mittels teilnehmender Beobachtung und Befragung fremde Lebenswelten zu erkunden und die Ergebnisse schreibend zu dokumentieren, sich für neue Erfahrungen der sozialen Wirklichkeit zu öffnen, den eigenen Standpunkt zu reflektieren und sich dabei als Lernender zu verstehen" (ebd.: 60).

Darin wird deutlich, dass das vorliegende Konzept im Anschluss an ethnographische und praxistheoretische Ideen kein kausales Modell der Generierung von Können zugrunde legt (Können als kausale Folge von Wissen) und auch nicht rein auf das implizite Modell (Wissen als implizite Folge eines Könnens) abhebt. Vielmehr wird ein rekursives Modell der interdependenten Konstruktion von Wissen und Können zugrunde gelegt, das von Wissen und Können gleichzeitig ausgeht und erst rekursiv neues Wissen 2. Ordnung sowie neues Können 2. Ordnung usw. ausbildet.

2.4 Methodische Probleme des ethnographischen Zugangs zu sozialen Organisationen

Eine ethnographische Erkundung der Praxis professioneller Sozialarbeit bringt auch Schwierigkeiten mit sich, die hier erwähnt werden sollen. Dabei sollen vier Problemkomplexe aufgezeigt werden.

(1) Probleme der Beobachter*innenrolle in sozialen Organisationen
(2) Probleme der Beobachter*innenrolle im Kontext der Praxisanleitung
(3) Probleme der Selektivität des Beobachteten und der Verschriftlichung
(4) Ethische Fragen in der Beobachtung der Praxis Sozialer Arbeit

Erstens handelt es sich um *Probleme der Beobachterrolle im Zugang zu sozialen Organisationen*. Dabei ist die Selbstpräsentation der Studierenden im Praxissemester von Bedeutung. Ob sie sich auf die Rolle wissenschaftlicher Beobachter*innen zurückziehen, den entgegengesetzten Pol des Kontinuums möglicher Positionierungen im Sinne einer maximalen Einbindung in die Praxis besetzen oder ein Changieren zwischen den möglichen Positionierungen anstreben, kann je nach dem individuellen Selbstverständnis der Studierenden sowie je nach Praxiseinrichtungen und Arbeitsfeld sehr heterogen möglich sein. Wie bereits im Kapitel 2.1, 2.2 und 2.3 aufgezeigt wurde, bewegen sich die Studierenden im ethnographischen Zugang zu den Einrichtungen der Sozialen Arbeit durch unterschiedliche Beobachter*innenpositionen. Was Uwe Flick im Bezug auf den konzeptionellen Gegenentwurf einer nicht-teilnehmenden Beobachtung als Typologie der Beobachter*innen aufzeigt, verdeutlicht die Nuancen möglicher Positionierungen. Er bezieht sich hierbei auf die Typologie von Gold (1958), der den vollständigen Teilnehmer, den Teilnehmer-als-Beobachter, den Beobachter-als-Teilnehmer und den vollständigen Beobachter unterscheidet (vgl. Flick 2007: 283). Ähnlich zeigt sich dieses Kontinuum auch in der begrifflichen Differenz von teilnehmender Beobachtung und beobachtender Teilnahme (vgl. Hitzler/Eisewicht 2016: 46f.). Die graduellen Unterschiede im Fokus, in der Intensität, in den Möglichkeiten der Selbst- und Fremdreflexion *in* und *durch* die Beobachtung lassen sich je nach der Stärke des eigenen Involviert-Seins in die Praxis der Sozialen Arbeit aufzeigen. Zu Beginn des Praxissemesters existiert in vielen Praxisfeldern ein gewisser Schutzraum für Studierende, sich nicht voll und direkt handelnd und entscheidend in die Praxis einbringen zu müssen.[28] Mit zunehmender Dauer des Praxissemesters – letztlich der Einsozialisation

---

28 Dies scheint abhängig von den Praxisfeldern der Sozialen Arbeit und könnte anschließend an die Darstellung von Hermann Müller mit der Professionalisierungsbedürftigkeit bzw. prinzipiellen Pro-

in die kultivierten Kommunikations- und Interaktionsmuster der jeweiligen Praxiseinrichtung – werden Studierende immer mehr in die praktischen Vollzüge integriert und aufgefordert, sich selbst aktiv einzubringen. Methodisch entspricht dies durchaus einer situativ impliziten – manchmal auch expliziten – Aufforderung zum Wechsel von einer teilnehmenden Beobachtung zur beobachtenden oder zur vollständigen Teilnahme.[29] Ein Changieren zwischen diesen Beobachterpositionierungen und den hieran gekoppelten Möglichkeiten der Reflexion des Selbst, der Praxis und der Anderen ist nur als bewusste Herstellungsleistung möglich. Der Wechsel der Positionen und die Zunahme des eigenen Involviert-Seins sind durchaus ein Ziel des Praxissemesters. *(Changieren zwischen Beobachterpositionen)*

Da dies für jeden ethnographisch Forschenden eine schwierige Aufgabe darstellt, verwundert es nicht, dass es dabei immer wieder zu selbstdefinierten Positionierungen kommt, die Sicherheit herzustellen vermögen. Anstatt zwischen den unterschiedlichen Positionen zu wechseln, wird bspw. rein die praktische Seite in den Vordergrund gestellt, indem Studierende sich zu vollständig Teilnehmenden machen. Oder es wird aufgrund eigener Unsicherheiten mit dem Praxisfeld, dem Klientel oder den Aufgaben der hochschuldidaktische Auftrag der Beobachtung verkürzt und in die distanzierte vollständige Beobachterrolle gewechselt. Weitere Nuancen ließen sich problemlos er-

---

fessionalisierbarkeit der jeweiligen Arbeitsfelder der Sozialen Arbeit einhergehen (vgl. Müller 2016). Während bspw. in Wohn- oder Tagesgruppen im Kontext der Hilfen zur Erziehung und in Angeboten im Bereich der offenen Kinder- und Jugendarbeit häufig Studierende direkt eingespannt werden, gibt es durchaus jene Bereiche, in denen Studierende beinahe bis zum Ende des Praxissemesters nur teilnehmend beobachten können, da eine eigenverantwortliche Erledigung von Aufgaben z. B. rechtlich oder aufgrund der Komplexität der Arbeitsvollzüge und Zusammenhänge nur bedingt möglich ist. Als Felder ließen sich hier z. B. das Jugendamt, der Bereich der Sozialen Arbeit in Justizvollzugsanstalten bzw. die Bewährungshilfe sowie die Sozialpädagogische Familienhilfe oder Erziehungsberatung nennen.

29 In diesem Kontext hängt es sehr stark von den jeweiligen Studierenden ab, wie diese Aufforderung wahrgenommen und beantwortet wird. Einerseits ist zu beobachten, dass Studierende stärker in der Rolle *Forschender* bleiben, die sich die Praxis aus der Distanz anschauen. Dies geschieht häufig, wenn z. B. die Vorbereitung der Studierenden auf das Praxissemester kein klares Bild hat entstehen lassen, dass es um den methodisch geleiteten Wechsel der Perspektiven und Standorte geht, die Unsicherheit der Studierenden im Bezug auf das Arbeitsfeld noch zu groß ist und sie sich eine beobachtende Teilnahmen nicht vorstellen können oder das Vertrauen gegenüber den Praxisanleiter*innen noch nicht so ausgeprägt ist, dass die Studierenden annehmen können, dass Fehler im Handeln als Lernchancen gesehen werden. Andererseits gibt es auch jene Studierende, die trotz methodologischer und methodischer Einführungen direkt in die Rolle der beobachtenden Teilnahme oder sogar der vollständigen Teilnahme gehen. Teilnahme und eine positive Rückmeldung aus der Praxis gilt diesen Studierenden als Adelsschlag und Bestätigung, dass sie bereits können, was sie lernen sollen (vgl. die Ausführungen von Helmut Mair zu Typen von Studierenden im Praktikum (Mair 2001: 28 ff.) sowie Michael Rothschuh (2001: 162 ff.) und das Fachgutachten von Schubart et al., indem auf die Einschätzungen der Bedeutung von Praxisanteilen im Studium durch Studierende eingegangen wird (vgl. Schubarth et al. 2016: 10 ff.). Im Zuge der Zunahme von Studierenden mit bereits erfolgter Ausbildung kann natürlich auch eine Zunahme an Studierenden im Praxissemester mit bereits einschlägigen Erfahrungen festgestellt werden. Allerdings enthalten Studierende, die von Beginn an – egal aus welchen Gründen – in die Rolle vollständiger Teilnehmer*innen gehen, sich die Erfahrung von Multiperspektivität und Multipositionalität im Praxissemester vor, die die professionelle Haltung der Sozialen Arbeit im Besonderen auszeichnet.

gänzen. Bedeutsam daran ist, dass es sich um Strategien der Herstellung von Sicherheit im Zugang zur Praxis handelt, die letztlich das Potenzial der Multiperspektivität der unterschiedlichen Beobachterpositionierungen verspielen. *(Selbstdefinierte Positionierung als Herstellung von Sicherheit)*

Gerade während der zunehmenden Verselbständigung der Studierenden im Praxissemester ist die Distanzierung als Interdependenzunterbrechung ein Reflexionsanlass, der aus hochschuldidaktischer Perspektive und mit Bezug auf die Funktion von Unsicherheit und Verunsicherung als Lernanlass seine Legitimität hat. Nichtsdestotrotz wird dies mitunter von Praxiseinrichtungen als störend erlebt, da Studierende hierdurch immer wieder aus dem Strom der Ereignisse und der zunehmenden Routinisierung des eigenen Handelns aussteigen sollen. Die Zunahme an Teilnahme macht eine Distanzierung immer schwerer. Die von Studierenden hochschuldidaktisch erwartete Bewegung zwischen den unterschiedlichen Teilnahme- und Beobachtungsmodalitäten muss mit Praxisanleiter*innen von Hochschulseite aus vorbereitet und die Erwartungen der Hochschule gegenüber Studierenden im Praxissemester transparent kommuniziert werden. Nur eine solche Erwartungsklärung zwischen dem Lernort Hochschule und dem Lernort Praxis ermöglicht es Studierenden, das Changieren zwischen Annäherung und Distanzierung bei gleichzeitiger Zunahme an praktischer Teilnahme umzusetzen. *(Zunahme an Teilnahme bei gleichzeitigen Distanzierungsbemühungen)*

Götz Bachmann (2009) beschreibt anhand zahlreicher ethnographischer Studien, dass die Persönlichkeit von Ethnograph*innen zur Beschaffenheit des von ihnen besuchten Feldes passen muss (vgl. ebd.: 250). Im Praxissemester ist zwar in vielen Fällen davon auszugehen, dass eine Passung aufgrund eigener Interessen und häufig auch Vorerfahrungen vorliegt, in einigen Fällen zeigt sich jedoch bereits zu Beginn des Praxissemesters, dass der Aufbau einer Beziehung zwischen Anleiter*in und Studierenden schwierig werden könnte. Die Sensibilität, mit der ethnographisch ausgebildete Studierende die Beziehung zum Feld in den Blick nehmen, kann dann ein guter Hinweis auf die Möglichkeiten einer Herstellung von Passungsverhältnissen sein. *(Persönliche Passung zum Feld)*

Aus praxistheoretischer Perspektive (vgl. Kap. 1.3) scheint das Erlernen konkreter Praktiken professioneller Sozialarbeit nicht anders möglich als in der konkreten Einbindung in Praktiken professionellen Handelns. Die ethnographische Orientierung an Fremdheit bzw. der konstanten Befremdung des Erfahrenen und Wahrgenommenen macht darüber hinaus deutlich, dass eine Professionalisierung künftiger Sozialarbeiter*innen nur dann möglich ist, wenn Praktiken nicht nur routiniert reproduziert, sondern auch reflexiv verfügbar werden. Hier kann die Strategie des konstanten Changierens zwischen Annäherung und Distanzierung eine äußerst hilfreiche Brücke darstellen. Hierbei ist durchaus entscheidend, wie sich Studierende selbst in den Praxiseinrichtungen präsentieren. *(Selbstpräsentation)*

Dies wird jedoch ergänzt um die Frage, woran Studierende in der Beobachtung der Praxis ein Interesse entwickeln. Inwiefern eine Beobachtung durch Studierende und vor allem das schriftliche Fixieren des eigenen Wahrnehmungseindrucks als störend bzw. als Eingriff erlebt wird, hängt entscheidend von der Kommunikation des Auftrags zwischen Hochschulen und Praxiseinrichtungen, der Selbstpräsentation der

Studierenden sowie der Autorisierung durch die betreffenden Praxisanleiter*innen in den Einrichtungen der Praxis ab. Diese Problematik gilt es daher auch gemeinsam mit den Vertreter*innen der Praxis auszuhandeln und vor allem die Lerngelegenheit für Studierende in den Fokus zu rücken.[30] Eine offene Diskussion und Darlegung der eigenen Foki des Beobachtens kann je nach Interesse der Studierenden auf Seite der Praxisorganisationen zu ganz unterschiedlichen Reaktionen führen. *(Offenheit für Themen)*

a) *Entwicklung eines eigenen Interesses an den Interessen der Studierenden*: Organisationen können über das Interesse der Studierenden auf Themen aufmerksam werden, die ihnen selbst in der Diskussion mit Studierenden als relevant für ihre Arbeit erscheinen. In diesen Fällen entwickelt sich häufig ein hohes Interesse an den Ergebnissen und Beobachtungen der Studierenden. Ergebnispräsentationen am Ende des Praxissemesters sind im Rahmen von Teams, Feedbackgesprächen oder im hochschulischen Kontext möglich.

b) *Gleichgültigkeit gegenüber den Themen der Studierenden oder ein Aufmerksam-Machen auf die ‚wirklich' interessanten Fragen der Praxis* können ebenfalls Ergebnis dieser Gespräche sein. Diese Reaktion geschieht häufig, wenn Themen der Studierenden aus der praktischen Perspektive nur ‚Nebenschauplätze' darstellen und nicht als zentrale Problembereiche der eigenen Arbeit wahrgenommen werden (z. B. die Zusammenarbeit im multiprofessionellen Team). Themen bzw. Fragen, die als rein ‚theoretisch' hergeleitete Fragen erscheinen, werden dann in Gesprächen mit den Professionellen aus der Praxis umgearbeitet zu ‚praktisch relevanten Fragen'.

c) *Abwehr gegenüber den Themen der Studierenden* ist häufig dann zu verzeichnen, wenn Studierende bspw. das Funktionieren von Teams, Konflikte innerhalb von Einrichtungen, Organisationskulturen etc. zum Thema machen. Hier wird häufig eine negative Bewertung der beobachteten Prozesse befürchtet.[31]

---

[30] Dabei muss beachtet werden, dass es sich um ein komplexes Verhältnis interdependenter Strukturen handelt, in denen es im zweiten Schritt sinnvoll sein kann, die verschiedenen Potenziale für alle beteiligten Akteure (Studierende, Hochschulen und Praxis) aufzuzeigen (vgl. hierzu Kap. 4.3). Allerdings sind die z. T. bestehenden Ängste und Vermutungen der Praxiseinrichtungen im Bezug auf einen ‚Enthüllungsjournalismus' ernst zu nehmen, da den Studierenden – und durch die schriftliche Fixierung von Beobachtungseindrücken auch den Hochschulen – ein Einblick in das „Innere der Organisation" (Kühl 2011: 113 ff.) gegeben wird, was normalerweise, wie Stefan Kühl verdeutlicht, durch die Ausschmückungs- und Darstellungsmöglichkeiten von Organisationen nach Außen geschützt wird. Hier gilt es, Vertrauen aufzubauen, dass es den Hochschulen nicht um eine Entlarvung von vermeintlich fehlender Professionalität geht, sondern um eine funktionale Analyse der Praktiken und den sinnhaften Nachvollzug professioneller Wirklichkeitskonstruktionen und Handlungsmöglichkeiten.

[31] Im vorliegenden Konzept geht es an dieser Stelle nicht um eine Beurteilung von Organisationen oder Vorgehensweisen einzelner Mitarbeiter*innen. Vielmehr steht für die Studierenden eine exemplarische Reflexion von Situationen im Fokus, die sich stark an die Ideen einer funktionalen Analyse (vgl. Luhmann 1974: 9 ff.; 31 ff.) anlehnt und dabei versucht, Deutungsalternativen aufzeigen. Wofür können Teamkonflikte genutzt werden? Für was könnte ein Konflikt die Lösung darstellen? Welche Konstellationen und Rahmenbedingungen tragen zur Aufrechterhaltung eines Konfliktes bei? Götz Bachmann verdeutlicht den Fokus und die Konzentration auf Konflikte folgendermaßen: „Viele Feld-

Für Studierende kann es daher ratsam sein, sich nach Nischen im besuchten Feld umzuschauen, die ihnen einen interessanten Einblick in ihre Fragen erlauben, gleichzeitig aber so gut abgegrenzt sind, dass für alle Außenstehenden der Fokus ihres Interesses transparent ist. Parallel hierzu kann es auch sinnvoll sein, sich diejenigen *Gewährsleute* (vgl. ebd.: 255) im Feld zu suchen, die im Sinne der bereits diskutieren Reaktionen offen sind, sich selbst und ihre Arbeit in Frage zu stellen und dabei selbst ein Interesse an der eigenen Praxis entwickeln (vgl. Reaktionsmuster a.).[32] Der Wechsel der Beobachtungspositionierungen, der im vorliegenden Konzept angestrebt wird, kann dazu beitragen, die Thematisierung der Praxis aus vielen unterschiedlichen Blickwinkeln (von der dabeistehenden Beobachtung zur teilnehmenden Beobachtung zur beobachtenden Teilnahme etc.) zu betreiben und dabei eine Sensibilität für praktische Prozesse und die Berichterstattung über diese Prozesse zu erlangen.

Zweitens ergeben sich *Probleme der Beobachterrolle im Kontext der Praxisanleiter*innenbeziehung*. Die Ausgestaltung der Beziehung zwischen Anleiter*innen und Studierenden hat maßgeblichen Einfluss auf die eröffneten oder verschlossenen Möglichkeiten der Erkundung der professionellen Praxis.

Götz Bachmann macht deutlich, dass es von Bedeutung ist, wer der Türöffner für Studierende im Praxissemester ist bzw. in welcher hierarchischen Position diese gate-keeper zu finden sind (vgl. Bachmann 2009: 251). Die Beobachtung in Organisationen findet immer innerhalb einer bestimmten hierarchischen Struktur statt. Daher muss bei jedweder Autorisierung zum Beobachten immer vor dem Hintergrund der Hierarchie der Organisation (mit-)reflektiert werden, inwiefern die Entscheidung der jeweiligen gate-keeper auch von den teilnehmend beobachteten Mitarbeiter*innen getragen wird. Eine Autorisierung durch Vorgesetzte kann auf Mitarbeiterebene als Überwachung angesehen werden, während eine Autorisierung innerhalb eines hierarchisch gleichgestellten Teams auch mit dem Hintergedanken der Selbstpräsentation gegenüber Vorgesetzten eröffnet werden kann. *(Gate-Keeper und Autorisierung)*

Darüber hinaus ist die Funktionslogik der Studierenden-Praxisanleiter-Beziehung von Bedeutung. Bernler/Johnsson (1995) haben von einer dreifachen Anleiterbeziehung gesprochen. Sie unterscheiden einerseits den Anleiter als Kamerad*in, als Berater*in oder Lehrer*in und als Therapeut*in (ebd.: 53f.). Je nach der Ausformung der Beziehung zwischen Studierenden und Anleiter*innen können hier Idealisierungen und Bewertungen entstehen, die das Handeln von Praxisanleitenden als besonders

---

forscher konzentrieren sich dabei auf Konflikte, da sie davon ausgehen, dass sich an den Bruchstellen des Alltags viel über die Organisation und die Organisationsmitglieder erfahren lässt. Diese Vorliebe für konflikthafte und informelle Sachverhalte kann in manchen Fällen zu einer quasi-detektivischen Haltung führen [..]. Nichtsdestotrotz bietet das systematische Verfolgen eines konflikthaften Prozesses über einen längeren Zeitraum die Möglichkeit, einen roten Faden in die Komplexität der gewonnen Daten zu bringen [...]" (Bachmann 2009: 257).

32 Im besten Falle sind dies auch gleichzeitig die Praxisanleiter*innen der Studierenden. Eine derartige Offenheit für das wissenschaftliche Interesse der Studierenden an der Praxis der Sozialen Arbeit sowie eine Kontextualisierung dieses Interesses mittels praktischen Handlungswissens kann als Haltung von Praxisanleiter*innen nicht vorausgesetzt werden. Hierzu können auch Fortbildungen, die an der Hochschule angeboten werden, ein sinnvolles Instrument sein (vgl. Kap. 3.2.1)

erfolgreich bis hin zu nicht im Ansatz professionell einstufen. Diese Bewertungen versperren in der Wahrnehmung der Praxis häufig die Zusammenhänge professionellen Handelns und Entscheidens, da sie wie eine Interpretationsfolie undifferenziert auf Situationen übertragen werden. Gestützt werden Idealisierungen vor allem von der Machtverteilung und Abhängigkeit in der Anleiter*innenbeziehung. Stark negative Bewertungen kommen häufig dann vor, wenn Praktikant*innen, wie Bernler/Johnsson (ebd.: 61 ff.) zeigen, persönliches Gepäck und ungeklärte Problemlagen mit in die Praxis hineintragen. *(Idealisierung)*

Dies scheint auch von Bedeutung für die Positionierung der Studierenden im sozialen Raum der Praxiseinrichtung. Je nachdem, ob es sich bei der Erforschung der jeweiligen Praxiseinrichtung, des Klientels oder der Mitarbeiter*innen um ein Research up – die Erforschten haben einen höheren gesellschaftlichen Status als die Studierenden – oder um ein Research down – der gesellschaftliche Status ist geringer als derjenige der Studierenden – handelt, entstehen laut Götz Bachmann ganz unterschiedlich emotional aufgeladene Beziehung zu den untersuchten Situationen, Personen und Kontexten (vgl. Bachmann 2009: 254). Bachmann beschreibt, dass im Research up entweder deutlich kritischer auf die Beforschten geblickt wird oder die Forschenden fast vor Bewunderung für die Erforschten zu erstarren drohen (vgl. ebd.). Ähnlich ist dies hier schon im Bezug auf die Idealisierung der Praxisanleiter*in beschrieben worden. Auch der übermäßig kritische Blick auf die Vorgehensweisen der Praxisanleiter*innen kann die Beziehung im Praxissemester stören. Gleichzeitig stellt sich auch im Research down die Erkundung von z. B. Klient*innen der Sozialen Arbeit als besondere Herausforderung dar, wenn zu diesen, wie Bachmann beschreibt, entweder „besonders dichte und gefühlsintensive Beziehungen" aufgebaut werden oder innerhalb dieser Beziehungen „einer wirklichen Auseinandersetzung mit den Erforschten aus dem Weg gegangen [wird]" (ebd.). Die mit der Positionierung im Sozialen Raum einhergehenden Probleme der Erkundung von Organisationen der Sozialen Arbeit sollten im Praxissemester reflektiert werden. Ausgangspunkt hierfür könnte die Frage sein, inwiefern Studierende im Praxissemester überhaupt eine derartige (Selbst-)Verortung in einer höher- oder niederstehenden Position im Sozialen Raum vornehmen. Die Reflexion dieses *wahrgenommenen Unterschieds* kann dann die eigenen Wirklichkeitskonstruktionen in den Blick rücken und dabei die Frage nach der Funktion dieser angenommenen Unterschiede für das eigene Selbstbild als zukünftige*r Sozialarbeiter*in klären. *(wahrgenommene Unterschiede in der Positionierung im sozialen Raum)*

Drittens lassen sich *Probleme der Selektivität des Beobachteten und der Verschriftlichung* im Sinne eines exemplarischen Theorie-Praxis-Bezuges als potenziell problematisch kennzeichnen. Studierende beschäftigen sich im ethnographischen Zugang zur Praxis regelmäßig mit der Frage der Verallgemeinerbarkeit und Gültigkeit von Analysen einzelner Situationsbeobachtungen. Das in der Ethnographie bekannte Problem der Begrenztheit der eigenen Wahrnehmung (vgl. Lüders 2012: 289) – sowohl im perspektivisch gewählten Fokus als auch im Grad der Aufmerksamkeit – und die Praxis des Verschriftlichens in den eigenen Worten (vgl. Charmaz/Mitchell 1996) lösen immer wieder Unbehagen aus. Die Gültigkeit der eigenen Beobachtungen in der Differenz zu vermeintlich objektiveren Formen der Sozialforschung (z. B. dem Transkript im Interview oder einem quantitativen Fragebogen) wird im Hinblick auf deren Wahrheitsanspruch in Frage gestellt. Diese Auseinandersetzung ist äußerst produktiv, da direkt an praktische Perspektiven (z. B. wie schreiben Sozialarbeiter*innen Berichte?) angeschlossen und das Verhältnis von Wissenschaft und Subjektivität in den Blick gerückt werden kann. Hier könnte die hochschuldidaktische Schreibberatung (vgl. Reinmann/Schmohl 2018) eine Lücke schließen, die eine Verschränkung von Theorie und Praxis mit Hilfe einer zumindest flexibilisierten Form des Verhältnisses von Wissenschaft und Subjektivität moderiert.[33] (*Zweifel an der Gültigkeit von Perspektiven*)

Die Paradoxie einer Verbalisierung der eigenen Beobachtungen erscheint jedoch aus den vorhergehenden Kapiteln darin zu bestehen, dass erst das schriftliche Fixieren der eigenen Wahrnehmung jene *Vor-Urteile* sichtbar und bearbeitbar macht, die ohnehin die eigene Wahrnehmung leiten und vorstrukturieren. Eine „nicht-Verbalisierung" dieser Eindrücke würde dann nur bedeuten, dass nicht sichtbar wird, welche Vorurteile in die Praxis Einzug halten. Dies kann allerdings weder das Ziel der Disziplin Erziehungswissenschaft/Soziale Arbeit noch das Ziel der Profession sein.

Viertens sollten *ethische Fragen in der Beobachtung der Praxis der Sozialen Arbeit* im Ausbildungsverhältnis im Praxissemester thematisiert werden. Studierende haben über die teilnehmende Beobachtung im Praxissemester einen intimen Einblick in die Logiken der Praxis, die Bearbeitung von Fällen, das Leben von Klient*innen etc. Die Verschriftlichung der eigenen Wahrnehmungseindrücke könnte hier als quasi detektivisch-spionagehafter Entdeckungsjournalismus missverstanden werden. Gerhard Riemann verdeutlicht in seinen „Empfehlungen zur Anfertigung von Feldprotokollen im Kontext von Praktika" (o. J.), dass Studierende auf eine ironische Haltung oder Entlarvungshaltungen verzichten sollten. Christian Lüders verweist dabei auf zwei Aspekte, die mit Studierenden diskutiert werden müssen: (1) der Daten- und Vertrauensschutz. Teilnehmende Beobachtungen erzeugen de facto immer personenbezogene Daten, deren Nutzung es zu reflektieren gilt. (2) Kulturelle Unterschiede zwischen denjenigen, die beobachten und denjenigen, die beobachtet werden (vgl. Lüders 2011: 153). *(Ethik der Beobachtung)*

Nimmt man dies als ethische Aufforderung ernst, ergibt sich in einer ethnographischen Forschung in Organisationen die Notwendigkeit für eine bestimmte Form der Diskretion (vgl. Bachmann 2009: 252). Das Wissen, das sich Studierende im Verlaufe des Praxissemesters teilweise hierarchieübergreifend über die unterschiedlichen Bereiche sowie die individuellen Arbeitsweisen verschaffen, bedarf einer Anonymisierung und angemessener Sprache und ggf. sogar einer Streichung, wenn es durch

---

33 Gleichzeitig darf dieses Verhältnis auch nicht in die Bewertung umschlagen, dass eine teilnehmende Beobachtung an einer Situation „wahrere" oder „echtere" Einsichten erlaubt. Wie Lüders zeigt, ist dies eine häufig anzutreffende Begründung von frühen Ethnographien gewesen, die einer teilnehmenden Beobachtung „implizite Authentizitätsannahmen" unterlegten (vgl. Lüders 2011: 152). Er resümiert hierzu, dass es sich allenfalls um „andere Einsichten" handele, die man mithilfe einer teilnehmenden Beobachtung in den Blick zu nehmen in der Lage sei (vgl. ebd.: 153).

das Offenlegen bestimmter Standpunkte und Prozesse zur Entstehung von Konflikten kommen würde oder Akteure der beteiligten Praxiseinrichtungen geschützt werden müssen. Für Studierende kann es daher ratsam sein, sich nach Nischen im besuchten Feld umzuschauen, die ihnen einen interessanten Einblick in ihre Fragen erlauben, gleichzeitig aber so gut abgegrenzt sind, dass für alle Außenstehenden der Fokus ihres Interesses transparent ist (vgl. ebd.: 255). *(Diskretion)*

Neugier für die Praxis der Sozialen Arbeit sowie eine Aufgeschlossenheit, sich in der Praxis und durch die Praxis verunsichern zu lassen, sind zentrale Rahmenbedingungen einer praktischen Studienphase. Dabei weisen die Fokussierung der Subjektivität des einzelnen Studierenden im Kontext der teilnehmenden Beobachtung sowie die Verstrickung in die methodischen Schwierigkeiten einer Ethnographie im Praxissemester den Weg zur Reflexion der eigenen Person im Rahmen der Einsozialisation in die professionelle Praxis. Wie Praxiserfahrungen im Modus des Wiederkehrens – an die Hochschule und in die Praxis – nun gerahmt werden können, wird am Beispiel der Ausgestaltung des studienintegrierten Praxissemesters an der htw saar gezeigt.

3. Reflexionsarchitektur – methodische Verzahnung zwischen architektonischen Gerüsten und geführten Expeditionen

Im vorliegenden Kapitel wird die hochschuldidaktische Gestaltung des praktischen Studiensemesters des Studiengangs ‚Soziale Arbeit und Pädagogik der Kindheit' der htw saar aufgezeigt. Dabei wird die methodische Verzahnung von ethnographischen, praxistheoretischen und professionstheoretischen Ideen als Reflexionsarchitektur konzipiert (vgl. Zepke 2005), die dazu beitragen soll, Studierenden den Zugang zur Praxis, ihren praktischen Lernprozessen, der Reflexion dieser Lernprozesse, sowie den Ausstieg aus der Praxis zu rahmen. Die im Kapitel 1 und 2 dargestellten Ideen und Zusammenhänge werden in diesem Kapitel als Rahmungen im Sinne Goffmans (vgl. Goffman 1980) angelegt und dienen dazu, die Erfahrungen der Studierenden im praktischen Studiensemester für diese wahrnehmbar, verstehbar und handhabbar zu machen. Somit stellt die methodologische Einbettung (Kap. 1) und die konkrete methodische Verzahnung der verschiedenen Perspektiven (Kap. 2) die Grundlage einer hochschuldidaktisch geplanten Architektur der Reflexion dar. Die Rahmung dieses Gerüstes erfolgt über die Metapher der „Expedition", die an die ethnographische Tradition anschließt und den Verständnishintergrund des Studierens in der Praxis der Sozialen Arbeit bietet. Die eigenen Aufgaben im Praxissemester als „Expedition" zu verstehen, eröffnet in vielfältiger Weise Wahrnehmung- und Anschlussmöglichkeiten von Sinn. Dies wird unter Bezugnahme auf bildtheoretische und narrative Theorieansätze, das sensemaking in Organisationen sowie Theorien identitätsbezogener Selbstthematisierung im Kap. 3.1 aufgezeigt. Hier wird der Kontext der Expeditionen in der professionellen Praxis der Sozialen Arbeit auf organisationaler Ebene thematisiert und dabei die Situation der Studierenden am Beginn der Expedition erörtert (Kap. 3.1.1). Vorab Unbekanntes wird erlebt und es formt sich nach und nach ein Verständnishintergrund für die Praxen Sozialer Arbeit (Kap. 3.1.2). Dabei können Studierende immer wieder ihre Begleitpersonen (Praxisanleiter*innen, Supervisor*innen und Dozierende ihrer Theorie-Praxis-Seminare) nutzen, um sich selbst einen Ausgangspunkt zur Erkundung professioneller Sozialer Arbeit zu verschaffen und neue Erfahrungen kontinuierlich, multiperspektivisch zu reflektieren (Kap. 3.1.3).

Der konkrete Aufbau der Reflexionsarchitektur im Sinne von institutionalisierten Reflexionsräumen im Praxissemester wird durch den Begriff der *organisierten Aufmerksamkeitsverschiebung* (vgl. Freis 2019) verständlich gemacht. Dabei werden die unterschiedlichen Reflexionsräume praktischer Erfahrungen (Akademische Praxisanleiter*innengespräche, Theorie-Praxis-Seminare, Supervisionen) als hochschuldidaktisch eingerichtete, mit einem konkreten Lernziel (oder zumindest dem Potenzial differenter Reflexionsmöglichkeiten) verbundene Reflexionsräume gesehen, die sich in ihrem konkreten Zugang zu den praktischen Erfahrungen der Studierenden signifikant unterscheiden. Jeder dieser Zugänge strukturiert durch den spezifischen Prozess des Organisierens dieses Reflexionsraumes auch die Wahrnehmungsmöglichkeiten vor. Auf organisationaler Ebene wird somit die Aufmerksamkeit von Studierenden auf spezifische, aber sich unterscheidende Aspekte des eigenen Erlebens und der eigenen Erfahrungen gelenkt (Kap. 3.2). Der *Modus des Wiederkehrens* bildet dabei das zentrale Scharnier der hochschuldidaktischen Gestaltung dieser Lernprozesse im Praxissemester.

Welchen Nutzen nun ein beobachtender, metaphorisch gerahmter Zugang zur Praxis für den pädagogischen Nachvollzug von z.B. (1) Begründungen pädagogischer Kommunikation, (2) das Verständnis der spezifischen Interaktionsordnung des jeweiligen pädagogischen Arbeits- und Handlungsfeldes sowie (3) die eigene Verortung in pädagogischen Praktiken haben kann, wird anschließend thematisiert (Kap. 3.3). Dabei wird Bezug genommen auf die praktische Gestaltung der Analysekriterien in Anlehnung an die ethnographische Collage nach Friebertshäuser/Richter (2012) (Kap. 3.3.1), die Funktionen der Auswertung des eigenen Wahrnehmungseindrucks (Kap. 3.3.2), den Aufbau des Berichtes zum Praxissemester (Kap. 3.3.3) sowie das individuelle Lernportfolio (Kap. 3.3.4) zum Praxissemester.

Abschließend wird an konkreten Beispielen von Praxisbeobachtungen das Potenzial ethnographisch ausgerichteter Collagen der Praxis mit praxistheoretischen Schwerpunktsetzungen aufgezeigt, um einen Zugewinn professioneller Wahrnehmungsmöglichkeiten anhand der Analyse eigener Beobachtungen zu veranschaulichen (Kap. 3.4). Eine knappe Zusammenfassung schließt den Überblick über die Reflexionsarchitektur ab.

3.1 Expeditionen in die professionelle Praxis der Sozialen Arbeit

Denkt man an die großen Expeditionen der Weltgeschichte, so sind damit direkt Namen verknüpft wie Christoph Kolumbus, Magellan, Vasco da Gama und Marco Polo – Welten(um)segler, die unsere heutige Vorstellung von Welt maßgeblich geprägt haben (vgl. Sarnovsky 2015). Zu Ihnen zählen nicht nur bekannte Schifffahrer, sondern auch Naturforscher wie Alexander von Humboldt, Karl Friedrich Gaus, Charles Darwin, Georg Forster oder Galileo Galilei, die auf ihren je eigenen Gebieten maßgeblich den Drang der Aufklärung mitgeprägt haben, sich die Welt mit wissenschaftlichen Methoden anzueignen. Wilhelm von Humboldt hat als Geisteswissenschaftler und Bildungspolitiker in Preußen u.a. auf die Bedeutung der Erkundung von fremden Kulturen und anderen Sprachen hingewiesen. Diese trügen aus seiner Sicht dazu bei, das eigene Verständnis von Welt durch die Mannigfaltigkeit der Erfahrungen in der Konfrontation mit dem Fremden zu hinterfragen, zu erweitern und zu transformieren. Er entfaltet in seinem Werk „Über die Verschiedenheit des menschlichen Sprachbaues und ihren Einfluss auf die geistige Entwicklung des Menschengeschlechts" (1994) auch eine dezidierte Erörterung des Zusammenhangs von Sprache und Denken anhand fremder Sprachen (in seiner Zeit vor allem das Lateinische und das Griechische) und brachte diese Erkenntnisse in seine Bildungsreformen mit ein. Er ging davon aus, dass die genaue Kenntnis fremder Sprachen den Lernenden neue Erfahrungsmöglichkeiten eröffne. Wenn Wilhelm von Humboldt im 18. Jahrhundert Bildungsreisen zum Mittel erhebt, das eigene Welt- und Selbstverhältnis zu transformieren, so finden sich bereits deutlich früher Ansätze, die eine derartige praktische Bewegung *von etwas weg zu etwas anderem hin* mit der dadurch eröffneten Möglichkeit einer gedanklichen Bewegung verknüpfen. Man denke hier bspw. an Platons Höhlengleichnis (vgl. Platon 1923/2004: 514–519), in welchem der von den Ketten Befreite sich aus der Höhle zur Sonne hin bewegt und die Erkenntnis der Idee des Guten am Ende dieser Bewegung steht.

Auch Schriftsteller eröffnen uns einen Einblick in die Logik von Expeditionen und Expeditionsreisen, wie bspw. Johann Wolfgang von Goethe, der in seinem Roman Wilhelm Meisters Lehrjahre das „tätige Leben" (Dörpinghaus; Vogel; Wigger 2013: 13) und den damit verbundenen Bildungstrieb des Menschen zum Ausgangspunkt eines jeden Bildungsprozesses macht.[1] Im Anschluss an dieses bildungstheoretische Verständnis von „Expeditionen" und unter Bezugnahme auf eine populäre Romanerzählung – den kleinen Hobbit von John R.R. Tolkien – können an dieser Stelle Chancen und Potenziale des Wiederkehrens aufgezeigt und das Praxissemester bzw. jede Form des Einblicks in die professionelle Praxis der Sozialen Arbeit während des Studiums als Expedition – mithin als Bewegung ‚hin und wieder zurück' skizziert werden – oder wie Tolkien seine Erstausgabe aus dem Jahr 1937 betitelte: „The Hobbit or There and back again". Wenn Tolkien in seinem Hauptwerk „Der Herr der Ringe" die Reise seines Hauptcharakters Frodo Beutlin mit folgenden Worten Bilbos beschreibt:

„Den Fuß vor die Tür zu setzen, ist eine gefährliche Sache, Frodo […] Du trittst auf die Straße, und wenn du deine Füße nicht streng im Zaum hältst, kannst du nicht wissen, wohin sie dich tragen" (Tolkien 2001: 106). Hiermit verdeutlicht Tolkien die Gefahren einer Reise, die denjenigen, der losgeht, an ungewohnte und unbekannte Orte bringt und ihn mit Situationen konfrontiert, die potenziell bedrohlich sein können. Der Weg von zu Hause – aus dem Bekannten – heraus in das Unbekannte hinein, wird an anderer Stelle von Tolkien in einem Lied beschrieben, in dem es in der

---

1 Eine Ausstellung, die sich diesem Thema des Reisens sowie der Veränderung der Bedeutung von Reisen im 18. Jahrhundert widmet, ist gut aufbereitet in den Frankeschen Stiftungen der Universität Halle-Wittenberg zu finden und beschäftigt sich mit den „halleschen Pietisten als Wegbereiter[n] einer modernen Reisekultur" (Schröder-Kahnt; Veltmann 2018). Auf der Ausstellungshomepage lässt sich zu den Schwierigkeiten des Reisens in der damaligen Zeit Folgendes finden: „Die Jahresausstellung der Franckeschen Stiftungen 2018 zeigt, wie der Hallesche Pietismus den Weg zu einer modernen Reisekultur vorbereitete. Voraussetzung dafür war Wissen und eine detailreiche Planung. Dazu ließ man sich von den halleschen Emissären Listen schicken, die alle dringend benötigten Utensilien, etwa für die Schiffsreise nach Indien, enthielten. Akribisch geführte Tagebücher, die nach Halle gesendet wurden, machten mit den alltäglichen Reiseabläufen und möglichen Gefahren bekannt. Das rechtzeitige Erlernen der Fremdsprachen ermöglichte einen verlässlichen Kontakt zur Bevölkerung vor Ort. Zahlreiche Wörterbücher, zweisprachige Texte und Dialoge sowie Übersetzungen für den Verlag des Waisenhauses zeugen noch heute von der zentralen Bedeutung, die das Erlernen von Fremdsprachen für den Halleschen Pietismus hatte. Vor Ort wurden Gegenstände gesammelt und mit einer ausführlichen Beschreibung nach Halle geschickt." (vgl. https://www.francke-halle.de/durch-die-welt-im-auftrag-des-herrn-reisen-von-pietisten-im-18-jahrhundert/veranstaltungen-v-486.html abgerufen am 02.09.2018: 13:36)

deutschsprachigen Übersetzung heißt[2]: „Die Heimat schrumpft, die Welt wird groß" (Tolkien 2001: 110). Dieses Nahrücken der Welt verändert die eigene Perspektive auf das Erfahrene – und damit auf sich selbst. Hans-Christoph Koller bezeichnet dies aus bildungstheoretischer Perspektive als Veränderung des Welt- und Selbstverhältnisses (vgl. Koller 2018). Die Figur des Wiederkehrens – des nach Hause, in die bislang gewohnte Umgebung Zurückkehrens – verdeutlicht demjenigen, der ausgezogen ist, die Welt zu erkunden, wie seine eigene Welt beschaffen war und wie sehr er sich selbst auf seiner Reise verändert hat. Er lernt Vertrautes mit fremden Augen zu sehen. So antwortet beispielsweise der Zauberer Gandalf am Beginn von Tolkiens Geschichte „Der Hobbit" auch auf die Frage des Hobbits, ob er ihm versprechen könne, dass er wiederkomme, folgendes: „Nein. Und wenn doch, wirst du ein anderer sein." (Der Hobbit. Eine unerwartete Reise).[3]

Gemeinsam ist allen diesen Vorstellungen von Expeditionen die Erfahrung von etwas bislang Unbekanntem, das sinnhaft in die eigenen Vorstellungen integriert wird. Das „Abenteuer Feldforschung" (Girtler 2009) eröffnet die Möglichkeit, etwas zu erfahren, das ohne den Gang ins Feld nicht möglich wäre. Girtler hat in seinen „10 Gebote[n] der Feldforschung" (2009) Feldforschung mit folgenden Worten als Methode beschrieben: „Will ich also etwas über die Geschichte einer Gegend erfahren, so habe ich mich in die Archive zu begeben, oder will ich wissen, welche Pflanzen in Afrika blühen, so muss ich dorthin fahren, oder bin ich daran interessiert zu erfahren, wie der menschliche Körper funktioniert, so habe ich in diesen zu blicken. Und will ich wissen, wie Menschen einer bestimmten Gruppe leben und wie ihre Rituale aussehen, muss ich mir die Mühe machen, an ihrem Leben irgendwie teilzunehmen und mit ihnen zu reden" (vgl. ebd.: 5 f.).

So greift auch Stefan Thomas (2019) in seiner Einführung in die Ethnografie den Topos der Entdeckung fremder Welten in ethnographischen Datenerhebungen auf und verdeutlicht damit, dass es zum „Abenteuer der Ethnografie" (ebd.: 67) gehöre zwei Seiten der Erhebung auszubalancieren:

> „Die Zerstreuung des Ethnografen in den Ereignisses seines Forschungsfeldes stellt – neben der schreibenden Verdichtung des Erfahrenen – die eine Seite des ethnografischen Forschungsprozesses dar: sich in der Welt umhertreiben, durch die Straßen flanieren, mit den Menschen reden sowie Situationen in Erfahrung bringen, die für das Verstehen des sozialen Handelns der Menschen bedeutsam sind. […] Dies erfordert ein Eintauchen der Ethnografin in die soziale Situation, zur einen Seite in Form der eher distanzierten und gnostischen Haltung der Beobachtung. Zur anderen Seite gehört dazu ein engagiertes Miterleben und Mithandeln über Teilnahme an der untersuchten Sozialwelt." (ebd.: 67)

Wieso könnte es nun sinnvoll sein, den Gang der Studierenden in die Praxis der Sozialen Arbeit mit einer Expeditionsreise zu vergleichen? Studierende im Praxisse-

---

[2] Im englischen Original schreibt Tolkien: „Home is behind, the world ahead […]" (Tolkien 1995: 75). Die metaphorische deutsche Übersetzung trifft hier trotzdem den Kern, da sie auf den Unterschied ebenso aufmerksam macht, der zwischen Zuhause und der draußen liegenden Welt besteht.
[3] vgl. Der Hobbit. Eine unerwartete Reise (Film von Peter Jackson, nach dem Roman von J.R.R Tolkien).

mester lernen durch den Gang in die Praxis die Lebenssituation von Adressat*innen kennen. Sie erhalten einen Einblick in Organisationen, in denen professionelle Soziale Arbeit geleistet wird und werden im Verlauf des praktischen Studiensemesters immer mehr in die Aufgaben und Praxen professioneller Sozialarbeit einsozialisiert. Götz Bachmann verdeutlicht für die Teilnehmende Beobachtung in Organisationen, dass in der Forschung in Organisationen häufig eher eine Form der „dabeistehenden Beobachtung" anzutreffen sei, da das Fachwissen, das z. B. zur Bearbeitung von Problemen, zur Produktion von Waren, zur professionellen Dienstleistung benötigt wird, häufig auf Seiten der Forschenden nicht vorhanden sei (vgl. Bachmann 2009: 256 f.). Studierende der Sozialen Arbeit sollen aber nun eben dies im Laufe ihres praktischen Studiensemesters leisten. Hierfür bringen sie Teile des benötigten Fachwissens aus ihrem Studium mit, müssen sich jedoch ihre praktischen Mitspielfähigkeiten (vgl. Kap. 1.2; 2.3) erst im Laufe der Zeit erwerben. Damit diese Mitspielfähigkeiten in den Choreographien professioneller Sozialer Arbeit nicht unhinterfragte Routinen sind, ist das Lernarrangement so angelegt, dass es kontinuierlich differierende Perspektiven und Reflexionsräume ermöglicht. Die praktische Aufgabe von Studierenden oszilliert also zwischen den Polen einer einerseits strukturierten und zumindest teilweise gesteuerten *Aufforderung zur Selbstreflexion* durch die institutionalisierten Reflexionsräume der hochschuldidaktischen Architektur des Praxissemesters. Andererseits beinhaltet diese Aufgabe auch die *Art und Weise, wie Studierende diese Reflexionsarchitektur nutzen* und sich selbst durch das Praxissemester führen. Veranstaltungsformate und eine intensive Betreuung durch Praxisanleiter*innen, Supervisor*innen und Theorie-Praxis-Dozierende können zwar eine Struktur abstecken, die hochschuldidaktische Rahmung von Praxiserfahrungen muss Studierenden allerdings auch einen Rahmen der Selbststeuerung eröffnen. Auf die Metapher der Expedition zurückzugreifen, ermöglicht genau diese Übertragung. Dies wird nun kurz an bildtheoretischen und narrativen Ansätzen verdeutlicht und es werden Bezüge zu Identitätstheorien hergestellt, um im Anschluss hieran mit einer *auch* bildlichen Rahmung abzuschließen:

Exkurs: Bildtheoretische und narrative Ansätze

Moderne Bildtheorien bzw. Theorien der Repräsentation machen auf den Umstand aufmerksam, dass nicht wie in radikalen Varianten des *linguistic turn* (vgl. Rorty 1992; Bachmann-Medick 2009) behauptet, alle Fragen der Philosophie letztlich auf Fragen der Sprache zurückgeführt werden könnten, sondern dass erst die Verbindung von Sprache und Bild im Stande sei zu klären, was jede einzelne Theorietradition nicht eigenständig klären könne. Gottfried Boehm spricht auch von der „ikonischen Wende der Moderne" (Boehm 2006: 13). Der *iconic turn*, in Kap. 1.2 bereits als einer unter zahlreichen kulturwissenschaftlichen turns im Rahmen der Praxistheorien beschrieben, zeigt vor allem mit Bezug zum häufig dominanteren *linguistic turn*, dass Sprache und Bild nicht abgekoppelt voneinander betrachtet werden können. Von Wittgensteins Sprachspiel (Wittgenstein 1958/2003; Kellerwessel 2009), über Nietzsches Thematisierung der Metapher als Zentrum philosophischen Nachdenkens (vgl. Nietzsche 1873/2010), bis hin zu modernen Abhandlungen über das Sehen als sprachlich vorstrukturierte Praxis (vgl. Schürmann 2008; Rheinberger 2006) wird immer wieder die Brückenfunktion des Bildhaften deutlich. Auch in der soziologischen Systemtheorie Niklas Luhmanns wird deutlich, dass zwischen dem Erkennen als Differenzwahrnehmung, den Gedanken des psychischen Systems und der Kommunikation des Sozialen Systems Interdependenzen, aber eben auch Inkommensurabilitäten zu finden sind (vgl. Luhmann 2006a: 251 ff.). Gedanken können nicht in einer Eins-zu-eins-Entsprechung in Sprache gefasst werden. Es findet eine Übertragung statt, die immer wieder das Ringen um Worte notwendig macht.

Diese Übertragung erscheint hoch relevant für die Lernprozesse im Praxissemester. Von der eigenen Wahrnehmung, den eigenen Gefühlen, über die eigenen Gedanken zu anschlussfähiger Kommunikation in den differierenden Sozialen Systemen des Praxissemesters[4] zu gelangen, ist eine bedeutsame Übertragung, die Studierende auf dem Weg zu einer eigenen professionellen Identität leisten müssen. Worte zu finden, um das eigene Erleben zum Thema machen zu können und dabei im professionellen Diskurs Anschlussfähigkeit herzustellen, bedarf einer wertschätzenden Unterstützung dieser Lernprozesse sowie der Entwicklung von Strategien des Kommunizierens über sich selbst.

An dieser Stelle soll die produktive Leistung der Metapher hervorgehoben werden, die im Anschluss an Nietzsche nicht Realität feststellt, sondern den Konstruktionscharakter alles Wirklichen in den Fokus rückt: „Nietzsches radikaler Zweifel an einer referentiellen Beziehung des Menschen zur Welt provoziert die Suche nach neuen Mittelgliedern. Wenn es eine Illusion war, Erkenntnis von Realität nach dem Modell des Abbildes zu begreifen, wenn Kausalitäten zwischen Objekt und Subjekt auszuschließen sind, dann bietet sich die Metapher als Brückenschlag besonders an. Denn sie verbindet auf eine schöpferische Weise, ihre luftigen Konstrukte schwingen sich über die Abgründe des logisch scheinbar Verbindungslosen hinweg. Je größer und tiefer die Klüfte, umso kühner die Metaphern. Sie stellen nicht fest, was „ist", sie fallen dieser alten Idee einer stabilen, mit sich identischen Realität nicht zum Opfer. Sie bilden nicht ab, sie bringen vielmehr hervor" (Boehm 2006: 16). Die Kühnheit der Metaphern scheint auch gleichzeitig das zu sein, was die Irritationen hervorruft, aufgrund derer wir Welt auf eine neue Weise wahrnehmen können.

Metaphern legen eine Spur, sie evozieren Sinn und schaffen einen Raum für affektive Resonanzen (vgl. ebd.: 28 f.), die zu überraschenden Erkenntnissen und Synthesen führen können. Hans Jonas verortet das zentrale Kennzeichnen menschlichen Seins in der pictoralen Differenz und bezeichnet den Menschen als *homo pictor* (vgl. Jonas 2006: 105 ff.). Wie Gottfried Boehm, der als zentrale Verbindung des Dritten zwischen Sprachbildern und dem Bild in der bildenden Kunst den visuellen Grundkontrast – das tertium des Dazwischen – in den Blick gerückt hatte (vgl. Boehm 2006: 31 f.), zeigt Jonas zentrale Kriterien auf, nach denen beurteilt werden kann, „was ein Bild ist, oder durch welche Eigenschaften ein Ding zum Bild eines anderen Dinges wird" (Jonas

---

4 Gemeint sind damit sowohl die verschiedenen Reflexionsformate (Dyade Studierende*r-Praxisanleiter*in; Austausch mit Kolleg*innen in der Praxis der Sozialen Arbeit; Supervisionsgruppe, Seminargruppe des Theorie-Praxis-Seminars etc.).

2006: 107). Er erörtert damit die Frage der Repräsentation und zeigt auf, wie sehr unsere Weltwahrnehmung, unsere Vorstellungen, unser Denken und unsere Sprache von bildhaften Vorstellungen durchdrungen sind, die das Wesen des Menschen als *homo pictor* durch die Repräsentation seiner äußeren Umwelt in Form von Kontrasten und Ähnlichkeiten auszeichnet. Er zeigt für die Bild-Theorie ganz deutlich, dass die Wahrnehmung von Differenzen im bildhaften Vergleich eine der Eigenschaften des Menschen ist, die sein Menschsein auszeichnen (vgl. ebd.: 107 ff.). Dabei verdeutlicht Jonas gleichzeitig das Potenzial sinnhafter Verknüpfungen bei nicht vollständiger Ähnlichkeit. Die Freiheitsgrade der Repräsentation, die Unvollständigkeit der Entsprechung zwischen Bild und Abbild werden von Jonas als Bildvermögen gesehen. Dieses Bildvermögen eröffnet eben durch seine nicht vollständige Identität vielfältigste Möglichkeiten der Erkenntnis. Dem Wirklichkeitssinn des Menschen wird der Möglichkeitssinn zur Seite gestellt, wie Robert Musil dies im „Mann ohne Eigenschaften" (2013) beschrieben hat. Wahrnehmung ist damit gleichzeitig Wahrnehmung von Differenz und Wahrnehmung von Ähnlichkeit. Die Unschärfe zwischen Bild und Abbild regt die schöpferische Kreativität der Verbindung des bisher noch Unverbundenen an und kann Brücken über jene Abgründe ermöglichen, die ohne die Unschärfe nicht gewagt worden wären.

Wie hängen nun bildtheoretische und narrative Theorieansätze zusammen und weshalb sollte die Verbindung dieser beiden Perspektiven für das Praxissemester stark gemacht werden? Ausgehend von den Bezügen zur Bedeutung der Brückenfunktion des iconic turns, soll die Erzählung als Narrativ des Selbst mit Bezug auf das Praxissemester erörtert werden. Efran; Lukens; Lukens (1992) verdeutlichen, welche Bedeutung Geschichten für Menschen haben können:

> „Wir erzählen uns selbst und uns gegenseitig ständig, wie die Welt ist, und halten sie damit stabil. Menschen sind unverbesserliche und geschickte Geschichtenerzähler, und sie haben die Angewohnheit, zu den Geschichten zu werden, die sie erzählen. Durch Wiederholung verfestigen sich Geschichten zu Wirklichkeiten, und manchmal halten sie die Geschichtenerzählerinnen innerhalb der Grenzen gefangen, die sie selbst erzeugen halfen." (Efran; Lukens; Lukens 1992: 115)

Geschichten als bildhafte Vorstellungen – wie bspw. Metaphern – zeigen hier deutlich den Ursprung der Sprache im bildhaften Vorstellungsvermögen. Fröhlich/Stenger haben in ihrem Band „Das Unsichtbare sichtbar machen" (2003) die Bedeutung von Bildern und Geschichten für Bildungsprozesse und die Subjektgenese diskutiert. Die ikonische Differenz – „am Anfang aller Bildlichkeit nämlich steht die schlichte Tatsache, dass ein Stück mit Farbe beschmierter Fläche so mit Farbe beschmiert werden kann, dass dem Betrachter der Eindruck eines Tieres entsteht – zum Beispiel in den Höhlenmalereien –, dass aber immer weiter die Farbe beschmierte Fläche kein Tier ist" (Bilstein 2003: 26) – wird von Johannes Bilstein mit Bezug auf Boehm als entscheidendes Charaktermerkmal von „gemalten Bildern für die Augen wie von gesprochenen Bildern für die Ohren" (ebd.: 27) gesehen. Eine Hoffnung auf Synthetisierung sei dann die entscheidende Antriebskraft menschlichen Schöpfungsvermögens. Bilstein greift bei seiner Thematisierung dieser Fragen auf die antike Figur des Atlas bzw. die christliche Mythologie des Christophorus zurück, der die Grundfigur der Metapher deutlich macht. Der ursprünglich als Riese Reprobus bekannte Held trug Reisende über den reißenden Fluss, an dem er lebte. „Eines Tages hörte er ein Kind rufen, stand auf, nahm das Kind auf die Schultern und trug es durch die Wellen. Das Wasser aber stieg immer höher, und die Last wurde immer schwerer. Der Träger bekam es mit der Angst zu tun und rief: ‚Kind, du bist so schwer, als hätte ich die ganze Welt auf dem Buckel.' Das Kind aber sagte: ‚Du trägst nicht nur die Welt, sondern auch den, der die Welt geschaffen hat. Künftig sollst du dich Christophorus, der Christusträger, nennen. [...]'" (Sellner 1983: 259 zit. n. Bilstein 2003: 30 f.). Christophorus hat es sich also ganz im Sinne des griechischen meta-phorein, dem Hinübertragen, zur Aufgabe gemacht, Wanderer über eine Kluft zu tragen, die dies ohne ihn nicht könnten. Für dieses Hinübertragen ist dabei wichtig, dass die Reisenden selbst die Richtung ihres Weges kennen. Eine Metapher, die im Griechischen und im Anschluss an die aristotelische Definition die Übertragung eines Wortes in eine nicht geläufige Bedeutung bezeichnet, zeigt also Anschlussmöglichkeiten von Sinn auf, die der ursprünglichen Wortbedeutung nicht innewohnen. Das „Hinübertragen" scheint dementsprechend die zentrale Funktion von Metaphern zu sein (ebd.: 32 ff.; Fischer 2005a/b)[5].

Geht man davon aus, dass Metaphern und Parabeln eine Urform menschlichen Erzählens und Verstehens sind, verdeutlicht sich die Bedeutung der Metapher *Expedition* für den Gang der Studierenden in die Organisationen der professionellen Praxis in der Sozialen Arbeit. Die Metapher bietet die Möglichkeit, Gefühle, Ambivalenzen und Erfahrungen thematisierbar zu machen und dabei die Brücke zwischen dem Nicht-Sprachlichen zum Sprachlichen über die Metapher zu überwinden. Metaphern bieten zahlreiche kommunikative Anschlussmöglichkeiten (vgl. Luhmann 1987; Fuchs 2012: 92) und erleichtern somit ein Kommunizieren über Erfahrungen, die noch nicht klar und präzise verarbeitet wurden, Erfahrungen, für die noch keine eindeutige Sprache gefunden werden konnte. Damit können Studierende über die Brücke der Metapher der „Expedition" auch unklare, vor-sprachliche, ambivalente, paradoxe Erfahrungen ansprechen und im Kosmos des Sinnhorizontes der Metapher ausloten. Eine sinnhafte Verknüpfung der Erfahrungen kann dann im Rahmen der Metapher erfolgen. Um nur ein paar Anschlussmöglichkeiten eines metaphorischen Verständnisses von Praxiserfahrungen deutlich zu machen, soll nun kurz auf die Metapher der Expedition und deren sinngenerierende Bedeutungshorizonte eingegangen werden:

---

5 Hierzu findet sich in der modernen poetologischen Literatur eine ergänzende Auseinandersetzung, die die Frage der Metapher und deren Bedeutung für das Verständnis des Selbst, der Anderen und der eigenen Kultur erörtert. (Müller-Richter/Larcati 1998). In dem von Anselm Haverkamp herausgegebenen Band „Theorie der Metapher" (1996) finden sich weitere Perspektivierungen auf die Funktionen von Metaphern. Für die folgende Darstellung siehe auch Freis (2019).

Abb. 1: Navigation im Praxissemester (Illustration Mike Rouault)

Metapher der Expedition – sinngenerierende Bedeutungshorizonte

1. Kennenlernen von Neuem, Unbekanntem: Die Metapher der Expedition beinhaltet den Sinnhorizont der Reise ins Unbekannte. Als Teilnehmer*in einer Expedition muss man sich darauf einstellen, mit Kulturen, Gebräuchen, Ideen, Praktiken konfrontiert zu werden, die man vorher noch nicht kannte. In der bildlichen Darstellung sind eine Sozialarbeiterin und ein Sozialarbeiter zu sehen, die am Beginn ihrer Expedition stehen und noch nicht mehr kennen, als den eigenen Standort am Beginn der Reise. Alles andere ist unentdecktes Land.

Abb. 2: Kennenlernen von Neuem, Unbekanntem (Illustration Mike Rouault)

2. Neugierde als Haltung: Eine Expedition hat viel mit Neugierde zu tun. Ohne einen Grund für die Expedition bricht in der Regel niemand zu einer Reise auf. Zur Neugierde gehört das Staunen über Unbekanntes. Der freudige Blick sowie die Lupe, mit der man Details genau erkennen kann, verdeutlichen dies.

Abb. 3: Neugierde als Haltung (Illustration Mike Rouault)

3. Abgeschlossenheit einer Reise: Eine Expedition ist ein zeitlich begrenzter Rahmen. Sie hat einen Anfang und ein Ende – im Falle des Praxissemesters an der htw saar den Zeitraum vom 01.10. bis zum 31.03. eines jeden Jahres. Diese Abgeschlossenheit macht ein intensives Erleben und Wahrnehmen notwendig, da die Wahrnehmungsmöglichkeiten zeitlich begrenzt sind. Was man nicht erlebt, kann nicht wiederholt werden.

Abb. 4: Abgeschlossenheit (Illustration Mike Rouault)

4. Vorbereitung auf die Reise: Eine Expedition wird in der Regel vorbereitet. Man informiert sich über die Länder, die man zu bereisen plant, deren Völker, deren Gebräuche und Sitten. Diese Vorbereitung ist gleichzeitig ein Einstimmen auf die Erfahrungen, die im Kontext der Expedition auftauchen können. Möchte ich einen unbewohnten Gipfel erklimmen, tue ich gut daran, mir bereits im Vorfeld Gedanken über die Wetterverhältnisse, den Untergrund, die Dauer des Auf- und Abstiegs, die Möglichkeiten des Ausstiegs oder der Rettung im Notfall

Abb. 5: Vorbereitung auf die Reise (Illustration Mike Rouault)

zu machen. Zieht es mich in Länder dieser Erde, in denen wilde Tiere, Wasser- und Nahrungsversorgung, ärztliche Versorgung oder andere Zahlungsmittel eine Bedeutung haben, sollte ich mir über mein eigenes Vorwissen bewusst sein. Auf dem Bild steht unser Sozialarbeiter auf einer Landkarte, die das Terrain markiert, sowie auf ein paar Büchern, aus denen er sein Wissen für die Vorbereitung auf die Reise zusammengetragen hat.

5. **Ausrüstung zusammenstellen**: Je nach Art der Expedition muss ich meine eigene Ausrüstung zusammenstellen. Eine Gipfelbesteigung bedarf anderer Utensilien als eine Kanufahrt, eine Expedition in den Dschungel anderer Kleidung als eine Reise in die Wüste, eine zweitägige Tour einer anderen Menge an Ausrüstung als eine wochenlange Reise. Zudem muss ich mir über das Gewicht, meine eigenen Belastungsgrenzen, notwendige und nicht zwangsläufig erforderliche Ausrüstungsgegenstände bewusst werden. Nehme ich bereits am Beginn zu viel mit, muss ich entweder im Laufe der Expedition Ballast abwerfen oder ich komme möglicherweise gar nicht am geplanten Ende der Reise an, da meine Kräfte vorher versagen. Bildlich steht unser Sozialarbeiter vor der gepackten Ausrüstung, die zahlreiche Gegenstände beinhaltet und präzise zusammengestellt ist, damit er seine Expeditionsreise beginnen und gleichzeitig auch zu Ende bringen kann bzw. bis zum Ende durchhält.

Abb. 6: Ausrüstung zusammenstellen (Illustration Mike Rouault)

6. **Route planen**: Um nicht gänzlich orientierungslos zu starten, bedarf es eines Bewusstseins über die Route. Um zwischendurch entscheiden zu können, ob ich einen Tag am Strand liegen, einen kurzen Ausflug ins Umland oder eine mehrstündige Beobachtung von Tieren am Wasserloch machen kann und dann trotzdem noch innerhalb der mir verfügbaren Zeit das Ende meiner Reise erreiche, muss ich mir der Strecke, meiner eigenen Fähigkeiten und Einschränkungen sowie der Bedingungen der Reise genau bewusst sein. Ich plane den Anfang der Reise schon vom erwünschten Ende her.

Abb. 7: Route planen (Illustration Mike Rouault)

7. Eigene Kräfte kennenlernen und einschätzen können: Vor meiner ersten Expeditionsreise tue ich gut daran, zu trainieren. Je nach eigener Konstitution muss dies nicht zwangsläufig für das erfolgreiche Beenden der Expedition notwendig sein und trotzdem ermöglicht mir das Training, meine eigenen Kräfte und Fähigkeiten genau kennenzulernen und einzuschät-

Abb. 8: Eigene Kräfte kennenlernen und einschätzen können (Illustration Mike Rouault)

zen zu können. Eine körperliche Vorbereitung auf meine Reise gehört dazu (je nach Art der Reise ist sie sogar zwangsläufige Bedingung der Reise). Niemand käme auf die Idee die Eiger Nordwand zu erklimmen, ohne vorher über Kletter- und Sicherungstechniken Bescheid zu wissen sowie routiniert Karabiner, Seile und gängige Knotentechniken nutzen zu können. Ein vorheriges Training ermöglicht zu erkennen, wo meine eigenen Stärken liegen und welche Aufgaben auf der Expedition für mich schwirig werden könnten bzw. wo ich Unterstützung benötigen könnte. Im Bild versucht unser enorm starker Sozialarbeiter beim Hau-den-Lukas-Spiel den Ball zwischen zwei markierte Punkte zu bekommen und unterschätzt seine Kräfte ein ums andere Mal. Er schlägt viel zu stark auf das Spiel und schafft es noch nicht, die eigenen Kräfte einzuschätzen und dosiert einzusetzen.

8. Kräfte einteilen: Eine Expedition verlangt (je nach Kontext und Dauer mehr oder weniger) das Einteilen der eigenen Kräfte. Wenn ich auf den ersten Kilometern des Marathons alles gebe und meine gesamten Kräfte mobilisiere, komme ich möglicherweise nicht ans Ende der Reise oder doch zumindest in erschöpftem Zustand (möglicherweise

Abb. 9: Kräfte einteilen (Illustration Mike Rouault)

sogar in einer deutlich langsameren Zeit), während derjenige, der die eigenen Kräfte sinnvoll eingeteilt hat, sogar entspannt ins Ziel kommen kann. Bildlich zeigt sich hier der Unterschied zwischen einem Läufer, der bereits nach kurzer Zeit am Ende seiner Kräfte ist, weil er mit zu hohem Tempo losgelaufen ist und einem Wanderer, der, seine eigenen Kräfte kennend, die Reiseroute hinreichend geplant hat und frohen Mutes langsam am erschöpften Sprinter vorbeigeht.

9. Sich orientieren und die Umgebung nicht aus den Augen verlieren: Immer mal wieder muss ich als Reisender meine Umgebung studieren und mich dabei selbst zu ihr in Bezug setzen. Es entsteht eine kognitive Landkarte des Terrains und es fällt mir im Laufe der Reise immer leichter,

Abb. 10: Sich orientieren (Illustration Mike Rouault)

meine eigene Position auf der Landkarte zu finden und mich selbst in der Landschaft zu verorten. Dabei darf ich über die Orientierung in der Landkarte meine Umgebung nicht aus den Augen verlieren. Bildlich ist der Sozialarbeiter hier in der Mitte eines Kompasses mit seinen vier Himmelsrichtungen dargestellt, in der er seine eigene Position nutzt, um sich immer wieder neu einzuordnen.

10. Lernen durch Beobachtung: In einer Expedition geht es immer auch darum, seine Umgebung zu beobachten, Menschen und deren Gebräuche zu studieren, die Art und Weise des Lebens in bestimmten Kontexten und Lebenswelten zu betrachten. Etwas über den Gegenstand meiner Expedition zu erfahren, ist notwendig, damit die Teil-

Abb. 11: Lernen durch Beobachtung (Illustration Mike Rouault)

nehmer*innen einer Expedition sich dann in diese Wirklichkeiten einfügen können und lernen, an Gebräuchen teilzunehmen und Menschen und deren Alltag einzuschätzen. Hierzu gehört eine bewusste Zurückhaltung, um nicht mit der Tür ins Haus zu fallen, Gesten falsch zu benutzen und jemanden zu kränken oder den Einheimischen lieb gewonnene Alltagsrituale und Abläufe zu stören. Damit ich weiß, wann ich störe, muss ich vorher beobachten und lernen. Bildlich ist hier unsere Sozialarbeiterin abgebildet, die eine Metaperspektive auf den zu erklimmenden Berg einnimmt. Sie stellt sich einen Wanderer vor, wie er auf zwei unterschiedlichen Wegen an den Gipfel zu kommen versucht und kann so, ausgehend von ihrer Beobachtung aus dieser Perspektive, für sich selbst entscheiden, welcher Weg ihren Kräften am besten entspricht und ihren Zielen des Aufstiegs am nächsten kommt.

11. Sich involvieren (lassen): Die Umwelt, die ich erforsche, nimmt möglicherweise wenig Rücksicht auf mich. Meine Gefährten können aufgrund der Wetterlage verloren gehen und ich muss von meinem Plan abweichen, um sie wieder zu finden. Ich kann mitten in kulturelle Gebräuche geraten, in die ich von der besuchten Gemeinschaft wie selbstverständlich einbezogen werde – ich bekomme eine Kerze in die Hand gedrückt, erhalte

Abb. 12: Sich involvieren (lassen) (Illustration Mike Rouault)

den Friedenskuss, werde aufgefordert, das Vieh in den Stall zu treiben oder auf die Kinder aufzupassen. Mir wird eine Mahlzeit angeboten und darauf verwiesen, dass das Ablehnen der Einladung ein Affront wäre. Ich erfahre Geschichten über Personen und Orte, die mir unangenehm sind. Ich werde in den Alltag, in das Geschehen, involviert und lasse mich involvieren. Ich verliere Distanz zu den Ereignissen, gewinne damit aber auch eine besondere Form des Einblicks. Intensive Erlebnisse, Überraschungen, Gefühle und Geschichten, die nach der Expedition zu mir gehören, werden erfahren. Bildlich hat unser Sozialarbeiter hier eine Totemmaske aufgezogen und nimmt tanzend an rituellen Handlungen teil – er ist mitten im Geschehen.

12. Balance finden: Wenn ich immer nur der Außenseiter bin, der alles ausschließlich von außen beobachtet, werden Menschen und Ereignisse an mir vorbeiziehen. Beziehungen aufzubauen gehört zu einer Expedition. Ich lerne Menschen, Landstriche, ihre Kultur und Eigengesetzlichkeit, ihre Freundlichkeit, ihre Trauer, ihre Grobheit und Verschrobenheit kennen. Als Teilnehmer*in einer Expedition muss

Abb. 13: Balance finden (Illustration Mike Rouault)

ich mir aber auch darüber bewusst sein, dass meine Expedition zeitlich befristet ist und ich irgendwann wieder aus dem Leben der Menschen aussteigen werde. Ich beobachte und lerne, ich lasse mich involvieren und involviere mich selbst, aber muss auch die Grenzen erkennen, über die ich als Expeditionsteilnehmer*in nicht hinaus gehen darf.

Es ist wichtig, eine Balance zu finden und zu halten, die es mir ermöglicht, am Ende guten Gewissens wieder zu gehen, nicht nur das Leben *eines* Menschen kennen gelernt zu haben (z. B. weil ich bei ihm eingezogen bin und mich wochenlang mit keinem anderen beschäftigt habe), eine Balance zu finden, die nicht meinen Außenseiterstatus zementiert, sondern heute hier teilzunehmen, morgen dort zu beobachten und übermorgen vielleicht ein gutes Buch zu lesen, um ein wenig Abstand zu allem zu gewinnen. Sich auf mich selbst zu besinnen gehört dazu, wenn ich offen sein will für immer neue Eindrücke. Bildlich versucht unsere Sozialarbeiterin das eigene Gewicht auf einer Wippe stehend auszubalancieren und so metaphorisch den Aushandlungsprozess zwischen Dabeisein, Beobachten und Mitmachen immer wieder aufs Neue hinzubekommen.

13. Mit Ungeplantem rechnen: Trotz guter Vorbereitung, Planung und Training weiß ich bei einer Expedition, dass immer etwas Ungeplantes geschehen kann. Das Wetter kann gänzlich anders sein als erwartet, mir kann schon am Flughafen, am Bahnhof, auf dem Weg in den Dschungel ein Teil meiner Ausrüstung gestohlen werden. Bereits in meiner ersten Unterkunft kann ich selbst Teile meiner Ausrüstung vergessen. Ich kann auf den ersten Kilometern umknicken und meinen Fuß verletzen, sodass ich bereits zu Beginn ausgedehnte Pausen einlegen muss, die nicht eingeplant sind. Mit Ungeplantem zu rechnen und dieses Ungeplante sogar von Beginn an einzuplanen, um im Notfall flexibel darauf reagieren zu können, zeichnet gute Expeditoren aus. Eine gute Planung macht sich bei den ersten Unwägbarkeiten häufig schon bezahlt. Bildlich wird unser Sozialarbeiter besonders auf die Probe gestellt, in dem er des Nachts beraubt wird, während er in seinem Zelt liegt und schläft.

Abb. 14: Mit Ungeplantem rechnen (Illustration Mike Rouault)

14. Umgang mit Emotionen – Achterbahn der Gefühle: Frustrationen und Enttäuschungen gehören zu jeder Expedition dazu, genau so wie das wundervolle Gefühl, etwas Unvorstellbares erreicht zu haben. Am Beginn der Reise erscheinen die ersten Kilometer des Weges vielleicht beinahe nebenbei vorüberzugehen. Irgendwann stellt sich das Gefühl ein, dass die geplanten 180 km in der

Abb. 15: Umgang mit Emotionen (Illustration Mike Rouault)

vorgesehenen Zeit niemals erreicht werden können. Am Ende läuft man im Zielort ein und hat noch einen halben Tag zur Verfügung, der im Vorfeld gar nicht eingeplant war. Man kratzt sein letztes Bargeld zusammen und geht nach zwei Wochen des Wanderns in eine Gaststätte und bestellt sich gleich drei Gerichte – einfach, weil es möglich ist. Die Befriedigung, am Ende zu sehen, dass die Vorbereitungen und das Training sinnvoll waren, die zwischenzeitlichen Ausblicke nach der Verzweiflung beim Aufsteigen, die niemals möglich gewesen wären ohne die Anstrengung, das Wissen um die Ausrüstungsgegenstände, die man nie gebraucht hat und bei der nächsten Tour zu Hause lassen kann oder die schmerzlich vermisst wurden, nehmen die Expediteure mit auf eine Achterbahn der Gefühle. Bildlich zeigen sich in der Achterbahnfahrt die immer präsenten widersprüchlichen Gefühle der Angst vor dem Neuen und dem Mut und der Entschlossenheit weiterzumachen und Neues kennenzulernen.

15. Zugewinn an Fähigkeiten und Kenntnissen: Die anfängliche Frustration auf das eigene Nicht-verstehen-Können der fremden Sprache, Gesten und Gebräuche wird bestenfalls irgendwann abgelöst von der Einsicht, neue Erkenntnisse gewonnen, Fähigkeiten entwickelt und sich selbst im Verlaufe der Reise immer besser kennengelernt zu haben. Das gute Gefühl zu erkennen,

Abb. 16: Zugewinn an Fähigkeiten und Kenntnissen (Illustration Mike Rouault)

dass alle (oder zumindest viele) Stolpersteine und Schwierigkeiten überwunden werden konnten und ich mir meiner eigenen Fähigkeiten bewusster geworden bin, entschädigt mich für jede Anstrengung des Weges. Im Bild sehen wir unsere Sozialarbeiterin in drei unterschiedlichen Stadien, in denen die Fähigkeiten immer mehr zunehmen, die Kräfte größer werden und sie am Ende des Weges gleich einer Superheldin sogar in der Luft schwebt und sich ihrer eigenen Kraft bewusst ist.

16. Eigene Grenzen erkennen: Auch Erfahrungen, in denen ich mir die Grenzen meiner eigenen Fähigkeiten eingestehen musste und eine alternative Route einschlagen, umkehren, abbrechen oder mich auf die Hilfe Anderer verlassen musste und konnte, ermöglichen mir, meine nächste Reise anders, präziser zu planen, meine Ausrüstung besser auf meine Fähigkeiten abzustimmen, meine Weggefährten

Abb. 17: Eigene Grenzen erkennen (Illustration Mike Rouault)

gezielt(er) auszuwählen oder mir einfach des wundervollen Gefühls sicher zu sein, dass sich im Notfall immer andere Menschen finden, die bereit sind, mich in schwierigen Situationen zu unterstützen. Bildlich kommt unser Sozialarbeiter an einen Wegweiser, der in viele verschiedene Richtungen weist und immer suggeriert, es wären nur noch wenige Meter. Die Unvorhersehbarkeit des Endes und die Frage, ob meine Kräfte bis dahin reichen, können hier nicht geklärt werden.

17. Abschied nehmen: Am Ende meines gemeinsamen Weges mit den Bewohnern der Welten, in die ich eintauchen durfte, sollte ich Abschied nehmen. Eine Expedition ist immer ein Besuch auf Zeit. Bin ich freundlich aufgenommen worden? Habe ich gelitten? Wurde ich unterstützt? Habe ich etwas gelernt? Welche Erfahrungen mir auch immer

Abb. 18: Abschied nehmen (Illustration Mike Rouault)

ermöglicht wurden, am Ende nehme ich Abschied und die Erfahrungen werden zu einem Teil von mir. Selbst wenn ich niederschmetternde Erfahrungen gemacht habe, meine Pläne nicht aufgegangen sind, nehme ich sicher etwas aus der Expedition mit. Vielleicht war ich die/der Erste von Außerhalb, die/der in diese Welt eingetaucht ist und meinen Nachfolger*innen fallen manche Wege durch meine Vorarbeit, meine Freundlichkeit, meine Offenheit leichter als mir selbst. Zu einer Expedition gehört, dass ich durch mein Dasein in einem kleinen ländlichen Ort in Bali, meiner Mietwohnung als Untermieter bei Frau Müller in der Großstadt, beim Treffen mit den Wohnungslosen, beim Gespräch mit dem Geflüchteten Mehmet an der Straßenkreuzung Spuren hinterlasse. Ich habe (manchmal mehr, manchmal weniger) das verändert, was ich erkundet habe. Ebenso habe ich mich selbst auf die ein oder andere Weise verändert. Bildlich ist hier das Abschied nehmen als trauriges Ereignis und zugleich als freudige Begebenheit dargestellt. Unser Sozialarbeiter winkt zum Abschied und ist dankbar für die gewonnen Eindrücke und gemachten Erfahrungen.

18. Heimkehren: Heimzukehren bedeutet auch, zu bemerken, dass die Erfahrungen, die ich auf meiner Reise gemacht habe, mich veränderten. Ich bemerke, dass ich nach meiner Rückkehr in mein altes Leben mein Leben nicht mehr ganz so führen kann oder möchte, wie ich es gewohnt war. Ich habe vielleicht Wasserknappheit erlebt und wie sich drei Menschen einen halben Liter Wasser teilten,

Abb. 19: Heimkehren (Illustration Mike Rouault)

ich habe erlebt, wie Tiere aus touristischen Gründen gejagt und getötet wurden, ich habe erfahren was es bedeutet, Teil einer Gemeinschaft zu sein. Nun erhebe ich meine Stimme, wenn ich Wasserverschwendung sehe, ich entscheide mich nicht Teil einer Ökonomie zu sein, die Felle importiert, ich engagiere mich in örtlichen Vereinen, um selbst einen Beitrag zu einer funktionierenden Gemeinschaft zu leisten. Ich kehre als ein*e Andere*r zurück. Bildlich kommt unser Sozialarbeiter auf einem Papierflieger von seiner Expedition nach Hause und hat ganz viele Erfahrungen von seiner Reise mitgebracht, die ihn umschwirren.

Alle diese Sinn- und Bedeutungshorizonte können als metaphorische Rahmung auf die eigenen Erfahrungen im Zugang zur professionellen Praxis der Sozialen Arbeit übertragen werden. Über die Metapher der Expedition werden so Erfahrungen thematisierbar. Die ikonische Differenz kann zu kühnen Übertragungen genutzt werden, die helfen, das eigene Erleben und die eigenen Gefühle zu ordnen und sich dabei selbst besser kennenzulernen.

Metaphorische Bedeutungs- horizonte	Übertragbarkeiten im Praxissemester (unter Bezugnahme auf die methodologischen Grundlagen des Kap. 1)
1. Kennenlernen von Neuem, Unbekanntem	– Fremdheit und Vertrautheit als erkenntnistheoretische Leitunterscheidung
2. Neugierde als Haltung	– forschendes Lernen im Praxissemester – Offenheit für Lebenswelten/-wirklichkeiten als professionstheoretische Forderung – kulturvergleichende Perspektiven – Förderung von Toleranz
3. Abgeschlossenheit der Reise	– zeitlich begrenzter Feldaufenthalt – Notwendigkeit der Fokussierung der eigenen Wahrnehmung – Planung des eigenen Engagements vor dem Hintergrund der temporären Mitgliedschaft
4. Vorbereitung auf die Reise	– methodologische und methodische Vorbereitung auf das Feld – Beschäftigung mit den Rahmenbedingungen professionellen Handelns im besuchten Arbeitsfeld (rechtliche Grundlagen, sozialräumliche Verortung, Trägerstruktur, Vernetzung, Arbeitsmethoden und Leitbilder etc.)
5. Ausrüstung zusammenstellen	– Feldforschungstagebuch/Notizbuch – wissenschaftliche Literatur zum Arbeitsfeld, Arbeitsmethoden etc. sichten – Verträge und Absprachen mit Praxiseinrichtungen und Hochschule treffen – Auftragsklärung: Aufträge der Lernorte
6. Route planen	– Feldaufenthalt planen (Forschungsprozess) – Struktur des Praxissemesters (Phaseneinteilung) – Kompetenzerwerbsplanung
7. Eigene Kräfte kennenlernen und einschätzen können	– Selbstvergewisserung 1 (eigene Stärken und Schwächen, eigene Vorlieben und Abneigungen) – Selbstvergewisserung 2 (eigene methodische/sozialarbeiterische Fähigkeiten) – Selbstvergewisserung 3 (eigene Kenntnisse über Arbeitsfeld, Adressaten, Arbeitsmethoden etc.)
8. Kräfte einteilen	– Herausforderungen des Feldzugangs als Ethnograph*in
9. Sich orientieren und die Umgebung nicht aus den Augen verlieren	– Übertragungsphänomene des Feldes auf den Aufenthalt des Ethnographen – Selbstbeobachtung und Fremdbeobachtung – Selbstreferenz – Überblick über Handlungs- und Arbeitsfeld sowie über deren gesellschaftspolitische Einbettung
10. Lernen durch Beobachtung	– teilnehmende Beobachtung (z.B. shadowing) – beobachtende Teilnahme – Distanzierungsmöglichkeiten (Rückzug aus dem Feld) – Logik der Praxis – Selbstverständlichkeiten organisationaler Prozesse hinterfragen

Metaphorische Bedeutungs-horizonte	Übertragbarkeiten im Praxissemester (unter Bezugnahme auf die methodologischen Grundlagen des Kap. 1)
11. Sich involvieren (lassen)	– Zugriff des Feldes auf die Person des Feldforschers – eintauchen in die Logik der Praxis: Teilnahme an Praktiken professioneller Sozialarbeit – Praktiken eigenständig ausführen und üben – Veränderung des Feldes durch die eigene Präsenz
12. Balance finden	– zwischen Annäherung und Distanzierung changieren – Wechsel zwischen Teilnahme/Beobachtung und Reflexion – Strukturell eingeplante Interdependenzunterbrechungen – Verhinderung der Verselbstverständlichung – äußere und innere Anforderungen austarieren
13. Mit Un-geplantem rechnen	– muddling through (vgl. Avby 2015) – nervöse Selbststeuerung (vgl. Baecker 2011) – Offenheit für unvorhergesehene Wege – Flexibilität
14. Umgang mit Emotionen – Achterbahn der Gefühle	– kennenlernen von Paradoxien professionellen Handelns aus der Innerperspektive – Misserfolgserlebnisse: Erkundung eigener Unfähigkeiten, Balancierung äußerer Anforderungen, eigenen Erwartungen gerecht werden – Erfolgserlebnisse: professionelle Hilfe, Balancierung äußerer Anforderungen, eigenen Erwartungen gerecht werden
15. Zugewinn an Fähigkeiten und Kenntnissen	– Zugewinn an Mitspielfähigkeiten – Abgleich professioneller Wahrnehmungs- und Deutungsschemata – zunehmende Selbständigkeit – Zugewinn an Begründungswissen
16. Eigene Grenzen erkennen	– Grenzen eigener Mitspielfähigkeiten – zu entwickelnde Kompetenzen – going-native-coming-home
17. Abschied nehmen	– Beziehungsgestaltung – ethische Verpflichtungen
18. Heimkehren	– Auswirkungen der Erfahrungen im Praxissemester (privat, beruflich, studentisch) – gewinnen von Distanz zum besuchten Feld – Reflexion des Gelernten/Erfahrenen
19. ...	

Tabelle 1: Bedeutungshorizonte und Übertragbarkeiten im Praxissemester der Sozialen Arbeit

Eine derartige Strategie über eine metaphorische Rahmung wahrnehmbar zu machen, was sich nicht zwangsläufig direkt erschließt, findet auch in der Organisationsforschung Anwendung. Hier verdeutlicht Heinz Stahl die Rolle von Bildern bei der Führung von Organisationen (Stahl 2007). Bilder bzw. bildhafte Vorstellungen haben bei ihm die Funktion, das Handeln, Wahrnehmen und Kommunizieren der Mitarbeiter*innen in der Organisation von der Zukunft her zu steuern. Die bildhafte Vorstellung weist den Weg und gleichzeitig bestimmt sie das Ziel, das es zu erreichen gilt. Sie wird sozusagen zum Leitgedanken der Gestaltung organisationaler Prozesse. Analog hierzu lassen sich auch die Strategien der Organisationsentwicklung verstehen, die z. B. mit Großgruppenverfahren versuchen, eine Imagination der Zukunft zu kreieren (vgl. Schiersmann; Thiel 2018: 106 ff.).

Versteht man Organisationen, wie sie bei Niklas Luhmann (2006b) und Karl Weick (1995a) aufgefasst werden, als sich über die Kommunikation vollziehende Typen sozialer Organisationen, die auf eine permanente Produktion und Reproduktion von Sinn angewiesen sind, zeigt sich wieso bild-theoretische Überlegungen sich als so anschlussfähig für die Sinngenese in Organisationen erweisen. Dort erleichtern sie durch das ihnen inhärente sinnhafte VerknüpfungsPotenzial das Kommunizieren über die organisationsinternen Prozesse. Für Weick ist das *sensemaking* in Organisationen zentrales Merkmal des Prozesses des Organisierens (vgl. ebd.: 244 ff.; 1995b). Hochschulen, die selbst Organisationen darstellen und ihre Studierenden im Praxissemester in Organisationen schicken, tun also gut daran, ihren Studierenden Rahmungen anzubieten, die sowohl den Prozess des Organisierens in der Hochschule verständlich werden lassen als auch einen Zugang für die Prozesse des Organisierens der Organisationen professioneller Sozialer Arbeit bieten.

Wie hier gezeigt wird, verhilft die Metapher der Expedition zu zahlreichen kommunikativen Anschlüssen, die im Rahmen der Begleitung von Studierenden zur Reflexion der eigenen Erfahrungen genutzt werden können. Zusätzlich zu dieser eher von außen herbeigeführten Möglichkeit der Thematisierung eigener Erfahrungen verhilft der metaphorische Rahmen auch zu einer Möglichkeit der Selbststeuerung bzw. Selbstführung. Verstehen Studierende ihre Aufgabe im Praxissemester als Expedition, verstehen sie sich selbst als Entdecker*innen gibt ihnen dieser metaphorische Rahmen eine Begründung für die bewusste Entscheidung über ein eigenes Involviert-Sein oder eine gewisse Zurückhaltung in bestimmten Situationen und Kontexten der Praxis. Ein*e Entdecker*in zu sein, bedeutet eben auch, zeitweise aus der Distanz zu beobachten, bedeutet, zu staunen im Angesicht des Neuen, bedeutet, der Komplexität professioneller Wirklichkeiten zuzuschauen, um in sie im geeigneten Augenblick einzutauchen. Lernprozesse in der Praxis lassen sich somit von Studierenden in Eigenregie choreographieren und Entscheidungen bewusst treffen. Die Begleitung von Studierenden im Praxissemester erhält durch diese metaphorische und bildliche Rahmung Möglichkeiten des kommunikativen Anschlusses an deren Erfahrungen. Supervisor*innen, Praxisanleiter*innen und Dozierende der Theorie-Praxis-Seminare können die metaphorische Rahmung und die zugehörigen bildlichen Darstellungen nutzen, um über das „Gepäck" für die Expedition, das „Training" im Vorfeld, die Frustrationen und Erfolgserlebnisse zu sprechen. Hieraus lässt sich eine individuelle Geschichte, eine Erzählung, ein Narrativ der Expedition in die professionelle Praxis entwickeln.

Damit wird in der vorliegenden Rahmung Bezug genommen auf narrative Ansätze, die die Bedeutung von Geschichten als verarbeitete Erlebnisse hervorheben und gleichzeitig aufzeigen, dass die eigene Erzählung auch im Nachhinein verändert werden kann. Bezeichnend für diese Perspektive ist das Buch „Es ist nie zu spät, eine glückliche

Kindheit zu haben" (2005) von Ben Furmann. Der Autor verdeutlicht bereits im Titel seines Werkes, was bezeichnend ist für narrative Ansätze – die narrative Konstruktion von Identität und deren Veränderbarkeit. Wenn es auch *nach* dem Erlebten noch möglich ist, seiner Kindheit eine *schöne* Kindheit abzuringen, dann kann es sich nicht nur um rein faktische Ereignisse handeln (Geburt, Ehe, Geschwister, Tod naher Verwandter, Kredit, Hausbau etc.), sondern es muss einen gewissen Deutungsspielraum in der Abfolge, den Zusammenhängen und Bedeutungszuweisungen geben. Greift man hier auf den Versuch einer allgemeinen Definition des Wortes ‚Erzählen' zurück, findet man zahlreiche Begriffsbedeutungen:

> „Als ‚Erzählen' bezeichnet man eine Art von mündlicher oder schriftlicher Rede, in der jemand jemandem etwas Besonderes mitteilt; sieht man von einer Bedeutung im weiteren Sinne von „im Vertrauen mitteilen, sagen" [...] und einigen Wendungen im übertragenen und umgangssprachlichen Sinne ab ([...] [davon kann ich etwas erzählen *Einfügung M.F.*] und [...] [er kann von einer Reise erzählen, er hat viel dabei erlebt *Einfügung M.F.*]), so heißt eine Rede offenbar eine ‚Erzählung', wenn diese Rede einen ihr zeitlich vorausliegenden Vorgang vergegenwärtigt, der als ‚Geschehnis' oder ‚Begebenheit' bestimmt werden kann" (Martinez/Scheffel 2009: 9).

Martinez und Scheffel unterscheiden für die Literaturwissenschaft faktuales von fiktionalem Erzählen. Als faktuales Erzählen sehen sie diejenigen Texte an, die den Anspruch erheben, von realen Vorgängen zu berichten und daher als „authentische Erzählungen von historischen Ereignissen und Personen" (ebd.: 10) angesehen werden können. Entgegen setzen sie diesen Erzählungen das fiktionale Erzählen, d.h. Erzählungen von erfundenen Ereignissen, Menschen etc. Die beiden Autoren stellen hier in unterschiedlichsten Nuancierungen Aspekte literaturwissenschaftlicher Erzähltheorie dar. Neben dem ‚Wie' der Darstellung von Erzählungen über z.B. die Darstellung der Zeit, den Modus des Erzählens, die Erhebung der Stimme als Erzähler*in, wird auch das ‚Was' der Handlung von Erzählungen in den Blick genommen (vgl. ebd.: 27ff.; 108ff.). Aus der Perspektive der literaturwissenschaftlichen Narratologie kommen auch die Verknüpfungen zwischen den zugrundliegenden Ereignissen in den Blick (vgl. ebd.: 108f.). Paul Ricœur hat in seinen zahlreichen Arbeiten zur narrativen Identität (vgl. Ricœur 1986; 1999; Bläser 2015) auf die Bedeutung von Erzählungen und die Verknüpfung von Erzählungen für den Aufbau und das Stabilisieren der eigenen Identität hingewiesen. Die Art und Weise, wie wir selbst unsere Geschichte, unsere Kindheit, die Geschichte unserer Ehe erzählen, ist nicht zufällig und verbindet sich zu einer in den meisten Fällen kohärenten Erzählung[6]. Die spezifische Art und Weise, in der Men-

---

6 Inkohärente Erzählungen erfordern viel Aufmerksamkeit. Dies wird literarisch bereits an den Geschichten von Lügnern und Hochstaplern deutlich, die sich der jeweiligen Zuhörerschaft und der jeweiligen Geschichte gegenüber eben diesem Zuhörerkreis äußerst bewusst sein müssen, wie beispielsweise die „Bekenntnisse des Hochstaplers Felix Krull" deutlich zeigen (vgl. Mann 1989). Derartige Erzählungen finden aufgrund ihrer häufig für eingeweihte Zuschauer amüsanten Handlung Eingang in zahlreiche Filme (z.B. Catch me if you can etc.). Darüber hinaus findet sich die inkohärente Erzählung, und hier ist diese ebenso anstrengend wie im vorher geschilderten Fall, im Kontext psychischer Erkrankungen und verzerrter Wirklichkeitswahrnehmungen. Wenn die eigene Wirklichkeit nahezu

schen sich selbst oder Anderen bzw. äußeren Umständen Erfolge zurechnen, hat einen entscheidenden Einfluss auf das eigene Selbstbild, die Vorstellung von Selbstwirksamkeit und den Selbstwert. Dies zeigt die psychologische Attributionsforschung sehr deutlich (vgl. Aronson et al. 2004: 115 ff.; Heider 1977; Weiner 1985). Erzählungen von Erfolg und Scheitern sowie deren routinierte Wiederholung haben maßgeblichen Einfluss darauf, wie wir uns selbst verstehen, welche Bewältigungsmechanismen für Probleme wir ausbilden oder ob wir uns den Ereignissen ausgeliefert vorkommen. Die Verknüpfung von Erzählungen zu einer kohärenten Gesamterzählung zeigt dann, wie bedeutsam die Art und Weise unseres Erzählens in Narrativen für die Konstruktion der eigenen Identität ist. In der systemisch-narrativen Therapie haben Michael White und David Epston mit ihrem Buch „Die Zähmung der Monster. Literarische Mittel zu therapeutischen Zwecken" (1990) in Anlehnung an Benthams Panopticon und den Foucaultschen Machtbegriff deutlich gemacht, wie stark unsere Identität durch Erzählungen konstruiert sowie gleichzeitig durch Erzählungen aufrecht und stabil gehalten wird (vgl. ebd.: 38 ff.; 32 ff.). Einmal vorhandene, wirklichkeitsbeschreibende Narrative – „Die war schon immer so. Um das Geld musste ich mich immer kümmern."; „Über Gefühle reden kann dein Vater nicht"; „Das war noch nie anders. Wenn wir miteinander reden wollen, endet das immer im Streit"; „Ich kann das nicht. Ich habe das noch nie gemacht. Mach du das bitte."; „Einem alten Hund kann man keine neuen Tricks mehr beibringen" – werden ins Gedächtnis sozialer Systeme eingespeist und legen diejenigen, von denen die Geschichten handeln, auf eine spezifische Identität fest. Die Selbstbeschreibung wird von Anderen übernommen und zur Fremdbeschreibung, in welcher bestimmte Eigenschaften, Fähigkeiten etc. zugeschrieben werden – „Den Heinz musst du dafür nicht fragen. Der hat noch nie geholfen in solchen Situationen"; „Maria hat das schon probiert und kann es einfach nicht. Wenn du willst, dass das gemacht wird, musst du es selbst machen." White und Epston bezeichnen diese Narrative als beherrschende Erzählungen (vgl. ebd.: 31). Die Festlegung von Rollenträger*innen auf die ihnen sozial zugeschriebene Rolle hat auch Goffman bereits analysiert und häufig experimentell auf die Probe gestellt. Von Dellwing als „master of unceremony" beschrieben, hat Goffman bewusst diejenigen Rollenzuschreibungen und kultivierten Narrative einer sozialen Gruppierung gebrochen, um die Brüchigkeit und prekäre Stabilität von Wirklichkeit und Interaktionsordnungen aufzuzeigen (vgl. Dellwing 2014: 29 ff.).

Auch wenn wir im Laufe unseres Lebens zahlreiche Geschichten über uns entwickeln und erzählen, kommt es auf die Auswahl der *spezifischen* Geschichten an, die wir einem bestimmten Zuhörerkreis (häufig wiederholt) präsentieren. Die Auswahl der ersten Geschichte legt dabei bereits sinnhafte Anschlussmöglichkeiten für alle *in diesem Kontext, vor dieser Zuhörerschaft* folgenden Geschichten. Eine erste Geschichte, welche die allen Anwesenden bekannte Feigheit des Erzählers vor Augen führt, wird in der Regel nicht von einer Geschichte über den Heldenmut desselben Erzählers

---

keinerlei Überschneidungen mehr mit der Wirklichkeit meines Gegenübers hat, wird das Leben in einer geteilten Welt zu einer hochprekären und potenziell konfliktreichen Aufgabe.

ergänzt. Sinnhafte Anschlüsse zwischen den Geschichten sind in der Regel notwendig, um eine kohärente Identitätskonstruktion aufzubauen. White und Epston haben nun mit ihrem narrativen Therapieansatz verdeutlicht, dass die Auswahl von Geschichten durchaus auch anders erfolgen kann. Andere Geschichten können für eine Erzählung gewählt werden, Deutungen von Geschichten können über z.B. Techniken des *reframings* variiert werden und somit selbst bislang für wahr gehaltene Narrative aus einem anderen Licht gesehen werden. Beispielhaft kann hier auf Paul Watzlawik zurückgegriffen werden, der sich die Frage stellte Was das Gute am Schlechten sei? (vgl. Watzlawik 2005). Damit versucht er darauf aufmerksam zu machen, dass aus einer konstruktivistischen Perspektive unsere Wirklichkeitswahrnehmung immer nur eine unter einer Vielzahl an möglichen Wahrnehmungen ist. Ein Scheitern in einer Aufgabe kann für eine Erkenntnis gut sein.

Um die Bildung einer professionellen Identität als Sozialarbeiter*in zu unterstützen, könnte es aus einer narrativen Perspektive sinnvoll sein, die Auswahl, den Zuschnitt und die Deutung von Erzählungen zu unterstützen. Neben der Multiperspektivität der Reflexion praktischer Erfahrungen, die die eigene Wirklichkeitsdeutung relativieren können, könnten Techniken des Reframings sowie metaphorische Zugangsweisen, die vielfältigste Anschlussmöglichkeiten von Sinn erlauben, als Unterstützung für Studierende im Zugang zur professionellen Praxis Anwendung finden. Der Vorteil eines derartigen Lernarrangements, das sowohl bildtheoretische als auch narrative Ansätze zur Reflexion von Praxiserfahrungen miteinander verbindet, könnte darin bestehen den Unterschied zwischen *gelebter Zeit, erlebter Zeit und erzählter Zeit* (vgl. Klein; Kannicht 2011: 22 ff.) deutlich werden zu lassen.

Identität im Kontext von Organisationen

Das Thema narrativer Identitäten ist bereits eingeführt worden. Wenn wie bei Paul Ricœr Identität als sinnhaft zusammenhängende Erzählung des Selbst verstanden wird, stellt sich die Frage, wie Identitätsbildung in und durch Organisationen unterstützt werden kann. Im Besonderen natürlich jenen Organisationen, die an der Ausbildung bzw. Bildung von Menschen Anteil haben. Die Zeit des Menschen, schreibt Ricœur, ist nichts, solange man sie nicht erzählt. Wir müssen sie mit „lebendigen Metaphern" durchdringen und in die Erzählung unseres eigenen Lebens verwandeln. (vgl. ZEIT online 2005: o.S.). Wie diese Zeit nun mit lebendigen Metaphern gefüllt und durchdrungen werden kann, soll die Frage der institutionellen Selbstthematisierung im Kontext von Organisationen erörtert werden. Damit wird der Bogen zur vorliegenden Reflexionsarchitektur im Praxissemester und der Funktion der unterschiedlichen Reflexionsorte geschlagen, um auf die Einbettung der metaphorischen und narrativen Selbstreflexion im Kontext der beiden Lernorte auf organisationaler Ebene einzugehen.

Bereits seit George Herbert Mead wissen wir, so resümiert Alois Hahn am Beginn seiner Auseinandersetzung mit den Zusammenhängen von Identität und Selbstthematisierung,

> „daß nicht nur einzelne Handlungen ihren Sinn den Reaktionen der sozialen Gruppe verdanken, sondern daß darüber hinaus den Individuen das Bewußtsein der personalen

Identität von der Gruppe, in der sie leben vermittelt wird. Für Mead ist der Prozeß der Selbstwerdung fundamental gebunden an die Fähigkeit des Menschen, sich mit den Augen seiner Umgebung zu sehen" (Hahn 1987: 9).

Im Kontext des Praxissemesters ermöglicht die Einrichtung unterschiedlicher Reflexionsorte in der sozialen Gruppe die Generierung eines Bewusstseins personaler Identität. In der Gruppe herrscht, wie in jedem sozialen System, die Grundbedingung doppelter Kontingenz. Luhmann hat seine theoretische Ausformulierung doppelter Kontingenz (vgl. Luhmann 1987: 148 ff.; 2002: 32 ff.) in der Kommunikation so beschrieben, dass Alter und Ego, wenn sie aufeinandertreffen, jeweils voneinander nicht wissen können, was der jeweils Andere als Erstes oder als Nächstes unternimmt oder sagt. Potenziell wäre am Beginn einer Begegnung jede Interaktion, jede Kommunikation möglich. Von einer freundlichen Vorstellung bis hin zum Diebstahl oder Raub ist alles denkbar. Erste Festlegungen in der Kommunikation oder im Verhalten – ein freundliches Hallo, ein Lächeln, ein Nicken – geben Hinweise darauf, wie das weitere interaktive Geschehen sich entwickeln kann. In dieser Situation ist für Luhmann kennzeichnend, dass es erster Festlegungen bedarf – der Verlagerung des Operierens im Modus „selbsterzeugter Unbestimmtheit und entsprechender Unsicherheit" (ebd.: 33) in der Zeitdimension – (sofern eine Interaktionssequenz begonnen werden soll), an die angeschlossen werden kann und die den weiteren Verlauf zumindest prädeterminieren. Für derartige Begegnungen ist konstitutiv, dass auch die Studierenden sich wechselseitig beobachten, um an Reflexionen und Kommunikationen ihrer Vorredner*innen anknüpfen zu können. Diese Beobachtung macht aber nicht nur notwendig, Andere zu beobachten, sondern auch sich selbst. Der Lebenslauf, so Alois Hahn, ist keine reine Sammlung von Einzelereignissen, die in eine chronologische Reihenfolge gebracht wurden (das Selbst als Lebenslaufresultat), sondern kontextabhängig auch immer das Gedächtnis eines sozialen Systems, das verschiedene Akte, Kommunikationen und Geschichten über die Mitglieder der Gruppe erinnert und ausgehend von diesen selektiven Erinnerungen Zurechnungen an die jeweilige Person vornimmt (das Selbst als Resultat sozialer Zurechnungen) (vgl. Hahn 1987: 10). Es gibt in diesem Sinne immer Rollenzuweisungen in sozialen Gruppen – Schweigende, Vielredner*innen, Moderierende, Störer*innen, Eloquente, Reflektierte etc. –, die Auskunft über die Interaktions- und Kommunikationsgeschichte des sozialen Systems geben können. Das Gedächtnis der Gruppe, so schreibt Alois Hahn, „das die Erinnerung der verschiedenen Akte des einzelnen nach einer Auswahl, die auf der Rangordnung des Gedächtniswürdigen beruht, speichert, bewahrt auch die zeitliche Abfolge dieser Akte. Das Selbst eines Menschen wird also nicht schon durch die Handlungen als solche gebildet, sondern dadurch, daß ihm seine Gruppe die von ihr für gedächtniswürdig erachteten Handlungen in der zeitlichen Ordnung ihrer Abfolge als seine Vergangenheit zurechnet." (ebd.: 9f.) Hahn unterscheidet hier ein implizites von einem expliziten Selbst. Unter implizit versteht er dabei das Selbst eher im Sinne eines „Habitusensemble" (ebd.), welches sich durch spezifische Gewohnheiten, Dispositionen und Erfahrungen auszeichne. Das Selbst wäre dann, so Hahn, in seiner Konstanz zu verorten. Demgegenüber verdeutlicht er, dass das explizite Selbst sein eigenes Ich zum Gegenstand macht. Es spricht über sich und stellt sich auf spezifische Weise dar. (vgl. ebd.). Bedeutsam für den Kontext des Praxissemesters scheint hier zu sein, dass die Art und Weise des Kommunizierens über sich im expliziten Selbst – meine Selbstdarstellung – immer nur eine Selektion in der Kontingenz des Möglichen ist.

> „Jedes solche Bild stellt eine Abstraktion dar. Denn es ist nicht möglich, daß es die Totalität des gelebten Lebens widerspiegelt. Jedes Bild, das ich von mir haben kann, muß eine Selektion aus der Faktizität meines Erlebens und Handelns sein. Wie diese Bilder aufgebaut sind, das hängt ganz wesentlich von den institutionellen Zusammenhängen ab, in denen sie konstruiert werden. Besonders wichtig ist in diesem Kontext die Frage, inwiefern das Individuum durch ausdrücklich von den Gruppen inszenierte Prozeduren zur Selbstdarstellung, zum Selbstbekenntnis, zur Offenlegung seines Inneren und zur Aufdeckung seiner Vergangenheit veranlaßt wird" (ebd.).

Hahn spricht hier von institutionellen Selbstthematisierungsmöglichkeiten und verweist prototypisch auf die Kontexte der Beichte sowie der Psychoanalyse als jenen gesellschaftlichen Orten der Kommunikation, die das eigene Selbst zum Thema machen (vgl. ebd. 11 ff.; 2000: 99 ff.; 197 ff.). Jene institutionellen Orte der Selbstthematisierung tragen zur Konkretion und Stabilität von Identität bei.[7] Diese Funktion wird von Hahn mit dem Begriff der „Biographiegeneratoren" (1987: 18) beschrieben, da an diesen Orten Biographien kontinuierlich hervorgebracht, reproduziert und stabilisiert werden.

Was lässt sich hieraus nun für die Gestaltung des Lernarrangements im Praxissemester ableiten? Und was könnte dabei der Sinn oder Unsinn metaphorischer Rahmungen im Praxissemester sein?

Das Praxissemester als konkretes Lernarrangement muss sowohl die Möglichkeiten der Selbstthematisierung als auch der Fremdthematisierung bereitstellen. Dabei gilt es, der Begleitung von Studierenden im Praxissemester einen Rahmen zu bieten, welcher diese beiden Thematisierungsformen wahrscheinlich macht. Der metaphorische Rahmen der Expedition bietet hier einen Verständnishintergrund praktischer Lernprozesse für die Studierenden, der sich an den methodologischen und methodischen Ideen von Ethnographie, Praxistheorie und Professionstheorie orientiert und damit eine Leitschnur praktischen Lernens zur Verfügung stellt. Gleichzeitig wird über diese metaphorische Rahmung den jeweiligen Praxisanleiter*innen ein Zugang zu den Bildungsprozessen im Praxissemester verschafft, der auch individuelles Studierverhalten in der Praxis nachvollziehbar macht. Für Praxisanleiter*innen, Supervisor*innen und Dozierende bietet dieser metaphorische Rahmen darüber hinaus konkrete Ansatzpunkte für die Reflexion der Praxis, die Einsozialisation in die Praxis, praktische Lernprozesse sowie für die Verbindung von wissenschaftlichem und praktischem Handlungswissen.

---

7 Natürlich muss hier auch erwähnt werden, dass paradoxerweise gerade diesen Kontexten auch die Funktion der Dynamisierung, Flexibilisierung und Destabilisierung von Identitäten eingeschrieben ist. Identitäten, die keine kohärente Geschichte des eigenen Selbst mehr erzählen können, da sie Ereignisse und Narrative selektiert oder gebildet haben, die nicht miteinander integriert werden können (z.B. multiple Persönlichkeiten; wahnhafte Störungen), bedürfen institutioneller Formen der Selbstthematisierung, die geglaubte Selbstverständlichkeiten und Vorstellungen über die eigene Identität in Frage stellen, alternative Deutungen entdecken und so eine neue Geschichte des Selbst entwickeln helfen (vgl. hierzu für den narrativen Ansatz Loebbert 2003).

Für Studierende kann die Metapher der Expedition ein Instrument der Selbststeuerung werden. Entscheidungen können bewusst getroffen, Ambivalenzen erkannt und die eigene Positionierung im Praxissemester (an beiden Lernorten) überdacht werden.

Versucht man die Metapher in die Form eines Bildes zu bringen, so ergibt sich beispielsweise folgende Darstellung.

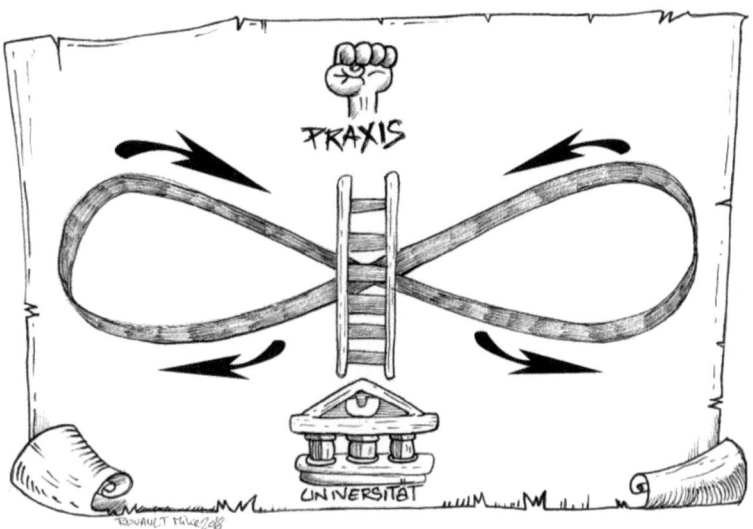

Abb. 20: Ablauf der Expeditionen in die professionelle Praxis der Sozialen Arbeit (Illustration Mike Rouault)

Der Ablauf der Expeditionen in die professionelle Praxis der Sozialen Arbeit zeigt sich als unabschließbare Schleife, in welcher Studierende aus der Reflexion am Lernort Hochschule oder Universität in die Praxis der Sozialen Arbeit einsteigen und mit den Erfahrungen des Lernortes Praxis zurück an die Hochschule kommen und diese erneut reflektieren. Die Brücke zwischen den Lernorten (hier dargestellt als Leiter) stellt sich als konstant zu bearbeitende Konstruktionsleistung dar, die über die Reflexion in den unterschiedlichen Formaten (Praxisanleiter*innen, Supervisor*innen und Dozierende) an den verschiedenen Lernorten erbracht werden muss. Erst das Oszillieren zwischen den Lernorten ermöglicht eine Verortung des eigenen Selbst in den Kontext der jeweiligen Praxis der Wissenschaft und der beruflichen Handlungspraxis. Die Aufreihung der unterschiedlichen metaphorischen Kategorien entlang des Weges zeigt, dass die Bedeutungsgebung und sinnhafte Konstruktion der professionellen Identität eine Konstruktionsleistung jedes/jeder Studierenden ist, die sich über die individuelle Ausgestaltung und Bereitschaft zur (Selbst-)Reflexion ergibt. Die organisierte Wahrnehmungsverschiebung stellt dabei einen organisationspädagogischen Versuch dar, bestimmte Ergebnisse dieses Lernprozesses zwischen Hochschule und Praxis wahrscheinlicher zu machen. Gleichzeitig wird jedoch deutlich, dass die unterschiedlichen Stationen nicht als lineare Abfolge geplant werden können. Die mit diesen metaphorischen Kategorien verbundenen Fragen stellen sich jedoch in beinahe jedem Praxissemester und müssen von den Studierenden als Lernanlässe wahrgenommen und mit Unterstützung der jeweiligen Praxisanleiter*innen, Supervisor*innen und Dozierenden bearbeitet werden. Entlang des Weges vom Beginn der Expedition bis zu ihrem Ende tauchen dann strukturell klar verortete Anforderungen auf. Ein paar dieser Anforderungen werden – nun in der metaphorischen Rahmung der Expedition bleibend – erörtert und im Anschluss hieran mit der Strategie der organisierten Wahrnehmungsverschiebung verdeutlicht.

3.1.1 ‚Hineingeworfen-Sein in die Praxis' und ‚Hineingeworfen-Sein in die Beobachtung'

Bereits in Kap. 2.1 wurde die Analogie zwischen dem Lernprozess im Praxissemester und den ethnographischen Feldforschungsstrategien herausgearbeitet. Mit dem Gang der Studierenden in die Praxis der Sozialen Arbeit geht häufig ein direktes „Reingeworfen-Sein in die Praxis" der Sozialen Arbeit einher. Studierende werden aufgefordert, mitzuarbeiten und sich zu beteiligen, auch wenn sie noch keinerlei Erfahrungen und praktische Mitspielfähigkeiten besitzen. Wenn Lernen in der Praxis nicht einfach nur routinierte Reproduktion von Handlungsweisen, sondern bewusstes Lernen und Studieren von Kommunikation und Interaktion in der Praxis sein soll, dann muss der Erfahrungsmodus des praktischen Erlebens als körperliche Erfahrung der Tätigkeit eines*r Sozialarbeiters*in bewusst reflektiert (Selbstbeobachtung) und um den Erfahrungsmodus der Beobachtung der Vorgehensweisen von Sozialarbeiter*innen in der Berufspraxis der Sozialen Arbeit ergänzt werden (Fremdbeobachtung). Das kognitive Durchdringen der Praxis als Dezentrierung des pädagogischen Blicks (vgl. Hünersdorf 2012) bedarf einer distanzierten Beobachtung und gleichzeitig einer praktischen Involvierung, was praxistheoretische Ansätze durch die Verortung professionellen Handlungswissens im impliziten Wissen der Praktiken des Feldes verdeutlichen (vgl. Kap. 1.2).

Den Beginn des praktischen Studiensemesters markieren wir an der htw saar daher auch mit einem zweiwöchigen Zeitraum, in dem die Studierenden bereits erste praktische Erfahrungen machen, gleichzeitig jedoch noch nicht fest für spezifische Aufgaben eingeplant werden sollen, damit sie frei an der beruflichen Handlungspraxis teilnehmen sowie diese beobachten können. Dieser als „Hospitationsphase bzw. Feldzugangsphase" bezeichnete Zeitraum soll den Studierenden ermöglichen, eigene Beobachtungs- und Interessensschwerpunkte zu setzen und somit die teilnehmende Beobachtung (des eigenen Selbst und der Anderen) im Laufe der Zeit stärker zu fokussieren. Anfängliche Unsicherheiten aufgrund der Offenheit des Beobachtungsauftrages und der selbständigen Verhältnisbestimmung des praktischen Involvierens und der Praxisbeobachtung werden dabei bewusst in Kauf genommen, da davon ausgegangen wird, dass die Auseinandersetzung mit den Fragen ‚Was möchte ich mir näher anschauen? Welche Situationen und Themen interessieren mich? Welche Situationen und professionellen Paradoxien möchte ich am Ende meines Praxissemesters besser verstehen können? Durch welche Erfahrungsmodi kann ich mir Zugang zum entsprechenden Wissen der jeweiligen Praktiken verschaffen?' für die Konstruktion einer professionellen Identität als Sozialarbeiter*in förderlich sind. Das Ins-Verhältnis-Setzen von Wissenschaft und pädagogischer Handlungspraxis eröffnet somit den Spielraum, die Bedingungen sowie Möglichkeiten und Grenzen von Berufspraxis und Wissenschaftspraxis kennenzulernen, indem zwischen den Erfahrungsmodi des Praxislernens durch Mitarbeit und der Praxisbeobachtung hin und her changiert wird. Grundlegend bilden die Erfahrungen aus beiden Erfahrungsmodi den Pool an Praxiserfahrungen, die in der spezifischen Reflexion innerhalb der unterschiedlichen Reflexionsorte aufgegriffen werden können.

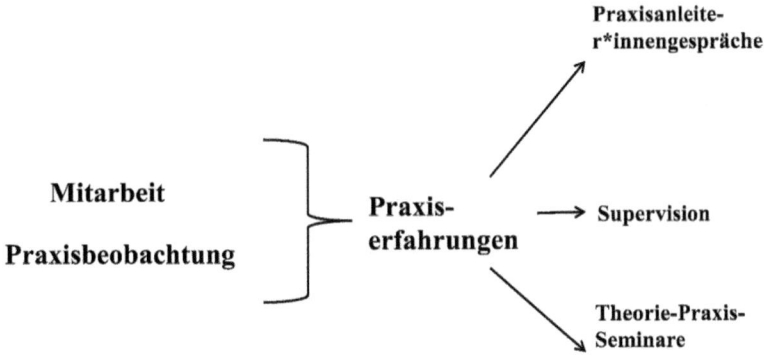

Abb. 21: Praxiserfahrungen und Reflexionsformate

Das ‚Hineingeworfen-Sein in die Beobachtung' greift somit das ‚Hineingeworfen-Sein in die Praxis' auf, um den Prozess des Zugangs zum Feld, die Einsozialisation in die spezifische Kultur des jeweiligen sozialpädagogischen Feldes und das praktische Mitspielen der Studierenden bewusst werden zu lassen. Die bewusste Entscheidung über das Changieren zwischen der Distanz zu den praktischen Vollzügen des Feldes und dem Involviertsein ermöglicht den Studierenden eine kritische Bezugnahme auf die Praxisorganisationen und ihre internen Abläufe. Gleichzeitig fördert die anfängliche „Hospitations- bzw. Feldzugangsphase" das Verständnis für praktische Handlungsvollzüge und erleichtert den späteren Einstieg in die professionelle Arbeit.

Die Aufforderung zur teilnehmenden Beobachtung bzw. zur beobachtenden Teilnahme fokussiert somit auf Brüche und Spannungsverhältnisse professioneller Wirklichkeiten und versucht, das professionelle Verstehen im Kontext eines konkreten Fallbezuges zum Nachvollzug einer bis zum Praxissemester „fremden Kultur" (vgl. Friebertshäuser 1997: 509) zu fördern und in eine eigene professionell reflektierte Arbeitsweise zu überführen. Die Studierenden werden dabei angehalten, folgende Dimensionen der professionellen Praxis situativ in den Blick zu nehmen:

- Organisationale Strukturen und Abläufe
- Interaktionen und Kommunikationen zwischen Professionellen und Adressat*innen
- Interaktionen und Kommunikationen zwischen Professionellen
- Organisationskulturen und Diskurse im Praxisfeld
- Räumliche Strukturen und Inszenierungen
- Organisationale Lernprozesse z. B. über den Umgang von Organisationen mit unerwarteten Situationen oder Adressat*innen.

Dieses Spektrum an Dimensionen dient ausschließlich dazu, die Wahrnehmung der Studierenden auf die Bedingungen professionellen Handelns zu fokussieren. Es wird davon ausgegangen, dass die eigenen Interessen und Beobachtungen auf einzelne Bereiche, Situationen oder Themen eingegrenzt werden müssen, da „Soziale Wirklichkeit [...] nur als reduzierte bewältigbar, bearbeitbar, untersuchbar und darstellbar [ist]" (Kelle 1997: 194).

Der oft beschworene Praxisschock wird über die Fokussierung auf Brüche innerhalb der Dimensionen kleiner und größer zur gleichen Zeit. Kleiner wird er, da die Studierenden durch die Fokussierung auf Brüche und Inkommensurabilitäten bereits ihre Wahrnehmung an einer Inkonsistenzerwartung ausrichten. Größer wird der Praxisschock dadurch, dass sie diese Inkonsistenzen in aller Regel zur Genüge finden.

3.1.2 Eine Landkarte mit weißen Flecken

Vergleicht man den Wissensstand der Studierenden zum Zeitpunkt der Einmündung in die professionelle Praxis im Rahmen der praktischen Studienphase mit einer Landkarte, so ergibt sich ein Bild, das gespickt ist mit Inseln wissenschaftlichen Wissens, eigenen Erfahrungen aber eben auch von weißen Flecken, die noch unerkundet sind, deren Verhältnis zu den anderen Teilen der Landkarte noch nicht bestimmt zu sein scheint. Um die Expedition zu beginnen und die weißen Flecke systematisch in den Blick zu nehmen, sollen sich die Studierenden in ihren anfänglichen Beobachtungen von Situationen, Szenen, Interaktionen, Kommunikationen oder Praktiken an ihren subjektiven Eindrücken orientieren. Erscheint mir die Situation, Szene etc. fremd, interessant, irritierend, ungewöhnlich oder spannend, so ist diese Beschreibung bzw. dieses manchmal nur vage Gefühl ein Anzeiger dafür, dass es sich wahrscheinlich um einen weißen Fleck auf der eigenen Landkarte handelt.

Der Aufbruch in eine fremde Welt ist in aller Regel von einer inneren Unruhe getrieben, sich mit dem, was fremd ist, vertraut zu machen. Ob man dabei von der Idee der Irritation gewohnter Perspektiven ausgeht, wie sie in der systemischen Therapie als Möglichkeit einer Veränderung der eigenen Wirklichkeitskonstruktionen gesehen wird (vgl. Schlippe/Schweitzer 2016), ob man sich wie in der ethnographischen Forschung in den besuchten Praxisfeldern „auf unsicherem Terrain" (Thole; Cloos; Köngeter 2010) bewegt oder ob man wie Armin Nassehi „mit dem Taxi durch die Gesellschaft" unterwegs ist (Nassehi 2010) – aus jeder Perspektive lassen sich gesellschaftliche Phänomene auf je eigene Weise beobachten. Entscheidend dabei ist, wie wir uns in das Taxi setzen, mit welcher Haltung wir Praxisfelder der Sozialen Arbeit besuchen und ob wir uns irritieren lassen wollen oder können. Armin Nassehi beschreibt die Bewegung durch die Gesellschaft mit folgenden Worten: „Was sieht man, wenn man unterwegs ist? Man bewegt sich im Raum, kommt von hier nach dort, und auf dem Weg verändert sich die Welt" (Nassehi 2010: 7).

Machen sich Studierende auf zu einer Expedition im Praxissemester, wollen sie etwas erfahren, was sie bis zum Zeitpunkt der Expedition noch nicht wussten. Die Veränderung der Welt während der Bewegung im Praxissemester verdeutlicht dieses noch nicht Bekannte.

An der Schnittstelle der Verbindung von wissenschaftlichem Wissen mit handlungspraktischem Wissen, geht es aus allen drei in Kap. 1 dargestellten erkenntnistheoretischen Positionen darum, sich Selbst und die eigenen Wahrnehmungsmöglichkeiten im Prozess der praktischen Herstellung von Wirklichkeit zu erproben, das eigene Selbst- und Weltverhältnis in den Blick zu nehmen, Krisen und Unsicherheiten als Lernanlässe zu sehen und im Zuge einer praktischen Einsozialisation den *Zugewinn von Befähigung in Praktiken* zu beobachten. Erfahrung in ihrer Unmittelbarkeit und Relationalität gerät in der jeweiligen Subjektivität perspektivisch gebrochen in den Blick.

Neugier für die Praxis der Sozialen Arbeit, sowie eine Aufgeschlossenheit, sich in der Praxis und durch die Praxis verunsichern zu lassen, sind zentrale Rahmenbedingungen der praktischen Studienphase. Dabei bildet die Fokussierung der Subjektivität des/der einzelnen Studierenden im Kontext der teilnehmenden Beobachtung (in allen Ausprägungsformen) den Weg zur Reflexion der eigenen Person im Rahmen der Einsozialisation in die professionelle Praxis. Heinz Budde schreibt mit Bezug auf die in Praktiken sich abzeichnende soziale Ordnung Folgendes:

> „Soziale Wirklichkeit entsteht in und durch Praktiken. Die Stabilität sozialer Strukturen wird in der Routinisiertheit des praktischen Wissens um die impliziten Regeln lokalisiert. Eine Praktik stellt in diesem Sinne die Vermittlungsinstanz zwischen den – auf der Oberfläche der Phänomenebene – wahrnehmbaren und empirisch aufzeichenbaren Handlungen und den zugrunde liegenden sozialen Ordnungen dar, die sich nicht nur der Beobachtung entziehen, sondern auch der direkten Interpretation. Welche soziale Ordnung sich in Praktiken ausdrückt und damit spezifische Handlungsweisen evoziert, kann erst durch weitere analytische Absicherungsstrategien festgestellt werden." (Budde 2015: 14 f.)

Auf welche Weise die soziale Ordnung in Praktiken eingeschrieben ist, wird häufig dann deutlich, wenn Studierende am Beginn ihres Praxissemesters durch Situationen, Klienten etc. irritiert werden.

Bleiben wir im Bild der *Expedition der Studierenden in die Praxis*, ergibt sich außerdem die Frage danach, wer eine derartige Expedition anführt. Wie Expeditoren ihre Reise im Vorfeld planen und welche Instrumente, Verpflegung und Notfallutensilien sie mit auf ihre Reise nehmen, kann den Ausgang derartiger Unternehmungen drastisch beeinflussen. So zeigt sich auch bei Expeditionen in die Praxis der Sozialen Arbeit, dass eine Idee bestehen muss, wie praktische Lernprozesse erfolgen können und welche Kompetenzen am Ende der Expedition stehen sollen. Dabei ist es wichtig zu sehen, dass die beteiligten Akteure unterschiedliche Interessenslagen vertreten: (1) Studierende erwarten einen Einblick in die Praxis, einen Zugewinn praktischer Fähigkeiten, ein Austesten eigener Fähigkeiten und die Beantwortung der Frage, ob sie für diesen Beruf, dieses Arbeitsfeld, dieses Klientel geeignet sind. (2) Hochschulen erwarten, dass Studierende offen sind, sich selbst in den neuen Arbeitsbezügen zu reflektieren, Praxiseinrichtungen sie dabei unterstützen und auch erkennen, dass die Herstellung von Beschäftigungsfähigkeit der Studierenden sich zwar an den Interessen der Studierenden orientieren kann, aber nicht notwendigerweise ausschließlich in diesen Interessen aufgeht. Es bedarf, vor allem in studienintegrierten Praxisphasen, die auf die zukünftige Gestaltung des Studiums der Studierenden einen Einfluss haben, einer Auseinandersetzung um die wechselseitigen Interessen von Hochschulen und Praxiseinrichtungen, um im Sinne des Kompetenzzuwachses der Studierenden keine kontraproduktiven Voraussetzungen zu schaffen. Das Spannungsverhältnis zwischen Theorie und Praxis sollte also an keiner Stelle zu Gunsten irgendeiner Seite aufgelöst werden, sondern gerade die Auseinandersetzung mit diesem Spannungsverhältnis erbringt für die Studierenden den Widerstand, der letztlich zu Bildung und einer eigenen Umgangsweise mit Theorie und Praxis führt. (3) Praxiseinrichtungen wiederum erwarten Studierende, die neugierig sind auf die praktischen Anforderungen Sozialer Arbeit, die sich einlassen können auf problematische Situationen, die bereit sind, sich selbst in die professionelle Arbeit einzubringen, Fähigkeiten zu erproben, auszubauen oder zu entdecken und immer mehr in die Rolle verantwortlicher Sozialarbeiter*innen einzusteigen.[8]

Zurück zur Ausgangsfrage: Wer führt? Wer führt wen? Und wie geschieht dies? Neuberger verdeutlicht, dass zum Führen auch ein Sich-führen-Lassen gehört (vgl. Neuberger 2002). Führen hat mithin immer eine interaktive Komponente. Auch eine bis ins Detail durchstrukturierte Hochschuldidaktik muss die Autopoiesis der Praxis und der Studierenden gleichermaßen in Rechnung stellen. Inwiefern Studierende im praktischen Studiensemester tatsächlich Kompetenzen hinzugewinnen und Erkenntnisse über sich selbst erlangen, scheint maßgeblich von der vertrauensvollen Zusammenarbeit von Hochschulen, Studierenden und Praxis abhängig. Die hochschuldidaktische Idee und Gestaltung der praktischen Studienphase muss Verantwortung auch für die Lernprozesse in der Praxis übernehmen. Praxisanleiter*innen unterstützen Studierende nicht nur temporär in der Einsozialisation in die Arbeitsabläufe der eigenen Einrichtung, sondern tragen in viel größerem Umfang dazu bei, dass Studierende eine eigene Identität als Sozialarbeiter*innen ausprägen und sich professionell verstehen. In der praktischen Studienphase werden dementsprechend auch Wege angelegt, die den Umgang der Studierenden mit theoretischen Fragen und professionellem Begründungswissen bestimmen (z.B. die Professionen kennzeichnende lebenslange Weiterbildungsaktivität). Studierende, Praxisanleiter*innen und Hochschulen müssen aber gleichermaßen bereit sein, sich von praktischen Gegebenheiten führen zu lassen, Situationen und Erfahrungen offen und transparent zu kommunizieren und diese als Reflexionsanlässe zu sehen. Hierzu ist ein Vertrauensverhältnis notwendig, das auch schwierige Konstellationen thematisierbar und Fehler zu Lernanlässen werden lässt.

---

8 Gleichzeitig muss immer die häufig schwierige personelle Situation von Praxiseinrichtungen wahrgenommen werden, die die Übertragung von Verantwortung an Studierende nahezulegen scheint. Gleicht man die Erwartungen von Studierenden mit dieser Situation ab, wird deutlich, dass eine Abgabe von praktischer Verantwortung an Studierende – aus welchen Gründen dies auch immer geschieht (hier ist eine Varianz zwischen vorhandenen Fähigkeiten bis hin zu Dienstzeitausfällen, die einfach von irgendjemandem kompensiert werden müssen, möglich) – von diesen als Hinweis gelesen wird, dass die eigenen Fähigkeiten eine derartige Verantwortungsübernahme rechtfertigen. Hier gilt es differenziert zu prüfen, auf welcher Grundlage eine solche Übertragung von Verantwortung geschieht, da ansonsten Studierende in einem Ausbildungsverhältnis potenziell Fertigkeiten suggeriert bekommen, die nicht den eigenen Fähigkeiten entsprechen.

Praxisanleiter*innen, Supervisor*innen und Dozierende werden im Kontext dieser Arbeit daher als Basislager jeder Expedition in die Praxis betrachtet, dessen Funktion nur dann erfüllt werden kann, wenn die beteiligten Akteure im konstruktiven Austausch stehen und das Lernarrangement gemeinsam gestalten. Dies beinhaltet die Selbstführung der Studierenden und den didaktisch konstruierten Rahmen, innerhalb dessen Studierende durch die begleitenden Akteure im Prozess der Selbststeuerung unterstützt werden.

3.1.3 Das Basislager der Expedition – Akademische Praxisanleiter*innen, Supervisor*innen und Theorie-Praxis-Dozierende

Die hochschuldidaktische Gesamtverantwortung für die praktische Studienphase verlangt eine Vorbereitung der Studierenden auf den Zugang zur Praxis der Sozialen Arbeit. Die Vorbereitung der Expedition in die Praxis erfolgt im Studiengang ‚Soziale Arbeit und Pädagogik der Kindheit' an der htw saar in Form einer Blockwoche vor dem Praxissemester.[9]

Tag 1: Am ersten Tag der Vorbereitung findet eine Einführung in die formalen und rechtlichen Fragen des Praxissemesters statt. Hier sollen Erwartungen der Hochschule transparent gemacht sowie Rahmenbedingungen im Fall von Problemen vorab geklärt werden. Darüber hinaus findet eine Einführung in das Format der Ausbildungssupervision statt, die damit abschließt, dass die Studierenden sich selbst in ihre Supervisionsgruppen ein- und den jeweiligen Supervisor*innen zuteilen.

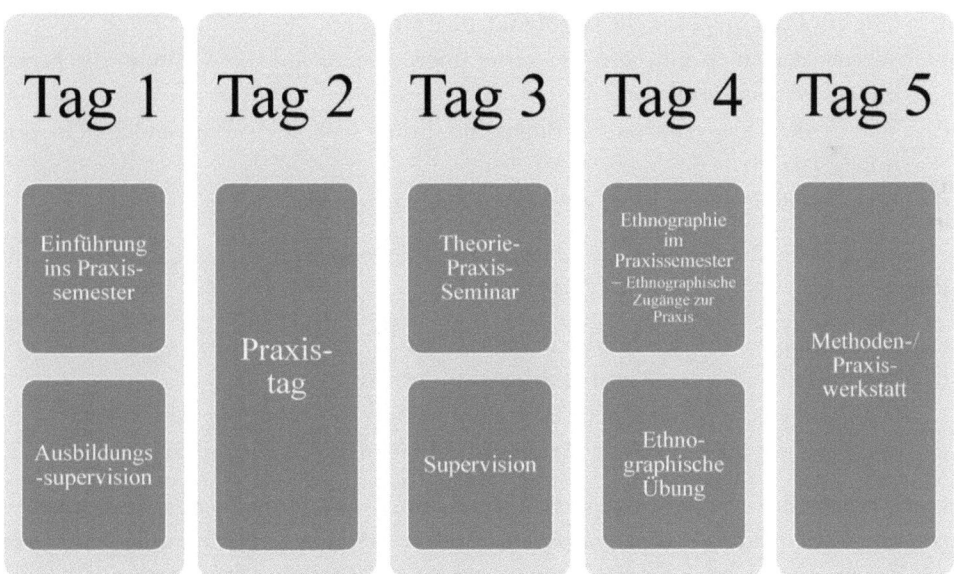

Abb. 22: Aufbau der vorbereitenden Blockwoche zum Praxissemester

---

9 Hier sind natürlich auch andere Formen denkbar, wie bspw. eine vorbereitende Übung, in der die einführenden Teile zum Praxissemester sowie die frühzeitige Auseinandersetzung mit dem Handlungsfeld-, Arbeitsfeld- und Einrichtungskontext der Praxiseinrichtung stattfindet.

Tag 2: Der zweite Tag ist als Hospitationstag in der Praxiseinrichtung des Praxissemesters reserviert. Dies hat zwei Zielsetzungen: Einerseits ist der erste Einblick in die Praxiseinrichtungen Grundlage einer ersten Supervision am folgenden dritten Tag, in der ein Austausch über die Rahmenbedingungen des eigenen Praxissemesters stattfindet sowie erste Erfahrungen und persönliche Ziele für das Praxissemester reflektiert werden können. Andererseits soll dieser Hospitationstag dazu beitragen, dass Studierende sich konkret die Praxiseinrichtungen anschauen und ein Gefühl dafür bekommen können, ob sie in den dortigen Strukturen, mit dem Klientel, den Mitarbeiter*innen etc. ihrem ersten Eindruck nach gut aufgehoben sein werden. In einigen Fällen erhalten Studierende bspw telefonisch eine Zusage, ohne je ein Bewerbungsgespräch oder einen Einblick in den Alltag der Einrichtungen gehabt zu haben. Aus dieser Konstellation heraus ergeben sich häufig Inkohärenzen in den wechselseitigen Erwartungen, die sich am Beginn des Praxissemesters in Form von Konflikten manifestieren können. Der Praxistag fungiert in diesen Fällen präventiv und versucht, die Passung von Studierenden zu den von Ihnen ausgewählten Praxiseinrichtungen frühzeitig zu thematisieren.

Tag 3: Am dritten Tag findet eine erste Supervision statt, in welcher der Hospitationstag und das Kennenlernen der Praxiseinrichtungen in der Supervisionsgruppe vor dem Hintergrund einer Erwartungsklärung im Fokus stehen. Ein erstes Theorie-Praxis-Seminar unterstützt diese Erwartungsklärung indem eigene Erwartungen an das Praxissemester im Austausch mit anderen Studierenden anhand einiger Fragen thematisiert werden:

a. Wie erwarten Sie, ins Feld eingebunden zu werden?
b. Welche Aufgaben möchten Sie gerne übernehmen? Gibt es Gründe, die gegen diese Erwartung sprechen?
c. Was denken Sie, erwartet die Praxiseinrichtung bzw. ihr*e Praxisanleiter*in von Ihnen?
d. Was darf im Praxissemester auf keinen Fall passieren?

Ziele und Wünsche der Studierenden für das Praxissemester stehen dabei ebenso im Fokus:

a. Was wünschen Sie sich für das Praxissemester?
b. Was möchten Sie gerne im Praxissemester lernen?
c. Was können Sie tun, um beim Anstellungsträger in Erinnerung zu bleiben?
d. Welche Ziele für Ihr weiteres Studium verbinden Sie mit dem Praxissemester?

Die Studierenden notieren nach dem Austausch mit ihren *peers* die eigenen Erwartungen und Ziele für das Praxissemester auf Moderationskarten. Diese werden am Ende des Praxissemesters noch einmal genutzt, um eine Zielreflexion anzuregen.

Tag 4: Am vierten Tag findet eine Einführung in das Studium der Sozialen Arbeit am Lernort Praxis statt. Hier wird einerseits das Verhältnis von Theorie und Praxis mit den Studierenden diskutiert, andererseits eine Einführung in die methodologischen und methodischen Grundlagen der Ethnographie im Praxissemester gegeben. Eine ethnographische Haltung als Zugang zur Praxis, die methodischen Möglichkeiten der

Ethnographie sowie das Verschriftlichen eigener Wahrnehmungseindrücke in Form ethnographischer Protokolle stehen dabei ebenso im Fokus, wie die metaphorischen und bildlichen Zugänge zum Praxissemester. Diese Einführung schließt mit dem Auftrag, in Kleingruppen erste eigene teilnehmende Beobachtungen zu machen. Dabei soll eine alltägliche Handlung in der Stadt beobachtet und dabei Notizen gemacht werden, um im Anschluss daran in der Kleingruppe die eigenen Wahrnehmungen kontrastiv zu diskutieren. Die Kontrastierung ermöglicht dabei das Erkennen von verschiedenen perspektivischen Zugängen und wird in einem gemeinsamen *postscript* abgeschlossen.

Tag 5: Am letzten Tag der Blockwoche findet eine Textdiskussion von Grundlagentexten sowie ein erstes Kommentieren der *postscripts* der anderen Gruppen statt.

Der Beginn der Expedition ist nun geschafft, die notwendigen Vorbereitungen und Informationen über das Ziel, die Bedingungen und eigenen Erwartungen an die Reise sind getätigt. Nun gelangen die Studierenden in den ersten Wochen in das Basislager, denjenigen Ort, von dem aus sie die Praxis erkunden und zu dem sie immer wieder zurückkehren. Das Basislager während des Praxissemesters bilden (1.) diejenigen Sozialarbeiter*innen in der Praxis, die die Studierenden praktisch anleiten und gemeinsam mit ihnen ihre Praxis reflektieren. (2.) die Begleitung durch die Hochschule über Dozierende in den Theorie-Praxis-Seminaren bzw. eigenständige Praxisreferent*innen, die den gesamten Prozess des Praxissemesters mit allen Bereichen im Blick haben. Sowie (3.) die Supervisor*innen, die Studierende bei der Reflexion und Selbsterkenntnis im Zuge der beruflichen Einsozialisation in die Rolle professioneller Sozialarbeiter*innen unterstützen. All diesen Personen ist gemeinsam, dass sie Reflexionsräume für Studierende zur Verfügung stellen und deren Erfahrungen im Praxissemester mit je eigenen Fokussierungen betrachten. Ein gelingendes Zusammenwirken dieser Reflexionsräume bietet Studierenden die Möglichkeit, Erfahrungen multiperspektivisch (z. B. a. praktische Notwendigkeiten; b. praktische Möglichkeiten; c. ethische Probleme; d. identitäre Selbstverortungen; e. professionelle Begründungen; f. theoretische Rahmungen) zu reflektieren. Die Funktion der Begleitung von Studierenden über diese drei unterschiedlichen Instanzen liegt also darin, eine multiperspektivische Betrachtung der praktischen Lernerfahrungen von Studierenden im Praxissemester zu gewährleisten und dabei (1.) die eigenen subjektiven Erfahrungen in der Tätigkeit als Sozialarbeiter*in oder die beobachteten Tätigkeiten von Sozialarbeiter*innen in Praxisanleiter*innengesprächen zum Thema zu machen. (2.) eigene Bezeichnungs- und Unterscheidungspraxen durch die Reflexion der eigenen Beobachtungskriterien und Verschriftlichungsweisen zu thematisieren, sowie (3.) ein analytisches Verständnis für die Logik der Praxis zu entwickeln. Die folgende Grafik veranschaulicht diese drei Funktionen. Dabei ist zu beachten, dass die jeweiligen Reflexionsebenen nicht einzelnen Begleitformaten (Praxisanleiter*innengespräch oder Supervision oder Theorie-Praxis-Seminare) zugewiesen werden können, sondern durchaus reflexionsformatübergreifend erfolgen. Bestimmte Reflexionsprozesse lassen sich allerdings in bestimmten Reflexionsformaten *wahrscheinlicher* generieren (hierzu mehr in Kap. 3.2).

Ein zentraler Aspekt, der die multiperspektivische Bezugnahme auf Praxiserfahrungen fördert, besteht in der Bewegung zwischen den verschiedenen Reflexionsebenen – im *Modus des Wiederkehrens*.

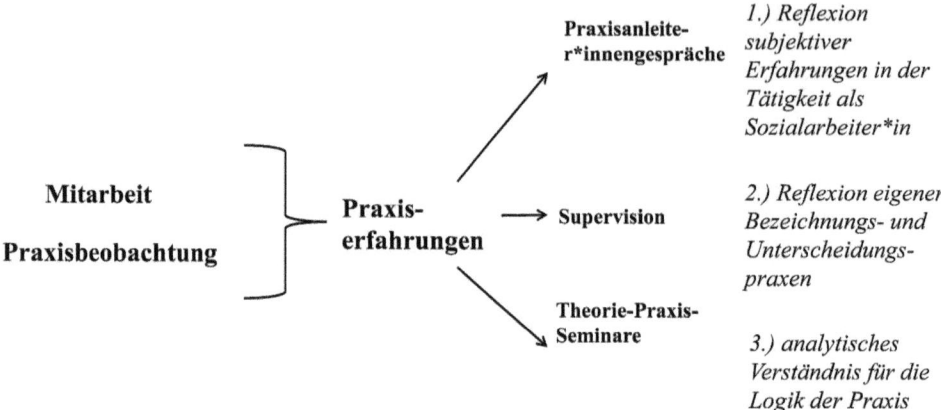

Abb. 23: Reflexionsebenen von Praxiserfahrungen in der Begleitung

Das Wiederkehren an die Hochschule und die Reflexion der Eindrücke und Erlebnisse aus der Praxis der Sozialen Arbeit bieten eine Möglichkeit das eigene Verständnis der Praxis zu überdenken und dabei den Prozess der Inkorporation von Praktiken und professionellen Vorstellungen in den Blick zu nehmen. Ganz im Sinne Wilhelm von Humboldts, der die Bildungsmaxime vertreten hat, soviel von Welt wie möglich mit sich selbst zu verknüpfen (vgl. Humboldt 1903), bietet der regelmäßige Ausstieg aus den Praktiken der beruflichen Praxis den Rahmen, um über das eigene Vorverständnis sowie Kontextverständnis nachzudenken und dabei eine Positionsbestimmung zum erweiterten Vorverständnis vorzunehmen. Analog zum hermeneutischen Zirkel (vgl. Gudjons 1999: 59ff.) kann dabei das eigene Sinnverstehen und die Zunahme an

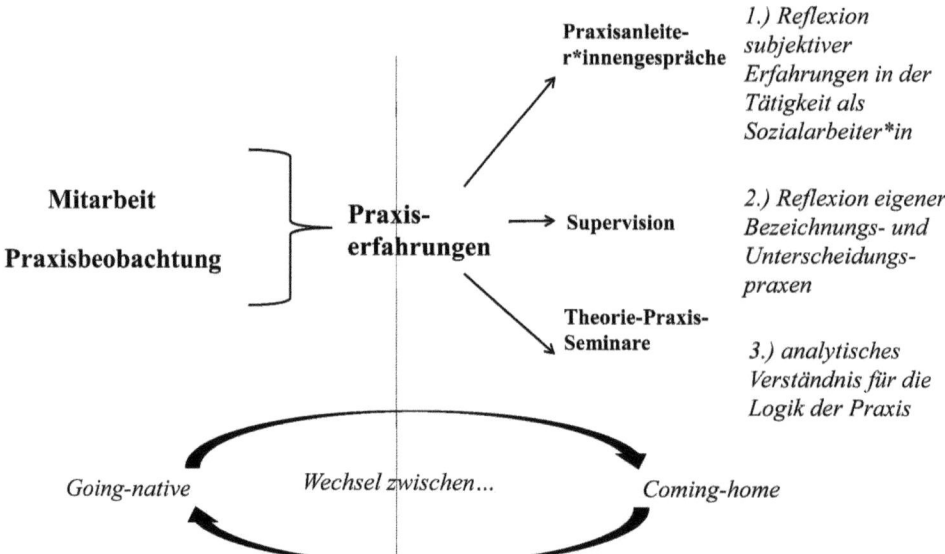

Abb. 24: Reflexionsebenen von Praxiserfahrungen im Wechsel zwischen going-native und coming-home

praktischen Fähigkeiten überprüft und reflektiert werden. Der Gang zurück in die Praxis – ebenfalls ein Wiederkehren – bietet dann die Möglichkeit, erneut das erweiterte Vorverständnis zu prüfen und so im Laufe der Zeit und durch das kontinuierliche Changieren zwischen Annäherung, Distanzierung und Reflexion zu einem klareren Verständnis eigener Selbstverständlichkeiten und Fähigkeiten zu gelangen. Um diesen Prozess zu unterstützen, bedarf es einer Reflexionsarchitektur, die Studierende in der Findung und Stabilisierung einer eigenen Sozialarbeiter*innenidentität unterstützt und hierzu eine Rahmung anbietet, die eigene Erfahrungen in ihrer Subjektivität thematisierbar macht. Aus systemtheoretischer Perspektive wird die Bewegung zwischen den Reflexionsformaten als sich wiederholende Interdependenzunterbrechung oder lose Kopplung (vgl. Luhmann 2006a: 171; vgl. Nassehi 2012: 200) sichtbar, die institutionelle Anlässe und Räume der Selbstreflexion überhaupt erst entstehen lässt. In der Ethnographie kann an dieser Stelle auch an die Bewegung zwischen den Polen des *going-native* und des *coming-home* angeschlossen werden (vgl. Amann/Hirschauer 1997: 28), wobei das *going-native* hier ein maximales sich-Involvieren-lassen in die Praxis der Sozialen Arbeit bezeichnet und das *coming-home* sich auf die verschiedenen Reflexionsformate des Basislagers (Praxisanleiter*innengespräch, Supervision und Theorie-Praxis-Seminare) bezieht.

3.2 Organisierte Wahrnehmungsverschiebung

Die praktische Studienphase im Studiengang ‚Soziale Arbeit und Pädagogik der Kindheit' findet an der htw saar im fünften Semester des siebensemestrigen Bachelorstudiengangs statt. Damit bildet das praktische Studiensemester – ‚Praxissemester' – das zentrale Scharnier zwischen der grundständigen Einsozialisation der Studierenden in wissenschaftliches Denken, Arbeiten und Argumentieren, die durch die Studieneingangsphase (1.–2. Semester) und eine erste Vertiefungsphase (3.–4. Semester) geleistet wird, sowie einer zweiten Vertiefungsphase (6.–7. Semester) wie auch der darauf folgenden Studienabschlussphase (7. Semester).[10] Im Zuge der Forderung nach einer größeren Praxisorientierung der Bachelorstudiengänge, wie sie beispielhaft durch die proprax-Studie des Bundesministeriums (vgl. Schubarth et al. 2012a) geäußert wurde, sollte genauer darauf geachtet werden, welche Möglichkeiten gerade derartige Scharnierstellen im Studiengang beinhalten. Je nachdem, wie das praktische Studien-

---

10 Ein derartiges Modell der Verortung des Praxissemesters im fünften Studiensemester ist durchaus seit der Umstellung der Studiengänge an Fachhochschulen vom Anerkennungsjahr nach Ende des Studiums auf studienintegrierte Praxissemester nichts Ungewöhnliches. Zentral erscheint mir nicht, dass sich damit die Voraussetzungen zur Erlangung der staatlichen Anerkennung zeitlich verlagert haben, sondern der Umstand, dass die Hineinverlagerung in den Studiengang im Zuge der Einführung der Bachelorstudiengänge auch eine Anpassung an die neuen Ba-Strukturen in der praktischen Studienphase nach sich ziehen sollten oder positiv formuliert: die Möglichkeit haben sich selbst innerhalb der neuen Studiengangsstrukturen auch neuartige Strukturen zu geben, die auf die Umgestaltung der Bachelorreform reagieren (dies kann sowohl als Passung, als Kompensation für Verlorengegangenes oder als Nutzung neuer Möglichkeiten gelesen werden).

semester didaktisch aufgebaut ist und welche Lernchancen es für Studierende nach der grundlegenden wissenschaftlichen Qualifizierung der ersten vier Semester bietet, werden hier die Weichen gestellt für die Ausgestaltung des weiteren wissenschaftlichen Interesses. Dies muss in seinen praktischen Konsequenzen viel deutlicher in den Blick geraten. Was sich dann zeigen könnte, wäre folgendes: Ein Praxissemester, das als reines Praktikum konzipiert ist (oder genutzt wird) und nicht systematisch (sowohl von Seiten der Hochschule als auch ausgehend von den Praxiseinrichtungen) wissenschaftliches Wissen und praktischen Handlungswissen miteinander in Verbindung setzt – relationiert – verspielt die Chancen, die sich durch ein neuartiges Studieren am Lernort ‚Praxis' bieten.[11] Dies hat nicht nur Konsequenzen für das praktische Lernen der Studierenden, sondern auch für deren Vorstellung des Theorie-Praxis-Verhältnisses.

Um eine systematische Relationierung von wissenschaftlichem Wissen und praktischem Handlungswissen zu ermöglichen und die Praxisphase somit als Studieren am Lernort ‚Praxis' zu etablieren, nutzen wir an der htw saar eine didaktische Herangehensweise, in welcher eine Relationierung von wissenschaftlichem Wissen und praktischem Handlungswissen Reflexionsprozesse auf unterschiedlichen Ebenen voraussetzt, die im Sinne einer Reflexionsarchitektur, wie sie von Georg Zepke vorgeschlagen wurde – strukturell an den Lernorten institutionalisiert. Studierende steigen in ihrem 20-wöchigen praktischen Studiensemester über einen (forschungs-)methodisch geleiteten Zugang in die Praxis der Sozialen Arbeit ein, in dem sie sich ethnographischer Forschungsstrategien bedienen. Dabei hat die Idee der Nutzung eines ethnographischen Zugangs in der Sozialen Arbeit bzw. Erziehungswissenschaft einige Vorläufer, wie bereits in Kap. 1.1 gezeigt wurde.

Der Einstieg der Studierenden in die Praxis der Sozialen Arbeit wird dabei unter die übergreifende Frage „What the hell is going on here?" von Clifford Geertz gestellt und nutzt so die Idee eines forschenden Zugangs als interessierte, neugierige Haltung gegenüber dem (noch fremden) Alltag in den Einrichtungen. Dabei scheinen drei Aspekte bildungstheoretisch besonders relevant:

(1.) *Die Noviz*innenrolle* – Studierende nehmen am Beginn ihres Praxissemesters eine Noviz*innenrolle ein, die sich dadurch auszeichnet, dass sie viele Zusammenhänge, alltägliche Strukturen und Prozesse – also die Selbstverständlichkeiten späterer Arbeitnehmer*innen – noch *nicht* kennen. Anstatt dies als Defizit ihrer Arbeitskraft auszulegen, hebt die ethnographische Herangehensweise die erkenntnistheoretisch interessante Position von Neulingen hervor, die in die alltäglichen Vollzüge eingeführt werden. Unter der ethnographisch-ethnologischen Leitdifferenz von Fremdheit und Vertrautheit (Hünersdorf 2012) wird die Einsozialisation durch erfahrene Mitarbeiter*innen, die Beobachtung professionellen Handelns, die Nachfrage zur Begründung von Entscheidungen oder zum Durchführen einer bestimmten Handlung auf spezifische Weise gleichsam zur forschenden Erkun-

---

11 Deshalb sollte auch niemals von einem ‚Praktikum' gesprochen werden, da dieser Begriff Anschlüsse an vorherige Formen des praktischen Lernens suggeriert, die in keinster Weise einem praktischen Studiensemester – einem wirklichen Studium am außerhochschulischen Lernort – gerecht wird.

dung organisationaler Selbstverständlichkeiten. Studierende können sich somit die explizierbaren Wissensgrundlagen des praktischen Handelns und Entscheidens bewusst machen. Welche Konsequenzen dies auch für die Organisationen haben kann, wird in Kap. 4.2 und 4.3 thematisiert.

(2.) *Die Orientierung an Praktiken* – Eine praxeologische Perspektive auf das Soziale leistet eine weitere, nicht zu unterschätzende Blickwinkelveränderung. Im Kontext des *practice-turns* der Sozialwissenschaften etabliert sich mittlerweile eine in weiten Teilen ethnographisch forschende Community zur Erforschung der Neufassung des nicht auflösbaren Spannungsverhältnisses von Theorie und Praxis (vgl. Kap. 1.2). Interessant für die bildungstheoretische und didaktische Gestaltung der praktischen Studienphase erscheint diese Perspektive, da sie als Ort des Sozialen die „sozialen Praktiken, verstanden als know-how abhängige und von einem praktischen Verstehen zusammengehaltene Verhaltensroutinen ausmacht, deren Wissen einerseits in den Körpern der handelnden Subjekte ‚inkorporiert' ist, die andererseits regelmäßig die Form von routinisierten Beziehungen zwischen Subjekten und von ihnen ‚verwendeten' materialen Artefakten annehmen", so Andreas Reckwitz (2003: 288). Wenn allerdings die Verbindung von Theorie und Praxis in die Praktiken und deren implizites (Erfahrungs-)Wissen hineinverlagert wird und dabei stärker die Materialität der Praktiken und körpergebundenes Wissen in den Vordergrund gerückt wird, hat dies Konsequenzen für die didaktische Gestaltung und Reflexion der Relationierung von Theorie und Praxis.

(3.) *Die Dualität der Erfahrung* – Das Ziel eines an Praktiken orientierten Lernprozesses wäre dann, ein*e kompetente*r Mitspieler*in in der Vollzugswirklichkeit professioneller Sozialarbeit zu werden. Um kompetente*r Mitspieler*in werden zu können, bedarf es einerseits der eigenen Teilnahme an den Praktiken des Feldes (z.B. der Aufforderung zur Einschätzung von Kindeswohlgefährdung, Hilfeplanungs- und Beratungsgespräche, Schreiben eines Hilfeplans, Verfassen von Akten- und Dokumentationseintragungen), andererseits einer Beobachtung derjenigen, die bereits kompetente Mitspieler*innen sind. Ebenso bedarf es eines kontinuierlichen Abgleichs der eigenen Einschätzung mit derjenigen der professionell tätigen Sozialarbeiter*innen. Diese *Dualität der Erfahrung* – einerseits Kennenlernen der Binnenperspektive (eigene existenzielle Eingebundenheit und Erfahrung, sowie die Wahrnehmungen der professionellen Akteure); andererseits die bewusste Befremdung des Wahrgenommenen (vgl. Knoblauch 2014: 524) – stellt die beiden zentralen Strategien einer ethnographischen Erforschung der sozialen Wirklichkeit dar. Wissenschaftlich wird häufig die objektive Perspektive von Außen einer subjektiven Innensicht vorgezogen. Im Prozess des praktischen Lernens und Verknüpfens von Theorie und Praxis muss diese Bevorzugung aufgebrochen werden zugunsten einer durch die Subjektivität gebrochenen Relationierung von Denken und Handeln in Form von Praktiken (vgl. Hirschauer 2016: 57 f.). Diese Dualität notwendiger Erfahrungen wird in der Ethnographie reflektiert. Die methodologische Diskussion der Ethnographie stellt die Subjektivität der Ethnograph*innen im Prozess der Datengenerierung und Erkenntnis radikal in den Mittelpunkt. Exemplarisch für diese Dekonstruktion – und damit Reflexion des eigenen Verhältnisses zu den eigenen Erkenntnissen – steht die writing-culture-Debatte (vgl. Emerson/Fretz/Shaw 1995) und der damit verbundene Diskurs um eine ethnographische Autorität (vgl. Clifford 1988), sowie die Krise der Repräsentation (vgl. Fleck 1983; Berg/Fuchs 1993).

Ein derartiger Einstieg in die „sozialen Praktiken" und das damit verbundene implizit eingekörperte und performative Wissen der Sozialen Arbeit, wird über die beiden ethnographischen Strategien – die Binnenperspektive und die Befremdungsperspektive – kombiniert. Die hierzu notwendige Selbst- und Fremdbeobachtung muss entsprechend vorbereitet und begleitet werden, damit der Wechsel der Perspektiven konstruktiv aufeinander bezogen werden kann (vgl. Kap. 3.1.3).

Im Praxissemester selbst ist das Studieren der Praxis auf zwei Ebenen eingerichtet. Einem Vorschlag von Stefan Kühl folgend werden die formale Organisation, die informale Organisation und die Schauseite von Organisationen analytisch voneinander unterschieden (vgl. Kühl 2011; siehe auch Kap. 2.1). Studierende müssen sich zu Beginn des Praxissemesters in den formalen Strukturen und Prozessen orientieren und sich einen Überblick verschaffen. Um sowohl die intern praktizierten Vorgänge als auch die Art und Weise der Selbstdarstellung kennenzulernen, sind Studierende zu Beginn ihres Praxissemesters angehalten, sich in analytischer Perspektive den Selbstdarstellungen (z. B. Internetauftritten, Konzeptionen, Flyern etc.) zu nähern, sowie die formalen Strukturen und Prozesse zu beschreiben und ihre Erkenntnisse in einer Analyse des Handlungs- und Arbeitsfeldes sowie der Organisation zusammenzufassen.

Über den ethnographischen Zugang verschaffen sich die Studierenden darüber hinaus einen Einblick in die informalen Strukturen der Praxiseinrichtungen (vgl. Kap. 2.1). Dabei sind die ersten beiden Wochen explizit für eine Hospitations- bzw. Feldzugangsphase reserviert. Die damit didaktisch intendierte bewusste Distanz zur Handlungspraxis korrespondiert mit dem anfänglichen Noviz*innenstatus der Studierenden. Innerhalb dieser ersten beiden Wochen sind die Studierenden aufgefordert, Alltagssituationen aus den Praxiseinrichtungen zu beobachten, diese zu dokumentieren und in Form ethnographischer Protokolle zu verschriftlichen. Mindestens zwei dieser Protokolle sollen dann nach Ablauf dieser beiden ersten Wochen an die Lehrenden ihrer jeweiligen Theorie-Praxis-Seminare weitergeleitet werden. Diese können die Planungen der Ausgestaltung ihres gemeinsamen Seminars mit den anfänglich vorhandenen Protokollen beginnen. Im Verlaufe des Praxissemesters kommen im Anschluss hieran sukzessive weitere Protokolle hinzu, die ebenfalls im Theorie-Praxis-Seminar oder im anschließenden Praxissemesterbericht thematisiert und analysiert werden können. Der Datenkorpus des Materials baut sich somit sukzessive auf, die Fokussierungen der Phänomene und Szenen werden immer klarer und können im Laufe des Praxissemesters um weitere Beobachtungen, Dokumente etc. ergänzt und erweitert werden.

Einen Überblick über den Aufbau des Praxissemesters und die unterschiedlichen Reflexionsformate gibt Abbildung 25.

Die hier dargestellten, auf unterschiedlichen Ebenen ineinandergreifenden Reflexionsorte bieten Möglichkeitsräume, die die Aufmerksamkeit der Studierenden im praktischen Studiensemester auf verschiedene Ebenen und Wirklichkeitszugänge

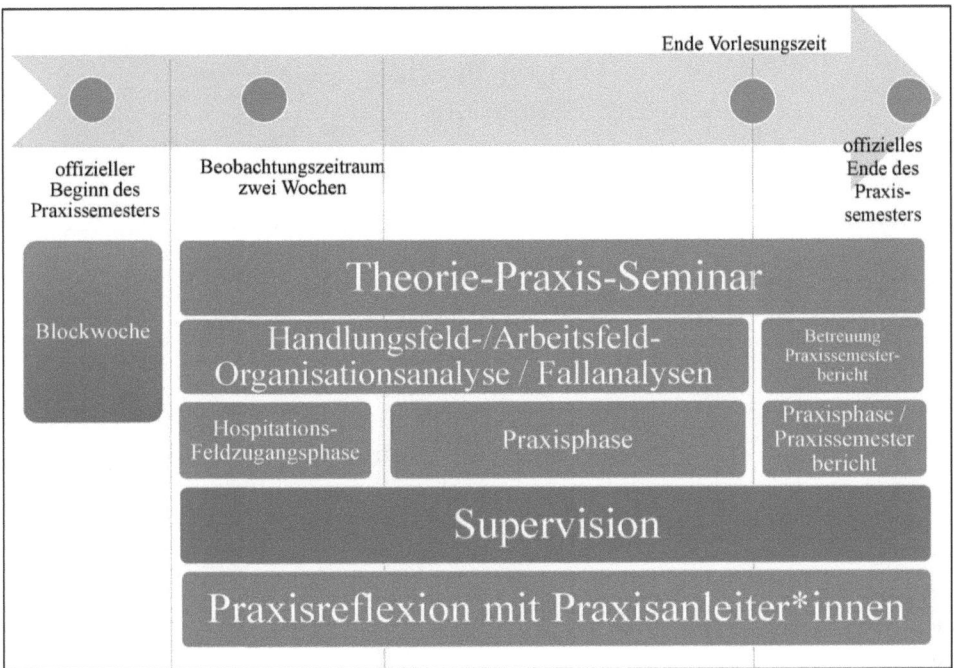

Abb. 25: Aufbau des Praxissemesters und Reflexionsformate

richtet. Dabei erscheint der konstante Wechsel zwischen Anwesenheit am Lernort Praxis und Anwesenheit am Lernort Hochschule als Technik der „Verhinderung der Verselbstverständlichung" im Sinne Amann/Hirschauers (1997: 29) zentral.

Die Didaktik dieser unterschiedlichen institutionalisierten Reflexionsorte wird nun einzeln in den Blick genommen und unter dem Begriff der *organisierten Aufmerksamkeitsverschiebung* subsummiert. Dieser Begriff markiert einerseits den didaktisch strukturierten, organisationalen Lernprozess, der durch die Reflexion in unterschiedlichen Reflexionsformaten angeregt und auf organisationaler Ebene mit entsprechendem Personal, Kommunikationsstrukturen und didaktischen Programmen abgesichert wird. Andererseits wird durch den Begriff der *Aufmerksamkeitsverschiebung* verdeutlicht, dass die differierenden Reflexionsformate jeweils eigene Perspektivierungen vornehmen und die Aufmerksamkeit von Studierenden auf ihre Erfahrungen im Praxissemester jeweils spezifisch fokussieren. Dies wird nun für die Ebenen der Reflexion mit akademischen Praxisanleiter*innen (Kap. 3.2.1), die Supervision (Kap. 3.2.2) und die Theorie-Praxis-Seminare (Kap. 3.2.3) dargestellt.

Eine Expedition in die Praxis und deren Reflexion kann in unterschiedlichen Graden beschrieben werden. Hier sollen fünf Reflexionsmodi voneinander unterschieden und Methoden beschrieben werden, mit denen je nach Modus gearbeitet werden kann. Die ersten beiden Modi beziehen sich jeweils auf die Praxisreflexion am Lernort Praxis[12]. Die letzten drei auf die Praxisreflexion am Lernort Hochschule.

---

12 Der Fokus dieses Buches sind die Reflexionsmodi des Lernortes Hochschule. Eine weitergehende Darstellung der ersten beiden Reflexionsmodi und der Möglichkeiten der Begleitung von Studierenden

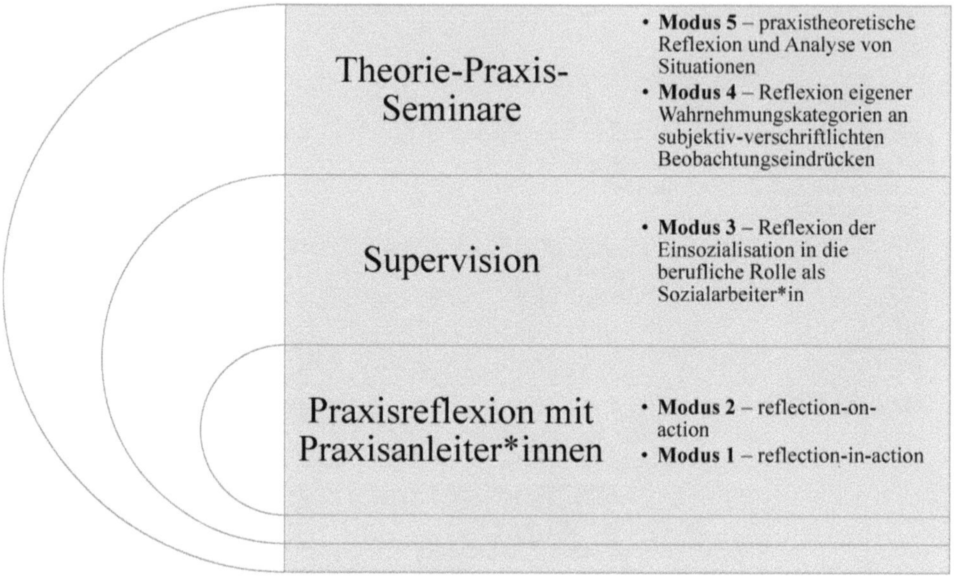

Theorie-Praxis-Seminare	• **Modus 5** – praxistheoretische Reflexion und Analyse von Situationen • **Modus 4** – Reflexion eigener Wahrnehmungskategorien an subjektiv-verschriftlichten Beobachtungseindrücken
Supervision	• **Modus 3** – Reflexion der Einsozialisation in die berufliche Rolle als Sozialarbeiter*in
Praxisreflexion mit Praxisanleiter*innen	• **Modus 2** – reflection-on-action • **Modus 1** – reflection-in-action

Abb. 26: Reflexionsformate und Reflexionsmodi

Die Abbildung 26 gibt einen Überblick über die den Reflexionsformaten zugeordneten Reflexionsmodi.

Die unterschiedlichen Reflexionsformate und jeweiligen Reflexionsmodi werden nun kurz erörtert. Anschließend folgt eine Schlussfolgerung zur Bedeutsamkeit des Wechsels zwischen den Reflexionsformaten und Modi.

3.2.1 Praxisreflexion mit akademischen Praxisanleiter*innen

Die Reflexion am Lernort ‚Praxis' übernehmen angestellte Sozialarbeiter*innen der jeweiligen Praxiseinrichtungen. Sie begleiten Studierende während der gesamten Praxisphase und unterstützen sie beim Hineinwachsen in die Berufsrolle von Sozialarbeiter*innen und Sozialpädagog*innen. Sie arrangieren Lerngelegenheiten, geben Hilfestellungen und dienen als Reflexionspartner*innen auch für die emotionale Regulation spannungsgeladener professioneller Ambivalenzen. Um diese Rolle gut ausführen zu können, ist ein eigenes Hochschulstudium kein hinreichendes Kriterium (vgl. Scherpner et al. 1992: 1; BAG 2013: 31). Die Befähigung zur Anleitung von Studierenden im Praxissemester ist gekoppelt an formale Rahmenbedingungen, eigene Motivation, methodische Kenntnisse und einen regen Austausch zwischen Praxisanleiter*innen

---

im Praxissemester durch ihre akademischen Praxisanleiter*innen findet sich in Schneider (2018) sowie in Vorbereitung bei Freis/Schneider (2021). Hier wird auch explizit Bezug genommen auf die Möglichkeiten für akademische Praxisanleiter*innen, die Lernprozesse von Studierenden in einer ethnographisch ausgerichteten praktischen Studienphase zu unterstützen. Erste Bezugnahmen auf die an der htw saar eingeführte Vernetzung von Hochschule und Praxis der Sozialen Arbeit finden sich bei Leinenbach (2018: 48).

und Hochschulen. An der htw saar gilt daher als Voraussetzung für die Anleitung von Studierenden im Praxissemester Folgendes:

- eine mindestens dreijährige Berufstätigkeit als Sozialarbeiter*in
- davon mindestens ein Jahr in der Arbeitsstelle, in welcher die Anleitung erfolgen soll
- eine mindestens 50%ige Anstellung in der Praxiseinrichtung
- das persönliche Interesse und die Motivation zur Begleitung von Studierenden
- die Tätigkeit in einer entsprechenden Praxiseinrichtung, in welcher Studierende nach ihrem Studium als Bachelorabsolvent*innen auch beschäftigt werden könnten
- zeitliche Freiräume des Arbeitgebers für die Praxisanleitung
- die Bereitschaft des Arbeitgebers und der Sozialarbeiter*in zur Teilnahme an einer Fortbildung zur „akademischen Praxisanleiter*in"[13]

Sind die formalen Voraussetzungen, das persönliche Interesse und die Unterstützung durch den Arbeitgeber vorhanden, dient die Fortbildung mit anschließender Zertifizierung als „akademische*r Praxisanleiter*in" dazu, auf die Praxisreflexion mit Studierenden in der praktischen Studienphase vorzubereiten.

Die Fortbildung wird seitens der Hochschule kostenneutral angeboten. Damit kommt die Hochschule ihrer didaktischen Gesamtverantwortung für den Lernprozess der Studierenden im Praxissemester nach und bietet Praxisanleiter*innen die Möglichkeit, sich im Austausch für die Übernahme der Praxisanleiter*innenfunktion, zu qualifizieren und den Kontakt zwischen Hochschule und Praxis zu intensivieren.[14] Die Fortbildung umfasst insgesamt 10 Fortbildungstage und sechs Module, die hier nur überblicksartig aufgezeigt werden sollen:

---

[13] Nähere Informationen zur Fortbildung für „akademische Praxisanleiter*innen" finden sich sowohl auf der Internetseite des Praxisreferates (https://www.htwsaar.de/service/praxisreferat) und in unserem htwsaar Blog (https://htwsaar-blog.de/blog/2018/04/26/praxisanleiter/) (https://htwsaar-blog.de/blog/2018/08/13/zertifizierung-praxisanleiter/) als auch in einem Workingpaper zur Fortbildung von Manuel Freis und Fabian Schneider (Freis/Schneider 2021). Die Fortbildung ist momentan noch keine verpflichtende Voraussetzung zur Übernahme einer Praxisanleitung. Je größer der Pool an ausgebildeten akademischen Praxisanleiter*innen wird, desto stärker wird diese Qualifikation bei einer Annäherung an die Bedarfsdeckung von qualifizierten Anleiter*innen zur Voraussetzung werden. Vorteile für Einrichtungen mit qualifizierten Praxisanleiter*innen gibt es bereits heute: Praxiseinrichtungen mit qualifizierten Anleiter*innen werden per Symbol als besonders empfehlenswert in der „Datenbank der Praxisstellen" ausgezeichnet, es wird separat hierzu per E-Mail, Aushang oder Newsletter auf der Internetseite des Praxisreferates geworben und diejenigen Träger, die ihren Mitarbeiter*innen die Teilnahme an der Fortbildung ermöglichen, erhalten Mitsprachemöglichkeiten im Praxisbeirat zum Studiengang. Nähere Informationen zu den Angeboten finden sich auf der Internetseite des Praxisreferates oder können beim Autor angefordert werden.

[14] Gerade aus diesem Angebot haben sich in der Vergangenheit zahlreiche Ideen für lernortübergreifende Projekte, Lehrveranstaltungen (z. B. Praxisfallwerkstätten) u.v.m. ergeben.

*Modul 1: Organisatorische Einführung „Akademische Praxisanleiter*in" (1 Tag)*

Im ersten Modul geht es darum, zu klären, was die Praxisanleitung Studierender von der Anleitung von z. B. Erzieher*innen, Freiwilligendienstler*innen etc. unterscheidet. Es geht also um eine erste Klärung der Rolle und Aufgaben, der rechtlichen Rahmenbedingungen, um eine erste Orientierung der Praxisanleiter*innen im Studienprogramm und dessen Modularisierung sowie um die Klärung der Möglichkeiten und Grenzen von Praxisanleitung in der eigenen Praxiseinrichtung.

Modul 2.1: Phasen und Strukturierung von Lernprozessen im Praxissemester – theoretische Grundlagen (1 Tag)

Im zweiten Modul wird die didaktische Grundlage der Gestaltung von Lernprozessen durch akademische Praxisanleiter*innen erarbeitet, indem gängige Phasenmodelle des Anleitungsprozesses (vgl. BAG 2013; Scherpner et al. 1992; Rotenhan 1982), die didaktische Strukturierung von Lernprozessen in der Praxis ausgehend von konstruktivistischen Ideen des selbstorganisierten Lernens (vgl. Herold/Herold 2017), die Vorbereitungen auf das Praxissemester, den Bewerbungsprozess sowie bindungstheoretische Überlegungen zur Begleitung von Studierenden vorgestellt und diskutiert werden.

Modul 2.2: Phasen und Strukturierung von Lernprozessen im Praxissemester – individuelle Lernzielplanung (1 Tag)

Im zweiten Teil des Moduls findet die Übertragung der zuvor thematisierten theoretischen Grundlagen auf die eigene Einrichtung und deren Rahmenbedingungen statt. Hier geht es darum, studentische Lernprozesse im Rahmen des Kontraktes zwischen Hochschule, Praxis und Studierenden in den Kontext der eigenen Praxis zu übertragen. Dabei sollen relevante Wissensbestände und zentrale Praktiken professionellen Handelns in der eigenen Einrichtung in eine Praxissemesterplanung bzw. individuelle Lernzielplanung[15] gebracht und durch kompetenzangemessene Aufgabenstellungen entwickelt werden.

*Modul 3.1: Praxisreflexion im Anleiter*innengespräch – Theorie-Praxis-Relationierung (1 Tag)*

In Modul 3 werden der Zugang der Studierenden zum Lernort Praxis (Kap 1+2) sowie die unterschiedlichen Theorie-Praxis-Verhältnisse in der Sozialen Arbeit (vgl.

---

15 Vgl. für die Begrifflichkeit die Darstellung zu den acht Prinzipien des selbstgesteuerten Lernens nach Herold/Herold (2017: 96 ff.), insbesondere die Aspekte zur individuellen Standortbestimmung und Zielbeschreibung, sowie den Aufsatz von Claudia Roth und Elisabeth Müller Fritschi, die am Beispiel der Fachhochschule Nordwestschweiz (FHNW) die Kompetenzerwerbsplanung in der Zusammenarbeit zwischen Hochschule, Praxisausbildenden und Studierenden detailliert darstellen und an die gemeinsam vereinbarten curricular verankerten Kompetenzziele rückbinden (Roth/Fritschi 2014).

Kösel 2014) diskutiert. Studierende des vergangenen Praxissemesters stellen in diesem Modul den eigenen Praxissemesterbericht vor und zeigen anhand ihrer Analysen konkrete Theorie-Praxis-Relationierungen auf. Dieses Modul dient dazu, dass die Praxisanleiter*innen einen Einblick in die Begleitung der Praxisphase durch die Hochschule erhalten und ihnen gegenüber eine Transparenz über die Erwartungen der Hochschule an Studierende hergestellt wird.

Modul 3.2: Praxisreflexion im Anleiter*innengespräch – Methoden (1 Tag)

Der zweite Teil des Moduls nimmt die Grundlagen der Kommunikation in Praxisreflexionsgesprächen in den Blick, stellt verschiedene Reflexionsmethoden in unterschiedlichen Phasen des Praxissemesters zur Diskussion und steigt in die methodische Planung von Reflexionsgesprächen ein. Darüber hinaus wird die Frage des Konfliktmanagements im Praxissemester bzw. die Rollendynamik in der Anleitungsbeziehung thematisiert.

Modul 4.1: Feedback: Individuelle Standortgespräche[16] (1 Tag)

In Modul 4 wird die Förderung des Hineinwachsens der Studierenden in die berufliche Rolle durch individuelles Feedback thematisiert. Hierzu stehen Form und Inhalt von Feedbackgesprächen, die Veränderung der Rollen in der Anleitungsbeziehung, Macht und Autonomie im Feedback, die Gestaltung von Arbeitsaufträgen zur individuellen Weiterentwicklung mit Blick auf den Qualifikationsrahmen Soziale Arbeit (QRSozArb) (vgl. FBTS 2016b) sowie die Berliner Erklärung (vgl. DBSH 2014) im Fokus der Auseinandersetzung.

Modul 4.2: Feedback: Abschlussgespräch (1 Tag)

Im zweiten Teil des Moduls werden methodische Herangehensweisen an das Abschlussgespräch zum Praxissemester, die Gestaltung von Ablöseprozessen, die Überprüfung der Lernziele[17] sowie die Konsequenzen des Ausscheidens der Studierenden aus dem regulären Praxisbetrieb zum Thema gemacht. Darüber hinaus wird der Blick

---

16 Die Begrifflichkeit „Standortgespräche" wurde in Anlehnung an Güntert (2014) verwendet.
17 In Anlehnung an Claudia Roth und Elisabeth Müller Fritschi geschieht dies auf den drei Ebenen formativ, summativ und prognostisch (vgl. Fritschi/Roth 2014: 83 ff.). Die formative Ebene der Rückmeldung wird dabei häufig im Rahmen der individuellen Standortgespräche zum Thema gemacht und dient der Reflexion und Förderung des individuellen Lernprozesses. Die summative Ebene dient im Abschlussgespräch und in der anschließenden Beurteilung zur Erlangung der staatlichen Anerkennung dazu, die individuellen Zielsetzungen zu überprüfen und am Ist-Stand am Ende des Praxissemesters zu messen. Die prognostische Ebene versucht die langjährige Erfahrung der akademischen Praxisanleiter*innen aufzugreifen und eine Einschätzung über die Eignung für den Beruf geben zu können. Diese Einschätzung ist mitunter maßgeblich für die Erlangung der staatlichen Anerkennung (vgl. Kap. 3.3.5). Mit der von Roth/Fritschi vorgeschlagenen Trennung der Ebenen des Feedbacks kann so eine differenzierte Rückmeldung erfolgen, die unterschiedlichste Bezugsnormen (individuell, sozial, ideal vgl. ebd.: 86f.) einbeziehen.

der Praxisanleiter*innen auf die Perspektive der Studierenden und die (Aus-)Wirkungen der Lernprozesse im Praxissemester auf deren Privatleben, ihr weiteres Studium sowie den späteren Beruf gelenkt.

Modul 5: Beurteilung – Bewertung studentischer Leistungen im Praxissemester (1 Tag)

In Modul 5 steht die abschließende Bewertung studentischer Leistungen vor dem Hintergrund der Beurteilung für die staatliche Anerkennung im Fokus. Neben formalen Aspekten der Verschriftlichung von Beurteilungen[18] und den inhärenten Codes, wird die Ambivalenz der Beurteilungskriterien im Spannungsfeld von Hochschule und Praxis aufgezeigt und diskutiert.

Modul 6: Supervision (2 Tage)

In der Mitte und am Ende der Fortbildung findet jeweils an einem Tag ein Supervisionsseminar für akademische Praxisanleiter*innen statt. Die Supervision dient dazu, den konkreten Anleitungsprozess und ggf. auftauchende Konflikte in der Praxisanleitung zu supervidieren, die eigene Rolle in der Praxiseinrichtung und eventuell über die Fortbildung initiierte Veränderungen der eigenen Rolle oder des eigenen Selbstverständnisses in den Blick zu nehmen. Ebenso dient sie dazu, sich mit Kolleg*innen auszutauschen oder das Verhältnis von Hochschule und Praxis zu reflektieren.[19]

Die Fortbildung findet jeweils im Wintersemester parallel zum Praxissemester sowie im Sommersemester in leicht abgewandelter Form statt und orientiert sich in ihren Themen und Modulen an den Phasen des Praxissemesters der Studierenden.

Sie wurde hier in aller Kürze dargestellt, da davon ausgegangen wird, dass das Wissen der akademischen Praxisanleiter*innen über die Zielsetzungen des Praxissemesters, die Erwartungen der Hochschule an Studierende, den wechselseitigen Erwartungsabgleich zwischen Hochschule, Praxis und Studierenden, die Wertschätzung des Engagements der Praxisanleiter*innen durch die Hochschule sowie die Transparenz über die didaktisch-konzeptionelle Gestaltung und die methodischen Möglichkeiten

---

18 Hier muss beachtet werden, dass diejenigen Sozialarbeiter*innen, die die Anleitung von Studierenden übernehmen, zu einem großen Teil in ihren regulären Stellenbeschreibungen und Tätigkeiten keine Personalverantwortung haben und das Schreiben von Zeugnissen daher häufig nicht routiniert erfolgen kann. Ein Angebot der Hochschulen ist daher in vielen Fällen sinnvoll, um Unsicherheiten abzubauen und vergleichsweise faire Beurteilungen und Beurteilungskriterien herzustellen.

19 Seit dem Wintersemester 2018/19 gibt es auch ein Angebot der praxissemesterbegleitenden Supervision für alle Praxisanleiter*innen (unabhängig von der Fortbildung für akademische Praxisanleiter*innen), die separat gebucht und besucht werden kann, wenn sich Schwierigkeiten oder Austauschbedarf im Praxissemester oder der Anleitung einstellen. Unberührt hiervon ist das Praxisreferat im Falle von Problemen im Praxissemester die erste Anlaufstelle zur Klärung. Gerade in Situationen, die eher die Beziehung zwischen Anleiter*in und Studierenden betreffen, kann das Angebot einer externen Supervision an der Hochschule hier allerdings Funktionen übernehmen und im Kollegenkreis der Praxisanleiter*innen Lösungen erarbeiten, die eine Beteiligung des Praxisreferates in vielen Fällen unnötig werden lassen bzw. aufgrund der Informationsverteilung zwischen Hochschule, Praxiseinrichtung und Studierenden zu teilweise besseren Ergebnissen führt.

der Praxisreflexion und -anleitung für die Ausgestaltung der Reflexionsmodi 1 und 2 in der Praxis der Sozialen Arbeit von großer Bedeutung sind[20].

Welche Möglichkeiten der Praxisreflexion können nun in der Praxisanleitung unterschieden werden? Hier sollen in Anlehnung an Donald Schön (1984; 1990) zwei Modi aufgezeigt werden:

Modus 1: reflection-in-action

Der Organisationsethnograph Donald Schön unterscheidet in seinem Buch „The reflective Practitioner: How Professionals think in action" (1984) zwei Arten der Reflexion professioneller Praktiker in der Praxis selbst. Als erstes beschreibt er eine Form der Reflexion, die er ‚refection-in-action' – also Reflexion während des eigenen Agierens – nennt. Dabei geht er davon aus, dass der reflexive Praktiker sich dadurch auszeichne, dass er in seiner eigenen Arbeit immer wieder innehält, um das eigene Handeln zu überdenken. Um dies tun zu können, ist ein handlungspraktisches Wissen die Voraussetzung (knowing-in-action) – ohne routinierte Vorgehensweisen kann dieses Innehalten gar nicht praktiziert werden.[21] Er verdeutlicht, dass diese Form der Reflexion während der Praxis wie ein praktisches Nachforschen funktioniere, das permanent eigenes Handeln professionalisiere, indem regelmäßig eine zumindest minimale Distanz zum eigenen Handeln in der Situation sowie zu den Rahmenbedingungen der Situation eingenommen werde. Methodisch könne dies im Form eines kurzen Praxisanleiter*innengesprächs erfolgen, einer Live-Beratung, die während dem Handeln auf die Bedingungen des eigenen Handelns fokussiert, in Form eines reflecting team (vgl. Anderson 1996) in dem Praxisanleiter*in und Studierende in den Dialog zur Situation gehen sowie durch bspw. zirkuläre Fragetechniken, die die eigene Position reflektieren. Natürlich bieten sich dabei nicht alle Situationen der Praxis an, allerdings lassen sich leicht Situationen vorstellen, in denen dies ohne Probleme möglich ist (z. B. beim Schreiben eines Berichtes, der Gestaltung eines Angebotes u. v. m.).[22]

---

20 Erste Hinweise hierzu konnten bereits aus Interviews mit Praxisanleiter*innen herausgearbeitet werden. Die Bedeutung einer akademischen Praxisanleitung im Praxissemester für die Herstellung einer Sozialarbeiter*innenperspektive wird momentan im Dissertationsprojekt des Autors unter dem Arbeitstitel „Episteme professionellen Handelns. Responsive ethnographische Forschung als partizipative Strategie der Relationierung von Wissen im Kontext des studienintegrierten Praxissemesters." an der Martin-Luther Universität Halle-Wittenberg empirisch erforscht.
21 Dies ist ein Umstand, der bei der Auswahl von Praxisanleiter*innen immer mitbedacht werden sollte, da die Möglichkeiten der Praxisreflexion gerade bei neuen Mitarbeiter*innen oft nur eingeschränkt vorhanden sein können, da sie sich selbst noch orientieren müssen und somit Studierenden nur schwerlich Orientierung bieten können.
22 Die hier gemachten methodischen Anmerkungen auf der Ebene der Praxisanleitung stellen lediglich eine rudimentäre Klassifizierung dar. Im Rahmen der Fortbildung „akademischer Praxisanleiter*innen" kann methodisch auf eine große Bandbreite an methodischen Umsetzungen der hier angerissenen Reflexionsmodi zurückgegriffen werden. Praxisanleitung im ethnographisch ausgerichteten Zugang zur Praxis der Sozialen Arbeit wäre dann allemal eine eigene Publikation wert.

Modus 2: reflection-on-action

Den von Schön beschriebenen zweiten Modus der Reflexion bezeichnet er als ‚reflection-on-action' – also die Reflexion von Praktiker*innen *nach* dem eigenen Handeln. Hier werden die konkrete Erfahrung, die Rahmenbedingungen der Situation sowie das eigene Handeln in den Blick genommen und überlegt, inwiefern die eigenen Vorgehensweisen und z. B. Interventionen zum gewünschten Ziel geführt haben. Es geht also darum, das eigene Handeln professionell zu begründen und im Sinne des *learning cycle* nach Kolb/Fry (1975) und Kolb (1984) sein Handeln gegebenenfalls zu variieren, um zu einer besseren Zielerreichung zu gelangen. In der Anleitung von Studierenden ist dies im Rahmen des Praxisanleiter*innengesprächs möglich. Dabei können dann Anamnesen, Soziale Diagnosen und Befunde erläutert, die Anwendung methodischer Vorgehensweisen und Interventionen begründet und evaluiert werden (vgl. Kraimer 2014: 111 ff.). Darüber hinaus stehen individuelle Werthaltungen und eigene Vorurteile ausgehend von den konkreten Erfahrungen auf dem Prüfstand.

3.2.2 Supervision

Die Supervision wird als Ausbildungssupervision angeboten und ist im Saarland integrierter Bestandteil des Verfahrens zur staatlichen Anerkennung. Herbert Effinger definiert Ausbildungssupervision im Kontext der häufig differierenden Begriffsverwendungen Supervision, Praxisberatung, Praxisreflexion oder Ausbildungssupervision folgendermaßen:

> „Ausbildungssupervision, auch als Lehrsupervision bezeichnet, ist Supervision im Rahmen berufsqualifizierender Aus-, Fort- und Weiterbildung zur Begleitung und Reflexion integrierter, berufspraktischer Tätigkeiten. In vielen beratenden, therapierenden, trainierenden, erziehenden und helfenden Berufen und Professionen ist sie obligatorischer Bestandteil der jeweiligen Qualifizierungsordnung. Ihr Zweck besteht darin, die Systemsteuerungskompetenz des Supervisanden zu unterstützen, zu vertiefen oder wiederherzustellen. Im Unterschied zur Supervision in der Arbeitswelt werden Rahmenbedingungen wie Dauer, Setting und Themenbereiche der Ausbildungssupervision im wesentlichen von der Ausbildungsinstitution festgelegt (...) und nicht zwischen den Supervisanden und dem Supervisor ausgehandelt" (Effinger 2003: 24).

Damit wird Ausbildungssupervision von anderen Formen der Supervision (wie bspw. Einzel-, Team-, Leitungs-, Gruppen- und Fallsupervision) unterschieden. Gleichzeitig kann sie Anteile all dieser Supervisionsformate beinhalten. Im Rahmen des Praxissemesters strebt die begleitende Supervision unterschiedliche Ziele an, die im Wesentlichen durch die Standards der Dachverbände (z. B. der Deutschen Gesellschaft für Supervision DGSv[23]) sowie durch die jeweilige fachbezogene Studien-und Prüfungsordnung vorgegeben ist. Die *DGSv* definiert Supervision wie folgt:

---

[23] Die Standards der DGSv bestimmen Supervision als „[...] ein Beratungsangebot, das methodenplural, interdisziplinär und andere Beratungsangebote ergänzend oder integrierend ausgerichtet ist. Ziele der Supervision sind der Erhalt und die Verbesserung der Qualität beruflicher Arbeit, die Erweiterung von Kompetenzen der Supervisand/innen, die Unterstützung von Organisationen bei der Gestaltung und

„Supervision ist arbeits- und berufsbezogene Beratung für Personen und Organisationen. Supervision ist reflexive Beratung und gekennzeichnet durch eine spezifische Wahrnehmung (z. B. Mehrperspektivität), durch eine spezifische Haltung (z. B. kritische Loyalität), durch spezifische Basiskompetenzen (z. B. bezogen auf Personen, Organisationen, Arbeitswelt, Diagnose, Intervention), durch spezifische Instrumente (z. B. Kontrakt) und durch einen spezifischen Gesellschaftsbezug (z. B. gebunden an die Werte Gesundheit, Chancengleichheit, Emanzipation, Nachhaltigkeit). Supervision dient dem Kompetenzerwerb und der personenbezogenen beruflichen Weiterbildung, der Entwicklung von Arbeitsbeziehungen und der Organisationsentwicklung" (DGSv 2007: 7f.).

Die Supervision bewegt sich damit im Bezugsdreieck von Person, Rolle, Institution / Organisation (vgl. DGSv 2013: 1).

An der htw saar findet die Supervision als Lehrsupervision (vgl. Neumann-Wirsig et al. 2016) mit einer systemischen Ausrichtung (vgl. Hercher; Kersting 2003) und in Anlehnung an das Modell des „reflektierenden Teams" von Tom Anderson (1996) statt. Die Supervision wird ausschließlich durch externe Supervisor*innen in der Gruppe durchgeführt und lässt sich in der Zielsetzung durch folgende Merkmale für das Praxissemester beschreiben:

- *Eigenes Handeln*: Supervision dient der Reflexion bzw. der Anleitung zur Selbstreflexion der beruflichen Tätigkeit.
- *Arbeitsbeziehungen*: Supervision dient als Möglichkeit der Reflexion der eigenen Arbeitsbeziehungen insbesondere der Bedeutung des eigenen Selbstverständnisses im Sinne der Konstruktion einer professionellen Identität als Sozialarbeiter*in.
- *Implizite Integration*: Supervision dient der Reflexion der impliziten Integration von wissenschaftlichem und berufspraktischen Wissen (vgl. Kap. 2.2).
- *Biographische Anteile*: Supervision dient dazu, persönlich-biographische Anteile im Kontext der Einsozialisation im Praxissemester zu reflektieren.
- *Persönlichkeit als Instrument*: Supervision dient dazu, die eigene Persönlichkeit bewusst einsetzen zu können und Vorurteile, Bewertungen, Einstellungen und Gefühle kritisch zu hinterfragen.
- *Alternativenschau*: Supervision dient dazu, alternative Denk-, Wahrnehmungs-Bewertungs- und Handlungsschemata in der Multiperspektivität der Gruppe zu entwickeln, zu relativieren, zu ergänzen oder zu entdecken.
- *Entlastungsinstanz und Solidarität*: Supervision dient dem Erleben von Solidarität im kommunikativen Austausch zwischen den Studierenden und der Erfahrung, dass andere Studierende mit ähnlichen Situationen, Problemen, Gefühlen etc. konfrontiert sind.
- *Psychohygiene*: Supervision dient der Selbstfürsorge, indem sie einen kommunikativen Raum eröffnet, in dem belastende Erlebnisse ausgesprochen werden können und der damit häufig verbundene Druck abgelegt werden kann.

Entwicklung von Führung, Kooperation und Kommunikation sowie das vertiefte Verstehen des Handelns jener Personen, die die Dienstleistungen der Supervisand/innen in Anspruch nehmen" (DGSv 2007: 7f.). Darüber hinaus wurden die Standards der Supervision von der DGSv auch im Hinblick auf die Zertifizierung von Supervisor*innen im Jahr 2013 überarbeitet und die Beratungsinhalte, Ziele, Prinzipien und Grundhaltungen der Supervision definiert (DGSv 2013: 1f.).

Modus 3 – Reflexion der Einsozialisation in die berufliche Rolle als Sozialarbeiter*in

Die unterschiedlichen Facetten der Supervision zeigen, welch große Bandbreite an Funktionen die Supervision im Praxissemester für Studierende einnehmen kann. Die Probleme des Helfendenberufes werden im Reflexionsmodus 3 zum Gegenstand gemacht. Diese zeigen, dass der Art und Weise des Sprechens über mich als Sozialarbeiter*in eine große Bedeutung zukommt, wenn beispielsweise die Rede ist von den ‚hilflosen Helfer*innen', die Enttäuschungen und Entmutigungen im Kontakt mit dem Verhalten von Adressat*innen, im institutionellen Kontext oder durch Kolleg*innen erfahren. Individuell passende Bewältigungsstrategien, um mit den Belastungen des sozialen Berufs umgehen zu lernen, können in der Gruppe im Rahmen der Supervision eingeübt werden. Darüber hinaus wird im Praxissemester von Studierenden erwartet, den inhaltlichen Facettenreichtum der Sozialen Arbeit integrieren und verknüpfen zu können. Studierende sollen als Mosaikbildner agieren, obwohl ihnen das Gesamtbild nicht bekannt ist und obwohl ihnen jede einzelne Perspektive (Praxisanleiter*in, Dozierende, Supervisor*in) ebenfalls die Sicht auf spezifische Aspekte Sozialer Arbeit immer wieder versperrt. Nicht zuletzt soll der ‚Praxisschock' kurz angesprochen werden, den Studierende in der Konfrontation mit der Praxis und der Aufforderung einer Relationierung aus der eher distanzierten Wissenschaftsperspektive erleben. Der Umgang mit diesen Schwierigkeiten kann maßgeblich durch die Supervision unterstützt werden.

Gerade die Einsozialisation in die berufliche Rolle als Sozialarbeiter*in im Praxissemester stellt die Studierenden vor zahlreiche Fragen und Probleme. Wer will ich als Sozialarbeiter*in sein? Wie sieht für mich authentisches Auftreten aus? Wo stehe ich mir durch meine Vorstellungen, Vorurteile und Einstellungen ggf. selbst im Weg? Was motiviert mich zum Helfen? Ob diese Fragen überhaupt gestellt werden und wie der Umgang mit diesen Fragen von Sozialarbeiter*innen gestaltet wird, kann von der Erfahrung der Supervision im Studium abhängen. Wird Supervision als hilfreich empfunden, kann ein offener Umgang mit diesen Fragen kultiviert werden.

Der Aufbau der Supervision an der htw sieht (mit individuellen Abweichungen und [methodischen] Anpassungen der jeweiligen Supervisor*innen) in etwa folgendermaßen aus:

Sitzungs- termin	Inhalt	Themen
1. Sitzung in der Blockwoche vor dem Praxissemester	*Auftragsklärung*	– *Kennenlernen* (Wer sind die Teilnehmer*innen? Wer ist der/die Supervisor*in?) – *Kontextklärung* (Wozu soll Supervision dienen? In welchen Einrichtungen sind die Studierenden? Wie haben die Studierenden ihren Hospitationstag erlebt? Welche Erwartungen an Supervision, die Gruppe, den/die Supervisor*in, mich selbst bringe ich mit?) – *Kontraktierung* (Auf welchen Auftrag können wir uns als Gruppe einigen? Wie wollen wir miteinander arbeiten?)

Sitzungs- termin	Inhalt	Themen
2. Sitzung am Beginn des Praxisse-mesters	*Einstieg ins Praxissemes-ter*	— *erste Erfahrungen aus der Praxiseinrichtung* (Wie bin ich aufgenommen worden? War die Einrichtung auf mich vorbereitet? Wer ist meine Praxisanleitung?) — *Arbeitsbeziehungen* (Wie ist mein Kontakt zu meiner Praxisanleiter*in, Kolleg*innen, Vorgesetzten? Wie hat mein*e Praxisanleiter*in dafür gesorgt, dass ich in der Praxiseinrichtung eingebunden wurde / werde? Habe ich das Gefühl gut angekommen zu sein? Was könnte ich tun, damit dies noch besser wird?) — *Erwartungsklärung* (Was sind meine Ziele für das Praxissemester? Welche Vorerfahrungen bringe ich in meine Arbeit ein? Wie möchte ich mich insgesamt in die Praxiseinrichtung einbringen? Was erwarte ich im Gegenzug von meiner Praxisanleiter*in, den Kolleg*innen, der Praxiseinrichtung? Woran würde ich merken, dass meine Erwartungen sich nicht erfüllen? etc.) — *Praxisbeobachtung* (Welche Situationen, Praktiken etc. konnte ich mir anschauen? Was war interessant daran? Was hat mich überrascht? Was hat mich fasziniert? Wie komme ich mit dem Wechsel zwischen Mitarbeit und Beobachtung zurecht? Wie reagiert das Feld auf mich als Teilnehmer*in?)
3./4. Sitzung	*Berufliche Einsozialisa-tion*	— *Einsozialisation* (Wie gelingt es mir, mich in der Praxiseinrichtung zu orientieren? Wie trägt die Praxiseinrichtung / Praxisanleiter*in zu meiner Orientierung bei? Welche Verantwortlichkeiten werden mir zugemutet? Welche mute ich mir selbst zu? Welche Tätigkeiten professioneller Sozialarbeit durfte ich schon selbst ausprobieren? Welche Bedeutung kam dabei meiner wissenschaftlichen Sozialisation zu? Welche Bedeutung kommt meiner Anwesenheit in der Praxiseinrichtung zu?) — *Persönliches Gepäck* (Welche eigenen biographischen Erfahrungen haben eine Bedeutung für meine Wahl der Praxiseinrichtung und den Prozess der Einsozialisation in die Praxis? Welche privaten Erlebnisse spiegeln sich in meinen ersten Erfahrungen mit der Praxiseinrichtung, den vorhandenen Problemlagen, den Adressat*innen etc.?) — *Adressat*innenbezug* (Wie wird in der Praxiseinrichtung auf Adressat*innen Bezug genommen? Welches Bild von Adressat*innen ist vorherrschend (ressourcenorientiert vs. defizitorientiert)? Wie geht es mir selbst mit den Adressat*innen meiner Praxiseinrichtung?)

Sitzungs-termin	Inhalt	Themen
		– *Selbstfürsorge* (Welche Situationen bzw. Erwartungen stellen sich für mich als problematisch heraus? Welche Strategien habe ich, um mit diesen Situationen umzugehen? Wie kann ich die Situationen für mich selbst angenehmer machen? Wer könnte bei der Klärung behilflich sein? Wie hoch muss meine Unzufriedenheit werden, damit ich mir Unterstützung einhole? Was tun andere in ähnlichen Situationen?) – *Imaginationsübungen*
5./6. Sitzung	Berufliches Selbstverständnis	– *Feedback* (Wie verlief die erste Zwischenauswertung des Praktikums mit der Praxisanleiter*in? Welche Ressourcen hat er/sie bei mir als Studierende*r wahrgenommen? In welchen Bereichen sieht sie/er Entwicklungspotenzial? Wo Entwicklungsnotwendigkeiten? Welche Ressourcen habe ich an mir selbst erkannt? Welche Fähigkeiten möchte ich bis zum Ende des Praxissemesters/Studiums weiter ausbauen? Habe ich eine Idee, wie ich dies schaffen kann? Was habe ich meinem/meiner Praxisanleiter*in für eine Rückmeldung gegeben?) – *Zunahme von Mitspielfähigkeiten* (Woran merke ich, dass meine praktischen Fähigkeiten von Beginn des Praxissemesters bis heute zugenommen haben? Woran merken andere, dass ich Fähigkeiten entwickelt habe? Welche Situationen, Praktiken etc. kann ich heute meistern, die ich am Beginn des Praxissemesters noch nicht erledigen konnte? In welchen Situationen merke ich, dass meine wissenschaftlichen Kenntnisse Auswirkungen auf die Beurteilung von Situationen, die Begründung von Interventionen etc. haben?) – *Veränderungen in der Anleiter*innenbeziehung* (Wie hat sich von Beginn der Praxisanleitung bis heute das Verhältnis zwischen mir und meiner Anleitung verändert? Wie würde ich die Hierarchie in der Praxisanleiter*innenbeziehung beschreiben? In welchen Situationen gestaltet sich diese Hierarchie anders?) – *Haltungen, Werte, Selbstverständnis* (Welche eigenen Wertvorstellungen bringe ich aus meiner Familie etc. mit? Welche professionellen Standards versuche ich einzuhalten? Wie würde ich die Beziehung zwischen mir als Sozialarbeiter*in und meinen Adressat*innen beschreiben? Welche Rolle kommt dabei den Themen Macht und Autonomie zu? Welche Arbeitsaufträge, Adressat*innen, Situationen, fordern mich besonders? Was finde ich daran so belastend?) – *Selbstfürsorge* (s. o.)

Sitzungs-termin	Inhalt	Themen
7./8. Sitzung	*professionelle Spannungs-verhältnisse und Berufsethik*	– *Spannungsverhältnisse/Paradoxien professionellen Handelns* (In welchen Fällen, Situationen etc. sind mir die Ambivalenzen der Sozialen Arbeit bewusst geworden? Wie wurde mit Spannungsverhältnissen und Paradoxien umgegangen? Welche wissenschaftlichen Erkenntnisse waren hilfreich, um die Situation zu klären? Wurde offen über diese Spannungsverhältnisse gesprochen?) – *Berufsethik* (Welche berufsethischen Verpflichtungen habe ich wahrgenommen? Welche Bedeutung kommt der professionellen Selbstverpflichtung in der Sozialen Arbeit zu? Welche Bedeutung hat eine lebenslange Weiterbildung in diesem Kontext? Wie halte ich mich über aktuelle Erkenntnisse der Wissenschaft auf dem Laufenden? Wie kann Wissenschaft bzw. Erkenntnis zu einem gesunden Engagement führen, das dem *state of the art* entspricht?) – *Selbstfürsorge* (s. o.)
9. Sitzung	*Feedback und Zukunftsper-spektiven*	– *Feedback* (Wie verlief das Abschlussfeedback des Prak-tikums mit der Praxisanleiter*in? Welche Ressourcen hat sie/er bei mir als Studierende*r wahrgenommen? In welchen Bereichen sieht er/sie Entwicklungspotenzial? Wo Entwicklungsnotwendigkeiten? Welche Ressourcen habe ich an mir selbst erkannt? Welche Fähigkeiten möchte ich bis zum Ende meines Studiums weiter ausbauen? Habe ich eine Idee, wie ich dies schaffen kann? Was habe ich meiner/meinem Praxisanleiter*in für eine Rückmeldung gegeben?) – *Persönliche Auswirkungen* (Welche Auswirkungen hatte das Praxissemester für mich persönlich? Welche Veränderungen an mir selbst, den eigenen Lebensum-ständen, meiner Wahrnehmung von Familie, Freunden, Bekannten sind mir aufgefallen? Welche Veränderungen sind meinem sozialen Umfeld an mir aufgefallen? Wie beurteile ich diese Veränderungen?) – *Perspektiven für die weitere Kompetenzentwicklung* (Welche Fähigkeiten möchte ich weiter ausbauen? Welche Fähigkeiten muss ich weiter ausbauen? Wie will ich dies erreichen?) – *Perspektiven für das weitere Studium* (Welchen Themen, Fragen, Ideen bringe ich nach dem Praxissemester mit in mein weiteres Studium? Womit möchte ich mich wissenschaftlich näher auseinandersetzen? Habe ich über eine Spezialisierung in einem Masterprogramm nachgedacht?)

Sitzungs-termin	Inhalt	Themen
		– *Abschied nehmen* (Wie kann ich den Abschluss des Praxissemesters und den Abschied von meinen Kolleg*innen und Adressat*innen gestalten? An wen kann ich meine Aufgaben in der Praxiseinrichtung übertragen? Welche Arbeitsbereiche muss ich übergeben, damit das Wissen in der Einrichtung erhalten bleibt? Wie möchte ich mich verabschieden?)
10. Sitzung	Abschluss	– *Eigener Lernertrag* (Welche Erlebnisse des Praxissemesters haben besonders zu meiner Weiterentwicklung beigetragen? Welche Begegnung/Person stellt für dich eine große Bereicherung dar? Welche Fähigkeiten, Fertigkeiten oder Kenntnisse habe ich mir angeeignet, die ich vor Beginn des Praxissemesters noch nicht hatte? Welches Ziel habe ich erreicht? Auf welche Leistung bin ich besonders stolz? Was ist mir wichtig geworden, was vor einem halben Jahr noch nicht wichtig war?)
		– *Feedback* (Wie empfand ich die Supervision zum Praxissemester? Was war hilfreich? Was war schwierig? Wie beurteile ich den gesamten Verlauf des Praxissemesters? Gehe ich mit einem guten Gefühl und einer klaren Vorstellung von mir als Sozialarbeiter*in aus dem Praxissemester?)

Tabelle 2: Thematischer Aufbau der Supervision zum Praxissemester

Die grobe Darstellung von Sitzungen, Themen und Fragen weicht natürlich je nach Bedarf der Supervisionsgruppe von der Planung ab. Die Abfolge der Themen orientiert sich dabei an den Veränderungen in der Praxisanleitung und den Theorie-Praxis-Seminaren und versucht systematisch die Aufmerksamkeit der Studierenden auf Fragen der beruflichen Identität sowie der Reflexion der impliziten Integration zu richten. Methodisch sind dabei alle supervisorischen Möglichkeiten der Reflexion dieser Fragen in der Gruppe denkbar, weshalb die methodische Gestaltung je nach Supervisor*in und den eigenen Möglichkeiten und Präferenzen entschieden wird. In der Reflexion wird ebenfalls auf die metaphorischen und bildlichen Möglichkeiten der Metapher der Expedition zurückgegriffen. Zahlreiche Themen der Supervision lassen sich über die vorhandenen Beschreibungen oder bildlichen Darstellungen reflektieren. Die Supervision beginnt in der Regel direkt mit Beginn des praktischen Studiensemester und richtet sich dabei nicht nach den Vorlesungszeiten, sondern nach dem realen Bedarf an Begleitung. In Einzelfällen besteht die Möglichkeit der Einzelsupervision, sofern dies z. B. zur Klärung besonders belastender Situationen oder Erfahrungen aus Studierendenperspektive notwendig erscheint oder gewünscht wird. Für die Selbstfürsorge der Supervisor*innen sorgt die Möglichkeit einer Intervisionsgruppe, in welcher die Supervisor*innen eigene Fragen zur Begleitung der Studierenden klären können.

3.2.3 Theorie-Praxis-Seminare

Die Theorie-Praxis-Seminare dienen als Reflexionsorte von Situationen, Praktiken oder Diskursen aus der professionellen Praxis, die anhand der ethnographischen Protokolle der Studierenden durchgeführt werden. Dabei steht die Relationierung von wissenschaftlichem Wissen und handlungspraktischem Wissen im Fokus. Über die in Interpretationsgruppen, in der kollegialen Beratung, über ethnographisches Kommentieren und über das exemplarische Aufzeigen durch Dozierende entwickelten Zugänge zum Material findet einerseits eine methodische Aufklärung über eigene blinde Flecken (über die Verbalisierung der eigenen Wahrnehmung) statt. Andererseits entstehen im Zuge der Auswertung und des Austauschs Praxisanalysen, die die Vollzugswirklichkeiten, Diskurse des Feldes sowie Habitualisierungen als nicht selbstverständlich betrachten und neue Beschreibungen von sozialer Wirklichkeit im Sinne Helga Kelles (2013) hervortreten lassen. Zentral geht es also um den Praxisbezug der Wissenschaft, der die Beiträge der Praxis als Ausgangspunkt praxeologischer Theoriebildung begreift und die eigene Beobachtungssprache auf den *modus operandi* der eigenen Wahrnehmung aufmerksam macht. Um dies gewährleisten zu können, bedient sich dieses Konzept der Auswertungsstrategie der ethnographischen Collage (vgl. Friebertshäuser / Richter / Boller 2010).

Als drittes institutionalisiertes Reflexionsformat nehmen die Theorie-Praxis-Begleitseminare im Vergleich zur Supervision und den Praxisanleiter*innengesprächen eine Distanz zur Praxis und den Praktiken professioneller Sozialarbeit ein und bilden damit das ‚vermeintlich' andere Ende des Kontinuums der Theorie-Praxis-Relationierung. Wie an den beiden Reflexionsmodi 4 und 5, die im Theorie-Praxis-Seminar im Fokus stehen, nun aufgezeigt werden soll, handelt es sich tatsächlich nur um eine *andere Distanz.* Jedwede Perspektivierung der unterschiedlichen Reflexionsformate nimmt, von einem anderen Standpunkt aus, die Praxis (der Studierenden) in den Blick und realisiert so innerhalb der Standortgebundenheit der Reflexionen und der inhärenten Distanz oder Nähe zu den Phänomenen eine andere Funktion bei der Herstellung einer professionellen Identität.

Da die Theorie-Praxis-Seminare im Kontext der hier präsentierten Rahmung über einen ethnographischen und praxistheoretischen Zugang erfolgen, bedarf es in den Begleitseminaren Dozierender, die sich deren methodologischen Grundideen verbunden fühlen. Gleichzeitig sollten sie ein Interesse an der Begleitung von Studierenden bei der Relationierung von wissenschaftlichem und handlungspraktischem Wissen[24]

---

[24] Eine ausgewogene Vorstellung der Bedeutung von wissenschaftlichem Wissen für die Praxis der Sozialen Arbeit und handlungspraktischem Wissen für die Generierung von Theorien in der Wissenschaft scheint hier förderlich. Die Betonung eines einseitigen Monopols ist in jedem Fall in der Auseinandersetzung mit Studierenden in der Phase ihres studienintegrierten Praxissemesters nicht hilfreich. Was Esther Almstadt und Jochen Kotthaus in ihrer gerade erschienenen „Apologie der Theorie" (sozialmagazin 3–4, 2018) zu verdeutlichen suchen, nämlich dass „professionelle Soziale Arbeit theoriebasiert zu sein" habe und es aus ihrer Sicht – zugespitzt – „nicht Haltung, nicht Kompetenz, nicht Geschmacksurteil, nicht das Bekunden des Verstehens, nicht Verständnis, nicht Engagement, nicht Anteilnahme, nicht Emotion, nicht Selbstfindung, nicht Beziehung und nicht

mitbringen[25] und in der Lage sein, die Studierenden für diese Verbindungsleistung zu motivieren und ggf. auch selbst zu zeigen, was man in der Praxis alles sehen kann, wenn man sich auf die theoretischen Perspektiven einlässt. Darüber hinaus erscheint es bedeutsam, dass Lehrende – gerade im Hinblick auf den gleich darzustellenden Reflexionsmodus 4: *Reflexion eigener Wahrnehmungskategorien anhand (subjektiv) verschriftlichter Beobachtungseindrücke* – es schaffen, eine angenehme, offene Atmosphäre im Seminar herzustellen und es Studierenden auf wertschätzende Weise ermöglichen, eigene Vorurteile, Einstellungen und Haltungen zu reflektieren. An der htw saar setzen wir dabei weniger auf den belehrenden Anteil der Dozierenden, sondern mehr auf das wechselseitige Interesse der Studierenden an ihren jeweiligen Perspektiven sowie auf die wechselseitigen Korrekturen, die sich im Kontext der Diskussion des eigenen Beobachtungseindrucks in Form der verschriftlichten Protokolle im Seminar ergibt.

Nun soll zuerst ein Einblick in den Aufbau und die Gestaltung der Theorie-Praxis-Seminare gegeben werden, bevor die Reflexionsmodi des Theorie-Praxis-Seminars und die didaktisch-methodischen Herangehensweisen dargestellt werden.

Authentizität [sei], die die Grundlage Sozialer Arbeit darstelle[...] – es [...][sei] einzig und allein die Bezugnahme auf sozialwissenschaftliche Theorie", ist als Position für die Begleitung der Studierenden im Praxissemester nicht hilfreich. Hier wird die ‚vermeintliche' Gegensätzlichkeit von Theorie und Praxis, von der viele Studierende ohnehin ausgehen, nur zu Gunsten einer Seite aufgelöst. Sinnvoller erscheint mir deshalb die Haltung der Lehrenden und deren didaktische Methoden in den Blick zu nehmen (vgl. Herwig-Lempp 2018: 20f.), da es gerade an der Schnittstelle des Praxissemesters entweder gelingt, die Studierenden von der Nützlichkeit wissenschaftlichen Wissens, dem Facettenreichtum theoretischer Perspektiven und dessen Bedeutung für praktisches Arbeiten (Wahrnehmen, Bewerten, Intervenieren) sowie der Bedeutsamkeit sozialwissenschaftlicher Theorien für eine professionalisierte Praxis (an dieser Stelle bin ich ganz bei Almstadt/Kotthaus 2018) einzunehmen oder diese Chance zu verpassen. Um dies zu schaffen, bedarf es Lehrender, die die Praxistauglichkeit von Wissenschaft in den Blick rücken können, Supervisor*innen, die das Bindeglied zwischen Hochschule und Praxis darstellen und akademischer Praxisanleiter*innen, die zumindest wissenschaftsfähig sind und ein grundlegendes Interesse an wissenschaftlicher Anregung und Weiterbildung mitbringen (vgl. Freis 2016: 221).

25 Inwiefern hier auch das an ehemaligen Fachhochschulen gängige Modell der *lehrenden Sozialarbeiter*innen* ein entsprechend passendes Profil darstellen könnte, kann an dieser Stelle nicht beantwortet, soll aber zumindest erneut in Erinnerung gerufen werden. Wo die Ressourcen für eine externe Supervision im Praxissemester nicht vorhanden sind, könnte die Figur des/der lehrenden Sozialarbeiter*in in der Funktion der Supervision ihren Charme haben. Trotzdem gilt: Sinnvoll ist nicht, mehr von derselben Perspektive, sondern nuancierte und abgestufte Perspektivierungen einzunehmen, die eine große Bandbreite an Theorie-Praxis-Relationierungen ermöglichen. Folgt man dieser Argumentationslinie, wäre der/die lehrende Sozialarbeiter*in für die Theorie-Praxis-Seminare keine passende Figur, da er in der Regel nicht den anderen Pol des Kontinuums repräsentiert, sondern bereits eine implizite Integration von wissenschaftlichem und handlungspraktischem Wissen stattgefunden hat.

Sitzungstermin	Inhalt	Themen
1. Sitzung in der Blockwoche vor dem Praxissemester	*Kennenlernen, Erwartungsklärung*	– *Kennenlernen* (Wer sind die Teilnehmer*innen? Wer ist die/der Dozierende?), – *Erwartungsklärung für das Praxissemester* – *Ziele und Wünsche für das Praxissemester*
2. Sitzung	*Einführung*	– *Kontextklärung* (Wozu soll das Theorie-Praxis-Seminar dienen? In welchen Einrichtungen sind die Studierenden? Welche Materialien haben die Studierenden bereits über die Praxiseinrichtung, das Arbeitsfeld, das Handlungsfeld sammeln können?) – *Kontraktierung* (Wie sieht der gemeinsame Arbeitsplan aus? Wie ist der zeitliche Ablauf? Was ist die begleitende Seminarlektüre? Wie sieht die Prüfungsleistung aus?)
3./4. Sitzung	*Handlungsfeld-/ Arbeitsfeld-/ Organisationsanalyse*	– *Grundlagen der Handlungsfeld-/Arbeitsfeld-/ Organisationsanalyse* (Zusammenhänge von Handlungsfeld, Arbeitsfeld und Organisation) – *Gruppenarbeit* (relevante Dimensionen des Arbeitskontextes für die Praxiseinrichtung; Verständnishintergrund für Praktiken professionellen Handelns) – *Begleitende Seminarlektüre*
5./6. Sitzung	*Analyse der Beobachtungsprotokolle: Fokus Beschreibungsebene*	– *Einstieg in die gemeinsame Analyse der Beschreibungsebene von Protokollen* (Modus 4) – *Einübung der Beobachtungshaltung*
7. Sitzung	*Analyse der Beobachtungsprotokolle: Fokus Beschreibungsebene*	– *Ethnographische Protokollausstellung in der Seminargruppe* (Modus 4) – *Ethnographisches Kommentieren im Brief als Hausaufgabe* (Modus 4)
8./9. Sitzung	*Analyse der Beobachtungsprotokolle: Fokus Praxisanalysen*	– *Einstieg in die praxistheoretische Reflexion und Analyse von Protokollen* (Modus 5) – *Einübung der praxistheoretischen Reflexionen und Analysen* (ethnographische Collage) – *Aufbau und Struktur des Praxissemesterberichts*
10. Sitzung	*Analyse der Beobachtungsprotokolle: Fokus Praxisanalysen*	– *Ethnographische Collage in der Seminargruppe mit Bezug auf die praxistheoretischen Reflexionen und Analysen* (Modus 5) – *Ethnographisches Kommentieren im Brief mit Bezug auf die praxistheoretischen Reflexionen und Analysen als Hausaufgabe* (Modus 5)

Sitzungstermin	Inhalt	Themen
11. Sitzung	*Abschluss*	– *Offene Fragen zur Prüfungsleistung* – *Feedback* (Wie empfand ich das Theorie-Praxis-Seminar zum Praxissemester? Was war hilfreich? Was war schwierig? Wie beurteile ich den gesamten Verlauf des Praxissemesters im Hinblick auf meine Fähigkeit wissenschaftliches Wissen und handlungspraktisches Wissen aufeinander zu beziehen? Gehe ich mit einem guten Gefühl und einer klaren Vorstellung von mir als Sozialarbeiter*in aus dem Praxissemester?)

Tabelle 3: Thematischer Aufbau der Theorie-Praxis-Seminare zum Praxissemester

Die Theorie-Praxis-Seminare beginnen – mit Ausnahme der ersten Sitzung in der Vorbereitungswoche vor dem Praxissemester – erst mit dem Beginn der Vorlesungszeit. Durch die anfängliche Hospitations- bzw. Feldzugangsphase, in der die Studierenden mindestens zwei Protokolle als *postscripts* fertigstellen, kann die Auswahl der gemeinsam im Seminar bearbeiteten Protokolle durch die jeweiligen Dozierenden erst nach ca. vier bis fünf Wochen abgeschlossen werden. Dieser Vorlauf, den das Seminar benötigt, muss eingeplant werden.

Modus 4: Reflexion eigener Wahrnehmungskategorien anhand (subjektiv) verschriftlichter Beobachtungseindrücke

Der vierte Modus der Rahmung von Praxiserfahrungen findet im Kontext der Theorie-Praxis-Seminare statt. Hierbei geht es um die Reflexion eigener Wahrnehmungskategorien, die an subjektiven Beobachtungseindrücken geprüft werden. Dies geschieht in Form einer Verschriftlichung des eigenen Wahrnehmungseindrucks in Form von Praxisprotokollen[26]. Dabei ist die Verschriftlichung der Protokolle an den Empfehlungen von Gerhard Riemann zur Erstellung von ethnographischen Protokollen orientiert (vgl. Riemann o.J.). In diesen Empfehlungen zeigt er folgende Aspekte auf, die beim Schreiben von Protokollen zu Ausbildungszwecken berücksichtigt werden sollen und für den Kontext der Theorie-Praxis-Seminare geringfügig abgeändert wurden:

– Die *Einnahme einer Haltung des Sich-Wunderns*: das „Stolpern" über Phänomene, die gewöhnlich im Alltag ignoriert, als selbstverständlich hingenommen oder durch programmatische Kürzel zugedeckt werden.
– Das *Schreiben für eine Leserschaft, die nichts oder nicht viel darüber weiß*, wie es mir in der Praxis ergangen ist bzw. ergeht und der ich ein freundliches (aber nicht unbedingt unkritisches) Interesse daran unterstelle, mehr darüber erfahren zu wollen. (Reichhaltigkeit der Beschreibung).

---

26 Wo dies ebenso stattfinden kann, allerdings weniger systematisch, ist in Form einer mündlichen Erzählung über die erlebten Situationen, Begegnungen, Vorgehensweisen, die im Rahmen der Supervision und in kollegialer Beratung aufgegriffen werden kann.

- *Keine Aufpolierungen* von Beobachtungen zur Gesichtswahrung und Ehrenrettung.
- Die *Erkennbarkeit des „Ich"* in verschiedenen Beziehungen und Situationen (in der beschriebenen Situation, später, zum Zeitpunkt der Verschriftlichung), aber:
- *Keine „Selbstabsorption"* wie in einem privaten Tagebuch oder im aktuellen Schrifttum der „Autoethnographie".
- Die *Einnahme einer sequenzierenden Haltung* (wie kommt eins zum anderen?), um nicht in zufälligen Impressionen steckenzubleiben und um die Ordnung und Unordnung von Prozessen herauszuarbeiten. (Konkretheit der Beschreibungen).
- Die *Berücksichtigung und Differenzierung der Perspektiven unterschiedlicher Akteure* und der Verzicht darauf, sich bestimmte etablierte, „maßgebliche" Sichtweisen zu eigen zu machen (vgl. das Konzept der „Hierarchie der Glaubwürdigkeit" von Howard Becker) – *gleichzeitig der Verzicht auf eine ironische Haltung oder eine Entlarvungshaltung.*
- Die *Identifizierung der Sprache des Feldes* („…") – der vorherrschenden offiziellen Typenkategorien, der gebräuchlichen Diagnosen, der subversiven Terminologie von Insassen usw. – und ihre Unterscheidbarkeit von der eigenen Beobachtungssprache.
- Die Präsentation von Prozessen, Handlungen, Situationen, sozialen Rahmen, inneren Zuständen und Reflexionen in einer Form, die eine Re-Analyse des Textes durch fremde Leser ermöglicht.
- *Strikte Anonymisierungen* (Personen, Einrichtungen, Orte) vor der Präsentation des Protokolls.
- *Einfügen von Zeilennummern im Protokoll.*

Das „Subjektive", das diesen Protokollen in den meisten Fällen anhaftet, kann im Theorie-Praxis-Seminar in den Fokus der Reflexion gerückt werden. Dies geschieht vor allem durch die Vervielfältigung der Perspektiven in der Gruppe der Studierenden sowie durch das Zugänglichmachen der eigenen Wahrnehmung für Andere in Form der verschriftlichten Protokolle.

(1) Eine Methode, mit der eigene Wahrnehmungskategorien und das eigene Schreiben in den Blick gerückt werden kann, ist die *ethnographische Protokollausstellung* im Sinne einer kommunikativen Prüfung auf intersubjektive Nachvollziehbarkeit.

Beobachtungsprotokolle von Studierenden werden ausgehängt und von anderen Studierenden gelesen. Die verwendeten Begriffe und Kategorien der Wahrnehmung werden dabei von den fremden Leser*innen kommentiert und mittels kleiner Anmerkungen und Pfeile zu den jeweiligen Passagen und Begriffen angefügt.

Diese Anmerkungen können dann genutzt werden, um eine intersubjektive Nachvollziehbarkeit zu prüfen und ggf. die eigene Beobachtungssprache detaillierter, präziser oder reduzierter zu gestalten.

(2) Methodisch sehr ähnlich nutzen wir das *ethnographische Kommentieren*, das hier in Anlehnung an das „Letter Writing in Social Work Education" in der doc.post-Methode von Kirstin Bromberg (2014) als Mittel zur Professionalisierung im Ausbil-

Abb. 27: letter writing

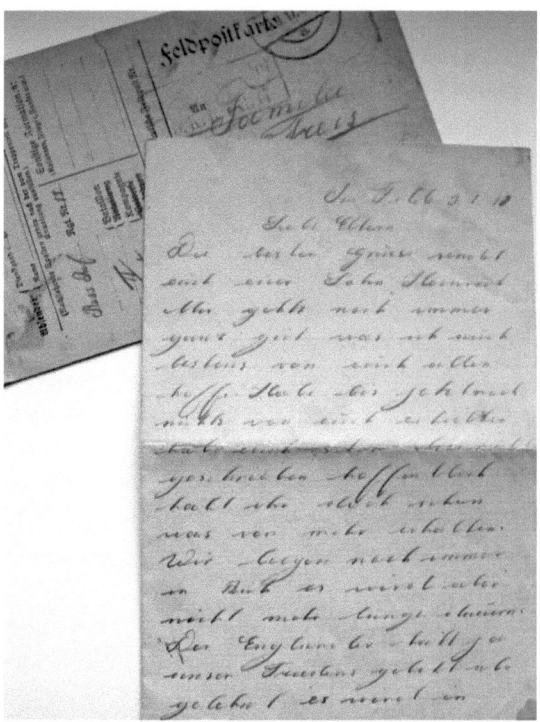

dungsprozess aufgegriffen wird. Studierende formulieren ihre Ideen und Fragen zum eigenen Beobachtungsprotokoll in Form eines Briefes an Kommiliton*innen und sind dabei darauf angewiesen, in eigenen Worten eine Fokussierung und Paraphrasierung der eigenen Beobachtungen vorzunehmen. Die hier gestellten Fragen und beschriebenen Ideen zum eigenen verschriftlichten Beobachtungseindruck werden als ‚Brief' an jeweils eine/n andere/n Seminarteilnehmer*in abgeschickt[27]. Diejenigen, die diesen Brief erhalten, antworten dann auf die Frage der/s Absender*in und versuchen ihre Gedanken zum Beobachtungsprotokoll zu formulieren.

(3) Als dritte Methode, die in den Theorie-Praxis-Seminaren regelmäßig genutzt wird, soll kurz die *Analyse der Beschreibungsebene der Protokolle* unter Zuhilfenahme der methodologischen Diskussion um die „Krise der Repräsentation" (Berg/Fuchs 1993) aufgezeigt werden. Hierbei wird das Beobachtungsprotokoll systematisch über verschiedene Kriterien in den Blick genommen:

- *Gliederung des Beobachtungsprotokolls (Sequenzialität):* Die Analyse des Aufbaus des Protokolls und der Gliederung geben häufig einen Einblick in die zeitliche Struktur der beschriebenen Situation. Die Bandbreite variiert von Beobachtungsprotokollen, die sehr detailliert eine kurze Interaktionssequenz in großer Dichte

---

[27] Denkbar ist dies auch über z. B. im Rahmen des e-learnings über eine elektronische Plattform, in welcher in einem Forum über diese Fragen diskutiert werden könnte.

beschreiben über Protokolle, die den Ablauf eines Vormittags über ein paar spannende Episoden, die allerdings unverbunden bleiben, darstellen bis hin zu Protokollen, die dem Kriterium der Sequenzialität nicht mehr entsprechen, da sie die zeitliche Abfolge der Ereignisse nicht einhalten (z. B. durch vorweggenommene Reflexionen, die in die Beschreibung eingebaut werden etc.). Je nach zeitlicher Strukturierung des Beobachtungsprotokolls kann die anschließende Analyse deutlich erschwert werden.

– *Dichte der Beschreibung des Phänomens, der Situation, der Praktiken:* Je detaillierter die Beschreibungen im Protokoll sind, desto eher eignen sich diese auch für die anschließende Analyse. Wenn die Seminarteilnehmer*innen, die das Protokoll lesen und nicht in der Situation dabei waren, einen lebhaften Eindruck von der Situation haben und sich bei ihnen gedanklich ein Bild der Situation aufbaut, ist das Protokoll gelungen. Häufig kann hier festgestellt werden, wo Auslassungen sind und Informationen im Protokoll fehlen. Dies stellen die Seminarteilnehmer*innen in der Regel sehr schnell fest, da sich sinnhafte Verknüpfungen nicht ziehen lassen und Situationen, Interaktionen, Praktiken etc. nicht nachvollziehbar erscheinen.

– *Eigene Vorannahmen in der Beschreibung:* Gehen eigene Vorannahmen in die Beschreibung ein, sind diese für Außenstehende, die die Praxiseinrichtung, deren Personal, deren Strukturen, deren Klientel oder z. B. *Herrn Müller als Klienten* nicht kennen, in vielen Fällen nicht nachzuvollziehen. Je länger das Praxissemester dauert, d. h. je später ein Protokoll im Praxissemester geschrieben wird, desto stärker identifizieren sich Studierende häufig mit der Praxis und der Praxiseinrichtung. Dies führt dazu, dass auch Vorannahmen stärker bewusst gemacht werden müssen, da diese sonst vermehrt in Protokollen Verwendung finden. Folgende Situationsbeschreibungen geben einen kleinen Einblick in die Problematik: „Herr Müller schaute mich traurig an und sagte: ‚Sie wissen doch wie ich bin.' Daraufhin nahm ich ihn beim Arm und ging mit ihm ins Wartezimmer des Arztes." Die kurze Beschreibung dieser Situation ist für Außenstehende nicht nachvollziehbar, da sie nichts über Herrn Müller wissen und die Interaktionssequenz ‚ich nahm ihn beim Arm' so nicht verständlich wird. Dass Herr Müller möglicherweise depressiv ist und Angst hat, zum Arzt zu gehen, dass er es nur mit der Stütze der Sozialarbeiterin ins Wartezimmer schafft, kann nicht erschlossen werden, da die vorhergehenden Interaktionen nicht präsent sind. Derartige Situationen und Praktiken, in denen Vorwissen inhärent ist, können methodisch als Vorbemerkung zum Protokoll ausgelagert werden. Hier bestünde dann im beschriebenen Fall die Möglichkeit, Herr Müller und die Interaktionsgeschichte zwischen Sozialarbeiterin und ihm kurz darzustellen, damit das Protokoll sinnhaft in diesen Zusammenhang eingeordnet werden kann. Dies ist bspw. auch dann sinnvoll, wenn organisationale Strukturen bestimmte Verhaltensweisen notwendig machen. Der reinen Situationsbeschreibung kann dann eine kurze Bemerkung vorgeschaltet werden.

– *Eigene Bewertungen in der Beschreibung:* In vielen Protokollen finden sich Bewertungen von Situationen, Praktiken professionellen Handelns, Adressat*innen etc. Worauf die semiotische und differenztheoretische Forschung hier aufmerksam macht, ist, dass es sich bei diesen Bewertungen nicht um Eigenschaften der so bezeichneten Personen, Dinge, Praktiken, Situationen handelt, sondern um beobachterabhängige Zuschreibungen, die eher etwas über die Art und Weise der Wahrnehmung des/r Beobachter*in aussagen, als über die bezeichneten Personen etc. Wenn beispielsweise in Protokollen von den „unreflektierten Klienten", „schwierigen Kindern", „ungehörigen Verhaltensweisen", „problematischen Erziehungspraktiken" die Rede ist, dann erfahren Lesende mehr über die Schreibenden des Textes als über die entsprechend beschriebenen Personen selbst. Bewertungen können in der Regel sehr schnell in Protokollen identifiziert werden. Die Grundlagen für diese Bewertung kann dann im Seminar geklärt und ggf. eine neutralere bzw. intersubjektiv nachvollziehbarere Beschreibung gefunden werden.

– *Grad der Selbstabsorption:* Der Grad, in dem Studierende sich selbst in die Protokolle hineinschreiben, variiert auf einem Kontinuum vom privaten Tagebucheintrag bzw. dem autoethnographischen Schrifttum bis hin zu standardisierten Beobachtungsformen mit strukturiertem Beobachtungsraster[28]. Je selbstabsorbierender das eigene Protokoll geschrieben ist, desto weniger gut können andere dieses Material im Seminar thematisieren. Je nach Material kann eine Analyse möglich sein oder auch nicht. Die Empfehlungen zum Schreiben der Protokolle stellen klar heraus, dass keine Art Tagebucheintrag geschrieben werden soll. Erwähnt werden sollte an dieser Stelle eine häufig anzutreffende Beschreibungspraxis bei Studierenden – das Beschreiben des eigenen pädagogischen Handelns (manchmal mit samt den dazugehörigen Intentionen). Aus praxeologischer Perspektive ist dies durchaus interessantes Material, gibt es doch einen Einblick in die Verknüpfungsleistungen zwischen Kognition und Praktiken, die von Studierenden retrospektiv beschrieben werden. Auch zu diesem Material ist zu sagen, dass sich in manchen Fällen Analysen zum Theorie-Praxis-Transfer anschließen lassen, in anderen Fällen ist das Material äußerst schwierig zu interpretieren bis hin zur Unbrauchbarkeit für Analysen.

– *Beobachter*innenposition während der Beobachtung und Erkennbarkeit des ‚Ich':* Das Protokoll kann dahingehend betrachtet werden, wo (z.B. räumliche Distanz, Position zum Geschehen, Grad des Involviertseins) die Beobachter*innen sich bei der Beobachtung befanden. Die räumliche Distanz und die eigene Position zum Geschehen verdeutlichen häufig, was Beobachter*innen überhaupt in der Lage waren, wahrzunehmen. So unterscheidet sich beispielsweise eine Beobachtung eines Hilfeplangespräches aus der Perspektive in der Ecke hinter dem Tisch sitzend von einer Beobachtung aus der Perspektive direkt am Tisch sitzend, direkt neben der fallverantwortlichen Sozialarbeiterin sitzend oder ebenso von einer Beobachtung eher gegenüber der Sozialarbeiterin und direkt neben den Adressat*innen sitzend. Alle diese Positionierungen ermöglichen bestimmte Beobachtungen und Versperren andere. Der blinde Fleck dieser Positionierungen sollte im Protokoll deutlich werden, damit die Analyse entsprechend an diese Perspektive und deren

---

[28] Auch wenn diese Pole der unterschiedlichen Formen der Ethnographie, bzw. des (teilnehmenden) Beobachtens als Methode nicht intendiert sind, kommen diese Textsorten sehr selten, aber durchaus vor.

Begrenzungen angepasst werden kann. Dasselbe gilt für den Grad des Involviertseins. Studierende, die einen Kleinbus mit jugendlichen Klient*innen fahren und ein Protokoll zur Interaktion der drei Personen auf der mittleren Rückbank schreiben, müssen sich bewusst sein, dass das eigene Involviert-Sein, die eigene Positionierung im Kleinbus und die damit einhergehenden Möglichkeiten des Beobachtens ziemlich vielen Einschränkungen unterliegen. Dies ist für die Analyse nicht notwendigerweise problematisch, muss jedoch transparent gemacht und in seinen Konsequenzen beleuchtet werden. Beobachter*innen dürfen und sollen sich selbst also im Schreiben des Protokolls durchaus auf diesen Ebenen verorten und sichtbar machen.

– *Sprachliche Trennung und Identifizierung der Sprache des Feldes:* Inwiefern Studierende die eigene Beobachtersprache und die Sprache des Feldes klar voneinander trennen (z. B. über klare Markierungen von wörtlicher Rede oder den Gebrauch der indirekten Rede im Konjunktiv), ist oft bedeutsam für das Verständnis des Protokolls. Gleichzeitig können bei gelungener Trennung die selbst geschriebenen Beschreibungen klarer erkannt und von bspw. Begriffen oder Formulierungen des Feldes unterschieden werden (z. B. Metaphorische Rahmungen in Praxiseinrichtungen, wie bspw. die Beschreibung eines Pflegers im Stationszimmer, in das ständig Patienten der psychiatrischen Station reingelaufen kommen, man müsse vor der Tür eine „Patientenwaschstraße" aufbauen, damit die Patienten einerseits einen angenehmeren Duft versprühen, andererseits an dem niedrigschwelligen und deshalb in großer Regelmäßigkeit stattfindenden Zugang ein wenig gehindert würden). Damit die Sinnbildungsprozesse der beobachtenden Studierenden und die implizite Logik der Praxiseinrichtung nicht einfach als kongruent angenommen werden, ist diese Trennung notwendig.

Die hier beschriebenen subjektiven Färbungen des eigenen Beobachtungsprotokolls tauchen häufiger am Beginn des Theorie-Praxis-Seminars bzw. am Beginn des Praxissemesters auf. Je länger sich Studierende mit ihren eigenen Protokollen und denen ihrer Kommiliton*innen beschäftigen, desto klarer sehen sie die eigenen subjektiven Anteile am Schreiben und desto eher können sie diese bewusst einsetzen oder aus Beschreibungen heraushalten. Für das Praxissemester betrachten wir die subjektive Färbung des Protokolls nicht als Kennzeichen schlecht durchgeführter Ethnographie[29], sondern als Möglichkeit, das Subjektive in den Prozess der Verknüpfung von wissenschaftlichem und handlungspraktischem Wissen hineinzuholen. Die damit einhergehenden per-

---

29 Obwohl die subjektive Färbung des Protokolls streng genommen bis zu einem gewissen Grad als Kennzeichen schlecht durchgeführter Ethnographie bewertet werden kann, relativiert die Bandbreite ethnographischer Forschungs- und Erkenntnisstrategien (bspw. die Autoethnographie) diese Bewertung deutlich. Was dann sichtbar wird, könnte eher in dem Sinne verstanden werden, dass jedwede Strategie ihre eigenen Potenziale und Begrenzungen mit sich führt und diese bei der Formulierung von Erkenntnissen immer in Rechnung gestellt werden müssten. Dies tun wir, da wir keinen Anspruch auf eine Generalisierbarkeit der Ergebnisse der Studierenden erheben möchten, sondern die Beschäftigung mit den methodologischen und methodischen Grundlagen der Ethnographie und ihrer Anwendung zum didaktischen Zwecke der Selbsterkenntnis und der Relationierung von Theorie und Praxis betreiben.

spektivischen Brüche (vgl. Freis 2018: 209) werden hier eher als Chance gesehen: „Für den Bereich des Praxissemesters in der Sozialen Arbeit ist die subjektive Färbung der eigenen Beobachtung und deren Verbalisierung in Protokollen geradezu ein ‚Glücksfall', der es ermöglicht ebenjene subjektiven Wahrnehmungsschemata und -begriffe in den Blick zu nehmen, die die Kultur der Pädagogik (vgl. Friebertshäuser 2008: 51 f.) begründen" (Freis 2018:210).

Modus 5: praxistheoretische Reflexion und Analyse von Situationen und Phänomenen aus der Praxis mittels der ethnographischen Collage

Nachdem die eigene subjektive Färbung des Protokolls reflektiert wurde, schließt sich in vielen Fällen eine Analyse der zugrundliegenden Praxissituationen und Phänomene an. Die praxistheoretische Reflexion und Analyse dieser Situationen und Phänomene wird im Modus V anhand der Auswertungsstrategie der Ethnographischen Collage nach Barbara Friebertshäuser und Sophia Richter *(vgl. Friebertshäuser/Richter 2012; Friebertshäuser/Richter/Boller 2013)* vorgenommen. Die Ethnographische Collage „ist eine nach den Regeln der wissenschaftlichen Kontrollierbarkeit aus Primär- und Sekundärdaten erzeugte Materialzusammenstellung in Form eines ethnographischen Quellentextes, in dem die unterschiedlichen empirischen Materialien und Daten (die bspw. im Kontext ethnographischer Feldforschung zusammengetragen wurden) in Form einer Datentriangulation auf der Basis theoretischer Interpretationen zusammengestellt werden" (ebd.: 380). Sie rückt dabei die Selektions- und Rekonstruktionsprozesse in den Fokus, die bei der theoretischen Interpretation der Datenbasis der ethnographischen Collage vorgenommen werden (vgl. Friebertshäuser/Richter 2016). Dabei stehen für die beiden Autorinnen bei der „analytischen Verdichtung" (ebd: 1) der ethnographischen Collagen erstens das Verhältnis von Theorie und Empirie im Erkenntnisprozess, zweitens die Reflexion der Perspektivität im Forschungsprozess sowie drittens das Verhältnis der Daten zueinander im Fokus (vgl. Dies. 2012: 71). Diese Form der analytischen Verdichtung eignet sich für das Konzept der Ethnographie im Praxissemester in besonderem Maße, da der Fokus auf ein Phänomen – bei Friebertshäuser/Richter als Untersuchungseinheit bezeichnet (vgl. Dies. 2016: 1) – eingegrenzt wird, das durch unterschiedliche Materialien (Beobachtungen, Interviews oder ero-epische Gespräche, Zeichnungen, Fotografien, Fachliteratur, Programmatiken, Organisationsdokumente) analytisch aufgeschlossen werden und dabei die Subjektivität des Selektions- und Rekonstruktionsprozesses im Kontext des Verhältnisses von Theorie und Empirie thematisierbar wird. Die vielfältigen Materialien dienen dabei als empirische Reibungsperspektiven, die helfen, das Phänomen oder die Szene aus unterschiedlichen Perspektiven zu betrachten und in seinen Eigengesetzlichkeiten zu schärfen. Der explizite Einbezug dieser vielen möglichen Perspektiven wird von den Autorinnen am Beispiel des „schulischen Trainingsraumes" aufgezeigt und die spezifische Selektion der Perspektiven am Beispiel (Schüler*innenperspektive, Lehrer*innenperspektive, Programmatiken etc.) transparent gemacht sowie die damit einhergehenden blinden Flecke im Datenkorpus (fehlende teilnehmende Beobachtungen aus dem Trainingsraum, fehlende Infozettel und Rückkehrpläne sowie fehlende

Sichtweisen der Eltern) reflektiert (vgl. Dies. 2012: 72 ff.). Collagieren wird von ihnen als „Strategie der Verfremdung" (ebd.: 82) betrachtet, die eine Verschränkung von Perspektiven und ein reflexives Sich-ins-Verhältnis-Setzen notwendig mache (vgl. ebd.):

> „Während der Auswertung vollziehen die Forschenden verschiedene Prozesse des Collagierens als Strategie der Verfremdung. Bildlich zeichnet sich dieser Prozess in einem Wechsel zwischen Eintauchen in einzelne Daten und deren Analyse, dem intensiven beschäftigen mit einzelnen Bestandteilen der Collage, und dem Auftauchen als Prozess des Perspektivenwechsels, in dem Deutungen verknüpft, Daten zueinander ins Verhältnis gesetzt werden und nach theoretischen Konzepten gesucht wird, ab. Hier wird die Collage als Ganzes betrachtet mit all ihren Überschneidungen, Brüchen, Fokussierungen und Irritationen. Während des Prozesses des Ein- und Auftauchens vollzieht sich ein reflexives ins Verhältnis setzen der Logiken der Praxis und der Logiken der Wissenschaft, eine analytische Verknüpfung von Praktiken, Perspektiven und Deutungen, ein Verstehensprozess zwischen Theorie und Empirie" (ebd.: 82 f.).

Collagiert wird um den Untersuchungsgestand herum (vgl. Richter 2016 zit. n. Friebertshäuser/Richter 2016: 2). Dabei wird das „Postulat der Reflexivität" (ebd.: 83) in der ethnographischen Forschung genutzt, um in einen Prozess des kontrollierten Schreibens einzusteigen, wie die Autorinnen dies nennen. Friebertshäuser und Richter formulieren daher *ein* Ziel der ethnographischen Collage folgendermaßen:

> „Das kontrollierte Schreiben der Ethnographischen Collage soll deshalb dazu dienen, die Standortgebundenheit der eigenen Perspektive zu reflektieren und dem Material wieder Geltung zu verschaffen. Das Erkenntnisinteresse und der Bezug zur Theorie leiten bei der Ethnographischen Collage die Auswahl der empirischen Daten und Dokumente. Die Brille einer spezifischen Deutung lässt Elemente aus dem Material hervortreten, die sonst als unbedeutend erachtet worden wären. [...] Die Prozesse des Collagierens können aus dem Dilemma der Verstrickung in die eigene Doxa (Bourdieu 1993b: 80) befreien, gerade wenn diese Schritte in Forschungsteams vollzogen werden" (ebd.: 84).

Das kontrollierte Schreiben im Rahmen der Zusammenstellung der Ethnographischen Collage bietet, so verstanden, die Möglichkeit die Standortgebundenheit des eigenen Denkens, Wahrnehmens und Bewertens in den Blick zu nehmen und im Kontext der gemeinsamen Auswertung in den Theorie-Praxis-Seminaren die Verstrickungen in die eigene Doxa zu reflektieren. Der Einbezug der unterschiedlichen Kontexte des ethnographischen Zugangs im Praxissemester[30] ermöglicht es, die differierenden Reflexionsmodi im Praxissemester reflexionsformatübergreifend miteinander zu verbinden. Ein Versuch, dies aus der Perspektive der ethnographischen Collage und in Anlehnung an die Darstellung bei Friebertshäuser/Richter (2012: 82) für die Ethnographie im Praxissemester darzustellen, findet sich in der folgenden Abbildung 28:

---

30 Friebertshäuser und Richter unterscheiden für die Ethnographische Collage folgende Ebenen: Kontexte der sozialen Verhältnisse, Kontexte der kulturellen und institutionellen Prägungen, Kontexte biographischer Selbstdeutungen sowie sozialer Interaktionsprozesse und Rahmungen (vgl. ebd.: 84 f.).

Abb. 28: Ethnographische Collage als Metaperspektive im Kontext des Praxissemesters (Darstellung in Anlehnung an Friebertshäuser/Richter 2012)

Die Ethnographische Collage als Auswertungsstrategie vereint dabei hochschuldidaktische Möglichkeiten der Reflexion des Selbst im Kontext des Zugangs zur Praxis im praktischen Studiensemester mit den Möglichkeiten der praxeologischen Theoriebildung und Reflexion, die im Sinne des Postulats des „Reassembling the Social" (Latour 2005, Kap. 1.2) unterschiedliche Ebenen von Phänomenen in der Analyse zusammenschließen und somit Perspektiven auf die Situationen oder das jeweilige Praxisphänomen in den Fokus rücken, die mittels theoretischer Begrifflichkeiten, Schemata, Typen oder Forschungsbefunden analysiert werden können. Dabei wird deutlich, dass die Metaperspektive im Praxissemester über das ethnographische Collagieren und den inhärenten Einbezug differierender Perspektiven – eigene Beobachtungen im Rahmen des Kontinuums zwischen teilnehmender Beobachtung und beobachtender Teilnahme, der Einbezug programmatischer Dokumente aus Wissenschaft und Praxis, die organisationale Perspektive, sowie die unterschiedlichen Perspektiven aus Gesprächen mit Praxisanleiter*innen, Supervisor*innen und Dozierenden – in der Ethnographischen Collage der Studierenden spezifische Perspektiven in den Vordergrund treten lassen, die von ihnen als relevant einbezogen werden. Andere Perspektiven werden von ihnen vorerst außer Acht gelassen und könnten für einen späteren Verstehensprozess hilfreich sein. Die Versammlung dieser ganzen Perspektiven in der Ethnographischen Collage ermöglicht Studierenden, eigene Ideen und Fokussierungen (z. B. durch die Selektion dieser Perspektiven sowie die Art und Weise des Rekonstruktionsprozesses) vorzunehmen und fordert zugleich ein Verständnis von sich selbst, von der beruflichen und der wissenschaftlichen Praxis, das sich nicht auf einfache Perspektiven reduzieren lässt.

Welche Bedeutung einem analytischen Verständnis der Praxis für das pädagogische Verstehen zukommen kann, wird im Kapitel 3.3 aufgezeigt. Außerdem werden die methodischen Schritte der Auswertung mittels der Ethnographischen Collage veranschaulicht.

3.2.4 Schlussfolgerungen und der Modus des Wiederkehrens

Fasst man diese fünf Reflexionsmodi zusammen, zeigt sich folgendes Bild (Abbildung 29): Die Rahmung der Erfahrungen der Studierenden erfolgt vom konkreten Ort der Praxis aus über den Modus 1 – die Reflexion während des Handelns gemeinsam mit den Praxisanleiter*innen – sowie über einen bereits aus der Situation herausgehobenen Modus 2 – die Reflexion der Praxis nach dem Handeln. Je weiter wir dann von innen nach außen gehen, desto größer wird die Distanz zur konkreten Erfahrung und der damit verbundene Abstraktionsgrad. Im Modus 3, der dann schon am Lernort Hochschule stattfindet, wird die Einsozialisation in die berufliche Rolle aus dem Kontext der Supervision in den Blick genommen. Die Supervision bildet somit das Bindeglied zwischen den Reflexionen am Lernort Praxis und der eigenen biographischen Selbstverortung im Kontext des Hochschulstudiums. Im Modus 4 steht noch immer die unmittelbare Erfahrung im Fokus, allerdings eher bezogen auf die Erkenntnis der

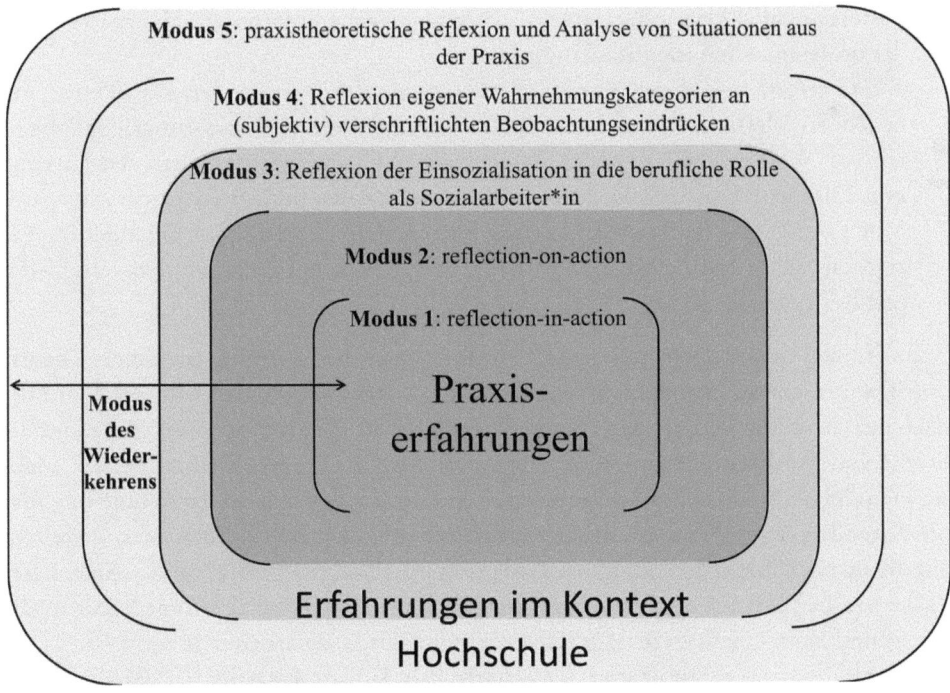

Abb. 29: Modus des Wiederkehrens

eigenen Wahrnehmungsgewohnheiten. Im Modus 5 verdeutlicht sich demgegenüber ein maximales „auf Distanz gehen", in dem die Praxiserfahrung nur noch als Beispiel für z. B. die Gestaltung einer Beratung, den Ablauf eines Hilfeplanverfahrens, den Umgang mit Beziehungsangeboten des Klientel genommen wird. Es wird also von der konkreten Situation abstrahiert, um strukturelle Fragen und Probleme zu thematisieren. Weshalb die Metapher der Expedition hier sinnvoll sein könnte, zeigt der *Modus des Widerkehrens*. Er verdeutlicht, dass gerade das regelmäßige Wechseln der Perspektive – hin und wieder zurück – es ermöglicht, die eigenen Praxiserfahrungen multiperspektivisch zu reflektieren. Eine hochschuldidaktische Gestaltung dieser Bewegung zwischen den Lernorten transformiert Praxiserfahrungen und ermöglicht neue Blicke.

Fasst man dies kurz zusammen, ergeben sich in Kontext von Expeditionen in die Praxis der Sozialen Arbeit im Modus des Wiederkehrens folgende Möglichkeiten der hochschuldidaktischen Gestaltung von Erfahrungen:

- *Entdeckung von Neuem*: Expeditionen in die Praxis werden getrieben von der Neugier, sich Fremdes zu eigen zu machen und fokussieren in der Leitdifferenz Fremdheit/Vertrautheit (vgl. Amann/Hirschauer 1997)
- *Erkenntnis des Eigenen*: Das Erkennen des Fremden wird hier in der differenztheoretischen Fassung zum Erkennen des Eigenen (re-entry), eigene Wahrnehmungskategorien werden stärker ins Bewusstsein gebracht (vgl. Freis 2018). Die hochschuldidaktische und lernortübergreifende Rahmung von Praxiserfahrungen ermöglichen Selbsterkenntnis und fokussieren die Aufmerksamkeit von Studierenden auf unterschiedliche Ebenen der Erfahrung.
- *Reflexion des veränderten Selbst-/Weltverhältnisses*: institutionelle (Selbst-)Thematisierungsmöglichkeiten fungieren als Biographiegeneratoren (vgl. Hahn 1987: 11) der professionellen Identitätsfindung.
- *Wiederkehren und dessen Analogien zum hermeneutischen Zirkel*: Das Testen der neuen Sozialarbeiter*innenidentität und der veränderten Erfahrungsmöglichkeiten von Welt ermöglicht durch das konstante Changieren zwischen Annäherung und Distanzierung eine Reflexion des Prozesses der impliziten Integration (vgl. Moch 2012). Die Aufmerksamkeit der Studierenden liegt auf der Veränderung des eigenen Welt- und Selbstverhältnisses in der Bewegung zwischen den verschiedenen Reflexionsmodi.

Expeditionen in die Praxis der Sozialen Arbeit lösen die Spannung zwischen Theorie und Praxis nicht auf, sondern führen sie immer wieder vor Augen. Mit Bezug auf die nach dem Studium zu lösenden Normenkonflikte, führt Peer Pasternack als besondere Stärke von Hochschulen Folgendes aus: „Die Stärke von Hochschule besteht nicht darin, solche Paradoxien zu vermeiden, sondern sie bewusst zu entfalten, um ihre Studierenden angemessen auf die Bewältigung von Normenkonflikten vorzubereiten, auf die sie nach ihrem Studium unablässig treffen" (Pasternack 2017: 42 f.). Sich dieser Paradoxie bewusst auszusetzen, verändert die Teilnehmenden der Expedition in die Praxis und kann Chancen für die Selbstverortung als Sozialarbeiter*in eröffnen.

Nun soll kurz ein Einblick in den praktischen Aufbau der Arbeitsfeldanalysen, die Auswertung der Praxisbeobachtungen sowie in die Möglichkeiten der Gestaltung des

Lernportfolios gegeben werden, um dann anschließend exemplarische Ethnographische Collagen aus dem praktischen Studiensemester aufzuzeigen.

3.3 Potenziale der Ethnographie im Praxissemester für das pädagogische Verstehen

Die hier vorgestellte hochschuldidaktische Rahmung von Erfahrungen im Praxissemester nutzt die Analogien zwischen ethnographischer Feldforschung und dem Zugang zur Praxis der Sozialen Arbeit im Rahmen der praktischen Studienphase (Kap. 1.1), um die subjektiven Erfahrungen der Studierenden aufzugreifen und methodologisch fundiert und methodisch kontrolliert thematisierbar zu machen. Das Verhältnis von wissenschaftlichem und handlungspraktischem Wissen wird aus professionstheoretischer Sicht im Kontext der Herausbildung einer professionellen Identität (Kap. 1.3) auf narrativer Ebene angelegt und metaphorisch und reflexiv unterstützt, sodass Studierende ihre eigenen Narrationen in das sensemaking in Organisationen (an beiden Lernorten) einschreiben können. Die Aufmerksamkeit von Studierenden wird dabei über die praxeologischen Zugänge auf den Zugewinn an Mitspielfähigkeiten (Kap. 1.2) gelegt und auf das implizite Wissen von Praktiken professionellen Handelns fokussiert. Da die individuellen Zugänge der Studierenden zu wissenschaftlichem sowie handlungspraktischem Wissen sehr unterschiedlich sind, wird die Standortgebundenheit des eigenen Denkens, Wahrnehmens und Bewertens durch die differierenden Reflexionsmodi in den Blick genommen und im Prozess des ethnographischen Collagierens methodisch kontrolliert eingefangen.

Im Folgenden wird nun gezeigt, wie die Leistungsnachweise im praktischen Studiensemester aussehen können. Dabei werden drei Formen der Versprachlichung von Erkenntnissen gewählt, die jeweils unterschiedliche Ebenen des Lernprozesses im Praxissemester aufgreifen und im Folgenden ausgeführt werden. Dabei handelt es sich um folgende Ebenen:

(1) Handlungsfeld-, Arbeitsfeld- und Organisationsanalyse
(2) Ethnographische Collage eines Phänomens im Praxissemester
(3) Lernportfolio

3.3.1 Handlungsfeld-, Arbeitsfeld- und Organisationsanalyse

Wie in Kap. 2.1 bereits vorgeführt, wird die Kontextualisierung der praktischen Erfahrungen in den Organisationen der Sozialen Arbeit auf den drei Ebenen des Handlungsfeldes, des Arbeitsfeldes und der jeweiligen Organisation vorgenommen. Dabei folgt diese Bearbeitung unterschiedlicher Kontexte der Logik einer Einordnung vom Abstrakten zum Konkreten.

Auf der Ebene des Handlungsfeldes geht es daher um eine disziplinäre Verortung der Organisation in den übergeordneten Handlungsfeldern der Sozialen Arbeit, wie sie in den gängigen Handbüchern der Sozialen Arbeit, Pädagogik und Erziehungswissenschaft unter verschiedenen Begrifflichkeiten zu finden sind (vgl. Thole (2012); Chassé/Wensierski (2008); Bieker/Floerecke (2011); Keft/Mielenz (2017); Homfeldt/Schulze-Krüdener (2003; 2008); Otto/Thiersch/Treptow/Ziegler 2018). Die Frage, in welchen gesellschaftlichen Funktionssystemen eine Einrichtung der Sozialen Arbeit zu verorten ist, verdeutlicht die Bedeutung der Sozialen Arbeit z. B. in Entscheidungsprozessen (z. B. Kinder- und Jugendhilfe vs. Gesundheitssystem) und ihre Eigenständigkeit bzw. Abhängigkeit von anderen Professionen. Diese strukturellen Besonderheiten werden für differierende Handlungsfelder als Spezifik anhand des wissenschaftlichen Diskurses herausgearbeitet und ermöglichen ein erstes kontextuelles Verständnis.

Das konkrete Arbeitsfeld bietet eine zweite Verständnisebene, auf welcher spezifische Literatur und Handbücher Einblick in strukturelle, personelle und methodische Möglichkeiten und Grenzen dieser Arbeitsbereiche der Sozialen Arbeit bieten. Von der Sozialen Arbeit im Bereich der Schulsozialarbeit, der offenen Kinder- und Jugendarbeit, der Kinder- und Jugendhilfe, des Allgemeinen Sozialen Dienstes im Jugendamt, der Krankenhaussozialarbeit, des Sozialen Dienstes in Justizvollzugsanstalten usw. können Schlussfolgerungen zu Differenzen und Gemeinsamkeiten dieser Arbeitsfelder gezogen, konkrete Spannungsverhältnisse und Paradoxien professionellen Handelns erörtert sowie methodische Eigengesetzlichkeiten diskutiert werden. Zu den Arbeitsfeldern der Sozialen Arbeit findet sich eine ganze Bandbreite an wissenschaftlicher Literatur (bspw.. Aner/Hammerschmidt 2018; Bischkopf/Deimel/Walter/Zimmermann 2016; Röh 2018; Kawamura-Reindl/Schneider 2015; Uhlendorff/Eutener/Sabla 2013; Gissel-Palkovich 2011; Stüwe/Ermel/Haupt 2017; Ansen/Bieker 2018; Hinte/Lüttringshaus/Oelschlägel 2011). Die Auseinandersetzung mit dieser Literaturgrundlage ermöglicht ein noch besseres Verständnis von Praktiken professionellen Handelns im Alltag der Praxisorganisationen.

Die Analyse der Organisation, in der das Praxissemester stattfindet, soll als dritte Ebene ein analytisches Verständnis für die Strukturen der jeweiligen Organisationen (vgl. formale Organisation und Schauseite in Kapitel 2.1) ermöglichen, das sich ihrer Programme, Kommunikations- und Entscheidungswege sowie ihres Personals bewusst ist. Diese Analyse kann über die in der Organisation vorliegenden Dokumente (Leitfäden, Konzeptionen, Methodenbeschreibungen, Jahresberichte, Gesetzestexte etc.) sowie über Ero-epische Gespräche mit Mitgliedern der Organisation erschlossen und um die Außendarstellung der Organisation (Internetseiten, Flyer, Fotos etc.) ergänzt werden. Damit wird ein weiterer Verständnishintergrund für die Praktiken professionellen Handelns erarbeitet, welcher den Studierenden im Verlaufe des Praxissemesters gute Dienste leisten kann. Die zentralen Kenndaten der Organisation sollen als Kontext erfasst werden und folgende Dimensionen beinhalten:

Auf der Ebene der Organisationsanalyse werden, wie in Abb. 30 dargestellt, folgende Dimensionen berücksichtigt[31]:

---

31 Natürlich wären hier weitere Dimensionen denkbar und je nach Einzelfall auch sinnvoll, allerdings beschränke ich mich hier auf einige zentrale Aspekte, die Studierenden einen Einblick in die Prozesse

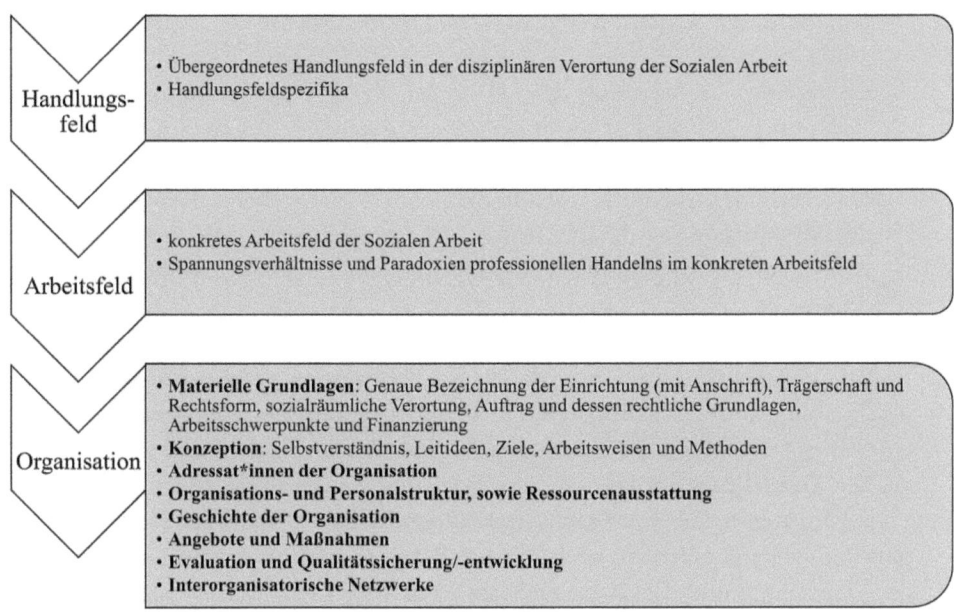

Abb. 30: Dimensionen der Handlungsfeld-, Arbeitsfeld- und Organisationsanalyse

- *Materielle Grundlagen*: Die materiellen Grundlagen der Praxisorganisation beinhalten
  - die genaue *Bezeichnung der Einrichtung mit Anschrift*,
  - die *Trägerschaft* der Einrichtung mit einer trägerspezifischen Einordnung in den Gesamtverbund des jeweiligen Trägers (z. B. Spitzenverbände BAGFW; des Bundesjugendrings, der fachbezogenen trägerübergreifenden Zusammenschlüsse etc. (vgl. Rätz-Heinisch et al. 2009: 204ff.)) sowie Einordnung in öffentliche, freie und privat-gewerbliche Träger,
  - die Thematisierung der konkreten *Rechtsform* (e. V.; GmbH; gGmbH; GbR; Stiftung etc.) inklusive zugehöriger Bedeutung,
  - eine *sozialräumliche Verortung* der Praxisorganisation nach Bezirken, Vierteln, Stadt bzw. Land, Zentrallage oder Randlage, infrastruktureller Einbindung in das Gemeinwesen etc. (vgl. Kessl/Reutlinger 2013),
  - den konkreten *Auftrag*, den die Praxisorganisation sich als Zweck selbst setzt oder durch Klienten, Auftraggeber etc. gesetzt bekommt (Doppeltes Mandat

---

des Organisierens und deren wechselseitige Interdependenzen geben können. Es kann dementsprechend nicht um Vollständigkeit gehen, sondern darum, einen analytischen Rahmen zu schaffen (vgl. Kap. 2.1), der es ermöglicht, die Praktiken professionellen Handelns und eine eigene Verortung innerhalb der organisationalen Prozesse kontextuell vorzunehmen. Darüber hinaus könnte diese Kontextualisierung bereits als Teil der Ethnographischen Collage verstanden werden, da sie kaleidoskopartig Perspektivierungen auf das praktische Handeln von Sozialarbeiter*innen verfügbar macht und als Verständnishintergrund derjenigen Phänomene anzusehen ist, die in der Ethnographischen Collage analysiert werden.

(vgl. Böhnisch/Lösch 1973:27 ff.) bzw. Drippelmandat (vgl. Staub-Bernasconi 2007: 7 f.)),
- die *rechtliche Verankerung* der Leistungen der Praxisorganisation (ggf. deren Bedeutung für Kooperationsbeziehungen zu anderen Organisationen),
- die *Finanzierung* der Einrichtung (Kostenträger) und deren Bedeutung für die Zusammenarbeit mit ggf. differierenden Auftraggebern, die Möglichkeiten der Mitbestimmung durch Klienten (Mitspracherechte), die Bewilligung von Arbeitsstellen, die Zahlung von Entgelten, sowie die zugehörigen Arbeitsbedingungen.

- *Konzeption und Außendarstellung*: Bei der Beschreibung und Analyse der Konzeption der Praxisorganisation sollte darauf geachtet werden, Aussagen aus den Selbstbeschreibungen der Praxisorganisationen nicht einfach zu übernehmen, sondern eine Metaperspektive auf diese Beschreibungen einzunehmen. Gerade im Hinblick auf die Darstellung der eigenen Angebote und Leitideen sollte ein Bewusstsein für die Notwendigkeit von Fassaden der Organisationen (vgl. Kap. 2.1) vorhanden sein und dementsprechend auch kritisch Bezug genommen werden auf die Form der Darstellung und die damit einhergehenden Versuche der Konstruktion eines Außenbildes. Folgende Aspekte sollten hier einbezogen werden:
  - beschriebenes *Selbstverständnis* der Praxisorganisation in Konzeptionen (Bezüge zu Trägerschaft und Rechtsform sowie ideologische Prägungen),
  - dargestellte *Leitideen* (Inwiefern können die Leitideen handlungsleitend sein? Gibt es eigene Formulierungen der Praxiseinrichtung oder wurden Leitideen und Ziele vom Träger übernommen? Erfahren Studierende etwas darüber, wie die Zielaushandlung stattgefunden hat?),
  - *Ziele und Arbeitsweisen* (Wie sind Ziele formuliert? Welche Bedeutung haben die Ziele für die praktischen Arbeitsweisen? Wie nehmen Rahmenbedingungen der Organisation – z.B. Entscheidungswege – Einfluss auf die praktischen Arbeitsweisen?),
  - *Internetauftritt bzw. Außendarstellung* in Form von Flyern, Berichten, Zeitungsartikeln, Blogs etc. (Welches Bild möchte die Einrichtung gerne nach Außen kultivieren? Wie will die Einrichtung gesehen werden? Welche Werte und Ziele werden der eigenen Arbeit vorangestellt?)

- *Adressat*innen der Organisation*: Die Auseinandersetzung mit der Zielgruppe der unterschiedlichen Angebote der Praxisorganisation kann Aufschluss über einige Aspekte sozialarbeiterischen Handelns geben, die sich von der konkreten Konzipierung von Angeboten bis hin zum ressourcenorientierten bzw. defizitorientierten Bild auf Adressaten erstrecken:
  - *Zielgruppenspezifik* (Wer wird mit den Angeboten der Praxisorganisation adressiert?),
  - *Zugangswege* (Wie bemüht sich die Einrichtung um ihre Adressaten? Ist dies überhaupt notwendig? Wie kommen die Adressat*innen zur Einrichtung? Handelt es sich um freiwillige Kontexte oder Zwangskontexte?),
  - *Konstruktionen des Adressat*innenbildes* (Welche Begriffe werden in der Organisation für ihre Adressat*innen verwendet? Welche Implikationen haben

die jeweiligen Begrifflichkeiten? (vgl. Künzel-Schön 1996; Kunstreich 2006; McLaughlin 2009; Großmaß 2011; Wagner 2018)),
- *Partizipation der Adressaten* (Inwiefern werden die Adressat*innenmeinungen in der Arbeit mit einbezogen? Welche Bedeutung kommt diesen bei der Konzipierung von Angeboten zu?)

- *Organisations-, Personalstruktur und Ressourcenausstattung*: Die Ablauforganisation gibt einen Einblick in die Ressourcenausstattung und Möglichkeiten einer Organisation und verdeutlicht die Entscheidungswege und personellen Rahmenbedingungen einer Organisation:
  - *Organigramm* der Organisation: gibt einen Überblick über die formalen Hierarchien und Entscheidungsträger. Es verdeutlicht den selbstgestalteten Entscheidungsablauf der Organisation (Handelt es sich um eine eher flache oder eher steile Hierarchie (vgl. Kühl 2015)? Wo im Organigramm ist die Soziale Arbeit zu finden? Wie komplex ist die Organisation?),
  - *Personalstruktur* (Welche Bedeutung kommt spezifischen Qualifikationen in der Organisation zu? Gibt es fachfremdes Personal? Wie gut ist die Organisation mit Fachpersonal ausgestattet? Über welche Qualifikationen verfügen die Mitarbeiter*innen? Welche Voraussetzungen müssen sie erfüllen? Wie wird neues Personal akquiriert?),
  - *Ressourcenausstattung* der Organisation gibt Einblick in die konkreten Möglichkeiten professionellen Handelns und dessen organisationsbedingte Grenzen (Über welche aktivierbaren Ressourcen verfügt die Organisation und welche Ressourcen werden tatsächlich aktiviert? Wie sind die Sozialarbeiter*innen mit Materialien ausgestattet? Welche Entgelte werden gezahlt? Wie sind die Arbeitszeiten und Arbeitsregelungen? Sind ausreichend Mitarbeiter*innen eingestellt? Welche Kriterien der Bedarfsdeckung werden angelegt? Welche Professionen sind beteiligt?)

- *Geschichte(n) der Organisation*: Die Vergangenheit, Gründung, Weiterentwicklung etc. einer Organisation gibt in der Regel einen interessanten Einblick in die aufrechterhaltene Erzählung, die die Identität einer Organisation darstellen soll.
  - *Kultivierte Erzählungen* (Welche Geschichten über die Organisation werden immer wieder erzählt? Wer sind die Gründer der Organisation und welche Rolle nehmen sie in Geschichten der Organisation ein? Gibt es Heldenerzählungen innerhalb der Organisation und welche Orientierungen werden hieran deutlich?),
  - *Wandlungsprozesse* (Inwiefern hat sich die Organisation im Verlauf ihrer Geschichte gewandelt? Gibt es neue Zielgruppen, Sichtweisen auf Klient*innen, Sichtweisen auf die eigene Arbeit, die im Laufe der Zeit hinzugekommen sind oder bedeutsamer wurden?[32]),
  - *Metaphern der Organisation* (Welche Vorstellung von der Organisation herrschen in den Erzählungen vor? Ist die Organisation ein politisches System, in

---

32 Vgl. für die Wandlungsprozesse des Jugendamtes und die damit verbundenen Reorganisationsprozesse siehe Uwe Uhlendorffs „Geschichte des Jugendamtes" (Uhlendorff 2003).

dem jeder Schritt genau überdacht werden muss, da eigene Fehler von anderen ausgenutzt werden? Wird Organisation als konstant im Wandel verstanden? Ist eine Organisation ein mechanisches Ineinandergreifen von einzelnen Rädern und wird nur am Laufen gehalten? Wird Organisation als Gefängnis, als Parzelle, als Inselgruppe verstanden?[33])

- *Angebote und Maßnahmen*: Die in Einrichtungen vorhandenen Angebote und Maßnahmen geben einen Einblick in die professionell verfügbaren Problemlösestrategien und den vorhandenen Wissensstand zur Problemlösung in einem spezifischen Bereich.
  - *Angebotsstruktur und Vernetzung der Angebote* verdeutlichen die Bandbreite an Möglichkeiten des professionellen Agierens. Darüber hinaus ist im Bereich der Vernetzung ein Einblick in die trägerinternen und trägerübergreifenden Möglichkeiten der Kooperation möglich,
  - *Abstimmung auf Adressaten* (Inwiefern ist das Angebot bzw. die Maßnahme spezifisch auf eine Zielgruppe abgestimmt?),
  - *Innovationen* (Welche Neuerungen sind in der Vergangenheit erfolgt? Was wurde als Neuerung angesehen?)
- *Evaluation; Qualitätssicherung/-entwicklung*: Welche Instrumente der Evaluation bzw. Qualitätssicherung gibt es? Ist eine Evaluation des eigenen Arbeitserfolges gewünscht? Gibt es Erfahrungen mit qualitätssichernden bzw. qualitätsentwickelnden Instrumenten? Welche Formen des kollegialen Austauschs, der Fallsupervision etc. werden regelmäßig gepflegt?
- *Inter- und intraorganisatorische Netzwerke*: Welche Kooperationen mit anderen Organisationen gibt es? Gibt es einzuhaltende Erwartungen anderer Organisationen an die Arbeit der Praxiseinrichtung? Welche Kommunikationskanäle werden in der Kooperation gepflegt? Welche Netzwerke innerhalb der eigenen Organisation, des eigenen Trägers, existieren?

Die Kontextualisierung der Sozialen Arbeit auf den drei Ebenen des (1) Handlungsfeldes, des (2) Arbeitsfeldes und der (3) Organisation bereitet die folgende Ethnographische Collage eines Phänomens bzw. einer Szene vor und dient als Verständnishintergrund der Analyse. Schwerpunktsetzungen auf einzelne Aspekte der Organisationsanalyse sind sinnvoll und notwendig. Hier sollten das eigene Interesse und die Analyseperspektive der Ethnographischen Collage richtungsweisend sein und über den Einbezug oder das Weglassen einzelner Aspekte entscheiden. Auch im Sinne der nun methodisch näher zu beschreibenden Ethnographischen Collage ist im Kontext der Handlungsfeld-, Arbeitsfeld- und Organisationsanalyse die Herstellung von Transparenz über den Selektionsprozess von Materialien von enormer Bedeutsamkeit.

---

[33] Für weitere Metaphern der Organisation siehe Gareth Morgan (2012) Images of Organization. Die Übertragung der Metaphern der Organisation auf die jeweiligen Praxiseinrichtung kann heuristisch spannend sein, da alle Metaphern unterschiedliche Aspekte des Prozesses des Organisierens in den Blick rücken lassen.

3.3.2 Ethnographische Collage eines Phänomens im Praxissemester

Die Ethnographische Collage eines Phänomens, einer Szene, einer Situation im Praxissemester erfolgt ausgehend vom Datenkorpus an Materialien, die im Verlaufe des Praxissemesters angesammelt werden. Hierzu gehören einerseits diejenigen Dokumente, die für die Erstellung der Handlungsfeld-, Arbeitsfeld- und Organisationsanalyse genutzt werden. Andererseits alle ethnographischen Beobachtungsprotokolle der teilnehmenden Beobachtungen (in der gesamten Bandbreite der Möglichkeiten des Involviertseins vgl. Kap. 1.1 und 2.2; 2.3), die im Verlauf des Praxissemesters angefertigt wurden. Hierzu zählen auch die nachträglichen Protokollierungen der ero-epischen Gespräche. Darüber hinaus können Fotos, Filme, Artefakte des Feldes, (Raum-)Skizzen oder sonstige kreative Erhebungsmethoden Verwendung finden.

> „Die Ethnographische Collage dient dazu, die verschiedenen Materialien zu einer ethnographischen Form zusammenzufügen und den Lesenden in einer Weise zu präsentieren, die ihnen einen Zugang zur erforschten sozialen Welt und den Dokumenten bietet. Zum einen soll darüber der Auswertungsprozess transparent, nachvollziehbar und kontrollierbar gemacht werden. Dabei gilt es die Logik einzelner Methoden und Daten nicht außer Acht zu lassen. Je nach Verknüpfung von Theorie und Empirie im Forschungsprozess variieren Vorgehensweise und Form der Verdichtung. Die Strategien vollziehen sich in einem mehrstufigen Auswertungsprozess, in dessen Verlauf die empirischen Materialien (wie Beobachtungsprotokolle, Interviews, Gruppendiskussionen, Fragebogen-Erhebungen, Raumzeichnungen, Dokumente, Fotografien, etc.), die bei der Erhebung gesammelt wurden, auf der Basis von rekonstruktiven und theoriebezogenen Auswertungen so zusammengestellt werden, wie sie zur Beschreibung und Interpretation der jeweiligen Untersuchungseinheit benötigt werden" (Friebertshäuser/Richter 2016: 1).

Kennzeichnend für die Auswertungsstrategie der Ethnographischen Collage ist die als besonders bedeutsam beschriebene Beziehung zwischen Theorie und Empirie, die bei Friebertshäuser/Richter/Boller (2013) in vier unterschiedlichen Verknüpfungsweisen vorgestellt werden: (1) Theoriegeleitete Analysen verwenden Theorien als „Strukturierungs-, Seh- und Analyse-Instrumente" (ebd.: 383) und bieten somit eine Perspektivierung auf empirisches Material, die erlaubt, theorieimmanente Schlussfolgerungen zu ziehen, Fragen zu stellen und gleichzeitig theorieimmanente blinde Flecke produziert. Theoretische Annahmen und Ideen werden in diesen Analysen durch das empirische Material konkretisiert und ausdifferenziert. Von diesen sind die (2) theorieorientierten Analysen zu unterscheiden, die „Rahmentheorien [nutzen], die das empirische Vorgehen strukturieren" (ebd.: 384). Die Autorinnen verdeutlichen diese Form der Analysen unter Bezugnahme auf das Projekt „Studium und Biographie" von Apel et al. (1995), in welchem Geschlechtertheorien, Theorien zu Statuspassagen und Ritualen, die entsprechende fachkulturelle Forschung sowie die Theorie des sozialen Raums (vgl. Friebertshäuser/Richter/Boller 2013.) zur theoretischen Ausgangsgrundlage der Forschung gemacht wurden. Die empirische Erhebung, die sich im Anschluss an diese leitenden Theorieannahmen entwickeln lässt, dient dazu, „die Grenzen der Theorien auszuloten und zu erweitern" (ebd.: 385) und neue Konzepte und theoretische Modelle zu entwickeln. Als weiteres Verhältnis von Theorie und Empire bestimmen die Autorinnen (3) empirieorientierte Zugänge zu Theorien. Diese Zugänge werden von den Autorinnen am Beispiel der Studien von Antje Langer „Klandestine Welten. Mit Goffman auf dem Drogenstrich" (2003) deutlich gemacht. Langer nutzt hier für ihre Erhebungen die Bühnenmetapher und andere Konzepte der Goffmanschen Perspektive, um sich einen Zugang zur Wirklichkeit des Drogenstrichs zu verschaffen, Beobachtungen zu machen und die Goffman'schen Begriffe und Konzepte am empirischen Material weiterzuentwickeln. Es geht damit nicht um eine Bestätigung oder ein Verwerfen von theoretischen Annahmen, sondern darum, „in eine aktive und reflexive Auseinandersetzung mit dem Forschungsgegenstand zu treten" (Friebertshäuser/Richter/Boller 2013: 386). Eine ähnliche Vorgehensweise wählt Diemut König in ihrer ethnographischen Erforschung eines Bundesmodellprojektes in der Familienhilfe, in welcher sie Bourdieus Kapitaltheorie in eine reflexive Auseinandersetzung mit der Funktion der Maßnahme – dem Aufbau von elterlicher Autorität durch die Förderung unterschiedlicher Kapitalien – bringt (vgl. König 2014). Als letzte Verhältnisbestimmung beschreiben die Autorinnen die (4) empiriegeleitete theoretische Rekonstruktion. Hierbei wird dem empirischen Material so viel Raum gelassen, dass ausgehend vom Material Konzepte und Hypothesen generiert werden können, die erst im Anschluss hieran über Theorien in den wissenschaftlichen Diskurs eingeordnet und interpretiert werden.

Das Verhältnis zwischen Theorie und Empirie wird hier in seiner jeweiligen Kontingenz sichtbar. Die Entscheidung für eine spezifische Form des Zugangs zum Material (theoriegeleitet, theorieorientiert, empirieorientiert oder empiriegeleitet) wird je nach Forscher*innenpersönlichkeit, zu untersuchendem Phänomen sowie den Erhebungsmöglichkeiten differieren. In allen diesen Verhältnisbestimmungen wird jedoch die Bedeutung der Subjektivität von Forschenden sichtbar, die *mit oder ohne* die ihnen gängigen Theorien, Begriffe und Forschungsbefunde „Blickschneisen" (vgl. Mohn 2007; 2013) in das zu erkundende Feld zu werfen versuchen. Gerade im Praxissemester und im Prozess der Herausbildung einer professionellen Identität erscheint es als besonders bedeutsam, auf den Prozess der Konstituierung der eigenen Blickschneisen einen genauen Blick zu werfen. Wie bereits in Kap. 1.1; 1.2 mit Bezug auf Helga Kelle und die Praxistheorie (Kap. 1.2) beschrieben, soll die Ethnographische Collage im Praxissemester auf die Anschlussfähigkeit von wissenschaftlichem und handlungspraktischem Wissen reflektieren, eine Erweiterung von Wahrnehmungsmöglichkeiten darstellen sowie nützliche Blickschneisen (inklusive der zugehörigen Fragen an die berufliche und wissenschaftliche Praxis der Sozialen Arbeit) eröffnen. Insofern geht es also nicht um prinzipiell generalisierbare Ergebnisse, sondern um individuell nützliche „Relevanzzusammenhänge [...], die füreinander Kontexte darstellen, die sich aneinander reiben und nicht notwendig zur Übereinstimmung gebracht werden können" (Kelle 2001: 206). Damit wird die Auswertungsstrategie der ethnographischen Collage zur Möglichkeit, sich um den Prozess der impliziten Integration im Praxissemester (vgl. Kap. 1.3; 2.2) bewusst zu werden und die eigenen Möglichkeiten der Relationierung von Theorie und Praxis bzw. Theorie und Empirie weiterzuentwickeln. Wie die Auswertungsstrategie konkret methodisch aussehen kann, wird nun mit Bezug auf Barbara Friebertshäuser, Sophia Richter und Heike Boller (2013) beschrieben und auf die Ausgestaltung im Praxissemester angepasst.

Auswertungsschritte (nach Friebertshäuser/Richter/Boller 2013)

(1) Zusammenstellung und Auswahl

Gerade im Praxissemester und dem Zugang zu den vielen differierenden Organisationen der beruflichen Praxis der Sozialen Arbeit werden die Studierenden mit unterschiedlichsten Dokumenten, Erzählungen, Beobachtungen und eigenen Erfahrungen konfrontiert, die während des ethnographischen Zugangs zur Praxis zuerst einmal zu einer Untersuchungseinheit zusammengestellt werden müssen. Die von Friebertshäuser/Richter/Boller angeratenen Monitoring-Techniken zum Entdecken eigener blinder Flecke (vgl. ebd.: 388) sind gerade im Praxissemester durch die kontinuierliche Begleitung am Lernort Praxis und am Lernort Hochschule gewährleistet. Darüber hinaus ist die Diskussion der eigenen Erfahrungen und Wahrnehmungen im Seminarkontext ein weiteres Korrektiv der eigenen Wahrnehmungsmuster, in dem andere Studierende blinde Flecke thematisieren und ihre Perspektiven auf die wahrgenommenen Situationen und Phänomene verdeutlichen. Bereits nach den ersten Datenerhebungen sollte ein Datenkorpus – also alle momentan zur Verfügung stehenden Daten – zusammengestellt werden, der Auskunft über mögliche Lücken im Material geben kann. Friebertshäuser/Richter/Boller schlagen vor, für diesen Materialkorpus eine Tabelle anzulegen, in der das Datenmaterial mit Themen-Schlagworten versehen wird (vgl. ebd.: 389). Hierzu können auch bereits „erste Ideen, Gedanken, Fragen für die Auswertung […] in Form von ‚Memos' festgehalten (vgl. Strauss 1991; Strauss/Corbin 1990) [werden]" (ebd.: 389). Ziel dieses Schrittes sei es nun, die ersten Ideen, Hypothesen oder Gedanken zu Konzepten zu bündeln und diese zueinander in Beziehung zu setzen und theoretisch zu analysieren (vgl. ebd.). Gerade im Praxissemester bietet sich die Gelegenheit, die ersten Ideen, Gedanken oder Thesen ausgiebig in der Praxis zu prüfen. Studierende haben hier die Möglichkeit, immer wieder auf die eigenen Fragen an die Praxis der Sozialen Arbeit zurückzukommen und über die multiperspektivische Betrachtung in der Begleitung (Praxisanleiter*innen, Supervisor*innen, Dozierende) sowie durch andere Studierende Plausibilität herzustellen bzw. bestehenden Inkongruenzen und blinden Flecken in der Erhebung oder der Analyse entgegenzuwirken. Die Bündelung der Memos zu Konzepten und die Erkundung der Beziehungen zwischen diesen Konzepten wird dann über verschiedene Strategien unterstützt, die Einseitigkeiten in der Analyse zu verhindern helfen (vgl. ebd.: 389):

a. Suche nach Belegen und Widerlegungen durch Überprüfung der gefundenen Kategorien und Hypothesen, das Stellen der Kategorien in einen anderen Zusammenhang, um deren Kontextualität und die Reichweite der eigenen Ideen zu überprüfen
b. Suche nach irritierenden Fällen und nicht ins Interpretationsschema integrierbaren Phänomenen
c. Einbezug der Kreuzperspektive im Sinne einer Suche nach den Extrempolen der jeweiligen Interpretation
d. Prinzip der minimalen und maximalen Kontrastierung von Einzelfällen im Sinne einer Suche nach Fällen, die von dem bislang interpretierten nur minimal abwei-

chen, um somit die Spezifik des Falles noch deutlicher herauszuarbeiten sowie einer maximalen Kontrastierung, die für den eigenen Fall einen sich maximal unterscheidenden Fall zu finden sucht. Ziel beider Vergleiche ist der Fokus auf Gemeinsamkeiten und Unterschieden, die das jeweils Spezifische des eigenen Falles noch deutlicher hervortreten lassen.

Da es sich bei der Ethnographischen Collage um eine zirkulär angelegte Auswertungsstrategie im Rahmen der Ethnographie handelt, können Auswertungsschritte wiederholt oder zu einem späteren Zeitpunkt korrigiert und verändert werden. Ist die Zusammenstellung und Auswahl des Materials erfolgt, beginnt der Prozess der Rekonstruktion und der Erhebung ergänzender Analysen.

(2) Rekonstruktion und ergänzende Analysen

Auf der Basis der Materialzusammenstellung werden die Rekonstruktionen einzelner Szenen oder Phänomene begonnen, die in verschiedene Lesarten münden. Diese Lesarten werden als Hypothesen behandelt und um ergänzende Analysen erweitert, die die Lücken im Material sukzessive schließen sollen (vgl. Friebertshäuser/Richter 2012: 81). Um möglichst verschiedene Lesarten generieren zu können, sind die im vorherigen Punkt 1 beschriebenen Strategien hilfreich. Der Versuch der Einnahme unterschiedlicher Perspektivierungen (vgl. Abb. 28 Metaperspektive im Praxissemester) und die Ergänzung der eigenen Lesart um diejenigen der Adressat*innen, Kinder und Erwachsenen, Sozialarbeiter*innen, Supervisor*innen etc. erweitert die Reichweite der eigenen Rekonstruktionen. Zudem empfehlen Friebertshäuser/Richter (2012: 81) die vorhandenen Lücken in der Datenerhebung (z. B. fehlende Beobachtungen von Beratungsgesprächen oder der fehlende Einbezug der Gesprächsprotokolle usw.) transparent zu machen.

(3) Reflexion und gegenstandsbezogene Theoriebildung

Die Formulierung von Fragestellungen an das eigene Material wird im Praxissemester durch die Seminargruppe unterstützt. Ein permanentes Vergleichen der Phänomene, Szenen und Fälle mit Hilfe von Begriffen, der eigenen Rekonstruktion im Sinne einer Lesartenbildung sowie der ständigen Reflexion des Materials im Hinblick auf bestehende Lücken und eigene blinde Flecke, bietet den Zugang zur gegenstandsbezogenen Theoriebildung (vgl. Friebertshäuser/Richter/Boller 2013: 390).

Im vorliegenden Konzept wird stark an die von Friebertshäuser/Richter/Boller explizierten Verhältnisbestimmungen von Theorie und Empirie angeschlossen und im Zuge der Reflexion und gegenstandsbezogenen Theoriebildung bereits vorhandene Forschung und/oder theoretische Ansätze zu dem zu rekonstruierenden Phänomen einbezogen. Bei der Präzisierung oder dem (Er)Finden der eigenen Fragestellung können folgende Fragen hilfreich sein:

Gibt es Forschung oder theoretische Ideen zu dem beobachteten Phänomen/der Szene? Welche Themen und Begriffe erscheinen zentral für das Verständnis des Beobachteten? Kennen Sie hierzu theoretische Perspektiven?

Theoretische Ideen können hierbei sowohl als Strukturierungs-, Seh- und Analyseinstrumente (theoriegeleitet), im Sinne von Rahmentheorien (theorieorientiert), von Kontrastfolien des Vergleichs (empirieorientiert) als auch im eher klassischen Sinne der grounded theory (empiriegeleitet theoretisch) verwendet werden.

Zentral geht es in diesem Auswertungsschritt der Reflexion und gegenstandsbezogenen Theoriebildung im Praxissemester um die Reflexion der Verknüpfung wissenschaftlicher Wissensbestände mit Situationen aus der Praxis sowie dem eigenen handlungspraktischen Wissen. Damit einher geht eine Offenheit für die eigenen theoretischen Perspektiven auf Praxis, die Hereinnahme von Ideen und Perspektiven anderer Studierender, der Dozierenden der Theorie-Praxis-Seminare, der Supervisor*innen oder der akademischen Praxisanleiter*innen sowie die Möglichkeit empiriegeleitet zu theoretisieren und die eigenen Erkenntnisse erst ab einem Sättigungspunkt in den wissenschaftlichen Diskurs einzuordnen. Wie an diese Aufgabe herangegangen wird (theoriegeleitet, theorieorientiert, empirieorientiert, empiriegeleitet) unterscheidet sich je nach den untersuchten Phänomenen und Situationen, dem Interesse der Studierenden sowie deren Reflexionsmöglichkeiten und praktischen oder theoretischen Orientierungen. Verknüpfungen zwischen wissenschaftlichem Wissen und berufspraktischen bzw. handlungspraktischem Wissen sind in allen gegenstandsbezogenen Theoriebildungen der Fokus und werden gerahmt durch die je individuellen Möglichkeiten der impliziten Integration.

Alle entwickelten Fragestellungen an die erforschten Phänomene und Situationen münden schließlich in die, durch unterschiedliche Perspektivierungen unterstützte, Bildung von Kernkategorien, die am Material zu prüfen sind. Das Herausarbeiten dieser Kernkategorien ist als zirkulärer Prozess angelegt, der wiederholt wird, bis es zu einer Sättigung der Analyse kommt. Hier kann auch der Bezug zum vorhergehenden Material der Handlungsfeld-, Arbeitsfeld- und Organisationsanalyse einen bedeutsamen Beitrag leisten.

In einigen Fällen, bei einigen untersuchten Phänomenen und Situationen wird der Punkt der Sättigung nicht zu erreichen sein. Beispielsweise kann über die Reflexion der eigenen Wahrnehmungskategorien (z. B. durch die Analyse der Beschreibungsebene in Protokollen (vgl. Kap. 3.2.3) eine Exploration der Verwendungsweisen und Konnotationen einzelner Begriffe in der eigenen Sprache anhand unterschiedlicher Situationen in den Fokus gerückt werden – sozusagen die Veränderung der Ausdrucksweisen im Zuge der Herausbildung einer professionellen Identität als Sozialarbeiter*in. Hier ist eine Sättigung zwar prinzipiell möglich, allerdings durch die Selbstreflexionsmöglichkeiten begrenzt.

Prinzipiell können in diesem Auswertungsschritt folgende Reflexionsfragen genutzt werden, um eine Selbstverortung im untersuchten Phänomen vorzunehmen:

Reicht das Material aus, um die Fragestellung zu explorieren bzw. erste Kernkategorien zur Analyse der Fragestellung zu entwerfen? Welche blinden Flecke sind durch die Auswahl des Materials und der Erhebungsmethoden entstanden? Sofern es theoretische Literatur/Forschungsbefunde gibt: Auf welche Dimensionen des Phänomens machen diese aufmerksam? Können damit das Thema, die Fragestellung oder die ausgearbeiteten

Kernkategorien stärker konkretisiert werden? Ist das von mir untersuchte Phänomen, die Situation, der Fall bereits so ausdifferenziert, dass keine anderen Lesarten oder Kategorien des Phänomens mehr gefunden werden können?

(4) Erstellen der Ethnographischen Collage

Die Ethnographische Collage bündelt schließlich die unterschiedlichen Materialien und erarbeiteten Rekonstruktionen zu einer Untersuchungseinheit. Im Prozess des Collagierens – der Zusammenstellung der relevanten Passagen aus den eigenen ethnographischen Protokollen, den Auszügen aus den ero-epischen Gesprächen, den Fotografien und Dokumenten aus der Praxis, wird das untersuchte Phänomen somit immer wieder verfremdet (vgl. Friebertshäuser/Richter 2012: 82), um zu einer Perspektivenverschränkung und einem präziseren Bild des Phänomens zu gelangen und sich selbst hierzu immer wieder reflexiv ins Verhältnis zu setzen.

Die Art und Weise der Darstellung der Ethnographischen Collage erfolgt über das sog. „kontrollierte Schreiben" (vgl. ebd.: 84), welches dem Problem der selektiven Wahrnehmung und Interpretation methodisch entgegenwirkt. Für die Autorinnen ist das kontrollierte Schreiben daher eine Möglichkeit „die Standortgebundenheit der eigenen Perspektive zu reflektieren und dem Material wieder Geltung zu verschaffen" (ebd.). Das kontrollierte Schreiben fokussiert die Aufmerksamkeit auf die Differenz der Einheit von Material und Autor*in der Ethnographischen Collage und ermöglicht damit einerseits Autor*innen die Selbsterkenntnis an der Selektivität des Materials, dessen Zusammenstellung, der eigenen Wahrnehmung und Interpretation, andererseits die Erkenntnis am Material durch den reflexiven Ausschluss bzw. die Transparenz über die eigene Involviertheit in den Prozess des Collagierens. Friebertshäuser/Richter argumentieren hier mit Bezug auf Bourdieu folgendermaßen:

> „Das Erkenntnisinteresse und der Bezug zur Theorie leiten bei der Ethnographischen Collage die Auswertung der empirischen Daten und Dokumente. Die *Brille* einer spezifischen Deutung lässt Elemente aus dem Material hervortreten, die sonst als unbedeutend erachtet worden wären. Wie also kann es dem Material gelingen, die Forschenden von seiner Bedeutsamkeit zu überzeugen? Wir gehen davon aus, dass das nur gelingt, indem im Auswertungsprozess den Daten viel Raum gegeben wird, Irritationen zugelassen werden, offenen Fragen nachgegangen, und eine Offenheit fremden und neuen Deutungen gegenüber kultiviert wird, um am Ende auch das scheinbar Selbstverständliche ebenso wie das Irritierende oder Widersprüchliche mit in den Blick zu nehmen. Die Prozesse des Collagierens können aus dem Dilemma der Verstrickung in die eigene Doxa (Bourdieu 1993b:80) befreien, gerade wenn diese Schritte der Auswertung in Forschungsteams vollzogen werden" (ebd.: 84).

Im Rahmen der Auswertung im Praxissemester kann dies über die Vervielfältigung von Perspektiven in den begleitenden Reflexionsformaten sowie durch die Bewegung zwischen den verschiedenen Reflexionsmodi gelingen. Der Einbezug der Analyse des Handlungs- und Arbeitsfeldes sowie der Ebene der Organisation ermöglichen eine Form der reflexiven Kontextualisierung, die einer einseitigen Rekonstruktion und Analyse im Wege steht. Die Notwendigkeit empirisches Material in seiner Komplexität zu reduzieren, wird dabei trotzdem gesehen und mit Helga Kelle als notwendige Bedingung der Erforschung von Wirklichkeit angesehen (vgl. Kap. 1.1).

In der Ethnographischen Collage sollten somit alle für die Untersuchungseinheit und Auswertung relevanten Informationen aus den unterschiedlichsten Materialien enthalten sein. Auf diese Weise wird eine „empirienahe Kommentierung" (Friebertshäuser/Richter/Boller 2013: 391) zur gegenstandsbezogenen Theoriebildung möglich, die von den eigenen theoretischen Vorüberlegungen und den Reflexionen des Auswertungsschrittes 3 strukturiert werden. Die Form der Ethnographischen Collage teilt sich also einerseits die Datenbasis, die zur anschließenden Interpretation und Rekonstruktion herangezogen wird und zu deren Auswahl in einem zirkulären Verhältnis steht. Andererseits wird über den Prozess des kontrollierten Schreibens die Trennung des Materials und der rekonstruierten Kernkategorien möglich, die am Ende der Auswertung wieder in theoretische Konzepte eingeordnet werden.[34] Ausgehend von diesen Erkenntnissen schließen sich zwei weitere Auswertungsschritte im Praxissemester an, die so nicht explizit bei Friebertshäuser/Richter (2012) oder Friebertshäuser/Richter/Boller (2013) benannt sind.

(5) Fragen an die Praxis der Sozialen Arbeit/Fragen an die Praxis der Wissenschaft

Die Auswertung der Ethnographischen Collage und die Bezugnahme auf theoretische Konzepte und Ideen werden in diesem Schritt genutzt, um Fragen an die Praxis der Sozialen Arbeit sowie an die Praxis der Wissenschaft zu stellen. Die empirischen Rekonstruktionen der Studierenden und deren Kontrastierungen und/oder Einordnung in wissenschaftliche Wissensbestände bilden den Ausgangspunkt von weiterführenden Fragen zur Praxis der Sozialen Arbeit. Beispielsweise können dabei folgende Fragen gestellt werden:

- Welche Bedeutung kommt den Rekonstruktionen für die Praxis der Sozialen Arbeit zu? Was machen die Rekonstruktionen sichtbar, was in der Praxis der Sozialen Arbeit als blinder Fleck mitgeführt wird?
- Welche Schlussfolgerungen lassen sich aufgrund der eigenen Rekonstruktionen für die Ausgestaltung der praktischen Abläufe und Prozesse in den jeweiligen Organisationen ziehen?
- Welche Schlussfolgerungen sind in Bezug auf das übergeordnete Handlungs- und Arbeitsfeld möglich?

Ebenso mit Bezug auf die Wissenschaft:

- Welche Bedeutung kommt dem von mir untersuchten Phänomen in der Wissenschaft bislang zu? Wie gut ist es aufgearbeitet und welche Aspekte sind bislang aus der von mir genutzten theoretischen Perspektive unberücksichtigt? Wie sehr steht das von mir untersuchte Phänomen in der Disziplin bislang im Fokus des Interesses?

---

34 In Teilen konnten die Begrenzungen der Auswertungsstrategie der Ethnographischen Collage in den vorliegenden Text integriert werden. Eine deutlich ausführlichere Thematisierung der Schwierigkeiten des ethnographischen Collagierens findet sich bei Friebertshäuser/Richter/Boller (2013: 391 ff.).

- Welche Fragen schließen sich aus wissenschaftlicher Perspektive an die Praxis der Sozialen Arbeit im Kontext meiner eigenen Rekonstruktionen an? Was müsste/ könnte weiter untersucht werden, da es einen wissenschaftlichen Erkenntnisgewinn verspricht?

Die Fragen dienen an dieser Stelle dazu, den Kontakt zwischen der Praxis der Wissenschaft und Praxis der Sozialen Arbeit am Beispiel gemeinsamer Phänomene zu entfalten und Studierenden die Produktivität der Interdependenzen und Verflechtungen vor Augen zu führen. Hieraus können sich Fragen oder Perspektiven erschließen, die einerseits praktische Veränderungen in der Sozialen Arbeit vor dem Hintergrund der eigenen Analysen sinnvoll erscheinen lassen. Andererseits können Ideen für eine weitergehende wissenschaftliche Ausdifferenzierung des untersuchten Phänomens in den Blick rücken, die das Interesse der Studierenden auch nach der Rückkehr aus dem Praxissemester an die Hochschule anleiten können. Die Praxis der Sozialen Arbeit und die Praxis der Wissenschaft werden somit als wechselseitige IrritationsPotenziale sichtbar und bieten einen Einblick in die Produktivität der Verschränkung sowie in die Dignität jedes einzelnen Bereichs.

(6) Fragen an mich selbst als angehende Sozialarbeiter*in

Als abschließende Perspektive auf die Ethnographische Collage soll der Blick der Studierenden auf sich selbst gerichtet werden. Hierzu dienen folgende Fragen als exemplarische Möglichkeiten der Selbstreflexion:

- Welche Erkenntnisse habe ich über mich selbst als angehende Sozialarbeiter*in im Zuschnitt und der Rekonstruktion der Ethnographischen Collage gewinnen können? Welche blinden Flecke sind mir in meiner eigenen Wahrnehmung aus wissenschaftlicher und handlungspraktischer Perspektive transparent geworden?
- Was ist mir im Hinblick auf die Bedeutung theoretischer Konzepte für die Betrachtung, Erfahrung und Reflexion praktischen Handelns bewusst geworden? Welche Begriffe und theoretischen Konzepte sind bereits zu Selbstverständlichkeiten in meiner Sprache geworden und konnten durch die Auswertung mittels der Ethnographischen Collage erneut in ihren jeweiligen Konnotationen sichtbar gemacht werden?
- Welche Irritationen und praktischen Widersprüche sind mir in der Verschriftlichung der Analyse aufgefallen?

Diese Fragen zielen auf die Reflexion der impliziten Integration von wissenschaftlichem Wissen in handlungspraktisches Wissen und umgekehrt. Dies wird natürlich auch mit allen anderen Schritten der Reflexion im Modus 5 sowie den vorhergehenden Modi 1–4 gefördert, soll hier mit Bezug auf die konkrete Erfahrung der Auswertung mit der Ethnographischen Collage allerdings noch einmal in Worte gefasst werden.

Bevor nun konkrete Beispiele von Analysen aus dem Praxissemester vorgestellt werden, soll kurz auf die Form des Leistungsnachweises (Praxissemesterbericht und Lernportfolio) eingegangen werden.

3.3.3 Praxissemesterbericht

Der Praxissemesterbericht dient als Leistungsnachweis über die schriftliche Verknüpfung von wissenschaftlichem und handlungspraktischem Wissen. Er veranschaulicht die Bemühungen Studierender, sich den Zusammenhang von Handlungsfeld und Arbeitsfeld sowie die Strukturen der von ihnen besuchten Organisationen verfügbar zu machen, stellt Begründungszusammenhänge (vgl. Rapold 2006) dar und dient der Reflexion des methodisch geleiteten Zugangs zur Praxis der Sozialen Arbeit. Im Folgenden wird der Aufbau des Berichtes unter Rückgriff auf die in Kap. 3.3. aufgezeigten Reflexionsformen dargestellt.

(1) Einleitung
(2) Handlungsfeld-, Arbeitsfeld- und Organisationsanalyse (siehe Kap. 3.3.1)
(3) Ethnographische Zugänge im Praxissemester und Reflexion des Prozesses des Collagierens (siehe Kap. 2.; Kap. 3.3.2)
(4) Ethnographische Collage eines Phänomens aus dem Praxissemester (siehe Kap. 3.3.2)
(5) Fazit
(6) Literatur
(7) Anhang

Der Bericht besteht im Wesentlichen aus der (2) Handlungs-, Arbeitsfeld- und Organisationsanalyse, in welcher die Kontextualisierung der eigenen Erfahrungen und der späteren Ethnographischen Collage vorgenommen wird. An der htw saar beginnt die Auseinandersetzung mit diesem Kapitel des Berichtes bereits vor dem Beginn des Praxissemesters.[35] Das Kapitel zu (3) Ethnographischen Zugängen im Praxissemester und der Reflexion des Prozesses des Collagierens greift die methodologischen Ideen der Ethnographie aus Kap. 2 nochmals auf und begründet die Form des Zugangs zur Praxis. Zudem soll die eigene Frage ans empirische Material, die Prozesse der Datenerhebung, das verwendete und selektierte empirische Material, das nicht vorhandene aber für die eigene Frage möglicherweise relevante empirische Material transparent gemacht sowie die eigene Beobachterrolle und deren Möglichkeiten und Begrenzungen (blinde Flecke) im Prozess des Collagierens deutlich gemacht werden. Ausgehend von diesem Kapitel erfolgt dann die Darstellung der (4) Ethnographischen Collage eines Phänomens aus dem Praxissemester, wie dies bereits methodisch in Kap. 3.3.2

---

35 Hier sind unterschiedliche Formen denkbar. Von der Sammlung von Informationen zum Handlungs- und Arbeitsfeld sowie aus der jeweiligen Praxisorganisation am Beginn des Praxissemesters bis hin zur strukturierten Begleitung der kompletten Handlungsfeld-, Arbeitsfeld- und Organisationsanalyse bereits vor Beginn des Praxissemesters kann hier die Begleitung deutlich variieren. An der htw saar gibt es ab dem Sommersemester 2019 eine vorbereitende Übung, die angeschlossen ist an eine Vorlesung mit dem Titel: „Organisatorische Rahmenbedingungen der Sozialen Arbeit und PdK", in welcher die eigene Praxiseinrichtung exemplarisch als Organisation genommen wird, um sich mit unterschiedlichen organisationspädagogischen Theorien auseinanderzusetzen. Somit kann die Vorbereitung des Praxissemesters auch in der Vernetzung mit anderen Modulen ermöglicht werden (vgl. ASPO in der Fassung vom 31.05.2017: Download unter: https://www.htwsaar.de/sowi/Studium/sozialpaedagogik/dokumentesp/aspospspi/NEUSPASPOAnlage31.05.2017.pdf abgerufen am 28.09.2018: 15:25).

beschrieben und exemplarisch in Kap. 3.4 aufgezeigt wurde. Die Ethnographische Collage stellt den zweiten großen Teil des Praxissemesterberichtes dar, aus dem anhand des eigenen Datenkorpus aus Beobachtungen, ero-epischen Gesprächen, Skizzen etc. unter zur Hilfenahme theoretischer Konzepte Perspektivierungen auf die Praxis der Sozialen Arbeit hervorgebracht werden sollen. Ziel ist dabei das Herauspräparieren bzw. die Verdichtung von Erkenntnissen im Rahmen der Ethnographischen Collage zu neuen Perspektiven auf die Wirklichkeit(en) Sozialer Arbeit, die Erweiterung der eigenen Wahrnehmungsmöglichkeiten, das Infragestellen gewohnter Wahrnehmungsschemata sowie das Herausarbeiten nützlicher Fragen an die Praxis der Sozialen Arbeit und die Praxis der Wissenschaft (vgl. Kap. 3.3.2).

Der Praxissemesterbericht schließt ab mit einem Fazit zur Reflexion der impliziten Integration von wissenschaftlichem und handlungspraktischem Wissen und wird an der htw saar mit bestanden/nicht bestanden bewertet.[36] Der Praxissemesterbericht ist vor der Abgabe an der Hochschule mit den jeweiligen akademischen Praxisanleiter*innen zu besprechen.

3.3.4 Lernportfolio

Die Portfolioarbeit als Möglichkeit der reflexiven Auseinandersetzung mit Lernerfahrungen hat bereits eine lange Tradition und kann nach Bräuer (2016: 76ff.) in die Ebenen der Prozess- und Produkt-Dimension unterschieden werden. In der Produkt-Dimension handelt es sich bei einem Portfolio um ein sog. „Präsentationsportfolio" (ebd.: 93), in welchem als Hauptzweck des Portfolios die Leistungspräsentation steht, das an einem zentralen Thema orientiert ist und hauptsächlich als Sekundärreflexion einen Rückblick auf abgeschlossene Prozesse wirft. Im Falle des von uns für das Praxissemester verwendeten Lernportfolios handelt es sich in der Darstellung Bräuers und unter Bezugnahme auf die in den USA entwickelte, schreibdidaktisch motivierte Portfolioarbeit (vgl. hierzu Kap. 1.3 zum Thema des Schreibens im Ausbildungspro-

---

36 Auch dies ist anders möglich. Hier könnten, wie in der Konzeption der Schweizer Kolleg*innen der FHNW (vgl. Fritschi/Roth 2014; https://www.bfh.ch/dam/jcr:dd162d5d-d3d6-4388-be15-952cf4fa96fa/Beurteilungsraster-Taetigkeit-Praxisorganisation_abHS2019.pdf) Bewertungen der schriftlichen Leistungen zum Praxissemester vorgenommen werden. Dies ist sogar möglich in Form einer gemeinsamen Bewertung von akademischen Praxisanleiter*innen und Dozierenden der Theorie-Praxis-Seminare, wie dies bspw. in der Schweiz getan wird (vgl. Berner Fachhochschule https://www.bfh.ch/dam/jcr:226d026e-e4d5-46c1-8253-1c8e41e5b7ae/Leitfaden-Begleitung-Qualifikation.pdf). Darüber hinaus sind Modelle möglich, wie bspw. die Prüfungsformen der Universität Luxemburg (vgl. das Modul BSSE-M-5.02 – Berufspraxis II/Temps de terrain (stage)), die als Abschlussprüfung nach der Abgabe des Berichtes ein Prüfungsgespräch zum Bericht und den Erfahrungen aus dem Praxissemester unter Einbezug der jeweiligen Anleiter*innen und der akademischen Begleiter*innen der Universität (die Benennung weicht an der Universität Luxemburg von den in diesem Band verwendeten Bezeichnungen ab. Akademische Begleiter*innen sind dort diejenigen, die von Universitätsseite aus begleiten – im vorliegenden Konzept die Dozierenden der Theorie-Praxis-Seminare). Alle diese Formen haben Vor- und Nachteile. Je nach Studienstruktur, Modulabfolge und Personalausstattung in der Begleitung von Studierenden im Praxissemester sind manche dieser funktionalen Äquivalente umsetzbar oder schlichtweg unter den gegebenen Umständen unmöglich zu realisieren.

zess) um die Prozess-Dimension von Lernerfahrungen (vgl. ebd.: 84). Im Rahmen des Praxissemesters dient das Lernportfolio im Unterschied zum Praxissemesterbericht, der ein konkretes Arbeitsergebnis – sozusagen ein *Endprodukt* der Erkenntnisse der impliziten Integration – darstellt, dazu, die konkreten Lernerfahrungen im Praxissemester auf der Ebene der Herausbildung einer professionellen Identität als Sozialarbeiter*in zu reflektieren, zu verbalisieren und schreibend zu memorieren (oder wie Stefan Hirschauer in der Ethnographie beschreibt – zu ruminieren vgl. Kap. 2.3).

Die Erstellung des Lernportfolios dient in diesem Sinne der meist chronologischen Darstellung der durch die reflexive Auseinandersetzung mit sich selbst ausgelösten Lernprozesse. Damit greift er die Reflexionsmodi 1 und 2 (siehe Kap. 3.3.1) als Primärreflexion im Prozess des Handelns oder unmittelbar nach dem Handeln (vgl. Bräuer 2016: 87) auf und fördert die Selbsterkenntnis.

Im Kontext des Praxissemesters sind folgende Aspekte an der htw saar Teil des Lernportfolios:

(1) Begründung der Wahl der Praxisstelle mit Bezug auf bspw. eigene Vorerfahrungen, Interessensschwerpunkte oder bisherige Studienschwerpunkte
(2) Erwartungen an das Praxissemester, den eigenen Kompetenzzuwachs; Vorstellungen, wie ich als Studierende*r in die Praxis einbezogen werden möchte oder mich selbst integrieren möchte; eigene Ziele und Schwerpunkte des Lernens in Verbindung der beiden Lernorte Hochschule und Praxis der Sozialen Arbeit
(3) Reflexion der eigenen Erfahrungen und Lernprozesse auf den Ebenen: Arbeit mit Klient*innen; Zusammenarbeit im Team / mit Kolleg*innen; Zusammenarbeit mit Vorgesetzten; Zusammenarbeit mit der akademischen Praxisanleiter*in; eigene Kompetenzen[37]; Kompetenzentwicklungen im Verlaufe des Praxissemesters; Hinweise auf Entwicklungsaufgaben und vorhandene Defizite; Beurteilung der Möglichkeiten für Lernprozesse in der konkreten Praxisorganisation
(4) Gesamtbilanzierung des Praxissemesters und Perspektiven ausgehend von den Lernerfahrungen des Praxissemesters für das weitere Studium

Die hier dargestellten Themen können individuell erweitert und ergänzt werden. Die Ausarbeitung des Lernportfolios findet parallel zum Praxissemester statt und wird durch folgende Formate begleitet:

– die Informationsveranstaltungen vor dem Praxissemester durch das Praxisreferat,
– das Informationsmaterial und die konkrete Lernzielklärung zum Portfolio
– die Blockwoche zur Vorbereitung vor dem Praxissemester,
– die Erwartungsklärung im Theorie-Praxis-Seminar,
– die konkrete Lernzielplanung im Rahmen des gemeinsam mit den akademischen Praxisanleiter*innen ausgehandelten Praxissemesterplanes,
– der kontinuierlichen Begleitung durch die Supervisor*innen des Studiengangs,

---

[37] Hierbei ist die Bezugnahme auf die Dimensionen des Qualifikationsrahmens Soziale Arbeit und dessen Dimensionen sinnvoll und kann in strukturierter Form die Reflexionsprozesse der Studierenden anleiten (vgl. FBTS 2016).

- den individuellen Feedbackgesprächen (Zwischenfeedback und Abschlussfeedback) durch die akademischen Praxisanleiter *innen,
- die Abschlussreflexion in der Begleitsupervision und im Theorie-Praxis-Seminar[38]

Die Ausgestaltung des Lernportfolios kann dabei durch Lerngemeinschaften (z. B. Theorie-Praxis-Seminar oder die methodische Ausgestaltung des Reflexionsmodus 4 über das ethnographische Kommentieren) und die Begleitung des Schreibprozesses zur Verbalisierung von Lernerfahrungen und Reflexionen unterstützt werden, für die vor dem Schreiben noch keine eigenen Verbalisierungsmöglichkeiten vorlagen.[39] In diesem Sinne bildet das Lernportfolio in dieser Konzeption einen ergänzenden Pol zum Praxissemesterbericht und hat eine authentische Selbstreflexion zum Ziel. Damit zielt das Lernportfolio nicht auf die Darstellung eines abschließenden Produktes, sondern auf Selbsterkenntnis im Zugang zur Praxis der Sozialen Arbeit.

3.4 Produktive Ver(un)sicherungen – konkrete Beispiele

Nun sollen zum Abschluss dieses Kapitels einige Beispiele aus Prozessen des Collagierens gezeigt werden. Dabei muss betont werden, dass keine vollständige ethnographische Collage mit allen einzelnen Schritten gezeigt wird. Vielmehr soll ein Einblick in die Potenziale angefertigter Analysen aus dem Kontext des Praxissemesters entstehen. Um dies darstellen zu können, bediene ich mich einiger Beobachtungsprotokolle und gemeinsam angefertigter Analysen aus Theorie-Praxis-Seminaren. Die vorliegenden Analysen sind also nicht als meine eigenen Produkte zu sehen, sondern wurden in Zusammenarbeit mit zahlreichen Studierenden in den vergangenen Jahren erstellt und sollen einen Einblick in die Möglichkeiten produktiver Ver(un)sicherungen im Praxissemester bieten. Sie sind damit ‚quasi' eine Expedition in die eigene Wahrnehmung und damit eine Beobachtung 2. Ordnung.

Den Beginn machen Analysen, die stark am Verschriftlichungsprozess ausgerichtet sind und anhand eigener Beobachtungsprotokolle blinde Flecke in der eigenen Wahrnehmung sichtbar werden lassen (Kap. 3.4.1). Hieran schließen sich Analysen von Situationen und Phänomenen an, die stark personenbezogenen sind und Phänomene des professionellen Handelns sowie Formen der Selbstthematisierung im Protokoll aufscheinen lassen (Kap. 3.4.2). Abschließend werden Ausschnitte aus Analysen dargestellt, die als Erweiterungen der Wahrnehmungsgewohnheiten von Studierenden aber auch der professionellen Praxis gelesen werden können. In ihnen geht es um die Steigerung von Komplexität im Beschreiben von Situationen und Phänomen durch die Nutzung theoretischer Perspektiven (Kap. 3.4.3).

---

38 Für das Portfolio können natürlich auch online Begleit- und Darstellungsformen genutzt werden, die dann direkt über die Lehrenden der Theorie-Praxis-Seminare begleitet werden können. Der Aufbau eines derartigen e-Lernportfolios findet momentan an der htw saar statt.
39 Eine gute Orientierung für den Aufbau von Portfolios findet sich bei Bräuer (2016: 82f.).

3.4.1 Wahrnehmung eigener blinder Flecke – Unterscheidungs- und Bezeichnungspraxen

Eigene blinde Flecke wahrzunehmen gestaltet sich als schwierig. Die Verbalisierung der eigenen Beobachtungen in Form ethnographischer Protokolle leistet hier eine Form der Offenlegung eigener Beobachtungsunterscheidungen und kann damit von relevanten Anderen aufgegriffen und bewusst gemacht werden. Die folgenden Beispiele stellen jeweils kurze Auszüge aus Beobachtungsprotokollen von Studierenden im Praxissemester dar und fokussieren hier auf die Beobachtungssprache. Es wird davon ausgegangen, dass Beobachtungsprotokolle sowohl sprachlich als auch thematisch subjektive Übertragungen eines Mediums (z. B. Beobachtung von Interaktionen) in ein anderes Medium (Sprache) darstellen und daher einen guten Einblick in die beobachterabhängigen Konstruktionen bzw. die Standortgebundenheit von Beobachtenden geben können. Analytisch können Protokolle auf diese Weise für eine Form der Selbstaufklärung über eigene Unterscheidungs- und Bezeichnungspraxen genutzt werden, die in der Seminargruppe der Studierenden immer im Vergleich zu den eigenen beobachterabhängigen Konstrukten diskutiert wird (Leitdifferenz Fremdheit/Vertrautheit). Somit wird sie zwar exemplarisch behandelt, kann aber zur Selbstaufklärung aller Seminarteilnehmer*innen beitragen.

Im Folgenden wird ein Protokollauszug eines Studierenden vorgestellt, der aufgrund der Beobachtung in einer Wohngruppe angefertigt wurde. Im Anschluss daran werden analytische Perspektiven auf den Protokollabschnitt des Studierenden (Herr Müller) geworfen, der den Text verfasst hat und in der protokollierten Situation aktiv beteiligt ist.

Protokoll I – Kinderwagen im Kontext der stationären Kinder- und Jugendhilfe

Legende[40] : Frau Schneider (Anerkennungsjahrespraktikantin)
   Marie (10 Jahre, Bewohnerin der Wohngruppe)
   Herr Müller (Studierender im Praxissemester)

1 „Bereits am ersten Tag meines Praktikums kam es zu einer eskalierenden Konfliktsituation, die sich im
2 Durchgang vom Esszimmer zum Wohnbereich der Wohngruppe Sonnenkinder ereignete. Daran primär
3 beteiligt waren die angehende Erzieherin im Anerkennungsjahr – Frau Schneider – und ein zehnjähriges
4 Mädchen – Marie – aus der Wohngruppe, die sich mit drei weiteren Kindern und mir im Wohnzimmer
5 aufhielten. Die beiden zuständigen Erzieherinnen waren zu dem Zeitpunkt des Vorfalls nicht in der
6 Wohngruppe, da sie an einem anderen Standort der Jugendhilfeeinrichtung gebraucht wurden. Daher
7 waren zum Zeitpunkt des Vorfalls lediglich die Anerkennungsjahrespraktikantin und ich in der
8 Wohngruppe „Sonnenkinder" anwesend.
9 Das Mädchen Marie fuhr zuvor einen Kinderwagen von einem mir unbekannten Ort in den Wohnbereich
10 der Gruppe. Anschließend parkte sie den Wagen im Durchgangsbereich und setzte sich hinein. Da ich
11 mit den Regeln der Wohngruppe in Bezug auf die Nutzung von Spielsachen noch nicht vertraut war,
12 hielt ich mich in der Situation im Hintergrund. Außerdem fasste ich den Regelverstoß nicht als solchen

---

40 Die Namen, Orte und Zeiten wurden in allen (auch den folgenden) Protokollen anonymisiert. Geschichten und Erzählungen wurden ggf. pseudonymisiert, wo dies aufgrund einer möglichen Zuordnung zu konkreten Personen notwendig erschien.

13 auf, sodass meiner Auffassung nach, keine Notwendigkeit einer erzieherischen Intervention bestand.
14 Schließlich bewegte sich das im Kinderwagen sitzende Kind mit diesem durch die Wohngruppe. Kurz
15 darauf bemerkte die Anerkennungsjahrespraktikantin das Verhalten des Kindes und äußerte gegenüber
16 dem Mädchen zunächst die Bitte aus dem Kinderwagen aufzustehen. Jedoch weigerte das Mädchen
17 sich, sich aus dem Kinderwagen zu erheben, worauf eine wiederholte Bitte zum Aufstehen von der
18 angehenden Erzieherin folgte. Als Begründung für ihre Aufforderung führte sie eine verbindliche Regel
19 der Hausordnung sowie das Alter des Kindes in Verbindung mit der begrenzten Belastbarkeit des
20 Kinderwagens an.
21 Nach dieser wiederholten Aufforderung weigerte sich das Kind weiterhin aus dem Wagen aufzustehen.
22 Während sich diese Situation ereignete saß ich mit drei Kindern auf dem nahegelegenen Sofa des
23 Wohnzimmers und beobachtete die Konfliktsituation von dort aus. Die Situation eskalierte schließlich,
24 als die angehende Erzieherin nach weiteren Versuchen der bittenden Aufforderung, die Griffe des
25 Kinderwagens ergriff und das Kind mit dem Kinderwagen vor der Praktikantin zu flüchten versuchte."

Das Protokoll 1 verdeutlicht einige beobachterabhängige Konstrukte, die durch die Verschriftlichung reflektiert werden können. So schreibt Herr Müller als Studierender im Praxissemester bereits zu Beginn des Protokolls von einer „eskalierenden Konfliktsituation", wobei nicht explizert wird worum es sich bei dem Konflikt handelt bzw. was hier mit Eskalation gemeint sein könnte. Schaut man sich gängige Definitionen für Konflikte oder Probleme an, findet man bspw. folgende Kriterien für die Definition eines Problems bzw. Konfliktes: Arist von Schlippe und Jochen Schweitzer zeigen in ihrer Definition „Was ist ein Problem" vier Kriterien zur Bestimmung von Problemen auf. Ein Problem sei demnach ein (1) Zustand der (2) von jemandem als (3) unerwünscht und veränderungsbedürftig beschrieben wird und zumindest prinzipiell als (4) veränderbar angesehen wird (vgl. Schlippe/Schweitzer 2016: 158f.). Worauf dieser Begriff eines Problems aus systemischer Sicht hinweist, ist, dass wir im vorliegenden Protokoll etwas über die Perspektive des Studierenden und sein subjektives Verständnis einer Konfliktsituation erfahren. Wenn Herr Müller also schreibt, dass es sich hier um eine eskalierende Konfliktsituation handelt, können wir anhand der weiteren Beschreibungen der Situation etwas über den Zustand, dem er nachträglich das Etikett „Konflikt" verpasst und den er als unerwünscht aber prinzipiell veränderbar ansieht, erfahren. Darüber hinaus erfahren wir auch etwas über die spezifische Form eines Konfliktes, der anscheinend eskalierender Natur sein soll.

Deutlich wird bereits zu Beginn des Protokolls, dass Herr Müller für das Entstehen der Konfliktsituation bzw. der Eskalation die Abwesenheit der beiden Erzieherinnen der Wohngruppe für bedeutsam hält – immerhin wird darauf verwiesen, dass Personen nicht da sind, die damit auch nicht Teil der Situation sind. Der Hinweis auf Abwesende wäre hier nicht notwendig, würde Herr Müller davon ausgehen, dass es irrelevant sei, *wer* bei der Klärung der nachfolgenden Situation vor Ort ist bzw. ob es einen Unterschied macht *wie viele* professionelle Fachkräfte an der Lösung der Situation beteiligt seien. Darüber hinaus findet eine klare Verortung der *abwesenden* Fachkräfte als „Erzieherinnen" (Z. 5) und der anwesenden Fachkraft vor Ort als „angehende Erzieherin" (Z. 3) bzw. „Anerkennungsjahrespraktikantin" (Z. 7) über ihre Berufszugehörigkeit statt. Denkbar wären hier ebenso andere begriffliche Benennungen der Personen gewesen (bspw. Pädagoginnen, Fachkräfte oder einfach nur die Namen der Personen). Auch die Beschreibung „daher waren zum Zeitpunkt des Vorfalls *lediglich die Anerkennungsjahrespraktikantin und ich* in der Wohngruppe Sonnenkinder anwesend" (Z. 6f.) verdeutlicht den Beurteilungsrahmen Herrn Müllers in der vorliegenden Situation als zumindest nicht mit den vollen Ressourcen der Einrichtung ausgestatteten Rahmen.

In der weiteren Beschreibung fällt sprachlich auf, dass das Parken des Kinderwagens im Durchgangsbereich an eine Verkehrsordnungswidrigkeit angelehnt wird und der Studierende bereits im Protokoll der Situation sein eigenes Vorwissen über die Regeln des geordneten Verkehrs in der Wohngruppe expliziert. Er macht darauf aufmerksam, dass er *„mit den Regeln der Wohngruppe im Bezug auf die Nutzung von Spielsachen noch nicht vertraut war, [weswegen er sich][...] in der Situation im Hintergrund [hielt]. Außerdem fasste [er] [...] den Regelverstoß nicht als solchen auf, sodass [s]einer Auffassung nach, keine Notwendigkeit einer erzieherischen Intervention bestand."* (Z. 9 ff.) In diesem Teil des Protokolls fand also bereits eine Reflexion des eigenen Vorwissens statt, die im Abgleich mit der Situation und im nachträglichen Ausformulieren des Protokolls bewusst geworden ist.

Die weitere Beschreibung der eigentlichen Konfliktsituation wird nun als Eskalation aufgrund fehlender professioneller Konfliktlösestrategien gerahmt: Die Wahrnehmung der Situation im Rahmen von Professions- bzw. Berufszugehörigkeit wird immer wieder an den berufsbezogenen Etikettierungen „Anerkennungsjahrespraktikantin" (Z. 14), „angehende Erzieherin" (Z. 16; 21) bis hin zum Ende des Protokolls „Praktikantin" (Z. 23) deutlich. Das Etikett „Anerkennungsjahrespraktikantin" verweist hier einerseits deutlich auf die zumindest schulisch abgeschlossene Erzieher*innenausbildung. Der Begriff „angehende" andererseits deutet den Noviz*innenstatus von Frau Schneider an, während der am Ende des Protokolls verwendete Begriff „Praktikantin" schon beinahe als Degradierung im Kontext einer nicht gelungenen professionellen Problemlösung gelesen werden könnte. Relevant erscheint an diesem Beispiel folgendes:

— Als Konfliktsituation wird hier eine Situation beschrieben, in der ein Kind (Marie) einer Bitte bzw. Aufforderung der Professionellen nicht nachkommt.
— Der Konflikt wird als Ordnungswidrigkeit im Sinne einer Verkehrsbehinderung bzw. einem Falschparken gerahmt.
— Als Eskalation kann hier auf die Notwendigkeit der Wiederholung der Bitte bzw. der Aufforderung durch Frau Schneider verwiesen werden sowie das tatsächliche „Hand anlegen" als ultima ratio profesionellen Agierens angesehen werden.
— Die gesamte Situation wird durch die Reduzierung von Frau Schneider auf ihre berufliche Rolle in den Kontext einer Wahrnehmung professioneller Problemlösefähigkeiten gestellt.
— Die eigene Rolle in dieser Situation wird dabei als von Unsicherheit und Unwissenheit bestimmt gekennzeichnet womit das eigene Nicht-Agieren legitimiert wird.

Ausgehend von diesem Protokoll könnte nun eine Beschäftigung der Studierenden mit den Fragen, „Was ist (für mich) ein Konflikt?", bzw. „Welche subjektiven Theorien eines Konfliktes habe ich?" erfolgen. Gleichzeitig wäre es denkbar zu reflektieren „Worin besteht für mich eine eskalierende Interaktion?" bzw. „Welche Bedeutung kann die berufliche Ausbildung für die vorliegende Situation bzw. die Profession der Akteur*innen haben?"

Die Reflexion dieser Fragen könnte an dieser Stelle die Grundlagen der eigenen Bewertungsmaßstäbe bewusst machen und zu einer weniger stark wertenden Beschreibung der Situation führen.

Weiterhin kann an den eigenen Protokollen auch eine unbewusste Aufmerksamkeitsfokussierung deutlich werden, die im Verlaufe des Praxissemesters und dem Kennenlernen z. B. verschiedener Adressat*innen bzw. Situationen oder dem Abgleich mit vermeintlichen Normalitätsverhältnissen (wie man es selbst kennt) entstehen kann.

Im folgenden Protokoll wird ergänzend deutlich, wie das eigene Involviert-Sein die eigene Perspektive auf das Geschehen beeinflusst und welche Möglichkeiten der Selbstaufklärung über die eigenen blinden Flecke sich ausgehend von einer solchen Situationsbeschreibung ergeben können. In Protokoll II wird eine Gesprächssituation mit einem Nutzer der Praxiseinrichutng eines Studierenden beschrieben, die er als aktiv teilnehmend erlebt hat.

Protokoll II – Alltagsstrukturierende Maßnahme für Menschen mit psychischen Beeinträchtigungen

Legende: Herr Schmidt (Nutzer der Einrichtung)
        Herr Siebert (Studierender im Praxissemester)

4 „Situation auf dem Flur der Einrichtung. Herr Schmidt spricht den Studierenden Herrn Siebert an:
5 Herr Schmidt: Kann ich dir mal erzählen wie mein Treffen mit meinem Therapeuten und meiner
6 Mutter verlaufen ist? ((Herr Schmidt reibt sich während der Frage (beinahe wie beim
7 Hände waschen) ziemlich fest die Hände))
8 Herr Siebert: Natürlich. Das können wir machen. Am besten setzen wir uns in den Musikraum. Da
9 sind wir ungestört und es ist nicht so laut.
10 Herr Schmidt: Ja das können wir machen. Mmmh.
11 *(Herr Siebert und Herr Schmidt begeben sich in den Musikraum. Herr Siebert setzt sich auf einen Sessel,*
12 *der unmittelbar vor einem Glastisch platziert ist. In unmittelbarer Nähe stehen außerdem noch eine*
13 *Zweisitzer Couch und ein weiterer Sessel. Herr Schmidt nimmt den zweiten Sessel, der auf der*
14 *gegenüberliegenden Seite des Tisches steht und zieht ihn zu dem Sessel von Herrn Siebert hin, so dass*
15 *er direkt vor Herr Siebert platziert ist und setzt sich auf diesen. Er lehnt sich nach vorne, stützt seine*
16 *Unterarme auf den Oberschenkeln ab, schaut Herrn Siebert an und beginnt sofort zu sprechen.)*
17 Herr Schmidt: Ja, das ist halt etwas eskaliert. Das Gespräch hat sozusagen ein abruptes Ende
18 genommen. Ich hab' gegen den Tisch getreten, hab' in ziemlich lautem Ton die Mutter
19 als *Alte* betitelt und hab dann den Raum verlassen.
20 Herr Siebert: OK. Wie kam es dazu?
21 *(Herr Schmidt lehnt sich im Sessel zurück, verschränkt beide Hände ineinander (ähnlich wie beim*
22 *Beten) und legt die verschränkten Hände auf den Kopf, bewegt sich mit dem Oberkörper nach vorne in*
23 *eine aufrechte Sitzposition und bewegt sich dann wieder zurück. Er hebt das rechte Bein an und legt*
24 *den Fuß auf dem linken Oberschenkel ab.)*
25 Herr Schmidt: Wir haben halt so einiges, was noch nicht aufgearbeitet war, thematisiert. Die Sache mit
26 dem Tod vom Vater und so. Und auch die Sache mit dem Heim und der Gewalt von der
27 die Mutter auch gewusst hat. Sie hat aber nichts unternommen.
28 Herr Siebert: Du hast also eine gewisse Zeit im Heim verbracht?
29 Herr Schmidt: Ja und da wurde ich geschlagen. Die Mutter hat das alles gewusst. Sie hat aber nichts

30 dagegen gemacht.
31 Herr Siebert: Würdest du sagen, dass dein Verhältnis zu deiner Mutter problematisch ist und viele
32 Dinge einfach auch noch nicht geklärt wurden?
33 Herr Schmidt: Ja, das kann man so sagen. Ich hab sie dann als *Alte* tituliert und bin halt ein wenig
34 ausgetickt. Wenn man mit mir ordentlich und ruhig redet, kann man mit mir eigentlich
35 gut reden.
36 Herr Siebert: Hat sie nicht ordentlich mit dir geredet?
37 Herr Schmidt: Nein, sie ist mir immer wieder ins Wort gefallen und ich hab' ihr gesagt, dass sie mich
38 ausreden lassen soll.
39 Herr Siebert: Was hat denn der Therapeut in der Situation dazu gesagt?
40 Herr Schmidt: Also, der hat auch gemeint, dass das so nicht geht. Aber die macht das immer so. Das
41 ist auch ein Grund warum wir uns nicht mehr so gut verstehen."

Die vorliegende Situationsbeschreibung des Studierenden gibt einen Einblick in eine alltägliche Situation in einer alltagsstrukturierenden Maßnahme für Menschen mit psychischen Erkrankungen. Direkt fällt auf, dass der Studierende Herr Siebert eine Situation beschreibt, in die er aktiv handelnd involviert war und sich dabei aus der Beobachterperspektive verobjektiviert. Das geschieht indem er sich selbst als Herr Siebert bezeichnet und eine rein äußerliche Beschreibung vornimmt, die keine Hinweise darauf liefert, dass Herr Siebert gleichzeitig der Beobachter der Situation ist. Dies erschließt sich hier ausschließlich aus der Legende zum Protokoll, in welcher Herr Siebert als „Studierender im Praxissemester" aufgeführt wird. Sofern ein zweite*r Studierende*r im Praxissemester gleichzeitig in dieser Einrichtung gewesen wäre, könnte Herr Siebert sogar von einer realen dritten Person beobachtet worden sein.

In dieser Art der Beschreibung äußert sich eine subjektive Strategie des Umgangs mit der eigenen standortgebundenen Beobachter*innenperspektive. Der Studierende nutzt hier die Beobachtungsposition eines fiktiven Beobachters (des Dritten) und gewinnt so einen gewissen Abstand zu der Situation, die er schildert und in die er selbst involviert ist. Diese Strategie der Verobjektivierung könnte gewählt worden sein, um für die eigenen Beobachtungen eine gewisse Unabhängigkeit von subjektiven Beobachtungskriterien zu suggerieren. Dass diese jedoch fest eingeschriebener Bestandteil der subjektiven Deutungen von Herr Siebert in der vorliegenden Situation sind, wird deutlich, als der Rahmen der Situation von Herr Siebert interpretiert wird, nachdem Herr Schmidt ihn fragt, ob er ihm von einem Gespräch zwischen ihm, seiner Mutter und seinem Therapeuten erzählen könne (vgl. Z. 5 f.). Der Vorschlag, das Gespräch im ruhigen Musikraum durchzuführen erscheint als Kommunikationsofferte des Studierenden, der sich einerseits individuell auf den Nutzer der Einrichtung – Herrn Schmidt – konzentrieren möchte und andererseits u. U. therapeutische Gespräche als intime Einblicke deutet, die „am besten" eines geschützten Rahmens („Da sind wir ungestört") für die Erzählung benötigen. Die Beschreibung des räumlichen Settings und der Körperhaltung sowie Bewegungen des Nutzers der Einrichtung verdeutlichen ebenfalls einen subjektiven Fokus des Studierenden. Die Beschreibung der Gesten (Hände zum Beten falten), des Hände Reibens und die Haltung des Körpers beim Sitzen haben auf den Studierenden offensichtlich den Eindruck gemacht, als ob sie eine relevante Informationsquelle über den Nutzer der Einrichtung böten und in Ergänzung zum gesprochenen Wort Erkenntnisse über den Zustand von Herrn Schmidt ermöglichen.

Der Kontext der Praxiseinrichtung, die Verortung des Nutzers in den Kontext der therapeutischen Gespräche sowie dessen aktive Körperbewegung während des Gesprächs können hier ein Interpretationsschema als Aufmerksamkeitsfokussierung auf den Plan gerufen haben, dass (psychische) Auffälligkeiten im Sinne einer Anormalitätsvermutung in den Fokus rücken. Wichtig für die Erkenntnis des Prozesses der impliziten Integration von theoretischen Wissensbeständen und handlungspraktischem Wissen ist an dieser Stelle nicht die Frage ob Herr Schmidt aufgrund psychischer Auffälligkeiten im Hinblick auf die Differenz von Normalität und Anormalität beobachtet werden muss, sondern vielmehr, inwiefern sich diese Interpretationsschablone mit ihren praktischen Konsequenzen bereits in die Deutungs- und Interaktionsmuster des Studierenden im Praxissemester eingeschrieben hat. Die aktive Gestaltung des Gesprächs im intimen Rahmen (Musikzimmer), die eher spiegelnden Vergewisserungsfragen des Studierenden (Z. 28. „Du hast also eine gewisse Zeit im Heim verbracht?"; Z. 31–32 „Würdest du sagen, dass dein Verhältnis zu deiner Mutter problematisch ist und viele Dinge einfach auch noch nicht geklärt wurden?") sowie die Nachfrage nach der gesprächsreglementierenden Instanz (Z. 38 „Was hat denn der Therapeut dazu gesagt?") zeigen die Versuche einer professionalisierten Gesprächsführung im Sinne eines verstehenden Nachvollzugs der Situationsdeutung des Klienten. Gleichzeitig verbleiben diese Nachfragen der vorliegenden Situationsdeutung verhaftet und bieten keine neuen Perspektiven zum Verständnis der Situation oder zur Irritation des Nutzers.

Im anschließend angeführten Beobachtungsprotokoll schildert eine Studierende den Kontakt einer Arbeitsvermittlerin auf dem Jobcenter mit einem Adressaten.

Protokoll III – Klärung eines Anliegens durch eine Arbeitsvermittlerin des Jobcenters

Legende: Frau Alba (Arbeitsvermittlerin des Jobcenters)
         Frau Sander (Studierende im Praxissemester)
         Herr Kaiser (Kunde des Jobcenters)

5   Frau Alba übernimmt derzeit die Urlaubsvertretung für eine Kollegin, sodass ihr die Kund*innen der
6   Kollegin nur begrenzt bekannt sind. Unter der heutigen Post der Kollegin befindet sich ein
7   Erinnerungsschreiben eines Kunden – Herr Kaiser –, der einen Antrag auf Bearbeitung einer
8   Eingliederungsvereinbarung gestellt haben will und bis heute keine Antwort erhalten habe. Er droht mit
9   der Einschaltung eines Rechtsanwalts, sollte keine Antwort oder ein aber negativer Bescheid eingehen.
10 Dem Jobcenter, d. h. Frau Alba, ist darüber nichts bekannt, weswegen dieser Fall von ihr mit der
11 Teamleitung von Frau Alba besprochen wird. Nach kurzem Gespräch und der Vergewisserung darüber,
12 dass tatsächlich kein erstes Schreiben von Seiten des Kunden eingegangen ist, wird beschlossen
13 telefonisch Kontakt zum Kunden aufzunehmen. Dabei soll ihm mitgeteilt werden, dass er zum
14 nächstmöglichen Zeitpunkt für ein Gespräch im Jobcenter eingeladen werde. Frau Alba erreicht
15 tatsächlich den Kunden per Anruf. Der Kunde, Herr Kaiser, ist – was dem Jobcenter natürlich bekannt
16 ist – Anfang 60, seit längerer Zeit arbeitslos, aber motiviert wieder Arbeit aufzunehmen. Frau Alba
17 berichtet, er sei am Telefon ruhig, sachlich und höflich gewesen. In der letzten
18 Eingliederungsvereinbarung, in der die Ziele und Eigenbemühungen des Kunden niedergeschrieben
19 sind, befindet sich der Passus, dass Herr Kaiser sich mindestens 5-mal im Monat auf gewisse im

20 Vorhinein definierte Stellenangebote bewerben soll. Dazu zählen allerdings auch Stellenangebote von
21 Zeitarbeitsfirmen, in denen häufig im Schichtsystem gearbeitet wird. Herr Kaiser ist der festen
22 Überzeugung, dass er diese Arbeit aufgrund seiner Krankheitshistorie, welche er durch verschiedene
23 Ärzte attestiert habe, nicht mehr verrichten könne. Aus gegebenem Anlass ist Herr Kaiser zur Klärung
24 dieses Anliegens eingeladen worden und dann wie terminiert am X.X.XXXX im Jobcenter um 14:00
25 Uhr erschienen.

Im vorliegenden Protokoll III hat die Studierende im Praxissemester – Frau Sander – die Vorbereitung eines Klärungsgespräches miterlebt. Sie berichtet direkt zum Einstieg in die Situationsschilderung davon, dass es sich dabei um eine Bearbeitung in Stellvertretung handelt, weshalb das Wissen von Frau Alba – der Arbeitsvermittlerin beim Jobcenter – als „begrenzt" (Z. 6) markiert wird. Bereits in diesem ersten Hinweis könnte sich die implizite Integration einer behördlichen Arbeitsweise verbergen – eine auf sachliche Nachvollziehbarkeit ausgerichtete Legitimation von bürokratischen Vorgehensweisen. Die Rahmung als „Stellvertretung im Urlaub" lässt jegliche individuellen Vorgehensweisen der Arbeitsvermittlerin im Lichte einer verständnisvollen und nachsichtigen Bewertung erscheinen. Legitimität im vorhandenen Fall entsteht dann auch durch das gewählte weitere Vorgehen bzw. das Verfahren – in diesem Fall die Klärung der eigenen Wissenslücken durch die Besprechung mit der Teamleitung der Arbeitsvermittlung (Z. 10 ff.). Nachfolgend wird dann ein Beobachtungsschema deutlich, dass offenbar in behördlichen, bürokratisch organisierten Einrichtungen des aktivierenden Sozialstaats ein bedeutsames Beobachtungsschema darstellt: dasjenige von den unpünktlichen, nicht motivierten Kund*innen, die wenig Kooperationsbereitschaft zeigen. In der Darstellung dieser Situation durch die Studierende Frau Sander fallen Differenzmarkierungen auf, die die Abwesenheit dieses Interpretationsschemas explizit hervorheben. So wird in Zeile 14 darauf verwiesen, dass die Arbeitsvermittlerin Frau Alba den Kunden Herrn Kaiser „tatsächlich" per Anruf erreiche. Diese kleine Differenzmarkierung könnte bereits einen kleinen Einblick in das vorhandene Deutungsschema geben. Die Tatsache zu erwähnen, dass ein Kunde telefonisch direkt erreicht wurde, gibt erste Hinweise auf eine potenziell geteilte Normalitätsannahme der Arbeitsvermittlerin und der Studierenden – Kunden sind selten direkt telefonisch erreichbar. Die Beschreibung des Kunden („Anfang 60, seit längerer Zeit arbeitslos aber motiviert Arbeit aufzunehmen" Z. 14 f.) kann als Einordnung anhand (für das Arbeitsfeld) zentraler Merkmale gelesen werden. Allerdings könnte die Charakterisierung auch einen Hinweis auf die vorhandene Normalitätsannahme darstellen, da gezielt Kriterien selektiert werden (Alter, Langzeitarbeitslosigkeit und vorhandene Motivation), die zumindest im gesellschaftlichen Common Sense häufig als „Ausnahme" gerahmt werden. Auch der explizite Verweis auf das „ruhige, sachliche und höfliche" Telefonat mit dem Kunden kann als Besonderung des Kunden und damit als Abgrenzung zum Normalfall gelesen werden. Das pünktliche Erscheinen des Kunden zum Termin stellt in dieser Charakterisierung als Ausnahmefall den Abschluss dar.

Das vorliegende Protokoll bietet so ebenfalls einen Einblick in ein Interpretationsschema einer Praxiseinrichtung, welches von der Studierenden Frau Sander gelernt wurde. Die Analyse der Situationsbeschreibung von Frau Sander ermöglicht demnach einen Einblick in diese Logik, sowie für die Studierende die Möglichkeit über die eigenen Bewertungen im Protokoll bereits übernommene Normalitätsannahmen der Praxiseinrichtung zu prüfen und zu reflektieren.

An den drei vorangegangenen Protokollen sollte deutlich geworden sein, welches Potenzial der Selbstaufklärung den eigenen verschriftlichten Beobachtungsprotokollen inne wohnt und welche Möglichkeiten sich hieraus für die Reflexion eigener blinder Flecke ergeben.

Die Art und Weise wie Studierende in ethnographischen Protokollen nicht nur über Andere, sondern vor allem über sich selbst schreiben, kann darüber hinaus Einblicke in das Verständnis von Professionalität der Studierenden ergeben bzw. Selbstthematisierungen deutlich werden lassen, die die eigene Identität als professionelle Sozialarbeiter*in identifiziert.

3.4.2 Professionalität und Selbstthematisierung – Subjektivierung und die eigene Identität als professionelle*r Sozialarbeiter*in

In den folgenden Beispielen wird nun anhand einiger Protokolle von Studierenden, die darin explizit Bezug auf sich selbst nehmen, aufgezeigt, wie Situationen dazu auffordern als professionelle Sozialarbeiter*innen zu agieren bzw. wie schriftlich niedergeschriebene Reflexionen dazu beitragen können, einen Einblick in die Formierung einer professionellen Identität zu liefern.

Im folgenden Protokoll aus einer stationären Kinder- und Jugendhilfeeinrichtung wird eine Situation von einer Studierenden – Frau Santos – beschrieben, in die sie selbst stark involviert ist. Sie ist dabei mit Katrin (10 Jahre) und Mark (15 Jahre) im Wohngruppenzimmer von Katrin und hört einer Geschichte von Mark zu. Die Art und Weise der Protokollierung findet hier im Nachgang zur Situation statt und schildert das Geschehene aus der Ich-Perspektive der Beobachterin.

Protokoll IV – Stationäre Kinder- und Jugendhilfeeinrichtung

Legende: Katrin (Mädchen, 10 Jahre)
         Mark (Jugendlicher, 15 Jahre)
         Frau Santos (Studierende im Praxissemester)

5 Ich (Frau Santos) helfe der 10-jährigen Katrin bei den Hausaufgaben. Als sie fertig ist fragt sie mich, ob
6 sie mir einen Zopf flechten darf. Ich willige ein. Sie packt ihre Schulsachen in ihren Ranzen und nimmt
7 mich mit auf ihr Zimmer. Ich soll mich auf einen Stuhl setzen, während sie schon Bürste und
8 Haargummis sucht. Ich setze mich hin und sie fängt an meine Haare zu kämmen. Sie erzählt mir von
9 ihrer Frisierpuppe und dass die „so blöde Plastikhaare" hat und dass sie sich zu Weihnachten eine Puppe
10 mit echten Haaren wünscht oder zumindest mit Pferdehaaren. Nach einigen Minuten steht der 15-jährige
11 Mark in der geöffneten Tür. Zunächst sagt er nur leise „Hallo". Als er die Aufmerksamkeit von uns
12 beiden hat, fragt er Katrin und mich, ob er auch ins Zimmer darf. Ich frage Mark, ob er bereits seine
13 Hausaufgaben erledigt hat. Er sagt „Ja". Ich sage daraufhin, dass es das Zimmer von Katrin sei und er
14 sie um Erlaubnis fragen muss. Katrin sagt zu ihm: „Ja, aber du musst dich da aufs Bett setzen. Hier ist
15 mein Frisörsalon." Mark kommt herein und setzt sich auf das Bett von Katrin. Er sitzt nun genau
16 gegenüber von uns und schaut Katrin zu, wie sie gerade einige Strähnen abteilt. Er schaut mich an und
17 fragt: „Was macht ihr da?" Ich antworte ihm: „Katrin flechtet mir einen französischen Zopf." Er sagt
18 mit einem Grinsen im Gesicht: „Biste nicht zu alt dafür?" Ich antworte: „Warum sollte ich zu alt sein

19 für einen Zopf?" Er sagt: „Meine Mama hatte nie einen Zopf." Darauf folgte eine Gesprächspause.
20 Katrin zieht unterdessen weiter an meinen Haaren. Mark schaut abwechselnd Katrin und mich an. Er
21 sitzt nicht ruhig, sondern bewegt ungewöhnlich oft die Arme zum Kopf. Abwechselnd kratzt er sich im
22 Gesicht oder streicht sich durch die Haare. Plötzlich sagt er: „Soll ich dir mal das von meinem Papa
23 erzählen?" Ich antworte: „Wenn du magst." Katrin hält kurz inne, atmet dann tief ein. Ich kenne dieses
24 tiefe Einatmen von Katrin und weiß, dass sie üblicherweise zeitlich mit diesem tiefen Einatmen die
25 Augen rollt. Sonst kenne ich diese Reaktion nur aus Situationen, wenn ein/e Erzieher*in sie wiederholt
26 ermahnt. Ungeachtet dieser Reaktion von Katrin fängt Mark an zu erzählen: „Also als ich klein war, da
27 war mein Papa oft krank. Der hatte Alles. Ich musste dann immer für ihn kochen und die Wäsche
28 machen. Das hab ich gehasst. Der konnte ja gar nix. Ich hab immer Schnitzel überbacken mit ganz viel
29 Käse in der Pfanne gemacht. Da kam ein ganzer Pack Reibekäse drauf. Das war geil." Er schaut kurz zu
30 Katrin, dann zu mir. „Zuerst hatte der (Vater) Zucker. Dann kam noch was mit der Leber und noch
31 irgend'n anderer Scheiß dazu. Ich weiß net mehr. Dann war der oft im Krankenhaus. Dort wurde der
32 untersucht und hat dann immer neue Tabletten bekommen. Davon hat er Halluzinationen bekommen
33 und konnt net mehr raus gehen." Dann entsteht kurz Stille und Mark reißt sich an den Fingernägeln bis
34 einer fast komplett abgerissen ist. „Scheiße", sagt er laut. „Mein Papa ist dann an Multi-Organ-Versagen
35 gestorben. Das waren die Ärzte schuld, die ihm die falschen Tabletten gegeben haben." Ich schaue Mark
36 etwas erschrocken an. Ich kenne seine Vorgeschichte bereits aus seiner Akte. Trotzdem ist es für mich
37 ergreifend, das Schicksal seines Vaters von ihm persönlich zu hören. Katrin lässt sich derweil von der
38 Erzählung nicht beirren und flechtet ohne Pause weiter. Mark erzählt weiter: „Und dann hab ich den
39 Papa abends auf dem Boden gefunden. Hab mir noch Geld von ihm geholt und bin dann mit ner Freundin
40 in nen Club gegangen. Von der Kohle hab ich mir nen Hamburger, Paprika-Chips und Bier gekauft.
41 Kennst du die, die Chips? Die sind richtig geil scharf." „Ja, die kenn ich", erwidere ich. „Jo und dann
42 sin die Bullen gekommen und haben mich und Cindy aus dem Club geholt. Dann hat das Jugendamt
43 mich hierhin gebracht. Ich hab dem von der Polizei noch gesagt, ich will zuhaus bleiben. Ich mach ja
44 eh alles allein." Katrin ist fertig mit flechten und greift nach dem Haargummi. „So", sagt sie, „fertig."
45 Ich bedanke mich bei Katrin und will Mark noch etwas fragen. Er steht auf und geht aus dem Zimmer
46 ohne dass ich dazu komme meine Frage zu stellen. Katrin sagt dann „Das hat der schon jedem erzählt.
47 Willst du mal in den Spiegel schauen?" Meine Antwort kommt etwas verzögert: „Ja. Danke Katrin. Das
48 sieht toll aus."

Die Studierende Frau Santos ist in die vorliegende Situation als Objekt des Frisierens und gleichzeitig als Zuhörerin der Geschichte von Mark involviert. Die langen glatten Haare der Studierenden werden von Katrin zum Anlass genommen ihre Frisierfähigkeiten mit dem Flechten eines Zopfes zu üben. Die Zustimmung der Studierenden zur Frage, ob Katrin Frau Santos einen Zopf flechten dürfe, kann als Belohnung nach der getanen Arbeit (Hausaufgaben) gelesen werden. Frau Santos bietet Katrin die Möglichkeit in einer dyadischen Interaktion in ein kurzes Rollenspiel einzusteigen. Auch die begonnene Unterhaltung zwischen Katrin und Frau Santos zu Katrins Wünschen einer Frisierpuppe mit echten Haaren (Z. 8 ff.) erlauben die Verortung der vorhandenen Interaktionssequenz im Skript eines Frisör*innenbesuchs. Die Haare werden gemacht und dabei werden Geschichten aus dem eigenen Leben, über das Wetter oder ähnlicher small talk erzählt. Das Hinzukommen von Mark macht die Situationsdeutung dann auch explizit, wenn Katrin darauf hinweist, dass Mark sich aufs Bett setzen müsse (ähnlich einem Wartebereich für weitere Kunden) und er hier im Friseursalon von Katrin sei (Z. 13 f.). Die Frage von Mark, ob er dazukommen dürfe, wird dabei von Frau Santos pädagogisch genutzt, in dem die Regeln der Autorisierung des Zutritts zum Zimmer von Katrin explizit in ihrer Verantwortung belassen wird („Ich sage daraufhin, dass es das Zimmer von Katrin sei und er sie um Erlaubnis fragen muss." Z. 12 f.).

In diesem ersten Teil des Protokolls bis zum Eintreffen von Mark entsteht eine Art symbolisches Spiel, das sich um das Angebot des Zopf Flechtens als aufgeführter *Sorge um* jemanden darstellt und dabei einer bestimmten Kontextualisierung (eigenes Zimmer und Hinsetzen auf dem Stuhl), sowie einiger Requisiten (Bürste und Haargummis) bedarf. Es entsteht eine Interaktionssequenz im Skript einer mimetisch nachgespielten Erwachseneninteraktion im Frisör*innensalon, die die eigene Puppe als schlechten Ersatz („blöde Plastikhaare" Z. 9) für eine echte Interaktionspartner*in mit langen Haaren charakterisiert.

Frau Santos ist demnach als Adressat*in des Haare Flechtens involviert und wird dann explizit von Mark als Zuhörerin seiner Geschichte zu seinem Vater adressiert. Kurz nach dem Hinzukommen von Mark in den symbolischen Frisiersalon verbleibt er im Skript des Frisörsalons, in dem er die Nachfrage stellt was Katrin und Frau Santos dort machen. „Katrin flechtet mir einen französischen Zopf" (Z. 16f.), ist die Antwort der Studierenden. Für Mark stellt dies eine Abweichung von seinem Normalitätsverständnis von Erwachsenen bzw. Müttern dar. Sein Grinsen und die Frage, ob Frau Santos dafür nicht schon zu alt sei, seine Mutter hätte nie einen Zopf gehabt, verdeutlichen sein Bild von erwachsenen Frauen bzw. Müttern als reifen Persönlichkeiten und der Verortung eines Zopfes eher als kindliche Haartracht. Sein körperliches Unruhigwerden, das von der Studierenden offenbar deutlich wahrgenommen und beschrieben wurde, sowie eine kurze Pause stellen dann den Übergang zu seiner Geschichte von seinem Vater dar. Ob aus Höflichkeit oder aufgrund des passiven Ausgeliefertseins von Frau Santos in der vorliegenden Situation, fragt Mark um Erlaubnis, ob er „[Frau Santos] mal das von [s]einem Papa erzählen [solle]" (Z. 21). Die dann folgende Erzählung und die parallel ablaufenden Körperbewegungen Marks (mit Händen und Beinen; am Kopf kratzen; Fingernagel ausreißen) geben einen Einblick in Marks psychische Verfassung und seine Erfahrungen mit dem Tod seines Vaters. Seine Beschreibung des Verlaufs der Erkrankung seines Vaters, die Darstellung, dass er im Haushalt eigenständig agierte und für elterliche Aufgaben (Essen machen) zuständig war, da sein Vater irgendwann „gar nix [mehr] konnte" (Z. 26f.), verdeutlichen eine Form parentifizierten Verhaltens. Was in dieser Zeit mit Marks Mutter war, wird aus der Erzählung nicht klar. Vor allem seine dramatische Erzählung vom Tod seines Vaters (Z. 32ff.) und seiner anschließenden Reaktion nach dem Auffinden des toten Vaters (Geld von ihm holen, mit ner Freundin in 'nen Club gehen und dort was essen und trinken) fordern zu einer Reaktion der Zuhörer*innen auf. Das unbeirrte Weiterflechten Katrins während dieser Geschichte konterkariert diese Erwartung, während die Verfasserin des Protokolls beschreibt, dass sie trotz der Aktenkenntnis über die Vorgeschichte Marks in der Situation von der Erzählung ergriffen ist. Das ziemlich abrupte Ende der Geschichte („Jo und dann sind die Bullen gekommen und haben mich und Cindy aus dem Club geholt. Dann hat das Jugendamt mich hierhin gebracht. Ich hab' dem von der Polizei noch gesagt, ich will zuhause bleiben. Ich mach ja eh alles allein." Z. 39ff.) und das gleichzeitige Abschließen der Frisierinteraktion (Z. 42) rahmen den Abschluss dieser Geschichte. Frau Santos – ergriffen von der Geschichte Marks – versucht hier beiden Abschlüssen gerecht zu werden und bedankt sich bei Katrin für das Flechten und beschreibt, dass Sie Mark noch etwas zu seiner Erzählung fragen möchte. Dieser hat dann aber bereits das Zimmer verlassen. Die Verzögerung der Antwort am Ende des Protokolls bietet auch einen Hinweis darauf, dass Frau Santos zumindest irritiert wurde. Katrin erzählt, dass Mark diese Geschichte schon allen erzählt habe, was ein Hinweis darauf sein könnte, weshalb sie zu Beginn der Erzählung tief einatmet und Frau Santos dies mit einem genervten Augenrollen assoziiert.

Neben den interessanten Anschlussmöglichkeiten an symbolische Interaktionen, die bindungstheoretische Reaktualisierung von Bindungsrepräsentationen im symbolischen Spiel, der Reflexion von Parentifizierung und Bindungstraumatisierungen an der vorliegenden Erzählung bis hin zu Ansätzen einer Interpretation der vorliegenden Erzählung als sich wiederholender Versuch der narrativen Integration dieser Geschichte in die eigene Lebenserzählung im Sinne einer Verarbeitung des Geschehens, lassen sich weitere interessante Bezugspunkte finden. Der Anlass der Studierenden Frau Santos eben dieses Protokoll für die ethnographische Collage zu nutzen, speiste sich vermutlich im ersten Moment vorwiegend aus der eigenen Involviertheit und Betroffenheit in der Situation. Ohne die Fokussierung und Beschreibung dieser Situation aus der betroffenen Ich-Perspektive heraus, könnten die Auswirkungen dieser Interaktionssequenz auf die Formierung des professionellen Selbst nicht beschrieben und in den Blick gerückt werden. Die Fragen „Was ist hier eigentlich passiert?"; „Hätte ich als Professionelle anders reagieren sollen?"; „Wieso löst diese Geschichte trotz Aktenkenntnis bei mir derart viele Emotionen aus?"; „Wie gehe ich mit Irritationen durch Klienten*innen um?" führten im vorliegenden Beispiel zum Wunsch der Studierenden sich mit der Dynamik der Situation, der eigenen professionellen Haltung sowie der Generierung von Hypothesen über den Entwicklungsverlauf von Mark auseinanderzusetzen.

Ein weiteres Protokoll einer Studentin, die in einer Jugendhilfeeinrichtung ihr Praxissemester absolvierte, in welcher die ganze Familie z. T. stationär aufgenommen wird, verdeutlicht innere Prozesse der Aushandlung des professionellen Selbst. Der Text der Studierenden beschreibt eine Spielsituation zwischen einer Mutter und deren Sohn, die sie selbst begleitet.

Protokoll V – Stationäre Kinder- und Jugendhilfeeinrichtung für Familien

Legende: Jerome (Junge, 5 Jahre)
         Frau Müller (alleinerziehende Mutter von Jerome, 24 Jahre)
         Frau Siebert (Studierende im Praxissemester)

5 Die Mitte zwanzig jährige Mutter Frau Müller und ihr Kind sind in der Praxiseinrichtung, da eine
6 Bindungsstörung zwischen beiden diagnostiziert wurde. Frau Müller ist körperlich erkrankt, musste sich
7 mehreren Operationen unterziehen, weshalb Jerome zwei Jahre bei Pflegeeltern lebte, dann kurz wieder
8 zu Hause war, dann wieder bei Pflegeeltern. In der Einrichtung soll nun ein Clearing darüber erfolgen,
9 ob er bei seiner Mutter bleiben kann oder endgültig bei Pflegeeltern untergebracht werde. Ebenso soll
10 geprüft werden, ob die Mutter in der Lage ist das Kind aufzuziehen.
11 Ich spiele mit Frau Müller und Jerome Memory im Aufenthaltsraum der Einrichtung. Wir sind zu dritt
12 im Raum und werden nicht gestört. Es herrscht aktuell eine ruhige, harmonische Stimmung zwischen
13 allen Klient*innen und Kindern in der Einrichtung, worüber sich Frau Müller mit mir unterhält. Sie sagt
14 sie fühlt sich heute im Gegensatz zu vielen anderen Tagen wohl und entspannt im Haus. Jerome ist sehr
15 begeistert im Spiel und bestrebt zu gewinnen. Er freut sich über jedes Kartenpaar, das er findet. Frau

16 Müller kann diese Freude nicht teilen oder das Kind in der Situation loben. Jedes Mal, wenn ich – Frau
17 Siebert – ein Paar finde, freut sich Frau Müller mit mir und lobt mich. Mir fällt es schwer das Kind nicht
18 beim Spielen anzufeuern. Ich muss mich zurückhalten Jerome nicht bei jedem Erfolg euphorisch zu
19 loben. Ich schaffe es durchzuhalten und die Situation weiter laufen zu lassen. Das Gesicht des Kindes
20 verändert sich. Es schaut nicht mehr fröhlich, ist ein bißchen genervt und beleidigt, da ich momentan
21 im Spiel gewinne. Dies zeigt sich nur im Gesichtsausdruck Jeromes. Frau Müller reagiert darauf, in dem
22 sie Jerome in rauem Ton anmotzt, dass er endlich lernen müsse zu verlieren. „Du bist so ein schlechter
23 Verlierer, deswegen spiele ich gar nicht gerne mit dir." Jerome schaut seine Mutter böse an, reißt sich
24 zusammen und spielt weiter. Frau Müller hört derweil nicht auf sich darüber zu echauffieren wie
25 anstrengend und lästig es sei mit ihrem Kind zu spielen. Jerome quält sich weiter durch das Spiel. Frau
26 Müller hört auch nach einigen Minuten nicht auf, über Jeromes schlechte Verliererqualitäten in der
27 dritten Person zu sprechen während er anwesend ist. Ich gebe ihr darauf keine Antwort und warte
28 weiterhin ab. Jerome steht dann kurzerhand auf und verlässt den Raum. Frau Müller lacht: „Das war so
29 klar. Der kann einfach nicht verlieren. Es ist immer so. Er ist so nervig." In ihrem Blick erkenne ich ihre
30 Erwartung, dass ich ihr zustimme. Ich frage sie, was ihr Kind denn nun mache. Sie steht auf und geht
31 zu ihrem Kind, welches sich weinend im Flur aufhält. Sie zieht Jerome am Arm in den Raum und sagt
32 zu ihm: „Wenn du dich jetzt nicht benimmst, dann hören wir sofort auf zu spielen." Jerome wischt sich
33 die Tränen weg und spielt weiter. Frau Müller freut sich auch weiterhin nicht über Jeromes Erfolge,
34 finde ich ein Paar, freut sich Frau Müller mit mir. Ich gewinne das Spiel. Jerome ist geknickt. Ich
35 muntere ihn ein wenig auf, indem ich sage, dass er das Spiel gut gespielt hat und auch viele Paare
36 gefunden hat, weil er so toll aufgepasst habe, wo welches Bild liegt. Frau Müller sagt nichts dazu und
37 packt das Spiel weg.
38 Jerome sucht sich ein weiteres Spiel aus. Diesmal ein Puzzle. Wir puzzeln zu dritt. In der Hälfte des
39 Puzzles sagt Jerome, dass er den Rest ohne unsere Hilfe machen könne. Frau Müller steht auf, sie müsse
40 auf Toilette und macht sich einen Tee. Ich bleibe bei Jerome und bewundere seine Fähigkeiten. Er ist
41 wahnsinnig schnell, geschickt, konzentriert und findet Puzzleteile schneller als ich es mit den Augen
42 verfolgen kann. Jerome flüstert mir zu: „Ich dachte Mama will mir zuschauen." Als der das Puzzle zu
43 Ende bringt lobe ich ihn wiederholt und rufe Frau Müller mit den Worten: „Er hat das Puzzle ganz
44 alleine zu Ende gebracht. Er hat das so toll gemacht. Schauen Sie sich doch das Ergebnis mal an." Frau
45 Müller betritt den Raum, schaut auf das Puzzle und sagt: „Dann räum das jetzt wieder weg."

In der vorliegenden Situation ist die Studierende Frau Siebert in ein Spiel mit einer Mutter – Frau Müller – und deren fünfjährigem Sohn Jerome involviert. Die drei Interaktionspartner*innen spielen Memory im Aufenthaltsraum einer stationären Kinder- und Jugendhilfeeinrichtung, in der die ganze Familie (Vater-Mutter-Kind bzw. Alleinerziehende mit Kind) aufgenommen wird und durch Einzelangebote und Angebote in der Gruppe aller stationär aufgenommenen Familien unterstützt wird. Für Frau Siebert scheint der Fokus in der Situation ganz klar das elterliche Verhalten Frau Müllers und ihre Reaktionsweisen auf die Fähigkeiten ihres Sohnes Jerome zu sein. Der Hinweis in Zeile 11 „wir werden nicht gestört" verdeutlicht, dass ein ungestörtes Spielen im Aufenthaltsraum der Einrichtung im Normalfall vermutlich nicht möglich ist. Es ist zu erwarten, dass durch das gleichzeitige Vorhandensein mehrerer Klient*innenfamilien und ihrer Kinder im Aufenthaltsraum häufig viel los ist. Die Darstellung Frau Sieberts markiert also hier die Interaktionssequenz zwischen Fachkraft und Mutter mit ihrem Kind als Ausnahmesituation. Dies wird auch deutlich, wenn Frau Siebert die Erzählung Frau Müllers beschreibt, dass sie sich „heute im Gegensatz zu vielen anderen Tagen wohl und entspannt im Haus" (Z. 13 f.) fühle.

Die dann folgende Fokussierung der Aufmerksamkeit von Frau Siebert auf die elterliche Interaktion mit Jerome – dieser freut sich über gefundene Memorypaare und Frau Müller zeigt keine Reaktion auf die Freude ihres Sohnes – verdeutlicht ihre professionelle Lesart der Situation. Im Sinne einer feinfühligen elterlichen Reaktionsweise, die Jerome in seinen Versuchen das Spiel zu gewinnen bzw. Paare zu finden unterstützt, hätte Frau Siebert hier offenbar erwartet, dass Frau Müller ihren Sohn in seinen Versuchen bestärkt, sich mit diesem über Erfolge freut, seine Konzentrationsfähigkeit lobt und ihm vor Augen führt, wie groß seine Fähigkeiten schon geworden sind. Stattdessen beschreibt Frau Siebert ihr Erleben der Abwesenheit dieser elterlichen Feinfühligkeit und wird – gleich einem Kind – selbst gelobt von Frau Müller, wenn sie ein Paar findet (Z. 16 f.). Frau Siebert macht ihren inneren professionellen Konflikt transparent. Sie fühle sich durch die Abwesenheit der elterlichen Feinfühligkeit gegenüber Jerome sogar dazu aufgefordert, Jerome übermäßig für jeden kleinen Erfolg selbst zu loben und somit die Rolle des bestärkenden Elternteils in der Interaktionssequenz zu übernehmen („Mir fällt es schwer das Kind nicht beim Spielen anzufeuern. Ich muss mich zurückhalten Jerome nicht bei jedem Erfolg euphorisch zu loben." Z. 17 ff.). Durch die Bestärkung der Erfolge der Studierenden durch Frau Müller scheint Jerome, dem Eindruck der Studierenden nach, ein wenig seine Motivation zu verlieren. In seinen Augen strengt er sich an um das Spiel zu gewinnen, wird aber in seinen Erfolgen nicht gesehen, während er mitbekommt, wie seine eigene Mutter Frau Siebert ständig lobt und sich mit ihr freut. Sein Unmut wird dann auch in der Beschreibung der Studierenden an der Veränderung seines Gesichtsausdrucks und der Abwesenheit der fröhlichen Stimmung deutlich. Dies bemerkt scheinbar auch Frau Müller, die Jerome darauf hinweist, dass er „endlich lernen müsse zu verlieren" (Z. 21 f.) und sie so ungern mit ihm spiele, da er „ein so schlechter Verlierer" (Z. 22) sei. Das weitere Verhalten Frau Müllers – sich über das Verhalten ihres Sohnes und die an sie gerichteten Erwartungen als Mutter („wie anstrengend und lästig es sei mit ihrem Kind zu spielen" Z. 23 f.) zu eschauffieren – scheint, laut Schilderung im Protokoll, dann dazu zu führen, dass Jerome die Lust am gemeinsamen Spiel verliert und das Spiel verlässt um im Flur zu weinen. Die dann folgende Bewertung dieses Verhaltens durch Frau Müller („Das war so klar. Der kann einfach nicht verlieren. Es ist immer so. Er ist so nervig." Z. 28) verdeutlicht den Rahmen ihrer Erzählung als sich wiederholender und die vorhandenen Narrationen über Jerome bestätigende Erzählung. Im Sinne narrativer Identitätskonzepte (vgl. Bruner 1998: 46 f; Lakoff/Johnsson 2018) wird hier eine Narration über Jeromes Persönlichkeit gepflegt, die als Geschichten über Jeromes Identität ihm immer wieder vor Augen geführt wird. Frau Siebert beschreibt in ihrer Situationsschilderung, dass Frau Müller ihre Erzählung über Jeromes Identität an sie adressiert und für diese Lesart („Das war so klar. Der kann einfach nicht verlieren. Es ist immer so. Er ist so nervig." Z. 28) ihre Zustimmung erwartet. Frau Siebert verweigert diese Zustimmung und lenkt stattdessen die Aufmerksamkeit der Mutter auf das momentane Verhalten ihres Kindes. Dies kann als Versuch gelesen werden der eigenen professionellen Haltung gerecht zu werden und einerseits die Lesart Frau Müllers nicht zu bestätigen und gleichzeitig ihre Aufmerksamkeit als Elternteil auf ihr Kind zurückzubringen. Aus professioneller Perspektive durchzieht diese Erwartung an Frau Müller auf impliziter Ebene die komplette Situationsschilderung der Studierenden. Sowohl ihre Beschreibung des Verhaltens der Kindesmutter gegenüber dem

Spielverhalten ihres Kindes, die zu diesem Verhalten konträre Bewertung des Spielverhaltens der Studierenden durch Frau Müller als auch die narrative Konstruktion der „nervigen Kinderidentität" werden aufmerksam von der Studierenden wahrgenommen und als nicht feinfühliges Elternverhalten beschrieben. Frau Müller erscheint in dieser professionellen Lesart eher als Störfaktor kindlicher Entwicklung. Die abschließende Freude Frau Müllers über den Gewinn des Spiels durch Frau Siebert verdeutlicht diese Haltung erneut. Die Studierende gibt in dieser Situation auch dem im kompletten Protokoll inhärenten Drang nach, Jerome stellvertretend für seine Fähigkeiten und sein gutes Spiel zu loben (Z. 33 ff.).

Der gemeinsame Einstieg in das nächste Spiel – ein Puzzle – wird gefolgt von der Aussage Jeromes, dass er den Rest des Puzzles alleine schaffen würde und die Erwachsenen ihn machen lassen könnten (Z. 36 ff.). Während dies von der Studierenden Frau Siebert genutzt wird, um Jerome bei seinem Spiel zuzusehen und ihn für die bereits vorhandenen Fähigkeiten („Er ist wahnsinnig schnell, geschickt, konzentriert und findet Puzzleteile schneller als ich es mit den Augen verfolgen kann" Z. 38 ff.) zu loben, nutzt Frau Müller das Entlassen-Sein aus dem Spiel um sich einen Tee zu machen und zur Toilette zu gehen. Jeromes Explikation seiner Erwartung („Ich dachte Mama will mir zuschauen" Z. 42) verdeutlicht, dass er sich Bestätigung durch seine Mutter wünscht oder davon ausgeht, dass Eltern dies selbst tun möchten. Während Frau Siebert in der kompletten Interaktionssequenz zwischen Mutter und Kind offenbar genau Gegenteiliges wahrnimmt, versucht sie den pädagogischen Kniff der kindlichen Erwartung zu entsprechen, in dem Sie Frau Siebert über den tollen Erfolg ihres Kindes informiert und sie auffordert sich (entsprechend dem Wunsch des Kindes) das Ergebnis des Puzzelns anzuschauen. Dieser formulierten Erwartung kommt Frau Müller nach, allerdings ohne die Fähigkeiten des Kindes auch nur zu erwähnen. Sie nimmt das fertiggestellte Puzzle viel mehr zum Anlass die Spielinteraktion zu beenden und ihr Kind aufzufordern, das Spielmaterial nach dem Abschluss des Spielens wegzuräumen. Interessant an dieser Sequenz könnte in diesem Zusammenhang folgendes sein:

Die Studierende verdeutlicht in der Beschreibung dieser Situation ihre professionellen Vorstellungen über feinfühliges Elternverhalten. Dies wird sowohl in ihrer konstanten Aufmerksamkeit für nicht vorhandene Verhaltensmuster (Kind loben) als auch als unpassend eingeschätzte Verhaltensmuster (anstatt Jerome zu loben, lieber Lob für die Fähigkeiten der professionellen Fachkraft auszudrücken) deutlich. Gleichzeitig zeigen die aktiven Versuche der Studierenden Frau Müller als feinfühligen Elternteil anzusprechen und einzubinden („Was macht ihr Kind jetzt" und die Aufforderung das Ergebnis des Puzzelns anschauen zu kommen) sowie die Verweigerung der Zustimmung zu Frau Müllers Lesart ihres Kindes als nervig und lästig auch eine aktive Form der Nicht-Unterstützung einer narrativen Konstruktion von Identität bzw. einer Konsensfikiton (vgl. Kühl 2014: 102) ihre professionelle Haltung. Sie möchte feinfühliges Elternverhalten fördern und erlebt an sich selbst, dass es ihr sehr schwer fällt nicht den von ihr wahrgenommen Job des Elternteils zu übernehmen. Eben diese beiden parallel verlaufenden Prozesse – die Erwartungsenttäuschung der Studierenden durch das Verhalten der Mutter sowie ihr an sich selbst wahrgenommener Drang Jerome wichtige und feinfühlige Unterstützung zukommen zu lassen – werden im Protokoll transparent gemacht und eröffnen zahlreiche Fragen an die eigene professionelle Haltung: „Ist es nützlich in dieser Situation stellvertretend elterliches Verhalten zu zeigen?" „Welche Bedeutung könnte es haben, dass Frau Müller ausschließlich die Erwachsene Studierende lobt und nicht ihr Kind?" „Ab wann wird fehlenden feinfühliges Verhalten zum Störfaktor kindlicher Entwicklung?" „Wann ist für mich als Professionelle der Punkt gekommen diese fehlende Feinfühligkeit aktiv anzusprechen und deren Auswirkung auf Kinder zu thematisieren?" „Wie kann ich die Konstruktion von, für die kindliche Entwicklung dysfunktionalen, Narrationen zwischen Mutter und Kind verhindern bzw. neue Konstruktionen in die Interaktion zwischen Mutter und Kind einführen?"

Die vorliegende Situationsbeschreibung ermöglicht somit sowohl analytische Zugänge zu Interaktionsmustern zwischen Eltern und Kind, als auch zu den Formen der Subjektivierung als Fachkraft. Die dabei aufkommenden Gefühle sind gespeist durch professionelle Vorstellungen zu förderlichen elterlichen Verhaltensweisen sowie der eigenen professionellen Haltung und einer wahrgenommenen stellvertretenden Verantwortung als Fachkraft für das Kind. Selbsterkenntnis und ein analytisches Verständnis für die vorliegende Interaktionsordnung können dann einerseits eigene Gefühlslagen transparent werden lassen und zur Selbstverortung beitragen. Andererseits könnte fehlende elterliche Feinfühligkeit gegenüber dem eigenen Kind und das Lob der Studierenden als Interaktionsmuster deutlich werden, in welchem Nicht-Loben-Können als mit der eigenen Entwicklungsgeschichte verknüpfte Interaktionspraxis aufscheint und das zugewandte elterliche Loben der Fachkraft als freudige Bewertung und damit als Konstruktion einer hierarchischen Stellung gegenüber der Praktikantin – die Fachkraft für ein Spiel loben, für das eigentlich nur Kinder gelobt werden – gelesen werden. Die Fähigkeit von Eltern gegen ihre Kinder verlieren zu können, könnte in der beschriebenen Situation somit auf das Verhältnis von Frau Müller zur Praktikantin übertragen werden.

Die Analyse der beiden exemplarischen Protokolle sollte deutlich gemacht haben, in welcher Weise Protokolle die Formierung einer professionellen Identität als Sozialarbeiter*in sichtbar machen können und wie Studierende im Austausch mit relevanten Dritten die eigenen Kognitionen, Emotionen und Narrationen ihrer Erfahrungen aus dem Praxissemester nutzen können, um sich selbst als angehende Sozialarbeiter*in in den Blick zu nehmen. Abschließend sollen nun noch zwei Beispiele angeführt werden, die noch stärker als bisher den Fokus auf die Analyse von Praxis richten und im besten Fall als eine Komplexitätssteigerung die Wahrnehmungsgewohnheiten der professionellen Praxis vergrößern können.

3.4.3 Komplexitätssteigerung und die Wahrnehmungsgewohnheiten der professionellen Praxis

Ein Teil der Analysen aus dem Praxissemester ermöglicht es, in einen Austausch mit den Kolleg*innen der professionellen Praxis einzusteigen. Die Reflexionen und theoretischen Anschlüsse der Studierenden können hier eine Erweiterung von Wahrnehmungsmöglichkeiten für die Praxiseinrichtung und Fachkräfte eröffnen. In dieser Weise sind auch die beiden folgenden Beispiele zu verstehen, die im Rahmen von

Theorie-Praxis-Werkstätten mit Studierenden und den akademisch ausgebildeten Praxisanleiter*innen vorgestellt und diskutiert worden sind.

Ausgehend von der folgenden Beobachtung einer Studierenden, werden die Möglichkeiten der Verunsicherung bzw. Versicherung bestehender Praktiken verdeutlicht.[41]

Protokoll VI – Hausbesuch bei einer Familie in der ambulanten Kinder- und Jugendhilfe

2   Situationsbeschreibung: Die Familienhelferin Frau Ferdinand und die Studierende im Praxissemester,
3   Frau Segert haben einen Termin bei der Klientin Frau Kunz Zuhause. Die Familie wird im Rahmen
4   einer ambulanten Familienhilfe betreut. Das Gespräch findet im Wohn –/Esszimmer der Familie statt.
5   Ebenso anwesend ist die Tochter der Klientin, Saskia.
6   In die Situation sind folgende Personen involviert:

7   – *Frau Kunz* (35 Jahre alt; Mutter von Saskia und Jenny, Vormund für Leah)
8   – *Saskia* (9 Jahre alt)
9   – *Frau Ferdinand* (Familienhelferin)
10 – *Frau Segert* (Studierende im Praxissemester)

12 Auf folgende Personen wird im Beispiel kommunikativ eingegangen:

13 – Jenny (18 Jahre alt)
14 – Leah (2 Jahre alt; Tochter von Jenny)
15 – Frau Patros (Pflegekinderdienst)
16 – Frau Peters (Psychologin)

18 Frau Ferdinand und Frau Segert werden von Frau Kunz gebeten an dem Tisch Platz zu nehmen; sie
19 selbst setzt sich an das Kopfende des Tisches. Frau Ferdinand und Frau Segert sitzen sich gegenüber
20 am Tisch. Frau Kunz steht auf, gibt den beiden Hunden die im Raum sind Kommandos. Die Tiere
21 bellen laut und springen an den Anwesenden hoch, so dass ein Hund von Frau Kunz in einem
22 Zwinger im Wohnzimmer untergebracht wird. Der zweite Hund wird von Saskia – der Tochter von
23 Frau Kunz – in einen anderen Raum gebracht. Frau Kunz ruft Saskia zu sich, sie soll die Bücher
24 aus der Küche holen. Das Mädchen kommt mit einem Paket zurück. Die Mutter berichtet, dass sie
25 diese für Saskia gekauft hat. Saskia nimmt eine Schere und schneidet die Verpackung auf. Frau
26 Kunz beginnt davon zu berichten, dass Saskias Lehrer vermuten, das Mädchen wäre
27 Legasthenikern. Sie unterbricht ihre Rede häufiger und weist das Mädchen darauf hin, sie solle mit
28 der Schere aufpassen. Saskia nimmt die Kinderbücher und sagt, dass sie weiß warum ihre Mutter
29 die Bücher für sie gekauft hätte. Sie sagt: „Weil du mich kennst." Frau Kunz antwortet, dass es
30 selbstverständlich wäre, dass sie Saskia kenne und fordert ihre Tochter dazu auf, mit den Büchern
31 auf die Couch zu gehen und sich still damit zu beschäftigen.
32 Frau Kunz berichtet, dass sie Saskia testen lassen will. Sie sagt, sie müsste ein halbes Jahr auf einen
33 Termin warten. Frau Ferdinand antwortet, dass es vermutlich schneller gehen würde, wenn sie mal
34 in der Klinik anrufe. Die Klientin berichtet weiter über die Rückmeldungen aus der Schule. Saskia

---

41 Die vorliegende Situation wurde von einer Studierenden in der ersten Woche ihres Praxissemesters bei einem Familienbesuch gemeinsam mit der Sozialpädagogischen Familienhelferin gemacht. Nach der Analyse in den Theorie-Praxis-Seminaren ist die Situation als Beobachtungsprotokoll gemeinsam mit den Professionellen aus den Praxiseinrichtungen gelesen und ihnen im Anschluss daran unsere Interpretation der vorliegenden Situation vorgestellt worden. Durch die immer sehr heterogene Professionellengruppe, die an den Theorie-Praxis-Werkstätten teilnahm, konnte ausgehend von der Vorstellung der Interpretationen in eine kontroverse Diskussion zur praktischen Bedeutung der theoretischen Fragen eingestiegen werden.

35 würde zwar bereits von den Lehren nach „L" unterrichtet werden, allerdings zeige sie da auch noch
36 große Wissenslücken. Frau Kunz erzählt mit schneller Sprache, dass die Lehrer sich auch nicht an
37 die Absprachen halten würden. Es wäre unmöglich, dass sie Saskia nie dran nehmen würden, wenn
38 sie sich melde. Die Mutter spricht in Richtung Saskia und fragt. „Oder, was sagst du dazu?" Das
39 Mädchen ruft laut: „Ein mal vielleicht, wenn es hoch kommt!"
40 Frau Kunz sagt, dass sie selbst sich ja immerhin auch an die Absprachen halte. Sie berichtet
41 weiterhin von der Einschätzung der Frau Peters. Die Protokollantin fragt nach wer Frau Peters ist.
42 Die Familienhelferin erklärt, das sei eine Psychologin aus der Tagesbetreuung die Saskia besucht.
43 Sie erzählt über die Einrichtung in der das Mädchen täglich betreut wird. Frau Kunz schaut die
44 Familienhelferin währenddessen an und nickt, ruft dazwischen immer wieder Saskia
45 Aufforderungen zu. […]
46 Frau Ferdinand richtet sich an Frau Kunz und fragt nach der ältesten Tochter Jenny. Frau Kunz
47 sagt, dass sie einen Termin bei Frau Patros vom Pflegekinderdienst hat. Die Familienhelferin erklärt
48 der Studentin es handele sich hierbei um die zweijährige Lea. Das kleine Mädchen ist die Tochter
49 von Jenny, lebt aber bei Frau Kunz, die die Vormundschaft für ihr Enkelkind hat.
50 Frau Kunz hört zu und fängt rege an zu erzählen, dass „die Kleine" in einem Jahr zu ihrer Mutter
51 soll. Sie soll nun dort übernachten. Alles würde umgeschmissen werden. Frau Ferdinand reagiert
52 darauf, indem sie äußert, dass Frau Kunz „mit am Tisch sitzen würde", wenn es um diese
53 Entscheidung gehe.
54 Frau Kunz sagt, sie findet das alles zu viel für das Kind. Das Mädchen soll nun auch bei ihrem
55 Vater übernachten. „Das Kind hat zu viele Termine mit zwei Jahren". Zudem sagt sie, ärgert sie
56 sich darüber, dass sie das Kind zu den Besuchszeiten immer zu ihrer Tochter Jenny bringen müsse.
57 Wenn Jenny die eigene Tochter hier besuche, spiele sie nur mit ihrem Handy, erzählt die Klientin.

In der vorliegenden Situation erlebt die Studierende Frau Segert einen Hausbesuch bei einer Klient*innenfamilie. Dabei befindet sie sich in Begleitung der Familienhelferin Frau Ferdinand und beschreibt ein Gespräch zwischen Familienhelferin, der Kindsmutter Frau Kunz und ihrer im Haushalt lebenden Tochter Saskia. Während die Studierende am Beginn der Interaktion das Eintreffen bei der Familie und das Hinsetzen am Tisch beschreibt (Z. 18ff.), beginnt sie in der Nachfolge die Kommuniation zwischen Professioneller und Klientin in den Blick zu nehmen, sowie die Interaktionspraxen zwischen Kindsmutter und Saskia zu betrachten. In der Analyse soll nun ein Blick auf den in der Situation präsenten Diskurs gerichtet werden, um einen Einblick in die diskursiven Regeln innerhalb der Familie als auch zwischen Familie und Professioneller zu erlangen.

Geht man mit einer diskursanalytischen Brille an die vorliegende Situationsschilderung heran und schaut sich den Diskurs innerhalb der Situation als „Komplex von Aussageereignissen und darin eingelassenen Praktiken, die über einen rekonstruierbaren Strukturzusammenhang miteinander verbunden sind und spezifische Wissensordnungen der Realität prozessieren" (Keller 2011, S. 235) an, erscheinen verschiedene Regeln, die für Ordnung im Diskurs sorgen. So wird deutlich, dass Frau Kunz über die Identität des Diskurses wacht und für die permanente Reaktualisierung seiner Regeln Sorge trägt. Frau Kunz reguliert die Redebeiträge und die Handlungen der beteiligten Akteure aktiv, indem sie Personen konkret adressiert und anspricht sowie die neu Eintreffenden bittet am Tisch Platz zu nehmen und die eigene Position am Kopfende des Tisches festlegt (Z. 18 „Frau Ferdinand und Frau Segert werden von Frau Kunz gebeten an dem Tisch Platz zu nehmen; sie selbst setzt sich an das Kopfende des Tisches"). Das Unruhige Verhalten der Hunde nimmt sie zum Anlass über Kommandos an die beiden Hunde und das Wegbringen in einen anderen Raum für eine Art Ausschluss aus dem Diskurs zu sorgen (Z. 20 ff. „Frau Kunz steht auf, gibt den beiden Hunden die im Raum sind Kommandos. Die Tiere bellen laut und springen an den Anwesenden hoch, so dass ein Hund von Frau Kunz in einem Zwinger im Wohnzimmer untergebracht wird."). Den Hunden, wie auch im weiteren Verlauf der Situation, ihrer Tochter Saskia wird ein Recht am Diskurs teilzunehmen in bestimmten Situationen zugesprochen (Saskia präsentiert die Kinderbücher Z. 22 ff.; Saskia bringt den Hund weg Z. 23; Saskia wird nach dem Drangenommen-Werden in der Schule gefragt Z. 37 f.), in anderen Situationen für ihren Ausschluss gesorgt (Z. 29 f.). Dies ließe sich mit Michel Foucault im Sinne der *Ausschließungsmechanismen aus dem Diskurs* als Verweigerung des „Rechtes eines sprechenden Subjektes" lesen (vgl. Foucault 2007: 11) und erscheint in einer Ausführung in der Situation sogar routiniert.

Die Aufforderung der Mutter an Saskia die Bücher zu holen – vielmehr das noch nicht geöffnete Paket – aus der Küche zu holen und es demonstrativ vor den Professionellen mittels einer Schere zu öffnen, verweist auf eine zweite Ebene der Situation – deren Aufführungscharakter. Nachdem Saskia auch beim Aufschneiden des Paketes eine pädagogische Anleitung durch Frau Kunz erfahren hat und die Bücher vor den Professionellen ausgepackt wurden, wird Saskia zur Couch geschickt und gebeten sich „still" mit den Büchern zu beschäftigen. Hier wird einerseits gezeigt, dass Frau Kunz Absprachen aus den vorhergehenden Kontakten zwischen Familienhelfer*in und Klientin (Bücher für Saskia besorgen) eingehalten hat und ihre Bemühungen werden durch das repräsentative Öffnen des Paketes allen Beteiligten vor Augen geführt. Andererseits wird eine pädagogische Ordnung vorgeführt, in der die Kindsmutter für das Wohlergehen ihrer Tochter Verantwortung übernimmt und sie beim Öffnen des Paketes mit der Schere anleitet. Auch im Folgenden wird von Frau Kunz eine pädagogische Ordnungsvorstellung beschworen (Natürlich kennt eine Mutter ihre Tochter Z. 28 f.; Lehrer und Eltern sollten sich an Absprachen halten Z. 39 ff., Leah habe zu viele Termine mit zwei Jahren Z. 51, die Mutter-Kind-Interaktion zwischen Jenny und Leah seien nicht angemessen Z. 53 f.). Wichtig scheint in jedem Fall, dass bestimmte Ideen und Verhaltensweisen vor den Professionellen als sinnvoll bzw. nichtsinnvoll im Diskurs markiert werden.

Nimmt man hier Goffman's Theatermetaphorik hinzu und schaut sich die Interaktionen der Akteure in der vorliegenden Situation als Darstellungen des Selbst auf der „Bühne des Alltags" an, drängt sich im Rollenverhalten von Frau Kunz die Frage nach der Kohärenz von Verhalten und Erscheinung im Goffman'schen Sinne auf (vgl. Goffman 2008 [1959], S. 25 f.). Sofern die hier gezeigten Verhaltensweisen Techniken der Aufführung darstellen, dann zeigt sich, dass hier die Ordnung des Diskurses und die Inszenierung einer Ordnung vor den Professionellen eng miteinander verbunden sind. Ausgehend von dieser Situation könnte so die Frage gestellt werden, ob eine Ordnung in dieser Situation bewusst für die Professionellen aufgeführt wird. Entwickelt man diesen Gedanken weiter, stellt sich die Frage, ob die Arbeit mit professionellen Sozialarbeiter*innen in der ambulanten Kinder- und Jugendhilfe zur Folge hat, dass Klientenfamilien/-systeme die Normen und Vorstellungen eines ‚geregelten' Familienlebens im Prozess der gemeinsamen Arbeit erlernen und dies auf einer ersten Stufe als Aufführung eines Verhaltens bzw. einer Ordnung in Form der Erscheinung für die Professionellen präsentieren, um in einem zweiten Schritt (und dies im besten Fall) die Erscheinung in ihr Verhalten (im Sinne habitueller Verkörperung) zu überführen und zu verstetigen (vgl. König 2014)? Wäre professionelle Sozialarbeit in der ambulanten Familienhilfe dann die Förderung und Forderung einer normenkonformen Aufführung (zur späteren Verstetigung)? Möglicherweise könnte auch gerade die Wiederholung der Aufführung zu deren Verstetigung beitragen bzw. die Frage gestellt werden, welchem Publikum die Aufführung übergeben werden kann, wenn die professionelle Hilfesituation einmal endet. Zumindest zeigt die Interaktion zwischen Mutter und Kind, sowie zwischen Kindsmutter und Familienhelferin, dass eine für die Professionellen vorbereitete pädagogische Maßnahme (Bücher anschaffen) erledigt wurde, auch wenn der eigentliche Zweck der Bücheranschaffung nicht allein die Anzeige von Aktivität gegenüber den Professionellen ist. Die Aufforderung von Frau Kunz an Saskia sich ruhig mit diesen Büchern zu beschäftigen stellen dann die etwas naiv wirkende Vervollständigung der erwarteten pädagogischen Interaktion zwischen Mutter und Kind dar. Auch die Aufregung, die Frau Kunz zeigt, wenn sie über dysfunktionales Elternverhalten ihrer eigenen Tochter, sowie die fehlende Zuverlässigkeit der Lehrer*innen spricht, verdeutlichen im Diskurs mit den professionellen Fachkräften eine Haltung, die ein Ernst-nehmen der Elternrolle suggerieren. Das Herstellen einer situativen Ordnung zeigt somit die disziplinierende Macht des Diskurses in Form des Aufführungscharakters als Inszenierung guter Elternschaft vor Professionellen.

Im besten Fall kann diese Analyse Ideen liefern, wie professionelle Sozialarbeiter*innen in der ambulanten Familienhilfe mit Situationen umgehen können, in denen Sie eine fehlende Kohärenz von Verhalten und Erscheinungsweisen bei ihren Klient*innen wahrnehmen. Dies nicht als fehlende Authentizität wahrzunehmen bzw. als Schauspielerei oder Unwahrheit abzuwerten, sondern die dahinterliegende Anstrengung zu würdigen, durch die Klient*innenfamilien zeigen, dass sie sich aktiv mit den pädagogischen Ordnungsvorstellungen auseinandersetzen und sich in verschiedenen Interaktionssequenzen vor den Professionellen in dieser Ordnung ausprobieren, könnte in eine gelassenere Haltung der Fachkräfte münden und den Fokus auf die dem Aufführungscharakter inhärenten Möglichkeiten lenken.

Ein weiteres Beispiel aus einer Hilfeplanung soll die Erweiterung von Wahrnehmungsmöglichkeiten für Studierende sowie Fachkräfte der Sozialen Arbeit durch Beobachtungsprotokolle verdeutlichen.

Protokoll VII – Hilfeplangespräch in der stationären Kinder- und Jugendhilfe

Legende: Herr Kaiser (Kindsvater)
         Frau Jung (Fachkraft des Jugendamtes)
         Frau Sobert (Sozialarbeiterin der stationären Kinder- und Jugendhilfeeinrichtung)
         Frau Elsen (Bezugserzieherin der Wohngruppe)
         Frau Steffens (Studierende im Praxissemester)

7   Das Hilfeplangespräch findet in der stationären Kinder- und Jugendhilfeeinrichtung, in den Büroräumen
8   der Einrichtung statt. Frau Jung vom Jugendamt lernt Herr Kaiser, den Kindsvater dort das erste Mal
9   kennen, da sie diesen Fall erst vor Kurzem übernommen hat. Der Sohn von Herr Kaiser wohnt
10 mittlerweile seit 3 Jahren in einer Wohngruppe der Praxiseinrichtung, da „Herr Kaiser mit der Erziehung
11 und Versorgung seines Sohnes nach eigenen Angaben überfordert" sei. Der Sohn von Herrn Kaiser
12 besucht diesen regelmäßig am Wochenende und bleibt dort über Nacht. Auch an einzelnen Tagen in der
13 Woche findet am Nachmittag ein Besuchskontakt zum Vater statt. Herr Kaiser möchte sich nun, nach
14 der Trennung von seiner Lebenspartnerin, eigenständig um seinen Sohn kümmern. Seine Partnerin habe
15 ihn vor die Wahl gestellt, entweder mit ihr zusammen zu sein oder weiterhin Kontakt zu seinem Sohn
16 zu haben. Er will, dass sein Kind wieder bei ihm zu Hause wohnt und somit nicht mehr in der
17 Wohngruppe verbleibt, da er sich verpflichtet fühlt ohne Hilfe von Außen für sein Kind da zu sein. Diese
18 plötzliche Idee des Kindsvaters beschreibt die Sozialarbeiterin der stationären Kinder- und
19 Jugendhilfeeinrichtung – Frau Sobert – als „überstürzten Sinneswandel". Zudem scheint der Kindsvater
20 sowohl psychisch als auch physisch angeschlagen. Herr Kaiser gibt an, dass er selbst überwiegend
21 negative Erfahrungen mit dem Jugendamt gemacht habe und er selbst seine Kindheit im Heim
22 verbrachte.
23 Direkt zum Einstieg ins Gespräch äußert Herr Kaiser deutlich und bestimmt, aber mit sehr leiser und
24 ruhiger Stimme, dass er die Hilfemaßnahme seines Kindes in der Einrichtung beenden möchte und
25 seinen Sohn zu Hause bei sich aufnehmen möchte. Seine Hände hat er dabei auf den Tisch gelegt und
26 sie gefaltet. Die Hände sehen sehr trocken und unsauber aus. Allgemein macht Herr Kaiser einen eher
27 ungepflegten Eindruck. Als Frau Jung sein Anliegen nicht befürwortet, erhebt der Kindsvater seine
28 Stimme. Diese klingt sehr forsch und aggressiv. Doch kurz darauf blickt er mit weit aufgerissenen
29 Augen ins Leere und atmet tief aus. Als Frau Jung versucht ihn zu beruhigen, fällt ihr Herr Kaiser
30 andauernd ins Wort. Frau Jung spricht weiter ruhig und langsam auf ihn ein. Sie zeigt ihm Verständnis
31 für sein Anliegen, dass er seinen Sohn öfter sehen möchte, macht ihm aber auch gleichzeitig darauf
32 aufmerksam, dass dies so überstürzt kein guter Weg sei. Herr Kaiser spricht darauf energisch und
33 beginnt wild mit den Händen und Armen zu gestikulieren. Er macht deutlich, dass er sich von
34 niemandem etwas sagen lässt, vor allem nicht von Frauen. Es fällt auf, dass er unabhängig davon, wer
35 von den drei Fachkräften etwas sagen will, jeder von Ihnen ins Wort fällt und sie nicht ausreden lässt.
36 Auffällig ist auch, dass er, wenn er spricht, seine Augen weit aufreißt und dabei so gut wie gar nicht
37 blinzelt. Die Fachkraft des Jugendamtes und die Sozialarbeiterin der Einrichtung reden weiter ruhig mit
38 ihm, jedoch ohne erkennbaren Erfolg. Herr Kaiser beginnt plötzlich mit sich selbst zu sprechen und
39 dabei wieder ins Leere zu schauen. Seine Aussagen passen häufig inhaltlich nicht zusammen, was sich
40 darin zeigt, dass er von einem Thema zum nächsten hin und herspringt. Er trinkt sein Wasser und seinen
41 Kaffee ständig leer und schenkt sich danach direkt neu ein. Einmal schenkt er sich hektisch zu viel ein
42 und seine Kaffeetasse läuft komplett über. Im Anschluss säubert er mit einem Taschentuch den Tisch
43 und beginnt mit seinem Glas zu spielen, in dem er dieses auf einer Seite des Bodens stehend kreisen
44 lässt.
45 Frau Sobert schaut während des Gesprächs fragend zu Frau Jung. Manchmal auch kopfschüttelnd und
46 mit eher verzweifeltem Blick in Richtung von Frau Elsen, der Bezugserzieherin. Gegen Ende des
47 Gesprächs sagt Herr Kaiser fast kein Wort mehr und blickt nur noch ins Leere. Er beendet das Gespräch
48 mit der Aussage, dass er sein Vorhaben weiterhin verfolgen möchte auch wenn er dabei gerichtlich
49 vorgehen müsste: „Koste es, was es wolle". Die Fachkräfte besprechen nach dieser Aussage das weitere
50 Vorgehen und vereinbaren einen erneuten Termin während Herr Kaiser teilnahmslos daneben sitzt und
51 schweigt. Beim Verlassen des Raumes entschuldigt Herr Kaiser sich zum Erstaunen der Fachkräfte für
52 sein aufbrausendes Verhalten.

In der vorliegenden Situation nimmt eine Studierende – Frau Steffens – an einem Hilfeplangespräch mit einem Vater – Herr Kaiser – der zuständigen Mitarbeiterin des Jugendamtes – Frau Jung – und den beiden zuständigen Fachkräften der stationären Kinder- und Jugendhilfeeinrichtung, in welcher der Sohn von Herrn Kaiser untergebracht ist, teil. Frau Steffens verdeutlicht direkt zu Beginn ihrer Situationsbeschreibung, dass Frau Jung als Sachbearbeiterin des Jugendamtes erst kürzlich den Fall übernommen hat (Z. 8f.) und rahmt das Hilfeplangespräch somit als besondere Situation. Geht man davon aus, dass die Steuerung von Hilfeprozessen in der Kinder- und Jugendhilfe in der Regel zwischen Fachkräften und Familien stattfindet, die sich über einen längeren Zeitraum der Hilfeleistung kennengelernt haben, wird deutlich, dass mit dieser gemeinsamen Geschichte auch wechselseitige Erwartungen aneinander einhergehen. Niklas Luhmann spricht hier von Erwartungen und Erwartungserwartungen, wenn er beschreibt, dass zwei Interaktionspartner*innen mit jeder erfolgten Interaktion und Kommunikation zukünftig mögliche Interaktionen und Kommunikationen festlegen (vgl. Luhmann 2006a: 106ff.). König schreibt mit Bezug auf Luhmann:

> „Auf Personen bezogen lässt sich festhalten, dass ein jeder Erwartungen auf sich zieht. ,Dadurch erhalten soziale Situationen ihre Struktur. Personen bilden als ,soziale Formen' gegenseitig ,Erwartungscollagen" (Luhmann 2006: 178), also Erwartungen über die jeweiligen Erwartungen und Handlungen des Gegenübers. Diese Erwartungscollagen helfen der jeweiligen Person ihr eigenes Verhalten an die Situation und/oder das Gegenüber anzupassen. Dies geschieht über die Selektion aus vielen möglichen Handlungen, die angepasst an die erwarteten Erwartungen und Handlungen erfolgt. Durch mehrfache Erfahrungen zweier Personen aneinander, kann über die Bestätigung oder aber die Enttäuschung von Erwartungen deren Modifikation oder/und Konkretion stattfinden. Eine Aktion einer Person führt bei Person zwei zu einer Bestätigung oder Enttäuschung ihrer Erwartungen an Person eins. Auch an die Reaktion entsprechend von der zweiten Person sind von Person eins aus Erwartungen geknüpft, die vom reagierenden System bestätigt oder aber enttäuscht werden, woraus wiederum das erste System seine Erwartungen aktualisieren kann. Diesem ist es dadurch mit der Zeit möglich die vorherigen Erwartungen für die weitere Interaktion zu verwerfen, zu modifizieren und an die bisherigen Erfahrungen anzupassen. Und ,[n]ach einiger Zeit bewußter [sic!], durch soziale Erfahrungen angereicherter Lebensführung kommen völlig willkürliche Erwartungen nicht mehr vor.' (ebd.: 363), sodass letztlich eine ,Erwartungsstabilisierung' (Luhmann 1964, 26f.) eintritt. Sind sich zwei Personen (Systeme) absolut fremd, vervielfacht sich die Menge der möglichen, erwartbaren Handlungen und Gegenerwartungen derart, dass Unsicherheit entsteht." (König 2019: 376)

Stellt man diese wechselseitige Stabilisierung von Erwartungen im Sinne von *Erwartungscollagen* in Rechnung, wird klar, warum Frau Steffens auf diesen Beginn einer gemeinsamen Interaktionsgeschichte hinweist: Die erwartbare Interaktion ist prekär. Frau Jung kennt Herrn Kaiser nicht. Es gibt keine gemeinsame Interaktionsgeschichte. Allenfalls wäre denkbar, dass Frau Elsen und Frau Sobert als Fachkräfte, die Herrn Kaiser schon länger kennen, auf die bisherige Interaktionsgeschichte rekurieren bzw. diese anhand der Akte und Aktennotizen in der Situation vor Augen führen. Die Unsicherheit, über die erwartbaren Verhaltensweisen wird im Nachfolgenden dann auch zum Problem.

Die Studierende Frau Steffens beschreibt in Z. 10f., dass Herr Kaiser eigenen Angaben nach mit der „Erziehung und Versorgung" seines Sohnes überfordert sei, weshalb er den Sohn vor ca. drei Jahren in die Obhut der Kinder- und Jugendhilfe gegeben habe. Die Beschreibung der gemeinsamen Interaktionsgeschichte zwischen

Herr Kaiser und dessen Sohn (regelmäßige Besuchskontakte und Wochenendbesuche mit Übernachtung) veranschaulichen eine gewisse Kontinuität. Der geäußerte Wunsch Herr Kaisers, seinen Sohn wieder zu ihm nach Hause zu nehmen (Z. 13 f.), stellt die Einleitung in die Klärung von wechselseitigen Erwartungen in der vorliegenden Situation dar. Die Schilderung der Begleitumstände dieser Entscheidung – „Seine Partnerin habe ihn vor die Wahl gestellt, entweder mit ihr zusammen zu sein oder weiterhin Kontakt zu seinem Sohn zu haben" (Z. 14 f.) – d. h. die Trennung von seiner Lebenspartnerin, wird von der Sozialarbeitern der Praxiseinrichtung als „überstürzter Sinneswandel" beschrieben. Die nachfolgende Aufmerksamkeitsfokussierung der Studierenden auf die Körperbewegungen (Z. 24 f.), den Tonfall und die Stimme (Z. 22; 27 f; 31 f.) Herrn Kaisers verdeutlichen ebenfalls, dass (Verhaltens-)Auffälligkeiten in der Situation in den Blick geraten sind. Ob hier eine Verbindung zwischen der Bewertung „überstürzter Sinneswandel" und den auffällig, unruhigen Körperbewegungen, der fehlenden Möglichkeit sich auf das Gespräch zu konzentrieren sowie der Art und Weise des Sprechens gezogen wird, wird nicht explizit gemacht. Allerdings könnte sich hier eine Aufmerksamkeitsfokussierung zeigen, die ein Hinweis auf die Wahrnehmung der Professionellen sein könnte: der Versuch den Wunsch Herrn Kaisers seinen Sohn wieder nach Hause zu nehmen über möglichst viele verschiedene Sinneseindrücke einschätzen zu können. Dann könnte die Aufmerksamkeit der Studierenden für das unstete Verhalten Herrn Kaisers sowie die fehlende Möglichkeit Erwartungen zu bilden (außer der Erwartung, dass sehr unterschiedliche und schlecht einschätzbare Verhaltensweisen Herrn Kaisers möglich sind) ein Hinweis darauf sein, dass seine Entscheidung den Sohn wieder nach Hause zu nehmen ebenfalls als prekär zu bewerten sei. Die Ablehnung dieses Wunsches durch die Mitarbeiterin des Jugendamtes (Z. 26 f.) scheint zu einer Reaktion des Kindsvaters zu führen (forsche und aggressive Stimme, weit aufgerissene Augen, ins Leere starren und tiefes Ausatmen Z. 27 f.). Der Versuch der Professionellen Herrn Kaiser zu beruhigen, werden von der Studierenden beschrieben, wobei Sie auch deutlich macht, dass diese Versuche keinen Effekt auf Herrn Kaiser hätten (Z. 36 f.). Der Gesamteindruck, den die Studierende in der Situation erhält (mit der unzusammenhängenden Erzählweise sowie den als hektisch beschriebenen Körperbewegungen des Kindsvaters), beschreibt sie, allerdings ohne die konkreten Aussagen des Klienten wiederzugeben oder zu paraphrasieren. Viel detaillierter beschreibt sie die Art und Weise der körperlichen Bewegung des Kindsvaters während des Gesprächs. So beschreibt sie in Z. 39 ff. folgendes: „Er trinkt sein Wasser und seinen Kaffee ständig leer und schenkt sich danach direkt neu ein. Einmal schenkt er sich hektisch zu viel ein und seine Kaffeetasse läuft komplett über. Im Anschluss säubert er mit einem Taschentuch den Tisch und beginnt mit seinem Glas zu spielen, in dem er dieses auf einer Seite des Bodens stehend kreisen lässt." Diese unaufhörliche Bewegtheit und Unruhe des Klienten wird, der Wahrnehmung der Studierenden nach, auch von den Fachkräften „kopfschüttelnd" (Z. 43) und mit „verzweifeltem Blick" (Z. 44) kommentiert. Die Schlussfolgerung Herr Kaisers, dass er sein Kind „koste es, was es wolle" (Z. 47) zu sich holen wolle und diesen Wunsch notfalls gerichtlich zu verwirklichen suche, verdeutlicht die letztlich unversöhnlich nebeneinander stehenden Perspektiven der Gesprächspartner*innen. Herr Kaiser hat im Gespräch seinem Wunsch seinen Sohn nach Hause zu holen Ausdruck verliehen. Frau Jung vom Jugendamt zeigt diesem Anliegen gegenüber Verständnis, möchte jedoch die Entscheidung des Vaters nicht ohne weiteres mittragen. Die Entschuldigung am Ende des Gesprächs (Z. 49f.) kommt dann, in der Beschreibung der Protokollierenden, für die Fachkräfte überraschend und wird ebenso von der Studierenden wahrgenommen. Wieso ist dies so? Was passiert in der vorliegenden Situation genau?

Schauen wir uns die vorliegende Situation aus der Perspektive der Erwartungen und Erwartungserwartungen an, wird deutlich, dass die Fachkräfte der stationären Kinder- und Jugendhilfeeinrichtung den Kindsvater kennen und seinen Wunsch, seinen Sohn im eigenen Haushalt unterzubringen, für problematisch halten. Dass ihre Bewertung „überstürzter Sinneswandel" auch ökonomisch motivierte Gründe der weiteren Belegung der Praxiseinrichtung haben könnte, blenden wir in dieser Analyse aus und schauen stattdessen auf die geäußerte Bewertung. Die Bewertung *überstürzter Sinneswandel* suggeriert einerseits eine gewissen Kenntnis über Herrn Kaiser. Die Vorgeschichte wird daher auch kommunikativ noch mal allen vor Augen geführt, in dem der geäußerte Wunsch des Vaters, seinen Sohn in die Obhut der Kinder- und Jugendhilfe zu geben, da er mit der Erziehung und Versorgung überfordert sei, eingebracht wird. Hier zeigt sich in Anlehnung an Theorien des Selbst, ein Konstruktionsprinzip von Identität in der Differenz des „Selbst als Lebenslaufresultat" und des „Selbst als Resultat von sozialen Zurechnungen" (Hahn 1987: 10), wie dies bei Alois Hahn zu finden ist. Hahn stellt der Annahme, dass wir der/diejenige sind, die wir durch die Aufschichtung unserer Erfahrungen und Erlebnisse als chronologische Reihung von Ereignissen – als Resultat – geworden sind, das Selbst als Zuschreibungsmodell gegenüber:

> „Das Selbst eines Menschen wird also nicht schon durch die Handlungen als solche gebildet, sondern dadurch, dass ihm seine Gruppe die von ihr für gedächtniswürdig erachteten Handlungen in der zeitlichen Ordnung ihrer Abfolge als seine Vergangenheit zurechnet." (ebd., S. 10)

Was sich dann in dieser Situation zeigt, ist eine, durch die gemeinsame Vorgeschichte der Fachkräfte der Kinder- und Jugendhilfeeinrichtung mit Herrn Kaiser entstandene Erzählung, die ihn als Kindsvater mit gewissen selbst eingestandenen Schwächen erscheinen lässt. Die Unterbringung des Kindes in der Kinder- und Jugendhilfe erscheint nach einer derartigen Selbsterkenntnis als sinnvoller und gut begründeter Schritt. Die fehlende Erfahrung von Frau Jung mit Herrn Kaiser wird also hier durch die vorhandenen Fachkräfte auf eine gemeinsame Geschichte zugespitzt, die die jetzige Entscheidung des Vaters als kurzfristig, vielleicht mit Bedacht zu bewertende sowie zumindest begründungsbedürftige Entscheidung rahmt. Die Beschreibung des Vaters, dass seine Lebensabschnittsgefährtin sich von ihm getrennt hat und er nun seinen Sohn nach Hause holen möchte, klärt in diesem Kontext die Frage „Was sich seit dem Hilfeersuchen des Vaters bei ihm verändert hat, dass er sich heute in der Lage sieht seinen Sohn adäquat zu erziehen und zu versorgen?", für die Fachkräfte keinesfalls. Allenfalls wächst der Zweifel, dass ein Verlust einer Beziehung ggf. durch eine andere

Beziehung ersetzt werden soll. Wenn man in Anlehnung an Alois Hahn nun fragt, worum es für die Fachkräfte also bei der Darstellung des Selbst – zumindest kann man die Art und Weise, wie sich Herr Kaiser gegenüber den Fachkräften präsentiert als solche bezeichnen – geht, dann zeigen sich verschiedene Ebenen, die nun kurz aufgezeigt werden sollen:

Alois Hahn verdeutlicht, dass eine Beurteilung der Darstellung des Selbst *erstens* auf der Ebene des äußeren Handelns sowie der inneren Lagen, Gefühle, Empfindungen und Motive beurteilt werden kann (vgl. ebd.: 17f.) Wird die Darstellung des Selbst ausschließlich auf der Ebene des von außen sichtbaren Agierens beurteilt, kann im vorliegenden Fall zumindest auf die Einhaltung von Regeln durch Herr Kaiser hingewiesen werden, der regelmäßig an den Besuchskontakten teilnimmt (Z. 11ff.), sich gegen die Entscheidung für einen Verbleib seines Sohnes in der Wohngruppe auflehnt, indem er laut spricht (Z. 26f.) sowie insgesamt einen äußeren Eindruck vermittelt, der bei den Fachkräften eher Zweifel an geordneten Verhältnissen aufkommen lässt (Z. 19f.; 25ff.). Nimmt man allerdings auch die inneren Lagen und Gefühle hinzu, zeigt sich Herr Kaiser als reflexiv gegenüber seinen eigenen „überwiegend negativen Erfahrungen mit dem Jugendamt" (Z. 20), sowie seiner Wut und Frustration über die Entscheidung von Frau Jung, seinen Sohn in der Wohngruppe zu belassen (Z. 31ff.).

Schaut man die Darstellung des Selbst *zweitens* auf den Ebenen der Identitätsentwicklung an außerordentlichen oder einmaligen Entscheidungen bzw. an der Kontinuität des Alltags (vgl. ebd. 17ff.) an, wird deutlich, dass sich der Wunsch Herrn Kaisers, seinen Sohn nach Hause zu nehmen als Entscheidung nach einer Veränderung im eigenen Leben darstellt. Mit der Trennung von seiner Lebenspartnerin – einem außerordentlichen Ereignis im Lebensverlauf – geht der Wunsch einher den Sohn zu sich nach Hause zu nehmen. Die Bewertung der Fachkräfte, dass es sich dabei um einen „überstürzten Sinneswandel" handele (Z. 19), beurteilt Herrn Kaiser hierbei nicht auf der Ebene der Entwicklung nach besonderen Ereignissen im Leben, sondern vor dem Hintergrund, ob die angesprochene Entscheidung des Vaters als Kontinuität im Alltag gewertet werden kann. In diesem Punkt wird klar, dass kurzfristigen Entscheidungen eher mit Zweifel gegenübergetreten wird, während vermeintlich *langsame* Entscheidungen eine gewisse Kontinuität in der Veränderung suggerieren und weniger Skepsis auf Seite der Fachkräfte auslösen würden.

Auf einer dritten Ebene kann die Darstellung des Selbst an der Konstanz des Charakters bzw. der Entwicklung neuer Haltungen bemessen werden. (vgl. ebd.: 17ff.) Im Gegensatz zur vorhergehenden Ebene, die ausschließlich anhand von Ereignissen des Alltags bzw. der Alltagsorganisation beurteilt werden kann, zeigt diese Ebene die Veränderung bzw. Konstanz bestimmter als Eigenschaften zugeschriebener Charakterzüge. Erfolgen Persönlichkeitsveränderungen zu schnell, wird eher davon ausgegangen, dass die zugrundliegenden Haltungen nicht ausreichend Zeit hatten sich dieser Rasanz der Veränderungen anzupassen. Eine gewisse Konstanz des Charakters erscheint daher für Veränderungen wichtig, da eine radikale Veränderung nicht für eine gefestigte Entwicklung spricht. Das gemeinsame Vorhandensein einer gewissen Konstanz bei gleichzeitig sich entwickelnden Veränderungen, kann auch in der sozialen Zurechnung besser erfolgen. Die Selbstdarstellung Herrn Kaisers mit seiner sprunghaften Sprache

(Z. 38), dem ungepflegten Eindruck (Z. 25 ff.), den Herr Kaiser auf andere macht, sowie seine von der Studierenden sehr aufmerksam wahrgenommene körperliche Unruhe (Z. 39 ff.), könnten hier eher ein Hinweis auf eine fehlende Konstanz des Charakters sein und die Entscheidung den Sohn nach Hause holen zu wollen, als sprunghafte, schlecht überlegte Handlung rahmen.

Wollen Fachkräfte der Sozialen Arbeit nun Veränderungen des Selbst zur Ausgangsgrundlage ihrer Entscheidungen machen, müssten Sie auf den vorher dargestellten Ebenen des Selbst beurteilen, woran sie festmachen, dass sich Menschen verändert haben. Klienten müssten sich also auf verschiedensten Ebenen verändert darstellen, sowie sich gegenüber den ihnen immer wieder kommunikativ aufgezeigten Geschichten von früher bewähren. Dass dies keine leichte Aufgabe ist, wird am vorgestellten Beispiel deutlich. Sicherlich kann man in der vorliegenden Situation das Infragestellen der Motivation von Herrn Kaiser durch die Fachkräfte als gerechtfertigt gegenüber seiner eher Zweifel auslösenden Selbstdarstellung bezeichnen. Trotz allem bleiben interessante Fragen offen, die von zukünftigen Sozialarbeiter*innen situativ immer wieder entschieden werden müssen:

„Welchen Anteil haben Verhaltenskonnotationen und Zuschreibungen von Professionellen für die Festschreibung von Identität? Wenn Professionelle mir immer wieder meine damalige, selbstattestierte Unfähigkeit vor Augen führen (können), wie kann ich dann überhaupt als kompetenter Vater/Mutter erscheinen?" „Ab wann ist eine kurzfristige/spontane Entscheidung überstürzt? Bzw. Wann wäre eine Veränderung (Sinneswandel) langsam genug, dass dieser von professionellen Helfer*innen als „authentisch" bzw. als Ergebnis eines Lernprozesses interpretiert und anerkannt wird?" „Wie können professionelle Helfer*innen Veränderungen möglich machen? Welche Erzählungen müssen verändert bzw. langsam aufgebaut werden?" „Welche Anzeichen für einen „Sinneswandel" könnten auch positiv ausgelegt werden?" „Wie können Klient*innen die Veränderung ihrer Identität deutlich machen und dabei gleichzeitig die Stabilität der eigenen Identität nicht im Sinne eines plötzlichen Sinneswandelns, sondern eines erfahrungsgesättigten Lernprozesses veranschaulichen?" „Welche Rolle spielen die Strukturen institutioneller Kinder- und Jugendhilfe (im vorliegenden Fall der Wechsel der Sachbearbeiterin im Jugendamt) für die Anerkennung einer Veränderung der Persönlichkeit?"

3.5 Zusammenfassung

Im vorliegenden Kapitel wurde die Vorgehensweise der Nutzung eines ethnographischen Zugangs im Praxissemester exemplarisch anhand der Umsetzung an der htw saar veranschaulicht. Dabei wurde sowohl der metaphorische Zugang zur Reflexion von Praxiserfahrungen, der Prozess der sich wiederholenden Reflexion im Kontext eines steten Wechsels zwischen den Lernorten, sowie die Ausgestaltung der Begleitseminare und Fortbildung als auch die Umsetzung der ethnographischen Collage am Beispiel des Praxissemesterberichtes aufgezeigt. Vieles ist anders denkbar und umsetzbar. Letztlich gilt es jedoch begründet Entscheidungen zu treffen, wie das Lernarrangement im

Praxissemester der Sozialen Arbeit ausgestaltet werden soll. Das vorliegende Beispiel versteht sich als *eine* solche Ausgestaltung. Mit dieser Form der Gestaltung gehen Nachteile einher, die in den vorherigen Kapiteln aufgezeigt wurden. Die Festlegung auf das ethnographische Vorgehen eröffnet allerdings auch Potenziale auf unterschiedlichsten Ebenen. Dies soll nun im folgenden Kapitel aufgezeigt werden.

4. Professionalisierung der Praktiken des Beobachtens als lernortübergreifendes Potenzial

Ein ethnographischer und praxistheoretischer Zugang zur Praxis der Sozialen Arbeit setzt auf die Potenziale der Beobachtung und des konkreten Erlebens von Praxis als Strategien der Professionalisierung zukünftiger Sozialarbeiter*innen. Damit schließt das vorliegende Konzept an die ethnographischen Konzeptualisierungen praxisorientierten und forschenden Lernens an, die in Kap. 1.1 und 1.2 präsentiert worden sind. Ebenso kann an eine breite Debatte zur Methode der Beobachtung angeschlossen werden, die hier kurz skizziert wird.

4.1 Vorbemerkungen

Forschende Zugänge zur Praxis der Sozialen Arbeit

Wenn Werner Schefold den Stand und die Perspektiven der sozialpädagogischen Forschung beschreibt und dies sowohl für die Sozialpädagogik als auch die Sozialarbeitswissenschaft als „die wissenschaftliche, d.h. methodisch kontrollierte, nachprüfbare und nachvollziehbare Erzeugung von Wissen über die soziale Wirklichkeit [versteht], die für Soziale Arbeit bedeutsam [ist]" (Schefold 2012: 1123) sowie dies rückbindet an die „Aufgabe der Dauerreflexion ihrer Strukturen und Inhalte" (ebd.), wird deutlich, dass ein forschender Zugang zur Praxis einen bedeutsamen Aufgabenbereich in der Sozialen Arbeit darstellt. Damit erlangt Forschung in der Sozialen Arbeit die Aufgabe „Praxis in ihren Wissensgrundlagen immer wieder [zu] transzendieren und [zu] irritieren, ohne freilich die Orientierung an den Möglichkeiten – und Unmöglichkeiten – „guter" Praxis aufzugeben." (ebd.) Neben der Forschung der Wissenschaft in ihren unterschiedlichen Schwerpunktsetzungen (vgl. ebd.: 1128ff.), grenzt Werner Schefold die „Forschung als Selbstbeobachtung der Praxis" (ebd.: 1134) im Hinblick auf die Dimensionen 1. Evaluation und Qualitätsmanagement, 2. Wirkungsforschung sowie 3. Fallarbeit und Fallsupervision voneinander ab (vgl. ebd.). Studierende, die im Rahmen ihres Studierens in der Praxis die Problemlagen der Sozialen Arbeit beobachtend kennenlernen, diese reflektieren und methodisch kontrolliert analysieren, können zur Forschung als Selbstbeobachtung von Praxis beitragen.

Ernst Martin und Uwe Wawrinowski haben in ihrer Beobachtungslehre bereits 1991 das Verhältnis von Theorie und Praxis reflektierter Beobachtungen in unterschiedlichen Ausprägungen beschrieben. Als grundlegende Elemente reflektierter Beobachtungen sehen sie das Zusammenspiel von Fremdwahrnehmung der Beobachtenden, deren Selbstwahrnehmung sowie den Abgleich mit ihren Selbstaussagen (vgl. Martin/Wawrinowski 2003: 8). Ihr Fokus auf die bewusste Beobachtung als gezielte Wahrnehmungsleistung, die immer ein selektives Wahrnehmen ist, verdeutlicht die Begrenzungen der eigenen Beobachtung (vgl. ebd.: 15ff.; 87ff.).

Dies wird spätestens seit der konstruktivistischen Vorstellung der Beobachtung von Welt gesehen. Wenn Ernst von Glasersfeld in seinem radikalen Konstruktivismus den Begriff der Wirklichkeit und den Begriff der Objektivität in der Tradition des Skeptizismus in Frage stellt (Glasersfeld 2006: 9 ff.) und damit die Wahrhaftigkeit der Sinneserfahrung thematisiert, wird liebgewonnenes Wissen, das als Wahrheit angesehen wird, zweifelhaft. Aus der wahrnehmenden Erkenntnis von Wahrheit wird bei Glasersfeld dann die funktionale Perspektive der Wahrnehmung (vgl. ebd.: 22):

> „Die Umstellung von der herkömmlichen Auffassung, die das Ziel von Wahrnehmung, Erkenntnis und Wissenschaft in einer möglichst ‚wahrheitsgetreuen' Darstellung der ‚Wirklichkeit' sieht, zu einer instrumentalen Anschauung, die von Wahrnehmungen, Begriffen und Theorien zur Viabilität, also Brauchbarkeit, im Bereich der Erlebenswelt und des zielstrebigen Handelns verlangt, diese Umstellung ist im Grunde begrifflich sehr einfach; doch es bereitet erstaunliche Schwierigkeiten, diese Umstellung im eigenen Denken konsequent durchzuführen." (ebd.: 22)

Peter Berger und Thomas Luckmann zeigen in „Die gesellschaftliche Konstruktion der Wirklichkeit" (2007) eben jene Mechanismen auf, die zur Verobjektivierung sozialer Wirklichkeit beitragen und beschreiben die Prozesse der Institutionalisierung und Legitimierung von Wirklichkeit (vgl. ebd.: 49 ff.). Die letztendliche Internalisierung von Wirklichkeit trägt dann dazu bei, dass wir in sozialen Interaktionen interaktiv und kommunikativ anschlussfähig bleiben. Der schmal Grad, den man aus konstruktivistischer Sicht dabei gehen muss, drückt sich in der Frage Heinz von Foersters aus, ob Verstehen als „entdecken oder erfinden" verstanden werden müsse (Foerster 2006: 41 ff.). Eine Entdeckung geht davon aus, dass sie etwas erkennt, was vor ihrer Erkenntnis durch einen Forscher*in bereits vorhanden war. Die Vorstellung der Erfindung, wie sie von Heinz von Foerster vor allem mit Bezug auf die biologischen Möglichkeiten des Wahrnehmens formuliert wird, geht davon aus, dass Beobachter*innen im Moment der Erkenntnis eher Praktiken der Herstellung von Erkenntnis betreiben und sich das Erkennen nicht unabhängig vom erkennenden Subjekt einstelle. Heinz von Foerster verbindet dies in seiner Kybernetik zweiter Ordnung mit einer „Epistemologie des Beobachtens" (ebd.: 44 ff.; 1993: 50 ff.), in welcher er davon ausgeht, dass „Beobachter und Beobachtetes [...] untrennbar verknüpft [sind]." (2006: 44) Damit wendet er sich ab von der Idee objektiver Erkenntnis und fordert für die konstruktivistische Haltung ein, dass eine konstruktivistische Epistemologie Verantwortung des Beobachters für seine eigenen Beobachtungen, d.h. Wahrnehmungen, Beschreibungen, Bewertungen, impliziere. Die radikale Ablehnung der Vorstellung, dass Beobachtung auch ohne einen Beobachter/eine Beobachterin möglich sein könne (was schlussendlich Objektivität als Konzept suggeriere), wird in der Luhmannschen Systemtheorie als Wiedereintritt der Beobachter*in in das durch sie/ihn Unterschiedene aufgegriffen. Auch Konstruktivist*innen wollen Wirklichkeit erkennen und zwischen Illusion und Wirklichkeit unterscheiden können (vgl. Glasersfeld 2006: 32). Dabei wird in Konstruktivismus und Systemtheorie sehr deutlich gesehen, dass eine Anerkennung von real existierender Wirklichkeit auf deren Wiederholung, der Ausprägung von sich verfestigenden Strukturen und dem damit verbundenen eigenen Erleben dieser

Wiederholungen aufbaut. Um sich zu diesen Prozessen selbst in Beziehung zu setzen, bedarf es eines bewussten Umgangs mit dem Wissen um die subjektiven und gesellschaftlichen Mechanismen der Herstellung des Eindrucks objektiver Wirklichkeiten. Niklas Luhmann thematisiert dies, wenn er verdeutlicht, dass die Grundunterscheidung seiner Systemtheorie – die Unterscheidung von System und Umwelt – in erkenntnistheoretischer und erkenntnispraktischer Perspektive zu unterscheiden sei:

> „Die folgenden Überlegungen gehen davon aus, dass es Systeme gibt. Sie beginnen nicht mit einem erkenntnistheoretischen Zweifel. Sie beziehen auch nicht die Rückzugsposition einer ‚lediglich analytischen Relevanz' der Systemtheorie. Erst recht soll die Engstinterpretation der Systemtheorie als eine bloße Methode der Wirklichkeitsanalyse vermieden werden. Selbstverständlich darf man Aussagen nicht mit ihren Gegenständen verwechseln; man muss sich bewusst sein, dass Aussagen nur Aussagen und wissenschaftliche Aussagen nur wissenschaftliche Aussagen sind. Aber sie beziehen sich, jedenfalls im Falle der Systemtheorie, auf die wirkliche Welt. Der Systembegriff bezeichnet also etwas, was wirklich ein System ist, und lässt sich damit auf eine Verantwortung für die Bewährung seiner Aussagen an der Wirklichkeit ein." (Luhmann 1987: 30)

Luhmann nutzt die Beschreibung „es gibt" um anzuzeigen, dass die Unterscheidung von System und Umwelt selbst eine erkenntnisleitende Operation ist und Beobachtung selbst, wie Christoph Reinfandt verdeutlicht, als „‚reale' Operation aufgefasst wird, wobei ‚real' in diesem Zusammenhang immer nur ‚beobachtbar' und damit durch die Operation der Beobachtung konstituiert und konstruiert bedeutet." (Reinfandt 2011: 291) Für Luhmann ist klar, dass „alles Beobachtbare [...] Eigenleistung [ist], eingeschlossen das Beobachten von Beobachtern." (Luhmann 1988: 16) Die Konsequenz dieser Perspektive ist, dass jede Beobachtung, jede Erkenntnis und Beschreibung *als Beobachtung eines Beobachters ausgewiesen werden muss*, was Heinz von Foerster in seiner Beobachtung zweiter Ordnung feststellt. Eine Beobachtung zweiter Ordnung beobachtet eine*n Beobachter*in dabei, wie er/sie wahrnimmt, welche Unterscheidungen und Bezeichnungen der/die andere Beobachter*in verwendet und wie diese praktisch wirksam werden. Während der/die Beobachter*in erster Ordnung handelnd so tut, als ob seine/ihre Wahrnehmung von Wirklichkeit die Realität abbilde, können Beobachter*innen zweiter Ordnung die Unterscheidungen beobachten, die der/die Beobachter*in erster Ordnung zur Grundlage der eigenen Wirklichkeitswahrnehmung und des eigenens Handelns macht. Gleichzeitig kann der/die Beobachter*in zweiter Ordnung auch erkennen, was der/die Beobachter*in erster Ordnung, durch die von ihm/ihr verwendeten Unterscheidungs- und Bezeichnungsweisen eben nicht erkennen kann – den blinden Fleck der Wahrnehmung (vgl. Luhmann 2006a: 156ff.). Durch den Wiedereintritt der Beobachter*in in das durch ihn/sie Unterschiedene wird allerdings auch der/die Beobachter*in zweiter Ordnung im Hinblick auf die eigene Weltwahrnehmung wieder zum Beobachter erster Ordnung. Selbst wenn er/sie den blinden Fleck eines anderen Beobachters erkennen kann, steckt er/sie selbst in dem Dilemma auch einen blinden Fleck in der eigenen Wahrnehmung zu generieren.

Dass eine derartige Sichtweise auf die Erkenntnis von Wirklichkeit Folgen für das Operieren und die Außenwahrnehmung des Wissenschaftssystems mit sich bringt, sieht Luhmann sehr deutlich.

„Eine Wissenschaft, die sich selbst als Beobachtung zweiter Ordnung begreift, vermeidet Aussagen über eine unabhängig von Beobachtungen gegebene Außenwelt, und sie findet die Letztgarantie ihres Realitätsbezugs allein in der Faktizität ihres eigenen Operierens und in der Einsicht, dass dies ohne hochkomplexe Voraussetzungen [...] gar nicht möglich ist. [...]. Das Korrektiv [einer Solipsismusannahme Einfügung M.F.] liegt in der Beobachtung zweiter Ordnung selbst [...]." (Luhmann 1997b: 1120)

Der Pädagogische Blick im Projekt der Professionalisierung

Die Debatte um die Ausbildung eines pädagogischen Blicks kann hier direkt anschließen. Die Professionalisierung künftiger Sozialarbeiter*innen setzt, so Friederike Schmidt an der Ausbildung eines pädagogischen Blicks an (vgl. Schmidt 2013: 7ff.). Das „Projekt der Professionalisierung" (Kraimer 2014; Müller 2012) kann an dieser Stelle auf die kasuistischen Traditionen und deren Theoriebildung in der Sozialen Arbeit Bezug nehmen. So werden Fälle im Hinblick auf eine „case-based-practice" (vgl. Raven/Garz 2012: 565) aus strukturtheoretischer Sicht zur stellvertretenden Krisenbewältigung auf unterschiedlichen Ebenen des Fallverstehens (vgl. ebd. 567f.); zum Grenzobjekt, dessen genuin sozialpädagogische oder sozialarbeiterische Fallerzählung erst noch gefunden und mit den Logiken anderer Professionen kompatibel gemacht oder eben gegen diese Logiken verteidigt werden muss (vgl. Klatetzki 2013); zur kasuistischen Tätigkeit, die nicht einfach nur den Fall erster Ordnung (der im beruflichen Alltag die Fachkraft betreffende Fall), sondern auch den Fall zweiter Ordnung (nämlich die Konstruktions- und Rekonstruktionsprinzipien von Fällen aus professioneller Perspektive) in den Blick nimmt (vgl. Hörster 2005: 919f; Bergmann 2014a: 19ff.). Die Befremdung in der Wahrnehmung, Beobachtung und Reflexion von Fällen ist dann zentrales Element einer pädagogischen Kasuistik (vgl. Hörster 2012: 680) und kann als Fallforschung zur Praxisreflexion (vgl. Staege 2014: 215) herangezogen werden.

Wie Friderike Schmidt am empirischen Beispiel verdeutlicht, wird der pädagogische Blick als Struktur der pädagogischen Wahrnehmung im Kontext von Erfahrungsbeschreibungen der Professionellen Fachkräfte auf den Ebenen des (1.) professionellen Selbstverständnisses, (2.) des komplexen Wissens und des (3.) Wahrnehmungsfokus deutlich (Schmidt 2013: 9f.)

Marc Schulz' Bezugnahme auf die aktuelle Debatte um „Beobachtung als Eingangstür" in die pädagogische Praxis (Schulz 2013) greift die Metaphorik der Eingangstür auf und thematisiert die Methode der Beobachtung als „zentrale(n) Bestandteil der sozialpädagogischen Methodenlehre" (ebd.: 15). Die Tür-Metaphorik analysiert er dabei folgendermaßen: „Die „Beobachtungstür" verschafft damit nicht nur den Eintritt in den pädagogisch geordneten Arbeitsraum, sondern trennt in ihrer Schwellenmetaphorik zugleich den Raum des pädagogischen Nicht-Handeln-Könnens vor der Eingangstür von dem des pädagogischen Handeln-Könnens hinter der Eingangstür." (ebd.) Wer sich mittels der Beobachtung einen Zutritt zur sozialpädagogischen Praxis verschafft hat, eignet sich durch die differenzierte Beobachtung der pädagogischen Adressat*innen, der Arbeitsweisen der Professionellen, der vorhandenen Strukturen und Prozesse das notwendige Wissen an, um pädagogisch tätig zu werden. Über eine Systematisierung und Kontrolle der eigenen Wahrnehmung, soll so das stark Subjektive des eigenen Wahrnehmens kontrolliert werden. Chantal Munsch verdeutlicht, dass die Beobachtung im Feld gleichzeitig das Potenzial der Reflexion von eigenen Normalitätsvorstellungen und Emotionen beinhaltet. Vor allem zeigt sie, dass es Veränderungen in den wissenschaftlichen Diskursen (der ethnographischen Forschung) gebe, die das Interesse weg von den Adressat*innen hin zu den Fachkräften als Beobachtungsgegenstände von Forschung verlagerten (vgl. Munsch 2015: 421). Dabei sei auffallend, dass diese Blickwinkelverschiebung keinesfalls verändere, dass die Forscher*innen selbst, „ihre Teilnahme am erforschten Geschehen, ihr Erleben, ihre Emotionen" (ebd.) weitgehend aus den Texten und Forschungsergebnissen herausgehalten hätten und nicht thematisieren. Betrachtet man Beobachtung als Eingangstür in die Praxis, wird die Ebene des eigenen Involviert-Seins zentral und kann wie bei Munsch wichtige Kontrastierungen und Erweiterungen der eigenen Ergebnisse liefern (vgl. ebd. 424ff.). Ein Praxissemester, das sowohl die distanzierte Beobachterrolle beinhaltet als auch den Wechsel zu einer „starken Teilnahme" (Breidenstein et al. 2013: 66ff.) vorsieht, kann über die begleitende Reflexionsarchitektur die Standortgebundenheit des eigenen Wahrnehmens und Erlebens in den Blick rücken (vgl. Munsch 2015: 426). Dann gerät auch die emotionale Verstrickung des Forschers/der Forscherin zum analytisch interessanten Datenmaterial (vgl. Devereux 1978; Reichmayr 1995; 2003 Freis/König 2020). Die Schwierigkeit der Selbstbeobachtung und -reflexion *im* und *durch* das wissenschaftliche Schreiben vor allem der autoethnographischen Forschung (Reinmann/Schmohl 2016; Ploder/Stadlbauer 2017) wird von Chantal Munsch für die Soziale Arbeit als Disziplin als „immer noch […] prekär" beschrieben: „Für die Soziale Arbeit sind diese Normen [subjektives Erleben und wissenschaftliches Schreiben zu trennen *Einfügung M.F.*], Wissenschaftlichkeit darzustellen, aufgrund des immer noch als prekär empfundenen disziplinären und professionellen Status besonders relevant. Gerade vor dem Hintergrund dieses unsicheren Status kann es umso schwieriger sein, andere Darstellungsformen als die hegemonial präferierte zu wählen." (Munsch 2015: 432) In der vorliegenden Konzeption wird der Fokus auf die eigene Subjektivität als komplementäre Perspektive zur analytischen Beobachtung der Praxis mit anschließender Auswertung über die ethnographische Collage gesehen.

Die Bedeutung qualitativer Forschungsmethoden in der Ausbildung zukünftiger Sozialarbeiter*innen wird dabei in der Debatte um den pädagogischen Blick deutlich gesehen (vgl. Braun 2013: 34ff.; Völter 2008). Durch die Nutzung von Beobachtungsmethoden kann das Studieren in der Praxis der Sozialen Arbeit zum Ort der Fallarbeit werden, in dem reflexiv auch Formen eigener Praxis befremdet werden können (vgl. Braun 2013: 38).

Das *Sehen als Praxis* zu begreifen, ermöglicht es weder bei objektivistischen Interpretationen des Sehens noch bei subjektivistischen Konzeptionen stehen zu bleiben, sondern wie Eva Schürmann schreibt, um „die eigentümlich proteushafte Veranlagung des Sehvermögens *zwischen* Bewusstsein und Welt, Konstruktion und Repräsentation, zwischen Interpretativität und Responsivität sowie zwischen Zustand und Handeln begrifflich zu fassen, reichen weder empiristische Sinnesdatentheorien noch konstruktivistische Produktionstheorien […]. Vielmehr spricht einiges dafür, Sehen als eine kontextuell situierte und intersubjektiv adressiert *Tätigkeit* zu begreifen, mithin als einen Vollzug, der zugleich etwas stiftet." (Schürmann 2008: 11) Das Sehen als Handeln wird dann in seiner inhärenten ordnenden Kraft der Wahrnehmung (vgl. ebd.: 69), als sinnbildende Kapazität (vgl. ebd.: 72 f.) als pragmatisch-zweckorientierte Erschließung von Welt mit einer praktisch-ethischen Seite, die die Bedingungen der Erschließung einer sinnlich wahrnehmbaren und sozial geteilten Welt festsetzt, sichtbar (vgl. ebd.: 73 ff.). Für Eva Schürmann tritt dabei die Differenz des Sichtbaren und des Unsichtbaren als „Konstellation wechselseitiger Aktualisierung" (ebd.: 242) in Erscheinung. Hierzu resümiert sie: „Es gibt das Unsichtbare als Strukturmoment der Prozesse des Sehens und des Sichtbarseins. Erst vor dem Grund des Unsichtbaren kann das Sichtbare gesehen werden, wie eine Figur vor einem Hintergrund und wie das Sprechen im Kontrast zum Schweigen." (ebd.). Diese Differenzwahrnehmung, in die der/die Beobachter*in unweigerlich wiedereintritt (vgl. Luhmann 2002: 80 ff.), kann als Praxis des Sehens in ihren unterschiedlichen Dimensionen in der Ausbildung von Sozialarbeiter*innen sichtbar und bearbeitbar gemacht werden.

Die Bedeutsamkeit einer Reflexion der Praktiken des Beobachtens in der Ausbildung

Greift man dazu den bewussten Einsatz von Praktiken des Beobachtens in allen ihren Nuancierungen auf, wird deutlich, dass im Kontext der in Kap. 3 dargestellten Reflexionsarchitektur Erkenntnispotenziale einer Sichtbarmachung der Differenz zwischen Sichtbarem und Unsichtbarem auf mehreren Ebenen generiert werden können. Sowohl können hier die Möglichkeiten der Selbstreflexion der eigenen Praktiken des Sehens, einer beginnenden Selbstidentifikation als Sozialarbeiter*in, die analytische Durchdringung der Logiken der Praxis, der Logiken der Fallkonstitution durch Soziale Arbeit als auch die Möglichkeiten der metaphorischen (Selbst-)Steuerung von Reflexionsprozessen auf Studierendenebene hervorgehoben werden. Ein hochschuldidaktisch gerahmter und in der Kooperation der Lernorte Hochschule und Praxis abgesprochener Beobachtungsauftrag der Studierenden kann darüber hinaus als Schutzraum vor frühzeitiger Vereinnahmung gelesen werden (Kap. 4.1). Erst durch den Bewegungsspielraum, der Studierenden in dieser Vereinbarung zwischen den Lernorten zugestanden wird, können sich die Innovations- und Reflexionspotenziale des Erkenntnisprozesses der Studierenden auch für die Praxiseinrichtungen der Sozialen Arbeit auszahlen. Dann wird der Erkenntnisprozess der Studierenden als Quelle responsiver Rückmeldungen für den Lernort Praxis sichtbar, welcher partizipativ in den Feldforschungsprozess, die Professionalisierung zukünftiger Sozialarbeiter*innen und in aktuelle wissenschaftliche Diskurse eingebunden wird (Kap. 4.2). Das Studieren am Lernort Praxis sensibilisiert den Blick der Lernorte Hochschule und Praxis für die durchaus diffizile Mittelstellung der Studierenden zwischen den Lernorten. Eine bewusste Übernahme der Verantwortung für den Lernprozess der Studierenden muss dann als lernortübergreifende hochschuldidaktische Herausforderung gesehen werden, die Potenziale zur Kooperation der Lernorte beinhaltet und eine zumindest partielle Neuausrichtung von Praxisreferaten für Soziale Arbeit erfordert (vgl. Kap. 4.3).

Produktive Ver(un)sicherungen könnten somit auf mindestens drei verschiedenen Ebenen identifiziert werden und Studierende, Praxiseinrichtungen, Hochschulen sowie das Verhältnis der Lernorte zueinander beeinflussen, was nun gezeigt werden soll.

4.2 Für Studierende ... oder die Gefahr frühzeitiger Vereinnahmung

Greift man die Frage der Professionalisierung von Studierenden durch die im Praxissemester ermöglichten Praktiken des Beobachtens auf, soll nun resümierend noch mal deutlich gemacht werden, wieso ein ethnographisches Vorgehen im Praxissemester Bildungsprozesse wahrscheinlicher machen kann, die zwischen einer organisationalen Subjektivierung und einer Selbst-Bildung oszillieren und dabei eine frühzeitige Vereinnahmung für die Wissensbestände *nur eines Lernortes* vermeiden.

Der Sog der Praxis und der ethnographische Wechsel zwischen Annäherung und Distanzierung

Begeben Studierende der Sozialen Arbeit sich an den Lernort Praxis, entstehen schnell Dynamiken, die die Studierenden stark in das Geschehen in den Sozialen Organisationen einbinden. Das Spektrum an *Pull-Faktoren der Einbindung* ist dabei äußerst vielfältig. Diese reichen von Praxisanleitenden, die das Lernen in der beruflichen Praxis für bedeutsamer halten als die universitäre/hochschulische Praxis, von Personalknappheit und chronischer Unterfinanzierung Sozialer Organisationen, von den Herausforderungen einzelfall- gruppenbezogener Maßnahmen für Adressat*innen in prekären Lebenssituationen und einem damit einhergehend wahrgenommenen Druck der Intervention, über Studierende als Bündnispartner*innen in dysfunktionalen Team- oder Organisationsstrukturen oder Situationen fehlender Psychohygiene bis hin zu finanziellen Anreizen, die von Praxiseinrichtungen für die Arbeit der Studierenden in Aussicht gestellt oder vertraglich festgehalten werden. Gleichzeitig kann auch eine gewisse Ermüdung bei der Beschäftigung mit wissenschaftlichen Theorien und Inhalten zur Steigerung der Attraktivität des berufspraktischen Arbeitens beitragen.

Schaut man sich dann noch die teilweise prekären Lebenssituationen von Studierenden während der Praxisphasen an (teilweise mit Eltern-, Pflegeverantwortung, eigenen Erkrankungen, Mehrbelastung durch parallel zum Studium absolvierte Nebenbeschäftigungen und in Zeiten von Corona fehlender Nebenbeschäftigungen), wird das Angebot einer Bezahlung oder anschließenden Weiterbeschäftigung *nach* dem Praxissemester zusätzlich zum *Push-Faktor der Selbsteinbindung*. Aus einem finanziellen Anreiz wird dann schnell eine Verpflichtung zum Dienst oder eine Selbstverpflichtung. Gleichzeitig kann die Frage der *Anerkennung als zukünftige Sozialarbeiter*in hier von besonderer Bedeutung sein, da je nach Theorie-Praxis-Relationierung und Theorie-Praxis-Konzept des Studiengangs eine Verschiebung der Anerkennung von den Hochschullehrenden auf die Praxisanleitenden oder Adressat*innen stattfinden kann. Studierende erfahren im Praxissemester eine Art Sog sich selbst zu involvieren, die eigenen Fähigkeiten und Kenntnisse vor anderen Professionellen zu beweisen, die eigenen Fertigkeiten zum Wohl von Menschen einzusetzen.

Die Push- und Pull-Faktoren sorgen natürlich dafür, dass Motivation durch Beteiligung entsteht, gleichzeitig ist die große Herausforderung in dieser Situation die Balance zwischen den Lernorten zu halten und Lernprozesse im Praxissemester bewusst zu gestalten. Dabei können Push- und Pull-Faktoren durchaus Perspektiven für bewusste Entscheidungen bieten, gleichzeitig sollten Sie Erkenntnisinteressen und Motivationen zulassen, die nicht ausschließlich auf praktische Anwendung ausgerichtet sind.

Das vorliegende Konzept stellt die Ausgewogenheit zwischen dem Sog der Praxis und den wissenschaftlichen Ansprüchen an die Professionalisierung zukünftiger Sozialarbeiter*innen über die didaktische Ausgestaltung und Strukturierung der Begleitformate (vgl. Kap. 2) sowie den konstant sich wiederholenden, ethnographischen Wechsel zwischen Annäherung und Distanzierung her. Dieser Wechsel ermöglicht in den unterschiedlichen Reflexionsformaten (vgl. Kap. 3.2) die bewusste Reflexion des eigenen Lernprozesses auf unterschiedlichen Ebenen und erlaubt es, Entscheidungen über das eigene Involviert-Sein immer wieder neu zu treffen und dabei sowohl an den Gegebenheiten und existenziellen Notwendigkeiten (Push- und Pull-Faktoren) als auch an den Fragen der Professionalisierung und individuellen Weiterentwicklung auszurichten. Die metaphorische Rahmung des Praxissemesters unterstützt diese Entscheidungsprozesse zusätzlich, was nun aufgezeigt werden soll.

Metaphorische Reflexion und Steuerung von Lernprozessen

Die metaphorische Rahmung des Praxissemesters als Expedition (vgl. Kap. 3.1) soll über die verschiedenen Möglichkeiten des metaphorischen Anschlusses das Sprechen über sich Selbst und die eigenen Erfahrungen im Praxissemester kanalisieren. Dabei wird die Metaphern inhärente Katalysatorenfunktion genutzt um die Aufmerksamkeit der Studierenden als Brücke zur Erkenntnis zu nutzen (vgl. Funke 2005: 165). Die Metapher der Expedition mit ihren unterschiedlichen metaphorischen Bedeutungshorizonten – den „Metaphern in der Metapher" (Freis 2019: 173) – sollen hier als Navigationshilfen im Sinne Fritz B. Simons und Gunthard Webers (2017: 9) verstanden werden. Sie dienen als Orientierungshilfen bei der Bestimmung des eigenen Weges durch das Praxissemester, des eigenen Weges hin zum/zur professionellen Sozialarbeiter*in. Entscheidend hierfür sind die „spracherweiternden Möglichkeiten" und das „schöpferische Potenzial" (Ricœur 1986: 186f.), das Metaphern innewohnt. Die bewusste Nutzung der verschiedenen (in Kapitel 3.1) vorgeschlagenen Bedeutungshorizonte der Metapher der Expedition können dann sowohl in den begleitenden Reflexionsformaten der Hochschule (Praxisanleiter*innengespräche, Theorie-Praxis-Seminare, Supervision) zur regelmäßigen Standortbestimmung genutzt werden als auch den Studierenden für deren eigenes Nachdenken über die Erfahrungen des Praxissemesters und die zukünftige Steuerung von Lernprozessen im Praxissemester dienen. Dies könnte als eine Form des „studentischen Storymanagements" (vgl. Freis 2019: 174) bezeichnet werden, das als „bewusste Gestaltung des eigenen Narrativs durch die Studierenden" (ebd.) zu verstehen wäre. Bereits vor ihrem Gang in die Praxis könnten sich Studierende im Anschluss an die Metapher der Expedition zur „Vorbereitung auf die Reise" (vgl. *Kap. 3.1) verschiedene* Fragen stellen. Dies wird nun kurz an einigen mit der Vorbereitung verbundenen Sinnhorizonten beispielhaft aufgezeigt und durch die Illustration (vgl. Seite 254) zusätzlich um bildliche Vorstellungen ergänzt:

— „Welchen Büchern (Wissen, Theorien und Ansätzen bzw. Autoren) fühle ich mich aus meinem bisherigen Studium verbunden? Welche Vorstellungen leiten meine Perspektiven auf Adressat*innen, Sozialarbeitende, professionelle Hilfe an?
— Was weiß ich über das von mir besuchte Terrain, die aktuellen Wetter- und Windverhältnisse in der Praxiseinrichtung bzw. dem Arbeitsfeld? Was weiß ich über die Bewohner*innen und Sitten der besuchten Organisation?
— Wenn ich eine Landkarte des bald besuchten Terrains zeichnen müsste, wie würde diese bislang aussehen? Welche Gebiete sind für mich zum heutigen Zeitpunkt weiße Flecken auf der Landkarte? Welche Bereiche der Landkarte möchte ich mir im Verlaufe des Praxissemesters gerne genau ansehen? In welchem Gelände bzw. Gebieten kenne ich mich gut aus? In welchen Gebieten bin ich bereits in der Lage Spuren bzw. Fährten zu lesen? Wo ist mir dies nicht möglich und woran würde ich bemerken, dass mir dies auch in anderen Gebieten im Verlauf des Praxissemesters besser gelingt?
— Was weiß ich über die Lebensumstände und aktuellen Problemlagen der Menschen (Adressat*innen und Sozialarbeitende) im besuchten Feld? An welchen Stellen sollte ich vorsichtig sein und zuerst beobachten, um die Situation kennenzulernen? Wo kann ich mich direkt in den Alltag hineinbegeben, weil ich über Vorwissen verfüge?
— Was gibt mir im Praxissemester einen festen Stand bzw. Halt, damit ich auch mit unbekannten, problematischen und verunsichernden Situationen umgehen kann? Wo kann ich meine Rettungsleine befestigen? Woran würde ich bemerken, dass ich sie benötige?
— Welche Lesezeichen will ich mir bewusst setzen, um mich an bestimmte Aspekte meines Vorwissens, meiner Vorhaben und Ziele zu erinnern?" (ebd.: 176)

Die hiermit eröffnete lernortübergreifende Rahmung der Praxiserfahrungen von Studierenden ermöglicht die Thematisierung von Erfahrungen in unterschiedlichen Perspektivierungen und differierenden Wahrnehmungsschemata. Erfahrungen können von Praxisanleitenden am Lernort Praxis (z.B. im Hinblick auf deren berufspraktische Bedeutsamkeit) thematisiert, von den Studierenden selbst reflektiert sowie am Lernort Hochschule im Rahmen der Supervision (z.B. im Hinblick auf deren Bedeutung für die eigene professionelle Identität und berufsethische Fragestellungen) befragt oder im Kontext der Theorie-Praxis-Verschränkung auf deren Anschlussmöglichkeiten zu bestehenden Theorien sowie Analyse vorhandener Logiken erörtert werden. Der regelmäßige Wechsel zwischen den Lernorten und zwischen den Reflexionsformaten unterstützt dann die Entwicklung einer multiperspektivischen Sichtweise auf die eigenen Erfahrungen und Erlebnisse und ermöglicht ein Abwägen und bewusstes Entscheiden der Studierenden für die Gestaltung und Steuerung des eigenen Lernprozesses.

Die Sinnhorizonte der Metapher und die konkreten Illustrationen unterstützen somit den Prozess die eigenen Erfahrungen zu reflektieren, dabei begleitend zu den Phasen des Praxissemesters und der eigenen voranschreitenden Entwicklung Prozesse in den Blick zu nehmen, die Einfluss auf die Formierung der zukünftigen Sozialarbeiter*innenidentität haben. Gleichzeitig kann auch lernortübergreifend die Aufmerksamkeit von Studierenden, Praxisanleitenden, Supervsior*innen und Dozierenden der Hochschule gebündelt werden und an der Entstehung eines lernortübergeifenden Storymanagements gearbeitet werden, welches nicht Erfahrungen aus dem Lernort Praxis als ausschließlich relevant für die Praxis und Erfahrungen am Lernort Hochschule als ausschließlich akademische Leistung betrachtet, sondern den Fokus des gemeinsamen Nachdenkens und der narrativen Strukturierung auf das Verbindende, auf die Theorie-Praxis-Relationierungen lenkt. Im metaphorischen Sinne könnte diese Form der lernortübergreifenden Reflexion von Erfahrungen Studierenden, Praxisanleitenden, Supervisor*innen und Lehrenden der Hochschulen eine „Fernbedienung zur Navigation" (ebd.: 180) zur Verfügung stellen, die den gemeinsamen Lernprozess im Praxissemester für alle Beteiligten sinnvoll gestaltet.

Emotionalität im Praxissemester

Neben dem bewussten Verfügbarmachen von Erlebnissen aus der Praxisphase im Sinne reflektierter Erfahrungen, stellen die im Lernprozess des Praxissemesters auftauchenden Emotionen für die Entwicklung einer professionellen Haltung eine bedeutsame Basis dar. Emotionen können so im Sinne der ethnopsychoanalytischen Lesart als bedeutsame Hinweise sowohl die Logik von Situationen, Adressat*innen und anderen Professionellen erschließbar machen als auch wichtige Informationen über die eigenen Einstellungen und Vorurteile etc. beinhalten, die die spätere professionelle Haltung beeinflussen (vgl. Reichmayr 2003, S. 192 ff.). Dass es im Zugang zur Praxis der Sozialen Arbeit zu teilweise starken emotionalen Reaktionen kommt, wurde im Vorfeld und in Kap. 1.3; 2.4 bereits ausgeführt und im Kontext der metaphorischen Rahmung mehrfach in Illustrationen und verschiedenen Sinnhorizonten aufgegriffen. Ein neu erschienener Band, der die Bandbreite an Emotionen in der ethnographischen Praxis aufzeigt und dies anhand der metaphorischen Beschreibung mittels des Begriffs „Expedition" ausführt, findet sich bei Oliver Lubrich und Thomas Stodulka (2019). Lubrich und Stodulka beschreiben in ihrer Publikation sowohl die *Emotionen im Feld* als auch die *Emotionen im Text* aus literaturwissenschaftlicher, sozial- und kulturanthropologischer sowie evolutionsbiologischer Perspektive und zeigen die Bedeutsamkeit von Emotionalität in ethnographischen Forschungszugängen sowie Verstrickungen, in die ethnographisch Forschende geraten können, auf (vgl. ebd.: 17 ff.).

Damit wäre für die vorliegende Konzeption eine weitere Brücke geschlagen, mittels derer Facetten von Emotionalität im ethnographischen Zugang und dem konstanten Wechsel zwischen Annäherung und Distanzierung in den Blick gerückt werden können. Wenn in der vorliegenden Publikation also von *organisationaler Aufmerksamkeitsfokussierung* als *einer* Möglichkeit der lernortübergreifenden Hochschuldidaktik die Rede ist, dann bietet die Publikation von Lubrich und Stodulka weitere Anschlussmöglichkeiten der Ausdifferenzierung eines lernortübergreifenden Sprechens über die Erfahrungen des Praxissemesters.

Zusammenfassend lassen sich im Bezug auf die Studierenden daher folgende Aspekte festhalten:

– Die lernortübergreifende hochschuldidaktische Konzeption modelliert die Formen des Erfahrung-Machens in spezifischer Weise, in dem bewusst bestimmte Aspekte des eigenen Lernprozesses, der Entwicklung und Dynamiken im Praxissemester in den Blick gerückt werden (organisierte Aufmerksamkeitsverschiebung) und muss somit als eine Form der organisationalen Subjektivierung – als didaktische Konstruktion des Subjekts der Studierenden im Zugang zur Praxis gelesen werden.
– Gleichzeitig eröffnet eben dieser didaktische Prozess auch die individuellen Freiheitsräume und Möglichkeiten der Selbst-Bildung, in dem Sie Reflexionsmöglichkeiten (metaphorische Rahmung und bildliche Illustration), die Einübung in eine bestimmte Haltung Menschen, Organisationen und Situationen gegenüber (ethnographische Forschungsstrategie als Zugang) sowie die konstante Erprobung der eigenen Theorie-Praxis-Brille (mittels des konstanten Wechsels zwischen den Lernorten und den sich im Modus des Wiederkehrens eröffneten Wahrnehmungsmöglichkeiten, den methodischen Vorgehensweisen der ethnographischen Collage) anregt.
– Organisationale Subjektivierung und Selbst-Bildung werden dabei zu gekreuzten Prozessen (vgl. Kap. 1.2), die die Identitätsbildung als Professionelle durch institutionalisierte Reflexionsformate als institutionelle Bekenntnis- und Erkenntnisräume bzw. Biographiegeneratoren fördern. Selbst-Bildung könnte in diesem Rahmen als emanzipatorische Nutzung der lernortübergeifenden, institutionalisierten Reflexionsräume betrachtet werden.
– Ziel dieses Prozesses wäre somit die *Reflexion der impliziten Integration von Theorie und Praxis durch die Bewegung im Modus des Wiederkehrens*. Hierzu bedarf es der Oszillationsbewegung zwischen den Modi der Reflexion im Sinne einer *Erkenntnisbewegung*, der Verknüpfung ethnographischer, praxeologischer und professionstheoretischer Ideen zur Herausbildung einer professionellen Identität als Sozialarbeiter*in, einer metaphorisch gestützten und strukturierten Aufmerksamkeitsfokussierung sowie einer auswertungsmethodisch gestützten Fokussierung auf Nützlichkeit von Perspektiven im Sinne einer Perspektiverweiterung (im Sinne neuer Verstehensmöglichkeiten von Welt) und der Orientierung der Auswertung auf die eigene Subjektivität von Selektions- und Rekonstruktionsprozessen.

Wenn dies als Perspektive der Professionalisierung reformuliert werden soll, könnte es im Anschluss an Dirk Baeckers Analysen von Organisation und Management (vgl. Baecker 2011: 8 ff.) in eine Form der Routine münden, die sich nicht darin erschöpft eine ausschließlich für die Praxis der Sozialen Arbeit festgeschriebene Vorgehensweise zu sein, sondern als Routine verstanden werden könnte, die immer auch ihre Veränderlichkeit – eine Routine für die Veränderung von Routinen – mitführt. Im besten Falle könnte sich somit ein Habitus ausbilden, der die eigenen subjektiven Selektions- und Interpretationsprozesse von Welt als kontingent wahrnimmt, dabei positive Erfahrungen mit verschiedenen Reflexionsformaten gemacht hat und den eigenen späteren Arbeitsalltag aus einer ethnographischen Haltung heraus als veränderlich einschätzt.

4.3 Für die Praxis der Sozialen Arbeit ... oder eine responsive Evaluationsstrategie

Ausgehend von den Potenzialen, die das vorgeschlagene Lernarrangement für Studierende haben kann, soll nun der Fokus auf die mit dem Konzept einhergehenden Möglichkeiten für die Praxis der Sozialen Arbeit gerichtet werden. Dabei kann die Einbindung von professionellen Sozialarbeiter*innen als akademischen Praxisanleiter*innen und der konstante Kontakt zwischen den Lernorten (hierzu mehr im Kap. 4.3) im Sinne einer responsiven Evaluationsstrategie in den Blick rücken.

Ethnographie im Praxissemester als Sichtbarmachung systeminterner Differenzsetzungen

Sobald sich Studierende im Praxissemester mit einer ethnographischen Forschungsstrategie den Zugang zu den Feldern und Organisationen der Sozialen Arbeit verschaffen, beginnen Sie die professionellen Sozialarbeiter*innen, deren Adressat*innen, das Funktionieren sozialer Organisationen und vieles mehr zu beobachten. Dabei geraten schnell die Versuche von Organisationen in den Blick, das eigene Funktionieren zu strukturieren. Neben den Entscheidungsprogrammen, den Kommunikationswegen und dem Personal (vgl. Kap. 2.1) werden auch die informellen Regeln sowie die Außendarstellung durch die Studierenden wahrgenommen. Wenn Studierende als externes Element in die Organisationen der Sozialen Arbeit eintreten, ist qua studien- und ausbildungsbezogenem Arbeitsauftrag klar, dass sie sich diese Prozesse anschauen, im Laufe der Zeit selbst in diese Strukturen einsteigen und am Ende des Praxissemesters im besten Falle (weitgehend) eigenständig agieren können. Dies setzt voraus, dass die Studierenden die Regeln, nach denen in der Organisation gespielt wird, verstehen und für sich selbst sinnhaft verknüpfen können. Um an diesen Punkt zu gelangen werden Sie von akademischen Praxisanleiter*innen, Supervisor*innen und Lehrenden der Hochschule begleitet und in ihren Fragen zur Logik und Funktionsweise von Praxis bestärkt. Was also quasi instantan geschieht, ist, dass Studierende bei der Kommunikation über die berufliche Praxis und den Versuch, diese in ihrer Funktionsweise zu verstehen, gleichzeitig die systeminternen Differenzierungen für alle am Prozess Beteiligten in ihren Fragen und Reflexionen sichtbar machen. In dem Moment, in dem Studierende in die Einrichtungen der beruflichen Praxis der Sozialen Arbeit eintreten, beginnt ein Prozess, den man als *Selbstaufforderung zur (Selbst)Beobachtung* bezeichnen könnte. Die Kolleg*innen der beruflichen Praxis wissen um die Notwendigkeit der Beobachtung ihrer Arbeitsvollzüge durch die Studierenden und beginnen (vorbeugend) sich selbst bei der Arbeit zu beobachten (vgl. Fischer 2007: 96 ff.), während die Studierenden dies zum Nachvollzug der Praxis ohnehin tun müssen. Eine derartige organisierte Aufmerksamkeitsverschiebung 2. Ordnung – also die Verschiebung der

Aufmerksamkeit der akademischen Praxisanleiter*innen auf den eigenen Vollzug von Praxis – könnte zur Steigerung der Wissensbasierung und Intelligenz von Organisationen führen und damit ganz neue Wege der beruflichen Praxis ermöglichen und sichtbar werden lassen wie nachfolgend aufgezeigt wird.

Wissensbasierung und Intelligenz von Organisationen im Kontext der lernortübergreifenden Relationierung von Wissen

Das Sichtbarmachen von bedeutsamen Unterscheidungen in der Praxis der Sozialen Arbeit über Nachfragen, Beobachten und Verbalisieren dieser Differenzen kann als Nebenfolge des Novizenstatus der Studierenden gesehen werden. Sowohl im Alltag der Sozialen Arbeit kann die Begleitung durch ständig neugierige, fragende und interessierte Studierende ein Reflexionspotenzial generieren, das für viele Praktiker den Aufwand der Praxisanleitung rechtfertigt. Praxiseinrichtungen, die kontinuierlich Studierende begleiten, können dies als organisationale Strategie auffassen, um die eigenen Routinen immer wieder zu hinterfragen und zu überprüfen. Stetes Nachfragen von Studierenden hält das Begründungswissen der Professionellen und damit die Bewusstheit für bestimmte Interventionsstrategien, organisationale Strukturen und Muster stetig aufrecht.

Um dies weitergehend zu unterstützen, können die Beobachtungen der Studierenden im ethnographischen Prozess genutzt werden, um spannende Entwicklungen und interessante Situationen, Gespräche, Praktiken lernortübergreifend in den Blick zu nehmen und das organisationale Wissen bewusst zu machen:

> „Organisationales oder institutionelles Wissen steckt in den personenunabhängigen, anonymisierten Regelsystemen, welche die Operationsweise eines Sozialsystems definieren. Vor allem sind die Standardverfahren (,standing operating procedures'), Leitlinien, Kodifizierungen, Arbeitsprozessbeschreibungen, etabliertes Rezeptwissen für bestimmte Situationen, Routinen, Traditionen und Merkmale der spezifischen Kultur einer Organisation" (Wilke 2014: 213)

Dies ist möglich, indem die Beobachtungen der Studierenden in Form der Beobachtungsprotokolle im Seminarkontext des Theorie-Praxis-Seminars diskutiert und analysiert werden (vgl. Kap. 3). Die methodische Befremdung im ethnographischen Prozess (vgl. Amann/Hirschauer 1997: 10ff.) trägt, ebenso wie die multiperspektivische Diskussion der Beobachtungen im Seminar, zur Wahrnehmung von Alternativen bei. Die Reflexion von Situationen aus der Praxis kann somit als kontinuierliche Kulturreflexion (vgl. Baecker 2003: 46ff.; 67ff.) erfolgen und im Wechsel zwischen den Lernorten ein Bewusstwerden unterschiedlicher Sichtweisen und Möglichkeiten eröffnen. Die produzierten Deutungsalternativen stellen für Studierende das Potenzial einer differenzierten Wahrnehmung von Praxis dar, gleichzeitig können diese Deutungsalternativen Hochschulen und die berufliche Praxis für Variationen organisationaler und institutioneller Wissensbestände aufmerksam halten.

Dies geschieht im Kontext der htw saar in Form von Theorie-Praxis-Werkstätten (TPW), die die in den Theorie-Praxis-Seminaren entwickelten Deutungen und

Fragestellungen in einem lernortübergreifenden Format bündeln und im Austausch zwischen Studierenden, Praxiseinrichtungen und Hochschulen diskutieren (vgl. Freis 2016: 220). Die TPW stellen dabei ein regelmäßig nach dem Praxissemester angebotenes, freiwilliges Veranstaltungsformat dar, in welchem Studierende ihre Analysen und Fragen an die beobachteten Situationen, Phänomene und Praktiken vorstellen und mit den Vertreter*innen der beruflichen Praxis sowie den Lehrenden der Hochschule diskutieren.[1]

> „Über die strukturelle Verankerung der TPW in ein bestehendes Netzwerk aus Praxiseinrichtungen und Hochschule, kann eine Verbindung etabliert werden, die Einrichtungen und Hochschulen kontinuierlich mit Irritationen versorgt. Geht man hier von der Idee der strukturellen Kopplung aus, wie Wimmer diese für Organisationen beschreibt, ‚schaffen [strukturelle Kopplungen] folglich die Möglichkeit, die eigene Sensibilität, Empfindlichkeit gegenüber bedeutsamen Störquellen aus der Umwelt zu dirigieren, immer natürlich mit dem Risiko, dass dabei Wichtiges unbeachtet bzw. ungesehen bleibt. Strukturell gekoppelte Systeme schaffen füreinander ‚nützliche' Zufälle und Überraschungen, die systemintern Anlass für Variationen im Problemlösungsverhalten bieten können' (Wimmer 2007: 51)" (Freis 2016: 220).

Dies kann als Wiedereinführung von Ungewissheit in den Prozess des Organisierens gedeutet werden und stellt eine Möglichkeit dar, die Erkenntnisse der Studierenden und ihre Neugier sowie ihre Fragen an die Praxis (methodisch aufbereitet in Form einer ethnographischen Collage) nicht verpuffen zu lassen, sondern als responsiver Input in z. B. die zukünftige Ausrichtungen von Forschung an Hochschulen sowie die (Weiter-)Entwicklung der beruflichen Praxis einfließen zu lassen. Im besten Fall ergeben sich aus diesen Analysen neue Formen der Wirklichkeitswahrnehmung d. h. neue Beobachtungsmöglichkeiten, die „zu einer Variation in der Prozessierung organisationalen Wissens führen […], [und durch] die Relationierung theoretischen Wissens und praktischen Handlungswissens an den konkreten ethnographischen Beobachtungen entwickelt, alternative Wirklichkeitsdeutungen diskutiert und in ihren praktischen und theoretischen Konsequenzen ausgeleuchtet werden." (ebd.: 221)

(Organisationale) Bewusstheit als Ergebnis responsiver Evaluation

Wenn also Beobachtungsprotokolle oder in empirischen Analysen entwickelte ethnographische Collagen als responsiver Input genutzt werden, entsteht etwas was Birgit Althans und Juliane Engel als „ästhetische Potenzialität des Resonanzraumes" (Althans/Engel 2016: 202) in Anlehnung an Dirk Rustemeyers Diagrammatik (vgl. Rustemeyer 2009) bezeichnen. Ihre Ergebnisse aus einem internationalen Modellprojekt

---

[1] Wichtig ist dabei, dass Beobachtungen und die dazugehörigen Analysen nur dann vorgestellt werden, wenn die jeweiligen Praxiseinrichtungen, in denen die Beobachtungen gemacht wurden, dieser Vorstellung zustimmen. In der Praxis der TPW hat sich allerdings gezeigt, dass Berufspraktiker teilweise offensiv diese Form der Rückmeldung einfordern. Das Angebot der TPW ist an der htw saar überhaupt erst aus dem Wunsch der Praxiseinrichtungen heraus entstanden, in einen gemeinsamen, lernortübergreifenden Dialog einzusteigen und aktuelle Phänomene und Entwicklungen der Sozialen Arbeit im Kontext aktueller Theoriedebatten zu thematisieren.

schloss Angehörige unterschiedlicher Professionen mit ein und nahm eine Zusammenarbeit von Lehrer*innen, Psycholog*innen, Pädagog*innen, Tänzer*innen und Theaterpädagog*innen sowie die Perspektive von Schüler*innen in den Blick. Spannend hierbei ist, dass die Ergebnisse von Gruppendiskussionen sowie teilnehmenden Beobachtungen als Feedbackgespräche wiederum in die Gruppen der Teilnehmenden an der Forschung eingebunden wurden und somit responsive Schritte Teil des Forschungsprojektes waren. Ein ästhetischer Resonanzraum entstand, welcher „den Beteiligten aus der Wissenschaft und Praxis im Gegensatz zu Common-Sense-Theorien einen Vorstellungsraum für Neues, Ungewohntes und Unkontrolliertes eröffne[te]." (Althans/Engel 2016: 203) Dabei betonen die Autorinnen, dass sich Spannungsverhältnisse, Widersprüche und Unklarheiten als besonders ertragreiche Ansatzpunkte für einen responsiven Input innerhalb dieser Resonanzräume herausgestellt hätten (vgl. ebd.). Letztlich sind eben diese Spannungsverhältnisse und Widersprüche auch die Aspekte, denen in den Beobachtungen von Studierenden im Praxissemester zentrale Aufmerksamkeit geschenkt wird, da sie eben nicht direkt nachvollziehbar sind.

Was in einem derartigen Resonanzraum entstehen könnte, wären neue Formen der Wirklichkeitswahrnehmung, ein professionelles und um neue Perspektiven bereichertes Begründungswissen sowie eine Form der „organisationalen Bewusstheit", wie sie von Nino Tomaschek (2007: 25) beschrieben wird. Rudolf Wimmer bezieht dies auf die bewusste Gestaltung derjenigen Kanäle, aus denen Organisationen ihre Informationen ziehen (vgl. Wimmer 2007: 52) und Hans Rudi Fischer verdeutlicht, dass Bewusstsein in Organisationen als „hinkende Metapher" (Fischer 2007: 81) zu verstehen sei, die letztlich durch Selbstbeobachtung im Falle der Störung interner Abläufe entstehen kann. Er verweist dabei auf die „Paradoxie der Selbstbeobachtung" (ebd.: 83), nämlich darauf, dass „der, der sich beobachtet, ein Anderer ist, als der, den er beobachtet" (ebd.). Eben dieser Umstand ermöglicht es Organisationen mit Hilfe „metareflexiver und metakommunikativer Prozeduren […] in eine Beobachterposition zu sich selbst [zu gelangen]" (ebd.) und somit eine Beobachterperspektive 2. Ordnung auf das eigene Funktionieren als Organisation einzunehmen, die zu einem Bewusstsein über die eigenen internen Abläufe notwendig ist. Fischer vergleicht diese Perspektive mit der *inspectors lodge* des benthamschen Panopticons und verdeutlicht, dass das Organisieren von Selbstbeobachtung folgendermaßen zu verstehen sei:

> „Um Selbstbeobachtung (d. i. Metareflexion) für eine Organisation möglich und fruchtbar zu machen, müssen wir Benthams Panopticon logisch auf den Kopf stellen. Das heißt, wir müssen das Betriebsgeheimnis des Panopticons, die Asymmetrie von Beobachtung/ Macht und Beobachtbarkeit, zerstören, indem wir den hierarchischen Beobachtermodus auf einen *heterarchischen* umstellen. Das heißt, dass in einer zur Selbstbeobachtung tauglichen Inspectors Lodge nicht *ein* Inspektor sitzt bzw. sitzen kann, der Hierarch, sondern die Beobachteten selbst sitzen gemeinsam in der Lodge und beobachten heterarchisch, WIE sie in den alltäglichen Prozessen organisationaler Wirklichkeit diese organisieren und herstellen." (ebd.: 100)

Über diesen Weg verändert sich die Organisation, da sie sich in ihren Vollzügen selbst beobachtet und reflektiert. Die inspectors lodge wäre dementsprechend als Resonanzraum zu verstehen, der in Form strukturell gekoppelter Systeme, die füreinander wechselseitig Informationskanäle bereitstellen, an der Entwicklung von Organisationen und Personen beteiligt sein könnten. Ein Potenzial, welches verschenkt würde, wenn die kontinuierlich erfolgenden Beobachtungen der Studierenden nicht zumindest in die Kommunikation der am Praxissemester beteiligten Lernort Hochschule und berufliche Praxis gelangten.

Welche Potenziale das Studieren in der Praxis als Kooperationsinstrument für die Kopplung von Hochschulen und Praxiseinrichtungen der Sozialen Arbeit darüber hinaus haben kann, soll abschließend beleuchtet werden.

4.4 Studieren am Lernort Praxis als Kooperationsinstrument für die Vernetzung von Hochschulen und Praxiseinrichtungen ... oder eine lernortübergreifende Hochschuldidaktik

Gerade in stärker anwendungsorientierten Studiengängen, wie bspw. der Sozialen Arbeit, wird die stärkere Vernetzung von Hochschulen und Praxis gefordert (vgl. AGJ 2015; BAG 2016; FBTS 2016a). Beide werden als zwei Lernorte verstanden, deren Vernetzung im Zuge der Praxisorientierung von Hochschulen im Kontext der Bologna-Reformen (vgl. Schubarth et al. 2012a; Schubarth et al. 2016; Cendon/Mörth/Pellert 2016) bereits im Studium implementiert werden soll. Das Wissenschaftsgebiet der Hochschuldidaktik bietet hier einen Rahmen, innerhalb dessen eine Brücke zwischen Hochschulen und Praxiseinrichtungen (nicht nur der Sozialen Arbeit) geschlagen wird. Eine verantwortungsvolle Hochschuldidaktik im Praxissemester muss auch eine Didaktik des außerhochschulischen Lernortes zur Verfügung stellen, wie in Kap. 1.3 bereits aufgezeigt wurde. Hieraus ergeben sich Verknüpfungsmöglichkeiten, die zwischen den Polen einer Hochschul- und einer Praxisentwicklung oszillieren und das Profil von Hochschulen durchlässiger für Praxiserfahrungen machen sowie eine Verschränkung der Lernorte ermöglichen. Das Studieren am Lernort Praxis kann als Gelegenheit gelesen werden diese Verknüpfungen herzustellen.

Lernortübergreifende Hochschuldidaktik – Interdependenzverhältnisse von Hochschul- und Praxisentwicklung

Die Verantwortung der Hochschule für das Praxissemester macht es notwendig die didaktische Strukturierung des ‚Studierens in der Praxis' vor dem Hintergrund der Frage zu thematisieren, welche Auswirkungen sich durch die spezifischen Zugänge zur Praxis für (1.) die Studierenden, (2.) die professionelle Praxis selbst sowie für (3.) die Hochschulen ergeben. An der htw saar im Studiengang ‚Soziale Arbeit und Pädagogik der Kindheit' ist das Praxissemester durch einen ethnographischen Zugang gekennzeichnet, welcher das Spannungsverhältnis von Teilnahme und Distanzierung didaktisch gestaltet und erkenntnisgenerierend in den Reflexionsformaten der Hochschule und der Praxis begleitet. Ein derartiges Lernarrangement, das sich an den Ideen des forschenden Lernens orientiert, eröffnet lernortübergreifende Kooperationsmöglichkeiten, indem eine „Neuausrichtung der Bildung auf die Erfahrungen der

Studierenden" (Ambos 2017: 13) stattfindet und subjektive Wahrnehmungen und Erfahrungen als Ausgangspunkt einer Reflexion des Verhältnisses von Eigenem und Fremdem konzipiert werden (vgl. Mieg 2017: 22ff.). Aus der Positionierung der Studierenden im Zwischenraum der Lernorte ‚Hochschule' und ‚Praxis', verdeutlicht sich die Verantwortung der Hochschule für die Auswirkungen hochschuldidaktischer Prozesse auf beide beteiligten Lernorte. Der methodische Zugang der Studierenden zur Praxis der Sozialen Arbeit, die Ausgestaltung der unterschiedlichen Reflexionsformate im Praxissemester (Seminare an der Hochschule zur Theorie-Praxis-Relationierung, (Ausbildungs-)Supervision sowie Reflexionsgespräche der Praxisanleiter*innen) sowie der konstante Wechsel der Studierenden zwischen den Lernorten (vgl. Modus des Wiederkehrens in Kap. 3.3) können hier als hochschuldidaktischer Prozess betrachtet werden, der die beteiligten Lernorte über deren Ausbildungsfunktion mit Bezug auf die Studierenden miteinander verbindet. Ueli Merton hat verdeutlicht, dass Hochschulen bei der Praxisausbildung in der Sozialen Arbeit (Ausbildungs-)Verantwortung an die beteiligten Praxiseinrichtungen übertragen (2014: 32ff.). Um hier eine qualitativ hochwertige Begleitung der Praxiseinrichtungen zu gewährleisten, können, wie am Beispiel der FHNW Aufgaben für Praxisausbildende formuliert und kooperative Ausbildungspartnerschaften aufgebaut werden (vgl. ebd.: 34f.). Hierzu kann auch die Schulung von Praxisausbildenden an der Hochschule gezählt werden, wie sie von der BAG Praxisreferate gefordert wird (vgl. BAG 2013). Diese Angebote verdeutlichen den aktiven Umgang mit der hochschuldidaktischen Verantwortung am außerhochschulischen Lernort. Darüber hinaus lassen sich unterschiedlichste Formen der Responsivität zwischen Hochschule und Praxis denken, wobei die Theorie-Praxis-Werkstätten, die im Studiengang ‚Soziale Arbeit und Pädagogik der Kindheit' an der htw saar entwickelt wurden (vgl. Freis 2016; Kap. 4.2) als nur eine unter vielen Möglichkeiten aufzeigen, wie Hochschulen und Praxis über z.B. ethnographische Erkundungen der professionellen Praxis eine Kooperationsbeziehung gestalten können. Studierende erhalten durch ihre temporäre doppelte Mitgliedschaftsrolle im Praxissemester Zugang zu den Prozessen des Organisierens (Weick 1995a) der besuchten Praxiseinrichtungen und können ihre dabei generierten Beobachtungen und formulierten Erkenntnisse in hochschuldidaktisch eingerichteten Kooperationsforen responsiv an die Praxiseinrichtungen zurückmelden. Damit eröffnen sie mit ihren responsiven Inputs die Möglichkeit einer wechselseitigen Bezugnahme der Lernorte aufeinander. Hochschulen werden über ihre Studierenden mit aktuellem Input und Beobachtungen der professionellen Praxis versorgt, während sich für Praxiseinrichtungen ausgehend von der Analyse der beobachteten Situationen aus der wissenschaftlichen Perspektive Reflexionsanlässe ergeben, die organisationskulturelle Phänomene hinterfragen und (Handlungs-)Routinen erneut bewusst werden lassen. Eine lernortübergreifende Hochschuldidaktik ermöglicht es somit, die Interdependenzen zwischen Hochschule und Praxis über die didaktische Strukturierung der Lernprozesse im praktischen Studiensemester an beiden Lernorten zu gestalten und dabei die besondere Position der Studierenden in ihrer doppelten Mitgliedschaftsrolle kritisch zu reflektieren. Eine derartige Reflexion wird nun mit Bezug auf medientheoretische Positionen veranschaulicht.

Studierende im praktischen Studiensemester als Medium einer wechselseitigen Bezugnahme

Studierende im praktischen Studiensemester als Medium einer wechselseitigen Bezugnahme zu betrachten, heißt nicht, dass sie instrumentell funktionalisiert werden um die beiden Lernorte „Hochschule" und „Praxis" miteinander zu verbinden, sondern eine Perspektive auf die praktische Ausgestaltung des Praxissemesters anzubieten, die die besondere Position der Studierenden im Rahmen des praktischen Studiensemesters – im *Zwischenraum* zwischen Hochschule und Praxis – zur Kenntnis nimmt und dabei sowohl die Schwierigkeiten dieser Positionierung wahrnimmt als auch die damit einhergehenden Möglichkeiten aufzeigt. Um dies zu veranschaulichen wird hier der Bezug zur Medientheorie gezogen.

Medien, hergeleitet vom Wortstamm medius, dem Mittleren (vgl. Kluge 2011: 611), bezeichnet ein „vermittelndes Element" (ebd.) zwischen zwei Positionen. In einer von Andreas Ziemann als „mediensoziologisches Dreieck" (vgl. Ziemann 2006: 12) bezeichneten Fassung, stehen Medien aus soziologischer Perspektive zwischen Gesellschaft und Individuum. Aus der Perspektive der Sozialen Arbeit können Medien „Dinge, Instrumente und symbolische Formen aller Art sein" (Zacharias 2017: 645). Als Informationsträger vermitteln Sie z. B. „Daten, Wissen, Symbolisches, Bedeutungen, Kultur, Emotionen, Botschaften und Werte" (ebd.). In der vorliegenden Argumentation wird nun an *eine* Ausformung des Medienbegriffs angeschlossen, die Andreas Ziemann als (technischen) Vermittler bezeichnet und welche im Anschluss an Sybille Krämers „kleine Metaphysik der Medialität" (Krämer 2008a) in der Figur des Boten diskutiert wird.

Sybille Krämer erörtert in Anbetracht der vielen differierenden Begriffsverwendungen des Medienbegriffs die Differenz zwischen Theorien, die von Medien als a priori vorhanden ausgehen – in ihrer Fassung avantgardistische Medientheorien – und ihren selbst hervorgerufenen Gegenkräften. Sowohl den medienaprioristischen Theorien als auch deren Opposition gemeinsam sei die „Idee, dass eine Medientheorie, die nicht die Mittlerstellung des Mediums und damit zugleich auch Attribute wie seine Fremdbestimmung, Neutralität und Durchsichtigkeit zu reflektieren und zu erklären erlaubt, gerade das verfehlen muss, was ein Medium überhaupt erst zu einem Medium macht." (Krämer 2008b: 68) Sybille Krämer schließt hieran die Idee der Medien als Boten an, die sie z. B. in der Figur der Engel als Boten Gottes und als Mittler zwischen verschiedenartigen Welten (dem Himmel und der Erde) als Reflexionsschablone der Medialität bezeichnet (vgl. ebd.: 69). Damit gewinnt der Bote als Medium eine personale Dimension, deren Bedeutung für die Rolle der Studierenden im Zwischenraum von Hochschule und Praxis imminent wird. Die Funktionslogik der Botenfigur wird bei Sybille Krämer auf drei Ebenen beschrieben, die hier als Reflexionsschablonen der Positionierung von Studierenden im Praxissemester genutzt werden. *Erstens* stellen Boten eine symbolische Verkörperung der abwesenden Auftraggeber dar – von Krämer als Realpräsenz des Auftraggebers bezeichnet: „Boten sind immer auch Vergegenwärtigungen eines Machtträgers in absentia, denn souverän ist, wer sich so vertreten lassen kann, als ob er im Vertreter anwesend wäre" (ebd.: 70).

Damit wird die Stimme des Boten zur Stimme des Auftraggebers. Die sich in diesem Verhältnis abzeichnende Repräsentation gilt auch für Studierende im Praxissemester. Das Studieren am Lernort ‚Praxis' findet in rechtlichen Rahmenbedingungen statt, in denen die Praxissemesterstudierenden weiterhin Teil der Hochschule sind und den formalen Status der Studierenden einnehmen – mit allen Rechten und Pflichten von Studierenden, aber ohne z. B. die Rechte des Arbeitsnehmers. Die hochschuldidaktische Ausrichtung des Praxissemesters, eigene Vorstellungen von professioneller Sozialer Arbeit sowie die Inhalte des vorhergehenden Studiums, werden in Repräsentation durch die Studierenden in die Praxis hineingetragen. Gleichzeitig werden Studierende im Verlauf der Einsozialisation in die Praxis spezifischer Einrichtungen zu Boten von (professionellen) Vorstellungen und inkorporiertem Handlungswissen, das sie aus dem *Lernort Praxis* an den *Lernort Hochschule* mitbringen. Perspektivische Brüche im Rahmen der Auseinandersetzung mit der Praxis und der Theorie Sozialer Arbeit können dann zu Biographiegeneratoren einer institutionellen Selbstthematisierung (vgl. Hahn 1987: 11 f.) mit konkreten Auswirkungen in der Relationierung von wissenschaftlichem und handlungspraktischem Wissen werden (vgl. Freis 2018).[2]

Zweitens beschreibt Sybille Krämer die Position des Boten als durch „Neutralität, Selbstaufgabe, Unsichtbarkeit" (Krämer 2008b: 71) gekennzeichnet. Die Vertretung eines Auftraggebers könne in Form eines „Subjekttausches" nur dadurch geschehen, indem der Bote sich selbst zum Verschwinden bringt (vgl. ebd.: 71). Studierende als Boten in diesem Sinne zu verstehen, erscheint auf den ersten Blick ambivalent. Weder ist es Ziel eines Praxissemesters sich selbst als Person unsichtbar zu machen, noch vollkommene Neutralität zu wahren. Wird das praktische Studiensemester jedoch als Lehr-/Lernarrangement im Sinne eines forschenden Lernens mittels Feldforschungsmethoden konzipiert, ergeben sich hieraus mindestens zwei Erfahrungsmodi, die miteinander vereinbart werden müssen und die das Verhältnis von Teilnahme und Distanzierung als notwendig auszuhandelndes Spannungsverhältnis rahmen: (1) Das eigene Erleben der Tätigkeit als Sozialarbeiter*in und die damit verbundenen Gefühle, sowie das Erleben von Handlungs- und Entscheidungsdruck. (2) Die distanzierte Erkundung professioneller Perspektiven über z. B. Nachfragen, Reflexionsgespräche sowie die teilnehmende Beobachtung professionellen Handelns. Aus ethnographischer Sicht sind es genau jene Möglichkeiten der Distanzierung (vgl. Amann/Hirschauer 1997; Breidenstein et al. 2013: 109 ff.), die zu einem Verständnis der Logik der erforschten Felder sowie des Selbst (vgl. Rychner 2008) führen. Die Aufgabe sich dem Feld Sozialer Arbeit teilnehmend zu nähern und dabei gleichzeitig immer wieder Distanz herzustellen verdeutlicht die Ambivalenz der Position im Zwischenraum der Institutionen sowie der Herstellung einer professionellen Identität. Studierende müssen sich in die Praxis einbringen (körperlich, mental, persönlich) um sich mit typischen Erfahrungen professioneller Sozialer Arbeit zu konfrontieren. Quasi gleich-

---

2 Dabei muss natürlich die Einschränkung gemacht werden, dass Studierende nicht beauftragte Boten des wissenschaftlichen oder des handlungspraktischen Wissens sind, sondern vielmehr habituelle Verkörperungen dieses Wissens, auf welches die jeweiligen Vertreter der beteiligten Lernorte qua Resonanz reagieren.

zeitig sind Sie jedoch darauf verwiesen, das eigene und fremde professionelle Handeln auch aus der Distanz zu betrachten und dabei immer wieder das Oszillieren zwischen Teilnahme und Distanzierung erkenntnisgenerierend zu nutzen. Damit einher geht, dass ihre Rolle beiden Lernorten gegenüber temporär von Neutralität, Selbstaufgabe und Unsichtbarkeit geprägt ist. *Drittens* beschreibt Sybille Krämer, dass die Eigendynamik des Boten sich seiner „Drittheit" verdankt (Krämer 2008b: 72). Die Figur des Dritten als Mediator zwischen den Welten zeichnet sich dann dadurch aus, dass er das Eigene und das Fremde relationiert. „Signifikant für diese triadische Perspektivierung ist es, dass damit die Ambivalenz der Botenfunktion, mithin der Bote als eine „Umkippfigur" in den Blick kommt. Denn der Bote verbindet nicht nur, sondern er distanziert im selben Zuge. Als Figuration des Dritten ist das Medium immer auch Unterbrechung von etwas: Es kann Zwist stiften, Streit aussäen, Intrigen einfädeln, es kann gegeneinander ausspielen, verraten und aufhetzen. Vermittlung also hat ein Doppelgesicht, sie kann als symbolischer Akt (zusammen-werfend), aber auch als dia-bolischer Eingriff (auseinander-dividierend) auftreten. Die diabolische Entgleisung ist der Dritten- und Botenfunktion als Option stets eingeschrieben." (ebd.: 73)

Nimmt man diese Charakteristika der Botenfigur als Reflexionsschablone der besonderen Stellung von Studierenden im Praxissemester wird deutlich, dass ein Studieren am Lernort Praxis, mit Anteilen in beiden beteiligten Lernorten, die Studierenden in den von Ihnen beforschten/besuchten Feldern zu körperlich anwesenden Repräsentationen anderer Lebensformen, Lebensstile und organisationalen Eigengesetzlichkeiten werden lässt. Sie bringen *Botschaft* durch ihr existenzielles Eingebundensein (vgl. Eisewicht, Emling & Grenz 2015) in die *Praxis* sowie in die *Hochschule* und machen sowohl sich selbst als Personen mit einer bestimmten Sozialisation, kulturellen Prägung, Geschichte etc., als auch die beiden beteiligten Organisationen für sich und füreinander sichtbar. Dabei ist der Lernprozess im Praxissemester durch einen Bildungsprozess gekennzeichnet, der von der inneren Spannung und Gegensätzlichkeit der Lernorte profitiert. Diese Spannung äußert sich auf Seite der Studierenden durch eine identitäre Oszillationsbewegung, die je nach Situation und Zeit immer wieder von sich selbst absehen muss, um zu sich selbst zurückzukehren. Studierende im Zwischenraum der Lernorte als Medium zu betrachten verdeutlicht die damit einhergehenden Möglichkeiten der Relationierung von Eigenem und Fremdem sowie die potenzielle Möglichkeit des Scheiterns der Relationierung von Wissenschaft und Praxis im diabolischen Akt.

Welche Konsequenzen diese Positionierung für die didaktische Ausgestaltung des Praxissemesters hat, wird nun mit Bezug auf die Frage der Hochschul- sowie Praxisentwicklung thematisiert werden.

Insgesamt lässt sich resümieren, dass die didaktische Ausgestaltung des Zugangs zur professionellen Praxis Erfahrungsmöglichkeiten für die Studierenden schafft, die in zweiter Instanz als Reflexionsmomente der professionellen Praxis genutzt werden können und die Kooperation von Hochschulen und Praxiseinrichtungen über das Medium der Studierenden stärker in den Fokus der Aufmerksamkeit bringen. Als didaktisches Arrangement der praktischen Studienphase scheint sich das forschende

Lernen besonders zu eignen, da weniger die Disparität der Lernorte fokussiert, sondern stärker eine Vernetzung von Hochschulen und den an der praktischen Ausbildung beteiligten Praxiseinrichtungen angestrebt werden kann. Hochschulen übernehmen in diesem Lernarrangement die didaktische Gesamtverantwortung. Dabei rücken sie die Praktiken des professionellen Handelns in den Fokus der Studierenden. Die Nähe zum Alltagshandeln in Praxiseinrichtungen macht die Beobachtungen der Studierenden zum geeigneten Material einer lernortübergreifenden Diskussion und Reflexion. Die Situationen aus der Praxis halten Hochschulen aufmerksam für Veränderungen in den Feldern der Praxis. Exemplarische Versuche der Perspektivvariation durch wissenschaftliches Wissen als Neurahmung praktischer Selbstverständlichkeiten bieten den Praxiseinrichtungen ein Potenzial die eigenen Routinen in Frage zu stellen und somit selbst aufmerksam für kleine Veränderungen zu bleiben.

Die Studierenden erhalten über die methodologische Orientierung an ethnographischen Zugängen zur sozialen Wirklichkeit die Möglichkeit Praxis methodisch geleitet über eine befremdete Außenperspektive und eine in sich differenzierte Binnenperspektive – einmal als selbst Handelnder, einmal im Sinne einer kommunikativen Validierung mit den professionellen Sozialarbeiter/innen – zu erkunden. Die verschiedenen Reflexionsorte (Seminare an der Hochschule zur Theorie-Praxis-Relationierung, (Ausbildungs-)Supervision sowie Reflexionsgespräche der Praxisanleiter*innen) bieten dabei unterschiedliche Zugänge zur eigenen Erfahrung und können zu einer reflektierten Erfahrungstransformation und einer neuen Verfügbarkeit von Wissen beitragen. Durch den Neulingsstatus hinterfragen Studierende Selbstverständlichkeiten organisationalen Handelns. Im Zuge ihres praktischen Studiensemesters liefern sie dabei IrritationsPotenziale für Hochschulen und Praxiseinrichtungen und können ihre Perspektiven auf die Praxis der Sozialen Arbeit im Übungsraum der Theorie-Praxis-Werkstätten als responsiven Input an die Einrichtungen zurückmelden. Praxisanleiter*innen werden dabei auf Selbstverständlichkeiten aufmerksam, die zur Entwicklung einer „organisationalen Bewusstheit" (Tomaschek 2007) führen können. Ein derartiges Aufmerksamhalten des Personals über die Kopräsenz von Studierenden in Einrichtungen der Praxis würde dann als Strategie der Organisationsentwicklung verständlich, die alternative Sichtweisen auf die Wirklichkeit als Herausforderung und beständige Erhaltung einer pädagogischen Professionalität sichtbar macht. Ein ähnlicher Prozess ist allerdings auch für die Dozierenden der Hochschule zu verzeichnen, die durch das Medium der Studierenden und deren ‚doppelte Mitgliedschaft', einmal als Teil der Hochschule und ebenso als Teil der Praxiseinrichtung, permanent mit aktuell bedeutsamen Situationen, Praktiken und Diskursen aus der Handlungspraxis konfrontiert werden.

Fasst man dies zusammen ergeben sich folgende Beziehungen: Hochschulen und Praxiseinrichtungen gestalten die Erfahrungsmöglichkeiten der Studierenden im Praxissemester. Damit setzen sie einerseits die Rahmenbedingungen für studentische Lernprozesse, eröffnen jedoch gleichzeitig die Spielräume eines selbstorganisierten Lernens (vgl. Wiemer 2017: 50ff.). Die Position der Studierenden im Studium am Lernort Praxis und deren doppelte Mitgliedschaft tragen maßgeblich dazu bei, dass Impulse und Kooperationsmöglichkeiten zwischen Hochschulen und Praxiseinrich-

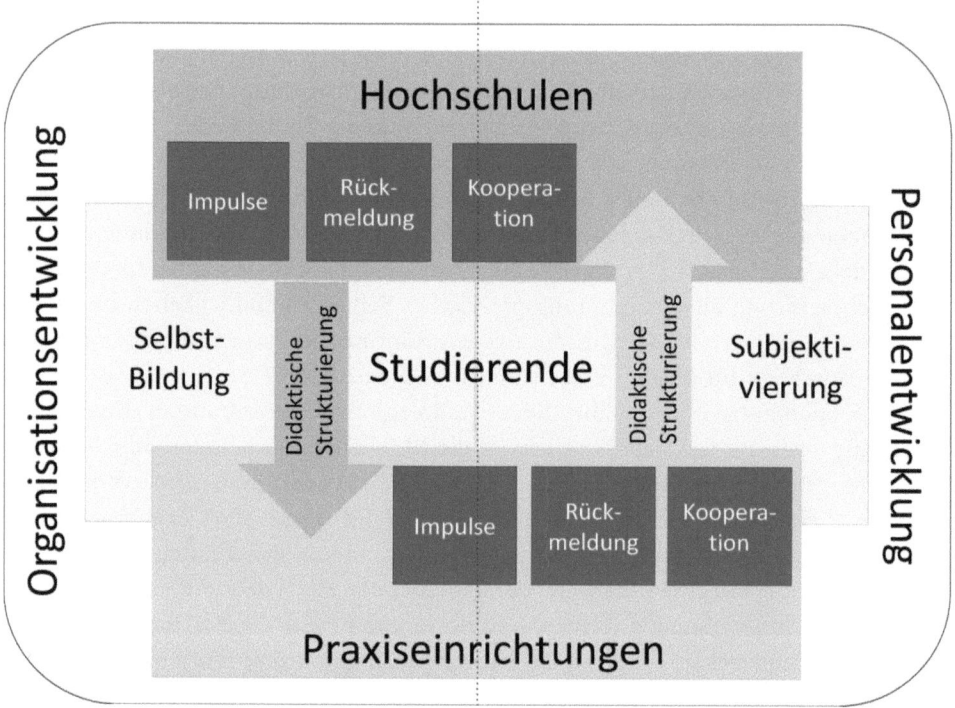

Abb. 1: Lernortübergreifende Hochschuldidaktik als Generator von Hochschul- und Praxisentwicklung (eigene Darstellung)

tungen entstehen. Die Ausgestaltung der didaktischen Strukturierung der praktischen Studienphase über einen ethnographischen Zugang zu lösen macht es in beiden beteiligten Organisationen notwendig sich selbst und den jeweils anderen Lernort zu beobachten. Mit der konstanten Aufrechterhaltung der Aufmerksamkeit geraten gleichzeitig Studierende und deren Fähigkeiten und Ideen viel zentraler in den Fokus beider Organisationen. Die Responsivität des Lernarrangements wirkt dann als Feedbackschleife auch auf Studierende und ermöglicht die Entfaltung und Entwicklung neuer Fähigkeiten. Eine verantwortungsvolle lernortübergreifende Hochschuldidaktik kann zum Generator einer über das Medium der Studierenden vermittelten und durch die strukturelle Beteiligung der Organisationen und ihres Personals gerahmten wechselseitigen Hochschul- und Praxisentwicklung werden.

Als eine zentrale Bedingung für eine lernortübergreifende Hochschuldidaktik, die Potenziale für Studierende, für Praxiseinrichtungen und für Hochschulen zu entfalten weiß, bedarf es einer akademischen Neuausrichtung von Praxisreferaten für Soziale Arbeit.

Akademisch ausgerichtete Praxisreferate als Generatoren lernortübergreifender Innovativität

Wenn die AGJ darauf hinweist, dass die Qualifizierung von Studierenden nur als gemeinsame Leistung der beiden Lernorte möglich sein kann (vgl. AGJ 2015: 6) und dabei darauf geachtet werden müsse, dass es nicht zu einer konzeptionellen Verkürzung und Zuordnung des Theorieerwerbs zum Lernort Hochschule und des Erwerbs praktischer Handlungskompetenzen zum Lernort Praxis (vgl. ebd.) kommen dürfe, wird die Aufgabe von Praxisreferaten als Schnittstellen zwischen den Lernorten bereits skizziert. Neben der didaktisch-curricularen Verantwortung, die Praxisreferate in der Sozialen Arbeit übernehmen müssen (wie im vorherigen aufgezeigt), sind sie bei der Kooperation der Lernorte Hochschule und Praxis von zentraler Bedeutung (vgl. Roth/Gabler 2012: 24 ff.). Die didaktisch-curriculare Einbindung und Gestaltung von Praxisphasen in Studiengängen für Soziale Arbeit kann an der Aufrechterhaltung der Eigenlogiken der beiden beteiligten Lernorte arbeiten und die sich in der Erfahrung der Studierenden durch diese differenten Eigenlogiken einstellende Spannung als Lern- bzw. Bildungswiderstand konzipieren (vgl. Thompson/Weiss 2008).

> „Hochschulen als Orte der theoretischen Praxis dürfen dabei ihr Profil weder im Zuge der stärkeren Praxisorientierung rein auf praktisches Lernen beschränken noch dürfen Praktika zu reinen akademischen Leistungen werden. Vielmehr gilt es, Lernprozesse an beiden Lernorten als Teil einer ‚didaktisch-curricularen Konzeptualisierung' (Schubarth er al 2016: 7f.) und damit als eigenständige, sich gleichzeitig wechselseitig ergänzende und miteinander interagierende Prozesse zu verstehen, für die Hochschulen Verantwortung tragen." (Freis 2019: 87)

Als Schnittstelle zwischen den beiden Lernorten können Praxisreferate im Sinne Niklas Luhmanns als Grenzstellen der Organisation Hochschule betrachtet werden. Niklas Luhmann beschreibt in seiner frühen Systemtheorie, dass Grenzstellen in Organisationen entstehen, die eine bestimmte Größe erreicht haben und dessen Größe es unmöglich machen, dass jedes Mitglied der Organisation mit jedem anderen Mitglied im persönlichen Austausch stehen kann sowie die Außenwahrnehmung der Organisation einen „Gegenstand besonderer Überlegungen und Leistungen" (Luhmann 1999: 220) darstellt. An den Grenzstellen von Organisationen wird dann die Vertretung der Organisation nach Außen (zumindest in einem bestimmten, auf den Kompetenzbereich der Grenzstelle zugeschnittenen Bereich) geleistet. Diese Repräsentationsaufgabe nach Außen ist gepaart mit einer vor allem für die Gestaltung der Kooperation zwischen den Lernorten Hochschule und Praxis bedeutsamen weiteren Funktion: der Antennenfunktion der Grenzstellen. Zahlreiche Informationen aus der Umwelt der Organisation laufen an den Grenzstellen zusammen, weshalb Niklas Luhmann diese als Informationskanal der Organisation kennzeichnet:

> „Es kommt hinzu, daß sie [die Grenzstellen] stärker als andere Posten Informationen aus der Umwelt ausgesetzt sind und dafür eine spezifische Sensibilität ausbilden. Sie empfangen die Verhaltenserwartungen, welche die Umwelt an das System adressiert, sozusagen im Rohzustand und unverfälscht [...]" (ebd.: 221).

Das sensible Erfassen der Anforderungen und Erwartungen der Umwelt an die Organisation Hochschule bzw. Studiengänge der Sozialen Arbeit stellt eine Möglichkeit dar auf aktuelle Veränderungen in den Feldern der Sozialen Arbeit zu reagieren und bspw. die didaktisch-curricular verankerten Theorie-Praxis-Konzepte auf die Möglichkeiten und Veränderungen am Lernort Praxis anzupassen (vgl. Freis 2019: 88). Gleichzeitig filtern Grenzstellen auch jene Verhaltenserwartungen und Veränderungen der Umwelt und nehmen hierzu eine Einschätzung vor, welche Informationen sinnvollerweise in die Organisation der Hochschule kommuniziert werden *müssen* und *sollen* sowie welche Informationen eher ausgeblendet werden können (vgl. Luhmann 1999: 224f.). Praxisreferate als Grenzstellen zu betrachten ermöglicht somit einerseits zu sehen, dass diese durch ihre Position an der Schnittstelle zwischen den Lernorten die didaktisch-curricularen Theorie-Praxis-Konzepte auf die Rahmenbedingungen und Möglichkeiten des Lernortes Praxis mit seinen verschiedenen Arbeitsfeldern sensibel ausrichten um „die Gestaltung der studienintegrierten Praktika nicht gänzlich an den Bedarfen und Möglichkeiten der Praxis vorbei aufzubauen" (Freis 2019: 88). Andererseits gilt es auch die Möglichkeiten und Grenzen des eigenen Lernortes (Hochschule) auf diejenigen des Lernortes Praxis abzustimmen und auf organisationaler Ebene Passungsverhältnisse herzustellen, die Studierenden in Praxisphasen Lernen ermöglicht (vgl. ebd.). Eine lernortübergreifende Hochschuldidaktik ist also maßgeblich davon abhängig, dass Praxisreferate ihre Aufgaben nach innen (in die eigene Organisation) als auch nach außen (mit den Organisationen der beruflichen Praxis) gut aufeinander abstimmen. Dies soll keine pragmatische Anpassung der hochschuldidaktischen Konzeptionen sein. Gerade eine ausgearbeitete hochschuldidaktische Idee, *wie* die implizite Integration von Theorie und Praxis (vgl. Kap. 2.3; 3.2) bei Studierenden im Kontext von praktischen Studienphasen gelingen kann, bedarf einer konkreten Sensibilität auf hochschulischer Ebene sowie auf der Kooperationsebene mit der beruflichen Praxis, da die Übernahme der didaktischen Gesamtverantwortung durch die Hochschule nur dann gelingen kann, wenn gute Kooperationsbedingungen zwischen den Lernorten aufgebaut sind und ein wechselseitiges Verständnis vorhanden ist.

Welche Bedeutung könnte einer akademischen Neuausrichtung der Funktion von Praxisreferaten zukommen? Diese Frage soll abschließend exemplarisch an der Ausrichtung des Praxisreferates des Studiengangs *Soziale Arbeit und Pädagogik der Kindheit* der htw saar aufgezeigt werden. Wichtig ist an dieser Stelle, dass das dargestellte Profil nicht als Ideallösung anzusehen ist, sondern vielmehr einen Ist-Stand darstellt, der die oben dargestellte akademische Neuausrichtung als Möglichkeit versteht, dabei allerdings personell an den Grenzen des Machbaren agiert. Weitere Möglichkeiten und Potenziale einer lernortübergreifenden Hochschuldidaktik, die das Spannungsverhältnis der Logik der Wissenschaft und der Logik der Praxis in diversen Veranstaltungen, didaktischen Konzepten, lernortübergreifenden Projekten umsetzt, sind ohne weiteres Denkbar.

In der folgenden Grafik finden sich vier verschiedene Funktionen, die die Potenziale einer akademischen Ausrichtung von Praxisreferaten aufzeigen sollen.

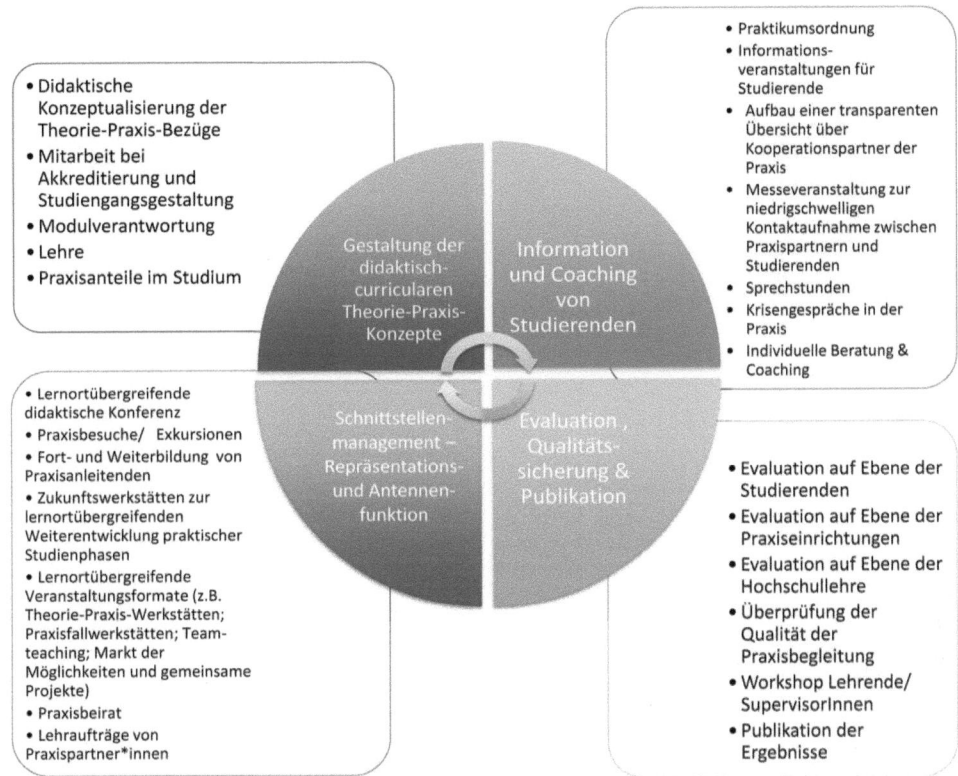

Abb. 2: Lernortübergreifende Hochschuldidaktik: Funktion von Praxisreferaten und konkrete Umsetzung (Quelle: eigene Darstellung) (in Anlehnung an: Freis 2019: 89)

1. Gestaltung der didaktisch-curricularen Theorie-Praxis-Konzepte

Auf didaktisch-curricularer Ebene übernimmt das Praxisreferat die Verantwortung für die Gestaltung des Theorie-Praxis-Konzeptes des Studiengangs (vor allem im Hinblick auf das Praxissemester). Gleichzeitig gehört es zu den Aufgaben des Praxisreferates, die verschiedenen Praxisanteile im Studium zu unterstützen, indem Kooperationsanfragen an die passenden Hochschullehrenden weitergeleitet, Praxisvertreter*innen in unterschiedlichste Lehrveranstaltungen vermittelt oder eingeladen, Kontakte zwischen Hochschullehrenden und Praxisvertreter*innen gestaltet und systematisch in Vernetzungstreffen verankert werden. Die Übernahme der Verantwortung für Module, die in Zusammenarbeit mit dem Lernort Praxis stattfinden, erfordert gleichzeitig eine konstante Mitarbeit bei Akkreditierung und Studiengangsgestaltung, sowie eigene Lehre.

2. Information und Coaching von Studierenden

Informationen rund um die praktische Studienphase, die Vereinbarkeit von Praxisphasen mit Familie, Pflegeverantwortung, Nebenverdienste und Minijobs etc. wird im Rahmen von Praktikumsordnungen zur Verfügung gestellt und in regelmäßigen

Lfd.-Nr. 2901 Narnia

Jugendamt Narnia

Jugendamt Narnia
Am Bieberbau 3
12345 Narnia

Handlungsfeld
Öffentliche Kinder- und Jugendhilfe

Träger
Kreis Narnia

Ansprechpartner*in für Praxissemester
Herr Bieber, stellvertr. Amtsleiter

Telefonnummer
01234-5678

Emailadresse
Jugendamt@narnia.de

Web
www.narnia-kreis.de

sozial wissenschaften htw saar

Beschreibung der Einrichtung:

„Jeder junge Mensch hat ein Recht auf Förderung seiner Entwicklung und auf Erziehung zu einer eigenverantwortlichen und gemeinschaftsfähigen Persönlichkeit." Diesen Leitgedanken aus dem Kinder- und Jugendhilfegesetz setzt das Jugendamt mit einer Vielzahl an Angeboten in die Tat um. Der Bezirkssozialdienst übernimmt wichtige vorbeugende Funktionen in unserer Gesellschaft und hilft, wenn Kinder, Jugendliche und ihre Familien in Schwierigkeiten sind. So unterstützt und begleitet der Bezirkssozialdienst Familien durch Vermittlung von Hilfen zur Erziehung wie z.B. Sozialpädagogische Familienhilfe oder eine Tagesgruppe. Er stellt Eingliederungshilfen für seelische behinderte Kinder und Jugendliche bereit, leistet Jugendgerichtshilfe und berät Eltern in Fragen der Ausübung des Sorge- und Umgangsrechtes. Darüber hinaus trifft der Bezirkssozialdienst bei einer Kindeswohlgefährdung vorläufige Maßnahmen zum Schutze von Kindern und Jugendlichen.

Aufgabenbereiche im Praxissemester:

- Teilnahme an den Beratungsgesprächen und Hilfeplangesprächen
- Gemeinsame Hausbesuche
- Teilnahme an Arbeitskreisen innerhalb des Amtes und im Sozialraum
- Teilnahme an Sitzungen des Jugendhilfeausschusses
- Unterstützung bei der Aktenführung
- Teilnahme an Dienst- und Fallbesprechungen

Jugendamt Narnia

Benötigte Bewerbungsunterlagen:

- Bewerbungsschreiben
- Lebenslauf
- aktuelle Immatrikulationsbescheinigung

Anforderungsprofil:

- Aktuelles erweitertes Führungszeugnis gemäß §30a Abs. 1 des Bundeszentralregistergesetztes ohne Eintragungen
- Nachweis der gesundheitlichen Eignung durch unseren arbeitsmedizinischen Dienst

Wir stellen:

- nach Möglichkeit eigener Arbeitsplatz mit PC
- Zugang zu Datenbank und Mailaccount
- Qualifizierte Anleitung durch erfahrene SozialarbeiterInnen/-pädagogInnen

Jugendamt Narnia
Am Bieberbau 3
12345 Narnia

Barrierefreiheit
Ja

Vergütung
250,00 €/ Monat

voraussichtliche Arbeitszeiten
7,48 Stunden pro Arbeitstag
(Montag bis Freitag)

sozial
wissenschaften
htw saar

Abb. 3: Exemplarischer Eintrag der Datenbank der Praxisstellen (htw saar)

Informationsveranstaltungen über die Ziele des Praxissemesters, die didaktischen Konzepte, die Rahmenbedingungen und rechtlichen Verhältnisse etc. informiert. Hierzu zählt im vorliegenden Konzept auch die Ausgestaltung der Vorbereitung auf das Praxissemester (vgl. Kap. 3.1). Darüber hinaus gehört der Aufbau und die Pflege einer Datenbank der Praxisstellen zum Aufgabenprofil des Praxisreferates. Die Datenbank kann Informationen zu Praxiseinrichtungen der Sozialen Arbeit und Pädagogik der Kindheit beinhalten, die in enger Kooperation mit der Hochschule stehen und sich den Studierenden vorstellen. Mit der Hereinnahme von Praxiseinrichtungen in eine derartige Datenbank kann eine Überprüfung der angebotenen Praxisstellen einhergehen und gleichzeitig Informationen über Einrichtungen zur Verfügung gestellt werden, die regelmäßig, bzw. jedes Jahr Praxissemesterstudierende zu sich nehmen und die somit durch die Wiederholung und die durchgeführte Fortbildung als akademische Praxisanleitende in der Person einzelner Mitarbeitende sehr erfahren im Umgang mit Studierenden in der Praxisphase werden und gleichzeitig enger mit der Hochschule zusammenwachsen. Anbei findet sich ein exemplarischer Eintrag der Datenbank der Praxisstellen der htw saar, welche folgende Informationen übersichtlich zur Verfügung stellt:

– Bezeichnung der Einrichtung, Ort, Adresse, Telefonnummer, Ansprechpartner*innen und Internetseite
– Beschreibung des Aufgabengebietes der Einrichtung
– Beschreibung der Aufgabengebiete von Studierenden im Praxissemester
– Überblick über benötigte Bewerbungsunterlagen
– Anforderungsprofil der Einrichtung an Bewerber*innen
– „Wir stellen" als Überblick über die organisatorischen Rahmenbedingungen des Arbeitens als Praxissemesterstudierende
– Informationen zur Barrierefreiheit
– Informationen zu Vergütung und Aufwandsentschädigung
– Voraussichtliche Arbeitszeiten
– Informationen, ob die Praxisanleitung durch „akademische Praxisanleiter*innen" erfolgt (vgl. Kap. 3.2.1)

Die Datenbank sollte regelmäßig aktualisiert und um weitere Einträge erweitert werden. Sie dient dazu, einen schnellen Überblick über jene Einrichtungen zu erhalten, die in einem engen Kooperationsverhältnis zur Hochschule stehen und mit dem didaktischen Aufbau und den Zielen des Praxissemesters bzw. der Theorie-Praxis-Konzepte des Studiengangs vertraut sind sowie regelmäßig Studierende aufnehmen.

Neben der Datenbank kann eine Messeveranstaltung, an welcher Praxiseinrichtungen, Träger, Projekte, Gewerkschaften und Fachverbände sich vorstellen, eine hilfreiche Ergänzung darstellen. Eine solche Messe kann darüber hinaus mit einem Eröffnungsvortrag zur Relevanz und Bedeutung der Theorie-Praxis-Relationierung sowie zahlreichen Diskussionsforen und Kontaktveranstaltungen (Speeddating, Markt der Möglichkeiten) sowohl für Studierende als auch für Hochschullehrende die Möglichkeit Kontakte zur beruflichen Praxis zu knüpfen, öffnen (vgl. Freis 2019).

Die Begleitung und das Coaching der Studierenden stellt einen weiteren Aufgabenbereich dar, der über regelmäßige Sprechstunden, Krisengespräche am Lernort Praxis, sowie individuelle Beratung und Coachingangebote abgedeckt wird.

3. Schnittstellenmanagement – Repräsentations- und Antennenfunktion

Das Schnittstellenmanagement setzt bereits beim zur Verfügung stellen von Informationen an die Studierenden an. Darüber hinaus beinhaltet es die jährlich stattfindenden Konferenzen der Praxisanleiter*innen, die dazu dienen den Praxisanleitenden des jeweiligen Praxissemesters die Konzeption und die Rahmenbedingungen des praktischen Studiensemesters zu verdeutlichen, über Neuerungen zu informieren, die Möglichkeiten der Zusammenarbeit aufzuzeigen und einen Einblick in den Studiengang und dessen Ziele zu bieten. Um regelmäßigen Kontakt zu den Praxiseinrichtungen zu haben und die praktischen Bedingungen des Einbezugs von Studierenden zu kennen und abzusprechen, können regelmäßige Praxisbesuche des Praxisreferates sowie Exkursionen in die Praxis gemeinsam mit Studierenden stattfinden.

Im Kontext der Praxisanleitung von Studierenden im Praxissemester ist eine jedes Semester stattfindende Fortbildung für „akademische Praxisanleiter*innen" sinnvoll (vgl. Kap. 3.2.1). Hierbei werden konkret auf die eigene Praxiseinrichtung abgestimmte Einarbeitungs- und Praxissemesterkonzepte zwischen verschiedenen Praxisanleiter*innen sowie der Hochschule erstellt. Das Schnittstellenmanagement kann an dieser Stelle zahlreiche Ideen aufgreifen, die im Kontext der Fortbildung für Praxisanleiter*innen lernortübergreifend generiert und diskutiert werden. Hieraus sind im Fall der htw saar sowohl Zukunftswerkstätten zur Weiterentwicklung des Praxissemesters, Theorie-Praxis-Werkstätten als responsive Foren der Ergebnisrückmeldung nach dem Praxissemester (vgl. Kap. 4.2), Praxisfallwerkstätten, die aktuelle Fälle aus der Praxis im Kontext supervisorischer Beratung mit Studierenden aufgreifen, Lehraufträge für Praxisanleiter*innen und Praxispartner*innen, Team-teaching-Seminare, die jeweils einen Vertreter/eine Vertreter*in des Lernortes Hochschule und des Lernortes Praxis aufweisen, sowie ein Praxisbeirat zum Studiengang entstanden.

In manchen Bereichen kann die Funktion des Praxisreferats als Grenzstelle hier auch nur darin bestehen, Kontakte zu vermitteln, Projekte und Ideen zu initiieren und die weitere Verstetigung an andere Hochschullehrende zu übergeben. So kann dies bspw. beim Angebot des Marktes der Möglichkeiten stattfinden, in welchem Praxispartner*innen ihre Ideen für gemeinsame Projekte (Bachelorarbeiten/Masterarbeiten/Forschungsprojekte mit Hochschullehrenden) kurz skizzieren und Studierende wie Hochschullehrende sich informieren und Kontakte aufbauen. Ähnlich verhält es sich mit der Vorbereitung und Rahmung studentischer Tagungen bzw. Ergebnisrückmeldungen an Praxispartner*innen, die im Studiengang *Soziale Arbeit und Pädagogik der Kindheit* vor allem im Kontext der studentischen Studienprojekte im 6. und 7. Semester stattfinden.

4. Evaluation, Qualitätssicherung und Publikation

Im Rahmen der vierten Funktion kann auf die Evaluation der Theorie-Praxis-Konzepte des Studiengangs Bezug genommen werden. Diese sollte auf den drei verschiedenen Ebenen (1) Studierende, (2) Praxisanleitung und (3) Hochschullehre ansetzen und sowohl die Wechselwirkungen als auch Möglichkeiten multiperspektivischer Evaluationsergebnisse in den Blick nehmen. An der htw saar wurden über einen online-Fragebogen Praxiseinrichtungen und Praxisanleitende vor Beginn des Praxissemesters (Praeprax@htwsaar) und nach Abschluss des Praxissemesters (Postprax@htwsaar) im Bezug auf die Rahmenbedingungen der Praktika, die Entwicklung der Studierenden, die Nutzung und Zufriedenheit mit den Kooperationsangeboten der Hochschule u.v.m. erforscht. Die Überprüfung der Qualität der Praxisbegleitung am Lernort Praxis gehört ebenso zu den Aufgaben des Qualitätsmanagements, wie bswp. Angebote und Workshops für Hochschullehrende im Praxissemester sowie die Supervisor*innen (vgl. Freis 2019). Damit das praktische Studiensemester lernortübergreifend gelingen und die hochschuldidaktisch und curricular anvisierten Ziele erfüllt werden können, bedarf es der Transparenz von Zielen bei allen Beteiligten sowie der Herstellung von Commitment und Interesse an diesem zentralen Bestandteil des Studiums.

Abschließend soll hier noch einmal kurz resümiert werden: Die Professionalisierung der Praktiken des Beobachtens können als hochschuldidaktisch gerahmtes Theorie-Praxis-Konzept lernortübergreifende Potenziale auf unterschiedlichen Ebenen entfalten.

Auf der *Ebene der Studierenden* kann der Fokus auf eine distanzierte Beobachtungsperspektive und die alternierend fokussierte eigene Involvierung ins praktische Handeln im Wechsel der Beobachtungsperspektiven (1. Ordnung und 2. Ordnung) auf die *Verantwortung für die eigene Wirklichkeitskonstruktion* und dementsprechend die *eigene Praxis des Sehens* deutlich werden. In zweiter Instanz geraten damit auch die kasuistischen Prozesse der Konstruktions- und Rekonstruktionsprinzipien von Fällen der Sozialen Arbeit in den Blick und ermöglichen in der Befremdung die Ausbildung eines pädagogischen Blicks. Die emotionale Verstrickung von Studierenden ins Feld kann dann als Potenzial gelesen werden, sich mit den eigenen Vorstellungen, Werten und Routinen auseinanderzusetzen.

Darüber hinaus besteht für die Studierenden durch die anfängliche Beobachterrolle im Feld die Möglichkeit den eigenen Lernprozess sowohl im Bezug auf das analytische Verstehen der Logiken der Handlungspraxis als auch das Kennenlernen der eigenen Praxis des Sehens bewusst in den Blick zu nehmen. Die Position des freien Beobachtens ohne direkte Vereinnahmung durch die berufliche Handlungspraxis ermöglicht die Erfahrung zweier organisationaler Logiken, die sich den Studierenden als unauflösbares Spannungsverhältnis zwischen den Lernorten Hochschule und Praxis darstellen. Die Bewegung innerhalb dieses Spannungsverhältnisses und der konstante Wechsel der Lernorte im Modus des Wiederkehrens, können durch die metaphorischen Implikationen der Metapher der „Expedition in die professionelle Praxis" als Navigationshilfe den Prozess der Selbstreflexion als auch die Steuerung des eigenen Lernprozesses ermöglichen.

Auf der *Ebene der Praxis der Sozialen Arbeit* kann das vorliegende Konzept als Strategie der Organisations- und Personalentwicklung angesehen werden. Durch die Responsivität des Praxissemesters in den Theorie-Praxis-Werkstätten sowie den Praxissemesterbericht werden die Organisationen der Sozialen Arbeit konstant mit Außenwahrnehmungen ihres Handelns konfrontiert und können mit Hilfe der Deutungsangebote und weiterführenden Fragen der Studierenden den eigenen Alltag reflektieren. Bereits die Anwesenheit der Studierenden in den Praxiseinrichtungen der Sozialen Arbeit sowie der lernortübergreifende Rahmen des Praxissemesters führen dazu, dass Praxisanleitende und Mitarbeitende am Lernort Praxis beginnen sich selbst zu beobachten. Das konstante Aufmerksam-Halten für die eigene Handlungspraxis und die Rolle der Studierenden als Interdependenzunterbrecher leisten eine Responsivität, die von zahlreichen Praxiseinrichtungen gerne in den eigenen Arbeitsalltag integriert wird. In vertrauensvollen Kooperationsbeziehungen zwischen den Lernorten Hochschule und Praxis können sich so Innovationen ergeben, die für beide Lernorte fruchtbar sein können.

Auf der *lernortübergreifenden Ebene der Kooperation* eröffnen sich durch die hochschuldidaktische Verantwortungsübernahme neue Formen der Zusammenarbeit. So wird deutlich, dass Studierende als Medium einer wechselseitigen Bezugnahme in ihrer doppelten Mitgliedschaftsrolle an beiden Lernorten in den Fokus genommen werden. Sie machen die Lernorte Hochschule und Praxis füreinander sichtbar und ermöglichen so beiden Lernorten eine Sensibilität für relevante Veränderungen in deren Umwelt sowie Möglichkeiten der Weiterentwicklung der eigenen Organisation auf der Grundlage dieser Umweltveränderungen. Auf der Ebene des Personals können hier also Impulse sowohl auf Seiten der Hochschullehrenden als auch auf Seiten der berufspraktisch handelnden Sozialarbeiter*innen ausgemacht werden. Eine darüberhinausgehende akademische Ausrichtung von Praxisreferaten kann als Generator lernortübergreifender Innovationen ausgestaltet werden. Hierzu gehört die sensible Herstellung einer Passung zwischen den Lernorten im Hinblick auf die didaktisch-curricularen Theorie-Praxis-Konzepte, eine breite Basis an Information und personenzentrierten Beratungsangeboten für die Studierenden sowie ein gemeinsame Ideen aufgreifendes Schnittstellenmanagement, das die Herstellung einer lernortübergreifenden Vision professionalisierter Sozialer Arbeit befördert und die eigenen Vorgehensweisen kritisch reflektiert und zur wissenschaftlichen Diskussion stellt.

5. Fazit und Ausblick

Geht man davon aus, dass Hochschulen eine Verantwortung für die didaktische Gestaltung der Lernmöglichkeiten im Praxissemester haben, geraten Prozesse des Organisierens in den Blick, die lernortübergreifend gestaltet werden müssen. So wurde aufgezeigt, dass die Professionalisierung und (praktische) Ausbildung von Studierenden im Rahmen praktischer Studienphasen als organisierte (didaktisch strukturierte) Aufmerksamkeitsfokussierung zu verstehen ist.

Hochschulen stellen über ihre didaktisch-curricularen Konzepte Möglichkeitsräume für Bildung zur Verfügung, indem organisationale Strukturen so eingerichtet werden, dass Studierende in ihnen ein Bewusstsein für sich selbst, ihr Handeln, den Anderen sowie die Bedingungen der beruflichen und wissenschaftlichen Praxis der Sozialen Arbeit erlangen können. Gleichzeitig fördern die verschiedenen Reflexionsformate an ihren jeweiligen Lernorten (Hochschule und berufliche Praxis) und in ihrer jeweiligen Zielsetzung (Supervision, Theorie-Praxis-Seminar, Praxisanleitung) das Bewusstsein über eigene blinde Flecke in der Wahrnehmung. Dabei werden auch jene blinden Flecke in den Blick genommen, die erst über die professionelle Sozialisation als Sozialarbeiter*in entstehen. Der Prozess von Annäherung und Distanzierung – im vorliegenden ethnografisch ausgerichteten Konzept als *Modus des Wiederkehrens* beschrieben – ermöglicht einen Bildungsprozess, der über (im besten Falle) produktive Ver(un)sicherungen der eigenen Vorstellungen und Ideen die eigene Wahrnehmung befremdet, für die Notwendigkeit einer steten Reflexion der eigenen unhinterfragten Selbstverständlichkeiten motiviert sowie in die Ausbildung eines pädagogischen Blicks mündet.

Eine lernortübergreifende Hochschuldidaktik bietet hier die Möglichkeiten, Bildungsprozesse im Wechsel zwischen den Lernorten, den Wissensbeständen und den Praxen wahrscheinlicher zu machen und dabei gleichzeitig eine so große Offenheit anzubieten, dass Studierende auch sich selbst reflexiv in den Blick nehmen können. Die in diesem Prozess entstehenden Irritationen stellen notwendige Bildungswiderstände dar, deren Verunsicherungspotenzial ebenfalls didaktisch gerahmt werden soll (vgl. Kap. 6). So sollen Studierende in ihrer Ambivalenzwahrnehmung methodisch unterstützt und begleitet und gleichzeitig Instrumente zur Verfügung gestellt werden, die auch eine Selbststeuerung im Prozess möglich machen. Eine metaphorische Rahmung des Lernprozesses sowie die methodische Begleitung von Supervisor*innen, Hochschullehrenden und akademischen Praxisanleiter*innen können, wie im vorliegenden Konzept aufgezeigt, genutzt werden, um das Kontinuum von Selbst-Bildung und Subjektivierung im Praxissemester sichtbar werden zu lassen und Steuerungsmöglichkeiten im Prozess zu eröffnen. So können Studierende, Praxisanleiter*innen, Supervisor*innen und Hochschullehrende in eine lernortübergreifende Navigationsbewegung einsteigen, Wissenschaft und berufliche Praxis aneinander annähern und eine gemeinsame, lernortübergreifende Sprache (zumindest für die Praxisausbildung im Praxissemester) finden, welche quasi gleichzeitig die Unterschiede zwischen den

Lernorten markiert und diese Differenzen in ihren Konsequenzen für die verschiedenen Lernorte bewusst werden lässt.

Die Paradoxie dieses Prozesses wird dann deutlich: Erkenntnis und ein Bewusstsein für die Besonderheiten der jeweiligen Lernorte und ihrer strukturellen Verwiesenheit aufeinander sind nur dann möglich, wenn das Spannungsverhältnis zwischen der Praxis der Wissenschaft und der Praxis des beruflichen Handelns über eine gelingende Kooperation zwischen den Lernorten aufgelöst und gleichzeitig immer wieder neu hergestellt wird. Innovation in Wissenschaft und beruflicher Praxis wird es nicht dadurch geben, dass ein Lernort seine Besonderheiten aufgibt, sondern dadurch, dass diese Besonderheiten beibehalten, bewusst gepflegt und immer wieder der z. T. mühsame Austausch über diese Besonderheiten hinweg eröffnet wird. Studierende im Praxissemester bilden das Potenzial, einen derartigen Resonanzraum zu eröffnen, indem sie ihre Perspektiven aus beiden Systemen aufeinander beziehen, Lehrende, Supervisor*innen und Praxisanleiter*innen mit ihren Fragen, Anregungen, Kommentaren und Ideen immer wieder herausfordern und so zur Entwicklung einer organisationalen Bewusstheit beitragen. Was also als didaktisch-curriculares Konzept für die Praxisausbildung von Studierenden beginnt, ist gleichzeitig eine Form der Hochschul- und Praxisentwicklung, die als Dauerreflexion der Strukturen und Inhalte der Wissenschaft und beruflichen Praxis der Sozialen Arbeit zu verstehen ist.

Dies mag als die Quadratur des Kreises erscheinen, ist aber in letzter Konsequenz ausschließlich Folge einer konsequenten Ausrichtung der Praxisausbildung an ethnographischen Forschungsstrategien sowie praxeologischen und professionstheoretischen Vorüberlegungen.

Zum Schluss soll noch ein kurzer Ausblick gewagt werden, wohin sich die Praxisausbildung im Studium der Sozialen Arbeit entwickeln kann.

Wenn Karin Böllert die Frage stellt, unter welchen Bedingungen eine reflexive Professionalität aufgebaut und praxiswirksam eingelöst werden könne (vgl. Böllert 2020: 56), dann verknüpft sie mit ihren Überlegungen zur Idee des wissenschaftlich ausgebildeten Praktikers zentrale Aspekte, die im vorliegenden Konzept eine Bedeutung haben. So schreibt sie:

> „Fachlichkeit ist auf Fachkräfte angewiesen, die bereits in ihrem Studium die Erfahrung von Diskursivität machen können, die bspw. Möglichkeiten vorfinden, begleitete Praktika als erste Anwendungsfälle von Wissenschaft zu erfahren und auswerten zu können, die an kasuistischen Übungen als vorweggenommenes praktisches Handeln teilnehmen, für die Studieninhalte nicht mehr oder weniger beliebig erscheinen müssen. Fragen nach der Studienmotivation, Diskussionen über Praxisvorstellungen und Erwartungen an das berufliche Handeln sowie dessen ethische Begründungen gehören dann ebenso in das Studium der Sozialen Arbeit wie die Auseinandersetzung mit solchen Theorien, Forschungen und interdisziplinären Ansätzen, die dazu beitragen, eine disziplinäre Identität und eine wissenschaftlich fundierte Professionalität gleichermaßen zu ermöglichen." (ebd.)

Ebenso macht Karin Böllert darauf aufmerksam, dass es bestimmter Bedingungen bedürfe (kerncurriculare Ordnung und Selbstverpflichtung der Lehrenden in Form einer Orientierung am Kerncurriculum), die notwendig seien, um Fachlichkeit auf dem Weg des akademischen Studiums herzustellen (vgl. ebd.). Zentral sei auch, dass

„Studierende das Studium nicht als Ablauf modular geregelter Pflichtveranstaltungen, sondern als mit zu gestaltenden, aber auch mit zu verantwortenden, manches Mal durchaus anstrengenden (Selbst-)Bildungsprozess erfahren können und entsprechend ausfüllen." (ebd.) Das vorliegende Konzept versteht sich in diesem Sinne und möchte Anregungen und Ideen liefern für die Ausgestaltung praktischer Studienanteile sowie die konstante Weiterbildung von Fachkräften der Sozialen Arbeit in der beruflichen Praxis. Die Verbindungslinie einer Aufrechterhaltung von Kooperation und gemeinsamer Lernprozesse könnte die praktische Ausbildung von Studierenden im Kontext einer lernortübergreifenden Hochschuldidaktik mit ihren Potenzialen der Zusammenarbeit zwischen Wissenschaft und beruflicher Praxis sein.

Der Ausblick dieser Arbeit endet daher auch mit einem erneuten Anfang – dem Verweis auf die vom Autor unternommene Studie „Episteme professionellen Handelns", die als Dissertationsschrift das vorliegende Konzept beforscht und versucht, das Zusammenspiel zwischen (akademischen) Praxisanleiter*innen und Studierenden vor dem Hintergrund der ethnographischen Zugangsweise zu den Praktiken professioneller Sozialarbeit in den Blick zu nehmen.

6. Ein ethisches Nachwort zur Frage der ‚Ver(un)sicherung'

Ohne beanspruchen zu wollen, dass Verunsicherungen per se positiv oder konzeptuell planbar und produktiv seien, wird im vorliegenden Konzept vom Wiedereintritt der VerUNsicherung in die Versicherung ausgegangen. Damit wird einerseits eine Tendenz der Moderne beschrieben, die Ralf Konersmann als „Unruhe der Welt" (2015) bezeichnet und als ein Charakteristikum der Moderne ansieht, in der Veränderung zum obersten Ziel erhoben wird (vgl. ebd.: 7 ff.). Aus systemtheoretischer Perspektive könnte hier an autopoietische, selbstorganisierende Systeme angeschlossen werden, bei denen das einzig stabile Merkmal die kontinuierliche Veränderung darstellt. Der Wandel ist stabil – eine zugleich beunruhigende wie aufmunternde Einsicht. Produktiv (im normativen Sinne) könnte eine Verunsicherung als Erfahrung dann werden, wenn die betreffende Person oder Gruppe einen Bildungsprozess erlebt, an dessen Ende die Person etwas anderes denkt bzw. anders wahrnimmt oder differenzierter wahrnimmt als am Beginn des Prozesses. Im besten Falle *versichern* wir uns auch nur unserer Lesart bzw. unserer Wahrnehmung oder Vorgehensweise. Heiner Keupp macht als Sozialpsychologe darauf aufmerksam, dass Verunsicherungen von Subjekten sich im gesellschaftlichen Wandel vollzögen und „krisenhafter [würden] und [...] aus traditionellen Lebensmustern heraus[wüchsen]." (Keupp 1989: 48). Die Bandbreite an gesellschaftlichen Prozessen, die zur Verunsicherung von Subjekten beitragen, ist zugegebenermaßen in der Moderne fast unerschöpflich. Die vorliegende Publikation möchte an dieser Stelle nicht einfach eine weitere Verunsicherung darstellen und Menschen – im vorliegenden Fall Studierende – in Krisen stürzen, sondern der zweiten Tendenz entgegenwirken, die mit diesen Verunsicherungsformen einhergeht – der „Vereindeutigung von Welt" (Bauer 2018). Thomas Bauer macht in seiner gleichnamigen Publikation deutlich, dass Vereindeutigung als ein Prozess zu verstehen sei, der Ambiguität und Mehrdeutigkeit durch eine einfache Komplexitätsreduktion zu verkleinern versuche.

> „Ambiguität ist nur schwer und nie restlos zu beseitigen, ganz einfach aus dem Grund, weil es eine Welt ohne Ambiguität gar nicht geben kann. Es ist aber auch nicht einfach, einen Zustand der Ambiguität aufrechtzuerhalten, weil Menschen ihrer Natur nach nur beschränkt ambiguitätstolerant sind und eher danach streben, einen Zustand der Eindeutigkeit herzustellen, als Vieldeutigkeit auf Dauer zu ertragen. Ein Zustand der Ambiguität ist mithin ein labiler. Bricht er zusammen, entsteht jedoch nicht zwangsläufig und sofort ein Zustand der Eindeutigkeit, weil nämlich sofort neue Ambiguitäten aufbrechen. Viel eher ist ein Taumeln von einer Ambiguität in die nächste die unausbleibliche Folge. Individuen und Gesellschaften täten also gut daran, nach dem rechten Maß an Ambiguität zu streben. In unserer heutigen Welt scheint mir vor allem eine zu geringe Ambiguitätstoleranz das Problem zu sein. [...]." (ebd.: 16)

Es ist nicht das Ziel des vorliegenden Konzeptes ein Taumeln von einer Ambiguität in die nächste zu befördern. Vielmehr geht es um einen subjektiv gelingenden Umgang mit Ambiguität und den Verunsicherungen, die sich im Zuge der beruflichen Ausübung der Aufgaben von Sozialarbeiter*innen im Kontext der Praxisorganisationen, ihrer Strukturen und Prozesse, der Adressat*innen sowie den individuellen Lebensgeschichten von Sozialarbeiter*innen ereignen.

Es geht also darum, mit sich selbst als Professionelle*r in einen Austausch zu treten, der Ambiguität und Verunsicherung nicht als (ausschließlich) bedrohlich wahrnimmt, sondern als Anlass zur Selbstverortung, als Anzeichen für etwas nicht gewusstes oder bewusstes, als Möglichkeit etwas über sich, den eigenen Beruf, das Gegenüber bzw. die Dynamik der Interaktion zu lernen. Als Irritationen bewirken Verunsicherungen Wahrnehmungsveränderungen (die auch als Identitätsveränderungen gelesen werden können), auf welche im Rahmen des vorliegenden Konzeptes bewusst hin navigiert wird, um in den Reflexionsformaten des Praxissemesters wieder zu einer Form der subjektiven Absicherung zu gelangen (vgl. Seifert 2009). Es geht also um eine Form der Selbstverortung, der Herstellung von Bewusstsein für die eigenen Wahrnehmungsschemata sowie der Wahrnehmung von Kontingenzen. Arnold Retzer hat dies im Kontext seiner Streitschrift für mehr Realismus in der Liebe – „Lob der Vernunftehe" (Retzer 2016) – als „resignative Reife" (ebd.: 78 f.) von Ehepartner*innen beschrieben. Wenn in Partnerschaften teils hohe Erwartungen aneinander und an das gemeinsame Sein gerichtet werden, so gehen mit diesen Erwartungen zwei Prozesse einher. Einerseits das Bewusstsein für die Möglichkeit der *Erwartungsenttäuschung*. Wenn ich mir der Ambiguitäten bewusst bin, wenn ich die Möglichkeit in mein Denken einbeziehen kann, dass die eigenen Erwartungen von dem/der Partner*in nicht erfüllt werden, übernehme ich Verantwortung für meine eigenen Erwartungen. Ich kann Alternativen zur von mir gewünschten bzw. imaginierten Erwartung denken. Andererseits stellt die resignative Reife eine Fähigkeit dar, mit der Enttäuschung eigener Erwartungen umgehen zu können und ist somit eine *Ertragenskompetenz*. In Retzers Worten stellt sich dies für die Ehe bzw. Partnerschaften folgendermaßen dar:

> „Ich möchte die Fähigkeit, ein Leben, eine Beziehung mit ihren Restriktionen [bspw. die ‚Macken' der Partner*innen, *Einfügung M.F.*] zu ertragen, als resignative Reife bezeichnen. Ich verstehe darunter einen vielleicht von Liebe, vielleicht von Zuneigung unterstützen (Reife-)Prozess von der Illusion des Vertragens hin zur Reife des Ertragens, die in eine Haltung der Gelassenheit mündet." (ebd.)

Auch wenn es sich hierbei um eine (vielleicht unzulässige) Übertragung aus dem Bereich der Ehe/Partnerschaften auf die Ausbildung von Sozialarbeiter*innen handelt, verdeutlicht der Begriff ebenjene Haltung, die Sozialarbeiter*innen am Ende ihrer studienintegrierten Praxisausbildung wahrscheinlich nicht erreichen können, aber die es sich zumindest lohnt anzusteuern und vielleicht ein paar erste Erfahrungen mit jenen Erwartungsenttäuschungen zu machen, die in den berufsbiographischen Erlebnissen von Sozialarbeiter*innen sicherlich vorkommen werden. Aus hochschuldidaktischer Perspektive erscheint das begleitete Praxissemester in der vorliegenden Konzeption als ausgesprochen gute Gelegenheit, Erfahrungen mit dem Ertragen dieser Verunsicherungen und Erwartungsenttäuschungen zu machen und Studierende trotzdem nicht desillusioniert in die berufliche Praxis zu schicken, sondern VerUnsicherungen als Möglichkeiten subjektiver Versicherung zu nutzen.

Eine gute Begleitung in diesem Prozess ist die ethische Verantwortung jeder lernortübergreifenden Hochschuldidaktik.

Literatur

Abplanalp, Esther (2014a): Lernen in der Praxis. Die Praxisausbildung im Studium der Sozialen Arbeit. Luzern: interact Verlag.

Abplanalp, Esther (2014b): Planen und Steuern der Ausbildungspraktika. In: Dies. (Hrsg.): Lernen in der Praxis. Die Praxisausbildung im Studium der Sozialen Arbeit. Luzern: interact Verlag, S. 75–95.

Ackermann, Günter (2014): Aspekte einer guten Praxisausbildung – einleitende Gedanken im Kontext der Qualitätsdiskussion. In: Abplanalp, Esther (Hrsg.): Lernen in der Praxis. Die Praxisausbildung im Studium der Sozialen Arbeit. Luzern: interact Verlag, S. 13–27.

Aghamiri, Kathrin; Reinecke-Terner, Anja; Streek, Rebecca; Unterkofler, Ursula (2018): Doing Social Work – Ethnografische Forschung als Theoriebildung. In: Dies. (Hrsg.): Doing Social Work. Ethnografische Forschung als Theoriebildung. Opladen; Berlin; Toronto: Barbara Budrich, S. 7–20.

AGJ – Arbeitsgemeinschaft für Kinder- und Jugendhilfe (2015): Die Kooperation der Lernorte stärken! – Der Praxisbezug und dessen Bedeutung für die staatliche Anerkennung in den Studiengängen der Sozialen Arbeit. Online verfügbar unter: https://www.agj.de/fileadmin/files/positionen/2015/Diskussionspapier_Praxisbezug_Studieng%C3%A4nge_Soziale_Arbeit.pdf [07.10.2018].

Alkemeyer, Thomas (2013): Subjektivierung in sozialen Praktiken. In: Ders.; Budde, Gunilla; Freist, Dagmar (Hrsg.): Selbst-Bildungen. Soziale und kulturelle Praktiken der Subjektivierung. Bielefeld: transcript, S. 33–68.

Alkemeyer, Thomas; Brümmer, Kristina; Kodalle, Rea; Pille, Thomas (Hrsg.) (2009): Ordnung in Bewegung. Choreographien des Sozialen. Körper in Sport, Tanz, Arbeit und Bildung. Bielefeld: Transcript.

Alkemeyer, Thomas; Buschmann, Nikolaus (2016): Praktiken der Subjektivierung – Subjektivierung als Praxis. In: Schäfer, Hilmar (Hrsg.): Praxistheorie. Ein soziologisches Forschungsprogramm. Bielefeld: Transcript, S. 115–135.

Almstadt, Esther; Kotthaus, Jochen (2018): Apologie der Theorie. In: sozialmagazin 3–4, 2018, S. 18–20.

Althans, Birgit (2000): Der Klatsch, die Frauen und das Sprechen bei der Arbeit. Frankfurt a. Main: Campus.

Althans, Birgit; Engel, Juliane (2016): Responsive Organisationsforschung. Methodologien und institutionelle Rahmungen von Übergängen. Reihe Organisation und Pädagogik. Band 14. Wiesbaden: Springer VS.

Althans, Birgit; Lamprecht, Juliane (2012): Bilder, Räume, Praktiken – Potenziale der Ethnographie für eine sozialpädagogische Evaluationsforschung. In: Friebertshäuser, Barbara; Kelle, Helga; Boller, Heike; Bollig, Sabine; Huf, Christina; Langer, Antje; Ott, Marion; Richter, Sophia (Hrsg.): Feld und Theorie. Herausforderungen erziehungswissenschaftlicher Ethnographie. Opladen; Berlin; Toronto: Verlag Barbara Budrich, S. 231–246.

Althoff, Gerd (2003): Die Macht der Rituale. Symbolik und Herrschaft im Mittelalter. Darmstadt: WBG.

Althoff, Gerd (2004): Baupläne der Rituale im Mittelalter. Zur Genese und Geschichte ritueller Verhaltensmuster. In: Wulf, Christoph; Zirfas, Jörg (Hrsg.): Die Kultur des Rituals. Inszenierungen, Praktiken, Symbole. München: Wilhelm Fink, S. 177–197.

Amann, Klaus; Hirschauer, Stefan (1997): Die Befremdung der eigenen Kultur. Ein Programm. In: Dies. (Hrsg.): Die Befremdung der eigenen Kultur. Zur ethnographischen Herausforderung soziologischer Empirie. Frankfurt a.M.: Suhrkamp, S. 7–52.

Ambos, Elisabeth L. (2017): Vorwort. In: Mieg, Harald A.; Lehmann, Judith (Hrsg.): Forschendes Lernen. Wie die Lehre in Universität und Fachhochschule erneuert werden kann. Frankfurt; New York: Campus Verlag, S. 13–14.

Amthor, Ralph Christian (2003): Die Geschichte der Berufsausbildung in der Sozialen Arbeit. Auf der Suche nach Professionalisierung und Identität. Weinheim und München: Juventa.

Anderson, Tom (Hrsg.) (1996): Das reflektierende Team. Dialoge und Dialoge über die Dialoge. Dortmund: Verlag modernes lernen.

Aner, Kirsten; Hammerschmidt, Peter (2018): Arbeitsfelder und Organisationen der Sozialen Arbeit. Eine Einführung. Wiesbaden: Springer VS.

Ansen, Harald; Bieker, Rudolf (2018): Soziale Schuldnerberatung: Prävention und Intervention. Stuttgart: Kohlhammer.

Apel, Hans Jürgen; Horn; Klaus Peter; Lundgreen, Peter; Sandfuchs, Uwe (Hrsg.) (1999): Professionalisierung pädagogischer Berufe im historischen Prozess. Bad Heilbrunn: Julius Klinkhardt.

Apel, Helmut; Engler, Steffani; Friebertshäuser, Barbara; Fuhs, Burkhard; Zinnecker, Jürgen (1995): Kulturanalyse und Ethnographie. Vergleichende Feldforschung im studentischen Raum. In: König, Eckard; Zedler, Peter (Hrsg.): Bilanz qualitativer Forschung. Band II: Methoden. Weinheim: Deutscher Studienverlag, S. 343–375.

Aronson, Elliot; Wilson, Timothy; Akert, Robin (2004): Sozialpsychologie. 4. Auflage. München: Pearson Studium.

ASPO (Allgemeine Studien- und Prüfungsordnung) in der Fassung vom 31.05.2017: Download unter: https://www.htwsaar.de/sowi/Studium/sozialpaedagogik/dokumentesp/aspospspi/NEUSPASPOAnlage31.05.2017.pdf abgerufen am 28.09.2018.

Audehm, Kathrin (2007): Erziehung bei Tisch. Zur sozialen Magie eines Familienrituals. Bielefeld: Transcript.

Avby, Gunilla (2015): Professional Practice as Processes of Muddling Through: A Study of Learning and Sense Making in Social Work. In: Vocations and Learning. Studies in Vocational and Professional Education, 8, S. 95–113.

Bachmann, Götz (2009): Teilnehmende Beobachtung. In: Kühl, Stefan; Strodtholz, Petra; Taffertshofer, Andreas (Hrsg.): Handbuch Methoden der Organisationsforschung. Quantitative und Qualitative Methoden. Wiesbaden: Springer VS, S. 248–271.

Bachmann-Medick, Doris (2009): Cultural Turns. Neuorientierungen in den Kulturwissenschaften. Reinbek bei Hamburg: Rowohlt.

Baecker, Dirk (2003): Wozu Kultur? Berlin: Kadmos Verlag.

Baecker, Dirk (2007): Form und Formen der Kommunikation. Frankfurt am Main: Suhrkamp.

Baecker, Dirk (2011): Organisation und Störung. Frankfurt am Main: Suhrkamp.

Baecker, Dirk et al. (2010): Unbedingte Universitäten: Was passiert? Stellungnahmen zur Lage der Universität. Zürich: diaphanes.

BAG – Bundesarbeitsgemeinschaft der Praxisreferate an (Fach-)Hochschulen für Soziale Arbeit in der Bundesrepublik Deutschland (2003): Fortbildung von Anleitern und Anleiterinnen in Arbeitsfeldern der Sozialen Arbeit. Curriculum zur Qualifizierung für die Anleitungsfunktion. Download unter: file:///C:/Temp/curriculum_anleiterqualifikation.pdf abgerufen am 10.11.2020.

BAG – Bundesarbeitsgemeinschaft der Praxisreferate an (Fach-)Hochschulen für Soziale Arbeit in der Bundesrepublik Deutschland (2013): Qualifizierung in Studium und Praxis. Empfehlungen zur Praxisanleitung in der Sozialen Arbeit. Jena: BAG.

BAG – Bundesarbeitsgemeinschaft der Praxisreferate an (Fach-)Hochschulen für Soziale Arbeit in der Bundesrepublik Deutschland (2015): Positionspapier der Bundesarbeitsgemeinschaft Praxisämter/-referate an Hochschulen für Soziale Arbeit. Download unter:

file:///C:/Temp/BAG_Position_staatliche_Anerkennung_Erziehungswissenschaften.pdf abgerufen am 10.11.2020.

BAG – Bundesarbeitsgemeinschaft der Praxisreferate an (Fach-)Hochschulen für Soziale Arbeit in der Bundesrepublik Deutschland (2016): Stellungnahme zum Diskussionspapier der Arbeitsgemeinschaft für Kinder- und Jugendhilfe (AGJ) vom 17./18.09.2015. Berlin, 13.01.2016.

BAG – Bundesarbeitsgemeinschaft der Praxisämter/-referate an Hochschulen für Soziale Arbeit; DBSH – Deutscher Berufsverband für Sozialarbeit e.V.; FBTS – Fachbereichstag Soziale Arbeit (2003): Praxisorientierung im Studium der Sozialen Arbeit – Empfehlungen zur Praxisanleitung. Essen: gilbert & gilbert.

Bargel, Tino (2012): Bedeutung von Praxisbezügen im Studium. In: Schubarth, Wilfried; Speck, Karsten; Seidel, Andreas; Gotmann, Corinna; Kamm, Caroline; Krohm, Maud (2012): Studium nach Bologna: Praxisbezüge stärken?! Praktika als Brücke zwischen Hochschule und Arbeitsmarkt. Wiesbaden: Springer VS, S. 37–46.

Bastian, Laura et al. (2012): Praxismodelle im Studium – Chancen und Probleme aus der Perspektive von Potsdamer Studierenden. In: Schubarth, Wilfried; Speck, Karsten; Seidel, Andreas; Gotmann, Corinna; Kamm, Caroline; Krohm, Maud (2012): Studium nach Bologna: Praxisbezüge stärken?! Praktika als Brücke zwischen Hochschule und Arbeitsmarkt. Wiesbaden: Springer VS, S. 215–232.

Bauer, Thomas (2018): Die Vereindeutigung der Welt. Über den Verlust an Mehrdeutigkeit und Vielfalt. Stuttgart: Reclam.

Bateson, Gregory (1987): Geist und Natur. Eine notwendige Einheit. Frankfurt a. Main: Suhrkamp.

Beck, Ulrich (1986): Risikogesellschaft. Auf dem Weg in eine andere Moderne. Frankfurt a. Main: Suhrkamp.

Becker-Lenz, Roland; Busse, Stefan; Ehlert, Gudrun; Müller-Hermann, Silke (2012): Einleitung: Wissen, Kompetenz, Habitus und Identität als Elemente von Professionalität im Studium Sozialer Arbeit. In: Dies. (Hrsg.): Professionalität Sozialer Arbeit und Hochschule. Wissen, Kompetenz, Habitus und Identitä im Studium Sozialer Arbeit. Wiesbaden: VS, S. 9–31.

Becker-Lenz, Roland; Müller, Silke (2009): Die Notwendigkeit von wissenschaftlichem Wissen und die Bedeutung eines professionellen Habitus für die Berufspraxis der Sozialen Arbeit. In: Becker-Lenz, R.; Busse, S.; Ehlert, G.; Müller, S. (Hrsg.): Professionalität in der Sozialen Arbeit. Standpunkt, Kontroversen, Perspektiven. Wiesbaden: VS Verlag, S. 195–222.

Becker-Lenz; Roland; Müller-Hermann, Silke (2012): Die Notwendigkeit von wissenschaftlichem Wissen und die Bedeutung eines professionellen Habitus für die Berufspraxis der Sozialen Arbeit. In: Becker-Lenz, Roland; Busse, Stefan; Ehlert, Gudrun; Müller-Hermann, Silke (Hrsg.): Professionalität Sozialer Arbeit und Hochschule. Wissen, Kompetenz, Habitus und Identität im Studium Sozialer Arbeit. Edition Professions- und Professionalisierungsforschung, Band 1. Wiesbaden: VS Verlag für Sozialwissenschaften, S. 203–229.

Becker-Lenz, Roland; Müller-Hermann, Silke (2014): Die Bildung des professionellen Habitus im Studium der Sozialen Arbeit. In: Roth, Claudia; Merten, Ueli (Hrsg.): Praxisausbildung konkret. Am Beispiel des Bachelor in Sozialer Arbeit der Fachhochschule Nordwestschweiz FHNW. Opladen; Berlin; Toronto: Verlag Barbara Budrich, S. 235–246.

Behse-Bartels, Grit (2009): Subjektivität von Forschenden – Fragen zum (Einbezug des) subjektiven Erkenntnispotenzial(s): In: Behse-Bartels, Grit; Brand, Heike (Hrsg.): Subjektivität in der qualitativen Forschung. Opladen & Farmington Hills: Barbara Budrich, S. 235–238.

Behse-Bartels, Grit; Brand, Heike (2009): Subjektivität in der qualitativen Forschung – Der Forschungsprozess als Reflexionsgegenstand. In: Behse-Bartels, Grit; Brand, Heike (Hrsg.): Subjektivität in der qualitativen Forschung. Opladen & Farmington Hills: Barbara Budrich, S. 13–18.

Benner, Dietrich (1980): Das Theorie-Praxis-Problem in der Erziehungswissenschaft und die Frage nach den Prinzipien pädagogischen Denkens und Handelns. In: Zeitschrift für Pädagogik, 26, S. 485–497.

Benner, Dietrich (2015): Allgemeine Pädagogik. Eine systematisch-problemgeschichtliche Einführung in die Grundstruktur pädagogischen Denkens und Handelns. Weinheim: Beltz Juventa.

Berg, Eberhard; Fuchs, Martin (1993): Phänomenologie der Differenz. Reflexionsstufen ethnographischer Repräsentation. In: Dies. (Hrsg.): Kultur, soziale Praxis, Text. Die Krise der ethnographischen Repräsentation. Frankfurt a. M.: Suhrkamp, S. 11–108.

Berg, Marc (2008): Praktiken des Lesens und Schreibens. Die konstitutive Rolle der Patientenakte in der medizinischen Arbeit. In: Saake, Irmhild; Vogd, Werner (Hrsg.): Moderne Mythen der Medizin. Studien zur organisierten Krankenbehandlung. Wiesbaden: VS Verlag, S. 63–85.

Berger, Peter L.; Luckmann, Thomas (2007): Die gesellschaftliche Konstruktion der Wirklichkeit. 21. Auflage, Frankfurt a. Main: Fischer.

Bergmann, Jörg R. (2014a): Der Fall als Fokus professionellen Handelns. In: Ders.; Dausendschön-Gay, Ulrich; Oberzaucher, Frank (Hrsg.): „Der Fall". Studien zur epistemischen Praxis professionellen Handelns. Bielefeld: transcript, S. 19–33.

Bergmann, Jörg R. (2014b): Der Fall als epistemisches Objekt. In: Ders.; Dausendschön-Gay, Ulrich; Oberzaucher, Frank (Hrsg.): „Der Fall". Studien zur epistemischen Praxis professionellen Handelns. Bielefeld: transcript, S. 423–440.

Bernler, Gunnar; Johnsson, Lisbeth (1995). Das Praktikum in sozialen Berufen. Weinheim; Basel: Beltz Verlag.

Bieker, Rudolf; Floerecke, Peter (Hrsg.) (2011): Träger, Arbeitsfelder, Zielgruppen der Sozialen Arbeit. Stuttgart: Kohlhammer.

Bilstein, Johannes (2003): Symbol – Metapher – Bild. In: Fröhlich, Volker; Stenger, Ursula (Hrsg.): Das Unsichtbar sichtbar machen. Bildungsprozesse und Subjektgenese durch Bilder und Geschichten. Weinheim; München: Juventa, S. 23–43.

Birgmeier, Bernd; Mührel, Eric (Hrsg.) (2009): Die Sozialarbeitswissenschaft und ihre Theorie(n). Positionen, Kontroversen, Perspektiven. Wiesbaden: VS.

Bischkopf, Jeannette; Deimel, Daniel; Walther, Christoph; Zimmermann, Ralf-Bruno (Hrsg.) (2016): Soziale Arbeit in der Psychiatrie – Lehrbuch. Köln: Psychiatrie-Verlag.

Blankertz, Herwig (1992): Die Geschichte der Pädagogik: Von der Aufklärung bis zur Gegenwart. Wetzlar: Büchse der Pandora Verlag.

Bläser, Stefanie (2015): Erzählte Zeit – erzähltes Selbst: Zu Paul Ricœurs Begriff der narrativen Identität. Berlin: Berliner Wissenschafts-Verlag.

Boehm, Gottfried (2006): Die Wiederkehr der Bilder. In: Ders. (Hrsg.): Was ist ein Bild? 4. Auflage. München: Wilhelm Fink Verlag, S. 11–38.

Böhnisch, Lothar; Lösch, Hans (1998 [1973]): Das Handlungsverständnis des Sozialarbeiters und seine institutionelle Determination. In: Thole, Werner; Galuske, Michael; Gängler, Hans (Hrsg.): KlassikerInnen der sozialen Arbeit. Sozialpädagogische Texte aus zwei Jahrhunderten – ein Lesebuch. Neuwied; Berlin: Luchterhand, S. 367–383.

Bohnsack, Ralf (2008): Rekonstruktive Sozialforschung. Einführung in qualitative Methoden. 7. Auflage. Opladen & Farmington Hills: Barbara Budrich.

Bohnsack, Fritz (2005): John Dewey. Ein pädagogisches Portrait. Weinheim; Basel: Beltz.

Bolay, Eberhard (2001): Erfolgreiche Routine? Praktika im Rahmen des Diplomstudiengangs Erziehungswissenschaft in Tübingen. In: Homfeldt, Hans G.; Schulze-Krüdener, Jörgen

(Hrsg.): Praktikum – eine Brücke schlagen zwischen Wissenschaft und Beruf. Neuwied: Luchterhand Verlag, S. 105–120.

Böllert, Karin (2020): Im Dickicht der Studiengänge Soziale Arbeit verschwindet die Profession oder: auf der Suche nach dem wissenschaftlich ausgebildeten Praktiker. In: Bielefelder Arbeitsgruppe 8 (Hrsg.): Wie geht's weiter mit … Professionalisierung und Ausbildung … in der Sozialen Arbeit. Lahnstein: Verlag neue praxis, S. 49–62.

Bonß, Wolfgang (1982): Einübung des Tatsachenblicks. Zur Struktur und Veränderung empirischer Sozialforschung. Frankfurt a. M.: Suhrkamp.

Bourdieu, Pierre (1983): Ökonomisches Kapital, kulturelles Kapital, soziales Kapital. In: Kreckel, Reinhard (Hrsg.): „Soziale Ungleichheiten". Soziale Welt, Sonderband. Göttingen: Schwartz, S. 183–198.

Bourdieu, Pierre (1987): Die Logik der Praxis. In: Ders.: Sozialer Sinn. Kritik der theoretischen Vernunft. Frankfurt a. M.: Suhrkamp, S. 97–121.

Bourdieu, Pierre (1998): Praktische Vernunft. Zur Theorie des Handelns. Frankfurt a. Main: Suhrkamp.

Bourdieu, Pierre (2009): Entwurf einer Theorie der Praxis. 2. Auflage. Frankfurt a. Main: Suhrkamp.

Braches-Chyrek, Rita (2013): Jane Addams, Mary Richmond und Alice Salomon. Professionalisierung und Disziplinbildung Sozialer Arbeit. Opladen; Berlin; Toronto: Barbara Budrich.

Brand, Heike (2009): Rekonstruktionsmodi als Professionalisierungsindikatoren Sozialer Arbeit. In: Behse-Bartels, Grit; Brand, Heike (Hrsg.): Subjektivität in der qualitativen Forschung. Opladen & Farmington Hills: Barbara Budrich, S. 55–70.

Bräuer, Gerd (2016): Das Portfolio als Reflexionsmedium für Lehrende und Studierende. Stuttgart: UTB Verlag.

Braun, Andrea (2013): Sozialpädagogische Reflexivität lernen. In: sozialmagazin, 11–12, S. 32–39.

Breidenstein, Georg (2006): Teilnahme am Unterricht. Ethnographische Studien zum Schülerjob. Wiesbaden: Springer VS.

Breidenstein, Georg; Hirschauer, Stefan; Kalthoff, Herbert; Nieswand, Boris (2013): Ethnografie. Die Praxis der Feldforschung. Konstanz: UVK.

Breuer, F. (2003). Subjekthaftigkeit der sozial-/wissenschaftlichen Erkenntnistätigkeit und ihre Reflexion: Epistemologische Fenster, methodische Umsetzungen. In: Forum Qualitative Sozialforschung, 4, 2, Art. 25.

Brockhaus (1988): Erfahrung. In: Brockhaus-Enzyklopädie. Band 6. Mannheim: Brockhaus Verlag, S. 514.

Brockhaus (1994): Wissen. In: Brockhaus-Enzyklopädie. Band 24. Mannheim: Brockhaus Verlag, S. 277.

Bromberg, Kirstin (2012): Besuch von Wichern. Eine qualitative Datenanalyse zu ‚Hamburgs wahres und geheimes Volksleben'. In: Dies.; Hoff, Walburga; Miethe, Ingrid (Hrsg.): Forschungstraditionen der Sozialen Arbeit. Opladen; Berlin; Toronto: Barbara Budrich, S. 37–50.

Bromberg, K. (2014). Becoming a Professional. Improving Social Action through Letter Writing in Social Work Education. In: SW Czech and Slovak Social Work, 14, 5, S. 19–34.

Brumlik, Micha (1984): Verstehen oder Kolonialisieren? In: Müller, Siegfried; Otto, Hans-Uwe (Hrsg.): Verstehen oder Kolonialisieren? Grundprobleme sozialpädagogischen Handelns und Forschens. Bielefeld: USP Publishing Kleine, S. 31–62.

Bruner, Jerome S. (1998): Vergangenheit und Gegenwart als narrative Konstruktionen. In: Straub, Jürgen (Hrsg.): Erzählung, Identität und historisches Bewußtsein. Die psychologische Konstruktion von Zeit und Geschichte. Erinnerung, Geschichte, Identität I. Frankfurt a. M.: Suhrkamp, S. 46–80.

Brunsson, Nils (1985): The Irrational Organization: Irrationality As a Basis for Organizational Action and Change. Hoboken: John Wiley & Sons Ltd.

Budde, Jürgen (2015): Reflexionen zur Bedeutung von Handlung und Praktik in der Ethnographie. In: Zeitschrift für Qualitative Forschung, 15,1, S. 7–24.

Bulmer, (1984): The Chicago school of sociology: institutionalization, diversity, and the rise of sociological research. Chicago: University of Chicago Press.

Bundesministerium für Arbeit und Soziales et al. (2011): Praktika – Nutzen für Praktikanten und Unternehmen. Bonn: BMAS.

Callon, Michel (1987). Some Elements of a Sociology of Translation: Domestication of the Scallops and the Fishermen of St Brieuc Bay. In: Law, John (Hrsg.): Power, Action and Belief. A New Sociology of Knowledge? London: Routledge, S. 196–233.

Callon, Michel (2006): Einige Elemente einer Soziologie der Übersetzung. Die Domestikation der Kammmuscheln und der Fischer der St. Brieuc-Bucht. In: Belliger, Andréa; Krieger, David J. (Hrsg.): ANThology. Ein einführendes Handbuch zur Akteur-Netzwerk-Theorie. Bielefeld: Transcript, S. 135–174.

Cendon, Eva; Mörth, Anita; Pellert, Ada (Hrsg.) (2016): Theorie und Praxis verzahnen. Lebenslanges Lernen an Hochschulen. Ergebnisse der wissenschaftlichen Begleitung des Bund-Länder-Wettbewerbs Aufstieg durch Bildung: offene Hochschulen. Band 3. Münster; New York: Waxmann.

Charmaz, K.; Mitchell R. G. (1996). The Myth of Silent Authorship: Self, Substance, and Style in Ethnographic Writing. In: Symbolic Interaction, 19, 4, S. 285–302.

Charmaz, Kathy; Mitchell, Richard G. (2007): Grounded Theory in Ethnography. In: Atkinson, P. et al. (Hrsg.): Handbook of Ethnography. Los Angeles; London; New Delhi, Singapore: SAGE, S. 160–174.

Chassé, Karl August; Wensierski, Hans-Jürgen von (2008): Praxisfelder der Sozialen Arbeit. Eine Einführung. Weinheim: Juventa.

Clifford, James (1988): Über ethnographische Autorität. In: Berg, Eberhard; Fuchs, Martin (1993) (Hrsg.): Kultur, soziale Praxis, Text. Die Krise der ethnographischen Repräsentation. Frankfurt a. M.: Suhrkamp, S. 109–157.

Clifford, James (1990): Notes on (Field)notes. In: Sanjek, Roger (Hrsg.): Fieldnotes. The Makings of Anthropology. Cornell University Press, S. 47–70.

Cloos, Peter (2008): „Na Herr Forscher, Sie machen doch bestimmt auch mit." Ethnographen als Ko-Akteure des pädagogischen Geschehens. In: Hünersdorf, Bettina; Müller, Burkhard; Maeder, Christoph (Hrsg.): Ethnographie und Erziehungswissenschaft. Weinheim; München: Juventa, S. 207–220.

Cloos, Peter (2014): Organisation, Profession und die Herstellung von Differenz. In: Tervooren, A. et al. (Hrsg.): Ethnographie und Differenz in pädagogischen Feldern. Bielefeld: Transkript, S. 257–273.

Corsaro, William A. (1990): The Underlife of the Nursery School. Young Children's Social Representations of Adult Rules In: Duveen, Gerard; Lloyd, Barbara (Hrsg.): Social Representations and the Development of Knowledge. Cambridge: Cambridge University Press, S. 11–26.

Danner, Dorothea; Klag-Pirzer, Margit (2012): Leitfaden für die Anleitung von Studierenden der Sozialen Arbeit im praktischen Studiensemester, Praxisort: Berliner Jugendämter.

DBSH – Deutscher Berufsverband für Soziale Arbeit e. V. (2014): Berliner Erklärung zu Berufsethik und berufsbezogenen Prinzipien. Online: https://docplayer.org/49715114-Berliner-erklaerung-zu-berufsethik-und-berufsbezogenen-prinzipien.html. Stand: 03.10.2018.

Dellwing, Michael (2014): Zur Aktualität von Erving Goffman. Wiesbaden: Springer VS.

Denzin, Norman K. (1973): The Work of Little Children In: Ders. (Hrsg.): Children and their Caretakers. New Brunswick: Transaction, S. 117–126.

Devereux, Georges (1978): Ethnopsychoanalyse. Die komplementaristische Methode in den Wissenschaften vom Menschen. Frankfurt a. M.: Suhrkamp.

Dewe, Bernd (2012a): Akademische Ausbildung in der Sozialen Arbeit – Vermittlung von Theorie und Praxis oder Relationierung von Wissen und Können im Spektrum von Wissenschaft, Organisation und Profession. In: Becker-Lenz, Roland; Busse, Stefan; Ehlert, Gudrun; Müller-Herrmann, Silke (Hrsg.): Professionalität Sozialer Arbeit und Hochschule. Wiesbaden: VS Verlag, S. 111–129.

Dewe, Bernd (2012b): Reflexive Sozialarbeit im Spannungsfeld von evidenzbasierter Praxis und demokratischer Rationalität – Plädoyer für die handlungslogische Entfaltung reflexiver Professionalität. In: Becker-Lenz, R.; Busse, S.; Ehlert, G.; Müller-Hermann, S. (Hrsg.): Professionalität Sozialer Arbeit und Hochschule. Wissen, Kompetenz, Habitus und Identität im Studium Sozialer Arbeit. Edition Professions- und Professionalisierungsforschung, Band 1. Wiesbaden: Springer VS, S. 95–116.

Dewe, Bernd; Ferchhoff, Wilfried; Scherr, Albert; Stüwe, Gerd (2011): Professionelles soziales Handeln. Soziale Arbeit im Spannungsfeld zwischen Theorie und Praxis. Weinheim und München: Juventa.

DGSA – Deutsche Gesellschaft für Soziale Arbeit (2016): Kerncurriculum Soziale Arbeit. Online: file:///C:/Temp/DGSA_Kerncurriculum_final.pdf Stand: 10.11.2020.

DGSv – Deutsche Gesellschaft für Supervision e.V. (Hrsg.) (2007): „Supervision 2007 – Ein Arbeitspapier für Grundsatzfragen". Köln.

DGSv – Deutsche Gesellschaft für Supervision e.V. (2013): Standards 2013 für die Qualifizierung zur/zum Supervisor/in der Deutschen Gesellschaft für Supervision und Coaching e.V. Online: https://www.dgsv.de/wp-content/uploads/2018/04/DGSv_Standards_2013_web.pdf. Stand: 03.10.2018.

Diebie, Pascal; Wulf, Christoph (Hrsg.) (1999): Vom Verstehen des Nichtverstehens. Ethnosoziologie interkultureller Begegnungen. Frankfurt; New York: Campus.

Dirks, Sebastian; Fritsche, Caroline; Lippelt, Maike; Reutlinger, Christian (2016): Zur pädagogischen Herstellung städtischer Räume zwischen Ort undKlient*in. Empirische Einblicke und theoretische Rückschlüsse. In: Zeitschrift für Pädagogik 62, 1, S. 20–33.

Dollinger, Bernd (2008): Reflexive Sozialpädagogik. Struktur und Wandel sozialpädagogischen Wissens. Wiesbaden: Springer VS.

Dörpinghaus, Andreas; Vogel, Peter; Wigger, Lothar (2013): Einführung in die Theorie der Bildung. 5. Auflage. Darmstadt: Wissenschaftliche Buchgesellschaft.

Duttweiler, Stefanie; Gugutzer, Robert; Passoth, Jan-Hendrik; Strübing, Jörg (Hrsg.) (2016): Leben nach Zahlen. Self-Tracking als Optimierungsprojekt? Bielefeld: Transcript.

Eagleton, Terry (2001): Was ist Kultur? Eine Einführung. München: C.H. Beck.

Effinger, Herbert (2003): Willst Du erkennen, so lerne Handeln – Zur Bedeutung berufsbezogenen Handelns in der Ausbildungssupervision. In: sozialmagazin. Die Zeitschrift für Soziale Arbeit, 11, S. 14–22.

Efran, Jay; Lukens, Michael; Lukens, Robert (1992): Sprache, Struktur und Wandel. Dortmund: Verlag Modernes Lernen.

Ehrenberg, Alain (2004): Das erschöpfte Selbst. Depression und Gesellschaft in der Gegenwart. Frankfurt; New York: Campus.

Eisewicht, Paul (2016): Engagement, Passage und Typus 97. Beobachtende Teilnahme im legalisierten Feld des Hip-Hop-Graffiti. In: Hitzler, Ronald; Eisewicht, Paul (Hrsg.): Lebensweltanalytische Ethnographie – im Anschluss an Anne Honer. Weinheim: Beltz Juventa, S. 97–121.

Eisewicht, Paul; Emling, David; Grenz, Tilo (2015): Auf feindlichem Terrain. Gewissheiten und Irritationen infolge existenzieller Eingebundenheiten. In: Hitzler, R.; Gothe, M. (Hrsg.): Ethnographische Erkundungen. Methodische Aspekte aktueller Forschungsprojekte. Wiesbaden: VS Verlag, S. 231–254.

El-Maawi, Rahel (2014): Das Praxisprojekt: soziale Fragestellungen selbständig und innovativ bearbeiten. In: Abplanalp, Esther (Hrsg.): Lernen in der Praxis. Die Praxisausbildung im Studium der Sozialen Arbeit. Luzern: interact Verlag, S. 65–73.

Emerson, Robert M.; Fretz, Rachel I.; Shaw, Linda L. (1995): Writing Ethnographic Fieldnotes. Chicago; London: University of Chicago Press.

Engler, Pascal (2014): Rahmenbedingungen der Praxisausbildung und der Regelung an deutschschweitzerischen Fachhochschulen. In: Abplanalp, Esther (Hrsg.): Lernen in der Praxis. Die Praxisausbildung im Studium der Sozialen Arbeit. Luzern: interact Verlag, S. 29–39.

FBTS – Fachbereichstag Soziale Arbeit (2016a): Stellungnahme des Fachbereichstags Soziale Arbeit. Mönchengladbach.

FBTS – Fachbereichstag Soziale Arbeit (2016b): Qualifikationsrahmen Soziale Arbeit (QR SozArb). Version 6.0. Würzburg. Online: http://www.fbts.de/fileadmin/fbts/QR_SozArb_Version_6.0.pdf. Stand: 03.10.2018

Ferrin, Nino; Blaschke, Gerald (2010): Pädagogische Potenziale von Kontaktzonen. Paradoxien und Irritationen einer schulischen Begegnung. In: Paragrana, 19, 2, S. 179-191.

Filsinger, Dieter (2012): Dimensionen einer Arbeitsfeld-/Handlungsfeldanalyse. Vorlesungsmanuskript WS 2012/13. Modul Sp1b Zugänge zu Handlungsfeldern. Saarbrücken (unveröffentlichtes Vorlesungsmanuskript, Studiengang Soziale Arbeit und Pädagogik der Kindheit) .

Fischer, Hans Rudi (2005a): Die Metapher als hot topic der gegenwärtigen Forschung. In: Ders. (Hrsg.): Eine Rose ist eine Rose ... Zur Rolle und Funktion von Metaphern in Wissenschaft und Therapie. Weilerswist: Velbrück, S. 8–24.

Fischer, Hans Rudi (2005b): Poetik des Wissens. Zur kognitiven Funktion von Metaphern. In: Ders. (Hrsg.): Eine Rose ist eine Rose ... Zur Rolle und Funktion von Metaphern in Wissenschaft und Therapie. Weilerswist: Velbrück, S. 48–85.

Fischer, Hans Rudi (2007): Bewußtsein durch Störung. Selbstbeobachtung in Organisationen organisieren. In: Tomaschek, Nino (Hrsg.): Die bewußte Organisation. Heidelberg: Verlag für systemische Forschung, S. 81–102.

Fleck, Ludwig (1983): Erfahrung und Tatsache. Gesammelte Aufsätze. Frankfurt a.M.: Suhrkamp.

Flick, Uwe (2007): Qualitative Sozialforschung. Eine Einführung. Reinbek bei Hamburg: rowohlt.

Flick, Uwe; Kardorff, Ernst von; Keupp, Heiner; Rosenstiel, Lutz; Wolff, Stephan (Hrsg.) (1991): Handbuch qualitative Sozialforschung. München: rowohlt.

Flock, Wigbert (2002): Praxisanleitung in der Sozialen Arbeit – Ein Gegenstand praxisnaher Forschung. In: Blatt, Horst; Grohall, Heinz; Höfener, Friedhelm (Hrsg.): Weiterbildung für Sozialberufe an Hochschulen – Perspektiven und Beispiele. Münster; New York: Waxmann, S. 209–230.

Flock, Wigbert (2009): Berufliche Qualifizierung in Studium und Praxis. Empfehlungen zur Praxisanleitung in der Sozialen Arbeit. Köln.

Foerster, Heinz von (1993): Das Gleichnis vom Blinden Fleck. Über das Sehen im Allgemeinen. In: Lischka, Gerhard Johann (Hrsg.): Der entfesselte Blick. Wabern-Bern: Benteli-Werd Verlags AG, S. 14–47.

Foerster, Heinz von (2006): Entdecken oder Erfinden. Wie lässt sich Verstehen verstehen? In: Gumin, Heinz; Meier, Heinrich (Hrsg.): Einführung in den Konstruktivismus. 9. Auflage. München; Zürich: Piper, S. 41–88.

Foerster, Heinz von; Pörksen, Bernhard (2011): Wahrheit ist die Erfindung eines Lügners. Gespräche für Skeptiker. 9. Auflage. Heidelberg: Carl-Auer.

Freis, Manuel (2016): Wissensbasierung und Intelligenz von Organisationen im Modus der Relationierung von Wissen. Studentische Ethnographie als Mittel der Reflexion im Praxissemester. In: Göhlich, Michael; Weber, Susanne M.; Schröer, Andreas; Schemmann, Michael (Hrsg.): Organisation und Methode. Wiesbaden: Springer Verlag, S. 213–223.

Freis, Manuel (2018): Die Erfahrung des Schreibens – Subjektivität im Praxissemester als produktive Ver(un)sicherung. In: Neuber, Nils; Paravicini, Walter; Stein, Martin (Hrsg.): Forschendes Lernen. The Wider View. Eine Tagung des Zentrums für Lehrerbildung der Westfälischen Wilhelms-Universität Münster vom 25. bis 27.09.2017. Schriften zur Allgemeinen Hochschuldidaktik. Band 3. Münster: WTM-Verlag, S. 209–212.

Freis, Manuel (2019): Vom Navigieren im Praxissemester – die Metapher der Expedition im Kontext eines ethnographischen Zugangs zur Praxis der Sozialen Arbeit. In: Studer, J.; Abplanalp, E.; Disler, S. (Hrsg.): Soziale Arbeit – Förderung der Persönlichkeitsentwicklung an Hochschulen. Bern: hep Verlag, S. 162–183.

Freis, Manuel; König, Diemut (2020): Sozialarbeiter*innen als Projektionsflächen rechtspopulistischer Selbstverortung. In: Haase, Katrin; Nebe, Gesine; Zaft, Matthias (Hrsg.): Rechtspopulismus – Verunsicherungen der Sozialen Arbeit. Weinheim: Beltz Juventa, S. 38–58.

Freis, Manuel; Schneider, Fabian (2021): Wechselseitige Irritationen der Lernorte Hochschule und Praxis – Vernetzungspotenziale im Kontext der Fortbildung akademischer Praxisanleiter (working paper, in Vorbereitung).

Freitag-Becker, Edeltrud; Grohs-Schulz, Mechtild; Neumann-Wirsig, Heidi (Hrsg.) (2016): Lehrsupervision im Fokus. Göttingen: Vandenhoeck & Ruprecht.

Friebertshäuser, Barbara (1997): Feldforschung und teilnehmende Beobachtung. In: Barbara Friebertshäuser; Annedore Prengel (Hrsg.): Handbuch Qualitative Forschungsmethoden in der Erziehungswissenschaft. Weinheim und München, S. 503–534.

Friebertshäuser, Barbara (2001): Feldforschung im Praktikum. Ein Konzept für das studienbegleitende Praktikum im Diplomstudiengang Erziehungswissenschaft? In: Schulze-Krüdener, Jörgen; Homfeldt, Hans-Günther (Hsrg.): Praktikum – eine Brücke schlagen zwischen Wissenschaft und Beruf. Luchterhand, S. 181–201.

Friebertshäuser, Barbara (2008): Vom Nutzen der Ethnographie für das pädagogische Verstehen. Vorläufige Antworten und offene Fragen. In: Hünersdorf, Bettina; Müller, Burkhard; Maeder, Christoph (Hrsg.): Ethnographie und Erziehungswissenschaft. Weinheim; München: Juventa, S. 49–64.

Friebertshäuser, Barbara; Richter, Sophia (2012): Der schulische Trainingsraum – Ethnographische Collage als empirische, theoretische und methodologische Herausforderung. In: Friebertshäuser, Barbara; Kelle, Helga; Boller, Heike; Bollig, Sabine; Huf, Christina; Langer, Antje; Ott, Marion; Richter, Sophia (Hrsg.): Feld und Theorie. Herausforderungen erziehungswissenschaftlicher Ethnographie. Opladen: Barbara Budrich, S. 71–88.

Friebertshäuser, Barbara; Richter, Sophia (2013): Theorie und Empirie im Forschungsprozess und die „Ethnographische Collage" als Auswertungsstrategie. In: Handbuch Qualitative Forschungsmethoden in der Erziehungswissenschaft. Weinheim; Basel: Beltz Juventa, S. 379–396.

Friebertshäuser, Barbara; Richter, Sophia (2016): Ethnographische Collage. Unveröffentlichtes Working Paper.

Friebertshäuser, Barbara; Richter, Sophia; Boller, Heike (2013): Theorie und Empirie im Forschungsprozess und die „Ethnographische Collage" als Auswertungsstrategie. In: Friebertshäuser, Barbara; Langer, Antje; Prengel, Annedore (Hrsg.): Handbuch qualitative Forschungsmethoden in der Erziehungswissenschaft. 2. überarbeitete Auflage. Weinheim; München: Juventa Verlag, S. 379–396.

Friebertshäuser, Barbara; Rieger-Ladich, Markus; Wigger, Lothar (Hrsg.) (2009): Reflexive Erziehungswissenschaft. Forschungsperspektiven im Anschluss an Pierre Bourdieu. Wiesbaden: Springer VS.

Fröhlich, Volker; Stenger, Ursula (Hrsg.) (2003): Das Unsichtbar sichtbar machen. Bildungsprozesse und Subjektgenese durch Bilder und Geschichten. Weinheim; München: Juventa.

Fuchs, Peter (2012): Kommunikation. In: Jahraus, Oliver; Nassehi, Armin; Grizelj, Mario; Saake, Irmhild; Kirchmeier, Christian; Müller, Julian (Hrsg.): Luhmann Handbuch. Leben – Werk – Wirkung. Stuttgart; Weimar: Verlag J.B. Metzler.

Funke, Joachim (2005): Metaphern: Pfeffer und Salz in der Kreativitätssuppe. In: Fischer, Hans Rudi (Hrsg.): Eine Rose ist eine Rose ... Zur Rolle und Funktion von Metaphern in Wissenschaft und Therapie. Weilerswist: Velbrück, S. 156–166.

Furman, Ben (2005): Es ist nie zu spät, eine glückliche Kindheit zu haben. 5. Auflage. Dortmund: Deutsch Borgmann-Verlag.

Füssenhäuser, Cornelia (2005): Werkgeschichte(n) der Sozialpädagogik: Klaus Mollenhauer – Hans Thiersch – Hans-Uwe Otto. Der Beitrag der ersten Generation nach 1945 zur universitären Sozialpädagogik. Baltmannsweiler: Schneider Verlag Hohengehren.

Garfinkel, Harold (1984): Studies in Ethnometodology. Malden MA: Blackwell.

Geertz, Clifford (1987a): Dichte Beschreibung. Bemerkungen zu einer deutenden Theorie von Kultur. In: Ders. (Hrsg.): Dichte Beschreibung. Beiträge zum Verstehen kultureller Systeme. Frankfurt am Main: Suhrkamp, S. 7–43.

Geertz, Clifford (1987b): „Deep play": Bemerkungen zum balinesischen Hahnenkampf. Frankfurt am Main: Suhrkmap, S. 202–260.

Geimer, Alexander (2011): Performance Ethnography und Autoethnography: Trend, Turn oder Schisma in der qualitativen Forschung. In: Zeitschrift für Qualitative Forschung, 12, 2, S. 299–320.

Gemoll, Wilhelm; Vretska, Karl (2006): Gemoll. Griechisch-deutsches Schulwörterbuch und Handwörterbuch. München: Oldenbourg.

Gerdes, Klaus (Hrsg.) (1979): Explorative Sozialforschung: Einführende Beiträge aus „Natural Sociology und Feldforschung in den USA". Stuttgart: Enke.

Giddens, Anthony (2001): Entfesselte Welt. Wie Globalisierung unser Leben verändert. Frankfurt a. Main: Suhrkamp.

Girtler, Roland (2001): Methoden der Feldforschung. Wien; Köln; Weimar: UTB.

Girtler, Roland (2009): Die zehn Gebote der Feldforschung. Münster; Wien: LIT Verlag.

Girtler, Roland (2010): Feldforschung als Ethnographie. In: Bock, Karin; Miethe, Ingrid (Hrsg.): Handbuch Qualitative Methoden in der Sozialen Arbeit. Opladen: Babara Budrich Verlag, S. 289–294.

Gissel-Palkovich, Ingrid (2011): Lehrbuch Allgemeiner Sozialer Dienst – ASD: Rahmenbedingungen, Aufgaben und Professionalität. Weinheim: Juventa.

Glaser, Barney; Strauss, Anselm (1967): The Discovery of Grounded Theory: Strategies for Qualitative Research (Observations). Piscataway: Adline Transaction.

Glaser, Barney; Strauss, Anselm (1998): Glaser, Barney & Strauss, Anselm (1998). Grounded Theory. Strategien qualitativer Forschung. Göttingen: Hans Huber.

Glasersfeld, Ernst von (1991). Abschied von der Objektivität. In: Watzlawik, P.; Krieg, P. (Hrsg.), Das Auge des Betrachters. München: Piper, S. 17–30.

Glasersfeld, Ernst von (1997): Radikaler Konstruktivismus. Ideen, Ergebnisse, Probleme. Frankfurt am Main: Suhrkamp.

Glasersfeld, Ernst von (2006): Konstruktionen der Wirklichkeit und des Begriffs der Objektivität. In: Gumin, Heinz; Meier, Heinrich (Hrsg.): Einführung in den Konstruktivismus. Beiträge von Heinz von Foerster, Ernst von Glasersfeld, Peter M. Hejl, Siegfried J. Schmidt und Paul Watzlawick. München; Zürich: Piper, S. 9–39.

Goethe, Johann Wolfgang von: Johann Meisters Lehrjahre. Stuttgart: Reclam, 2008.

Goffman, Erving (1971): Interaktionsrituale. Über Verhalten in direkter Kommunikation. Frankfurt a. Main: Suhrkamp.

Goffman, Erving (1973): Asyle. Frankfurt a. M.: Suhrkamp.

Goffman, Erving (1980): Rahmen-Analyse. Ein Versuch über die Organisation von Alltagserfahrungen. Frankfurt a. M.: Suhrkamp.

Goffman, Erving (1994): Interaktionsrituale. Über Verhalten in direkter Kommunikation. Frankfurt a. Main: Suhrkamp.

Goffman, Erving (2008): Wir alle spielen Theater. Die Selbstdarstellung im Alltag. München; Zürich: Piper.

Goffman, Erving (2009): Das Individuum im öffentlichen Austausch. Mikrostudien zur öffentlichen Ordnung. Frankfurt a. Main: Suhrkamp.

Göhlich, Michael (2014): Praxismuster der Differenzbearbeitung. Zu einer pädagogischen Ethnographie der Organisationen. In: Tervooren, Anja; Engel, Nicolas; Göhlich, Michael; Miethe, Ingrid; Reh, Sabine (Hrsg.): Ethnographie und Differenz in pädagogischen Feldern. Bielefeld: transcript, S. 225–240.

Gold, Raymond (1958): Roles in Sociological Field Observations. In: Social Forces, 36, S. 217–223.

Green, Warren; Simon, Barbara L. (2012): The Columbia Guide to Social Work Writing. Columbia: Columbia Word Press.

Gronemeyer, Marianne (2012): Sozialpsychologie des Sicherheitsgefühls/-bedürfnisses. In: Wolf, Maria A.; Rathmayr, Bernhard; Peskoller, Helga (Hrsg.): Konglomerationen. Bielefeld: Transcript, S. 77–90.

Gross, Peter (1994): Die Multioptionsgesellschaft. Frankfurt a. Main: Suhrkamp.

Großmaß, Ruth (2011): „Klienten", „Adressaten", „Nutzer", „Kunden" – diskursanalytische Überlegungen zum Sprachgebrauch in den sozialen Berufen. Vortrag am 12.10.2011 in der Ringvorlesung „Aktuelle Fragen der Sozialen Arbeit und Pädagogik" im Masterstudiengang „Praxisforschung". http://www.ash-berlin.eu/hsl/freedocs/200/Diskursanalytische_Ueberlegungen_zur_Zielgruppenbezeichnung_in_sozialen_Berufen.pdf. Zugegriffen am: 01.08.2013.

Gudjons, Herbert (1999): Pädagogisches Grundwissen. Überblick – Kompendium – Studienbuch. 6. Auflage. Bad Heilbrunn: Verlag Julius Klinkhardt.

Güntert, Santino (2014): Beurteilen in der Praxisausbildung. In: Abplanalp, Esther (Hrsg.): Lernen in der Praxis. Die Praxisausbildung im Studium der Sozialen Arbeit. Luzern: interact Verlag, S. 123–157.

Hahn, Alois (1987): Identität und Selbstthematisierung. In: Ders; Kapp, Volker (Hrsg.): Selbstthematisierung und Selbstzeugnis: Bekenntnis und Geständnis. Frankfurt am Main: Suhrkamp, S. 9–24.

Hahn, Alois (2000): Konstruktionen des Selbst, der Welt und der Geschichte. Frankfurt am Main: Suhrkamp.

Hammersley, Martyn; Atkinson, Paul (2007): Ethnography: Principles in Practice. London: Routledge.

Harmsen, Thomas (2004). Die Konstruktion professioneller Identität in der Sozialen Arbeit. Theoretische Grundlagen und empirische Befunde. Heidelberg: Verlag für systemische Forschung im Carl-Auer Verlag.

Harmsen, Thomas (2009). Konstruktionsprinzipien gelingender Professionalität in der Sozialen Arbeit. In: Becker-Lenz, Roland; Busse, Stefan; Ehlert, Gudrun; Müller, Silke (Hrsg.), Professionalität in der Sozialen Arbeit. Wiesbaden: Springer VS, S. 255–264.

Harmsen, Thomas (2014). Professionelle Identität im Bachelorstudium Soziale Arbeit. Wiesbaden: Springer VS.

Haverkamp, Anselm (1996): Theorie der Metapher. Darmstadt: Wissenschaftliche Buchgesellschaft.

Heider, Fritz (1958): The psychology of interpersonal relations. Wiley, New York: Martino Fine Books.

Heiner, Maya (Hrsg.) (1988): Praxisforschung in der Sozialen Arbeit. Freiburg im Breisgau: Lambertus.

Heiner, Maya (2010): Handlungskompetenz und Handlungstypen. Überlegungen zu den Grundlagen methodischen Handelns. In: Thole, Werner (Hrsg.): Grundriss Soziale Arbeit. Ein einführendes Handbuch. Wiesbaden: VS Verlag, S. 611–624.

Heinzel, Friederike; Thole, Werner; Cloos, Peter; Köngeter, Stefan (Hrsg.): „Auf unsicherem Terrain". Ethnographische Forschung im Kontext des Bildungs- und Sozialwesens. Wiesbaden: Springer VS.

Helsper, Werner (1993): Jugend und Schule. In: Krüger, Heinz-Hermann (Hrsg.): Handbuch der Jugendforschung. 2. erweiterte Auflage. Opladen: Leske + Budrich, S. 351–382.

Hercher, Heike; Kersting, Heinz J. (2003): Systemische Supervision im Gespräch. Aachen: Heinz Kersting verlag.

Hermann, Annett (2016): Neue Impulse für lebensbegleitendes Lernen in der Sozialen Arbeit: Soziale Arbeit und der Deutsche Qualifikationsrahmen. In: Sozialmagazin. 9–10, S. 24–37.

Herold, Cindy; Herold, Martin (2017): Selbstorganisiertes Lernen in Schule und Beruf: Gestaltung wirksamer und nachhaltiger Lernumgebungen. Weinheim; Basel: Beltz Verlag.

Herwig-Lempp, Johannes (2018): Doch auch eine Frage (m)einer Haltung. In: sozialmagazin 3–4, S. 16–25.

Hillebrandt, Frank (2014): Soziologische Praxistheorien. Eine Einführung. Wiesbaden: Springer VS.

Hillmann, Karl-Heinz (1994): Wörterbuch der Soziologie. Stuttgart: Kröner.

Hinte, Wolfgang; Lüttringhaus, Maria; Oelschlägel, Dieter (Hrsg.) (2011): Grundlagen und Standards der Gemeinwesenarbeit: Ein Reader für Studium, Lehre und Praxis. Weinheim:Juventa.

Hirschauer, Stefan (1999): Die Praxis der Fremdheit und die Minimierung von Anwesenheit. Eine Fahrstuhlfahrt. In: Soziale Welt, 50, 3, S. 221–245.

Hirschauer, S. (2001). Ethnografisches Schreiben und die Schweigsamkeit des Sozialen. Zu einer Methodologie der Beschreibung. In: Zeitschrift für Soziologie, 30, 6, S. 429–451.

Hirschauer, Stefan (2004): Praktiken und ihre Körper. Über materielle Partizipanden des Tuns. In: Hörning, Karl H.; Reuter, Jutta (Hrsg.): Doing Culture. Neue Positionen zum Verhältnis von Kultur und sozialer Praxis. Bielefeld: Transcript, S. 73–91.

Hirschauer, Stefan (2016): Verhalten, Handeln, Interagieren. Zu den mikrosoziologischen Grundlagen der Praxistheorie. In: Schäfer, Hilmar (Hrsg.): Praxistheorie. Ein soziologisches Forschungsprogramm. Bielefeld: Transcript, S. 45–67.

Hitzler, Ronald (1991): Dummheit als Methode. Eine dramatologische Textinterpretation. In: Garz, Detlef; Kraimer, Klaus (Hrsg.): Qualitativ-empirische Sozialforschung. Konzepte, Methoden, Analysen. Wiesbaden: Springer VS, S. 295–318.

Hitzler, Ronald; Eisewicht, Paul (Hrsg.) (2016): Lebensweltanalytische Ethnographie – im Anschluss an Anne Honer. Weinheim: Beltz Juventa.

Hitzler; Ronald; Gothe, Miriam (2015): Zur Einleitung: Methodologisch-methodische Aspekte ethnographischer Forschungsprojekte. In: Hitzler, Ronald; Gothe, Miriam (Hrsg.): Ethnographische Erkundungen. Methodische Aspekte aktueller Forschungsprojekte (Reihe ‚Erlebniswelten'). Wiesbaden: Springer VS, S. 9–16

Hitzler, Ronald; Kreher, Simone; Poferl, Angelika; Schröer, Norbert (Hrsg.) (2016): Old School – New School? Zur Frage der Optimierung ethnographischer Datengenerierung. Essen: Oldib.

Holzinger, Markus (2007): Kontingenz in der Gegenwartsgesellschaft. Dimensionen eines Leitbegriffs moderner Sozialtheorie. Bielefeld: Transcript.

Homfeldt, Hans Günther; Schulze-Krüdener, Jörgen (2001): Praktikum – eine Brücke schlagen zwischen Wissenschaft und Beruf. Neuwied; Kriftel; Berlin: Luchterhand.

Homfeldt, Hans Günther; Schulze-Krüdener, Jörgen (Hrsg.) (2003): Handlungsfelder der Sozialen Arbeit. Baltmannsweiler: Schneider Verlag Hohengehren.

Honig, Michael-Sebastian (2004): Von einem normativen zu einem relationalen Verständnis pädagogischer Qualität: Eine feldtheoretische Perspektive. In: Honig, Michael-Sebastian; Joos, Magdalena; Schreiber, Norbert (Hrsg.): Was ist ein guter Kindergarten? Theoretische und empirische Analysen zum Qualitätsbegriff der Pädagogik. Weinheim; München: Juventa, S. 27–32.

Hörster, Reinhard (2005): Kasuistik/Fallverstehen. In: Otto, H.-U.; Thiersch, H. et al. (Hrsg.): Handbuch Sozialarbeit, Sozialpädagogik. München: Reinhardt, S. 916–926.

Hörster, Reinhard (2012). Sozialpädagogische Kasuistik. In: Thole, W. (Hrsg.): Grundriss Soziale Arbeit. Wiesbaden: VS Verlag, S. 677–687.

HRK – Hochschulrektorenkonferenz (2016): nexus impulse für die Praxis. Praktika im Studium – Praxis integrieren und Qualität von Praktika erhöhen. Bonn.

Huber, Ludwig (1983): Hochschuldidaktik als Theorie der Bildung und Ausbildung. In: Ders. (Hrsg.): Ausbildung und Sozialisation in der Hochschule. Enzyklopädie Erziehungswissenschaft, Band 10. Stuttgart: Klett-Cotta, S. 114–150.

Humboldt, Wilhelm von (1962): Theorie der Bildung des Menschen. In: Ders.: Werke in fünf Bänden – Bd. 1: Schriften zur Anthropologie und Geschichte. Hrsg. von A. Flitner; K. Giel. Darmstadt: WBG, S. 234–240.

Humboldt, Wilhelm von (1982): Werke in fünf Bänden. Band IV: Schriften zur Politik und zum Bildungswesen. Hrsg. von A. Flitner; K. Giel. Darmstadt: WBG.

Humboldt, Wilhelm von (1994/1836): Über die Verschiedenheit des menschlichen Sprachbaues und ihren Einfluss auf die geistige Entwicklung des Menschengeschlechts. In: Humboldt, Wilhelm von: Werke in fünf Bänden – Bd. 3, Schriften zur Sprachphilosophie. Hrsg. v. A. Flitner; K. Giel. 7. Auflage, Stuttgart: J.G. Cotta, S. 368–756.

Humboldt, Wilhelm von (1999): Plan einer vergleichenden Anthropologie. In: Ders.: Werke in fünf Bänden – Bd. 1: Schriften zur Anthropologie und Geschichte. Hrsg. von Wolfgang Stahl. Stuttgart: mundus Verlag, S. 154–182.

Hünersdorf, Bettina (2008): Ethnographische Forschung in der Erziehungswissenschaft. In: Hünersdorf, Bettina; Müller, Burkhard; Maeder, Christoph (Hrsg.): Ethnographie und Erziehungswissenschaft. Methodologische Reflexionen und empirische Annäherungen. Weinheim; München: Juventa, S. 29–48.

Hünersdorf, Bettina (2012): Erziehungswirklichkeit im Spannungsfeld von Systemtheorie und Ethnografie. In: Friebertshäuser, Barbara; Kelle, Helga; Boller, Heike; Bollig, Sabine; Huf, Christina; Langer, Antje; Ott, Marion; Richter, Sophia (Hrsg.): Feld und Theorie. Herausforderungen erziehungswissenschaftlicher Ethnographie. Opladen: Verlag Barbara Budrich, S. 41–56.

Hünersdorf, Bettina (2013): Ethnografie im Studium und zur Erforschung der Praxis Sozialer Arbeit und Pädagogik. In: Sozial Extra, 37, 6, S. 20–22.

Hünersdorf, Bettina; Müller, Burkhard; Maeder, Christoph (2008): Ethnographie der Pädagogik. Eine Einführung. In: Dies. (Hrsg.): Ethnographie und Erziehungswissenschaft. Methodologische Reflexionen und empirische Annäherungen. Weinheim; München: Juventa, S. 11–28.

Jakob, Gisela; Wensierski, Hans-Jürgen von (Hrsg.) (1997): Rekonstruktive Sozialpädagogik. Konzepte und Methoden sozialpädagogischen Verstehens in Forschung und Praxis. Weinheim und München: Juventa.

Jansen, Till; Vogd, Werner (2013): Polykontexturale Verhältnisse – disjunkte Rationalitäten am Beispiel von Organisationen. In: Zeitschrift für Theoretische Soziologie, 2, 1, S. 82–97.

Johnsson, Jim (2006): Die Vermischung von Menschen und Nicht-Menschen. Die Soziologie eines Türschließers. In: Belliger, Andréa; Krieger, David J. (Hrsg.): ANThology. Ein einführendes Handbuch zur Akteur-Netzwerk-Theorie. Bielefeld: Transcript, S. 237–258.

Jonas, Hans (2006): Homo Pictor: von der Freiheit des Bildens. In: Boehm, Gottfried (Hrsg.): Was ist ein Bild? 4. Auflage. München: Wilhelm Fink Verlag, S. 105–124.

Jureit, Ulrike (2014): Das Leben wird vorwärts gelebt und rückwärts verstanden – mündlich erfragte Fallgeschichten als Quellen historischer Forschung. In: Düwell, Susanne; Pethes, Nicolas (Hrsg.): Fall – Fallgeschichte – Fallstudie. Theorie und Geschichte einer Wissensform. Frankfurt am Main; New York: Campus, S. 227–241.

Kalthoff, Herbert (2003): Beobachtende Differenz. Instrumente der ethnografisch-soziologischen Forschung. In: Zeitschrift für Soziologie, 32, 1, S. 70–90.

Kant, Immanuel (1784/1999): Was ist Aufklärung? Ausgewählte kleine Schriften. Hamburg: Felix Meiner Verlag.

Kawamura-Reindl, Gabriele; Schneider, Sabine (2015): Lehrbuch Soziale Arbeit mit Straffälligen. Weinheim, Basel: Beltz Juventa.

Kelle, Helga (1997): Die Komplexität sozialer und kultureller Wirklichkeit als Problem qualitativer Forschung. In: Friebertshäuser, B.; Prengel, A. (Hrsg.): Handbuch Qualitative Forschungsmethoden in der Erziehungswissenschaft. Weinheim und München: Juventa, S. 192–208.

Kelle, H. (2001). Ethnographische Methodologie und Probleme der Triangulation. Am Beispiel der peer culture Forschung bei Kindern. In: Zeitschrift für Soziologie der Erziehung und Sozialisation, 21, 2, S. 192–208.

Kelle, Helga (2011): Ethnographie in Institutionen und Organisationen. Einführung in den Themenschwerpunkt. In: Zeitschrift für Soziologie der Erziehung und Sozialisation, 31, 3, S. 227–233.

Kelle, Helga (2013). Die Komplexität der Wirklichkeit als Problem qualitativer Forschung. In: Friebertshäuser, Barbara; Langer, Antje; Prengel, Annedore (Hrsg.): Handbuch Qualitative Forschungsmethoden in der Erziehungswissenschaft. 4., durchgesehene Auflage. Weinheim und Basel: Beltz Juventa, S. 101–118.

Kellerwessel, Wulf (2009): Wittgensteins Sprachphilosophie in den „Philosophischen Untersuchungen": eine kommentierende Ersteinführung. Frankfurt; Paris; Lancaster; New Brunswick: Ontos Verlag.

Kessl, Fabian; Reutlinger, Christian (2013): Sozialraum. Eine Einführung. 2. Auflage. Wiesbaden: Springer Verlag.

Keupp, Heiner (1989): Auf der Suche nach der verlorenen Identität. In: Keupp, Heiner; Bilden, Helga (Hrsg.): Verunsicherungen. Das Subjekt im gesellschaftlichen Wandel. Göttingen; Toronto; Zürich: Dr. C. J. Hogrefe, S. 47–69.

Kieser, Alfred; Walgenbach, Peter (2010): Organisation. 6. Auflage. Stuttgart: Schäffer-Poeschel.

Kieu, Violet; Stroud, Leanne; Huang, Paul; Smith, Mitchell; Spychal, Robert; Hunter-Smith, David; Nestel, Debra (2015): The operating theatre as classroom: A qualitative study of learning and teaching surgical competencies. Educ Health, 28, S. 22–28.

Kirchmeier, Christian (2012): Sinn. In: Jahraus, Oliver; Nassehi, Armin; Grizelj, Mario; Saake, Irmhild; Kirchmeier, Christian; Müller, Julian (Hrsg.): Luhmann-Handbuch. Leben – Werk – Wirkung. Stuttgart; Weimar: J.B. Metzler, S. 117–119.

Klatetzki, T. (2013): Die Fallgeschichte als Grenzobjekt. In: Hörster, R.; Köngeter, S.; Müller, B. (Hrsg.): Grenzobjekte. Soziale Welten und ihre Übergänge. Wiesbaden: VS Verlag, S. 117–136.

Klausner, Martina (2015): Choreografien psychiatrischer Praxis. Eine ethnografische Studie zum Alltag in der Psychiatrie. Bielefeld: Transcript.

Klein, Rudolf; Kannicht, Andreas (2011): Einführung in die Praxis der systemischen Therapie und Beratung. Heidelberg: Carl Auer Verlag.

Kleve, Heiko (1999): Postmoderne Sozialarbeit. Ein systemtheoretisch-konstruktivistischer Beitrag zur Sozialarbeitswissenschaft. Aachen: Kersting.

Kleve, Heiko (2000): Die Sozialarbeit ohne Eigenschaften. Fragmente einer postmodernen Professions- und Wissenschaftstheorie Sozialer Arbeit. Freiburg im Breisgau: Lambertus.

Kleve, Heiko (2007): Ambivalenz, System und Erfolg. Provokationen postmoderner Sozialarbeit. Heidelberg: Carl-Auer.

Kluge, Friedrich (2002): Etymologisches Wörterbuch der deutschen Sprache. 24. Durchsehene und erweiterte Auflage. Berlin; New York: Walter de Gruyter.

Kluge, Friedrich (2011): Etymologisches Wörterbuch der deutschen Sprache. 25. Auflage. Berlin; Boston: Walter de Gruyter.

Knauf, Alexander; Schulze-Krüdener, Jörgen (2014): Kompetenzen in der Sozialen Arbeit. Berufliche Anforderungen und Folgerungen für die Hochschulausbildung. Empirische Bilanzen für die Region Trier. Hamburg: Dr. Kovac Verlag.

Knecht, Bernhard (2014): Systemische Reflexionsmöglichkeiten der Praxisausbildung. In: Abplanalp, Esther (Hrsg.): Lernen in der Praxis. Die Praxisausbildung im Studium der Sozialen Arbeit. Luzern: interact Verlag, S. 41–63.

Knoblauch, Hubert (2001): Fokussierte Ethnographie. In: sozialer Sinn, 2, 1, S. 123–141.

Knoblauch, Hubert (2014): Ethnografie. In: Baur, Nina; Blasius, Jörg (Hrsg.): Handbuch Methoden der empirischen Sozialforschung. Wiesbaden: Springer Verlag, S. 521–528.

Knorr-Cetina, Karin (1984): Die Fabrikation von Erkenntnis. Zur Anthropologie der Naturwissenschaft. Frankfurt a. Main: Suhrkamp.

Knorr-Cetina, Karin (1989): Spielarten des Konstruktivismus. Einige Notizen und Anmerkungen. In: Soziale Welt, 40, S. 86–96.

Knorr-Cettina, Karin (2002): Die Fabrikation von Erkenntnis. Zur Anthropologie der Naturwissenschaft. Erweiterte Neuauflage. Frankfurt a. Main: Suhrkamp.

Knorr-Cetina, Karin (2008): Theoretischer Konsntruktivismus. Über die Einnistung von Wissensstrukturen in soziale Strukturen. In: Kalthoff, Herbert (Hrsg.): Theoretische Empirie. Die Relevanz qualitativer Forschung. Frankfurt am Main: Suhrkamp, S. 35–78.

Kohl, Karl-Heinz (1993): Ethnologie – die Wissenschaft vom kulturell Fremden. München: C.H. Beck.

Kolb, David A. (1984): Experiential learning: Experience as the source of learning and development, Bd. 1. Englewood Cliffs: Prentice-Hall.

Kolb, David A.; Fry, Ronald E. (1975): Towards an applied theory of experiential learning. In: Cooper, Cary L. (Hrsg.): Theories of group processes. Wiley series on individuals, groups, and organizations. London; New York: Wiley and Sons, S. 33–58.

Koller, Hans-Christoph (2018): Bildung anders denken. Einführung in die Theorie transformatorischer Bildungsprozesse. Stuttgart: W. Kohlhammer.

Konersmann, Ralf (2015): Die Unruhe der Welt. Frankfurt a. Main: WBG.

König, Diemut (2014): Die pädagogische Konstruktion von Elternautorität. Eine Ethnographie der Familienhilfe. Bielefeld: transcript Verlag.

Kopp, Andrea et al. (2012): Praxisbezüge stärken! – Empfehlungen zur Professionalisierung von Praxisphasen. In: Schubarth, Wilfried et al. (Hrsg.): Studium nach Bologna: Praxisbezüge stärken?! Praktika als Brücke zwischen Hochschule und Arbeitsmarkt. Wiesbaden: Springer VS, S. 299–314.

Kösel, Stephan (2014): Theorie-Praxis-Figuren in der Praxisausbildung. In: Roth, Claudia; Merten, Ueli (Hrsg.): Praxisausbildung konkret. Am Beispiel des Bachelor in Sozialer

Arbeit der Fachhochschule Nordwestschweiz FHNW. Opladen; Berlin; Toronto: Barbara Budrich Verlag, S. 247–274.

Kösel, Stephan (2017): Intuition – eine notwendige und meist wirksame Kompetenz in der Fallbearbeitung in der Sozialen Arbeit. In: Messmer, H. (Hrsg.): Fallwissen. Wissensgebrauch in Praxiskontexten der Sozialen Arbeit. Opladen; Berlin; Toronto: Babara Budrich, S. 93–113.

Kraimer, Klaus (2014): Das Projekt der Professionalisierung – Zur Strukturlogik individueller Krisenbewältigung und professioneller Krisenbewährung. In: Schwarz, Martin P.; Ferchhoff, Wilfried; Vollbrecht, Ralf (Hrsg.): Professionalität: Wissen – Kontext. Sozialwissenschaftliche Analysen und pädagogische Reflexionen zur Struktur bildenden und beratenden Handelns. Festschrift für Prof. Dr. Bernd Dewe. Bad Heilbrunn: Klinkhardt Verlag, S. 102–127.

Kraimer, Klaus; Altmeyer, Lena (2017): Professionalisierung. In: Deutscher Verein für öffentliche und private Fürsorge e.V. (Hrsg.): Fachlexikon der Sozialen Arbeit. Baden-Baden: Nomos, S. 667–668.

Krämer, Sybille (2008a): Medium, Bote, Übertragung: Kleine Metaphysik der Medialität. Frankfurt am Main: Suhrkamp.

Krämer, Sybille (2008b): Medien, Boten, Spuren. Wenig mehr als ein Literaturbericht. In: Münker, Stefan; Roesler, Alexander (Hrsg.): Was ist ein Medium? Frankfurt am Main: Suhrkamp, S. 65–90.

Kreft, Dieter; Mielenz, Ingrid (2017): Wörterbuch Soziale Arbeit: Aufgaben, Praxisfelder, Begriffe und Methoden der Sozialarbeit und Sozialpädagogik. Weinheim; Basel: Beltz Juventa.

Kruse, Elke (2003) Stufen zur Akademisierung. Wege der Ausbildung für Soziale Arbeit von der Wohlfahrtsschule zum Bachelor-/Mastermodell. Wiesbaden: VS Verlag.

Kühl, Stefan (2002): Sisyphos im Management. Die vergebliche Suche nach der optimalen Organisationsstruktur. Weinheim: Wiley.

Kühl, Stefan (2011): Organisationen – eine sehr kurze Einführung. Wiesbaden: Springer Verlag.

Kühl, Stefan (2012): Der Sudoku-Effekt. Hochschulen im Teufelskreis der Bürokratie. Eine Streitschrift. Science Studies. 1. Aufl. Bielefeld: transcript Verlag.

Kühl, Stefan (2014): Ganz normale Organisationen. Zur Soziologie des Holocaust. Berlin: Suhrkamp.

Kühl, Stefan (2015): Wenn die Affen den Zoo regieren. Die Tücken der flachen Hierarchien. 2. Auflage. Frankfurt a.M.: Campus Verlag.

Kunstreich, Timm (2006): Klientin – Kundin – Nutzerin – Genossin?! In: Böllert, Karin; Hansbauer, Peter; Hasenjürgen, Brigitte; Langenohl, Sabrina (Hrsg.): Die Produktivität des Sozialen. 6. Bundeskongress Soziale Arbeit. Wiesbaden: Springer Verlag, S. 241–259.

Kunz, Regula (2014): Gestaltung von Bildungsprozessen. Eine Lernsequenz methodisch-didaktisch entwerfen. In: Roth, Claudia; Merten, Ueli (Hrsg.): Praxisausbildung konkret. Am Beispiel des Bachelor in Sozialer Arbeit der Fachhochschule Nordwestschweiz FHNW. Opladen; Berlin; Toronto: Verlag Barbara Budrich, S. 125–150.

Künzel-Schön, Marianne (1996): Vom „Klienten" zum „Kunden"? In: Theorie und Praxis der Sozialen Arbeit, 11, S. 6–14.

Küpper, Willi; Ortmann, Günther (Hrsg.) (1988): Mikropolitik – Rationalität, Macht und Spiele in Organisationen. Opladen: Westdeutscher Verlag.

Lakoff, George; Johnson, Mark (2018): Leben in Metaphern. Konstruktion und Gebrauch von Sprachbildern. Heidelberg: Carl-Auer.

Langer, Antje (2003): Klandestine Welten. Mit Goffman auf dem Drogenstrich. Roßdorf: Helmer Verlag.

Latour, Bruno (1991): Technology is society made durable. In: Law, John (Hrsg.): A Sociology of Monsters. Essays on Power, Technology and Domination. London: Routledge, S. 103–131.

Latour, Bruno (2005). Reassembling the social. An Introduction to Actor-Network-Theory. New York: Oxford University Press.

Latour, Bruno (2007): Eine neue Soziologie für eine neue Gesellschaft. Einführung in die Akteur-Netzwerk-Theorie. Frankfurt a. Main: Suhrkamp.

Latour, Bruno; Woolgar, Steve (1979): Laboratory Life. The Social Construction of Scientific Facts. Los Angeles: Sage.

Leinenbach, M. (2018): „Lernort Praxis" in den Fokus nehmen. In: Forum Sozial, 1/2, S. 39–46.

Liebow, Eliot (1979): Eine Felderfahrung im Rückblick. In: Gerdes, Klaus (Hrsg.): Explorative Sozialforschung. Stuttgart: Ferdinand Enke, S. 16–28.

Loebbert, Michael (2003): Storymanagement. Der narrative Ansatz für Management und Beratung. Stuttgart: Klett-Cotta.

Lubrich, Oliver; Stodulka, Thomas (2019): Emotionen auf Expeditionen: Ein Taschenbuch für die ethnographische Praxis. Bielefeld: transcript.

Lüders, Christian (2000): Beobachten im Feld und Ethnographie. In: Flick, Uwe; Kardorff, Ernst von; Steinke, Ines (Hrsg.): Qualitative Forschung. Ein Handbuch, Reinbek bei Hamburg: Rowohlt, S. 384–401.

Lüders, Christian (2011): Teilnehmende Beobachtung. In: Bohnsack, Ralf; Marotzki, Winfried; Meuser, Michael (Hrsg.): Hauptbegriffe Qualitativer Sozialforschung. 3. Auflage. Opladen; Farmington Hills: Barbara Budrich Verlag, S. 151–153.

Luhmann, Niklas (1969): Die Praxis der Theorie. In: Soziale Welt, 20, S: 129–144.

Luhmann, Niklas (1974): Soziologische Aufklärung 1. Aufsätze zur Theorie Sozialer Systeme. 4. Auflage. Opladen: Westdeutscher Verlag.

Luhmann, Niklas (1975): Soziologische Aufklärung 2. Aufsätze zur Theorie der Gesellschaft. Opladen, Westdeutscher Verlag.

Luhmann, Niklas (1987): Soziale Systeme. Grundriß einer allgemeinen Theorie. Frankfurt a. Main: Suhrkamp.

Luhmann, Niklas (1988): Erkenntnis als Konstruktion. Vortrag im Kunstmuseum Bern, 23. Oktober 1988. Bern: Benteli.

Luhmann, Niklas (1990): Soziologische Aufklärung 5. Konstruktivistische Perspektiven. Opladen: Westdeutscher Verlag.

Luhmann, Niklas (1997a): Die Gesellschaft der Gesellschaft. Erster Teilband. Frankfurt am Main: Suhrkamp.

Luhmann, Niklas (1997b): Die Gesellschaft der Gesellschaft. Zweiter Teilband. Frankfurt am Main: Suhrkamp.

Luhmann, Niklas (1999): Funktionen und Folgen formaler Organisation. Berlin: Duncker & Humblot.

Luhmann, Niklas (2000): Die Politik der Gesellschaft. Frankfurt am Main: Suhrkamp.

Luhmann, Niklas (2002): Das Erziehungssystem der Gesellschaft. Frankfurt a. M.: Suhrkamp.

Luhmann, Niklas (2006a): Einführung in die Systemtheorie. 3. Auflage. Heidelberg: Carl Auer Verlag.

Luhmann, Niklas (2006b): Organisation und Entscheidung. Wiesbaden: VS Verlag.

Luhmann, Niklas; Schorr, Karl Eberhard (1987): Das Technologiedefizit der Erziehung und die Pädagogik. In: Ders. (Hrsg.): Zwischen Technologie und Selbstreferenz. Fragen an die Pädagogik, Suhrkamp Verlag, Stuttgart, S. 11–41.

Mair, Helmut (2001): Das Praktikum im Spannungsfeld von Disziplin und Profession – oder: das Praktikum zwischen theoretischen Auseinandersetzungen mit Problemen sowie

Aufgaben der Sozialen Arbeit und der Konfrontation ihrer Praxis. In: Schulze-Krüdener, Jörgen; Homfeldt, Hans Günther (Hrsg.): Praktikum – eine Brücke schlagen zwischen Wissenschaft und Beruf. Neuwied; Kriftel; Berlin: Luchterhand, Verlag, S. 27–36.

Malinowski, Bronislav (1984): Argonauten des westlichen Pazifik. Hamburg: EVA.

Mann, Thomas (1989): Die Bekenntnisse des Hochstaplers Felix Krull. Frankfurt a. M.: Fischer Verlag.

Mannheim, Karl (1980): Strukturen des Denkens. Frankfurt/M.: Suhrkamp.

Martens, Wil; Ortmann, Günther (2006): Organisation in Luhmanns Systemtheorie. In: Kieser, Alfred; Ebers, Mark (Hrsg.): Organisationstheorien. 6. Auflage. Stuttgart: Verlag W. Kohlhammer, S. 427–461.

Martin, Ernst; Wawrinowski, Uwe (2003): Beobachtungslehre: Theorie und Praxis reflektierter Beobachtung und Beurteilung. Weinheim: Juventa.

Martinez, Matias; Scheffel, Michael (2009): Einführung in die Erzähltheorie. 8. Auflage. München: C.H. Beck Verlag.

Maturana, Humberto R.; Varela, Franzisco J. (2015): Der Baum der Erkenntnis. Die biologischen Wurzeln menschlichen Erkennens. 6. Auflage. Frankfurt am Main: Fischer.

Maus, Friedrich; Nodes, Wilfried; Röh, Dieter (2013): Schlüsselkompetenzen der Sozialen Arbeit. Schwalbach/Ts.: Wochenschau Verlag.

May, Michael (2010): Aktuelle Theoriediskurse Sozialer Arbeit. Eine Einführung. 3. Auflage. Wiesbaden: VS Verlag.

McLaughlin, Hugh (2009): What's in a Name: ‚Client', ‚Patient', ‚Customer', ‚Consumer', ‚Expert by Experience', ‚Service User' – What's Next? In: British Journal of Social Work, 39, 6, S. 1101–1117.

Mecheril, Paul; Melter, Claus (2010): Differenz und Soziale Arbeit. Historische Schlaglichter und systematische Zusammenhänge. In: Kessl, F.; Plößer, M. (Hrsg.): Differenzierung, Normalisierung, Andersheit. Soziale Arbeit als Arbeit mit den Anderen. Wiesbaden: VS Verlag, S. 117–131.

Meinhold, Marianne (2010): Über Einzelfallhilfe und Case Management. In: Thole, Werner (Hrsg.): Grundriss Soziale Arbeit. Ein einführendes Handbuch. 3., überarbeitete und erweiterte Auflage. Wiesbaden: VS Verlag, S. 635–648.

Mellmann, Katja (2012): Evolution. In: Jahraus, Oliver; Nassehi, Armin; Grizelj, Mario; Saake, Irmhild; Kirchmeier, Christian; Müller, Julian (Hrsg.): Luhmann-Handbuch. Leben – Werk – Wirkung. Stuttgart; Weimar: J.B. Metzler, S. 81–83.

Merten, Ueli (2014a): Praxisausbildung in der Sozialen Arbeit – delegierte Verantwortung im Ausbildungsprozess. In: Roth, Claudia; Merten, Ueli (Hrsg.): Praxisausbildung konkret. Am Beispiel des Bachelor in Sozialer Arbeit der Fachhochschule Nordwestschweiz FHNW. Opladen; Berlin; Toronto: Verlag Barbara Budrich, S. 23–46.

Merten, Ueli (2014b): Situatives Führen in der Praxisausbildung. In: Roth, Claudia; Merten, Ueli (Hrsg.): Praxisausbildung konkret. Am Beispiel des Bachelor in Sozialer Arbeit der Fachhochschule Nordwestschweiz FHNW. Opladen; Berlin; Toronto: Verlag Barbara Budrich, S. 101–124.

Mieg, Harald A. (2017): Einleitung: Forschendes Lernen – erste Bilanz. In: Mieg, Harald A.; Lehmann, Judith (Hrsg.): Forschendes Lernen. Wie die Lehre in Universität und Fachhochschule erneuert werden kann. Frankfurt am Main; New York: Campus, S. 15–31.

Miethe, Ingrid (2013): Empirische Forschung als Motor von Theorie und Praxis der Sozialen Arbeit. In: Hering, Sabine (Hrsg.): Was ist Soziale Arbeit? Traditionen – Widersprüche – Wirkungen. Opladen; Berlin; Toronto: Barbara Budrich, S. 219–240.

Moch, Matthias (o.J.): Wie lernen Studierende in der Praxis? – Handlungskonstituierende Merkmale in „lehrreichen" Situationen. Download unter: http://wwwlehre.dhbw-stuttgart.de/~moch/qep/Lernen%20durch%20Handeln01.pdf abgerufen am 10.11.2020.

Moch, Matthias (2006): Wissen – Verstehen – Können: Kompetenzerwerb durch reflexive Praxisanleitung im Studium der Sozialen Arbeit. In: neue praxis, 36, 5, S. 532–544.

Moch, Matthias (2012): Die Lücke – „Implizites Wissen" und das Theorie-Praxis-Verhältnis. In: Neue Praxis, 6, S. 555–564.

Mohn, Bina Elisabeth (2007): Kamera-Ethnografie: Vom Blickentwurf zur Denkbewegung. In: Brandstetter, Gabriele; Klein, Gabriele (Hrsg.): Methoden der Tanzwissenschaft. Modellanalysen zu Pina Bauschs „Sacre du Printemps". TanzScripte, Band 4. Bielefeld: transcript Verlag, S. 173–194.

Mohn, Bina Elisabeth (2013): Differenzen zeigender Ethnographie. Blickschneisen und Schnittstellen der Kamera-Ethnographie. In: Schnettler, Bernt; Baer, Alejandro (Hrsg.): Themenheft Visuelle Soziologie. Soziale Welt 1–2, S. 171–189.

Mohn, Bina Elisabeth; Amann, Klaus (2006): Lernkörper. Kamera-ethnographische Studien zum Schülerjob. Göttingen: IWF Wissen und Medien.

Morgan, Gareth (2012): Images of Organization. Thousand Oaks: Sage publishing.

Mruck, Katja; Breuer, Franz (2003). Subjektivität und Selbstreflexivität im qualitativen Forschungsprozess – Die FQS-Schwerpunktausgaben. In: Forum Qualitative Sozialforschung, 4, 2, Art. 23.

Müller, Burkhard (2012): Aus Geschichten lernen – oder: Wie wird der Fall zum Fall? In: Ders. (Hrsg.): Sozialpädagogisches Können. Ein Lehrbuch zur multiperspektivischen Fallarbeit. Freiburg im Breisgau: Lambertus, S. 23–37.

Müller, Hermann (2016): Professionalisierung von Praxisfeldern der Sozialarbeit. Opladen, Berlin, Toronto: Verlag Barbara Budrich.

Müller-Herrmann, Silke; Becker-Lenz, Roland (2012): Krisen als Voraussetzung der Bildung von Professionalität. In: Becker-Lenz, Roland; Busse, Stefan; Ehlert, Gudrun; Müller-Herrmann, Silke (Hrsg.): Professionalität Sozialer Arbeit und Hochschule. Wiesbaden: VS Verlag, S. 33–50.

Müller-Richter, Klaus; Larcati, Arturo (Hrsg.) (1998): Der Streit um die Metapher. Poetologische Texte von Nietzsche bis Handke. Darmstadt: Wissenschaftliche Buchgesellschaft.

Multrus, Frank (2012). Forschung und Praxis im Studium. Befunde aus Studierendensurvey und Studienqualitätsmonitor. Bonn, Berlin: Bundesministerium für Bildung und Forschung.

Munsch, Chantal (2015): Subjektive Erfahrungen der im Feld verstrickten Forschenden. Ein ethnografischer Zugang zur Erforschung von Normalitätsvorstellungen und sozialer Differenzierungen (nicht nur) in der Sozialen Arbeit. In: Zeitschrift für Sozialpädagogik 4, S. 420–440.

Musil, Robert (2013): Der Mann ohne Eigenschaften. Köln: Anaconda Verlag.

Musson, Phil (2011): Effective Writing Skills for Social Work Students. Los Angeles, London, New Delhi, Singapore, Washington DC: SAGE.

Nagel, Ulrike (1997): Engagierte Rollendistanz. Professionalität in biographischer Perspektive. Opladen: Leske+Budrich.

Nassehi, Armin (1997): Die Gesellschaft der Gesellschaft. In: Jahraus, Oliver; Nassehi, Armin; Grizelj, Mario; Saake, Irmhild; Kirchmeier, Christian; Müller, Julian (Hrsg.) (2012): Luhmann Handbuch. Leben – Werk – Wirkung. Stuttgart; Weimar: Verlag J.B. Metzler, S. 197–202.

Nassehi, Armin (2010): Mit dem Taxi durch die Gesellschaft. Soziologische Storys. Hamburg: Murmann Verlag.

Nassehi, Armin (2012): Die Gesellschaft der Gesellschaft (1997) In: Jahraus, Oliver; Nassehi, Armin; Grizelj, Mario; Saake, Irmhild; Kirchmeier, Christian; Müller, Julian (Hrsg.): Luhmann-Handbuch. Leben – Werk – Wirkung. Stuttgart: Metzler, S. 197–202.

Neuberger, Oswald (1994): Mobbing: Übel mitspielen in Organisationen. München, Mering: Hampp.

Neuberger, Oswald (2002): Führen und führen lassen: Ansätze, Ergebnisse und Kritik der Führungsforschung. 6. Auflage. Stuttgart: UTB Verlag.

Neuberger, Oswald (2006): Systemische Beratung als mikropolitisches Projekt. In: Tomaschek, Nino (Hrsg.): Systemische Organisationsentwicklung und Beratung bei Veränderungsprozessen. Heidelberg: Carl-Auer-Systeme, S. 34–73.

Neumann, Sascha (2010): Beobachtungen des Pädagogischen. Programm – Methodologie – Empirie. Luxemburg: Universität Luxemburg.

Neumann-Wirsig, Heidi (2016): Von der Unmöglichkeit zu lehren und dem Ermöglichen von Lernen – Lehrsupervision aus konstruktivistischer Sicht. In: Freitag-Becker, Edeltrud; Grohs-Schulz, Mechthild; Neumann-Wirsig, Heidi (Hrsg.): Lehrsupervision im Fokus. Göttingen: V&R, S. 21–30.

Nicklas, Hans; Müller, Burkhard; Kordes, Hagen (Hrsg.) (2006): Interkulturell denken und handeln. Theoretische Grundlagen und gesellschaftliche Praxis. Frankfurt; New York: Campus.

Nietzsche, Friedrich (2010): Über Wahrheit und Lüge im außermoralischen Sinne. In: Ders.; Colli, Giorgio; Montinari, Mazzino (Hrsg.): Sämtliche Werke. Kritische Studienausgabe in 15 Bänden. Neuauflage. München: dtv.

Oevermann, Ulrich (1996): Theoretische Skizze einer revidierten Theorie professionalisierten Handelns. In: Combe, A.; Helsper, W. (Hrsg.): Pädagogische Professionalität. Frankfurt a. M.: Suhkamp, S. 58–156.

Oevermann, Ulrich (2009): Die Problematik der Strukturlogik des Arbeitsbündnisses und der Dynamik von Übertragung und Gegenübertragung in einer professionalisierten Praxis von Sozialarbeit. In: Becker-Lenz, Roland; Busse, Stefan; Ehlert, Gudrun; Müller, Silke (Hrsg.): Professionalität in der Sozialen Arbeit. Standpunkte – Kontroversen – Perspektiven. Wiesbaden: VS Verlag, S. 113–142.

Ortmann, Günther (2012): Luhmann und die Organisationssoziologie. . In: Jahraus, Oliver; Nassehi, Armin; Grizelj, Mario; Saake, Irmhild; Kirchmeier, Christian; Müller, Julian (Hrsg.) (2012): Luhmann Handbuch. Leben – Werk – Wirkung. Stuttgart; Weimar: Verlag J.B. Metzler, S. 23–28.

Otto, Hans-Uwe; Thiersch, Hans, Treptow, Rainer; Ziegler, Holger (2018): Handbuch Soziale Arbeit: Grundlagen der Sozialarbeit und Sozialpädagogik. München: Ernst Reinhardt Verlag.

Pasternak, Peer (2017): Konzepte und Fallstudien. Was die Hochschulforschung zum Forschenden Lernen weiß. In: Mieg, Harald A.; Lehmann, Judith (Hrsg.): Forschendes Lernen. Wie die Lehre in Universität und Fachhochschule erneuert werden kann. Frankfurt; New York: Campus Verlag, S. 37–44.

Pfaffenberger, Hans (Hrsg.) (2001): Identität – Eigenständigkeit – Handlungskompetenz der Sozialarbeit/Sozialpädagogik als Beruf und Wissenschaft. Münster: Lit.

Platon (2004): Sämtliche Dialoge. Band V. Der Staat. 3. Auflage. Hamburg: Felix Meiner Verlag.

Ploder, Andrea; Stadlbauer, Johanna (2017): Starke Reflexivität: Autoethnografie und Ethnopsychoanalyse im Gespräch. In: Bonz, Jochen; Eisch-Angus, Katharina; Hamm, Marion; Sülzle, Almut (Hrsg.): Ethnographie und Deutung. Gruppensupervision als Methode reflexiven Forschens. Wiesbaden: Springer VS, S. 421–438.

Pohlenz, Philipp; Boettcher, Charlotte-Bettina (2012): Praktika als Bestandteil der Hochschulforschung – Praxisbezüge von Lehre und Studium im Licht der Hochschulforschung. In: Schubarth, Wilfried; Speck, Karsten; Seidel, Andreas; Gotmann, Corinna; Kamm, Caroline; Krohm, Maud (2012): Studium nach Bologna: Praxisbezüge stärken?! Praktika als Brücke zwischen Hochschule und Arbeitsmarkt. Wiesbaden: Springer VS, S. 127–136.

Quintilianus, Marcus Fabius (1995): Institutionis oratoriae libri XII/ Ausbildung des Redners. Zwölf Bücher. Darmstadt: WBG.

Rai, Lucy; Lillis, Theresa (2013): ‚Getting it Write' in social work: exploring the value of writing in academia to writing for professional practice. In: Teaching in Higher Education, 18, 4, S. 352–364.

Rambo Ronai, Carol (1996): My Mother is Mentally Retarded. In: Ellis, Carolyn; Bochner Arthur P. (Hrsg.): Composing ethnography. Alternative forms of qualitative writing. Walnut Creek, Calif: AltaMira Press, S. 109–131.

Rapold, Monika (2006): Pädagogische Kompetenz, Identität und Professionalität. Die Konzeption eines universitären Seminars. In: Dies. (Hrsg.): Pädagogische Kompetenz, Identität und Professionalität. Baltmannsweiler: Schneider Verlag Hohengehren, S. 5–34.

Rätz-Heinisch, Regina; Schröer, Wolfgang; Wolff, Mechtild (Hrsg.) (2009): Lehrbuch Kinder- und Jugendhilfe. Grundlagen, Handlungsfelder, Strukturen und Perspektiven. Weinheim: Juventa Verlag.

Raven, Uwe; Garz, Detlef (2012): Fälle – zur theoretischen Fundierung der Interventionspraxis professionalisierter Sozialarbeit. In: neue praxis, 42, 6, S. 565–584.

Reckwitz, Andreas (2000): Die Transformation der Kulturtheorien. Zur Entwicklung eines Theorieprogramms. Weilerswist: Velbrück Wissenschaft.

Reckwitz, Andreas (2003): Grundelemente einer Theorie sozialer Praktiken. In: Zeitschrift für Soziologie, 32, 4, S. 282–301.

Reiber, Karin (2017): Forschungsorientiert Lernen und Lehren aus didaktischer Perspektive. In: Mieg, Harald A.; Lehmann, Judith (Hrsg.): Forschendes Lernen. Wie die Lehre in Universität und Fachhochschule erneuert werden kann. Frankfurt; New York: Campus Verlag, S. 56–65.

Reichmayr, Johannes (1995): Einführung in die Ethnopsychoanalyse. Geschichte, Theorien und Methoden. Frankfurt a. Main: Fischer.

Reichmayr, Johannes (2003): Ethnopsychoanalyse. Geschichte, Konzepte, Anwendungen. Gießen: Psychosozial Verlag.

Reinfandt, Christoph (2011): „Das Wissen der Systeme. Über Niklas Luhmanns *Erkenntnis als Konstruktion.*" In: Poerksen, Bernhard (Hrsg.): Schlüsselwerke des Konstruktivismus. Wiesbaden: VS Verlag, S. 287–299.

Reinmann, Gabi; Schmohl, Tobias (2016): Autoethnographie in der Hochschuldidaktischen Forschung. In: Impact Free, 3, S. 1–6.

Rethkowski, Andrea; Schäuble, Barbara; Thole, Werner (2012): Zur performativen Herstellung von Subjektivität. Die Akteur/-innen der Sozialen Arbeit im Fokus von Ethnographien des Pädagogischen – Überlegungen auf Basis zweier Forschungsprojekte. In: Friebertshäuser, Barbara; Kelle, Helga; Boller, Heike; Bollig, Sabine; Huf, Christina; Langer, Antje; Ott, Marion; Richter, Sophia (Hrsg.): Feld und Theorie. Herausforderungen erziehungswissenschaftlicher Ethnographie. Opladen; Berlin; Toronto: Barbara Budrich Verlag, S. 137–152.

Retzer, Arnold (2016): Lob der Vernunftehe: Eine Streitschrift für mehr Realismus in der Liebe. 4. Auflage. Frankfurt am Main: Fischer.

Rheinberger, Hans-Jörg (2006): Epistemologie des Konkreten. Studien zur Geschichte der modernen Biologie. Frankfurt a. M.: Suhrkamp.

Ricœur, Paul (1986): Die lebendige Metapher. München: Wilhelm Fink.

Ricœur, Paul (1996): Das Selbst als ein Anderer (Übergänge). Paderborn: Verlag Wilhelm Fink.

Ricoeur, Paul (1999): Zeit und Erzählung Band III. Die erzählte Zeit. Paderborn: Verlag Wilhelm Fink.

Riegel, Christine (2016): Bildung – Intersektionalität – Othering. Pädagogisches Handeln in widersprüchlichen Verhältnissen. Bielefeld: Transcript.

Riemann, Gerhard (o.J.): Empfehlungen zum Schreiben ethnographischer Protokolle. (unveröffentlicht).

Riemann, Gerhard (2003): Erkenntnisbildung und Erkenntnisprobleme in professionellen Fallbesprechungen am Beispiel der Sozialarbeit. In: Zeitschrift für qualitative Bildungs-, Beratungs- und Sozialforschung, 4, 2, S. 241–260.

Riemann, Gerhard (2005): Ethnographies of practice – practising ethnography. Ressources for self-reflective social work. In: Journal of Social Work Practice, 19, 1, S. 87–101.

Riemann, Gerhard (2009): Der Beitrag interaktionistischer Fallanalysen professionellen Handelns zur sozialwissenschaftlichen Fundierung und Selbstkritik der Sozialen Arbeit. In: Becker-Lenz, Roland; Busse, Stefan; Ehlert, Gudrun; Müller, Silke (Hrsg.): Professionalität in der Sozialen Arbeit. Wiesbaden: VS Verlag für Sozialwissenschaften, S. 287–306.

Röh, Dieter (2018): Soziale Arbeit in der Behindertenhilfe. München: Ernst Reinhardt Verlag.

Rorty, Richard McKay (1992 [1967]): The Linguistic Turn. Essays in Philosophical Method. 2. Auflage. Chicago: University of Chicago Press.

Rotenhan, Eleonore von (1982): Das Praktikum. Ein Wegweiser für Praktikanten, Praxisanleiter, Institutionen und Ausbildungsstätten. München: Chr. Kaiser Verlag.

Roth, A.; Gabler, H. (2012): Praxisorientierung im Studium. Aspekte zur Komplementarität der Lernorte (Fach)Hochschule und Berufspraxis im Bachelorstudium der Sozialen Arbeit. In: Sozial Extra, 1/2, S. 24–28.

Roth, Claudia; Merten, Ueli (Hrsg.): Praxisausbildung konkret. Am Beispiel des Bachelor in Sozialer Arbeit der Fachhochschule Nordwestschweiz FHNW. Opladen; Belrin; Toronto: Barbara Budrich Verlag.

Roth, Claudia; Müller Fritschi, Elisabeth (2014): Kompetenzorientierung in der Praxisausbildung. In: Roth, Claudia; Merten, Ueli (Hrsg.): Praxisausbildung konkret. Am Beispiel des Bachelor in Sozialer Arbeit der Fachhochschule Nordwestschweiz FHNW. Opladen; Belrin; Toronto: Barbara Budrich Verlag, S. 61–79.

Rothschuh, Michael (2001): Verschränkung von Perspektiven: Praxisanteile in der Ausbildung an Fachhochschulen. In: Schulze-Krüdener, Jörgen; Homfeldt, Hans Günther (Hrsg.): Praktikum – eine Brücke schlagen zwischen Wissenschaft und Beruf. Neuwied; Kriftel; Berlin: Luchterhand Verlag, S. 153–167.

Rousseau, Jean-Jacques (1755/2008): Diskurs über die Ungleichheit. 6. Auflage. Paderborn u. a.: Ferdinand Schöningh.

Rousseau, Jean-Jacques (1762/1998): Emil oder Über die Erziehung. 13. Auflage. Paderborn u. a.: Ferdinand Schöningh.

Ruf, Michael (2006): Praxisphasen als Beitrag zur Employability. Didaktische Funktionsbestimmung betrieblicher Praxisphasen im Rahmen wirtschaftswissenschaftlicher Bachelor-Studiengänge. In: Das Hochschulwesen, 54, 4, S. 6–26.

Rustemeyer, Dirk (2006): Oszillationen. Kultursemiotische Perspektiven. Würzburg: Königshausen & Neumann.

Rustemeyer, Dirk (2009): Diagramme. Dissonante Resonanzen: Kunstsemiotik als Kulturtheorie. Weilerswist: Velbrück.

Rychner, Marianne (2008): Irritierende Begegnungen mit mir selbst. In: Sutterlüty, Ferdinand; Imbusch, Peter (Hrsg.): Abenteuer Feldforschung. Soziologen erzählen, Frankfurt; New York: Campus Verlag, S. 243–249.

Sabla, Kim-Patrick (2017): Forschendes Lernen in der Praxis der Sozialen Arbeit. München: Ernst Reinhardt Verlag.

Sarnowsky, Jürgen (2015): Die Erkundung der Welt. Die großen Entdeckungsreisen von Marco Polo bis Humboldt. München: C.H. Beck.

SASSA – Fachkonferenz Soziale Arbeit der Fachhochschulen Schweiz (2017): Das Studium Soziale Arbeit. Zürich: Schmid-Fehr AG – Goldach SG.

Schäfer, Hilmar (2013): Die Instabilität der Praxis. Reproduktion und Transformation des Sozialen in der Praxistheorie. Weilerswist: Velbrück.

Schallberger, Peter (2012): „Habituelle Prädispositionen auf Seiten der Studierenden und die Gestaltung von Studiengängen der Sozialen Arbeit". In: Becker-Lenz, Roland et al. (Hrsg.): Professionalität Sozialer Arbeit und Hochschule. Wiesbaden: Springer VS, S. 69–84

Schatzki, Theodore R.; Knorr-Cetina, Karin; Savigny, Eike von (2001): The Practice Turn in Contemporary Theory. London; New York: Routledge.

Schauder, Andreas (2014): Lernprozesse gestalten – Überlegungen zu Didaktik, Methoden und Medien in der Praxisausbildung Soziale Arbeit. In: Abplanalp, Esther (Hrsg.): Lernen in der Praxis. Die Praxisausbildung im Studium der Sozialen Arbeit. Luzern: interact Verlag, S. 97–121.

Schefold, Werner (2012): Sozialpädagogische Forschung – Stand und Perspektiven: In: Thole, Werner (Hrsg.): Grundriß Soziale Arbeit. Wiesbaden: VS Verlag, S. 1123–1144.

Scherpner, Martin; Richter-Markert, Waltraud; Sitzenstuhl, Ingrid (1992): Anleiten, Beraten und Lehren: Prinzipien sozialarbeiterischen Handelns. Anregungen für die Praxisanleitung und Beratung von Mitarbeiterinnen. Frankfurt a. M.: Eigenverlag des deutschen Vereins für öffentliche und private Fürsorge.

Schiersmann, Christiane; Thiel, Heinz-Ulrich (2018): Organisationsentwicklung. Prinzipien und Strategien von Veränderungsprozessen. Wiesbaden: VS Verlag.

Schlippe, Arist von; Schweitzer, Jochen (2016): Lehrbuch der systemischen Therapie und Beratung I. Göttingen: V&R.

Schmidt, Friederike (2013): Strukturen pädagogischer Wahrnehmung. In: sozialmagazin 11–12, S. 6–12.

Schmidt, Robert (2009): Praktischer Sinn (sens pratique). In: Fröhlich, Gerhart; Rehbein, Boike (Hrsg.): Bourdieu-Handbuch. Leben – Werk – Wirkung. Stuttgart: J.B. Metzler, S. 193-195.

Schmidt, Robert (2012): Soziologie der Praktiken: Konzeptionelle Studien und empirische Analysen. Frankfurt am Main: Suhrkamp.

Schmitt, Christof (2007): Praxisorientierung – Staatliche Anerkennung – Berufspraktikum: Auslaufmodelle oder Elemente der Qualitätssicherung in Ausbildungszusammenhängen der Sozialarbeit im Zeichen von Bologna? Berlin: Lehmanns Media.

Schneider, Fabian (2018): Supervision fortbildet Fortbildung. Ein systemisches Supervisionskonzept zur qualifizierenden Fortbildung ‚Hochschulische/r Praxisanleiter/in'. Unveröffentlichte Bachelorarbeit. Saarbrücken.

Schnoor, Oliver (2010): Auf dem Weg zu einer ethnographischen Erziehungswissenschaft. In: Vierteljahrschrift für wissenschaftliche Pädagogik, 86, 3, S. 416–420.

Schoger, Walter (2001): Das Praktikum in der Erwachsenenbildung/Weiterbildung. Ein Beitrag zur Professionalisierung von Diplompädagogen. In: Schulze-Krüdener, Jörgen; Homfeldt, Hans Günther (Hrsg.): Praktikum – eine Brücke schlagen zwischen Wissenschaft und Beruf. Neuwied; Kriftel; Berlin: Luchterhand, S. 65–89.

Schön, Donald A. (1984): The Reflective Practitioner: How Professionals Think In Action. New York: Basic Books.

Schön, Donald A. (1990): Educating the Reflective Practitioner: Toward a New Design for Teaching and Learning in the Professions. New Jersey: Whiley and Sons.

Schröder-Kahnt, Anne; Veltmann, Claus (2018): Durch die Welt im Auftrag des Herrn. Reisen von Pietisten im 18. Jahrhundert. Halle: Kataloge der Franckeschen Stiftungen, 35.

Schubarth, W. et al. (2016): Fachgutachten. Qualitätsstandards für Praktika. Bestandsaufnahmen und Empfehlungen. Potsdam; Oldenburg.

Schubarth, Wilfried; Speck, Karsten; Seidel, Andreas (2012): Einführung in den Band. In: Schubarth, Wilfried; Speck, Karsten; Seidel, Andreas; Gottmann, Corinna; Kamm, Caroline; Krohn, Maud (Hrsg.): Studium nach Bologna: Praxisbezüge stärken?! Praktika als Brücke zwischen Hochschule und Arbeitsmarkt. Wiesbaden: Springer VS, S. 9–18.

Schubarth, Wilfried; Speck, Karsten; Seidel, Andreas; Gottmann, Corinna; Kamm, Caroline; Krohn, Maud (2012b): Praxisbezüge im Studium – Ergebnisse des ProPrax-Projektes zu Konzepten und Effekten von Praxisphasen unterschiedlicher Fachkulturen. In: Dies. (Hrsg.): Studium nach Bologna: Praxisbezüge stärken?! Praktika als Brücke zwischen Hochschule und Arbeitsmarkt. Wiesbaden: Springer VS, S. 47–100.

Schubarth, Wilfried; Speck, Karsten; Seidel, Andreas; Gottmann, Corinna; Kamm, Caroline; Krohn, Maud (2012a): Studium nach Bologna: Praxisbezüge stärken?! Praktika als Brücke zwischen Hochschule und Arbeitsmarkt. Wiesbaden: Springer VS.

Schulz, Marc (2013): Beobachtungsmethoden als Eingangstür zur pädagogischen Arbeit? Anmerkungen zur Hervorbringung lernender Adressat/innen. In: Sozialmagazin, Schwerpunkt: Der sozialpädagogische Blick? Methoden in der Sozialen Arbeit zwischen Tradition und Blindflug, 11/12–13, S. 14–20.

Schulz, Marc (2015): ‚Sinnliche Ethnographie' als Fiktion und ‚Augen-Ethnographie' als Praxis. Anmerkungen zum ethnographischen Wahrnehmen und Erkennen als epistemologisches Problem. In: Zeitschrift für Qualitative Forschung, 15, 1, S. 43–56.

Schulze, Gerhard (1992): Die Erlebnisgesellschaft. Kultursoziologie der Gegenwart. Frankfurt; New York: Campus.

Schulze-Krüdener, Jörgen; Homfeldt, Hans Günther (Hrsg.) (2000): Wissen und Nichtwissen. Herausforderungen für Soziale Arbeit in der Wissensgesellschaft. Weinheim; München: Juventa.

Schulze-Krüdener, Jörgen; Homfeldt, Hans Günther (2001a): Einleitung: In: Dies. (Hrsg.): Praktikum – eine Brücke schlagen zwischen Wissenschaft und Beruf. Neuwied; Kriftel; Berlin: Luchterhand Verlag, S. IX–XIV.

Schulze-Krüdener, Jörgen; Homfeldt, Hans Günther (2001b): Praktika: Pflicht oder Kür? – Perspektiven und Ziele der Hochschulausbildung zwischen Wissenschaft und Beruf. In: Dies. (Hrsg.): Praktikum – eine Brücke schlagen zwischen Wissenschaft und Beruf. Neuwied; Kriftel; Berlin: Luchterhand Verlag, S. 205–216.

Schulze-Krüdener, Jörgen; Homfeldt, Hans Günther (Hrsg.) (2001c): Praktikum – eine Brücke schlagen zwischen Wissenschaft und Beruf. Neuwied; Kriftel; Berlin: Luchterhand Verlag.

Schulze-Krüdener, Jörgen; Homfeldt, Hans-Günther; Merten, Roland (Hrsg.) (2002): Mehr Wissen – mehr Können? Soziale Arbeit als Disziplin und Profession. Baltmannsweiler: Schneider Verlag Hohengehren.

Schürmann, Eva (2008): Sehen als Praxis. Ethisch-ästhetische Studien zum Verhältnis von Sicht und Einsicht, Frankfurt a. M.: Suhrkamp.

Schüssler, Renate; Keuffer, Josef (2012): „Mehr ist nicht genug (…)!" Praxiskonzepte von Lehramtsstudierenden – Ergebnisse einer qualitativen Untersuchung. In: Schubarth, Wilfried; Speck, Karsten; Seidel, Andreas; Gotmann, Corinna; Kamm, Caroline; Krohm, Maud (2012): Studium nach Bologna: Praxisbezüge stärken?! Praktika als Brücke zwischen Hochschule und Arbeitsmarkt. Wiesbaden: Springer VS, S. 185–196.

Schütze, Fritz (1993): Ethnographie und sozialwissenschaftliche Methoden der Feldforschung. Eine mögliche Orientierung in der Ausbildung und Praxis der Sozialen Arbeit? In: Groddeck, N.; Schumann, M. (Hrsg.): Modernisierung Sozialer Arbeit durch Methodenentwicklung und -reflexion. Freiburg i. Brsg.: Lambertus, S. 189–297.

Schweitzer, Jochen; Schlippe, Arist von (2016): Lehrbuch der systemischen Therapie und Beratung I. Das Grundlagenwissen. 6. Auflage. Göttingen: Vandenhoeck & Ruprecht.

Schweppe, Cornelia (2004): Das Studium der Sozialpädagogik als biografischer Aneignungsprozess. In: Hanses, A. (Hrsg.): Biographie und Soziale Arbeit. Hohengehren, S. 144–165.

Schweppe, Cornelia; Thole, Werner (Hrsg.) (2005): Sozialpädagogik als forschende Disziplin. Theorie, Methode, Empirie. Weinheim und München: Juventa.

Seifert, Edith (2009): Psychische Strategien subjektiver Absicherung. In: Wolf, Maria A.; Rathmayr, Bernhard; Peskoller, Helga (Hrsg.): Konglomerationen. Produktionen von Sicherheiten im Alltag. Bielefeld: Transkript, S. 155–164.

Seling, Irene (2012): Die Perspektive der Arbeitgeber. In: Schubarth, Wilfried; Speck, Karsten; Seidel, Andreas; Gottmann, Corinna; Kamm, Caroline; Krohn, Maud (2012): Studium nach Bologna: Praxisbezüge stärken?! Praktika als Brücke zwischen Hochschule und Arbeitsmarkt. Wiesbaden: Springer VS, S. 233–238.

Sennet, Richard (2004): Verfall und Ende des öffentlichen Lebens. Die Tyrannei der Intimität. Frankfurt a. Main: Fischer.

Sielert, Uwe; Mahnke, Elke (2001): Das Praktikum im Schnittfeld von Disziplin, Profession und Arbeitsfeld – aus der Perspektive der Sozialpädagogik. In: Schulze-Krüdener, Jörgen; Homfeldt, Hans Günther (Hrsg.): Praktikum – eine Brücke schlagen zwischen Wissenschaft und Beruf. Neuwied; Kriftel; Berlin: Luchterhand, S. 37–53.

Simon, Fritz; Weber, Gunthard (2017): Vom Navigieren beim Driften. „Post aus der Werkstatt" der systemischen Therapie. Heidelberg: Carl-Auer.

Staege, Roswitha (2014): Fallforschung als Praxisreflexion – Pädagogischer Fall und erziehungswissenschaftliche Kasuistik. In: Düwell, S.; Pethes, N. (Hrsg.): Fall – Fallgeschichte – Fallstudie. Frankfurt; New York: Campus, S. 214–226.

Ståle, Einarsen; Hoel, Helge; Cooper, Cary (2003). Bullying and Emotional Abuse in the Workplace: International Perspectives in Research and Practice. London: Taylor & Francis.

Stahl, Heinz K. (2007): Führung durch Bilder. In: Thomaschek, Nino (Hrsg.): Die bewusste Organisation. Steigerung der Leistungsfähigkeit, Lebendigkeit und Innovationskraft von Unternehmen. Heidelberg: Carl Auer Verlag, S. 169–181.

Staub-Bernasconi, Silvia (2007): Vom beruflichen Doppel- zum professionellen Tripelmandat. Wissenschaft und Menschenrechte als Begründungsbasis der Profession Soziale Arbeit. Leverkusen: Barbara Budrich Verlag.

Stengel, Martin (2006): Überlegungen zu Systemtheorie und Kybernetik. In: Tomaschek, Nino (Hrsg.): Systemische Organisationsentwicklung und Beratung bei Veränderungsprozessen. Heidelberg: Carl-Auer, S. 21–33.

Strübing, Jörg; Hirschauer, Stefan; Ayaß, Ruth; Krähnke, Uwe; Scheffer, Thomas (2018): Gütekriterien qualitativer Sozialforschung. Ein Diskussionsanstoß. In: Zeitschrift für Soziologie, 47 (2), S. 83–100.

Stüwe, Gerd; Ermel, Nicole; Haupt, Stephanie (2017): Lehrbuch Schulsozialarbeit. 2. Auflage. Weinheim; Basel: Beltz Juventa.

Sutterlüty, Ferdinand; Imbusch, Peter (2008) (Hrsg.): Abenteuer Feldforschung. Soziologen erzählen. Frankfurt; New York: Campus.

Tenorth, Heinz-Elmar (2008): Geschichte der Erziehung. Einführung in die Grundzüge ihrer neuzeitlichen Entwicklung. Weinheim; München: Juventa.

Thiersch, Hans (2000): Zur Vermittlung von Wissenschaft, Ausbildung und Praxis – bleibende Fragen und Impulse. In: Homfeldt, Hans Günther; Schulze-Krüdener, Jörgen (Hrsg.): Wissen und Nichtwissen. Herausforderungen für Soziale Arbeit in der Wissensgesellschaft. Weinheim; München: Juventa, S. 315–324.

Thomas, Stefan (2019): Ethnografie. Eine Einführung. Wiesbaden: Springer VS.

Thole, Werner (2011): Souveränität als Habitus. Anmerkungen zum Verständnis der Sozialen Arbeit. In: neue praxis, Sonderheft 10: Zur Identität der Sozialen Arbeit. Herausgegeben von Hans Thiersch; Rainer Treptow, S. 8–11.

Thole, Werner (Hrsg.) (2012): Grundriß Soziale Arbeit. Wiesbaden: VS Verlag.

Thole, Werner; Cloos, Peter; Köngeter, Stefan; Müller, Burkhard (2011): Ethnographie der Performativität pädagogischen Handelns. Zu den Möglichkeiten, die Konstitutionsbedingungen sozialpädagogischer Handlungsfelder zu erkunden. In: Oelerich, Gertrud; Otto,

Hans-Uwe (Hrsg.): Empirische Forschung und Soziale Arbeit. Wiesbaden: VS Verlag, S. 115–136.

Thole, Werner; Heinzel, Friederike; Cloos, Peter; Köngeter, Stefan (2010): „Auf unsicherem Terrain". Ethnographische Forschung im Kontext des Bildungs- und Sozialwesens. In: Dies. (Hrsg.): „Auf unsicherem Terrain". Ethnographische Forschung im Kontext des Bildungs- und Sozialwesens. Wiesbaden: VS Verlag, S. 11–16.

Thompson, Christiane; Weiss, Gabriele (2008): Zur Widerständigkeit des Pädagogischen. Eine Skizze. In: Dies. (Hrsg.): Bildende Widerstände – widerständige Bildung. Blickwechsel zwischen Pädagogik und Philosophie. Bielefeld: Transcript, S. 7–20.

Tillman-Healy, Lisa M. (1996): A Secret Life in a Culture of Thinness. Reflections on Body, Food, and Bulimia. In: Ellis, Carolyn; Bochner, Arthur P. (Hrsg.): Composing ethnography. Alternative forms of qualitative writing. Walnut Creek, Calif: AltaMira Press, S. 76–131.

Tolkien, John Ronald Reuel (1995): The Lord of the Rings. London: HarperCollinsPublishers.

Tolkien, John Ronald Reuel (2001): Der Herr der Ringe. Band 1. Die Gefährten. Stuttgart: Klett-Cotta.

Tolkien, John Ronald Reuel (2003): Der Herr der Ringe. Band 3. Die Rückkehr des Königs. Stuttgart: Klett-Cotta.

Tolkien, John Ronald Reuel (2004): Der kleine Hobbit. 42. Auflage. München: dtv.

Tomaschek, Nino (2007): Die bewusste Organisation – Organisationale Selbstreflexion für die Entstehung von Organisationsbewusstsein. In: Ders. (Hrsg.): Die bewusste Organisation. Steigerung der Leistungsfähigkeit, Lebendigkeit und Innovationskraft von Unternehmen. Heidelberg: Carl-Auer-Systeme, S. 25–38.

Tov, Eva; Kunz, Regula; Stämpfli, Adi (2013): Schlüsselsituationen der Sozialen Arbeit. Professionalität durch Wissen, Reflexion und Diskurs in Communities of Practice. Bern: hep Verlag.

Treml, Alfred (2005): Pädagogische Ideengeschichte. Stuttgart: Kohlhammer.

Uhlendorff, Uwe (2003): Geschichte des Jugendamtes. Entwicklungslinien öffentlicher Jugendhilfe 1871 bis 1929. Weinheim: Beltz/Juventa.

Uhlendorff, Uwe; Eutener, Matthias; Sabla, Kim-Patrick (2013): Soziale Arbeit mit Familien. München: Ernst Reinhardt.

Unterkofler, Ursula (2012): Theorie-Praxis-Bezüge als Forschungsgegenstand. Grounded Theory Ethnographie als Strategie empirisch begründeter Theorieentwicklung in der Sozialen Arbeit. In: Heimgartner, Arno; Loch, Ulrike; Sting, Stephan (Hrsg.): Empirische Forschung in der Sozialen Arbeit. Methoden und methodologische Herausforderungen. Wien, Berlin: LIT Verlag. S. 107-119.

Unterkofler, Ursula (2016): Wer soziales Handeln erforscht muss soziales Handeln beobachten. Zum Potenzial der Ethnografie für eine pragmatistisch-handlungsorientierte Grounded Theory Methodologie. In: Equit, Claudia; Hohage, Christoph (Hrsg.): Handbuch Grounded Theory. Von der Methodologie zur Forschungspraxis. Weinheim, Basel: Beltz Juventa, S. 290–306.

Vogd, Werner (2007): Empirie oder Theorie? Systemtheoretische Forschung jenseits einer vermeintlichen Alternative. Sonderheft „Soziologische Systemtheorie und empirische Forschung" der Zeitschrift „Soziale Welt". S. 295–321.

Vogd, Werner (2009): Rekonstruktive Organisationsforschung. Qualitative Methodologie und theoretische Integration – eine Einführung. Opladen & Farmington Hills: Verlag Barbara Budrich.

Vogd, Werner (2011): Zur Soziologie der organisierten Krankenbehandlung: Weilerswist: Velbrück.

Völter, Bettina (2008): Verstehende Soziale Arbeit. Zum Nutzen qualitativer Methoden für professionelle Praxis, Reflexion und Forschung [58 Absätze]. In: Forum Qualitative Sozialforschung/Forum: Qualitative Social Research. 9 (1) Art. 56. Verfügbar über: www.qualitative-research.net/fqstexte/1-08/08-1-56-d.htm [Zugriff am 03.11.2020].

Völter, Bettina (2013): Professionelles Handeln wahrnehmen und reflektieren lernen. Ethnografische Praxisprotokolle als Link zwischen Studium und beruflicher Praxis. In: Sozial Extra 11/12, S. 23–26.

Völter, Bettina; Küster, Marion (2010): Ethnographische Praxisprotokolle und Rollenspiel. Eine Methode zur Projektreflexion in der interkulturellen und sozialräumlich orientierten Gemeinwesenarbeit. In: Heinzel, F.; Thole, W.; Cloos, P.; Köngeter, S. (Hrsg.): „Auf unsicherem Terrain". Ethnographische Forschung im Kontext des Bildungs- und Sozialwesens. Wiesbaden: VS Verlag, S. 255–265.

Wagner, Leonie (2018): Vom Klienten zur Nutzer_in. In: Böllert, Karin (Hrsg.): Kompendium Kinder- und Jugendhilfe. Wiesbaden: Springer Verlag, S. 337–363.

Watzlawik, Paul (2005): Vom Schlechten des Guten oder Hekates Lösungen. München: Piper Verlag.

Watzlawick, Paul; Beavin, Janet H.; Jackson, Don D. (2000): Menschliche Kommunikation. Formen, Störungen, Paradoxien. 10. Auflage. Bern: Hans Huber.

Weber, Max (2006): Wirtschaft und Gesellschaft. Paderborn: Voltmedia.

Weick, Karl Edward (1995a): Der Prozess des Organisierens. Frankfurt a.M.: Suhrkamp.

Weick, Karl Edward (1995b): Sensemaking in Organizations. Foundations for Organizational Science. London: Sage Publications.

Weiner, Bernard (1985): An attributional theory of achievement motivation and emotion. In: Psychological Review, 92, S. 548–573.

Westerkamp, Meinolf (2016). Rezension zu: Esther Abplanalp (Hrsg.) (2005): Lernen in der Praxis. Die Praxisausbildung im Studium der sozialen Arbeit. Luzern: Interact Verlag. In: socialnet Rezensionen, https://www.socialnet.de/rezensionen/3354.php, Datum des Zugriffs 06.11.2018.

White, Michael (2010): Landkarten der narrativen Therapie. Heidelberg: Carl-Auer.

White, Michael; Epston, David (1990): Die Zähmung der Monster. Literarische Mittel zu therapeutischen Zwecken. Heidelberg: Carl Auer Verlag.

Wiemer, Matthias (2017): Forschend lernen – Selbstlernen. Selbstlernprozesse und Selbstlernfähigkeiten im Forschenden Lernen. In: Mieg, Harald A.; Lehmann, Judith (Hrsg.): Forschendes Lernen. Wie die Lehre in Universität und Fachhochschule erneuert werden kann. Frankfurt am Main; New York: Campus, S. 47–55.

Wildt, Johannes (2012): Praxisbezug der Hochschulausbildung – Herausforderung für Hochschulentwicklung und Hochschuldidaktik. In: Schubarth, Wilfried; Speck, Karsten; Seidel, Andreas; Gottmann, Corinna; Kamm, Caroline; Krohn, Maud (2012): Studium nach Bologna: Praxisbezüge stärken?! Praktika als Brücke zwischen Hochschule und Arbeitsmarkt. Wiesbaden: Springer VS, S. 261–278.

Wilke, Helmut (2014): Systemtheorie III: Steuerungstheorie. 4. Auflage. Konstanz; München: UVK.

Wimmer, Rudolf (2007): Die bewusste Gestaltung der eigenen Lernfähigkeit als Unternehmen. In: Tomaschek, Nino (Hrsg.): Die bewusste Organisation. Steigerung der Leistungsfähigkeit, Lebendigkeit und Innovationskraft von Unternehmen. Heidelberg: Carl-Auer-Systeme, S. 39–62.

Winkler, Michael (2005): Sozialpädagogische Forschung und Theorie – Ein Kommentar. In: Schweppe, Cornelia; Thole, Werner (Hrsg.): Sozialpädagogik als forschende Disziplin. Theorie, Methode, Empirie, Weinheim; München, S. 15–34

Winkler, Michael (2012): Freiheit und Zwang. In: Schmid, Marc; Tetzer, Michael; Rensch, Katharina; Schlüter-Müller, Susanne (Hrsg.): Handbuch Psychiatriebezogene Sozialpädagogik. Göttingen: Vandenhoeck & Ruprecht, S. 142–160.

Wittgenstein, Ludwig (2003): Philosophische Untersuchungen. Neuauflage. Frankfurt a. M.: Suhrkamp.

Wöhrle, Armin (Hrsg.) (1998): Profession und Wissenschaft Sozialer Arbeit. Pfaffenweiler: Centaurus.

Wolf, Maria A.; Rathmayr, Bernhard; Peskoller, Helga (Hrsg.) (2009): Konglomerationen – Produktion von Sicherheiten im Alltag. Bielefeld: Transcript.

Wolter, Andrä; Banscherus, Ulf (2012): Praxisbezug und Beschäftigungsfähigkeit im Bologna-Prozess – „A never ending story"? In: Schubarth, Wilfried; Speck, Karsten; Seidel, Andreas; Gottmann, Corinna; Kamm, Caroline; Krohn, Maud: Studium nach Bologna: Praxisbezüge stärken?! Praktika als Brücke zwischen Hochschule und Arbeitsmarkt. Wiesbaden: Springer VS, S. 21–36.

Wulf, Christoph (2010): Innerstädtische Schulen als Kontaktzonen und Orte transkultureller Begegnungen. In: paragrana, 19, 2, S. 167–178.

Wulf, Christoph; Althans, Birgit; Audehm, Kathrin; Blaschke, Gerald; Ferrin, Nino; Kellermann, Ingrid; Mattig, Ruprecht; Schinkel, Sebastian (2011): Die Geste in Erziehung, Bildung und Sozialisation. Ethnographische Feldstudien. Wiesbaden: Springer VS.

Wulf, Christoph; Althans, Birgit; Blaschke, Gerald; Ferrin, Nino; Göhlich, Michael; Jörissen, Benjamin; Mattig, Ruprecht; Nentwig-Gesemann, Iris; Schinkel, Sebastian; Tervooren, Anja; Wagner-Willi, Monika; Zirfas, Jörg (2007): Lernkulturen im Umbruch. Rituelle Praktiken in Schule, Medien, Familie und Jugend. Wiesbaden: Springer VS.

Wulf, Christoph; Zirfas, Jörg (Hrsg.) (2004): Die Kultur des Rituals. Inszenierungen, Praktiken, Symbole. München: Wilhelm Fink.

Young, Michael W. (Hrsg.) (1979): The Ethnography of Malinowski. The Trobriand Islands 1915–18. 1. Aufl. London: Routledge.

Young, Michael W. (2004): Malinowski. Odyssey of an Anthropologist. 1884–1920. New Haven: Yale University Press.

Zacharias, Wolfgang (2017): Medien (Medienbildung, Medienpädagogik, Medienkompetenz). In: Kreft, Dieter; Mielenz, Ingrid (Hrsg.): Wörterbuch Soziale Arbeit. Weinheim; Basel: Beltz Juventa, S. 645–651.

Zepke, Georg (2005): Reflexionsarchitekturen. Evaluierung als Beitrag zum Organisationslernen. Heidelberg: Carl-Auer-Systeme Verlag.

Ziemann, Andreas (2006): Soziologie der Medien. Bielefeld: transcript.

Zimmer, Jörg (2003): Metapher. Bielefeld: transcript.

Zinnecker, Jürgen (1995): Pädagogische Ethnographie. Ein Plädoyer. In: Behnken, Imbke; Jaumann, Olga (Hrsg.): Kindheit und Schule. Kinderleben im Blick von Grundschulpädagogik und Kindheitsforschung. Weinheim; München: Juventa, S. 21–38.

Zinnecker, Jürgen (2000): Pädagogische Ethnographie. In: Zeitschrift für Erziehungswissenschaft, 3, 3, S. 381–400.

Zinnecker, Jürgen (2001): Stadtkids. Kinderleben zwischen Straße und Schule. Weinheim; München: Juventa.

Annette Just

Handbuch Schulsozialarbeit

2020, 3. überarbeitete und erweiterte Auflage, 626 Seiten, geb., 49,99 €, ISBN 978-3-8252-8776-4

Wie können Schulsozialpädagogik, Schulen und Familien effektiv zusammenarbeiten? Was sind die Voraussetzungen für gelingende Schulsozialarbeit? Dieses Buch beantwortet Fragen zur Erkennung von Bedarfen an schulsozialpädagogischer Arbeit sowie zur Sicherung von Qualität und Professionalität. Praxisnah werden Beratungsansätze vorgestellt und ein vielfältiges Methodenrepertoire wird erläutert. Ein integrierter Methodenreader rundet das Feld ab.

www.utb-shop.de

WAXMANN
www.waxmann.com

Institut für soziale
Arbeit e.V. (Hrsg.)

ISA-Jahrbuch zur Sozialen Arbeit 2020

Kinderschutz?
Lebenswelten gestalten –
Gefahren abwehren

2020, 208 Seiten, br., 14,90 €,
ISBN 978-3-8309-4309-9
E-Book: 13,99 €,
ISBN 978-3-8309-9309-4

Im ISA-Jahrbuch 2020 wird eine fachpolitische, facettenreiche Diskussion aufgegriffen, die Expert*innen in vielfältigen Arbeitsfeldern auf kommunaler, Landes- und Bundesebene betrifft. Auf der einen Seite besteht ein großer Handlungsbedarf, um Rahmungen und infrastrukturelle Bedingungen für ein gelingendes Aufwachsen für alle zu gestalten, gerade hinsichtlich der Folgen der Armutsentwicklung bei Kindern und Jugendlichen. Auf der anderen Seite braucht es verlässliche Kriseninterventionen und passgenaue Hilfen, um Kinder zu schützen und zu unterstützen. Wie fließend müssen die Übergänge zwischen der Gestaltung einer sozialen Infrastruktur hin zu intensiveren, einzelfallbezogenen Hilfen für Kinder, Jugendliche und Familien sein? Ist dann alles Kinderschutz oder braucht es genauere Definitionen und Abgrenzungen?

WAXMANN
www.waxmann.com
info@waxmann.com